Beck/Löhle/Schmedding/Siegert

Fehlerquellen bei polizeilichen Messverfahren

D1674238

AnwaltsPraxis

Fehlerquellen bei polizeilichen Messverfahren

Geschwindigkeit – Abstand – Rotlicht

12. Auflage 2018

Herausgegeben von

Rechtsanwalt und Fachanwalt für Verkehrsrecht
Wolf-Dieter Beck, München

und

Dipl.-Phys. **Dr. Ulrich Löhle**, Freiburg

Bearbeitet von

Dipl.-Phys. **Klaus Schmedding**, öffentlich bestellter und vereidigter Sachverständiger, Oldenburg

und

Rechtsanwalt **Filip Siegert**, Aschaffenburg

unter Mitarbeit von

B.Eng. **Thorsten Reuß**, Sachverständiger, Oldenburg

und **Dr. Björn Siemer**, Sachverständiger, Oldenburg

DeutscherAnwaltVerlag

Zitiervorschlag:
Beck/Löhle, Fehlerquellen bei polizeilichen Messverfahren, § 1 Rdn 1

Hinweis
Die Ausführungen in diesem Werk wurden mit Sorgfalt und nach bestem Wissen erstellt. Sie stellen jedoch lediglich Arbeitshilfen und Anregungen für die Lösung typischer Fallgestaltungen dar. Die Eigenverantwortung für die Formulierung von Verträgen, Verfügungen und Schriftsätzen trägt der Benutzer. Herausgeber, Autoren und Verlag übernehmen keinerlei Haftung für die Richtigkeit und Vollständigkeit der in diesem Buch enthaltenen Ausführungen.

Anregungen und Kritik zu diesem Werk senden Sie bitte an
kontakt@anwaltverlag.de
Autoren und Verlag freuen sich auf Ihre Rückmeldung.

Copyright 2018 by Deutscher Anwaltverlag, Bonn
Satz: Reemers publishing services GmbH, Krefeld
Druck: Hans Soldan Druck GmbH, Essen
Umschlaggestaltung: gentura, Holger Neumann, Bochum
ISBN 978-3-8240-1546-7

Bibliografische Information der Deutschen Nationalbibliothek
Die Deutsche Nationalbibliothek verzeichnet diese Publikation in der Deutschen Nationalbibliografie; detaillierte bibliografische Daten sind im Internet über http://dnb.d-nb.de abrufbar.

Vorwort

Wird man als Verkehrsteilnehmer im Rahmen einer behördlichen Überwachung von einem Messgerät „geblitzt", so ist der Betroffene meist nicht in der Lage zu beurteilen, ob die durchgeführte Messung über alle Zweifel erhaben ist oder nicht. In der Regel bedient er sich in dem Fall eines Rechtsbeistandes, der ihm aber auch nur dann weiterhelfen kann, wenn er sich auch mit den technischen Problemstellungen im Detail auskennt.

Dies bedingt eine Zusammenarbeit zwischen dem vom Betroffenen eingeschalteten Rechtsanwalt und einem auf diesem Gebiet spezialisierten technischen Sachverständigen, um beurteilen zu können, ob die durchgeführte Messung technisch korrekt erfolgte.

Es werden im Straßenverkehrsgeschehen nicht nur Geschwindigkeitsüberschreitungen geahndet, sondern auch solche, bei denen z.b. der gesetzlich geforderte Mindestabstand unterschritten wird. Auch sind Verkehrsknotenpunkte nicht selten mit Rotlichtüberwachungsanlagen ausgestattet, die je nach genauer Konfiguration durchaus fragwürdige Ergebnisse liefern können, führt man sich vor Augen, dass von der Gesetzgebung her die Ein-Sekunden-Grenze „das Maß der Dinge ist". Hier entscheidet oft eine hundertstel Sekunde darüber, ob lediglich ein Bußgeld droht oder ein zusätzliches Fahrverbot.

Das vorliegende Werk wurde in seiner nunmehr 12. Auflage grundlegend überarbeitet, um die Funktionsweisen aktueller Messgeräte aus technischer Sicht verständlich zu machen und in den richtigen juristischen Kontext zu setzen. Aus Verteidigersicht werden Möglichkeiten aufgezeigt, wie und wo „der Hebel anzusetzen ist". Für jedes Messgerät wurden eine übersichtliche Checkliste und ein Beweisfragenkatalog erstellt, um eine strukturierte und effektive Fallbearbeitung zu ermöglichen.

In den bisherigen Auflagen wurden technische und juristische Belange getrennt voneinander behandelt. Diese „klassische" Aufteilung spiegelt jedoch nicht wieder, dass es vorliegend sowohl um die rechtliche Einordnung technischer Aspekte geht als auch um die technische Beantwortung juristischer Fragen.

Daher wird nunmehr bezüglich der einzelnen Messgeräte schematisch vorgegangen. Es werden zunächst das Messprinzip und die allgemeinen Fehlermöglichkeiten vorgestellt, um dann im Detail auf etwaige Schwachpunkte derselben einzugehen. In jedem Kapitel erfolgt dann eine rechtliche Bewertung, womit erstmals eine quasi ganzheitliche Verzahnung von technischen und rechtlichen Aspekten gelungen ist.

Das vorliegende Werk soll als praktische Arbeitshilfe dienen und richtet sich daher vorwiegend an den im Ordnungswidrigkeitsverfahren agierenden Verteidiger. Nichtsdestotrotz ist es aber auch für Bedienstete der Verwaltungsbehörden geeignet, die mit dem Studium dieses Buches vermittelt bekommen, worauf sie im Zuge der Bedienung des ein oder anderen Gerätes zu achten haben.

Neben dem Praxisbezug wurde ein weiteres Augenmerk auf eine neutrale und allseits verständliche Darstellung gelegt. Insofern sei dieses Werk auch der mit Bußgeldsachen befassten Richterschaft angedient, welche ohne den technischen Background wohl kaum richtige Urteile fällen kann.

Mitautoren neben dem Vorwortverfasser und Herrn Rechtsanwalt Filip Siegert sind die auf Messverfahren spezialisierten Sachverständigen B.Eng. Thorsten Reuß und Dr.rer.nat. Björn Siemer, die seit vielen Jahren im Ingenieurbüro Schmedding beschäftigt sind.

Wir freuen uns sehr über Anregungen und Fragen zur Thematik dieses Buches. Die Verfasser der einzelnen Themen sind jeweils in der Fußzeile benannt. Die zugehörigen Kontaktdaten können der Autorenvorstellung auf der Folgeseite entnommen werden, damit Sie diese direkt anschreiben können.

Oldenburg, im Juni 2018

Dipl.-Phys. Klaus Schmedding

öffentlich bestellter und vereidigter Sachverständiger
der IHK Oldenburg für Straßenverkehrsunfälle sowie
Verkehrsregelungs- und -überwachungssysteme

Inhaltsverzeichnis

13

19

Dipl.-Phys. Klaus Schmedding

Diplom-Physiker, Oldenburg, nach dem Studium seit 1987 im renommierten Büro Schimmelpfennig und Becke in Münster tätig, seit 1998 mit eigenem Sachverständigenbüro in Oldenburg, ö.b.u.v. Sachverständiger für Straßenverkehrsunfälle sowie für Verkehrsregelungs- und -überwachungssysteme, (Mit-)Autor zahlreicher Standardwerke im Unfallrekonstruktions- und Verkehrsrechtsbereich, Autor vieler Veröffentlichungen in technischen wie juristischen Fachzeitschriften, Dozent der DeutscheAnwaltAkademie, Vortragender beim deutschen Verkehrsgerichtstag 2013.
schmedding@olreko.de

Dr. Björn Siemer

Diplom Physiker, Oldenburg, promoviert an der Westfälischen-Wilhelms-Universität Münster im Bereich der experimentellen Physik (Laseroptische Systeme, Kurzzeitphysik), seit 2015 Sachverständiger in den Bereichen der Überprüfung behördlicher Messverfahren und der Unfallanalyse im Ingenieurbüro Schmedding, Autor fachlicher Veröffentlichungen, Dozent der DeutscheAnwaltAkademie.
siemer@olreko.de

25

B.Eng. Thorsten Reuß

Thorsten Reuß, Bachelor of Engineering, Oldenburg, ausgebildeter Elektroniker, Studium an der Jade Hochschule Wilhelmshaven 2014, seit 2005 im Ingenieurbüro Schmedding in Oldenburg tätig, Sachverständiger für Geschwindigkeits- und Abstandsmessungen sowie Rotlichtüberwachungsanlagen. Die von ihm ausgearbeitete Bachelorarbeit beschäftigte sich mit dem Thema:
„Parameterstudie zur ermittelten Rotlichtzeit bei der automatischen Rotlichtüberwachung – Eine Untersuchung am Beispiel einer Traffiphot-III-Anlage."
Er ist zudem Autor fachlicher Veröffentlichungen und Dozent der DeutscheAnwaltAkademie.
reuss@olreko.de

Rechtsanwalt Filip Siegert

Filip Siegert studierte Jura in Würzburg und Padua. Er ist Rechtsanwalt und Fachanwalt für Verkehrsrecht in Aschaffenburg und Würzburg mit forensischem Schwerpunkt in Bußgeldsachen. Mitgliedschaft beim Deutschen Verkehrsgerichtstag und bei der Arbeitsgemeinschaft Verkehrsrecht im Deutschen Anwaltverein, Regionalbeauftragter im Forum Junge Anwaltschaft. Regelmäßige fachliche Veröffentlichungen und Vorträge im Verkehrsrecht mit Schwerpunkt im Verkehrsstrafrecht und -ordnungswidrigkeitenrecht.
siegert@drhaecker.de

Teil 1: Grundlagen

§ 1 Ablauf des Bußgeldverfahrens

A. Allgemeines

Siegert

Das Recht der Verkehrsordnungswidrigkeiten strahlt als Sondermaterie sowohl ins Ver-   **1**
waltungs-, als auch ins Strafrecht- und Strafprozessrecht hinein. Folglich gibt es hier
zahlreiche Besonderheiten zu kennen, um die Fehlerquellen bei polizeilichen Bußgeldverfahren richtig einzubetten und letztlich die Verteidigung erfolgreich auszurichten.
Daher soll zunächst ein Überblick über das Verfahren und die rechtliche Einordnung
gegeben werden.

Im Gegensatz zum Strafrecht wird kein kriminelles Unrecht, sondern Verwaltungsunrecht
geahndet. Um dies zu verdeutlichen, ist die Terminologie abgeändert; man spricht anstatt
vom Täter vom Betroffenen, anstatt von Schuld von Vorwerfbarkeit. Die Ahndung erfolgt
mit einer Geldbuße, nicht mit einer Strafe. Mit der Verfolgung ist vorrangig die Verwaltung
befasst, ausgestattet mit geringeren Eingriffsrechten.

Das Bußgeldverfahren unterteilt sich in das Verwaltungsverfahren, das Verfahren vor
dem Amtsgericht und schließlich das Rechtsbeschwerdeverfahren. Maßgeblich sind hierfür die Vorschriften des OWiG mit entsprechender Anwendung der StPO, des GVG und
des JGG.

Für die Verfolgung von Ordnungswidrigkeiten ist die Verwaltungsbehörde zuständig in
ihrem pflichtgemäßem Ermessen, §§ 1 Abs. 1, 47 Abs. 1 OWiG. Sofern im Verwaltungsverfahren ein Bußgeldbescheid ergeht und der Betroffene hiergegen Einspruch einlegt,
kann die Behörde den Bescheid im Zwischenverfahren gem. § 69 Abs. 2 OWiG zurücknehmen, ansonsten entscheidet das Amtsgericht gem. § 68 Abs. 1 OWiG. Gegen die Entscheidung des Amtsgerichts[1] ist gem. § 79 Abs. 1 OWiG Rechtsbeschwerde beim OLG
zulässig.

Die Rechtsbeschwerde beim OLG ermöglicht eine Überprüfung der amtsgerichtlichen
Entscheidung lediglich in rechtlicher Hinsicht. Zudem ist sie nur begrenzt zulässig. Fehlerhafte Beweisanträge oder anderweitige erstinstanzliche Versäumnisse können insoweit nicht geheilt werden, was dem Verfahren vor dem Amtsgericht erhebliches Gewicht
verleiht. **Die Verteidigung beginnt nicht vor dem OLG.**

---

[1] In Ausnahmefällen – bspw. bei der Ablehnung eines Verlegungsantrages – kann das Landgericht als Beschwerdegericht beteiligt sein; vgl. hierzu auch *Burhoff* in Ludovisy/Eggert/Burhoff, „Praxis des Straßenverkehrsrechts", 6. Aufl. 2015, § 5 Rn 438 ff.

B. Opportunitätsprinzip

2 Vorweg ist auf den Grundsatz der Opportunität hinzuweisen, da dieser das gesamte Bußgeldverfahren als roter Faden durchwirkt. Das Ordnungswidrigkeitenrecht hat eine Erziehungs- und keine Bestrafungsfunktion.[2] Ordnungswidrigkeiten tragen nämlich im Verhältnis zu Straftaten einen niedrigeren Unrechtsgehalt in sich und gefährden die Rechtsordnung weniger. Im Einzelfall kann eine Verfolgung und Ahndung nicht geboten sein,[3] weshalb es einer flexiblen Handhabe nach pflichtgemäßem Ermessen bedarf.[4] Entsprechend formulieren OWi-Normen bezüglich ihrer Rechtsfolge stets, dass eine Ahndung erfolgen *kann*, aber nicht muss. Dieser Grundsatz der Opportunität ist zentral in § 47 OWiG normiert.

Das Opportunitätsprinzip gilt für das **gesamte Bußgeldverfahren**. Je nach Verfahrensherrschaft können die Verfolgungsbehörde gem. § 47 Abs. 1 OWiG und das Gericht gem. § 47 Abs. 2 OWiG einstellen, auch das Rechtsbeschwerdegericht.[5] Die Polizei ist nicht Verfolgungsbehörde in diesem Sinne, jedoch wird aus der pflichtgemäßen Erforschung von Ordnungswidrigkeiten in § 53 Abs. 1 OWiG ebenfalls eine Opportunitätsbefugnis abgeleitet.[6]

§ 47 OWiG erfasst nicht nur die Frage, ob eine Ordnungswidrigkeit verfolgt werden soll, sondern auch in welchem Umfang und mit welchem Aufwand.[7] Entsprechend müssen Kontrollen nur dort durchgeführt werden, wo es die Verkehrssicherheit und die Verkehrsdisziplin erforderlich machen.[8] Ein willkürliches Handeln ist unzulässig. Die Verfolgung von Verkehrsordnungswidrigkeiten kann allerdings nach Schwerpunkten erfolgen, um erheblichere Verstöße zur Ahndung zu bringen.

Grundsätzlich ist die Einstellung aus Legalitätsgründen vorrangig, namentlich der Freispruch sowie die Einstellung des Verfahrens nach § 170 Abs. 2 StPO i.V.m. § 46 Abs. 1 OWiG. Die Prüfungsreihenfolge steht jedoch selbst im behördlichen pflichtgemäßen Ermessen. Sofern nicht absehbar ist, ob eine Verurteilung wahrscheinlich ist, kann die Behörde daher auch nach § 47 OWiG einstellen.[9]

3 Die Ausübung des pflichtgemäßen Ermessens hat sich selbstverständlich in den gesetzlichen Schranken zu bewegen. Aus dem **Willkürverbot** und dem **allgemeinen Gleich-**

---

2 *Gebhardt*, Das verkehrsrechtliche Mandat, Bd. 1, 8. Aufl. 2015, § 26 Rn 1 m.w.N.
3 *Göhler/Seitz*, OWiG § 47 Rn 2.
4 *Gieg* in Burhoff, Handbuch für das straßenverkehrsrechtliche OWi-Verfahren, 4. Aufl. 2015 Rn 1127 m.w.N.
5 OLG Jena DAR 2015, 215.
6 *Mitsch* in KK-OWiG, 4. Aufl. 2014, § 47 Rn 5 f.
7 *Gieg* in Burhoff, a.a.O Rn 1127.
8 *Würzberg*, DAR 1995, 265; OLG Stuttgart DAR 1991, 31; OLG Frankfurt DAR 1992, 185.
9 *Mitsch* in KK-OWiG, 4. Aufl. 2014, § 47 Rn 105 m.w.N.

heitssatz des Art. 3 Abs. 1 GG folgt, dass lediglich sachliche Kriterien in die Entscheidung einzustellen sind. Die ständige Verwaltungspraxis sowie der Grundsatz der Verhältnismäßigkeit sind einzuhalten. Zudem werden die Beurteilungsspielräume durch Verwaltungsvorschriften konkretisiert.[10] Insbesondere für die in diesem Buch behandelten Verstöße sind die Regelungen der BKatV von Bedeutung.

Von der gleichmäßigen Verwaltungspraxis und den Richtlinien soll nicht ohne Grund abgewichen werden.[11] Dennoch verbietet sich eine schematische Anwendung[12] – es sind stets sämtliche Umstände des Einzelfalles zu berücksichtigen.[13] Entsprechend ist die Verteidigung nach diesen Kriterien auszurichten, Abweichungen vom Regelfall sind herauszuarbeiten.

Praxistipp

Bereits beim Erstgespräch sollten mit dem Mandanten die Begleitumstände des Ereignisses erörtert werden und es sollte gezielt nach sachlichen Aspekten gesucht werden, welche den Fall vom Durchschnitt abheben.

Die Verwaltungsbehörde kann nicht nur bei unklarer Sach- und Rechtslage von einer Verfolgung Abstand nehmen, z.b. wenn die Aufklärung erhebliche Schwierigkeiten macht oder wenn eine neue Vorschrift, die verletzt wurde, noch nicht bekannt ist. Das Gleiche gilt, wenn eine Gefährdung bei einer Ordnungswidrigkeit nicht vorliegt oder wenn ein reiner Formalverstoß (z.b. Nichtanhalten vor einem Vorfahrtschild nachts während völlig verkehrsarmer Zeit) erfolgt. Darunter fällt auch eine geringfügige Geschwindigkeitsüberschreitung bis zu 10 km/h z.b. in der Nachtzeit bei weitgehend leerer Straße.[14] Eine Ahndung ist nicht unbedingt notwendig, wenn die Geschwindigkeitsbeschränkung, etwa an einer Baustelle, zwar erforderlich, die vorgenommene Reduzierung jedoch übertrieben erscheint, die Messung bereits kurz hinter dem Gebotsschild stattfindet und die Überschreitung nicht sehr erheblich ist.[15] Geringfügige Verstöße gegen das Rechtsfahrgebot[16] oder gegen Parkvorschriften müssen nicht in jedem Fall verfolgt werden.[17]

4

Praxistipp

Der Verteidiger sollte in geeigneten Fällen schon bei der Bußgeldbehörde eine Verfahrenseinstellung beantragen und den Antrag entsprechend detailliert über den

5

---

10 *Gieg* in Burhoff, a.a.O Rn 1131.
11 *Mitsch* in KK-OWiG, 4. Aufl. 2014, § 47 Rn 109 m.w.N.
12 *Gieg* in Burhoff, a.a.O Rn 1133.
13 *Bücherl* in BeckOK, OWiG, § 47 Rn 8.
14 Vgl. *Dannecker*, ZLR 1993, 271 und OLG Düsseldorf zfs 1994, 69; BVerfG NJW 1987, 2219.
15 Vgl. hierzu AG Rüsselsheim DAR 1999, 375.
16 OLG Düsseldorf NZV 1994, 328.
17 AG Winsen NZV 1994, 293 mit Anmerkung *Rediger*; OLG Düsseldorf NZV 1994, 205.

> Standardsatz „*Es wird angeregt, das Verfahren gegen den Betroffenen einzustellen*" hinaus begründen.[18]

6   Stellt die Verwaltungsbehörde nach Einspruch des Betroffenen das Verfahren ein, so verliert der Bußgeldbescheid seine Wirkung; eine Fortsetzung des Verfahrens ist nur durch Erlass eines neuen Bußgeldbescheides möglich, soweit keine Verjährung eingetreten ist.[19]

7   Wichtig ist in diesem Zusammenhang, dass das Opportunitätsprinzip nicht nur für die Polizei bzw. die Verfolgungsbehörde, sondern auch für das **Gericht** gilt (§ 47 Abs. 2 OWiG).[20] Der Richter hat die Bedeutung der Ordnungswidrigkeit einerseits und die Zweckmäßigkeit einer Verfolgung andererseits abzuwägen. Das Absehen von einer Bestrafung durch den Richter kann ebenfalls in Betracht kommen, wenn die Tat wenig Bedeutung hat, wenn eine Gefährdung oder Behinderung ausgeschlossen ist, wenn die nicht sehr bedeutsame Verletzung einer Vorschrift vorliegt, wenn eine Bestimmung erst kurz in Kraft ist oder wenn der Betroffene sich einsichtig zeigt. Selbstverständlich kann das Gericht auch einstellen, wenn die Verwaltungsbehörde zuvor den gebotenen Ermessensspielraum nicht zugunsten des Betroffenen ausgeschöpft hat.[21] Auch bei einem vorsätzlichen Verstoß gegen den Datenschutz kann eine Einstellung angezeigt sein.[22] Eine gerichtliche Einstellung gem. § 47 Abs. 2 OWiG ist immer dann in Betracht zu ziehen, wenn eine Ahndung der üblichen Verwaltungspraxis widersprechen würde, da sonst eine Gleichbehandlung der Betroffenen nicht gewährleistet wäre.[23]

8   Das Opportunitätsprinzip muss entgegen der Auffassung vieler Gemeinden auch dann zur Anwendung kommen, wenn die verkehrsüberwachenden Maßnahmen durch die Kommunen durchgeführt werden. Diese werden zwar in den entsprechenden Richtlinien der Länder nicht immer ausdrücklich angesprochen. Bei dem Ordnungswidrigkeitenrecht handelt es sich aber um Verwaltungsrecht, bei dessen Verfolgung statt des Legalitätsprinzips der Opportunitätsgrundsatz gilt, unabhängig davon, wer die Verfolgung durchführt.[24] Die Kommunen dürfen sich also aus fiskalischen Gründen nicht über das Opportunitätsprinzip hinwegsetzen.[25]

9   Eine Einstellung des Verfahrens darf nicht von der Zahlung einer Geldbuße abhängig gemacht werden. § 153a StPO gilt nicht für das Ordnungswidrigkeitenverfahren.[26] Dies er-

---

18 *Beck/Berr*, a.a.O. Rn 5.

19 BayObLG VRS 97, 174.

20 *Beck/Berr*, a.a.O. Rn 14.

21 Vgl. *Beck/Berr*, a.a.O. Rn 7 ff.; vgl. hierzu auch Österreichischer VwGH DAR 2004, 231.

22 AG Landstuhl DAR 2015, 710.

23 OLG Karlsruhe zfs 2005, 47.

24 BayObLG DAR 1997, 206 ff. (208).

25 Vgl. *Döhler*, DAR 1996, 36; *Steiner*, DAR 1996, 272 ff. (273); so auch *Göhler*, a.a.O., § 47 Rn 1, 2 und 15.

26 *Würzberg*, DAR 1995, 265, 266; *Beck/Berr*, a.a.O., Rn 16.

gibt sich aus § 47 Abs. 3 OWiG. Trotz dieser eindeutigen Rechtslage, die sich direkt aus dem Gesetz ergibt, finden sich Entscheidungen, wonach die Regelung des Opportunitätsgrundsatzes im Ordnungswidrigkeitenrecht durch § 47 OWiG einer gleichzeitigen entsprechenden Anwendbarkeit der §§ 153 ff. StPO nicht entgegenstehe.[27]

Nimmt die Staatsanwaltschaft nicht an der Hauptverhandlung teil – was die Regel ist – bedarf es nicht ihrer Zustimmung zur Einstellung durch das Gericht gem. § 47 OWiG.[28] Eine Zustimmung der Staatsanwaltschaft ist ebenfalls nicht notwendig, wenn im Bußgeldbescheid keine höhere Buße als 100 EUR ausgewiesen ist und die Staatsanwaltschaft ihre Nichtteilnahme an der Hauptverhandlung erklärt hat. In diesen Fällen ist die Einstellung des Verfahrens außerhalb der Hauptverhandlung durch das Gericht ohne Weiteres möglich, § 47 Abs. 2 S. 2 OWiG. Das Gericht prüft nicht, ob ein Ermessensfehler der Bußgeldbehörde vorliegt, es entscheidet **selbst** nach den Umständen des Einzelfalls. Es kommt allein auf die subjektive Wertung des Gerichts an. Unzulässig ist eine Einstellung nur dann, wenn sie ohne Ermessensausübung oder aus völlig sachfremden Gründen erfolgt; dann kann ausnahmsweise ein Vergehen der Rechtsbeugung in Betracht kommen.[29] Der Betroffene hat allerdings kein subjektives Recht auf Anwendung des Opportunitätsprinzips in einer ganz bestimmten Richtung, eine Verfahrenseinstellung ist deshalb nicht zu erzwingen und gerichtlich auch nicht durchsetzbar.

10

Praxistipp

Der Verteidiger sollte in jedem Fall prüfen, ob nicht eine Einstellung des Verfahrens oder eine Absenkung der Buße auf einen Betrag unterhalb der Eintragungsgrenze in Betracht kommen kann. Zur Begründung eines solchen Antrags könnten in geeigneten Fällen z.B. der Umstand einer drohenden umfangreichen und aufwändigen Beweisaufnahme oder langjährige unfallfreie und straffreie Fahrpraxis des Betroffenen herangezogen werden.[30]

11

C. Verwaltungsverfahren

Wer, wann, was? – Im Verwaltungsverfahren wird der Mandant regelmäßig mit dem ersten behördlichen Schreiben Kenntnis vom Tatvorwurf erhalten und hierauf einen Anwalt kontaktieren. Vor Erlass eines Bußgeldbescheides ist der Betroffene anzuhören. Sofern die Behörde den Fahrer noch nicht ermitteln konnte, wird vorab ein Zeugenfragebogen versandt. Andernfalls erhält der Betroffene direkt einen Anhörungsbogen. Mit

12

---

27 So AG Stadtroda DAR 1995, 35.
28 Vgl. hierzu § 75 Abs. 2 OWiG.
29 Vgl. BGH NJW 1999, 1122.
30 Vgl. hierzu auch *Burmann*, DAR 1994, 141.

den im Zeugen- oder Anhörungsbogen enthaltenen Informationen lassen sich bereits im Erstgespräch die meisten Fragen vorab beantworten und die Verteidigung frühzeitig ausrichten:

■ Die Fahrerfrage kann vorab geklärt werden und mit ihr das Einlassungsverhalten hierzu.

■ Der Fristenlauf für die Verfolgung der Tat kann bestimmt werden.

■ Der Tatvorwurf im eigentlichen Sinne und somit die drohenden Rechtsfolgen sind bekannt.

I. Fahrerfrage

1. Zeugenfragebogen/Anhörungsbogen

13   Bei den meisten polizeilichen Anzeigen im Straßenverkehr – jedenfalls bei den hier behandelten Ordnungswidrigkeiten – handelt es sich um sogenannte Kennzeichenanzeigen. Bekannt ist den Ermittlungsbehörden zunächst nur das Fahrzeug mit dem zugehörigen amtlichen Kennzeichen, mithin also nur das Tatmittel.

Über die zum Kennzeichen gespeicherten Halterdaten wird sodann der verantwortliche Fahrer ermittelt. Ist sich die Behörde sicher wer der Betroffene war, schickt sie ihm einen Anhörungsbogen zu. Andernfalls versendet sie dem Halter einen Zeugenfragebogen zusammen mit der Aufforderung, den verantwortlichen Fahrer zum Tatzeitpunkt zu benennen.

2. Einlassungsverhalten

14   Nach der einhelligen Rechtsprechung darf aus der Eigenschaft als Halter alleine nicht auf die Fahrer- bzw. Tätereigenschaft geschlossen werden. Auch wenn der Halter auf den Vorwurf einer Ordnungswidrigkeit hin schweigt, können Polizei bzw. Gericht nicht den Schluss ziehen, dass der Halter der Fahrer war. Das Schweigen kann nicht einmal als Indiz für eine Schuld gewertet werden.[31] Wenn der Tatrichter aus der Haltereigenschaft des Betroffenen auf die Fahrereigenschaft geschlossen hat, ist das Rechtsbeschwerdegericht nicht daran gebunden, wenn die naheliegende Möglichkeit eines anderen Geschehens unerörtert blieb.[32] Auch eine Zeugnisverweigerung von Angehörigen kann nicht zuungunsten des Halters ausgewertet werden. Allerdings gilt dies alles nur dann, wenn völliges Schweigen vorliegt. Teilweises Schweigen ist auslegungsfähig

---

31 *Bohnert*, § 55 Rn 20; OLG Köln NStZ 1991, 52; OLG Düsseldorf NStZ 2001, 260.
32 OLG Braunschweig DAR 2003, 471.

und kann zu dem Schluss führen, dass der Halter der Fahrer gewesen ist.[33] Das Gericht wird aus Indizien möglicherweise folgern, dass der Halter auch der Fahrzeugführer ist. Dieser Schluss kann insbesondere dann zulässig sein, wenn nur der Halter zu bestimmten Zeiten den fraglichen Pkw benutzt oder wenn es sich um ein besonders wertvolles Fahrzeug handelt, das erfahrungsgemäß nicht verliehen wird und wenn auch konkret keine andere in Betracht kommende Person benannt wird.[34]

Praxistipp

Der Mandant ist daher unbedingt darüber aufzuklären, dass nichts sagen **NICHTS** sagen bedeutet. Erklärungsversuche gegenüber Ermittlungsbehörden sind zwar menschlich nachvollziehbar, jedoch meist fatal.

Die Polizei hat natürlich Möglichkeiten einer Identifizierung. In aller Regel wird bei Geschwindigkeits- und Abstandsmessungen und bei Rotlichtverstößen ein Frontfoto vom Fahrer gefertigt. Mit diesem Lichtbild versucht die Behörde den Betroffenen ausfindig zu machen. Wenn sie den Fahrzeughalter, der natürlich oft auch der Fahrer ist, nicht zu Gesicht bekommt, versucht sie es durch Anhörung von Nachbarn oder Berufskollegen. Es versteht sich von selbst, dass diese Befragungen für den Betroffenen nicht gerade sehr angenehm sind. Durch die vorherige Erteilung eines Hausverbotes gegenüber der Polizei kann zumindest der Besuch bei den Nachbarn oder dem Arbeitgeber nicht verhindert werden. Wenn auf diese Art und Weise eine Identifizierung nicht möglich ist, werden oft auch die Bilder der Passämter beigezogen um Vergleiche anzustellen. Die erfolgte Aushändigung einer Personalausweiskopie durch die Meldebehörde zum Vergleich des Lichtbildes mit dem Polizeifoto führt nach der Rechtsprechung zu keinem Verwertungsverbot.[35]

15

Praxistipp

Bereits im Erstgespräch ist hinsichtlich des Einlassungsverhaltens mit dem Mandanten zu thematisieren, dass bei offener Fahrerfrage mit einem Besuch der Polizei gerechnet werden kann.

Das Auftauchen eines uniformierten Polizeibeamten zuhause, in der Nachbarschaft oder an der Arbeitsstätte stellt für manchen Mandanten eine individuell höhere Beeinträchtigung dar als die drohende Ahndung. Aber selbst wenn dies akzeptiert wird, sind die Zeugnis- und Aussageverweigerungsrechte von Mitbewohnern, Familienmitgliedern und Mitarbeitern zu besprechen.

---

33 BGH NStZ 2000, 494; vgl. hierzu auch BGH JR 2003, 165.
34 Vgl. hierzu BGH 25, 365.
35 BayObLG NZV 1998, 339; OLG Frankfurt VD 1998, 71; AG Schleiden DAR 2001, 232; BayObLG DAR 2004, 38; OLG Stuttgart NStZ 2003, 93; OLG Rostock VA 2005, 51; OLG Bamberg DAR 2006, 336.

Fehlt ein anwaltlicher Hinweis hierauf, leidet das Mandatsverhältnis im Nachhinein erheblich. Ein vorbereiteter Mandant wird es Ihnen hingegen danken.

3. Fahrtenbuchauflage

16 Eine Halterhaftung gibt es hier nicht. Jedoch besteht die Gefahr einer Fahrtenbuchauflage für den Fall, dass die Ahndung der Ordnungswidrigkeit an der Fahrerermittlung scheitert, § 31a Abs. 1 S. 1 StVZO. Danach muss jedoch die unterlassene Mitwirkung kausal sein, unabhängig von Zeugnisverweigerungsrechten. Hier gilt es zwischen natürlichen und juristischen Personen zu unterscheiden – je größer der Kreis der möglichen bzw. wahrscheinlichen Fahrer, umso schwieriger wird die Ermittlung für die Behörde. Auch ist die Handhabe der Fahrtenbuchauflage regional unterschiedlich.

Praxistipp

An der Aufklärung der Fahrerfrage kann hingegen nur mitwirken, wer dazu aufgefordert wird. Zeugenfragebögen und Anhörungsbögen werden regelmäßig mit normaler Post verschickt. Dies allein stellt noch keinen Nachweis der Behörde dar, dass der Adressat die Schreiben auch tatsächlich erhalten hat.

4. Weitere Maßnahmen zur Fahrerermittlung

17 Stellt die Polizei insbesondere fest, dass der Betroffene sein Aussehen gegenüber dem bei dem Verkehrsverstoß aufgenommenen Foto verändert hat, so soll zur weiteren Aufklärung die Einholung der Kopie eines Ausweisbildes bei der Passbehörde durch § 22 Abs. 2 S. 2 Nr. 3 PassG und auch durch § 25 Abs. 2 des PAuswG gedeckt sein.[36] Trotzdem bestehen erhebliche Bedenken datenrechtlicher Art gegen diese Vorgehensweise. Bei einfachen Ordnungswidrigkeiten muss im Verfahren der Grundsatz der Verhältnismäßigkeit gewahrt bleiben. Dieser verbietet es, ohne besondere Ermächtigung des Behördenleiters Einsicht in die Register bezüglich Personalausweis oder Pass zu nehmen. Unverhältnismäßig kann es auch sein, wegen einer geringfügigen Ordnungswidrigkeit bei Nachbarn oder Arbeitskollegen zu ermitteln. Sofern die Behörde sich über datenschutzrechtliche Vorgaben vorsätzlich hinweggesetzt hat, ist eine Einstellung nach § 47 OWiG angezeigt.[37]

18 Im Übrigen dürfen Lichtbilder von Beifahrern unbeteiligten Dritten nicht zur Kenntnis gegeben werden; die auf Frontfotos mitabgebildeten Beifahrer sind zu schwärzen. Die

---

36 BayObLG VersR 2000, 510; *Beck/Berr*, a.a.O. Rn 32.
37 AG Landstuhl DAR 2015, 710.

meisten Datenschutzbeauftragten der Länder vertreten die Auffassung, dass Passämter der Polizei nicht routinemäßig Ausweisfotos von Kraftfahrern übersenden dürfen.[38] Kann die Identifizierung durch die Polizei auf diese Art und Weise nicht festgestellt werden und kann sich auch das Gericht nicht davon überzeugen, dass der Betroffene die auf dem Lichtbild abgebildete Person ist, dann wird von Gerichten unter Umständen ein Persönlichkeitsgutachten angefordert. Anhand von sichtbaren Körperpartien (z.B. Ohr, Finger, Hand, die der Kraftfahrer im Augenblick der Lichtbildaufnahme vor das Gesicht hält) versuchen Sachverständige eine Identifizierung vorzunehmen.[39]

Diese Begutachtung ist umstritten. Es sind immer wieder Fälle bekannt geworden, in denen nachweisbar falsche Identifizierungen vorgenommen wurden.[40] Nachdem einheitliche Kriterien zur Identifizierung nicht vorliegen, ist eine Nachprüfbarkeit dieser Gutachten nur schwer möglich. Die Sachverständigen versuchen, den Täter durch einen Vergleich mit Fotos und mit bestimmten „unveränderbaren" Merkmalen ausfindig zu machen. Bei einem anthropologischen Identitätsgutachten handelt es sich nicht um eine standardisierte Untersuchungsmethode. Im Urteil sind deshalb alle Anknüpfungstatsachen des Sachverständigen mitzuteilen.[41] Andere Gerichte fordern zudem noch die genaue Darlegung und Anzahl der metrischen und deskriptiven Merkmale und die Art und Weise der Ermittlung der Übereinstimmung.[42]

19

Anthropologische Gutachten sind teuer, die Kosten liegen zwischen 1.000 EUR und 2.500 EUR, sie können auch noch höher sein, insbesondere wenn der Sachverständige zum Verhandlungstermin geladen wird. Angesichts dieser hohen Kosten muss eine Benachrichtigung des Betroffenen durch das Gericht erfolgen, bevor ein solches Gutachten eingeholt wird. Unterbleibt diese, liegt ein Verstoß gegen den Verhältnismäßigkeitsgrundsatz und damit eine unrichtige Sachbehandlung vor. Die Sachverständigenauslagen sind dann unter Umständen gem. § 8 Abs. 1 GKG nicht zu erheben.[43] Sofern keine Rechtsschutzversicherung besteht, kann der Mandant beruhigt werden, dass diesbezüglich zumindest im Verwaltungsverfahren kein Kostenrisiko droht und vor Gericht nur bei vorheriger Benachrichtigung.

20

Bei Geschwindigkeits- und Abstandsmessungen sowie Rotlichtverstößen muss der Tatrichter bei Vorliegen eines Fotos beurteilen, ob es die Feststellung zulässt, wer der Fahrer

21

---

38 Vgl. hierzu *Hassemer/Topp*, NZV 1995, 169; *Payer*, VGT 1995, 211 ff. (220); VGT 1995: Entschließung zum Arbeitskreis V „Datenschutz und Verkehrsrecht"; vgl. hierzu auch *Schäpe*, DAR 2002, 568.
39 Vgl. hierzu ausführlich: *Beck/Berr*, a.a.O. Rn 492.
40 Vgl. AG Hamburg-Altona DAR 1996, 368 ff.; AG Wiesbaden DAR 1996, 157.
41 OLG Hamm DAR 2005, 42; OLG Jena zfs 2006, 475.
42 OLG Bamberg DAR 2010, 390.
43 LG Freiburg zfs 1993, 385; LG Baden-Baden zfs 1994, 263; vgl. auch LG Frankfurt DAR 1996, 248.

des abgebildeten Fahrzeugs ist.[44] Er alleine identifiziert den Fahrer, seine Überzeugungs-bildung ist nicht mit der Rechtsbeschwerde anzufechten.[45]

22

Praxistipp

In Zeugenfragebögen und Anhörungsbögen sind die Lichtbilder oft in sehr schlechter Qualität wiedergegeben. Für die Frage, ob eine Überführung an der Fahrerfrage schei-tern kann, ist daher stets zu berücksichtigten, dass die der Behörde und dem Richter zugängliche Originalbilddatei deutlich besser sein kann. Gewissheit hierüber gibt je-doch erst die Akteneinsicht, da diese Datei vom Verteidiger ebenfalls angefordert wer-den kann.

Ausgehend von den verfügbaren Lichtbildern ist die Fahrerfrage aus der Sicht der nachfolgend aufgezeigten Anforderungen zu erörtern, welche der Tatrichter letztlich seiner Entscheidung zugrunde zu legen hat.

Jeden Mandanten interessiert bereits im Erstgespräch, inwiefern das Fahrerfoto in der Verteidigung erfolgsversprechend ist. Mit dem Anhörungsbogen bzw. Zeugenfragen-bogen kann also lediglich eine ungefähre Einschätzung erfolgen.

Anhand des Frontfotos im Zeugen- bzw. Anhörungsbogen kann frühzeitig beurteilt werden, mit welchen Erfolgsaussichten ein Fahrernachweis gelingen würde. Zu the-matisieren ist, inwiefern – schweigeberechtigte – Familienmitglieder dem Fahrer auf dem Frontfoto ähnlich sehen. Deren Bilder können bereits jetzt zur Akte genom-men werden.

5. Kriterien bei der Fahrerermittlung

23   Der Betroffene ist verpflichtet, Maßnahmen zur Identitätsfeststellung zu dulden. So hat er der Aufforderung nachzukommen, die Brille abzunehmen oder die Haare aus der Stirn zu nehmen, den Kopf zu wenden etc. Diese Maßnahmen können unter Umständen sogar zwangsweise vorgenommen werden, § 46 OWiG i.V.m. § 81a StPO.[46] Der Tatrichter hatte früher grundsätzlich die charakteristischen Identifizierungsmerkmale[47] sowie die Art und das Maß der Übereinstimmung der jeweils festgestellten Merkmale darzulegen.[48] Es waren nähere Angaben zu machen über konkrete anatomische Einzelmerkmale, z.B. runde oder ovale Kopfform, breite oder schmale Lippen, hochgezogene oder niedrigere Augenbrauen. Aber auch allgemeine Merkmale mussten angegeben werden, wie Augen-

---

44 BGH NJW 1979, 2318; OLG Hamm NZV 1991, 283 bei *Göhler*; zusammenfassend *Krumm*, NZV 2012, 267.
45 BGH DAR 1996, 99.
46 OLG Düsseldorf DAR 1991, 191.
47 *Göhler*, NStZ 1992, 76; OLG Frankfurt NZV 1992, 86.
48 Vgl. OLG Hamm NZV 1991, 284 bei *Göhler*.

und Nasenpartie sowie Haaransatz.[49] Das Gericht musste im Urteil grundsätzlich ausführlich darlegen, inwieweit etwa die Physiognomie und die Haltung des Betroffenen mit derjenigen des auf dem Lichtbild abgebildeten Fahrers übereinstimmen.[50]

Diese frühere überwiegende Rechtsprechung, wonach grundsätzlich eine detaillierte Be-   **24**
schreibung der charakteristischen Merkmale vorgenommen werden musste, hat der BGH
für bestimmte Fälle aufgegeben. Wenn der Tatrichter im Bußgeldverfahren wegen einer
Verkehrsordnungswidrigkeit anhand eines bei einer Verkehrsüberwachungsmaßnahme
gefertigten Beweisfotos die Überzeugung erlangt hat, dass der Betroffene und die abgebildete Person identisch sind, so bedarf es nunmehr im Urteil keiner näheren Ausführungen mehr zur Identifizierung, es kann im Regelfall auf das Foto verwiesen werden.[51] Allerdings darf nur auf ein Foto verwiesen werden, das sich im Zeitpunkt der Urteilsfindung
bei den Akten befunden hat und nicht etwa auf ein Foto, das erst nachträglich angefordert
wurde.[52] Bestehen allerdings nach Inhalt oder Qualität des Fotos Zweifel an seiner Eignung als Grundlage für eine Identifizierung des Fahrers, so muss der Tatrichter angeben,
aufgrund welcher – auf dem Foto erkennbaren – Identifizierungsmerkmale er die Überzeugung von der Identität des Betroffenen mit dem abgebildeten Fahrzeugführer gewonnen hat. Unterbleibt eine prozessordnungsgemäße Verweisung auf das Beweisfoto, so
muss das Urteil Ausführungen zur Bildqualität enthalten und die abgebildete Person
oder jedenfalls charakteristische Identifizierungsmerkmale so präzise beschreiben, dass
dem Rechtsmittelgericht anhand der Beschreibung in gleicher Weise wie bei Betrachtung
des Fotos die Prüfung ermöglicht wird, ob dieses zur Identifizierung generell geeignet
ist.[53]

Eine Bezugnahme auf ein Lichtbild in den Urteilsgründen reicht also dann aus, wenn nach   **25**
dem optischen Eindruck, den das Foto dem Rechtsbeschwerdegericht vermittelt, die Feststellung der Identität des Betroffenen dem Tatrichter mühelos möglich gewesen war.[54]
Macht das Gericht davon Gebrauch, sind darüber hinausgehende Ausführungen zur Beschreibung des abgebildeten Fahrers entbehrlich. Die Verweisung auf das Foto muss in
den Urteilsgründen deutlich und eindeutig zum Ausdruck kommen.[55] Die Bezugnahme
muss so beschaffen sein, dass kein Zweifel daran besteht, dass das Lichtbild Bestandteil

---

49 Vgl. OLG Düsseldorf DAR 1991, 191.
50 OLG Düsseldorf VRS 76, 145.
51 BGH DAR 1996, 98; OLG Hamm DAR 1996, 245; BayObLG NZV 1998, 339; OLG Hamm NZV 1998, 171;
   OLG Düsseldorf zfs 1997, 194; OLG Hamm DAR 2005, 165.
52 OLG Zweibrücken DAR 2002, 234.
53 BGH DAR 1996, 98; OLG Brandenburg DAR 1998, 112; BayObLG DAR 1998, 147; OLG Hamburg zfs 1997,
   155; KG NZV 1998, 124.
54 OLG Hamm zfs 1993, 212; vgl. hierzu auch OLG Hamm DAR 2004, 597; KG DAR 2006, 158; OLG Bamberg
   DAR 2008, 348, OLG Jena NZV 2008, 165.
55 OLG Dresden DAR 2000, 279; OLG Hamm SVR 2007, 394.

der Urteilsgründe sein soll.[56] Es muss sich um ein eindeutiges Bild handeln, das ein sofortiges und spontanes, ganzheitliches Wiedererkennen des Betroffenen ermöglicht. Soweit dies nicht der Fall ist, muss es dabei bleiben, dass ein bloßer Verweis auf das Foto nicht zulässig ist.[57] Wenn der Tatrichter bei schlechter Bildqualität glaubt, trotzdem auf das Foto verweisen zu können, so muss er genau erörtern, warum ihm gleichwohl die Identifizierung möglich erscheint.[58] Qualität und Aussagekraft eines Lichtbildes bestimmen also, inwieweit welche übereinstimmenden Merkmale zur Identifizierung des Betroffenen bzw. Fahrers in den Urteilsgründen mehr oder weniger umfassend darzustellen sind.[59]

26   Nicht ausreichend ist die bloße Mitteilung im Urteil, das Lichtbild sei in Augenschein genommen und mit dem Betroffenen verglichen worden.[60] Wenn eine Verweisung auf ein geeignetes Foto fehlt, dann müssen die Gründe Ausführungen zur Bildqualität enthalten und die abgebildete Person oder deren charakteristische Identifizierungsmerkmale so präzise wie möglich beschreiben. Anhand der Beschreibung muss dabei in gleicher Weise wie bei der Betrachtung des Fotos die Prüfung möglich sein, ob diese zur Identifizierung generell geeignet ist und ob der Betroffene das Fahrzeug gelenkt hat.[61] Es genügt weder, wenn der Tatrichter nur das Ergebnis seiner Überzeugungsbildung mitteilt, noch, wenn er die von ihm oder einem Sachverständigen zur Identifizierung herangezogenen abstrakten Merkmale auflistet.[62] Das Urteil muss vielmehr genaue Ausführungen zur Bildqualität und zur Bildschärfe enthalten. Die abgebildete Person oder jedenfalls mehrere Identifizierungsmerkmale in ihren charakteristischen Eigenschaften sind präzise zu beschreiben.[63] Auf diese genaue Prüfung bzw. Beschreibung kann auch bei einem Vergleichslichtbild aus einem Führerschein zumindest dann nicht verzichtet werden, wenn das Ausweispapier sehr alt ist, eine deutlich jüngere Person als den zu Identifizierenden darstellt und so eine Abgleichung charakteristischer Gesichtszüge erforderlich macht.[64]

27   *Praxistipp*

Wenn es um die Festhaltung von Identifizierungsmerkmalen geht, ein Verweis auf das Foto also nicht erfolgt bzw. nicht ausreicht, ist es wichtig für den Verteidiger zu wis-

---

56 OLG Dresden DAR 2000, 279; OLG Düsseldorf zfs 2004, 338; OLG Hamm SVR 2007, 394.
57 Vgl. hierzu die frühere Rechtsprechung, so z.B. OLG Hamm VRS 76, 196; OLG Köln VRS 80, 374; BayObLG NZV 1995, 163; OLG Düsseldorf NZV 1994, 445; BayObLG zfs 1997, 316.
58 OLG Dresden DAR 2000, 279; OLG Brandenburg DAR 1998, 112; vgl. auch OLG Hamm NZV 2001, 89; OLG Hamm DAR 2005, 462.
59 OLG Karlsruhe DAR 1995, 337; OLG Hamm NZV 1995, 118 (hier werden die Darlegungserfordernisse bei Identitätsfeststellung anhand von Lichtbildern dargestellt); OLG Oldenburg VRS 87, 202.
60 OLG Köln DAR 2004, 719 und DAR 2005, 51; OLG Hamm SVR 2007, 314.
61 OLG Oldenburg zfs 1997, 74; OLG Hamm DAR 1996, 417; OLG Hamm DAR 1997, 29; OLG Düsseldorf zfs 1997, 194; OLG Naumburg zfs 1997, 194; BayObLG zfs 1997, 316.
62 OLG Brandenburg, Beschl. v. 28.7.2015 – (1 B) 53 Ss-OWi 278/15 (149/15), Rn 13, juris.
63 OLG Dresden DAR 2000, 279; BayObLG DAR 1998, 370 und 558; OLG Brandenburg DAR 1998, 112.
64 OLG Hamburg zfs 1997, 155.

sen, dass viele Merkmale ohne zusätzliche Beweisanzeichen nicht geeignet sind, den Betroffenen als Fahrer zu identifizieren. So sind nicht ausreichend Formulierungen wie etwa mittelgroße Statur, schlankes Gesicht mit spitzem Kinn, heller üppiger Haarschopf, der hoch an der Stirn ansetzt und vor allem seitlich und im Nacken wollig ausgeprägt ist, eine der Körpergröße des Betroffenen entsprechende Sitzposition etc. Diese körperlichen Merkmale weisen nur in geringem Umfang individuelle Eigenarten auf und sind daher nur von sehr geringer Aussagekraft.[65]

Es reicht nicht aus, wenn das Gericht feststellt, der Betroffene habe in der Hauptverhandlung auf dem Foto zweifelsfrei erkannt werden können, z.B. deshalb, weil die linke Seite des Kopfes besonders gut ausgeleuchtet sei, sodass die Gesichtszüge mit seltener Deutlichkeit abgebildet wären.[66] Ebenfalls nicht ausreichend ist die Feststellung im Urteil, dass es sich um eine weibliche Person oder um eine Brillenträgerin handele, deren Frisur, Kopfform und geschätztes Alter mit dem Lichtbild übereinstimmen.[67]   **28**

Ohne zusätzliche weitere Beweisanzeichen ist die Aufzählung dieser Merkmale nicht geeignet, um eine Identifizierung vorzunehmen. Nach der Rechtsprechung weisen nämlich derartige körperliche Merkmale allein nur in relativ geringem Umfang individuelle Eigenarten auf. Sie sind deshalb von nicht sehr großer Aussagekraft.[68] Angaben im Urteil, dass z.B. Oberlippenbart, Haaransatz, Kinnform oder Nase mit dem Lichtbild übereinstimmen, reichen nicht aus. Das Gericht muss im Einzelnen ausführen und beschreiben, wie diese Merkmale im Einzelfall des Betroffenen aussehen. Es muss beschrieben werden, wie der Haaransatz beschaffen ist, wie das Kinn geformt ist, wie der Oberlippenbart aussieht etc.[69]   **29**

Hat der Tatrichter den Betroffenen anhand des bei einer Verkehrsordnungswidrigkeit gefertigten Frontfotos identifiziert, so bedarf es – auch wenn eine prozessordnungsgemäße Verweisung auf das Frontfoto gem. § 267 Abs. 1 S. 3 StPO unterbleibt – dann keiner weiteren Ausführungen zur Bildqualität, sofern das Gericht in den Urteilsgründen einen ins Detail gehenden genauen Vergleich mehrerer charakteristischer Merkmale vorgenommen hat, aus dem sich zwingend die Geeignetheit des Frontfotos zur Identifizierung ergibt.[70] Es muss für die Rechtsbeschwerdeinstanz durch Ausführungen im Urteil erkennbar sein, welche charakteristischen Merkmale des Betroffenen für die amtsrichterliche Überzeugung bestimmend waren.[71]   **30**

65 Vgl. hierzu ebenfalls *Beck/Berr*, a.a.O. Rn 495; OLG Hamm zfs 1990, 107.
66 OLG Düsseldorf NZV 1991, 283.
67 OLG Hamm, Beschl. v. 7.11.1989 – 3 Ss OWi 695/89, juris.
68 OLG Hamm NZV 1991, 284 bei *Göhler* und NStZ 1992, 76 bei *Göhler*; OLG Düsseldorf NZV 1995, 445.
69 Vgl. hierzu OLG Frankfurt NZV 1992, 86; OLG Hamm DAR 1996, 69.
70 BayObLG DAR 1996, 411.
71 OLG Bamberg NZV 2012, 250; OLG Hamm, Beschl. v. 22.6.2017 – 4 RBs 216/17, Rn 5, juris.

31   Wenn lediglich eine Ähnlichkeit zwischen dem Betroffenen und dem Foto vorliegt, so kann das Gericht sich seine Überzeugung aufgrund des eigenen, persönlichen Eindrucks zwar selbst bilden, muss diese jedoch eingehend begründen.[72] Eine Identitätsfeststellung des Fahrers durch einen Vergleich mit dem Ausweisfoto ist grundsätzlich rechtlich nicht zu beanstanden, dies gilt auch bei Verletzung datenschutzrechtlicher Bestimmungen.[73]

32   Hat ein Polizeibeamter aufgrund des Erscheinungsbildes des von ihm kontrollierten Fahrers keine Bedenken, dass der ihm vorgelegte Führerschein für den Fahrer ausgestellt wurde, und erkennt er diesen in der Hauptverhandlung, wenn auch nicht hundertprozentig sicher, wieder, so ist das Gericht im Rahmen seiner Aufklärungspflicht nicht verpflichtet, weitere Zeugen zu hören. Etwas Anderes kann gelten, wenn der Betroffene vorträgt, der angebliche Fahrer sehe ihm täuschend ähnlich.[74]

33   Wenn auf dem Beweisfoto die Konturen des Fahrers nicht erkennbar sind und so eine Identifizierung nicht möglich ist, aber die Verwaltungsbehörde trotzdem einen Bußgeldbescheid erlässt, dann müssen die Anwaltskosten des Betroffenen erstattet werden, wenn später aus diesen Gründen eine Einstellung des Verfahrens erfolgt.[75]

34   Bleibt der durch das Amtsgericht vom Erscheinen in der Hauptverhandlung entbundene Betroffene der Hauptverhandlung auch tatsächlich fern, dann darf daraus nicht der nachteilige Schluss gezogen werden, er sei nur weggeblieben um einen Vergleich mit dem Lichtbild zu vermeiden.[76]

35   Hat der Richter hingegen ein anthropologisches Sachverständigengutachten eingeholt, reicht es nicht aus, in den Gründen nur das Ergebnis des Gutachtens wiederzugeben.[77] Auch hier müssen die Anknüpfungstatsachen und die das Gutachten tragenden fachlichen Gründe dargelegt werden.[78] Insbesondere muss auf die Häufigkeit der übereinstimmenden Merkmale und der Wahrscheinlichkeitsrechnung eingegangen werden.[79]

6. Rechtsschutzversicherung

36   Die Frage nach Halter und Fahrer des betroffenen Fahrzeuges ist beim Erstgespräch nicht nur hinsichtlich der drohenden Ahndung relevant, sondern auch bezüglich der Deckung des Mandats seitens der Rechtsschutzversicherung. Je nach Police kann der Rechtsschutz beschränkt sein auf eigene Fahrzeuge, berufliche Nutzungen etc. Dies ist mit dem Man-

---

72 OLG Frankfurt DAR 1988, 139.
73 BayObLG DAR 2004, 38; OLG Stuttgart NStZ 2003, 93.
74 BayObLG VM 1999, 43.
75 AG Erlangen DAR 1990, 113.
76 OLG Düsseldorf VRS 68, 220.
77 OLG Jena NZV 2009, 246; OLG Bamberg DAR 2010, 390; OLG Bamberg SVR 2012, 29.
78 OLG Jena zfs 2012, 108.
79 OLG Hamm, Beschl. v. 26.5.2008 – 3 Ss OWi 793/07, juris.

danten jeweils abzuklären, im Zweifel sollten der Versicherungsschein und die ARB eingesehen werden. Zu beachten ist bei Äußerungen gegenüber Versicherungen, dass diese kein Zeugnisverweigerungsrecht haben.

Praxistipp

Ob und wann eine Stellungnahme zur Fahrerfrage im Verwaltungsverfahren sinnvoll erscheint, hängt vom Frontfoto sowie von den nachfolgend erörterten Verjährungsfristen ab.

Sofern Stellung bezogen wird, sollte dies substantiiert sein und sich an den für ein Urteil erforderlichen Darlegungen und Nachweisen orientieren. Sollte die Behörde hierauf nicht abhelfen, ist dann zumindest eine psychologische Hürde für das Gerichtsverfahren bereits aktenkundig.

II. Verfolgungsverjährung

Zuallererst gilt es, Fristen zu wahren. Sofern bereits ein Bußgeldbescheid zugestellt worden ist, muss innerhalb von zwei Wochen Einspruch eingelegt werden. Bis zum Erhalt des Bußgeldbescheids ist die Verteidigung nach außen hin jedoch eine Verteidigung auf Zeit. **37**

1. Frist

Für die vorliegend thematisierten Ordnungswidrigkeiten gilt § 26 Abs. 3 StVG. Danach beträgt die Frist der Verfolgungsverjährung drei Monate, solange noch kein Bußgeldbescheid ergangen ist. Mithin ist den Behörden ein sehr kurzes Zeitfenster gegeben, in welchem der Fahrer ermittelt werden muss. Trotz Fristenkontrolle kommt es daher vereinzelt vor, dass diese Fristen versehentlich verstreichen und eine Ahndung bereits aus formellen Gründen unterbleibt. **38**

2. Berechnung

Die Verjährung beginnt gem. § 31 Abs. 3 OWiG, sobald die Tathandlung beendet ist, spätestens jedoch mit Eintritt des Erfolges. Die Fristberechnung erfolgt analog § 188 Abs. 2 und Abs. 3 BGB.[80] Wochenenden oder Feiertage sind insofern ohne Bedeutung. Die Verjährung endet mit Ablauf des Kalendertages des Folgemonats, welcher um eins kleiner ist als der Tag des Fristbeginns. **39**

---

80 KK-OWiG, § 31 Rn 35.

Beispiele

Ist der Tattag der 5.4., so endet die Frist am 4.7. um 24 Uhr.

Ist der Tattag der 30.11., so endet die Frist am 28.2. um 24 Uhr (in Schaltjahren entsprechend am 29.2.).

3. Zugangsnachweise

40　Der Zugang ist ein relevanter Faktor bei der Fristenberechnung. Während Bußgeldbescheide regelmäßig mit Postzustellungsurkunden versendet werden, verschicken die Behörden Zeugenfragebögen und Anhörungsbögen meist mit einfacher Post oder Beamte werfen diese selbst in den Briefkasten bzw. händigen sie zum Teil an Dritte aus.

Praxistipp

Der juristische Laie setzt das Datum eines behördlichen Schreibens oft gleich mit dem darin ausgewiesenen Datum. Zur frühzeitigen Überprüfung des Zugangs empfiehlt es sich, den Mandanten anzuhalten, neben den Schreiben auch die Briefumschläge aufzuheben und mitzubringen.

4. Verjährungsunterbrechung

41　*Das Wichtigste vorab:*

Die Maßnahmen der Verfolgungsbehörde wirken **nur gegenüber dem Adressaten selbst**. Wer das ist, ergibt sich zum einen aus dem Schreiben, zum anderen aus der Ermittlungsakte. In Bezug auf den verantwortlichen Fahrer bedeutet dies, dass die Verjährung zu seinen Gunsten läuft, sofern gegen eine andere Person ermittelt wird.

Handlungen, welche die kurze Frist der Verfolgungsverjährung unterbrechen, sind in § 33 Abs. 1 OWiG abschließend aufgeführt. Wie eingangs erwähnt, gelten sie nur gegenüber dem Betroffenen selbst, § 33 Abs. 4 OWiG. Wird die Tat zunächst als Straftat verfolgt, gelten die Unterbrechungshandlungen auch hinsichtlich der Ordnungswidrigkeit, § 33 Abs. 4 S. 2 OWiG. Dies ist beispielsweise relevant, wenn dem Bußgeldverfahren bereits ein staatsanwaltschaftliches Verfahren vorangegangen war.

Bei jeder Unterbrechung läuft die Verjährungsfrist erneut an, wobei der Unterbrechungstag als erster Tag der neuen Frist gilt. Spätestens mit Ablauf der doppelten Verjährungsfrist – mindestens jedoch nach zwei Jahren – tritt gem. § 33 Abs. 3 OWiG endgültig Verjährung ein.

Achtung!

Die Einrede der Verjährung muss bereits beim Amtsgericht vorgebracht werden. Sie ist ein Zulässigkeitskriterium und als solches in der Rechtsbeschwerde unbeachtlich.

Die Unterbrechungstatbestände sind in § 33 Abs. 1 OWiG abschließend aufgezählt. Zu den wichtigsten und vorliegend relevantesten zählen:[81]

a) Anhörung, § 33 Abs. 1 Nr. 1 OWiG

Die vier Alternativen des § 33 Abs. 1 Nr. 1 OWiG beziehen sich auf die Vernehmung des   **42** Betroffenen, die Bekanntgabe der Ermittlungen ihm gegenüber bzw. die Anordnung der jeweiligen Maßnahme. Wichtig ist, dass ausschließlich die **erste** Vernehmung oder Anhörung die Verjährung unterbricht, jede weitere derartige Maßnahme ist hingegen unbeachtlich.

Für die vorliegend behandelten Ordnungswidrigkeiten sind insbesondere zwei Situationen entscheidend: die Anhaltung und der Anhörungsbogen.

Hält die Polizei den Betroffenen unmittelbar nach dem Verkehrsverstoß an, stellt dies bereits die erste Unterbrechungshandlung i.S.d. § 33 Abs. 1 Nr. 1 OWiG dar. Mit dem Zusammenfallen von Tattag und Unterbrechungshandlung läuft die Verjährungsfrist zeitgleich an – Verjährungstechnisch ist also das ganze Pulver verschossen.

> *Praxistipp*
>
> Eine Anhaltung ist nicht immer aktenkundig, weshalb der Mandant stets danach zu befragen ist. Wurde er bereits vor Ort kontrolliert, bietet es sich an vorab – aber nach Ablauf der Verjährungsfrist – eine ergänzende Stellungnahme hierzu abzugeben.

Beim Anhörungsbogen ist zu beachten, dass diese regelmäßig elektronisch erstellt werden. Maßgeblich ist dann nicht – wie oft fälschlich angenommen – der Tag der Zustellung, sondern vielmehr der Zeitpunkt des Ausdrucks des Bogens bei der Behörde, wenn sich Zeitpunkt und Bearbeiter dieses Vorgangs sicher feststellen lassen.[82] Dies wird in der Übersicht zum Verfahrensverlauf aktenkundig gemacht.

Bei der Anhörung muss es sich jedoch um einen konkret Betroffenen handeln, d.h. der Täter muss der Person nach bekannt sein. Ob schon eine eindeutige Unterbrechungshandlung oder vielmehr noch eine Ermittlungshandlung vorliegt, ist im Einzelfall nachzuprüfen. Auch hier zeigt sich, wie essentiell die Ermittlungsakte bereits im Verwaltungsverfahren ist. Beispielsweise können die Anforderung eines Passfotos bei der Meldebehörde[83] oder das Ermittlungsersuchen nach der aktuellen Anschrift[84] genügen, wenn sich

---

81 Eine ausführlichere Behandlung dieser Thematik findet sich unter anderem bei *Gutt/Krenberger*, Neues zur Verjährungsunterbrechung. DAR 2014, 187.
82 BGH, Beschl. v. 22.5.2006 – 5 StR 578/05, BGHSt 51, 72–81.
83 OLG Hamm, Beschl. v. 5.3.2009 – 3 Ss OWi 860/08, juris.
84 BayObLG, Beschl. v. 8.5.2003 – 2 ObOWi 156/03, juris.

die Maßnahme gegen eine bestimmte individualisierte Person richtet. Auf den Zugang des Anhörungsbogens kommt es dagegen nicht an.[85]

43 Hingegen wird die Verjährung durch die richterliche Anordnung der Vernehmung eines Zeugen zur Ermittlung der noch unbekannten Personalien des Fahrers nicht unterbrochen, auch wenn sich in den Akten ein zu dessen Identifizierung geeignetes Beweisfoto befindet.[86] Bei Kennzeichenanzeigen ist die Verjährung durch Übersendung eines Anhörungsbogens gem. § 33 Nr. 1 OWiG nur dann unterbrochen, wenn für den Adressaten hieraus klar hervorgeht, dass die Ermittlungen gegen ihn als Betroffenen geführt werden. Nicht ausreichend ist, wenn der Betroffene erst noch ermittelt werden muss.[87] Einem Anhörungsbogen kommt nur dann eine verjährungsunterbrechende Wirkung gem. § 33 Abs. 1 Nr. 1 OWiG zu, wenn für den Adressaten unmissverständlich erkennbar ist, dass gegen ihn Ermittlungen als Tatverdächtigen geführt werden.[88] Die Ermittlungen müssen sich gegen eine bestimmte und namentlich bekannte Person richten.[89] Unschädlich ist, wenn die Versendung des Anhörungsbogens unter einer fehlerhaften Anschrift erfolgt.[90]

44 Eine Verjährungsunterbrechung tritt auch ein, wenn der Sachbearbeiter der Verwaltungsbehörde die Erstellung und Versendung des Anhörungsbogens durch individuellen elektronischen Befehl veranlasst und sich Zeitpunkt und Bearbeiter dieses Vorgangs sicher feststellen lassen.[91] Eine Zeugenbefragung oder die Versendung eines Zeugenbefragungsbogens unterbricht demnach nicht. Keine Verjährungsunterbrechung tritt ein, wenn der Anhörungsbogen an den Kfz-Halter oder eine „Firma" versendet wird.[92] Das gleiche gilt, wenn ein Polizeibeamter den Anhörungsbogen fälschlicherweise nicht dem Betroffenen, sondern einer dritten Person aushändigt.[93]

b) Ermittlungshandlungen zur Fahrerermittlung

45 Hierbei gilt es abzugrenzen, ob der Täter von der Behörde schon klar individualisierbar ist oder aber noch ermittelt werden muss, mithin also eine Zeugenbefragung oder eine Anhörung bzw. Vernehmung i.S.d. § 33 Abs. 1 Nr. 1 OWiG erfolgte. Insbesondere wenn Halter und Fahrer offensichtlich nicht identisch sind, erfolgen zunächst Ermittlungshandlungen. Hiermit werden oft die örtlichen Polizeidienststellen beauftragt. Nach dem oben

---

85 *Gürtler* in Göhler, OWiG, 17. Aufl 2017, § 33 Rn 6b; *Ellbogen*, KK-OWiG, 5. Aufl. 2018, § 33 Rn 30; OLG Hamm, Beschl. v. 20.11.2008 – 4 Ss OWi 763/08, Rn 5, juris.
86 BGH NJW 1997, 111; *Tolksdorf*, DAR 1997, 169; vgl. auch OLG Hamm DAR 1997, 250.
87 OLG Hamm MDR 2000, 697; OLG Hamm DAR 2000, 81.
88 OLG Dresden DAR 2004, 535.
89 OLG Hamm DAR 2007, 96; OLG Brandenburg DAR 2007, 396.
90 BayObLG NZV 2003, 439.
91 BGH DAR 2006, 462; OLG Hamburg DAR 2006, 223; vgl. zur Verjährungsunterbrechung durch Anhörungsanordnung auch *König*, DAR 2006, 230.
92 OLG Hamburg NZV 1999, 95.
93 AG Darmstadt zfs 2000, 225.

Gesagten ist nunmehr zu prüfen, inwiefern bereits der Auftrag der Behörde oder aber erst die polizeiliche Maßnahmen die Verjährung unterbrechen – wann also die Individualisierung des Fahrers erfolgt ist.

Praxistipp
Können Polizeibeamte bei Firmenfahrzeugen den verdächtigten Fahrer vor Ort nicht antreffen, übergeben sie den Anhörbogen häufig anderen Mitarbeitern. Hierbei handelt es sich nur dann um eine Ersatzzustellung gem. §§ 178 ff. ZPO, wenn es sich um die Geschäftsräume des Betroffenen selbst handelt.[94]

Mangels klarer Individualisierung ist der Zeugenfragebogen nicht geeignet, die Verjährung zu unterbrechen. Vielmehr handelt es sich gerade um eine Maßnahme, um den Betroffenen zu ermitteln. Der Bogen wird regelmäßig auf dem einfachen Postwege verschickt, mithin gibt es keine Zustellungsnachweise.

In diesem Verfahrensstadium ist eine Vertretungsanzeige nur bedingt sinnvoll   **46**

■ Ob auf einen Zeugenfragebogen hin reagiert werden soll, hängt vom Einzelfall ab. Der Mandant ist jedenfalls über wahrscheinliche weitere Ermittlungen und unangekündigte Besuche der Polizei zu beraten und über das Einlassungsverhalten der Familienmitglieder. Auch ist die Möglichkeit der Fahrtenbuchauflage unter Berücksichtigung der regionalen behördlichen Handhabung zu thematisieren.[95] Hier gilt es abzuwägen, wie und ob die Einlassung erfolgen soll.

■ Akteneinsicht gibt es beim Zeugenfragebogen nicht, erst beim Anhörungsbogen. Wenngleich die Akteneinsicht für eine effektive Verteidigung unabdingbar ist, gilt es hinsichtlich der laufenden Fristen abzuwägen, wann diese beantragt wird. Der Rechtsanwalt ist für behördliche Maßnahmen auch empfangsbevollmächtigt.

■ Eine Deckungsanfrage anhand eines Zeugenfragebogens macht mangels konkreten Tatvorwurfes keinen Sinn. Erst mit Vorlage des Anhörungsbogens wird die Rechtsschutzversicherung hier Deckung gewähren.

c) Unbekannter Aufenthalt, § 33 Abs. 1 Nr. 5 OWiG

Die Anforderung an die vorläufige Einstellung wegen Abwesenheit des Betroffenen ist   **47**
gering. Selbst ein Irrtum über die tatsächliche Abwesenheit ist unschädlich, jedenfalls soweit er unverschuldet ist.[96]

---

94 AG Darmstadt, Urt. v. 23.11.1999 – 241 OWi 58 Js 57639/99, juris.
95 Vgl. hierzu *Gübner* in Burhoff (Hrsg.), Handbuch für das straßenverkehrsrechtliche OWi-Verfahren, 4. Aufl. 2015, Rn 1299 ff. m.w.N.
96 OLG Hamm, Beschl. v. 16.12.2004 – 2 Ss OWi 479/04, juris; OLG Karlsruhe, Beschl. v. 6.3.2000 – 2 Ss 163/98, juris; **a.A.:** OLG Bamberg, Beschl. v. 18.4.2007 – 2 Ss OWi 1073/06, Rn 10, juris.

Praxistipp

Beachtlich ist hier, dass im Gegensatz zur Anhörung jede Maßnahme der Aufenthalts-
ermittlung die Verjährungsfrist erneut unterbricht.

d) Erlass des Bußgeldbescheids, § 33 Abs. 1 Nr. 9 OWiG

48   Der Bußgeldbescheid hemmt die Verjährung, sofern er innerhalb der Frist erlassen **und**
binnen zwei Wochen zugestellt worden ist, ansonsten tritt die Hemmung mit der Zustellung gem. § 33 Abs. 1 Nr. 9 OWiG ein.

Achtung!

Gemäß § 26 Abs. 3 StVG verlängert sich die Frist der Verfolgungsverjährung um weitere sechs Monate, wenn der Bußgeldbescheid *ergangen* ist.

Voraussetzung ist ein **wirksamer Bußgeldbescheid** – hierzu sogleich.[97] Maßgeblich für
den Erlass ist der Zeitpunkt der Unterzeichnung des Bescheides durch die Behörde. Sodann muss er innerhalb von zwei Wochen wirksam zugestellt werden. Verzögert sich
diese Zustellung, ist allein auf den Zeitpunkt der Zustellung beim Betroffenen abzustellen. Mittlerweile werden Bußgeldbescheide im Wege der elektronischen Datenverarbeitung erstellt. Hier ist maßgeblich, wann der zuständige Sachbearbeiter die willentliche
Verfügung an das Programm gibt, den Bescheid zu erlassen.[98] Dies muss nicht gesondert
aktenkundig kenntlich gemacht werden, es genügt, wenn nachträglich im Freibeweisverfahren der Verfasser ermittelt werden kann.[99]

Taktische Möglichkeiten einer Beschränkung der Anwaltsvollmacht sind von der Rechtsprechung immer weiter zurückgedrängt worden. So wird bei fehlender Vollmacht zunehmend in der Mandatierung selbst eine rechtsgeschäftliche Empfangsvollmacht gesehen.[100] Die Zustellung an eine Kanzlei als solche wird ebenfalls ambivalent bewertet.[101]

Grundsätzlich gelten dennoch die allgemeinen Zustellungsregeln, wobei auf die Hei-
lungsmöglichkeit nach § 51 Abs. 1 S. 1 i.V.m. § 8 VwZG (bzw. den entsprechenden Lan-
desgesetzen) hinzuweisen ist.

49   *Praxistipp*

Häufig sind Firmenwagen involviert. Wird der Bußgeldbescheid an Dritte übergeben,
ist zu prüfen, ob es sich beim Betroffenen um einen Arbeitgeber oder um einen Be-

---

97 Vgl. unten zum Bußgeldbescheid, Rdn 78 ff.
98 BGH, Beschl. v. 22.5.2006 – 5 StR 578/05, BGHSt 51, 72–81, Rn 15.
99 BGH, Beschl. v. 5.2.1997 – 5 StR 249/96, Rn 17, juris.
100 OLG Braunschweig, Beschl. v. 13.5.2013 – 1 Ss (OWi) 83/13, juris; weitere Nachweise bei Stephan/Burhoff,
     Handbuch für das straßenverkehrsrechtliche OWi-Verfahren, 5. Aufl. 2018, Rn 4016 ff.
101 OLG Celle, Beschl. v. 30.8.2011 – 311 SsRs 126/11, juris.

schäftigten handelt. Eine Ersatzzustellung ist nur in den dem Betroffenen gehörenden Geschäftsräumen wirksam.[102] Auch der Anschein einer Wohnung oder eines Geschäftsraums genügt hierfür nicht.[103]

III. Klärung des Tatvorwurfs und der Rechtsfolgen

Die Tat selbst wird im Zeugenfragebogen bzw. im Anhörungsbogen benannt. Insoweit sind bereits jetzt die unmittelbaren Tatfolgen für den Juristen absehbar. Der Mandant als Laie wird sich regelmäßig über die Höhe des Bußgeldes und über ein eventuelles Fahrverbot erkundigt haben. Inwiefern hier Punkteeintragungen automatisch auf dem Fuße folgen und auch die Anordnung von Seminaren droht entzieht sich jedoch zumeist seiner Kenntnis. Dagegen hat der Verteidiger keine Kenntnis über die nicht zu unterschätzende Tatsache, inwiefern zwischenzeitlich weitere Verkehrsverstöße begangen, jedoch noch nicht rechtskräftig geworden sind. Dies ist insbesondere für die Tilgungsfristen und die Maßnahmenkaskade bei Erreichen von Punktegrenzen relevant.

50

Praxistipp

Der Mandant wird hier regelmäßig nur die unmittelbaren Rechtsfolgen erfragen. Darüber hinaus sollte möglichst schon jetzt eine aktive Beratung und Aufklärung erfolgen. Mangels genauer Kenntnis des Fahreignungsregisters und der Akte kann dies selbstverständlich nur unter Vorbehalt erfolgen.

51

Auch wird zum Zeitpunkt des Erstgespräches die Erinnerung an die Begleitumstände noch frisch sein, weshalb Fragen auch hierzu veranlasst sind. Bestenfalls gibt es auch noch Beifahrer, welche über eigene Wahrnehmungen berichten können und als Zeugen fungieren. Eigene Ermittlungen diesbezüglich sind nicht nur erlaubt, sondern geboten, da die Zeugen ohne anwaltlichen Hinweis regelmäßig kein Gedächtnisprotokoll anfertigen werden und die Erinnerungen im weiteren zeitlichen Verlauf insoweit verloren gehen.

52

Praxistipp

Dennoch sind die Auskünfte des Mandanten und Dritter subjektiv und die Angaben möglichst bei Erhalt der Ermittlungsakte zu überprüfen.

Denken Sie auch daran, dass sich die örtlichen Begebenheiten mit fortschreitender Zeit ändern können, bspw. Baustellen, beschädigte Beschilderungen, Baumschnitt vor Schildern, etc.

53

---

102 AG Darmstadt, Urt. v. 23.11.1999 – 241 OWi 58 Js 57639/99, juris; AG Suhl, Beschl. v. 12.12.2005 – 330 Js 20089/05 1 OWi, juris.
103 BGH, Urt. v. 16.6.2011 – III ZR 342/09, BGHZ 190, 99–110.

In einzelnen Fällen kann es durchaus angezeigt und verhältnismäßig sein, den Mandanten um die Anfertigung von Lichtbildern der Tatörtlichkeit zu bitten oder diese selbst anzufertigen.

Die **Rechtsfolgen** werden in den folgenden Kapiteln noch ausführlich besprochen.[104] Folgende Punkte sind für das erste klärende Mandantengespräch relevant und daher voranzustellen, zumal Mandanten nach eigener Erfahrung hierzu oft Fragen bzw. falsche Vorstellungen haben:

- Im Bußgeldverfahren gilt gem. § 47 OWiG das Opportunitätsprinzip. Die Frage der Ahndung liegt jeweils im behördlichen und im richterlichen pflichtgemäßen Ermessen. Eine Abweichung von der Regelbuße wird jedoch nur in Ausnahmefällen erfolgen. Folglich ist stets zu prüfen, ob ein derartiger Fall vorliegt.

- Die Punkteeintragung ins FAER folgt der Buße automatisch nach. Behörden und Gerichte können hierüber nicht entscheiden; allenfalls kann eine Reduzierung der Buße unter die Eintragungsgrenze von nunmehr 60 EUR eine Eintragung verhindern.

- Das Punktesystem wurde reformiert. Eine Tilgungshemmung bei Neueintragungen findet nicht statt.

- Die Tilgungsfrist für die jeweilige Eintragung läuft nach wie vor erst mit Rechtskraft der Entscheidung an, wirkt gleichzeitig aber auf den Tattag zurück. Insofern kann der aktuelle Punktestand nicht durch Rechtsmittel verzögert werden.[105]

- Die Anordnung eines Fahrverbotes ist eine Regelfallentscheidung. Abweichungen hiervon können im Einzelfall geboten sein, jedoch wird hierfür ein hoher Darlegungs- und Begründungsaufwand verlangt. Der Mandant muss sich also nach anwaltlicher Beratung rechtzeitig um die erforderlichen Nachweise bemühen.

IV. Akteneinsicht

54 Wie bereits mehrfach erwähnt stellt die **Ermittlungsakte** die Grundlage einer jeden fundierten Verteidigung dar.

1. Anspruch auf Akteneinsicht des Verteidigers

55 Eine aktive Verteidigung ist erst mit Kenntnis aller Tatumstände möglich, weshalb der Ermittlungsakte ein enormer Stellenwert zukommt. Der Verteidiger hat das Recht auf Akteneinsicht gem. § 147 StPO i.V.m. §§ 46 Abs. 1, 69 Abs. 3 S. 2 OWiG. Danach muss die

---

104 Zu den Rechtsfolgen im Einzelnen: Rdn 155 ff.
105 Hingegen kann durch eine Verzögerung das Eingreifen einer Maßnahme (Ermahnung/Verwarnung/Entziehung) insbesondere bei mehreren laufenden Verfahren gesteuert werden – genauer hierzu Rdn 160 ff.

Verwaltungsbehörde dem Verteidiger die beantragte Einsicht noch vor der Übersendung an die Staatsanwaltschaft gewähren. Unterbleibt dies, kann das Gericht die Sache wegen ungenügender Aufklärung des Sachverhalts zurückverweisen, § 69 Abs. 5 S. 1 BGB.[106]

Praxistipp

Das Recht auf Akteneinsicht hat der Verteidiger erst, wenn sich der Tatverdacht gegen den Mandanten konkretisiert hat. Daher macht ein entsprechender Antrag erst Sinn, wenn ein Anhörungsbogen oder der Bußgeldbescheid ergangen sind, bzw. negativ ausgedrückt: Es gibt kein Akteneinsichtsrecht eines Zeugen.

Mit Abschluss der Ermittlungen – genauer gesagt ab dem Zeitpunkt der entsprechenden **56** Verfügung in der Akte – hat der Verteidiger das Recht auf volle Akteneinsicht. Wird diese verweigert, ist ein Antrag auf gerichtliche Entscheidung möglich.[107] Da der Antrag bedingungsfeindlich ist, sollte auf eine unnötige Formulierung *„für den Fall, dass zwischenzeitlich keine Akteneinsicht gewährt worden ist"* oder Ähnliches verzichtet werden.[108]

Wird dem Verteidiger die Akteneinsicht – ganz oder teilweise – verweigert, kann darin eine unzulässige Beschränkung der Verteidigung im Sinne des § 338 Nr. 8 StPO i.V.m. § 79 OWiG liegen. Um hiergegen erfolgreich vorzugehen, muss zunächst im Termin ein Antrag auf Unterbrechung bzw. auf Aussetzung der Hauptverhandlung gem. § 265 Abs. 4 StPO i.V.m. § 71 Abs. 1 OWiG gestellt werden.[109] Wird dieser abgelehnt, muss ein Beschluss herbeigeführt werden, welcher die Grundlage für eine Rechtsbeschwerde bildet. Diese hat wiederum nur Erfolg, wenn dargelegt wird, dass sich der Verfahrensfehler konkret-kausal auf einen für die Gerichtsentscheidung wesentlichen Punkt auswirkt.[110]

Praxistipp

Sofern sich abzeichnet, dass ein für die Ahndung wesentlicher Aspekt nur mit vorenthaltenen Informationen aus der Akte weiter aufgeklärt werden kann, empfiehlt es sich im Zweifel einen Antrag mit einer entsprechend konkreten Begründung bereits vorzubereiten.

Im Zweifel muss sich über die Hauptverhandlung hinaus bis zum Ablauf der Frist der Verfahrensrüge im Rechtsbeschwerdeverfahren weiter um die bislang unterbliebene Akteneinsicht bemüht werden, dies muss auch gegenüber dem OLG dargelegt werden.

---

106 AG Bamberg, Beschl. v. 11.12.2011 – 11 OWi 2311 Js 13450/11, juris.
107 *Stephan* in Handbuch für das straßenverkehrsrechtliche OWi-Verfahren, 4. Aufl. 2015, Rn 220 ff.
108 AG Langenfeld, VA 2012, 198.
109 Vgl. *Stephan* in Handbuch für das straßenverkehrsrechtliche OWi-Verfahren, 4. Aufl. 2015, Rn 195 m.w.N.; *Cierniak*, zfs 2012, 664 ff.
110 OLG Hamm, Entscheidung vom 25.5.2005 – 2 Ss OWi 261/05, Rn 15, juris; BGH, Beschl. v. 23.9.2003 – 1 StR 341/03, juris.

> Andernfalls läuft die Verteidigung Gefahr, allein mit dem Vorwurf nicht ausreichend für die Akteneinsicht getan zu haben und der Rechtsbeschwerde verlustig zu werden.[111]

2. Anspruch des Betroffenen und des Verletzten

57   Der Betroffene selbst sowie der durch die Tat Verletzte haben ebenfalls das Recht auf Akteneinsicht, wenngleich in weitaus geringerem Umfang als der Verteidiger – vgl. § 147 Abs. 7 StPO i.V.m. § 46 Abs. 1 OWiG bzw. § 406e StPO i.V.m. § 46 Abs. 3 S. 4 OWiG.

3. Umfang der Akteneinsicht

58   Der Begriff der Akte in § 69 Abs. 3 OWiG sowie in § 147 StPO ist weit gefasst. Hierunter sind alle be- und entlastenden Schriftstücke zu zählen, die für die Tatverfolgung dem Gericht vorzulegen wären, sowie – je nach Verfahrensstand – die staatsanwaltschaftlich und gerichtlich herangezogenen Beiakten.[112] Im Umkehrschluss ergibt sich aus dem fair-trial-Grundsatz, dass auch nicht in der Akte befindliche Beweismittel – sofern für eine Verurteilung relevant – dem Verteidiger zugänglich gemacht werden müssen.[113]

Nach dem Wortlaut der Norm ergibt sich ein Anspruch auf Einsicht in die Originalakte. Der Anspruch auf Akteneinsicht umfasst neben der Einsicht in die Akte selbst auch das Recht zur Besichtigung der Beweisstücke.

Hierzu gehört im Einzelfall auch die Herausgabe der gesamten Messreihe des Tattages.[114] Darüber hinaus kann auch die Einsicht in die Lebensakte des Messgerätes erforderlich werden, um die Ordnungsgemäßheit der Messung überprüfen zu können. Die komplette Messdatei und die Lebensakte sind zwar nicht Aktenbestandteil im engeren Sinne, jedoch Grundlage und originäre, unveränderliche Beweismittel der Messung. Hieraus erwächst dem Betroffenen ein Einsichtsrecht bereits im Verwaltungsverfahren.[115] Im Zweifelsfall wird der Verteidiger hier jedoch Anknüpfungspunkte darlegen müssen, weshalb diese Unterlagen gerade zur Überprüfung „seiner" Messung erforderlich sind, bzw. entsprechend ausführliche Beweisanträge stellen müssen.

---

111 BGH, Beschl. v. 23.2.2010 – 4 StR 599/09, Rn 9, juris; OLG Celle, Beschl. v. 10.6.2013 – 311 SsRs 98/13, juris; OLG Celle, Beschl. v. 28.3.2013 – 311 SsRs 9/13, Rn 12, juris; OLG Hamm, Beschl. v. 14.11.2012 – III-1 RBs 105/12, Rn 6, juris.

112 *Schmitt* in Meyer-Goßner, StPO, 61. Aufl. 2018, § 147 StPO Rn 15; *Wessing*, BeckOK StPO § 147 Rn 15; vgl. näher hierzu: *Burhoff* in Ludovisy/Eggert/Burhoff, Praxis des Straßenverkehrs, 6. Aufl. 2015, § 4 Rn 782 m.w.N.

113 *Stephan* in Burhoff, Handbuch für das straßenverkehrsrechtliche OWi-Verfahren, 4. Aufl. 2015, Rn 238.

114 AG Frankenthal, Beschl. v. 30.12.2016 – 4 OWi 553/16, Rn 1, juris.

115 OLG Oldenburg, Beschl. v. 6.5.2015 – 2 Ss (OWi) 65/15, Rn 5, juris; AG Trier, Beschl. v. 25.10.2016 – 35 OWi 780/16, Rn 10, juris.

Insbesondere gehören hierzu im Ordnungswidrigkeitenverfahren die Bedienungsanleitung, tatrelevante Aufnahmen und Registerauszüge.[116] Aber auch die Einsicht in die Lebensakte des eingesetzten Messgerätes gehört nach dem Grundsatz des fair trial zur Akteneinsicht im weiteren Sinne. Zum Zeitpunkt der Drucklegung entschied das Saarländische Verfassungsgericht, dass die Nichtzugänglichmachung einer lesbaren Falldatei mit Token-Datei und Passwort, sowie der Statistikdatei das Gebot des fairen Verfahrens und das Gebot des rechtlichen Gehörs verletzen.[117] Insoweit bleibt zu hoffen, dass sich dem nunmehr auch die mit Ordnungswidrigkeiten betrauten Oberlandesgerichte (endlich) anschließen werden.

a) Tatrelevante Aufnahmen

Sofern es sich hierbei um Lichtbilder handelt, sind diese dem Verteidiger in digitaler Form vorzulegen. Entsprechend empfiehlt es sich, einen leeren Datenträger dem Gesuch beizufügen. Selbiges gilt für den Fall, dass es Videoaufzeichnungen gibt. Einen Anspruch auf ein bestimmtes Dateiformat gibt es hingegen nicht.[118]   **59**

> *Hinweis*
>
> Sofern die Überspielung der Daten auf den mitgeschickten Datenträger im originären Aktengesuch enthalten ist, können hierfür seitens der Behörde keine weitergehenden Kosten geltend gemacht werden.[119]

Auch hier erstreckt sich das Akteneinsichtsrecht zunächst lediglich auf den tatrelevanten Teil. Im konkreten Fall kann es jedoch erforderlich werden, dass vorangegangene oder nachfolgende Messungen zur Überprüfung herangezogen werden müssen. Bei Weigerung der Herausgabe sollte die Einholung eines Sachverständigengutachtens beantragt werden[120] – hierzu weiter unten (Rdn 129 ff.).

b) Registerauszüge

Auch etwaige Registerauszüge müssen in der Ermittlungsakte enthalten sein. Die Einsicht in die Auszüge des Fahreignungsregisters ist für die Verteidigung in Verkehrssachen unentbehrlich, genauso wie die genaue Kenntnis über die Tilgungsvorschriften.   **60**

---

116 *Burhoff* in Ludovisy/Eggert/Burhoff, Praxis des Straßenverkehrs, 6. Aufl. 2015, § 5 Rn 244 f.
117 VerfGH Saarland, Beschl. v. 27.4.2018 – Lv 1/18.
118 AG Peine, Beschl. v. 13.3.2008 – 2 OWi 2/08, juris; AG Schleiden, Beschl. v. 23.10.2012 – 13 OWi 140/12 (b), juris.
119 AG Straubing, Beschl. v. 27.5.2004 – 2.1 AR 24/04, juris.
120 *Stephan* in Burhoff, Handbuch für das straßenverkehrsrechtliche OWi-Verfahren, 4. Aufl. 2015, Rn 244.

> *Praxistipp*
> Für den Verteidiger empfiehlt es sich allerdings, direkt beim Kraftfahrtbundesamt eine Auskunft aus dem Fahreignungsregister anzufordern, da die in der Bußgeldakte befindlichen Unterlagen evtl. nicht dem neuesten Stand entsprechen können. Die Anfrage ist zu richten an das Kraftfahrtbundesamt, Fahreignungsregister, 24932 Flensburg, unter Vorlage einer Vollmacht. Der volle Name (auch Geburtsname), das Geburtsdatum, der Geburtsort und die Wohnanschrift des Betroffenen müssen angegeben werden; eine Vollmacht ist vorzulegen. Die Auskunft ist gebührenfrei; sie wird nicht fernmündlich erteilt.

c) Bedienungsanleitung

61 Ohne Kenntnis der Bedienungsanleitung kann die Verteidigung die Ordnungsgemäßheit der Messung nicht nachvollziehen und den Messbeamten auch nicht zielführend befragen. Bereits hieraus ergibt sich ein Einsichtsrecht des Verteidigers in die Bedienungsanleitung.[121]

Sofern die Bedienungsanleitung nicht in der Akte enthalten ist, muss sie gesondert eingefordert werden. Der weitaus überwiegende Teil der Rechtsprechung ist sich einig, dass das Einsichtsrecht auch die Bedienungsanleitung betrifft. Dies wird zwischenzeitlich von den Behörden auch weitestgehend beachtet. Diskutiert wird nach wie vor über die Art und Weise der Möglichkeit der Einsichtnahme.[122]

In der letzten Zeit ist zu verzeichnen, dass die Behörden dazu übergehen, dem Verteidiger einen Link samt Passwort zur jeweiligen Bedienungsanleitung zu übermitteln, mit welchem diese im Internet abgerufen werden kann.

62 Sofern vereinzelt immer noch die Einsichtnahme in die Bedienungsanleitung verweigert werden sollte, ist ein Beiziehungs- bzw. Einsichtsantrag zu stellen. Das Argument urheberrechtlicher Hindernisse verfängt nicht – hierbei kann dahingestellt bleiben, ob ein Urheberrecht überhaupt besteht, da es hinter den Grundsätzen des rechtlichen Gehörs und des fairen Verfahrens zurückzustehen hat.[123] Dem vereinzelt ins Feld geführten Argument der Unzumutbarkeit der Behörde kann entgegengehalten werden, dass jedenfalls eine

---

121 LG Ellwangen, Beschl. v. 14.12.2009 – 1 Qs 166/09, juris.

122 Zum aktuellen Stand vgl. die Übersicht bei *Stephan* in Burhoff, Handbuch für das straßenverkehrsrechtliche OWi-Verfahren, 4. Aufl. 2015, Rn 259.

123 Eine treffende und prägnante Auflistung sämtlicher Argumente ergibt sich in der Begründung des AG Siegburg, Urt. v. 30.4.2013 – 207 OWi 18/13 (b), Rn 3, juris. Näher hierzu auch *Stephan* in Burhoff, Handbuch für das straßenverkehrsrechtliche OWi-Verfahren, 4. Aufl. 2015, Rn 265.

Übermittlung in digitaler Form möglich ist.[124] Im Zweifel werden aber auch hier, wie bei ähnlichen Argumenten der Behörde, die Grundrechte überwiegen.[125]

d) Lebensakte

Es gibt keinen plausiblen Grund, dem Betroffenen bzw. seinem Verteidiger einen Ein-   **63**
blick in die Lebensakte zu versagen, d.h. in die zu führenden Reparatur- und Wartungs-
nachweise zum jeweiligen Messgerät. Die dogmatische Herleitung eines Einsichtsrechts in diese Lebensakte und somit die rechtlichen Voraussetzungen sind jedoch immer noch nicht geklärt. Im Grunde hat sich die zwischenzeitlich abgeebbte Diskussion bezüglich der Einsicht in die Bedienungsanleitung nunmehr auf die Lebensakte verlagert, wobei die dort angeführten Argumente gleichermaßen anwendbar sind.

Eine Straßenverkehrsmessung darf nur mit geeichten Geräten erfolgen, § 37 Abs. 1 S. 1 MessEG.[126] Die Verwender von Messgeräten haben gem. § 31 Abs. 2 Nr. 4 MessEG sicherzustellen, dass Nachweise über Eingriffe am Gerät – insbesondere Wartungen und Reparaturen – mindestens 3 Monate über das Ende der Eichfrist hinaus aufzubewahren sind. Ob sich hieraus ein Einsichtsrecht in diese Unterlagen ergibt, ist umstritten, jedoch zu bejahen.

Die PTB gibt seit 2015 ein etwas eingefärbt formuliertes Rundschreiben heraus,[127] in wel-   **64**
chem zum einen argumentiert wird, dass die Pflicht zur Führung einer sog. Lebensakte nicht gibt. Denn der Gesetzgeber habe die Dauer dieser Aufbewahrungsfrist so bestimmt, damit der Eichbehörde (also meist der PTB) die Auswertung dieser Unterlagen möglich wird. Folglich seien die Nachweise über Eingriffe am Gerät allein für die Eichbehörde bestimmt. Zum anderen sage diese Lebensakte „eigentlich gar nichts" über die Messrichtigkeit aus, denn nach erfolgter Instandsetzung würde das Gerät ja wieder von der PTB geeicht werden. Dennoch werde „von interessierten Kreisen" vermehrt behauptet, dass nun eine sogenannte „Lebensakte" zu führen sei.

Wenngleich ein Mehraufwand der Behörden bezüglich Anfragen zu zwischenzeitlich erfolgten Reparaturen oder Wartungen sicherlich als Belastung angesehen wird, sind dennoch die gesetzlichen Vorgaben einzuhalten. Zutreffend wird der Begriff „Lebensakte" im MessEG nicht verwendet; jedoch wird die Frage des Einsichts- bzw. Auskunftsrechts unstreitig nicht an der Begrifflichkeit festgemacht.[128] Ob Lebensakte, Gerätestammkarte, Werkstattkarte, Reparaturbuch oder Gerätebuch – § 37 Abs. 1 MessEG formuliert die

---

124 AG Rüsselsheim, Beschl. v. 9.4.2013 – 24 OWi 14/13, juris.
125 Vgl. *Cierniak*, zfs 2012, 664–680 m.w.N.
126 BT-Drucks 17/12727, S. 47.
127 Stellungnahme der Physikalisch-Technischen Bundesanstalt (PTB) vom 31.5.2015 zur Frage, ob bei Verkehrsmessgeräten eine Lebensakte geführt werden muss.
128 AG Hagen (Westfalen), Beschl. v. 28.6.2012 – 97 OWi 5/12 (b), Rn 7, juris.

klare Anforderung an die Verwender, Nachweise über Eingriffe am Gerät zu führen. Weder im Gesetz, noch in der Gesetzesbegründung wird diese Nachweispflicht als reines Behördeninternum statuiert.[129] Dass die Länge der Aufbewahrungsfrist an der Prüfmöglichkeit der Eichbehörde festgemacht wird, ändert hieran nichts.

Dass ein Eingriff „eigentlich gar nichts" über die Messrichtigkeit aussagt mag zutreffend sein, wenn dies eine Messung **nach** erfolgtem Eingriff **und** Neueichung betrifft. „*Uneigentlich*" kann aber nie garantiert werden, dass ein einmal geeichtes Gerät bis zum Ende der Eichfrist stets fehlerfrei bleibt – ansonsten wären die §§ 31 Abs. 2 Nr. 4 und 37 Abs. 2 MessEG auch obsolet. Kein Eingriff erfolgt grundlos. Findet nunmehr erst **nach** dem Tatzeitpunkt der konkreten Messung die Reparatur eines zunächst gültig geeichten Messgerätes statt, besteht zumindest ein Anlass zur Klärung, ob sich der Grund zur Reparatur auch auf dieses konkrete Messergebnis ausgewirkt hat.[130]

In letzterem Fall muss nicht zuletzt auch das entscheidende Gericht angesichts seiner Aufklärungspflicht zu den „interessierten Kreisen" gezählt werden. Ein rechtlich fundiertes Interesse der Behörde, die aufbewahrten Angaben zu Eingriffen am Messgerät zurückzuhalten, besteht nicht.

Ein Einsichtsrecht in die gem. § 31 Abs. 2 Nr. 4 MessEG zu führenden Eingriffsnachweise – ob sie nun Lebensakte genannt werden oder anders – kann also weder mit einem Verweis auf die Stellungnahme der PTB, noch mit der Behauptung abgesprochen werden, es werden keine solchen Nachweise geführt. Die dogmatische Herleitung eines Einsichtsrechtes in die Lebensakte bleibt jedoch problematisch. § 147 StPO i.V.m. §§ 46 Abs. 1, 69 Abs. 3 S. 2 OWiG scheidet als Anspruchsgrundlage jedenfalls aus. Er bezieht sich lediglich auf die Ermittlungsakte im engeren Sinne.[131] Jedoch ergibt sich ein Einsichtsrecht aus dem Recht auf ein faires Verfahren.[132]

65   Ein Teil der Rechtsprechung sieht darin eine Vorstufe für weitere Beweishandlungen und somit lediglich einen reinen Beweisermittlungsantrag. Ihm müsse gem. § 244 Abs. 2 StPO nur nachgegangen werden, wenn die Verteidigung konkrete Tatsachen (Fragen) benennt, welche es mittels Einsicht in die Lebensakte noch aufzuklären gilt.[133]

Ein Großteil der Rechtsprechung und die Literatur verkennen nicht, dass es sich beim Antrag auf Einsicht in die Lebensakte letztlich um eine Beweisermittlung handelt. Sofern die

---

129 Anders, jedoch ohne rechtliche Begründung: OLG Frankfurt, Beschl. v. 26.8.2016 – 2 Ss-OWi 589/16, Rn 7, juris.

130 So auch: OLG Oldenburg (Oldenburg), Beschl. v. 13.3.2017 – 2 Ss (OWi) 40/17, Rn 19, juris; *Cierniak*, zfs 2012, 664, 678.

131 BGH, Urt. v. 26.5.1981 – 1 StR 48/81, BGHSt 30, 131–143, Rn 37, juris; *Seitz/Bauer* in Göhler, OWiG, 17. Aufl. 2017, § 60 Rn 49.

132 So auch *Wessing* in BeckOK, 29. Aufl. 2018, § 147 StPO, Rn 15.

133 Eingehend zum Meinungsstreit: OLG Bamberg, Beschl. v. 4.10.2017 – 3 Ss OWi 1232/17, Rn 16, juris m.w.N.

Behörde dem ohne erkennbaren Grund nicht nachkommt, nimmt sie der Verteidigung aber gerade die Möglichkeit, die hierfür erforderlichen konkreten Anhaltspunkte benennen zu können. Der Grundsatz des fair trial gebietet es, dass das erkennende Gericht dem Dilemma abhilft und die Lebensakte selbst beizieht.[134] Ob andernfalls ein erhöhter Toleranzabzug im Rahmen einer Geschwindigkeitsmessung zu erfolgen hat,[135] ist fraglich – jedenfalls wäre vorab die Herausgabe gerichtlich anzuordnen gem. § 95 StPO.[136]

Praxistipp

Letztlich ist aber auch die ein Einsichtsrecht bejahende Linie uneins, ob der Betroffene nicht zuvor eine gerichtliche Entscheidung nach § 62 OWiG herbeigeführt haben muss.[137] Vorsorglich muss die Verteidigung also vom Beginn des Verwaltungsverfahrens bis zum Schluss des Rechtsbeschwerdeverfahrens alle verfügbaren Möglichkeiten ausschöpfen, um Einsicht in die Lebensakte zu erhalten.

Sollte das erkennende Amtsgericht die Einholung der Lebensakte als nicht erforderlich ansehen, wäre ein Antrag auf Unterbrechung bzw. Aussetzung der Hauptverhandlung zusammen mit Akteneinsicht zu beantragen und vorsorglich gegen die Ablehnung ein Gerichtsbeschluss herbeizuführen gem. § 238 Abs. 2 StPO i.V.m. § 46 Abs. 1 OWiG.[138]

Sofern sich bis zum Schluss der Begründungsfrist im Rechtsbeschwerdeverfahren nachweislich um die Akteneinsicht bemüht wird und dies erfolglos bleibt, kann eine Aufklärungsrüge ins Feld geführt werden.

Im Übrigen sollte dennoch zusätzlich versucht werden, das mit der Lebensakte beabsichtigte Beweisziel möglichst konkret zu benennen.

4. Zeitpunkt der Akteneinsicht

Die Ermittlungsakte sollte so früh wie möglich eingeholt werden, möglichst noch vor Übersendung der Akte an die Staatsanwaltschaft i.S.d. § 69 Abs. 3 S. OWiG. Aufgrund des Massencharakters von Verkehrsordnungswidrigkeiten in der Praxis wird die Staats-   **66**

---

134 OLG Oldenburg, Beschl. v. 13.3.2017 – 2 Ss (OWi) 40/17, Rn 21, juris; OLG Brandenburg, Beschl. v. 8.9.2016 – (2 Z) 53 Ss-OWi 343/16 (163/16), Rn 13, juris; Thüringer OLG, Beschl. v. 1.3.2016 – 2 OLG 101 Ss Rs 131/15, Rn 14, juris; *Cierniak*, zfs 2012, 664, 678; *Grube* in Freymann/Wellner, jurisPK-Straßenverkehrsrecht, 1. Aufl. 2016, OWiG – Bezüge zum Straßenverkehrsrecht, Rn 64; *Helle* in Freymann/Wellner, jurisPK-Straßenverkehrsrecht, 1. Aufl. 2016, § 3 StVO Rn 58; *Leitmeier*, NJW 2016, 1457; *Reisert*, zfs 2017, 244; *Burhoff* in Burhoff, Messungen im Straßenverkehr, 4. Aufl. 2017, § 3 Rn 174 m.w.N.
135 So: AG Schwerte, Urt. v. 19.7.2012 – 10 OWi 872 Js 366/12 – 58/12, Rn 6, juris.
136 Vgl. *Krenberger*, jurisPR-VerkR 3/2013 Anm. 4.
137 So jedenfalls: OLG Oldenburg, Beschl. v. 13.3.2017 – 2 Ss (OWi) 40/17, Rn 22, juris.
138 Vgl. *Cierniak*, zfs 2012, 664, 678.

anwaltschaft das Verfahren regelmäßig ohne eigene intensive Überprüfung dem zuständigen Amtsgericht weiterleiten.[139]

67   Wie bereits eingangs mehrfach erwähnt, sollte keine Einlassung ohne Kenntnis des Akteninhaltes erfolgen. Sofern nach sorgfältiger Überprüfung der Akte eine Einlassung bereits gegenüber der Behörde angezeigt sein sollte, wachsen die Chancen, dass zumindest die Staatsanwaltschaft der Argumentation der Verteidigung folgt. Nach Abgabe der Akte wird diese Herrin des Verfahrens gem. § 69 Abs. 4 S. 1 OWiG. Gibt der Akteninhalt Anlass für eine Stellungnahme, erreicht diese – noch vor der Abgabe an die Staatsanwaltschaft – somit zwei selbstständige Entscheidungsträger, was die Erfolgsaussichten für die begehrte Abhilfe steigen lässt.

Jedenfalls wird aber durch das Akteneinsichtsgesuch das Verwaltungsverfahren legitim zeitlich gestreckt, was den Verteidigungszielen meist entgegenkommt. Im Fall der unzureichenden Akteneinsicht kann ein Antrag auf gerichtliche Entscheidung dieses zeitliche Moment noch erheblich vergrößern. Hiermit können gegebenenfalls die Tilgungsreife von Voreintragungen und die Verfahrensverjährung bewirkt werden sowie die Verfahrensdauer auf ein Maß vergrößert werden, welches ein drohendes Fahrverbot entfallen lassen könnte.[140]

68   In begründeten Fällen unzureichender Aufklärung der Tat kann die Staatsanwaltschaft die Sache an die Verwaltungsbehörde zur weiteren Bearbeitung zurückgeben. Insbesondere bei einer Verteidigung auf Zeit empfiehlt es sich, dies im Zwischenverfahren am Ende einer Stellungnahme anzuregen.

Praxistipp

Aus prozesstaktischen Gründen kann es auch angezeigt sein, im Falle einer Gerichtsverhandlung unmittelbar vor dem Termin nochmals eine kurze Akteneinsicht zu erbitten. Damit können der Sachstand des Gerichts und eventuell behördeninterne Notizen in Erfahrung gebracht werden. Inflationär sollte dies zwar nicht betrieben werden, bietet sich jedoch vor allem an, wenn erst kurz zuvor neue Eintragungen in das FAER erfolgt sind.

V. Anhörung

69   Laut § 55 OWiG i.V.m. § 163a StGB ist dem Betroffenen Gelegenheit zu geben, sich zum Tatvorwurf zu äußern. Dies hat noch vor dem Abschluss des Ermittlungsverfahrens stattzufinden. Eine bestimmte Form der Anhörung ist nicht vorgeschrieben. Sie kann am Tatort geschehen, aber auch in Form der Zusendung eines Anhörungsbogens. Eine Aus-

---

139 *Krumm*, Verteidigung im OWi-Zwischenverfahren in 10 Punkten, zfs 2011, 487–491.
140 Vgl. Rdn 164 ff.

sagepflicht zur Sache gibt es nicht. Diesbezüglich sollten frühestens nach Akteneinsicht Aussagen erwogen werden.

Der Fahrzeughalter hat denknotwendig Kenntnis darüber, ob er selbst gefahren ist oder an   **70** wen er das Fahrzeug überlassen hat. Daher kann nur Zeuge oder Betroffener sein. Die informatorische Befragung des Halters im Rahmen einer Kennzeichenanzeige scheidet damit aus.[141] Insoweit verbleibt es im Einzelfall zu differenzieren, ob der Halter als Zeuge oder als Betroffener angehört wird. Im letzteren Fall ist er nämlich gem. §§ 55 Abs. 2, 46 OWiG i.V.m. § 136 StPO ordnungsgemäß über sein Recht zu Schweigen zu belehren.

Unterbleibt die Betroffenenbelehrung, kann hieraus ein Beweisverwertungsverbot er-   **71** wachsen, welches vom Verteidiger im Verfahren mit der sog. Widerspruchslösung zu behandeln ist: Er hat der Verwertung unter Verweis auf das Beweisverwertungsverbot zu widersprechen und dieser Widerspruch ist im Prozess ausdrücklich vor Beginn der maßgeblichen Beweiserhebung erneut und begründet zu wiederholen sowie ins Protokoll aufnehmen zu lassen.[142] Nur dann kann er als Verfahrensrüge in zweiter Instanz erfolgreich aufgegriffen werden.

Praxistipp

Ist der Vernehmung des Beschuldigten durch einen Polizeibeamten nicht der Hinweis nach § 136 Abs. 1 S. 2 i.V.m. § 163a Abs. 4 S. 2 StPO vorausgegangen, dass es ihm freistehe sich zu der Beschuldigung zu äußern oder nicht zur Sache auszusagen, so dürfen Äußerungen, die der Beschuldigte in dieser Vernehmung gemacht hat, im Strafverfahren nicht verwertet werden.[143] Ob dies auch für das Ordnungswidrigkeitenverfahren gilt, ist nicht abschließend geklärt, jedoch zu bejahen.

Der Verwertung dieser Aussage muss aber in der Hauptverhandlung ausdrücklich, begründet und in jeder Form widersprochen werden, ansonsten kann diese in der Rechtsbeschwerde nicht gerügt werden.

Die Vorschriften der StPO – und somit auch die **Hinweispflicht des Polizeibeamten**   **72** **nach § 136 Abs. 1 S. 2 StPO** – gelten nach dem Willen des Gesetzgebers für das Ordnungswidrigkeitenverfahren gem. § 46 OWiG sinngemäß. Diese Generalklausel kann nur in Ausnahmefällen durchbrochen werden. Das Schweigerecht als fundamentaler Grundsatz eines fairen Prozessverfahrens, ist vom BVerfG schon immer zu einer der wichtigsten Grundlagen jedes Verfahrens erklärt worden.[144] Generell besteht das Verbot

---

141 So auch: *Burhoff*, Handbuch für das straßenverkehrsrechtliche OWi-Verfahren, 4. Aufl. 2015, Rn 380.
142 Vgl. neben anderen die Übersicht bei *Burhoff*, Handbuch für die strafrechtliche Hauptverhandlung, 8. Aufl. 2016, Rn 3433 ff.
143 BGH NZV 1992, 242.
144 Vgl. u.a. BVerfGE 56, 37.

.

Angaben des Betroffenen gegen seinen Willen zu verwerten.[145] Auch bei Ordnungswidrigkeiten und ihrem im Vergleich zu Straftaten verminderten Unrechtsgehalt ist kein schlagendes Argument ersichtlich, weshalb hiervon abgewichen werden sollte.[146]

73 Aussagen des Beschuldigten bzw. des Betroffenen, die dieser außerhalb einer offiziellen Vernehmung macht (z.b. spontane Äußerungen nach dem Unfall gegenüber der Polizei) können dagegen auch nach der vorgenannten BGH-Entscheidung verwertet werden. Dies gilt auch für das Ergebnis einer informatorischen Befragung des Tatverdächtigen, die keine Betroffenenvernehmung darstellt.[147] Das Verwertungsverbot besteht ferner nicht, wenn feststeht, dass der Betroffene sein Recht zum Schweigen ohne Belehrung gekannt hat. Das Gleiche gilt, wenn er in der Hauptverhandlung verteidigt wird und der Verwertung zustimmt. Nach der Entscheidung des BGH ist ein Betroffener, der von seinem Aussageverweigerungsrecht gewusst hat, nicht in gleicher Weise schutzbedürftig wie derjenige, der das Schweigerecht nicht kannte.[148] In der Praxis wird allerdings sehr selten zweifelsfrei feststellbar sein, dass der Betroffene sein Recht auf Schweigen bei der ersten Vernehmung durch die Polizei gekannt hat.

74 Oft ist es schwer eine Spontanäußerung von einer Vernehmung abzugrenzen.[149] Auch der Beginn der Betroffeneneigenschaft bei einer Vernehmung kann streitig sein.[150] Betroffener ist nur der Tatverdächtige, gegen den das Verfahren in dieser Eigenschaft betrieben wird. Nicht jeder Tatverdacht begründet bereits die Betroffeneneigenschaft mit einer entsprechenden Belehrungspflicht, es kommt vielmehr auf die Stärke des Tatverdachts an.[151]

75 Bei zur Zeugnisverweigerung berechtigten Zeugen gilt, dass nichtrichterliche Vernehmungspersonen in der Hauptverhandlung solange nicht über den Inhalt früherer Angaben dieses Personenkreises gehört werden dürfen, bis feststeht, ob der zur Zeugnisverweigerung berechtigte Zeuge von seinem Verweigerungsrecht Gebrauch macht oder darauf verzichtet. Insoweit fallen auch Angaben solcher Zeugen bei einer nur informatorischen Befragung unter das Verwertungsverbot des § 252 StPO.[152]

---

145 BVerfGE 56, 37.
146 Streitstand bei *Gübner* in Burhoff: Handbuch für das straßenverkehrsrechtliche OWi-Verfahren, 4. Aufl. 2015, Rn 485 f.
147 *Bohnert*, § 55 Rn 11; vgl. hierzu auch BayObLG DAR 2003, 529; a.A. OLG Zweibrücken MittBl der ARGE VerkR 2006, 172 für Äußerungen von Zeugen.
148 Vgl. BGH NZV 1992, 242 sowie ausführlich: *Beck* DAR 1992, 393.
149 Vgl. hierzu BGH NJW 1993, 1463.
150 Vgl. BGH bei *Tolksdorf*, DAR 1995, 192.
151 BGH bei *Tolksdorf*, DAR 1995, 192.
152 BayObLG DAR 2005, 457.

Praxistipp   **76**

Eine fehlende Belehrung führt zu einem Beweisverwertungsverbot. Dagegen stellt eine unterbliebene Anhörung selbst eine Verletzung des rechtlichen Gehörs dar, welche im weiteren Verfahrensverlauf nachgeholt werden kann.

VI. Verwarnung

Konsequenterweise kann bei geringfügigen Ordnungswidrigkeiten lediglich eine Ver-   **77** warnung ausgesprochen und zusätzlich ein Verwarnungsgeld von 5 EUR bis 55 EUR erhoben werden, § 56 OWiG.

Bedeutsam ist hierbei, dass Verwarnungen nicht im Fahreignungsregister eingetragen werden und im Falle einer Belegung mit Verwarngeld die Tat nicht mehr unter den tatsächlichen und rechtlichen Gesichtspunkten verfolgt werden kann, § 56 Abs. 4 OWiG. Zudem muss das Verwarngeld innerhalb der gesetzten Frist – meist eine Woche – eingezahlt sein, § 56 Abs. 2 OWiG und zwar zum richtigen Aktenzeichen.[153] Die Verwarnung ist kostenfrei gem. § 56 Abs. 3 S. 2 OWiG.

Bekanntlich begründen Entscheidungen der Ermittlungsbehörden **kein Präjudiz** für die Haftungsfrage bei Verkehrsunfällen. Gleichwohl bewirkt selbst eine Verwarnung in der Praxis oft ein – zumindest psychologisches – Hindernis für die Durchsetzung der Schadensersatzansprüche. Insofern ist die Frage ob gegen eine Verwarnung vorgegangen werden soll, im Einzelfall gut abzuwägen. Die Anfechtungsmöglichkeiten sind ohnehin nur begrenzt auf Formfehler und Verfahrensmängel.[154]

Hingegen wird eine Verwarnung mit ihren ungleich milderen Rechtsfolgen in den meisten Fällen anzustreben sein. Hier ist der Mandant darauf hinzuweisen, dass er den fristgerechten Zahlungseingang sicherzustellen hat und Verzögerungen unbeachtlich sind. Praktisch kann die Behörde zwar von sich aus auch verspätete Zahlungen anerkennen, jedoch begründet § 56 OWiG keinen Anspruch auf gebührenfreie Ahndung.[155]

Akzeptiert der Betroffene eine Verwarnung wegen einer in Tateinheit begangenen Ordnungswidrigkeit, kann ein gleichzeitig begangener weiterer Verstoß nicht mehr verfolgt werden. Dies gilt z.B. für eine Geschwindigkeitsüberschreitung, wenn für die gleichzeitig erfolgte verbotswidrige Handybenutzung schon eine Verwarnung ausgesprochen und akzeptiert worden ist.[156]

---

153 AG Dortmund, Beschl. v. 11.5.2017 – 729 OWi – 305 Js 2252/16 – 153/17, juris.
154 Näher hierzu: *Deutscher* in Burhoff, Handbuch für das straßenverkehrsrechtliche OWi-Verfahren, 4. Aufl. 2015, Rn 4305 ff.
155 OLG Düsseldorf, Beschl. v. 28.6.1991 – 5 Ss (OWi) 235/91 – (OWi) 106/91 I, juris.
156 AG Homburg zfs 2007, 472; AG Bonn zfs 2007, 473.

VII. Bußgeldbescheid

78   Der Bußgeldbescheid stellt letztlich die Grundlage der Verteidigung in Bußgeldsachen dar. Wurde im Ermittlungsverfahren bislang alles dafür getan, um den Erlass des Bescheides zu vermeiden, geht es nunmehr darum, ihn zu Fall zu bringen.

1. Wirksamkeit des Bescheids

79   Der Bußgeldbescheid hat die in § 66 OWiG wesentlichen Angaben zu beinhalten sowie eine Kostenentscheidung gem. § 105 OWiG i.V.m. 464 Abs. 1 StPO. Hierdurch soll der Betroffene über den Tatvorwurf informiert werden und der Verfahrensgegenstand soll in persönlicher, sachlicher und rechtlicher Hinsicht abgegrenzt werden.[157] Außerdem stellt der Bescheid den Vollstreckungstitel dar, sofern der Betroffene ihn vor dem Übergang ins gerichtliche Verfahren akzeptiert.

80   Für die Verteidigung ist hier die Abgrenzungsfunktion relevant. Der Erlass eines unwirksamen Bußgeldbescheides hat nämlich keine die Verjährung unterbrechende Wirkung i.S.d. § 33 Abs. 1 Nr. 9 OWiG.[158] Mängel in Bezug auf die Informationsfunktion führen zumindest für sich genommen[159] grundsätzlich zu keiner Unwirksamkeit.[160] Unwirksam ist der Bescheid wiederum nicht bei jedem, sondern nur bei einem schwerwiegenden Mangel. Inwiefern ein Mangel – bzw. eine Gemengelage aus mehreren Mängeln – als schwerwiegend zu werten ist, bestimmt sich im Einzelfall.

> *Praxistipp*
>
> Allgemein gefasst ist von einem schwerwiegenden Mangel und somit von einem unwirksamen Bußgeldbescheid auszugehen, wenn im konkreten Einzelfall die Abgrenzung hinsichtlich Betroffenen und vorgeworfener Tat (zeitlich, örtlich, inhaltlich) nicht möglich ist.

Maßgeblich ist der gesamte Bußgeldbescheid, wie er vom Betroffenen im Kontext zu verstehen ist.[161] Die Auflistung der Einzelfallrechtsprechung zu diesem Themenkomplex würde hier den Rahmen sprengen. Daher wird nachfolgend lediglich eine kleine Auswahl an Einzelentscheidungen aufgeführt, um das unscharfe Kriterium zu veranschaulichen.[162]

---

157 BGHSt 23, 280, 281; OLG Bamberg, Beschl. v. 18.11.2015 – 3 Ss OWi 1218/15, Rn 3, juris m.w.N.; *Göhler/Seitz*, vor § 65 OWiG, Rn 8.

158 BayObLG, Beschl. v. 6.5.1970 – 2 Ws (B) 20/70, Rn 11, juris; *Göhler/Seitz*, § 66 OWiG, Rn 58 m.w.N., *Graf* in KK-OWiG, § 33 Rn 76.

159 OLG Celle, Beschl. v. 29.12.2014 – 321 SsBs 37/14, Rn 9, juris.

160 Kurz in KK-OWiG, § 66, Rn 43; *Göhler/Seitz*, § 66 OWiG Rn 39.

161 OLG Hamm, Beschl. v. 14.6.2004 – 2 Ss OWi 335/04, Rn 5, juris.

162 Eine ausführlichere Behandlung einzelner Kriterien findet sich bspw. bei *Burhoff* in Burhoff, Handbuch für das straßenverkehrsrechtliche OWi-Verfahren, 5. Aufl. 2018, Rn 712 ff.

Generell gilt es insofern jedenfalls zu prüfen, wie der Mandant den Tatvorwurf verstehen kann. Hierzu ist sowohl der Bußgeldbescheid zugrunde zu legen, als auch der Mandant hinsichtlich ihm positiv bekannter weiterer Begleitumstände zu befragen.

So beschreibt ein Zahlendreher bei der Kilometerangabe des Autobahnabschnittes eine **81** andere Örtlichkeit als den Tatort. Da eine mögliche Messung an beiden Orten denkbar ist, verbleibt beim verständigen Betroffenen eine Verwechslungsgefahr, mithin ist der Tatvorwurf nicht abgrenzbar.[163] Sofern der Betroffene vor Ort hingegen angehalten worden war, wird mit dieser aktenkundigen Tatsache schwerlich argumentiert werden können, dass ihm die richtige örtliche oder zeitliche Einordnung des ihm vorgeworfenen Lebenssachverhalts nicht möglich sei.[164]

Ebenso kann ein Zahlendreher beim Tattag Verwechslungsgefahr begründen, wenn die **82** Fahrtstrecke vom Betroffenen öfter zurückgelegt wird.[165]

Die alleinige Kurzbezeichnung eines Streckenabschnittes der Autobahn ermöglicht dem Be- **83** troffenen für sich genommen zwar keine direkte Zuordnung des Tatortes, jedoch kann dieser mit weiteren Nachforschungen in Erfahrung gebracht und somit abgegrenzt werden.[166]

Wurde die Fahrtrichtung nicht benannt, obwohl kurz aufeinander in beide Richtungen ge- **84** fahren wurde, soll eine mögliche Verwechslungsgefahr durch die Angabe der konkreten Uhrzeit wieder beseitigt werden.[167] Dies soll selbst dann gelten, wenn die Fahrtrichtung tatsächlich verwechselt worden ist.[168]

Vergleichbar hierzu sind Fehler bei den Angaben zur Person des Betroffenen. Lässt sich **85** seine Identität aus den vorhandenen richtigen Angaben zweifelsfrei erkennen, liegen kein schwerwiegender Mangel und damit kein unwirksamer Bußgeldbescheid vor.[169]

Praxistipp **86**
Bei Firmenfahrzeugen ist hierauf besonderes Augenmerk zu richten, da die Angabe einer juristischen Person zur Belangung des gesetzlichen Vertreters nicht genügt.[170] Dies gilt auch bei einem Einzelkaufmann.[171]

---

163 AG Bitterfeld-Wolfen, Urt. v. 3.9.2012 – 2 OWi 593 Js 7128/12, juris.
164 OLG Hamm, Beschl. v. 15.6.2007 – 1 Ss OWi 324/07, Rn 8, juris m.w.N.; OLG Hamm, Beschl. v. 15.1.2007 –
   1 Ss OWi 877/06, Rn 10, juris; OLG Karlsruhe, Beschl. v. 25.2.2004 – 2 Ss 1/04, Rn 9, juris; OLG Köln,
   Beschl. v. 30.7.1999 – Ss 343/99 B, Rn 13, juris.
165 AG Dillenburg, Urt. v. 4.8.2010 – 3 OWi 2 Js 54242/10, Rn 2, juris.
166 OLG Düsseldorf, Beschl. v. 24.2.2010 – IV-3 RBs 29/10, juris.
167 OLG Hamm, Beschl. v. 26.11.2012 – 4 RBs 291/12, Rn 9, juris.
168 OLG Karlsruhe, Beschl. v. 11.10.1989 – (1) 2 Ss 173/89, juris.
169 OLG Hamm, Beschl. v. 14.6.2004 – 2 Ss OWi 335/04, Rn 5, juris.
170 OLG Düsseldorf, Beschl. v. 14.11.1991 – 5 Ss (OWi) 433/91 – (OWi) 182/91 I, juris; OLG Dresden, Beschl.
   v. 20.3.1997 – 2 Ss (OWi) 71/97, juris.
171 Saarländisches OLG, Beschl. v. 23.4.1969 – Ss B 99/68, juris; *Burhoff* in Burhoff, Handbuch für das straßenverkehrsrechtliche OWi-Verfahren, 5. Aufl. 2018, Rn 687 m.w.N.

2. Erlass

87 Wie eingangs erläutert hemmt der Erlass des Bußgeldbescheides die Verfolgungsverjährung, sofern er innerhalb von zwei Wochen zugestellt wird, ansonsten die Zustellung selbst gem. § 33 Abs. 1 Nr. 9 OWiG. Entscheidend ist also, wann der Bescheid erlassen worden ist; wann er dem Betroffenen tatsächlich zugeht ist nachrangig.

88 Aus § 33 Abs. 2 OWiG kann geschlossen werden, dass mit Erlass die Unterzeichnung des Bescheides sowie dessen Eingabe in den Geschäftsgang gemeint ist. Ein Computerprogramm kann die Entscheidung des zuständigen Behördenbediensteten also nicht ersetzen. Einfache Schriftform genügt gem. § 66 OWiG, weshalb es einer eigenhändigen Unterschrift nicht bedarf.[172] Eine Paraphe oder ein Faksimilestempel reichen aus.[173]

89 Der Erlass selbst muss im Übrigen nicht extra aktenmäßig für einen außenstehenden Dritten dokumentiert werden. Es genügt, wenn die Frage, ob ein zuständiger Bediensteter den Bescheid willentlich abgezeichnet und auf den Weg gebracht hat, im Freibeweisverfahren geklärt werden kann.[174] Diese Klärung kann auch noch im anhängigen Gerichtsverfahren erfolgen.[175]

90 Mittlerweile werden Bußgeldbescheide im Wege der elektronischen Datenverarbeitung erstellt. Hier ist maßgeblich, wann der zuständige Sachbearbeiter die willentliche Verfügung an das Programm gibt, den Bescheid zu erlassen. Maßgebliches Argument hierbei ist, dass es keinen Unterschied machen kann, ob hierfür an eine Schreibkraft oder ein Computerprogramm verfügt wird.[176]

91 *Praxistipp*

Bei wesentlichen Mängeln, welche zur Unwirksamkeit des Bußgeldbescheides führen könnten, sollte vor einer Stellungnahme gegenüber der Behörde stets geprüft werden, ob diese den Bescheid berichtigen oder noch zurücknehmen und einen wirksamen neuen Bußgeldbescheid erlassen kann. Sofern sie den Bescheid nämlich aus sachlichen Gründen zurücknimmt und nicht nur willkürlich zum Zwecke der Verjährungsunterbrechung, bewirkt dies eine erneute Verjährungsunterbrechung gem. § 33 Abs. 1 Nr. 9 OWiG.[177]

---

172 BGH, Beschl. v. 5.2.1997 – 5 StR 249/96, Rn 15, juris.
173 *Göhler/Seitz*, § 66 OWiG, Rn 32.
174 BGH, Beschl. v. 5.2.1997 – 5 StR 249/96, Rn 17, juris.
175 OLG Zweibrücken, Beschl. v. 4.8.2009 – 1 SsBs 12/09, Rn 6, juris.
176 BGH, Beschl. v. 22.5.2006 – 5 StR 578/05, BGHSt 51, 72–81, Rn 15.
177 OLG Karlsruhe, Beschl. v. 21.11.2017 – 2 Rb 4 Ss 699/17, Rn 16, juris.

VIII. Einspruch

Gemäß § 67 OWiG ist gegen den Bußgeldbescheid innerhalb von zwei Wochen nach   **92**
Zustellung das Rechtsmittel des Einspruchs möglich. Dies hat schriftlich oder zur Nieder-
schrift gegenüber der den Bußgeldbescheid erlassenden Behörde zu erfolgen. Nach stän-
diger Rechtsprechung sind aber auch dem Schriftformerfordernis gleichwertige Übertra-
gungen möglich, insbesondere das Telefax[178] und das Computerfax.[179] Eine E-Mail erfüllt
das Formerfordernis hingegen nicht.[180]

Eine Unterschrift ist entbehrlich, sofern erkennbar der Einspruch vom Betroffenen selbst
oder aber in seinem Auftrag eingelegt worden ist. Bei anwaltlicher Vertretung genügt bei
vergessener Unterschrift selbst das Diktatzeichen.[181] Da die rechtsgeschäftliche Bevollmächtigung an keine Form gebunden ist, genügt das anwaltliche Tätigwerden selbst, verbunden mit der anwaltlichen Versicherung der Bevollmächtigung.[182]

> *Praxistipp*   **93**
>
> Es empfiehlt sich, die Einlegung des Einspruches stets vorab per Telefax und unter
> Versicherung der anwaltlichen Vollmacht vorzunehmen – egal ob die Frist noch
> lang ist oder eine Vollmachtsurkunde bereits vorliegt.

Der Einspruch kann theoretisch auch auf bestimmte Beschwerdepunkte, z.B. auf die Höhe   **94**
der Geldbuße oder aber auf einzelne Taten beschränkt werden, wenn in dem Bußgeldbescheid mehrere Geldbußen festgesetzt sind. Zulässig ist in jedem Fall die Beschränkung
des Einspruchs auf den gesamten Rechtsfolgenausspruch einschließlich Fahrverbot.[183] Das
Fehlen der Schuldform im Bußgeldbescheid steht der Wirksamkeit einer solchen Rechts-
mittelbeschränkung nicht entgegen, wobei bei Verkehrsordnungswidrigkeiten in aller Regel vom Fahrlässigkeitsvorwurf auszugehen ist.[184] Die Beschränkung des Einspruchs lediglich auf das Fahrverbot ist wohl unzulässig.[185]

> *Praxistipp*   **95**
>
> Von einer Rechtsmittelbeschränkung ist allerdings grundsätzlich abzuraten. Ohne Be-
> rücksichtigung sämtlicher Umstände des Verstoßes kann eine angemessene Ahndung
> nicht erfolgen. Bei der Höhe der Geldbuße oder der Frage, ob ein Fahrverbot zu ver-
> hängen ist, kommt es vor allem auf die vorgeworfene Tat an, etwa ob ein Regelfall vor-

178 OLG Brandenburg, 26.5.2004 – 1 Ss (OWi) 88 B/04 m.w.N.
179 BGHZ 144, 160, 164 f.; BGH NJW 2006, 3784.
180 OLG Oldenburg (Oldenburg), Beschl. v. 3.4.2012 – 2 SsRs 294/11, Rn 7, juris, m.w.N.
181 *Göhler/Seitz*, § 67 OWiG, Rn 19.
182 AG Nauen, Beschl. v. 25.2.2013 – 34 OWiE 59/13, juris; *Krenberger* jurisPR-VerkR 22/2013.
183 OLG Celle NZV 1999, 524; BayObLG DAR 1999, 34; OLG Hamm VM 2001, 4.
184 A.A. OLG Jena DAR 2001, 323, für den Fall, dass auch Angaben zum äußeren Tatgeschehen fehlen.
185 BayObLG DAR 1999, 559 und BayObLGSt 1998, 161.

liegt oder nicht. Es müssen so also alle Gesichtspunkte der Ordnungswidrigkeit berücksichtigt werden. Wird das Rechtsmittel auf die Höhe der Geldbuße oder generell auf die Rechtsfolgen einschließlich Fahrverbot beschränkt, erwächst die Tat bzw. der Sachverhalt in Teilrechtskraft. Das Gericht kann so grundsätzlich nicht mehr nachprüfen, ob der Sachverhalt dem Regeltatbestand entspricht oder ob das nicht der Fall ist. Eine Aufspaltung des Einspruchs setzt voraus, dass das, was getrennt behandelt werden soll, auch trennbar ist.

Hinweis

Ebenso besteht die Gefahr, dass kein Strafklageverbrauch nach § 84 Abs. 1 OWiG eintritt, wenn eine Beschränkung des Einspruchs auf den Rechtsfolgenausspruch erfolgt.

96 Dies ist gerade nicht der Fall, wenn z.B. geprüft werden soll, ob ein Regelfahrverbot in Betracht kommt. Eine Beschränkung des Einspruchs auf die Bußgeldhöhe oder auf die Rechtsfolgen einschließlich Fahrverbot ist deshalb gegenüber der Verwaltungsbehörde nicht zu empfehlen, sie macht meist erst unmittelbar vor Beginn des Gerichtsverfahrens oder im Gerichtsverfahren Sinn.

97 Der Einspruch wandelt den Bußgeldbescheid in eine Beschuldigung um.[186]

IX. Wiedereinsetzung in den vorigen Stand

98 Wurde die Frist zur Einlegung des Einspruchs ohne eigenes Verschulden des Betroffenen versäumt, kann Wiedereinsetzung in den vorigen Stand beantragt werden, § 52 Abs. 1 OWiG i.V.m. §§ 44 ff. StPO. Dies gilt entsprechend auch für alle anderen gesetzlichen bzw. richterlichen Fristen im Ordnungswidrigkeitenverfahren, insbesondere wenn die rechtzeitige Einlegung der Rechtsbeschwerde versäumt worden ist oder der Betroffene nicht zur Hauptverhandlung erschienen ist. Aber auch die versäumte Frist zur Beantragung der Wiedereinsetzung selbst kann auf Antrag in den vorigen Stand zurückversetzt werden.[187]

99 Entscheidend ist, dass hiervon nur die **schuldlose Säumnis** erfasst wird, d.h. der Betroffene muss die ihm gebotene Sorgfalt beachtet haben.[188] Dies ist großzügig zu handhaben.[189] Insbesondere darf ein Betroffener erwarten, dass ein beauftragter Anwalt die gesetzlichen Fristen einhält. Daher wird ihm ein Verschulden seines Verteidigers grundsätzlich auch nicht zugerechnet.[190]

---

186 BGH NJW 1970, 1694.
187 OLG Düsseldorf, Beschl. v. 29.4.1981 – 5 Ws 30/81, juris = NJW 1982, 60.
188 Meyer-Goßner/*Schmitt*, § 44 Rn 11 ff. m.w.N.
189 BVerfG 42, 243, 249.
190 BGH NJW 1994, 3112; BGH NStZ 1990, 25; OLG Naumburg Beschl. v. 16.10.2013 – 2 Ws 66/13 = ZAP 2014, 193.

Richtiger Adressat ist das Gericht bzw. die Behörde, welche bei Einhaltung der Frist mit **100** der Sache befasst wäre, § 52 Abs. 2 OWiG i.V.m. § 46 StPO. Der Antrag ist schriftlich innerhalb einer Woche zu stellen, § 46 Abs. 1 StPO. Wichtig ist, dass laut § 46 Abs. 2 StPO innerhalb dieser Frist die versäumte Handlung nachzuholen ist. Zusätzlich sind die Gründe für die unverschuldete Säumnis glaubhaft zu machen, wobei dies auch nach der Wochenfrist nachgeholt werden kann.[191]

Denken Sie daran, dass Ihr Schreiben zwei bzw. drei Anträge zu enthalten hat: **101**

Wird also erkannt, dass eine gesetzliche Frist i.S.d. § 44 StPO verpasst worden ist, gilt es zunächst zu prüfen, inwiefern der Betroffene daran schuldlos ist.

Sodann ist der versäumte Antrag zusammen mit einem Wiedereinsetzungsantrag erneut zu stellen. Hierzu ist die versäumte Frist zu benennen und die die Säumnis begründenden Umstände sowie der Zeitpunkt des Wegfalls dieser Umstände sind vorzutragen. Diese sind möglichst sofort glaubhaft zu machen, um die Wiedereinsetzung zu beschleunigen.

Im Falle eines drohenden Fahrverbotes sollte gleichzeitig Vollstreckungsaufschub beantragt werden, da der Wiedereinsetzungsantrag die Vollstreckung des Bußgeldbescheides nicht hemmt, § 52 Abs. 2 OWiG i.V.m. § 307 StPO. Der Mandant ist daher auch zeitgleich darüber aufzuklären, dass er – zumindest vorläufig – kein Kfz führen darf und den Führerschein abgeben muss.

Selbstverständlich ist der Antrag vorsorglich per Telefax zu verschicken. Es empfiehlt sich hierbei, zusätzlich telefonisch mit der entscheidenden Stelle Kontakt aufzunehmen, die Dringlichkeit darzulegen und um eine schnelle Entscheidung zu bitten.

Wird der Antrag von der Behörde verworfen, kann gem. §§ 52 Abs. 2 S. 3, 62 OWiG binnen **102** zwei Wochen eine gerichtliche Entscheidung gefordert werden. Bei einer Verwerfung durch das Gericht ist sofortige Beschwerde zum Landgericht zulässig, § 46 Abs. 3 StPO i.Vm. § 46 Abs. 1 OWiG. Wird hingegen Wiedereinsetzung gewährt, wird das Verfahren zurück in den Stand vor der Fristversäumung gesetzt.

X. Zwischenverfahren

Nimmt die Behörde auf den Einspruch hin den Bußgeldbescheid nicht zurück, übersendet **103** sie die Akten gem. § 69 Abs. 3 OWiG über die Staatsanwaltschaft an das zuständige Gericht. In diesem Zwischenverfahren tritt die Staatsanwaltschaft in die Fußstapfen der Verfolgungsbehörde und kann das Verfahren ihrerseits entweder einstellen, weiter ermitteln oder an das Amtsgericht weiterleiten, § 69 Abs. 4 OWiG. Wenngleich im Massenverfah-

---

[191] *Seitz/Bauer* in Göhler, OWiG § 52, Rn 18.

ren die behördlich geprüften Bescheide regelmäßig allenfalls kursorisch erfasst und an das Gericht durchgereicht werden, bietet es sich an, auch dieses Verfahrensstadium für die Verteidigung nicht ungenutzt zu lassen.[192]

104 Sofern gegenüber der Behörde bereits Verteidigervortrag angezeigt ist, sollte dieser nicht zuletzt in Kenntnis der kursorischen Aktendurchsicht bei der Staatsanwaltschaft griffig dargeboten werden. Die Argumente sollten möglichst prägnant und erkennbar in der Akte auftauchen. Zitierte Urteile sollten in Kopie beigefügt werden, gegebenenfalls hilft eine zusätzliche telefonische Erörterung mit dem Sachbearbeiter weiter.[193] Eröffnet der Verteidiger eine Option zur zügigen Erledigung ohne aufwändige weitere Erörterungen, wird zumindest eine der beiden mit dem Einspruch befassten Stellen hierauf eingehen.

105 Bei offensichtlich ungenügender Aufklärung kann das Amtsgericht die Sache an die Verwaltungsbehörde zurückverweisen, § 69 Abs. 5 OWiG. Sofern der Sachverhalt tatsächlich unzureichend behördlich ausermittelt ist, bietet es sich an die Zurückverweisung beim Gericht anzuregen. Denn eine Zurückverweisung bringt weitere Zeit mit sich und entlastet das Gericht vom eigenen Ermittlungsaufwand, weshalb es der Anregung regelmäßig folgen wird.

D. Verfahren vor dem Amtsgericht

106 Das Amtsgericht entscheidet entweder durch Beschluss gem. §§ 70, 72 OWiG oder nach durchgeführter Hauptverhandlung durch Urteil gem. § 71 OWiG i.Vm. den allgemeinen Regelungen der StPO. Zur Vorbereitung der Hauptverhandlung sollte insbesondere vorab geklärt werden, ob aus taktischen Gründen die (bedingte) Anregung zur Entscheidung im Beschlusswege erfolgen soll, ob der Mandant bei Gericht erscheinen soll und ob im Vornherein Beweisanträge zu stellen sind.

I. Beschlussverfahren

107 Das Beschlussverfahren findet einerseits statt, wenn der Einspruch gem. § 70 OWiG unzulässig ist und andererseits, wenn der Sachverhalt bereits vollständig geklärt ist und es aus Sicht des Gerichts einer Hauptverhandlung nicht bedarf gem. § 72 Abs. 1 OWiG. In letzterem Fall kann das Gericht den Betroffenen direkt freisprechen. Andernfalls hat es seine Absicht, im Beschlusswege zu entscheiden, anzukündigen und eine zweiwöchige Stellungnahmefrist anzuberaumen, § 72 Abs. 1 S. 2 OWiG. Widersprechen die Verteidigung und/oder die Staatsanwaltschaft, wird ein Hauptverhandlungstermin bestimmt.

---

192 Hierzu im Einzelnen: *Krumm*, Verteidigung im OWi-Zwischenverfahren ... in 10 Punken, zfs 2011, 487–491.
193 *Krumm*, zfs 2011, 487–491.

Der Widerspruch ist formlos und kann daher auch konkludent erfolgen.[194] Es genügt, **108** wenn der Widerspruch gegen das Beschlussverfahren bereits bei der Einspruchseinlegung erfolgt ist. Er braucht nicht explizit wiederholt zu werden.[195] Der Widerspruch ist ein Gestaltungsrecht und daher nicht bedingungsfeindlich. Eine Zustimmung der Verteidigung zur Entscheidung durch Beschluss kann folglich an Bedingungen geknüpft werden, sofern das entscheidende Amtsgericht über diese frei verfügen kann.[196]

Praxistipp **109**

Geht es um die Reduzierung der Geldbuße, um ein Absehen vom Fahrverbot oder um Vergleichbares, bietet es sich an, das Einverständnis zum Beschlussverfahren unter der Bedingung zu erteilen, dass dieses Einspruchsziel erreicht wird.

Ein Beschluss mit anderem Ausgang kann vom Gericht nun nicht getroffen werden,[197] zumal eine nachteilige Abweichung vom Bußgeldbescheid per Beschluss nicht erfolgen darf, § 72 Abs. 3 S. 2 OWiG. Somit wird es also entweder im Sinne der Verteidigung entscheiden oder eine Hauptverhandlung ansetzen. In letzterem Falle ist zumindest klar, dass im Termin weitere Überzeugungsarbeit zu leisten ist.

II. Hauptverhandlung

Im Hauptverhandlungstermin gilt – anders als im Beschlussverfahren – **nicht** mehr das **110** Verschlechterungsverbot. Gem. § 81 Abs. 1 OWiG kann die vorgeworfene Tat nach vorherigem Hinweis auf die Veränderung des rechtlichen Gesichtspunktes auch als Straftat geahndet werden. Insbesondere bei Abstandsverstößen am Rande zur Nötigung ist hieran zu denken.

1. Grundsatz: Anwesenheitspflicht

Der Betroffene ist grundsätzlich nach § 73 Abs. 1 OWiG zum Erscheinen in der Haupt- **111** verhandlung verpflichtet; es besteht eine Anwesenheitspflicht. Dies gilt auch dann, wenn ein Verteidiger den Betroffenen vertritt.[198] Über seine Erscheinungspflicht ist der

---

194 OLG Koblenz, Beschl. v. 11.10.1990 – 2 Ss 360/90, juris; Thüringer OLG, Beschl. v. 18.5.2005 – 1 Ss 105/05, Rn 9, juris; *Seitz/Bauer* in Göhler, OWiG, § 72 Rn 16 m.w.N.
195 Schleswig-Holsteinisches OLG, Beschl. v. 9.2.2004 – 1 Ss OWi 26/04 (18/04), juris; OLG Hamm, Beschl. v. 27.10.2011 – III-1 RBs 177/11, Rn 11, juris.
196 OLG Düsseldorf, Beschl. v. 27.10.1992 – 5 Ss (OWi) 332/92 – (OWi) 138/92 I, juris; OLG Karlsruhe, Beschl. v. 4.12.2012 – 2 (6) SsBs 658/12, Rn 3, juris; OLG Hamm, Beschl. v. 21.5.2013 – III-1 RBs 65/13, Rn 6, juris.
197 OLG Karlsruhe, Beschl. v. 4.12.2012 – 2 (6) SsBs 658/12, Rn 3, juris; *Göhler/Seitz* OWiG § 72 Rn 22 m.w.N.
198 Vgl. hierzu *Beck*, DAR 1999, 521; *Gebhardt*, Das verkehrsrechtliche Mandat, Bd. 1, § 32 Rn 4.

Betroffene gem. § 74 Abs. 3 OWiG zu belehren. Die Belehrung muss durch förmliche Zustellung nachgewiesen werden, wenn sie nicht zusammen mit der Ladung erfolgt.[199]

2. Entbindung von der Pflicht zum persönlichen Erscheinen

112 Das Gericht muss ihn allerdings auf einen entsprechenden Antrag hin gem. § 73 Abs. 2 OWiG von der Erscheinungspflicht entbinden, wenn der Betroffene erklärt, dass er sich in der Hauptverhandlung nicht äußern werde, oder wenn er sich bereits zur Sache geäußert hat und die Anwesenheit zur Aufklärung wesentlicher Gesichtspunkte des Sachverhalts nicht erforderlich erscheint.[200]

113 Das Gericht kann also den Entbindungsantrag nicht ohne weiteres ablehnen, etwa mit der allgemeinen Begründung, der Sachverhalt müsse noch weiter aufgeklärt werden.[201] Insoweit ist für eine Ermessensentscheidung kein Platz.[202] Ein Betroffener kann durch Ablehnen des Entbindungsantrags nicht indirekt dazu gezwungen werden, seine Entscheidung zur Aussageverweigerung zu überdenken.[203] Wenn die Voraussetzungen des § 73 Abs. 2 OWiG vorliegen, ist das Gericht verpflichtet, dem Entbindungsantrag zu entsprechen.[204] Nur wenn wesentliche Gesichtspunkte noch aufgeklärt werden müssen und es nicht um untergeordnete Dinge geht, besteht die Möglichkeit für das Gericht, den Entbindungsantrag abzulehnen.[205]

114 Nicht entbinden wird das Gericht, wenn das Erscheinungsbild des Betroffenen eine Rolle spielt, wenn es also um Identifikationsfragen – etwa aufgrund eines vorhandenen Frontfotos – geht. Das Ausbleiben des Betroffenen ist nicht allein deshalb entschuldigt, weil ein von ihm als Führer des Tatfahrzeuges bezeichneter und vom Gericht geladener Zeuge erklärt hat, er werde zur Hauptverhandlung nicht erscheinen.[206] Eventuell muss der Tatrichter nicht entbinden, wenn das Gericht ausnahmsweise in Gegenwart des Betroffenen zuverlässigere Angaben eines Zeugen erwarten kann.[207] Dies kann im Einzelfall auch dann gelten, wenn es Anhaltspunkte gibt, dass ein zunächst schweigender Betroffener in der Hauptverhandlung doch noch aussagt.[208]

---

199 OLG Brandenburg NZV 1996, 163.
200 *Beck/Berr*, a.a.O. Rn 98 ff.
201 OLG Zweibrücken zfs 1999, 537.
202 OLG Karlsruhe zfs 1999, 538; KG zfs 1999, 536; OLG Rostock DAR 2003, 530; OLG Karlsruhe zfs 2005, 154.
203 LG Dessau zfs 2007, 293.
204 BayObLG DAR 2001, 371 und DAR 2002, 133; OLG Stuttgart DAR 2004, 542; OLG Dresden DAR 2005, 460.
205 So auch *Katholnig*, NJW 1998, 568.
206 BayObLG DAR 1999, 222.
207 BGH NJW 1992, 2494.
208 BayObLG MDR 1997, 488; *Beck/Berr*, a.a.O. Rn 100.

Die nur theoretische Möglichkeit, dass der Betroffene seinen Entschluss zum Schweigen   **115**
überdenkt, reicht allerdings nicht aus um die Befreiung zu verweigern.[209] Ebenso wenig
genügt die bloße Möglichkeit, dass der Polizist sich durch die Präsenz des schweigenden
Betroffenen besser erinnern könne,[210] dies ist nur ausnahmsweise und mit erheblichem
Begründungsaufwand möglich.[211] Für die Entscheidung, ob ein Fahrverbot verhängt werden muss, ist das Erscheinen des Betroffenen dagegen nicht in jedem Fall erforderlich.[212]
Wenn eine sehr deutliche Erhöhung der Regelbuße in Betracht zu ziehen ist, können evtl.
auch die wirtschaftlichen Verhältnisse zu den wesentlichen Gesichtspunkten des Sachverhalts zählen.[213] Soweit es dem Gericht darauf ankommt, kann eine Entbindung von
der Erscheinungspflicht erreicht werden, wenn rechtzeitig vor dem Hauptverhandlungstermin entsprechend informiert oder die Erklärung abgegeben wird, dass man sich zu den
wirtschaftlichen Verhältnissen nicht äußert.

Von der Entbindungsmöglichkeit muss großzügig Gebrauch gemacht werden. Dies gilt   **116**
insbesondere, wenn zwischen Wohn- und Gerichtsort des Betroffenen erhebliche Entfernungen bestehen.[214] Die absolute Anwesenheitspflicht des Betroffenen stellt einen Verstoß gegen den Grundsatz der Verhältnismäßigkeit dar.[215] Insoweit ist die frühere Rechtsprechung zur Anordnung des persönlichen Erscheinens zu beachten.[216]

3. Entbindungsantrag

Der Antrag auf Entbindung von der Pflicht zum persönlichen Erscheinen in der Haupt-   **117**
verhandlung[217] kann vom Betroffenen oder seinem Verteidiger formlos gestellt werden,
an eine Frist ist er nicht gebunden.[218] Er kann bis zu Beginn der Hauptverhandlung gestellt werden, also auch nach Aufruf der Sache, sofern noch nicht zur Sache verhandelt
wurde.[219] Der Verteidiger muss allerdings eine Vertretungsvollmacht vorlegen,[220] die er
auch selbst unterzeichnen kann.[221] Über einen Entbindungsantrag des Betroffenen muss

209 OLG Frankfurt zfs 2000, 226; KG zfs 2006, 709.
210 OLG Naumburg zfs 2015, 534, KG Berlin DAR 2011, 146; OLG Bamberg zfs 2008, 413.
211 OLG Bamberg SVR 2015, 70, OLG Düsseldorf VRR 2012, 233; OLG Karlsruhe zfs 2011, 411.
212 BayObLG DAR 1994, 203; OLG Stuttgart DAR 2004, 542; OLG Karlsruhe zfs 2005, 154.
213 BayObLG DAR 1999, 272.
214 Vgl. hierzu die Resolution des Arbeitskreises VI des Verkehrsgerichtstages in Goslar 1999.
215 *Gebhardt* DAR 1996, 1 ff.; *Göhler* DAR 1996, 182 ff.
216 BGH 30, 172 ff.; BayObLG zfs 1993, 249.
217 Ausführlich zum Entbindungsantrag siehe *Gebhardt*, Das verkehrsrechtlich Mandat Bd. 1, § 32 Rn 6 ff.
218 Vgl. hierzu *Beck* DAR 1998, 208; LG Meiningen zfs 2006, 115.
219 OLG Hamm zfs 2006, 710; KG Berlin zfs 2015, 468.
220 BayObLG NStZ-RR 2000, 247; OLG Hamm, zfs 2015, 52.
221 OLG Brandenburg zfs 2015, 470.

das Gericht entscheiden.[222] Dass der Antrag dem Richter als solcher klar erkennbar –
und nicht rechtsmissbräuchlich versteckt – sein muss, versteht sich von selbst.[223]

> *Praxistipp*
>
> Wenn der Antrag auch nicht begründet werden muss, so empfiehlt sich dies im Sinne
> des Wortlauts von § 73 Abs. 2 OWiG. Im Übrigen sollte der Antrag rechtzeitig vor dem
> Hauptverhandlungstermin gestellt werden, damit sich der Betroffene darauf einstellen
> kann, ob er erscheinen muss.[224]

118   Das Amtsgericht kann einen zulässig gestellten Entbindungsantrag ohne Begründung
ablehnen. Im Urteil muss aber die Ablehnung begründet werden.[225] Wenn dem Antrag
nicht stattgegeben wird, ist dies nicht anfechtbar, da es sich um eine prozessleitende
Verfügung handelt.[226] Insoweit handelt es sich um eine Prozesshandlung konstitutiven
Charakters. Selbst wenn an sich die Voraussetzungen für die Entbindung von der Erscheinungspflicht vorliegen, das Gericht aber nicht entbindet, muss der Betroffene erscheinen. Rechtsunwirksam ist nämlich eine fehlerhafte gerichtliche Prozesshandlung
nur dann, wenn sie an einem besonders schwer wiegenden Mangel leidet, der bei ver-
ständlicher Würdigung aller in Betracht kommenden Umstände offenkundig ist.[227]
Die Zurückweisung des Entbindungsantrags kann also grundsätzlich nicht erfolgreich
mit Beschwerde angefochten werden.[228] Nur im Rechtsbeschwerdeverfahren ist eine
Überprüfung möglich.[229]

119   Durch die grundsätzlich erforderliche Anwesenheitspflicht des Betroffenen in der Hauptverhandlung besteht kein Raum mehr für die Anhörung durch einen ersuchten Richter.
Die kommissarische Vernehmung des Betroffenen ist somit weggefallen.[230]

120   Wenn das Gericht den Betroffenen von der Verpflichtung zum Erscheinen in der Hauptverhandlung entbunden hat, so kann sich dieser gem. § 73 Abs. 3 OWiG durch einen be-
vollmächtigten Verteidiger vertreten lassen. Hat er keinen Verteidiger, wird in diesem
Fall die Hauptverhandlung gem. § 74 Abs. 1 OWiG in seiner Abwesenheit durchgeführt.

---

222 OLG Hamm DAR 2003, 431.
223 OLG Hamm NStZ-RR 2015, 259.
224 Näheres zum Antrag: *Janeczek* zfs 2015, 603.
225 BayObLG DAR 2001, 371; OLG Dresden DAR 2005, 460.
226 BayObLG DAR 1994, 203; OLG Düsseldorf DAR 1995, 259.
227 BayObLG DAR 1994, 203.
228 OLG Düsseldorf DAR 1995, 259; OLG Frankfurt NZV 1995, 241.
229 OLG Frankfurt NZV 1995, 241.
230 BayObLG DAR 1999, 36; OLG Düsseldorf DAR 1998, 482; BGH VRS 96, 287; a.A. OLG Celle NZV 1999,
97.

Das Gleiche gilt, wenn der beauftragte Verteidiger nicht erscheint.[231] Ist der Betroffene dagegen nicht entbunden worden, so muss das Gericht gem. § 74 Abs. 2 OWiG den Einspruch ohne Verhandlung durch Urteil verwerfen. Dies gilt auch dann, wenn sein Verteidiger zum Termin erscheint. Dies ergibt sich aus § 73 Abs. 3 OWiG. Voraussetzung hierfür ist allerdings, dass eine ordnungsgemäße Ladung erfolgte und über die Folgen des Ausbleibens belehrt worden ist, § 74 Abs. 3 OWiG.

Eine genügende Entschuldigung des Betroffenen verbietet eine Einspruchsverwerfung. **121** Berufliche und private Angelegenheiten können das Ausbleiben entschuldigen, wenn sie unaufschiebbar oder unter Berücksichtigung des gegen den Betroffenen erhobenen Schuldvorwurfs von solcher Bedeutung sind, dass ihm das Erscheinen vor Gericht billigerweise nicht zugemutet werden kann.[232] Allerdings ist zu beachten, dass grundsätzlich die Erscheinungspflicht vor Gericht privaten und beruflichen Angelegenheiten vorgeht.[233] Eine Abwesenheitsentscheidung nach § 74 Abs. 2 OWiG ist bei Ausbleiben des Betroffenen dann nicht möglich, wenn sein Verteidiger nicht geladen wurde. Dieser hätte nämlich unter Umständen noch im Termin Entschuldigungsgründe für das Nichterscheinen des Betroffenen vortragen können.[234] Unterbleibt die Ladung des Verteidigers zur Hauptverhandlung, obwohl sich dieser rechtzeitig – auch bei der Verwaltungsbehörde – bestellt hat, ist ein Verwerfungsurteil nicht zulässig.[235] Der Grundsatz einer fairen Verhandlungsführung erfordert es, auf eine begründete und mitgeteilte Verhinderung des Verteidigers Rücksicht zu nehmen, genau wie auf eine Verspätung des Betroffenen.[236]

Über die Folgen des Ausbleibens soll gem. § 74 Abs. 3 OWiG nicht mehr belehrt werden **122** müssen, wenn die Hauptverhandlung unterbrochen und ein neuer Termin bestimmt worden ist.[237] Richtiger erscheint allerdings die Auffassung, dass im Falle der Verlegung der Hauptverhandlung oder Aussetzung derselben eine Verwerfung des Einspruchs nur zulässig ist, wenn der Betroffene mit der Ladung erneut nach § 74 Abs. 3 OWiG belehrt worden ist. Ein bloßer Hinweis auf die Belehrung in einer Ladung zu einem früheren Termin ist nicht ausreichend.[238] Nur durch den Hinweis in der Ladung zum neuen Termin werden dem Betroffenen die Folgen einer Säumnis ausreichend vor Augen geführt. Ein gestellter

---

231 OLG Hamm DAR 2001, 519.
232 OLG Köln DAR 1999, 40; OLG Zweibrücken zfs 2006, 233.
233 OLG Düsseldorf NJW 1997, 2062.
234 BayObLG DAR 2001, 37.
235 OLG Bamberg zfs 2007, 232.
236 OLG Bamberg zfs 2006, 656; OLG Karlsruhe zfs 2006, 354; OLG Frankfurt DAR 2008, 33; OLG München DAR 2008, 37.
237 BayObLG DAR 1999, 35; *Göhler*, OWiG, § 74 Rn 22.
238 OLG Köln NStZ-RR 2000, 179; vgl. hierzu auch OLG Brandenburg NZV 1996, 163.

Entbindungsantrag hat Wirkung nur für die bevorstehende Hauptverhandlung. Nach einer Aussetzung derselben muss der Antrag wiederholt werden.[239]

123 Der Betroffene muss grundsätzlich von der in seiner Abwesenheit beschlossenen Fortsetzung der Hauptverhandlung in Kenntnis gesetzt werden, selbst wenn im Fortsetzungstermin nur das Urteil verkündet werden soll.[240]

124 Wenn das Gericht über einen rechtzeitig gestellten Antrag des Betroffenen, ihn von der Erscheinungspflicht zu entbinden, nicht entschieden hat, so ist grundsätzlich sein Ausbleiben auf eine falsche Sachbehandlung des Gerichts zurückzuführen und ist deshalb nach der Rechtsprechung unter Umständen als genügend entschuldigt anzusehen. Dies gilt insbesondere dann, wenn noch weitere Umstände vorliegen, die den Betroffenen bestärken, nicht erscheinen zu müssen.[241]

125 Die Einspruchsverwerfung wegen Ausbleibens des Betroffenen in der Hauptverhandlung muss vom Gericht **im Urteil begründet** werden.[242] Mit möglichen Entschuldigungsgründen muss sich das Gericht auseinander setzen, auch mit Vertagungsanträgen der Verteidigung oder mit einem – evtl. erneut gestellten – Entbindungsantrag.[243] Dies gilt zumindest dann, wenn der Entschuldigungsgrund in einem Schriftsatz enthalten ist, der vor dem Termin bei der Geschäftsstelle eingegangen ist.[244] Es kommt nicht darauf an, ob sich der Betroffene entschuldigt hat, sondern ob er genügend entschuldigt ist. Wenn Anhaltspunkte für eine Entschuldigung bestehen, hat das Gericht eine Klärungspflicht.[245] Es liegt eine Verletzung des rechtlichen Gehörs vor, wenn das Gericht nicht über den Entbindungsantrag entscheidet und sich auch mit den Gründen hierfür im Urteil nicht befasst.[246]

126 Die Auseinandersetzungen mit Einwendungen oder Bedenken gegen eine Einspruchsverwerfung hat in den Urteilsgründen zu erfolgen. Eine Bezugnahme lediglich auf das Protokoll ist unzulässig.[247]

127 War der Betroffene unverschuldet im Termin säumig, kann er gegen die Einspruchsverwerfung Wiedereinsetzung in den vorigen Stand beantragen, worüber er im Rahmen der Urteilszustellung belehrt werden muss (§ 74 Abs. 4 OWiG).

239 OLG Hamm DAR 2006, 522.
240 BayObLG NZV 1999, 306.
241 OLG Düsseldorf DAR 1998, 204; OLG Zweibrücken NZV 1998, 43; OLG Karlsruhe zfs 1999, 538.
242 *Beck/Berr*, a.a.O., Rn 110.
243 OLG Hamm NZV 1997, 90; OLG Stuttgart NZV 1992, 462; OLG Köln NZV 1999, 261; OLG Hamm DAR 1999, 277.
244 OLG Köln DAR 2002, 230.
245 BayObLG DAR 2003, 568; OLG Schleswig zfs 2006, 53; OLG Hamm zfs 2005, 515; LG Heilbronn zfs 2006, 707.
246 BayObLG DAR 2000, 578.
247 OLG Düsseldorf VRS 80, 46.

III. Beweisaufnahme

1. Vereinfachte Beweisaufnahme

§ 77a Abs. 1 OWiG ermöglicht die vereinfachte Art der Beweisaufnahme durch Ver- **128**
lesung von Protokollen und Urkunden betreffend die Aussagen von Zeugen, Sachverständigen oder Mitbetroffenen. Hierzu müssen jedoch nach Abs. 3 der Norm die in der Hauptverhandlung anwesenden Parteien zustimmen. Zwar ist eine stillschweigende Zustimmung grundsätzlich möglich, insoweit kommt dem Verhandlungsprotokoll aber
negative Beweiskraft zu.[248] Dies enthebt das Gericht jedoch nicht von der grundsätzlichen
Prüfung, ob eine unmittelbare Beweisaufnahme geeigneter erscheint.[249]

2. Beweisantrag

Wenngleich gem. §§ 46, 71 OWiG i.V.m. § 244 Abs. 2 StPO der Amtsermittlungsgrund- **129**
satz gilt, macht es für die Verteidigung durchaus Sinn, eigene Beweisanträge zu stellen.
Wie auch im Strafverfahren ist der Beweisantrag ein förmlicher Antrag und kann daher
nur durch förmlichen Beschluss gem. § 244 Abs. 5 S. 1 StPO i.V.m. § 46 Abs. 1 OWiG
zurückgewiesen werden. Die Begründung kann gem. § 77 Abs. 3 OWiG jedoch verkürzt
erfolgen. Außerdem stehen dem Amtsgericht über den § 244 Abs. 3 StPO hinaus im Ordnungswidrigkeitenverfahren zusätzliche Ablehnungsmöglichkeiten gem. § 77 Abs. 2
OWiG zur Verfügung.

Damit kann das Gericht einen Beweisantrag noch leichter zurückweisen als im Strafpro-
zess, weshalb der Verteidiger bei der Antragstellung besondere Vorsicht walten lassen
muss. Insoweit empfiehlt sich zunächst ein Blick auf die erweiterten Ablehnungsgründe,
welche es zu umschiffen gilt:

Das Gericht darf seine **Aufklärungspflicht** nicht verletzten. Hält es jedoch die Beweis- **130**
erhebung nach seinem pflichtgemäßen Ermessen nicht für erforderlich zur Erforschung
der Wahrheit, kann es den Antrag ablehnen, § 77 Abs. 2 Nr. 1 OWiG. Hierfür muss jedoch
bereits eine Beweisaufnahme stattgefunden haben, die nach Ansicht des Gerichts den relevanten Sachverhalt zur Genüge aufgeklärt hat. Eine weitere Beweiserhebung darf sich
ihm gerade nicht aufdrängen.[250] Anhaltspunkte für eine fortbestehende Aufklärungs-

---

248 BayObLG, Beschl. v. 11.2.1993 – 1 ObOWi 17/93, juris; OLG Stuttgart, Beschl. v. 15.3.2004 – 1 Ss 42/04,
      Rn 3, juris.
249 BGH NStZ 1988, 37.
250 OLG Düsseldorf, Beschl. v. 3.5.1991 – 5 Ss (OWi) 75/91 – (OWi) 37/91 I, Rn 8, juris; OLG Hamm, Beschl. v.
      11.12.2006 – 2 Ss OWi 598/06, Rn 13, juris; OLG Brandenburg, Entscheidung vom 21.6.2012 – (2 B) 53 Ss-
      OWi 237/12 (155/12), Rn 13, juris; *Göhler/Seitz*, OWiG, 16. Aufl., § 77 Rn 11, 12 m.w.N.

pflicht sind insbesondere konkrete Anhaltspunkte für technische Fehlfunktionen des Messgerätes.[251] Aber auch der Verteidigervortrag zur Fahrerfrage, dass der Bruder des Betroffenen ihm wie „wie ein Ei dem anderen ähnele" macht eine weitere Aufklärung erforderlich, ohne dass es auf die Vorlage eines aktuellen Lichtbildes ankäme.[252] Gleiches kann für den Fall der Benennung eines Entlastungszeugen gelten, selbst wenn bereits zwei belastende Zeugen angehört worden sind. Hier muss sich im konkreten Einzelfall die Beweisaufnahme jedoch aufdrängen oder zumindest nahe liegen.[253]

131 Des Weiteren kann das Amtsgericht einen Beweisantrag gem. § 77 Abs. 2 Nr. 2 OWiG als verspätet ablehnen, wenn nach dessen freier Würdigung das Beweismittel bzw. die zu beweisende Tatsache ohne verständigen Grund so spät vorgebracht worden ist, dass es zur Aussetzung der Verhandlung führen würde. Damit soll Prozessverschleppung verhindert werden.[254] Auch hier ist es zunächst erforderlich, dass das Gericht eine Beweisaufnahme durchgeführt hat und den Sachverhalt damit für eindeutig geklärt hält. Von der Aussetzung der Hauptverhandlung gem. § 228 StPO ist jedoch die Unterbrechung nach § 229 StPO zu unterscheiden, welche eine erneute Durchführung der kompletten Hauptverhandlung nicht erforderlich macht.[255] Sofern das Amtsgericht den Antrag ablehnt, weil es nicht innerhalb der Unterbrechungsfrist weiterverhandeln und den beantragten Beweis erheben kann, bedarf es einer ausführlichen Begründung im Einzelfall.[256] Der richterlichen Aufklärungspflicht wird im Zweifel gegenüber dem Willen des Gesetzgebers, Bußgeldverfahren in möglichst einer Hauptverhandlung zu erledigen, der Vorrang zu geben sein. Jedenfalls kann ein Antrag nicht abgelehnt werden, wenn sich die Umstände hierfür erstmals in der Hauptverhandlung ergeben.[257]

132 Unter Berücksichtigung des oben Gesagten sollte sich der Verteidiger also zunächst klar machen, was er beweisen will. Soll eine konkrete Tatsache bewiesen werden, handelt es sich um einen Beweisantrag. Sollen hingegen weitere Nachforschungen angestellt werden, um entlastende Beweismittel erst aufzufinden, handelt es sich um einen Beweisermittlungsantrag.[258] Dieser ist zwar ebenso zulässig und von der richterlichen Aufklä-

---

251 BGHSt 39, 297, 300/301; BGH, Beschl. v. 30.10.1997 – 4 StR 24/97 –, BGHSt 43, 277–284, Rn 26; OLG Brandenburg, Entscheidung vom 21.6.2012 – (2 B) 53 Ss-OWi 237/12 (155/12), Rn 14, juris.

252 OLG Celle, Beschl. v. 31.8.2010 – 311 SsRs 54/10, Rn 10, juris; OLG Brandenburg, Beschl. v. 15.10.2012 – (1 B) 53 Ss-OWi 607/12 (308/12), juris; OLG Düsseldorf, Beschl. v. 15.4.2016 – IV-1 RBs 83/16, Rn 9, juris.

253 KG Berlin, Beschl. v. 21.5.2007 – 2 Ss 80/07 – 3 Ws (B) 202/07, Rn 6, juris.

254 BVerfG, Kammerbeschluss vom 24.2.1992 – 2 BvR 700/91, Rn 16, juris m.w.N.

255 KG Berlin, Beschl. v. 5.12.2011 – 3 Ws (B) 560/11, Rn 7, juris m.w.N.

256 OLG Hamm, Beschl. v. 3.2.2015 – III-1 RBs 18/15, Rn 12, juris; *Göhler/Seitz*, OWiG, 16. Aufl. 2012, § 77 Rn 20.

257 BVerfG, Kammerbeschluss vom 24.2.1992 – 2 BvR 700/91, Rn 16, juris.

258 *Schmitt* in Meyer-Goßner, StPO, § 244, Rn 25; *Bachler* in BeckOK StPO, 29. Aufl. 2018, § 244, Rn 48; anschaulich mit zahlreichen weiteren Verweisen: OLG Bamberg, Beschl. v. 4.10.2017 – 3 Ss OWi 1232/17, juris.

rungspflicht erfasst, jedoch kann er im Gegensatz zum Beweisantrag vom Gericht formlos, ohne Protokollierung und ohne Begründung abgelehnt werden.

> *Praxistipp*
>
> Faustformelmäßig wird mit einem Beweisantrag begehrt festzustellen, *dass* eine bestimmte Tatsache vorliegt. Bei einem Beweisermittlungsantrag wird hingegen begehrt zu ermitteln, *ob* eine vermutete entlastende Tatsache überhaupt besteht.

Der echte Beweisantrag hat **zwei – bzw. rein vorsorglich drei – Elemente** zu enthalten: **133**

1. Die Beweistatsache
   Die zu beweisende Tatsache soll möglichst konkret und positiv formuliert behauptet werden.
   Für die Tatsache, dass ein Messfehler vorliegt, muss zwingend der konkrete Messfehler benannt werden. Aus der umfangreichen Rechtsprechung ist zu ersehen, dass dies in der Praxis nicht exakt gehandhabt wird. Vielmehr wird entweder unter Beweis gestellt, dass das Messverfahren im Allgemeinen fehlerhaft ist oder dass der Sachverständige Fehler auffinden und benennen wird. Hierüber kann sich das Amtsgericht ohne Weiteres hinwegsetzen.

2. Das Beweismittel
   Zudem muss das Beweismittel benannt werden, also: die Vernehmung eines Zeugen bzw. eines Sachverständigen, die Verlesung einer Urkunde oder die Augenscheinnahme.
   Zeugen müssen namentlich und mit ladungsfähiger Anschrift – jedenfalls aber bestmöglich individualisierbar[259] – benannt werden. Gleiches gilt für Urkunden, die sich nicht bei den Gerichtsakten befinden; hier muss der Fundort ebenfalls möglichst genau bezeichnet werden.[260]

3. Die Konnexität
   Zwischen Beweistatsache und Beweismittel muss ein Konnex erkennbar sein.[261] Da nicht immer klar ist, ob die Erkennbarkeit gewährleistet ist, sollte stets kurz aufgezeigt werden, weshalb der benannte Zeuge über eigene Wahrnehmungen zum Beweisthema verfügt.

> *Praxistipp* **134**
>
> Natürlich ist es für einen Juristen nicht immer einfach, einen Messfehler konkret zu benennen. Jedoch werden die Kosten für ein privates Sachverständigengutachten von der Rechtsschutzversicherung regelmäßig übernommen. Sobald also erste Indi-

---

259 BGH, Beschl. v. 15.10.2010 – 5 StR 119/10, Rn 12, juris m.w.N.
260 BGH, 30.8.1990 – 3 StR 459/87 – NJW 1991, 1622.
261 BGH, Urt. v. 8.12.1993 – 3 StR 446/93, BGHSt 40, 3–7, Rn 10 juris.

zien für eine fehlerhafte Messung auftauchen, empfiehlt es sich einen Sachverständigen zu konsultieren. Das Gutachten kann sodann bereits im Verwaltungsverfahren verwendet werden und im Hauptverfahren dem Richter als Beweisführung eventuell zumindest für eine Einstellung genügen. Jedenfalls kann damit jedoch ein sauberer und nicht erschütterbarer Beweisantrag mühelos formuliert werden.

135   Ein Beweisantrag wird mündlich gestellt und ins Protokoll der Hauptverhandlung aufgenommen gem. §§ 273 Abs. 1, 274 StPO i.V.m. § 46 Abs. 1 OWiG. In der Praxis verlangen die Amtsgerichte in Bußgeldverfahren aber regelmäßig von den Verteidigern gem. § 257a StPO eine schriftliche Antragsstellung. Der Antrag kann auch bedingt gestellt werden.[262]

Praxistipp

In der Praxis verlangen die Amtsgerichte in Bußgeldverfahren eine schriftliche Antragsstellung – falls erforderlich ist dies auch handschriftlich während der Verhandlung zu tätigen. Dies kommt der Verteidigung insofern zugute, als dass der Antrag originär und samt Begründung zu den Akten genommen wird und die erforderliche genaue Formulierung kontrolliert werden kann. Grundsätzlich empfiehlt es sich, Anträge „vorrätig" vorzubereiten. Jedoch ist darauf zu achten, dass spät ins Verfahren eingebrachte Anträge nicht aufgrund § 77 Abs. 2 Nr. 2 OWiG abgelehnt werden mit der Begründung, dass der Antrag ja schon offensichtlich vor der Hauptverhandlung abgefasst wurde und insoweit auch offensichtlich früher hätte gestellt werden können.[263]

E.   Rechtsbeschwerdeverfahren

I.   Allgemeines

136   Die Möglichkeiten der Überprüfung eines amtsgerichtlichen Urteils sind im Ordnungswidrigkeitenverfahren stark beschränkt, was der Vereinfachung und Beschleunigung des Massenverfahrens geschuldet ist. Dennoch darf die Entlastung der Gerichte diesbezüglich nicht die verfassungsmäßigen Rechte des Betroffenen beschneiden. Folglich führt die Versagung rechtlichen Gehörs stets zur Überprüfbarkeit des Urteils, § 80 Abs. 1 Nr. 2 OWiG. Somit kommt der Vorbereitung der erstinstanzlichen Hauptverhandlung und dort insbesondere den eben dargelegten Beweisanträgen auch erhöhte Bedeutung zu.

Die Rechtsbeschwerde ist jedoch keine zweite Tatsacheninstanz, weshalb eine präzise Verteidigung vor dem Amtsgericht unerlässlich ist.

---

262 *Schmitt* in Meyer-Goßner, StPO § 244 Rn 22.
263 OLG Hamm, Beschl. v. 28.3.2010 – III-3 RBs 28/09, Rn 11, juris.

Gem. § 79 Abs. 3 OWiG gelten die Regelungen der StPO und des GVG über die Revision **137** entsprechend – vorbehaltlich einiger Besonderheiten. Die Rechtsbeschwerde ist gegen Urteile und Beschlüsse statthaft, § 79 Abs. 1 OWiG, das zuständige OLG entscheidet als Einzelrichter meist im Beschlusswege gem. § 79 Abs. 5 OWiG. Gegen verhältnismäßig geringfügige Ahndungen stellt die Zulassungsrechtsbeschwerde des § 80 OWiG hohe Hürden auf.

II. Zulassungsfreie Rechtsbeschwerde

Die Fälle einer stets zulässigen Rechtsbeschwerde werden in § 79 Abs. 1 OWiG abschlie- **138** ßend aufgeführt. Es handelt sich um Ahndungen mit Bußgeldern von mehr als 250 EUR gem. Ziffer 1 bzw. um Ahndungen mit angeordneten Nebenfolgen gem. Ziffer 2. Hierunter fällt vor allem das Fahrverbot – die Eintragung von Punkten im FAER hingegen nicht.[264] Laut Ziffer 3 kann die Staatsanwaltschaft eine Rechtsbeschwerde zulasten des Betroffenen erst bei einem Bußgeld von 600 EUR oder bei einem aufgehobenen Fahrverbot einlegen. Zudem sind Rechtsbeschwerden stets möglich gem. Ziffer 4 gegen Verwerfungsurteile wegen unzulässiger Einsprüche und gem. Ziffer 5 gegen Beschlüsse nach § 72 OWiG, welchen rechtzeitig widersprochen wurde.

Bei den hier behandelten Ordnungswidrigkeiten wird nach der BKatV regelmäßig die **139** Wertgrenze des § 79 Abs. 1 Nr. 1 OWiG in Höhe von 250 EUR nicht erreicht, ohne dass zusätzlich ein Fahrverbot zu verhängen ist. Allenfalls bei Wiederholungstätern oder in Ausnahmefällen wird das Bußgeld ausnahmsweise zu erhöhen sein. Daher ist betreffend der hier thematisierten Bußgeldbescheide von Anfang an daran zu denken, dass ohne ein drohendes Fahrverbot die Entscheidung des Amtsgerichts wohl endgültig sein wird – vorbehaltlich der nachfolgend thematisierten Zulassungsgründe.

III. Zulassungsbeschwerde

Andernfalls ist die Rechtsbeschwerde nur möglich, wenn sie auf Antrag zugelassen wird, **140** § 79 Abs. 1 S. 2 OWiG i.V.m. § 80 OWiG. Hierüber hat das Beschwerdegericht zu entscheiden, wobei eine Zulassung nur in den drei Varianten der Norm möglich ist:

- ■ zur Fortbildung des Rechts, § 80 Abs. 1 Nr. 1 Alt.1 OWiG,
- ■ zur Sicherung einer einheitlichen Rechtsprechung, § 80 Abs. 1 Nr. 1 Alt. 2 OWiG,
- ■ wegen Versagung des rechtlichen Gehörs, § 80 Abs. 1 Nr. 2 OWiG.

Zudem wird die Beschwerdemöglichkeit nach Abs. 2 der Norm nochmals eingegrenzt, indem bei Bußgeldern bis 100 EUR bzw. im Falle des Freispruches oder der Einstellung

---

264 *Seitz/Bauer* in Göhler, OWiG, § 79 Rn 8; *Hadamitzky*, KK-OWiG, 5. Aufl. 2018, § 79 Rn 17.

bis 150 EUR keine Verfahrensrügen angebracht werden können und das materielle Recht nur zur Rechtsfortbildung überprüfbar ist – mit Ausnahme der Versagung des rechtlichen Gehörs.

1. Fortbildung des Rechts

141 Die erste Variante ist kaum praxisrelevant. Es geht darum, den nachgeordneten Gerichten Klarheit bei der Auslegung von Rechtssätzen und der Ausfüllung von Gesetzeslücken durch das Beschwerdegericht zu verschaffen.[265] Insbesondere geht es nicht um Einzelfallgerechtigkeit.[266]

2. Sicherung einer einheitlichen Rechtsprechung

142 Auch bei dieser Variante geht es nicht um Einzelfallgerechtigkeit, sondern vielmehr um die Frage, ob schwer erträgliche Unterschiede in der Rechtsprechung entstehen bzw. fortbestehen.[267] Die Sicherung der einheitlichen Rechtsprechung ist gefährdet, wenn das Amtsgericht von der Linie des OLG – bewusst oder unbewusst[268] – abweicht oder aber wenn es noch keine Klärung durch das OLG gibt und über das angegriffene Urteil hinaus Wiederholungsgefahr in vergleichbaren Fällen besteht.[269] In Frage kommen hier sowohl Verstöße gegen materielles Recht, als auch gegen Verfahrensvorschriften.

3. Versagung des rechtlichen Gehörs

143 Der weitaus häufigste Zulassungsgrund in der Praxis ist die Versagung des rechtlichen Gehörs gem. § 80 Abs. 1 Nr. 2 OWiG. Hiermit soll das Bundesverfassungsgericht entlastet werden bzgl. der Beschwerde, dass Art. 103 Abs. 1 GG verletzt sein soll.[270]

144 Dem Betroffenen wird das rechtliche Gehör versagt, wenn ihm keine Möglichkeit eingeräumt wurde, sich zu allen entscheidungserheblichen und ihm nachteiligen Sachen und

---

265 OLG Bamberg, Beschl. v. 7.5.2013 – 2 Ss OWi 493/13, Rn 12, juris;
266 BGH, Beschl. v. 12.11.1970 – 1 StR 263/70, BGHSt 24, 15–26, Rn 30, juris; OLG Hamm, Beschl. v. 13.11.2009 – 3 Ss OWi 622/09, Rn 14, juris; OLG Bamberg, Beschl. v. 18.1.2011 – 3 Ss OWi 1696/10, Rn 9, juris; *Seitz/Bauer* in Göhler, OWiG 17. Aufl. § 80 Rn 1a.
267 OLG Koblenz, Beschl. v. 12.12.1989 – 2 Ss 504/89, juris = NJW 1990, 2398; *Göhler/Seitz* OWiG 15. Aufl., § 80 Rn 5 m.w.N.
268 OLG Koblenz, Beschl. v. 23.3.1983 – 1 Ss 121/83, juris.
269 OLG Hamm, Beschl. v. 3.2.2009 – 5 Ss OWi 637/08, Rn 3, juris; *Junker* in Burhoff, Handbuch für das straßenverkehrsrechtliche OWi-Verfahren, 4. Aufl. 2015, Rn 3408 f.; *Göhler/Seitz*, OWiG 15. Aufl. § 80 Rn 6.
270 *Seitz/Bauer* in Göhler, OWiG 17. Aufl. § 80 Rn 16a; *Hadamitzky*, KK-OWiG, 5. Aufl. 2018, § 80 Rn 40.

Beweisergebnissen zu äußern.[271] Zusätzlich muss die Entscheidung des Amtsgerichts aber gerade auch auf dem unterbliebenen rechtlichen Gehör beruhen. Dies muss in der Rechtsbeschwerde unter Beachtung der strengen Formerfordernisse – hierzu sogleich – vorgetragen werden. Ansonsten wird die Rechtsbeschwerde allein aufgrund von Formerfordernissen als unzulässig verworfen.

So stellen bspw. abgelehnte Beweisanträge eine Verletzung des Art. 103 Abs. 1 GG dar, **145** sofern die Begründung der Ablehnung offensichtlich nicht zum Beweisantrag passt.[272] Ebenso ist dem Betroffenen die Möglichkeit verwehrt, sich mit weiteren Anträgen zu verteidigen, wenn ihm der – offensichtlich nicht unzulässige – gestellte Beweisantrag in der Hauptverhandlung nicht verbeschieden wird.[273] Auch Überraschungsentscheidungen sind hiervon erfasst, mit denen der Betroffene nicht ohne vorherigen richterlichen Hinweis rechnen musste.[274]

4. Antrag auf Zulassung der Rechtsbeschwerde

Gem. § 80 Abs. 3 OWiG ist ein Zulassungsantrag zu stellen. Der Antrag ist binnen einer **146** Woche ab Verkündung bzw. ab Zustellung des Urteils zu stellen. Der Antrag gilt gem. S. 2 der Norm als vorsorglich eingelegte Rechtsbeschwerde. Umgekehrt ist die Einlegung der Rechtsbeschwerde als Antrag auf Zulassung auszulegen.[275] Der Zulassungsantrag kann, „soll", muss aber nicht begründet werden. Der Verteidiger sollte hier dennoch zusätzlich zu der Begründung der Rechtsbeschwerde auch noch darlegen, weshalb diese zulässig ist.

Praxistipp

Im Falle der Zulassungsrechtsbeschwerde gilt es also zunächst auf die Formulierung des Antrages zu achten. Anstatt binnen Wochenfrist zu erklären, dass Rechtsbeschwerde gegen das Urteil des Amtsgerichts eingelegt wird, erfolgt der Antrag, ebendiese Rechtsbeschwerde zuzulassen.

Sodann sind binnen der weiteren Monatsfrist zusätzlich zu den Anträgen und der Begründung der Rechtsbeschwerde in der Sache die Gründe für die Zulassung der Rechtsbeschwerde vorzutragen.

Die Entscheidung des OLG über den Zulassungsantrag ist unanfechtbar, § 304 Abs. 4 StPO.

---

271 OLG Köln, Beschl. v. 4.9.2015 – III-1 RBs 276/15, Rn 8, juris m.w.N.
272 OLG Oldenburg, Beschl. v. 23.11.2011 – 2 SsRs 259/11, Rn 7, juris.
273 Thüringer OLG, Beschl. v. 27.6.2011 – 1 Ss Rs 90/11, Rn 9, juris.
274 OLG Hamm, Beschl. v. 13.11.2009 – 3 Ss OWi 622/09, Rn 16, juris.
275 *Seitz/Bauer*, in Göhler, OWiG, 17. Aufl., § 80 Rn 18; *Hadamitzky*, KK-OWiG, 5. Aufl. 2018, § 80 Rn 48.

IV. Form, Frist, Begründung

1. Einlegung der Rechtsbeschwerde

147 Die Rechtsbeschwerde ist gem. § 79 Abs. 3 OWiG i.V.m. § 341 StPO **innerhalb einer Woche** beim iudex a quo einzulegen, also beim Ausgangsgericht. Maßgeblich für den Fristbeginn ist der Zeitpunkt der Urteilsverkündung, sofern zumindest der Verteidiger zugegen war – andernfalls die Zustellung der Entscheidung, § 79 Abs. 4 OWiG. In letzterem Fall läuft die Einlegungsfrist selbst dann an, wenn der Verteidiger eine Zustellungsvollmacht zu den Akten gereicht hat und das Urteil dennoch an den Betroffenen zugestellt wird.[276] Der Mandant sollte nicht zuletzt deswegen ausdrücklich angehalten werden, generell den Zugang von behördlichen und gerichtlichen Schriftstücken seinem Anwalt anzuzeigen.

Praxistipp

Wie bereits bei der Einlegung des Einspruchs gegen den Bußgeldbescheid empfiehlt es sich auch hier, die Rechtsbeschwerde vorab per Telefax fristwahrend abzuschicken.

2. Begründungsfrist der Rechtsbeschwerde

148 Von der Einlegungsfrist ist die **Begründungsfrist** zu unterscheiden. Gem. § 79 Abs. 3 OWiG i.V.m. § 345 Abs. 1 StPO ist die Rechtsbeschwerde binnen eines Monats nach Ablauf der Frist zur Einlegung des Rechtsmittels wiederum gegenüber dem Ausgangsgericht zu begründen. War das Urteil bis dahin noch nicht zugestellt, beginnt die Begründungsfrist für die Rechtsbeschwerde erst mit der Urteilszustellung.

In der Praxis werden die meisten Urteile erst nach mehr als einer Woche ausgefertigt und zugestellt. Die Fristberechnung ist dann eindeutig. Bei Beschlüssen gem. § 72 OWiG, bei Urteilen in Abwesenheit und in den wenigen Fällen der schnellen Urteilszustellung binnen einer Woche knüpft die Begründungsfrist nahtlos an die Einlegungsfrist an. Hier gibt es einen Meinungsstreit zur Berechnung des Fristendes:

Für die Fristberechnung verweist die Brückennorm des § 46 Abs. 1 OWiG auf § 43 StPO. Wie oben erläutert beginnt die Einlegungsfrist mit Zustellung der Entscheidung und endet gem. § 43 StPO am gleichnamigen Wochentag der Folgewoche. § 345 Abs. 1 S. 1 StPO besagt, dass die Begründungsfrist erst *nach* Ablauf der Einlegungsfrist anläuft. Folgt man nun dem Wortlaut und somit der herrschenden Meinung,[277] läuft die Begründungsfrist am

---

276 BVerfG, Beschl. v. 20.12.2001 – 2 BvR 1356/01 = NJW 2001, 2532; *Göhler-Seitz*, OWiG, 15. Aufl., § 51 Rn 44d m.w.N.

277 OLG Bamberg, 3. Senat, Beschl. v. 10.5.2007 – 3 Ss OWi 1532/2006, Rn 6, juris; *Göhler-Seitz*, OWiG, 15. Aufl., § 79 Rn 31 m.w.N.

Folgetag an. Einige Gerichte sehen hingegen den letzten Tag der Einlegungsfrist gleichzeitig als Beginn der Begründungsfrist an.[278]

> *Praxistipp*
>
> Sofern die Rechtsprechung des jeweils zuständigen Beschwerdegerichtes nicht eindeutig ist, sollte die Begründungsfrist rein vorsorglich nicht voll ausgeschöpft, sondern im Zweifel einen Tag früher übermittelt werden.

3. Begründung der Rechtsbeschwerde

Wie bereits oben aufgezeigt, muss die Rechtsbeschwerde binnen eines Monats nach Ablauf der Einlegungsfrist bzw. nach Zustellung der Entscheidung gegenüber dem Ausgangsgericht begründet werden. Dies hat durch den Verteidiger in Schriftform zu erfolgen oder aber zu Protokoll der Geschäftsstelle, § 345 Abs. 2 StPO i.V.m. § 79 Abs. 3 OWiG. **149**

> *Praxistipp*
>
> Die Begründung muss von dem Anwalt unterzeichnet werden, der sie auch verfasst hat. Zweifel an der Eigenverantwortlichkeit des unterzeichnenden Rechtsanwalts führen zur Formunwirksamkeit der Rechtsbeschwerdebegründung und damit zur Unzulässigkeit der Rechtsbeschwerde.[279]
>
> Daher ist es insbesondere tunlichst zu unterlassen, einen Kollegen „in Vertretung" unterschreiben zu lassen.

Inhaltlich kann die Rechtsbeschwerde auf mangelnde Verfahrensvoraussetzungen, Verfahrenshindernisse, Verfahrensrügen und Sachrügen gestützt werden. Hier gelten dieselben Regeln wie bei der Revision, weshalb nachfolgend lediglich die wesentlichen Aspekte hervorgehoben werden.[280]

a) Mangelnde Verfahrensvoraussetzungen und Verfahrenshindernisse

Verfahrensvoraussetzungen und Verfahrenshindernisse sind stets von Amts wegen zu beachten,[281] weshalb es einer Rüge grundsätzlich nicht bedarf. Jedoch führen sie nach §§ 206a, 354 StPO zur direkten Verfahrenseinstellung;[282] diesbezügliche Fehler sollten daher immer vorgetragen werden. Das geläufigste Verfahrenshindernis in den hier thematisierten Bereichen ist die Verfolgungsverjährung. **150**

---

278 Bspw. OLG Bamberg, 2. Senat, Beschl. v. 16.9.2005 – 2 Ss OWi 1099/05, Rn 3, juris.
279 OLG Hamm, Beschl. v. 10.7.2000 – 2 Ss OWi 646/00, Rn 5, juris m.w.N.
280 Zur eingehenden Lektüre empfehlenswert: *Junker* in Burhoff, Handbuch für das straßenverkehrsrechtliche OWi-Verfahren, 4. Aufl. 2015, Rn 3250 ff.
281 *Seitz/Bauer* in Göhler, OWiG, 17. Aufl., § 79 Rn 47a; *Schmitt* in Meyer-Goßner, § 352 Rn 2.
282 *Hadamitzky*, KK-OWiG, 5. Aufl. 2018, § 79 Rn 154

b) Verfahrensrügen

151 Von den Verfahrensvoraussetzungen und Verfahrenshindernissen sind die Regelungen i.S.d. § 344 Abs. 2 S. 1 StPO zu unterscheiden, welche den Verfahrensablauf und die Verfahrensgestaltung betreffen. Gem. § 344 Abs. 2 S. 2 StPO müssen Verfahrensrügen die den Mangel enthaltenden Tatsachen angeben.

Dies hat präzise, vollständig und ohne Verweise zu erfolgen. Allein anhand der Rechtsbeschwerdeschrift muss das OLG den Verfahrensfehler vollständig erkennen können.[283]

Beispielsweise gehört zu einer zulässigen Aufklärungsrüge, dass bestimmte konkrete Tatsachen, Zustände oder Vorgänge als aufklärungsbedürftig genannt werden sowie die Angabe eines bestimmten Beweismittels, des erwarteten Beweisergebnisses und der daraus zu folgernden Besserstellung des Betroffenen sowie die Darlegung der Umstände und Vorgänge, aus welchen Gründen sich das Gericht zu weiterer Aufklärung gedrängt sehen musste.[284]

Die Aufzählung der strengen Formerfordernisse in den einzelnen Konstellationen von Verfahrensrügen würde vorliegend den Rahmen sprengen. Insoweit sollte jedoch jeder Verteidiger bereits durch das als bekannt zu unterstellende Revisionsrecht sensibilisiert sein, und im konkreten Fall die aktuelle Rechtsprechung zu Rate ziehen.

c) Sachrügen

152 Die Sachrügen betreffen wiederum das materielle Recht. Faustformelmäßig lässt sich zur Abgrenzung festhalten, dass es sich um eine Verfahrensrüge handelt, wenn die verletzte Norm bestimmt, „**auf welchem Wege** der Richter zur Urteilsfindung berufen" ist.[285] Ansonsten handelt es sich um eine Sachrüge.

Die Sachrüge ist bereits deshalb anzubringen, weil sie im Gegensatz zur Verfahrensrüge dem Beschwerdegericht die Überprüfung des Urteils selbst ermöglicht.[286] Dies kann wiederum der Verfahrensrüge weiteren Auftrieb verleihen oder diese gar retten, da das OLG wegen der zulässig erhobenen allgemeinen Sachrüge den Urteilsinhalt dann auch ergänzend für die Beurteilung der Verfahrensrüge berücksichtigen kann.[287]

153 Einer gesonderten Begründung der Sachrüge bedarf es an sich nicht, jedoch ist dies anzuraten. Das Beschwerdegericht kann die pauschale Sachrüge knapp abhandeln, ist bei kon-

---

283 Meyer-Goßner/*Schmitt*, § 352 Rn 5; BGH, Urt. v. 14.10.1952 – 2 StR 306/52, BGHSt 3, 213–215, Rn 3, juris; *Junker* in Burhoff, Handbuch für das straßenverkehrsrechtliche OWi-Verfahren, 4. Aufl. 2015, Rn 3287 m.w.N.

284 OLG Bamberg, Beschl. v. 30.6.2010 – 3 Ss OWi 854/10, Rn 16, juris; *Schmitt* in Meyer-Goßner § 244 Rn 21 f. m.w.N.

285 BGH, Urt. v. 10.1.1973 – 2 StR 451/72, BGHSt 25, 100–104, Rn 4; *Schmitt* in Meyer-Goßner, § 337 Rn 8.

286 *Schmitt* in Meyer-Goßner, § 344 Rn 18.

287 *Schmitt* in Meyer-Goßner, § 344, Rn 20; OLG Celle, Beschl. v. 30.5.2012 – 32 Ss 52/12, Rn 8, juris.

kretem Vortag hierzu jedoch angehalten, die Argumente auch zu thematisieren.[288] Im Übrigen können die Ausführungen hierzu mangels Begründungspflicht im Gegensatz zu Verfahrensrügen auch nach Ablauf der Monatsfrist nachgeschoben werden. Insbesondere bei umfangreichen Rechtsbeschwerden kann sich der Verteidiger hierdurch Luft verschaffen und sich zunächst auf die Verfahrensrügen konzentrieren.[289]

> **Praxistipp** 154
>
> Grundsätzlich kann die Rechtsbeschwerde auch beschränkt werden. Um dem Eindruck vorzubeugen, dass die Sachrüge auf die vorgetragenen Argumente beschränkt wird, sollte daher die in strafrechtlichen Revisionen geläufige Formulierung verwendet werden:
>
> *„Ich rüge die Verletzung materiellen Rechts. Insbesondere rüge ich...“*

F. Rechtsfolgen

I. Bußgeld

Verkehrsverstöße werden mit Geldbußen und unter Umständen zusätzlich mit Fahrverbot   **155** nach dem bundeseinheitlichen Bußgeldkatalog geahndet und die daraus resultierenden Punkte im Fahreignungsregister (FAER)[290] eingetragen. Die Verteidigung allein am vorgelegten Bußgeldbescheid festzumachen würde zu kurz greifen; sowohl die Vorgeschichte des Mandanten – welche sich nicht ausschließlich aus dem FAER ergibt – als auch die Folgen einer Ahndung für die Zukunft müssen geprüft und besprochen werden.

Die **wirtschaftlichen Verhältnisse** des Betroffenen sind nur selten Thema; bei gering-   **156** fügigen Ordnungswidrigkeiten bleiben sie gem. § 17 Abs. 3 OWiG in der Regel unberücksichtigt. Zu beachten ist, dass der Bußgeldkatalog dann keine Bindungswirkung für das Gericht hat, wenn kein Regelfall vorliegt.[291] Ist ein Verstoß nicht im Katalog geregelt, kann auf einen vergleichbaren abgestellt werden.[292]

Bei höheren Geldbußen ist die Bewilligung von Zahlungserleichterungen gem. § 18 OWiG von Amts wegen zu prüfen.[293]

Eine **Erhöhung des Bußgeldes** kann in Betracht kommen bei Vorbelastungen, die noch   **157** nicht tilgungsreif sind.[294] Auch diesbezüglich ist an die Verwertbarkeit und die Tilgungsreife zu denken. Im Übrigen sind die tatsächlichen wirtschaftlichen Verhältnisse des Be-

---

288 *Junker* in Burhoff, Handbuch für das straßenverkehrsrechtliche OWi-Verfahren, 4. Aufl. 2015, Rn 3253.
289 Vgl. *Junker* in Burhoff, Handbuch für das straßenverkehrsrechtliche OWi-Verfahren, 4. Aufl. 2015, Rn 3256.
290 Ehemals Verkehrszentralregister (VZR).
291 *Beck*, Der aktuelle bundeseinheitliche Bußgeldkatalog, a.a.O. S. 15.
292 OLG Hamm DAR 2007, 340.
293 OLG Koblenz zfs 2007, 231.
294 OLG Hamm DAR 2005, 693; vgl. auch *König/Seitz*, DAR 2006, 123.

troffenen zu berücksichtigen, wenn Anhaltspunkte vorliegen, dass sie außerordentlich gut oder schlecht sind. Die Arbeitslosigkeit kann einen solchen Anhaltspunkt darstellen.[295] Bei sehr hohen Geschwindigkeitsüberschreitungen oder Abstandsunterschreitungen kann bei fahrlässigen Delikten vorsätzliches Handeln naheliegen.[296]

II. Fahreignungsregister

158   Die Bußgeldkatalogverordnung hat zum 1.5.2014 im Wege der VZR-Reform erneut umfangreiche Veränderungen erfahren.[297] Zwischenzeitlich wurde sie zum 5.12.2014 nochmals nachgebessert. Die **Eintragungsgrenze** ins FAER wurde von 40 EUR auf 60 EUR angehoben und die Bußgelderhöhungen für qualifizierende Tatbestände entsprechend an den eintragungsfähigen Bereich angeglichen. Die Abstandsverstöße sind nunmehr in drei Geschwindigkeitskategorien unterteilt, um zwischen solchen mit und ohne Fahrverbot unterscheiden zu können. Hierbei handelt es sich jedoch lediglich um eine Neugliederung ohne Änderung der Regelahndung. Die größten Änderungen sind mit der Punkteregelung, den Tilgungsfristen sowie den Maßnahmenstufen eingetreten.

159   Über die **Punkteeintragung** selbst kann der Richter nicht entscheiden, sie folgt vielmehr der Ahndung nach. Insofern ist die Verwarngeldobergrenze von 55 EUR ausschlaggebend dafür, ob der Verstoß ins FAER eingetragen und bepunktet wird. Für einfache Ordnungswidrigkeiten gibt es nun einen Punkt, groben Pflichtverstößen mit einem Regelfahrverbot – außer bei Beharrlichkeit – folgen zwei Punkte nach und strafrechtlichen Entscheidungen mit einer Fahrerlaubnisentziehung oder isolierter Sperre gar drei Punkte, § 4 Abs. 2 StVG. Alle Eintragungen ab dem 1.5.2014 werden nach neuem Recht bepunktet, auch wenn die Zuwiderhandlung zuvor begangen wurde.[298]

160   Wiederholte Verstöße lösten bereits nach altem Recht weitere **Maßnahmen** aus. Standen diese noch unter dem Stern der Warn- und Erziehungsfunktion, haben sie nunmehr lediglich Informationscharakter.[299] Laut § 4 Abs. 5 StVG n.F. soll der Inhaber der Fahrerlaubnis bei 4–5 Punkten schriftlich ermahnt und bei 6–7 Punkten schriftlich verwarnt werden. Bei 8 Punkten oder mehr ist die Fahrerlaubnis zu entziehen. Gem. § 41 Abs. 1 FeV muss die Maßnahme schriftlich unter Angabe der begangenen Zuwiderhandlung erfolgen.

161   Die Maßnahmen bauen zwingend aufeinander auf und dürfen nicht übersprungen werden, § 4 Abs. 6 StVG. Die Behörde darf danach selbst bei einer Punktezahl über den o.g. Gren-

---

295 OLG Dresden DAR 2006, 222.
296 OLG Celle DAR 2014, 150; OLG Bamberg DAR 2006, 464 sowie DAR 2014, 37 und 38; OLG Jena DAR 2006, 523, 525; OLG Hamm SVR 2007, 186 m. Anm. *Krumm*.
297 Hierzu umfassend: *Reisert*, Das Fahreignungsregister in der anwaltlichen Praxis, 2. Aufl. 2016.
298 VGH München DAR 2015, 482.
299 BT-Drucks 18/2775, S. 9 f.; VG Ansbach, Beschl. v. 19.2.2015 – AN 10 S 15.00161, Rn 25, juris.

zen des Abs. 5 nur die nächst anstehende Maßnahme ergreifen. Der Stand reduziert sich auf fünf bzw. auf sieben Punkte. Dies ist für den Betroffenen grundsätzlich positiv zu werten, jedoch ist laut dem nachträglich eingeführten S. 3 der Norm[300] auf den Zeitpunkt abzustellen, an welchem die Behörde **Kenntnis** von den Punkten erhält. Falls die Behörde also auf eine rechtskräftige Eintragung hin ermahnt oder verwarnt, erhöhen alle nachträglich zur Rechtskraft erstarkten Eintragungen das Punktekonto.

Praxistipp 162

Der Verteidiger hat folglich stets zu prüfen, ob die Maßnahmenkaskade des § 4 Abs. 5 StVG eingehalten wurde. Meist wird sich der Mandant an diese behördlichen Schreiben nicht erinnern, weshalb immer das FAER hierzu einzusehen ist.

Darüber hinaus ist der Mandant auch nach weiteren noch nicht rechtskräftigen Verstößen zu befragen, von denen die Fahrerlaubnisbehörde noch keine Kenntnis hat. Zuweilen muss die Behörde dann über diese Verstöße informiert werden, um eine Punkteanhäufung **nach** erfolgter Maßnahme zu vermeiden.

Bei **Tateinheit** richtet sich die Punkteeintragung gem. § 4 Abs. 2 S. 5 StVG nach dem Verstoß mit der höchsten Punktzahl. Bei **Tatmehrheit** findet hingegen eine Addition statt, jedoch fällt der Betroffene dann auch hier gem. § 4 Abs. 6 StVG mit der nächsten Maßnahme zurück auf fünf bzw. auf sieben Punkte. 163

Die **Tilgung** nach neuem Recht erfolgt für Eintragungen mit einem Punkt in zweieinhalb Jahren, für Eintragungen mit zwei Punkten in fünf und im Übrigen in zehn Jahren, § 29 Abs. 1 StVG. Die Frist beginnt gem. Abs. 4 einheitlich mit Rechtskraft, weshalb der aktuelle Punktestand nicht aus dem FAER allein abzulesen ist.[301] Die endgültige Löschung erfolgt gem. Abs. 6 der Norm erst jeweils ein Jahr nach Fristende (**Überliegefrist**). Eintragungen in der Überliegefrist dürfen zwar gem. § 29 Abs. 6 S. 3 StVG im Verwaltungsverfahren, laut Abs. 7 jedoch nicht im Strafverfahren verwertet werden. Jede der Eintragungen ab dem 1.5.2014 wird isoliert betrachtet. 164

Praxistipp 165

Es kommt häufig vor, dass Gerichte tilgungsreife Eintragungen in den Urteilsgründen verwerten. Im Rahmen einer umfassenden Verteidigung ist dem bereits vorab entgegenzuwirken und das Urteil hierauf zu untersuchen.[302]

---

300 Die Abs. 4 und 5 zu § 4 StVG wurden nach der Reform nochmals überarbeitet (BGBl I, S. 1802) und sind am 5.12.2014 in Kraft getreten.

301 *Krumm*, Die Auswirkung des neuen FAER auf das Straf- und Bußgeldverfahren, DAR 2014, 7 (6).

302 Vgl. *Fromm* NZV 2015, 64; *Reisert*, Das Fahreignungsregister in der anwaltlichen Praxis, 2. Aufl. 2016, S. 99.

166   **Eintragungen vor dem 30.4.2014** unterfallen hingegen noch den alten Tilgungsregeln, § 29 Abs. 6 StVG n.F. Ab dem 1.5.2014 erfolgte Eintragungen lösen die Tilgungshemmung jedoch nicht mehr aus. Die Umrechnung der Punkte in das neue System richtet sich nach § 65 Abs. 3 Nr. 4 StVG.[303] Mit der Reform sind auch einige Tatbestände – wie beispielsweise das Einfahren in eine Umweltzone – nicht mehr eintragungsfähig. Diese Eintragungen entfalten ab dem 1.5.2014 keine Tilgungshemmung mehr.[304] Die Punkteüberführung birgt nach wie vor noch nicht abschließend geklärte Probleme, auf die aus Verteidigersicht ein besonderes Augenmerk zu richten ist.

III.   Fahrverbot

1.   Allgemeines

167   Das Fahrverbot dient im Ordnungswidrigkeitenrecht als Denkzettel- und Besinnungsmaßnahme, soll nach dem Willen des Gesetzgebers aber ausdrücklich an enge Voraussetzungen geknüpft werden.[305] Bei grober oder beharrlicher Pflichtverletzung im Rahmen einer Ordnungswidrigkeit bestimmt § 25 Abs. 1 S. 1 StVG, dass ein Fahrverbot von 1–3 Monaten angeordnet werden „kann". Dieses „kann" wird konkretisiert durch § 4 BKatV, welcher seinerseits Rechtssatzqualität hat und die Gerichte bindet.[306] Sowohl in den Fällen des § 4 BKatV, als auch im Falle einer Alkoholfahrt i.S.d. § 24a StVG kommt die Anordnung eines Fahrverbotes „in der Regel" in Betracht. Anders ausgedrückt sind diese Vorschriften also weder zwingend noch ausschließlich, sondern indizieren schlicht eine grobe bzw. beharrliche Pflichtverletzung.[307] Deshalb kann im Einzelfall durchaus vom Fahrverbot abgewichen werden. Auch entbindet diese Indizwirkung Behörden und Gerichte nicht von einer Einzelfallprüfung, jedoch entfällt der Begründungsaufwand für die Frage der Erforderlichkeit und Angemessenheit einer Fahrverbotsverhängung „ohne durchgreifende Anhaltspunkte für ein Abweichen" vom Regelfall.[308]

168   *Praxistipp*

Aufgabe des Verteidigers ist es daher, dem Gericht gerade diese „durchgreifenden Anhaltspunkte" für ein Absehen vom Fahrverbot im konkreten Einzelfall nachzuweisen. Hierzu ist die Kenntnis der unübersichtlichen Rechtsprechung unerlässlich.

---

303 Beispiele bei *Plate*, Überleitung von Maßnahmen in das neue Fahreignungs-Bewertungssystem, DAR 2014, 567 (565).
304 Hierzu: *Reisert*, Das Fahreignungsregister in der anwaltlichen Praxis, 2. Aufl. 2016, S. 112 f.
305 BT-Drucks V/1319, S. 90.
306 BGHSt 38, 125 (Rn 25) = zfs 1992, 30.
307 *König* in Hentschel/König/Dauer, Straßenverkehrsrecht, 43. Aufl. 2015, § 25 StVG Rn 19 m.w.N.
308 OLG Köln DAR 2013, 529 m.w.N.

In geeigneten Fällen ist dies bereits gegenüber der Bußgeldbehörde vorzunehmen, um einen Wegfall des Fahrverbotes gegen die Erhöhung der Geldbuße zu erzielen. Die Verwaltungspraxis ist hier uneinheitlich; bei Verstößen in unbekannten Behördenbezirken empfiehlt sich hierzu vorab die Rücksprache mit einem Anwalt vor Ort.

Außerhalb der Regelbeispiele des § 4 Abs. 1 BKatV besteht ein erhöhter Begründungsaufwand, weshalb eine grobe Pflichtverletzung vorliegt, die ein Fahrverbot zwingend erforderlich macht.[309] Dagegen führt Abs. 2 der Norm nur einen einzigen Regelfall – Beharrlichkeit – auf. In der Praxis gibt es daher vorwiegend Rechtsprechung zu irregulären Fahrverboten der zweitgenannten Art.[310]   **169**

§ 4 Abs. 1 und 2 BKatV indiziert einen groben bzw. beharrlichen Pflichtenverstoß. § 25 Abs. 1 StVG vermutet hingegen, dass – falls ein solcher tatsächlich Verstoß vorliegt – die Verhängung eines Fahrverbotes als erforderliches und angemessenes eindringliches Erziehungsmittel in Frage kommt. Dies gilt es zu unterscheiden. Für Regelfahrverbote verlangt die Gesetzessystematik damit drei Prüfungsschritte: **170**

1. Sind das Regelbeispiel und die damit einhergehende Vermutung tatbestandlich verwirklicht?

   Falls ja, ist auf Tatbestandsseite weiter zu prüfen:
2. Kann die Vermutung der § 4 Abs. 1 und 2 BKatV im vorliegenden Einzelfall widerlegt werden?

   Falls nicht, ist auf Rechtsfolgenseite weiter zu prüfen:
3. Kann die Indizwirkung der FV-Anordnung gem. § 25 Abs. 1 StVG widerlegt werden?

2. Grobe Pflichtverletzung

Grobe Verletzungen der Pflichten eines Kraftfahrzeugführers i.S.d. § 25 Abs. 1 StVG sind solche, die (objektiv) immer wieder Ursache schwerer Unfälle sind und (subjektiv) auf besonders grobem Leichtsinn, grober Nachlässigkeit oder Gleichgültigkeit beruhen.[311]   **171**

Da beide Komponenten kumulativ vorliegen müssen, genügt leichte Fahrlässigkeit hierfür nicht. Ein sog. **Augenblicksversagen** kann ein Absehen vom Regelfahrverbot rechtfertigen. Hierunter fällt eine momentane Unaufmerksamkeit bzw. ein kurzfristiges Fehlverhalten, welches auch dem sorgfältigen und pflichtbewussten Fahrer unterlaufen kann,[312]   **172**

---

309 Vgl. hierzu ausführlich *Janiszewski*, DAR 1992, 90 ff., dem voll zuzustimmen ist; vgl. auch BayObLG DAR 2001, 84.
310 *Deutscher* in Burhoff, Handbuch für das straßenverkehrsrechtliche OWi-Verfahren, 4. Aufl. 2015, Rn 1738 f.
311 BGHSt 43,241 = zfs 1997, 432; *König* in Hentschel/König/Dauer, Straßenverkehrsrecht, 43. Aufl. 2015, § 25 StVG Rn 14 m.w.N.
312 OLG Bamberg, Beschl. v. 4.1.2016 – 3 Ss OWi 1490/15, juris, BGH zfs 2003, 242.

etwa wenn ein Verkehrsschild übersehen wird.[313] Bei erheblichen Verstößen kann dies zweifelhaft sein.[314] So ist die Probefahrt mit einem unbekannten und ungewohnten Fahrzeug kein Grund, sich auf ein privilegierendes Augenblicksversagen zu berufen.[315] Die Berufung auf ein Augenblicksversagen macht es für den Tatrichter erforderlich, sich mit dem Vorbringen des Betroffenen auseinanderzusetzen und auch mit den von der Rechtsprechung entwickelten Grundsätzen zum evtl. Absehen vom Fahrverbot.[316] Im Ausnahmefall kann dann das subjektive Element der groben Pflichtwidrigkeit entfallen.[317]

173 Selbst wenn hohe **Geschwindigkeitsüberschreitungen** begangen werden, ist beim Übersehen der Geschwindigkeitsbegrenzung nicht immer ein besonders verantwortungsloses Verhalten anzunehmen.[318] Beim Übersehen geschwindigkeitsbeschränkender Maßnahmen[319] oder eines Verkehrsschildes infolge einfacher Fahrlässigkeit fehlt es an der eingangs erwähnten subjektiven Komponente für das Fahrverbot,[320] so z.B. an einer Autobahnbaustelle[321] oder bei einem Überholvorgang mit durch das überholte Fahrzeug verdecktem Verkehrsschild.[322] Selbiges gilt, wenn der Betroffene ohne Vorwurf einer groben Nachlässigkeit ein Geschwindigkeitsbeschränkungsschild fehldeutet.[323] Andererseits muss innerorts zunehmend mit Tempo-30-Zonen gerechnet werden.[324] Der Tatrichter muss prüfen, ob die Verhängung eines Fahrverbotes bei einer erheblichen Geschwindigkeitsüberschreitung dann erforderlich ist, wenn zur Nachtzeit sehr geringer Verkehr vorhanden ist.[325]

174 Besondere Gründe für ein Abweichen von polizeilichen Richtlinien sind von der Behörde darzulegen und sachlich zu rechtfertigen. In Betracht kommen das Vorliegen einer besonderen Gefahrenstelle oder die Kürze der Ortsdurchfahrt, die zwingend einen Verstoß des Mindestabstandes zum Ortsschild mit sich bringt. Wenn unmittelbar hinter dem Ortsschild gemessen wird, sind die Messungen zwar verwertbar, aber der Handlungsunwert

---

313 BGH St 43, 241; OLG Karlsruhe DAR 2006, 227; OLG Dresden DAR 2006, 30.
314 OLG Karlsruhe DAR 2007, 529.
315 OLG Bamberg ADAJUR DokNr. 98659.
316 OLG Hamm DAR 2005, 463.
317 BayObLG DAR 2002, 173.
318 AG Göttingen DAR 2002, 281; OLG Jena DAR 1995, 260 (Überschreitung um 56 km/h); OLG Jena DAR 1995, 209; a.A. OLG Oldenburg DAR 1997, 363.
319 Vgl. hierzu BGH DAR 1997, 497; OLG Hamm DAR 1999, 327; OLG Frankfurt DAR 2000, 177; OLG Hamm DAR 2000, 325.
320 BGH DAR 1997, 450; OLG Brandenburg zfs 1997, 434; OLG Hamm NZV 1998, 164; OLG Köln DAR 2003, 183; OLG Celle DAR 2003, 323.
321 OLG Zweibrücken DAR 1998, 362.
322 OLG Dresden, zfs 2015, 651.
323 BayObLG DAR 2000, 172; differenzierend aber: OLG Bamberg, Beschl. v. 1.12.2015 – 3 Ss OWi 834/15, juris.
324 BayObLG DAR 2000, 533.
325 OLG Düsseldorf DAR 2000, 416; BayObLG DAR 2001, 515.

des Verstoßes ist reduziert. Dies kann zur Folge haben, dass sowohl die grobe Pflichtwidrigkeit als auch der Vorwurf der Beharrlichkeit entfällt und von einem Fahrverbot abgesehen wird.[326] Fehlerhaft aufgestellte Ortsschilder können ebenfalls ein Absehen vom Regelfahrverbot begründen.[327]

Bei sog. **atypischen Rotlichtverstößen** ist nach der Rechtsprechung ein Regelfahrverbot   **175**
nicht immer gerechtfertigt.[328] Während die objektive Indizwirkung (Rotphase von mehr als einer Sekunde/Gefährdung/Sachbeschädigung) sich nur selten entkräften lässt, kann hieraus nicht ohne Weiteres auch auf eine subjektiv grobe Pflichtwidrigkeit geschlossen werden. Besonders zu erwähnen sind: Verstoß beruht auf „Mitzieheffekt"[329] (nicht gegeben, wenn Betroffener als einziger an eine Kreuzung anfährt),[330] Rotlichtverstoß infolge Frühstarts ohne Gefährdung,[331] Verstoß bei Baustellenampel ohne Gefährdung,[332] Verwechseln des Lichtzeichens für Linksabbieger mit demjenigen des Geradeausverkehrs,[333] Missachtung der Auffangampel nach dem Rechtsabbiegen,[334] Ablenkung durch Adressensuche,[335] leichtere Unaufmerksamkeit,[336] Anfahren bei Rotlicht nach längerem Warten infolge eines Versehens.[337]

Wer bei Grünlicht die Haltlinie überfährt und nach verkehrsbedingtem Halt bei schon län-   **176**
ger als einer Sekunde andauernder Rotphase in die Kreuzung einfährt, muss allerdings dann mit der Verhängung eines Fahrverbots rechnen, wenn die Haltezeit erheblich,

326 OLG Dresden DAR 2010, 29; OLG Oldenburg zfs 2014, 353.
327 BayObLG zfs 1998, 234; OLG Celle VM 1998, 67; BayObLG DAR 2002, 440; vgl. auch BayObLG DAR 2004, 99; OLG Bamberg DAR 2006, 464.
328 Vgl. hierzu die Rechtsprechungsübersichten bei *Engelbrecht* DAR 1994, 373 und bei *Bode* zfs 1995, 2; *Löhle/Beck* DAR 2000, 1 ff.; *Beck* DAR 1997, 32 ff.; OLG Oldenburg zfs 1995, 75; OLG Hamburg DAR 1995, 168; OLG Hamm NZV 1995, 82; OLG Düsseldorf DAR 1995, 30; OLG Düsseldorf NZV 1994, 161; *Löhle/Berr* DAR 1995, 309 ff.
329 OLG Hamm DAR 2000, 418; OLG Hamm NZV 1995, 82; OLG Karlsruhe BeckRS 2010, 04669; a.A.: BayObLG DAR 2005, 349.
330 OLG Köln BeckRS 2011, 05163.
331 OLG Köln NZV 1994, 330; OLG Oldenburg NZV 1994, 38; OLG Karlsruhe DAR 2000, 370; bei Frühstart mit Unfall: Fahrverbot möglich, BayObLG DAR 1996, 103.
332 OLG Düsseldorf DAR 1995, 30; OLG Oldenburg zfs 1995, 75; OLG Köln DAR 1994, 249; OLG Hamm NZV 1994, 369; a.A.: OLG Düsseldorf DAR 1999, 512 (wenn zuvor an anhaltenden Fahrzeugen vorbeigefahren wird).
333 OLG Düsseldorf DAR 1993, 271; OLG Hamm DAR 1996, 69; OLG Karlsruhe DAR 1996, 367; OLG Stuttgart DAR 1999, 88.
334 BayObLG DAR 1994, 329; BayObLG DAR 1994, 376; *Janiszewski* NStZ 1994, 272.
335 OLG Koblenz DAR 1994, 287.
336 OLG Düsseldorf zfs 1996, 113; OLG Düsseldorf zfs 1994, 148; AG Stuttgart zfs 1994, 68; OLG Düsseldorf VM 1994, 83; KG Berlin VRS 87, 52; OLG Karlsruhe zfs 1996, 153; bei Glatteis: OLG Dresden DAR 1998, 280; OLG Karlsruhe DAR 1999, 417.
337 OLG Düsseldorf DAR 1996, 32; OLG Düsseldorf DAR 1996, 107; OLG Hamm VRS, 90455; OLG Saarbrücken zfs 1996, 113; AG Offenbach NZV 1996, 126; KG DAR 1997, 361; OLG Köln NZV 1998, 297; OLG Düsseldorf DAR 2000, 126: OLG Bamberg DAR 2009, 653.

etwa eine Minute, war.[338] An einer Fußgängerampel kann vom Fahrverbot Abstand genommen werden, wenn der Betroffene Fußgänger vorher passieren lassen hat oder aber wenn der Fußgänger noch keinen Fuß auf den Überweg gesetzt hat.[339] Eine konkrete Gefährdung liegt in einem solchen Fall bei einem Rotlichtverstoß nicht vor, wenn der Fußgänger noch nicht begonnen hat, den Übergang zu betreten.[340] Eine konkrete Gefährdung ist auch nicht gegeben, wenn das missachtete Rotlicht nicht den Querverkehr schützen soll, sondern ausschließlich dem Verkehrsfluss dient. Ein grober und beharrlicher Pflichtverstoß kann dann zu verneinen sein.[341]

177   Weitere mögliche Tatkonstellationen sind Fälle, in denen Querverkehr oder Fußgänger durch sie selbst betreffende Sperrung der Fahrspur vor dem Rotlichtverstoß des Betroffenen geschützt sind und der Betroffene so im Kreuzungsbereich hält, dass entgegenkommender Verkehr nicht gefährdet ist.[342] Auch bei Umgehen eines Rotlichts durch unberechtigtes Befahren einer Sonderspur kann mangels konkreter Gefährdung anderer Verkehrsteilnehmer von einem Fahrverbot abgesehen werden.[343] Sofern der Betroffene mit geringer Geschwindigkeit in den Kreuzungsbereich einfährt und aufgrund der örtlichen Verhältnisse keine konkrete Gefährdungslage festgestellt werden kann, ist das Fahrverbot ebenfalls aufzuheben.[344]

178   Ein Regelfahrverbot ist ebenfalls nicht unbedingt zu verhängen, wenn der Betroffene auf einer Abbiegespur bei Grünlicht in die Kreuzung einfährt, sie aber dann geradeausfahrend bei Rotlicht verlässt.[345] Das Gleiche kann gelten, wenn der Betroffene bei winterlichen Straßenverhältnissen einen länger als eine Sekunde andauernden Rotlichtverstoß begeht.[346]

3. Beharrliche Pflichtverletzung

179   Beharrliche Pflichtverletzungen eines Kraftfahrzeugführers i.S.d. § 25 Abs. 1 StVG sind solche, die die zwar ihrer Art oder den Umständen nach nicht bereits zu den objektiv oder subjektiv „groben" Zuwiderhandlungen zählen müssen, durch deren wiederholte Begehung der Täter aber zeigt, dass ihm die für die Teilnahme am Straßenverkehr erforderliche

---

338   BGH DAR 1999, 463.
339   OLG Karlsruhe zfs 1996, 274; OLG Düsseldorf VRS 90, 226; OLG Köln DAR 1996, 507.
340   OLG Köln DAR 1996, 507.
341   OLG Bamberg DAR 2009, 653.
342   KG NZV 2010, 361.
343   KG, Beschl. v. 21.5.2010 – 3 WS (B) 138/10, 2 Ss 41/10, VRR 2010, 283.
344   KG Berlin, VRS 2015, 142.
345   BGH DAR 1998, 107; OLG Hamm DAR 1998, 244; KG DAR 2001, 467; a.A. BayObLG DAR 2002, 77 und DAR 2002, 173.
346   OLG Dresden DAR 2001, 318.

rechtstreue Gesinnung und die notwendige Einsicht in zuvor begangenes Unrecht fehlen.[347] Hierfür ist Voraussetzung, dass ein innerer Zusammenhang zwischen den früheren
Verstößen und der neuen Tat besteht.[348] Es ist nicht erforderlich, dass gegen den Betroffenen früher schon einmal eine erhöhte Geldbuße verhängt worden ist.[349]

Bei jedem beharrlichen Pflichtverstoß von erheblichem Gewicht ist die Verhängung **180**
eines Fahrverbots möglich,[350] auch beim „einfachen" Rotlichtverstoß.[351] Die Beharrlichkeit im Sinne von § 25 Abs. 1 S. 1 StVG kann entfallen, wenn bei einer erneuten
Geschwindigkeitsüberschreitung um mindestens 26 km/h innerhalb eines Jahres der erneute Verstoß auf einem Augenblicksversagen beruht.[352] Keine grobe Pflichtwidrigkeit
muss vorliegen bei einer Geschwindigkeitsüberschreitung, wenn der Betroffene lediglich infolge einfacher Fahrlässigkeit ein entsprechendes Verkehrsschild übersehen
hat.[353] Kein Augenblicksversagen liegt vor, wenn der Betroffene innerorts in einer
Tempo-30-Zone 69 km/h fährt und behauptet, er habe die Beschränkung auf 30 km/h
übersehen. In diesem Fall liegt eine grobe Pflichtverletzung vor, da er ohnehin die übliche Höchstgeschwindigkeit innerorts nicht unerheblich überschritten hat.[354]

Ein Fahrverbot kann nicht aufgrund von Eintragungen im Verkehrszentralregister ver- **181**
hängt werden, wenn schon Tilgungsreife eingetreten ist oder wenn es sich um sehr geringfügige Verstöße handelt.[355] Ansonsten kann bei bestehenden Vorahndungen ein
Fahrverbot in Betracht kommen.[356] Zur Feststellung eines beharrlichen Fehlverhaltens
im Sinne von § 25 Abs. 1 S. 1 StVG genügt es in der Regel, dass dem Verkehrszentralregister verwertbare Eintragungen über rechtskräftige Vorahndungen wegen eines oder
mehrerer sach- und zeitnaher Verstöße zu entnehmen sind.[357] Allerdings ist bei mehreren in zeitlichem Abstand begangenen Geschwindigkeitsüberschreitungen jeweils unterhalb der Regelfahrverbotsgrenze nicht immer ein Fahrverbot zu verhängen.[358]

---

347 BT-Drucks V/1319 S. 90.
348 OLG Celle DAR 2003, 472; KG DAR 2007, 711; OLG Bamberg DAR 2008, 150 und DAR 2008, 152.
349 BayObLG DAR 2004, 230; a.A. AG Günzburg NZV 2011, 265.
350 KG DAR 2005, 96.
351 OLG Bamberg 2014, 277.
352 OLG Dresden DAR 2003, 473.
353 OLG Köln DAR 2003, 183.
354 KG DAR 2001, 318.
355 OLG Karlsruhe zfs 1997, 95; OLG Düsseldorf zfs 1994, 305; BayObLG DAR 1998, 448; OLG Naumburg
     zfs 1999, 38; OLG Düsseldorf DAR 2001, 283; OLG Bamberg DAR 2006, 336.
356 OLG Hamm DAR 2002, 83.
357 BayObLG DAR 2004, 36; BayObLG DAR 2004, 163.
358 OLG Bamberg zfs 2007, 229.

4. Absehen vom Fahrverbot

182   Sofern tatsächlich ein Regelbeispiel erfüllt ist, bleibt zu klären, ob das Fahrverbot im Einzelfall reduziert oder hierauf ganz verzichtet werden kann. Konkret stellt sich die Frage, ob das Fahrverbot – ausgehend vom Erziehungsgedanken – erforderlich und angemessen ist. Die Entscheidung des Tatrichters hierzu ist vom Beschwerdegericht nur auf fehlerhafte Ermessenserwägungen hin zu prüfen.[359] Die Grundlage hierfür, die tatsächlichen Feststellungen, müssen ebenfalls in nachprüfbarer Form in die Entscheidung Eingang finden. Auf beides hat der Verteidiger zu achten.

Praxistipp

Der Verteidiger muss erstinstanzlich alle Tatsachen in ausreichender Form vortragen, welche für ein Absehen vom Fahrverbot in Frage kommen. Andernfalls ist dieser Vortrag präkludiert.[360]

183   Abgestellt auf die tatbezogenen Umstände ist die **Erforderlichkeit** des Fahrverbotes zu prüfen, mithin also die Frage, ob mit einer Erhöhung der Geldbuße das Sanktionsziel ebenfalls erreicht werden kann. Der Richter muss dies zwingend berücksichtigen und auch in den Urteilsgründen erkennen lassen.[361] An dieser Stelle ist auch relevant, ob nach einer erheblichen Verfahrensdauer der erzieherische Zweck entfällt, weil die Tat zu weit zurück liegt und der Betroffene sich in der Zwischenzeit verkehrsgerecht verhalten hat.[362] Die Rechtsprechung zur Überlänge ist uneinheitlich, jedoch wird ein Zeitraum von mindestens zwei Jahren in Betracht kommen,[363] nur ausnahmsweise kürzer.[364] Bei einer sehr langen Verfahrensdauer muss bei der Frage, ob die Verhängung eines Fahrverbots noch sinnvoll ist, unterschieden werden, ob der Zeitablauf vom Betroffenen oder von

---

359 BayOblG DAR 2001, 82; OLG Bamberg zfs 2006, 412 und zfs 2006, 533; OLG Köln VRS 111, 438; OLG Bamberg, NJW 2008, 3155.
360 OLG Bamberg NZV 2014, 98.
361 Vgl. hierzu ausführlich *Beck/Berr*, a.a.O., Rn 115 ff.; OLG Celle zfs 1995, 75; OLG Celle zfs 1993, 32; OLG Hamm NZV 1996, 247; OLG Jena DAR 1998, 26; OLG Hamm NZV 1998, 296; OLG Naumburg zfs 1999, 38; OLG Hamm DAR 2001, 177; OLG Hamm DAR 2002, 276; BayObLG DAR 2003, 569; OLG Hamm DAR 2004, 102 und DAR 2004, 462.
362 BayObLG DAR 1997, 115; AG Ulm zfs 1997, 155; OLG Brandenburg zfs 1997, 314; OLG Karlsruhe DAR 2005, 168; KG DAR 2007, 711; OLG Hamm DAR 2007, 711.
363 OLG Schleswig DAR 2000, 584; OLG Zweibrücken DAR 2000, 586; OLG Köln DAR 2000, 484; OLG Schleswig DAR 2001, 40; BayObLG DAR 2002, 275; OLG Hamm DAR 2001, 133; OLG Hamm DAR 2001, 519; OLG Düsseldorf DAR 2003, 85; OLG Rostock DAR 2003, 530; OLG Hamm DAR 2004, 106; OLG Köln DAR 2004, 541; OLG Hamm DAR 2005, 406; OLG Düsseldorf DAR 2005, 164; OLG Hamm zfs 2007, 591; OLG Karlsruhe zfs 2006, 230 und DAR 2007, 529; OLG Oldenburg ADAJUR DokNr. 94650; OLG Koblenz zfs 2014, 530; OLG Schleswig-Holstein zfs 2015, 235; OLG Düsseldorf, StRR 2015, 403.
364 OLG Zweibrücken NZV 2014, 479: 1 Jahr 8 Monate.

der Behörde bzw. dem Gericht verursacht wurde.[365] Das Ausschöpfen von Rechtsmitteln durch den Betroffenen kann nicht als unlauter angesehen werden.[366] Abgestellt wird hierbei meist auf den Zeitraum zwischen Tattag und erstinstanzlichem Urteil.[367] Bei einem Regelfahrverbot von drei Monaten kann eine sehr lange Verfahrensdauer durch eine Verkürzung des Fahrverbots kompensiert werden.[368] Wenn eine Denkzettel- und Warnungsfunktion des Fahrverbots nicht mehr vorliegt, ist auch eine Erhöhung der Geldbuße nicht angebracht.[369]

Praxistipp

Zwischenzeitlich weichen immer mehr Gerichte von der Zwei-Jahresgrenze ab.[370] Mit weiteren entlastenden Umständen steigt die Wahrscheinlichkeit, dass vom Fahrverbot in kürzerer Zeit abgesehen bzw. dieses zumindest abgekürzt wird. Zu beachten ist jedenfalls, dass der Betroffene sich solange nichts Weiteres zuschulden kommen lassen darf.

Zudem sind die persönlichen Folgen beim Betroffenen mit dem Sanktionsziel ins Verhältnis zu setzen. Auch diese Prüfung der **Angemessenheit** ist in der Entscheidung zu berücksichtigen. Das Gericht muss feststellen, inwieweit unerträgliche Härten für den Betroffenen eintreten können. Abgesehen werden kann von der Verhängung eines Regelfahrverbots, wenn der Verlust des Arbeitsplatzes droht.[371] Eine Kündigung muss noch nicht vorliegen. Eine erhebliche Belastung des Betroffenen reicht aus.[372] Eine Ausnahme vom Regelfahrverbot ist oft auch nicht gerechtfertigt bei beruflichen Erschwernissen oder bei lediglich deutlicher Einschränkung des beruflichen Fortkommens, insoweit sind wirtschaftliche Auswirkungen hinzunehmende Folgen des Verkehrsverstoßes.[373] Die mit der Benutzung öffentlicher Verkehrsmittel oder eines Taxis oder der vorübergehenden Einstellung eines Fahrers verbundenen Zeitverluste oder finanziellen Nachteile

184

---

365 BayObLG DAR 2004, 406; OLG Hamm zfs 2006, 113.
366 OLG Hamm DAR 2006, 100.
367 KG Berlin, SVR 2015, 353.
368 OLG Naumburg DAR 2003, 133; BayObLG DAR 2003, 569; OLG Saarbrücken, Beschl. v. 6.5.2014 – Ss (B) 82/12 (59/12 OWi), juris.
369 OLG Celle VRS 108, 118; OLG Bamberg DAR 2006, 337; OLG Hamm zfs 2007, 591; OLG Oldenburg ADAJUR DokNr. 94650.
370 Näher hierzu: *Burhoff* in Ludovisy/Eggert/Burhoff, Praxis des Straßenverkehrsrechts, 6. Aufl. 2015, § 5 Rn 190.
371 OLG Hamm zfs 1996, 316; OLG Braunschweig zfs 1996, 194; AG Hannover DAR 2000, 374; vgl. hierzu insbesondere *Beck*, DAR 1997, 32, 33 mit zahlreichen Rspr.-Hinweisen; AG Hann. Münden zfs 1997, 396; AG Usingen zfs 2000, 227; OLG Oldenburg DAR 2003, 574; OLG Bamberg NZV 2010, 46.
372 OLG Karlsruhe zfs 2006, 411; OLG Bamberg DAR 2006, 515 und DAR 2008, 33.
373 OLG Karlsruhe DAR 1996, 33; OLG Düsseldorf DAR 1996, 366; OLG Hamm VRS 90, 211; OLG Hamm DAR 1995, 374; BayObLG VM 1995, 22; OLG Zweibrücken zfs 1996, 273; OLG Düsseldorf DAR 1997, 282.

rechtfertigen grundsätzlich nicht das Absehen von der Anordnung eines Regelfahrverbots im Falle einer erheblichen Geschwindigkeitsüberschreitung.[374] Gegen einen wiederholt auffälligen und uneinsichtigen Betroffenen kann ein Fahrverbot auch dann angeordnet werden, wenn darin eine außerordentliche Härte zu sehen ist.[375]

185 In Fällen, in denen der Bußgeldkatalog ein Regelfahrverbot vorsieht, bedarf es bei den vom Betroffenen vorgetragenen Anknüpfungstatsachen[376] zur drohenden Existenzgefährdung umfassender Aufklärung durch das Tatgericht. Jedoch muss von der Verteidigung hierzu vorgetragen werden, das Gericht hat ohne Veranlassung keine weitergehende Aufklärungspflicht.[377] Unter Umständen sind Zeugen zum Beweis der Existenzbedrohung zu hören.[378] Grundsätzlich sind allerdings berufliche Nachteile auch schwerwiegender Art hinzunehmen.[379] Der Gesichtspunkt einer Existenzgefährdung muss dann zurücktreten, wenn der Betroffene wiederholt in kürzerer Zeit wegen erheblicher Verstöße auffällig wurde.[380] Soll in einem solchen Fall vom Fahrverbot Abstand genommen werden, bedarf es einer sehr eingehenden Begründung hierfür.[381] Ein leeres FAER allein genügt nicht.[382] Die berufliche und soziale Stellung sind bei der Rechtsfolgenbemessung außer Acht zu lassen. Etwas anderes kann gelten, wenn zwischen beruflicher und sozialer Stellung des Betroffenen und der Tat eine innere Beziehung besteht.[383]

186 In Fällen von Existenzgefährdung kann das Regelfahrverbot auch beschränkt werden und zwar dahingehend, dass nur bestimmte Führerscheinklassen vom Fahrverbot betroffen werden.[384] So kann beispielsweise bei einem Landwirt die Führung von landwirtschaftlichen Zug- und Arbeitsgeräten ausgenommen werden, wenn dieser die zu der Anordnung des Fahrverbots führende Ordnungswidrigkeit bei der Führung eines Pkw begangen hat.[385]

---

374 OLG Düsseldorf DAR 1995, 302; OLG Brandenburg DAR 1996, 289; OLG Düsseldorf DAR 1996, 65; BayObLG DAR 2001, 84.
375 OLG Karlsruhe DAR 2004, 467.
376 OLG Brandenburg DAR 2004, 460.
377 AG Landstuhl, Urt. v. 1.7.2015 – 2 OWi 4286 Js 4856/15, juris.
378 BayObLG DAR 1999, 559; OLG Köln DAR 2008, 158; vgl. hierzu AG Lüdinghausen DAR 2008, 161.
379 OLG Frankfurt DAR 2002, 82; OLG Jena DAR 2005, 166; OLG Karlsruhe DAR 2004, 467; OLG Dresden zfs 2006, 52.
380 OLG Frankfurt NStZ-RR 2002, 89; OLG Karlsruhe NStZ-RR 2004, 313.
381 OLG Hamm DAR 2007, 97; vgl. hierzu *König/Seitz*, DAR 2007, 361 ff. (366).
382 OLG Bamberg, DAR 2011, 93; OLG Bamberg, zfs 2015, 49.
383 OLG Bamberg DAR 2011, 92.
384 LG Zweibrücken NZV 1996, 252; OLG Düsseldorf zfs 1996, 356; OLG Celle DAR 1996, 64; OLG Hamm zfs 1998, 75; BayObLG zfs 1998, 34; OLG Karlsruhe zfs 2005, 101; OLG Düsseldorf DAR 2008, 154; AG Lüdinghausen DAR 2014, 217.
385 OLG Düsseldorf DAR 1994, 407.

Wenn der Tatrichter bei Verhängung eines Fahrverbots auf den Urlaub des Betroffenen **187** verweist, muss festgestellt werden, ob noch ausreichender Urlaub vorhanden ist.[386] Im Falle der Viermonatsfrist des § 25 Abs. 2a StVG ist ein entsprechend strengerer Maßstab anzulegen.[387]

Bei **Alkoholfahrten** i.S.d. § 24a StVG sind die Anforderungen an die ungewöhnliche **188** Härte besonders hoch. Vom Fahrverbot abgesehen werden kann, wenn trotz unzulässiger Alkoholkonzentration das Fahrzeug nur wenige Meter, etwa auf einem Parkplatz, bewegt wird[388] oder bei ganz kurzen Nachtfahrten.[389] Auch beim Ersttäter mit einer geringen Grenzwertüberschreitung ist dies denkbar.[390] Bei einem Berufskraftfahrer, der einschlägig vorbelastet ist, kann bei einem erneuten Verstoß gem. § 24a StVG (0,5 ‰-Grenze) nur ausnahmsweise von der Verhängung eines Fahrverbots abgesehen werden.[391] Auch sonst werden die Anforderungen ins Verhältnis zur Schwere des objektiven Pflichtverstoßes zu setzen sein.[392]

5. Vollstreckung des Fahrverbotes

In Fällen, in denen ein Fahrverbot durch die Bußgeldbehörde verhängt wurde, erklärt häu- **189** fig das Gericht nach Einspruchseinlegung und Durchführung der Hauptverhandlung, dass das Rechtsmittel aussichtslos sei. Das Gericht gibt dann Gelegenheit, den Einspruch zurückzunehmen.[393] Dies ist problemlos, wenn es innerhalb der Hauptverhandlung geschieht, hier bedarf es gem. § 75 Abs. 2 OWiG keiner **Zustimmung der Staatsanwaltschaft**, wenn diese an der Hauptverhandlung nicht teilgenommen hat. Probleme gibt es allerdings, wenn das Gericht das Verfahren aussetzt und so Gelegenheit gibt, innerhalb der nächsten Monate oder Wochen den Einspruch zurückzunehmen und das Fahrverbot zu einer dem Betroffenen angenehmeren Zeit zu „nehmen".

Aus § 75 Abs. 2 OWiG ergibt sich nämlich, dass in einem derartigen Fall, wenn also der **190** Einspruch außerhalb der Hauptverhandlung zurückgenommen wird, die Zustimmung der Staatsanwaltschaft eingeholt werden muss. Das Erfordernis der Zustimmung hat zur Konsequenz, dass bis zu der Erteilung der Zustimmung ein Schwebezustand besteht, erst mit der Erteilung der Zustimmung ist die Rücknahme des Einspruchs wirksam. Der Zustimmungserklärung der Staatsanwaltschaft kommt keine Rückwirkung zu, der Verteidiger ist

386 OLG Hamm DAR 2005, 460.
387 KG Berlin VRS 127 (2015) 312.
388 OLG Düsseldorf DAR 1988, 63; BayObLG DAR 2005, 458.
389 OLG Bamberg DAR 2009, 39.
390 OLG Bamberg VRR 2013, 115; OLG Karlsruhe NZV 2006, 326.
391 OLG Hamm DAR 2000, 224.
392 Zur Frage der Leichtfertigkeit: KG Berlin VRR 2014, 403 m.w.N.
393 Vgl. hierzu *Beck/Berr*, a.a.O., Rn 130a.

also in einem solchen Fall nicht sicher, zu welchem Zeitpunkt der Bußgeldbescheid und damit das Fahrverbot rechtskräftig werden.[394]

Praxistipp

Es empfiehlt sich deshalb für den Verteidiger dringend den Zustimmungszeitpunkt mit der Staatsanwaltschaft abzusprechen und erst dann den Betroffenen zu veranlassen, den Führerschein in Erfüllung des Fahrverbots in Verwahrung zu geben. Ansonsten besteht die Gefahr, dass der Führerschein länger als das ausgesprochene Fahrverbot einbehalten wird, da die Frist erst ab Rechtskraft, also ab Zustimmung der Staatsanwaltschaft zu laufen beginnt.

191 Ist in zwei Jahren vor der Ordnungswidrigkeit ein Fahrverbot gegen den Betroffenen nicht verhängt worden und wird auch bis zur Bußgeldentscheidung ein Fahrverbot nicht verhängt (es kommt auf die Rechtskraft an),[395] so bestimmt gem. § 25 Abs. 2a S. 1 StVG die Bußgeldbehörde oder das Gericht, dass das Fahrverbot erst wirksam wird nach Ablauf einer Frist von vier Monaten ab Rechtskraft der Entscheidung. Innerhalb dieser **Viermonatsfrist** kann frei gewählt werden, zu welchem Zeitpunkt der Führerschein abgegeben wird. Eine Voreintragung im Verkehrszentralregister mit Fahrverbot darf bei der Prüfung der Voraussetzungen des § 25 Abs. 2a StVG nicht berücksichtigt werden, wenn sie schon tilgungsreif ist.[396]

192 Unbedingt zu beachten ist, dass seit dem 17.8.2017 die sog. Parallelvollstreckung abgeschafft worden ist, um die Privilegierung von Mehrfachtätern zu unterbinden.[397] § 25 Abs. 2a S. 2 StVG ist weggefallen und der neu eingefügte § 25 Abs. 2b StVG ordnet nunmehr eindeutig an, dass mehrere Fahrverbote immer hintereinander weg zu vollstrecken sind.

Wichtig!

Hier ist die Reihenfolge des § 25 Abs. 2b S. 2, 3 StVG zwingend einzuhalten. Der Verteidiger muss also besonders darauf achten, bei welcher Behörde der Führerschein zuerst in Gewahrsam gegeben wird. Der Verbleib des Führerscheins bei der falschen Behörde kann nicht auf das Fahrverbot angerechnet werden.

Sämtliche betroffenen Behörden sind wechselseitig über die anstehenden Zeiträume zu unterrichten, um eine nahtlose Anknüpfung zu ermöglichen.

---

394 LG Berlin DAR 1970, 274; LG Hof MDR 1972, 889; vgl. zu diesem Problem *Göhler*, OWiG, § 75 Rn 8; vgl. auch Verkehrsgerichtstag Goslar 1999, Resolution Arbeitskreis VI.
395 BayObLG NStZ-RR 1999, 59; BGH NJW 2000, 2685.
396 OLG Dresden DAR 2006, 161.
397 BT Drucks. 18/11272 vom 22.2.2017.

Wenn das Amtsgericht die Anordnung über den Beginn der sich aus § 25 Abs.   **193**
2a StVG ergehenden Viermonatsfrist unterlässt, kann die Rechtsbeschwerde wirksam darauf beschränkt werden.[398] Danach sollte die Formulierung lauten: *„Das Fahrverbot wird wirksam, sobald der Führerschein nach Rechtskraft des Urteils in amtliche Verwahrung ge-
langt, spätestens jedoch mit Ablauf von vier Monaten nach Eintritt der Rechtskraft".*

Wenn der Betroffene, gegen den rechtskräftig ein Fahrverbot verhängt wurde, den Füh-   **194**
rerschein vor Rechtskraft des Fahrverbots verloren hat, beginnt die Verbotsfrist des § 25
Abs. 5 S. 1 StVG erst durch Abgabe einer eidesstattlichen Versicherung über den Verlust
des Führerscheins mit der Rechtskraft der Entscheidung.[399] Die Mitteilung des Verlustes
muss gegenüber der Vollstreckungsbehörde erfolgen.[400] Hat der Betroffene den Führerschein nach Rechtskraft der ein Fahrverbot aussprechenden Entscheidung verloren, ist
für den Beginn der Verbotsfrist der Tag des Verlustes maßgebend.[401] Zur Auffindung
des Führerscheins ist auch eine Wohnungsdurchsuchung verhältnismäßig, um das Fahrverbot zu vollstrecken.[402]

IV. Fahrtenbuchauflage

Einem Fahrzeughalter kann gem. § 31a StVZO durch die zuständige Verwaltungsbehörde   **195**
die Führung eines Fahrtenbuchs auferlegt werden, wenn die Feststellung des Fahrzeugführers nach einer Verkehrsordnungswidrigkeit oder nach einer Verkehrsstraftat nicht
möglich ist.[403] Die Vorschrift entspricht dem Grundgesetz.[404] Dies gilt auch, wenn ein
Amtsgericht den Betroffenen wegen fehlender Überzeugung von der Täterschaft frei-
spricht.[405]

In jedem Fall muss jedoch die Anordnung zur Führung eines Fahrtenbuchs verhältnis-   **196**
mäßig sein. Es ist also zu prüfen, ob der Verstoß so erheblich ist, dass ein verhältnismäßig
so schwerer Eingriff wie die Führung eines Fahrtenbuchs veranlasst ist.[406]

Einmalige unwesentliche Verkehrsordnungswidrigkeiten können eine Fahrtenbuchauf-   **197**
lage nicht auslösen.[407] Bei mehreren geringfügigen Ordnungswidrigkeiten kann allerdings die Führung eines Fahrtenbuchs in Betracht kommen.[408] Dies gilt vor allem,

---

398 OLG Düsseldorf DAR 1999, 38.
399 OLG Düsseldorf NZV 1999, 521.
400 LG Essen MittBl der Arge VerkR 2006, 28.
401 AG Neunkirchen zfs 2005, 208; *Hentschel*, DAR 1988, 156; *Schäpe*, DAR 1998, 10 (13).
402 LG Lüneburg NJZ 2010, 153.
403 OVG Lüneburg zfs 2008, 356.
404 BVerfG NJW 1982, 568.
405 OVG Münster, Beschl. v. 11.11.2015 – 8 A 1846/15, juris.
406 Vgl. hierzu *Beck/Berr*, a.a.O., Rn 313 ff.
407 BVerwG DAR 1965, 167; VGH München zfs 1998, 117; BVerwGE DAR 1995, 458.
408 OVG Münster VRS 66, 317.

wenn für den Wiederholungsfall schon einmal eine Fahrtenbuchauflage angedroht worden ist. Bei erstmaligen Verstößen gegen die Straßenverkehrsordnung, die erheblich sind, kann sofort eine Fahrtenbuchauflage in Betracht kommen, wenn der Täter nicht ermittelt werden konnte.[409] So soll auch eine einmalige Überschreitung der zulässigen Höchstgeschwindigkeit von 100 km/h um 27 km/h die Führung eines Fahrtenbuches rechtfertigen[410] genauso wie ein einmaliger Rotlichtverstoß.[411]

198   Zum Teil soll bereits eine erstmalige, unaufgeklärte Geschwindigkeitsüberschreitung von mehr als 20 km/h ausreichen.[412] Dies soll auch für einen nicht qualifizierten Rotlichtverstoß gelten, wenn also der Fahrer die Haltelinie unter einer Zeit von 1,0 Sekunden nach Beginn der Rotlichtphase passiert hat.[413]

199   Die Rechtsprechung ist regional außerordentlich unterschiedlich. Allerdings ist eine Tendenz erkennbar, wonach zunehmend die Verhängung einer Fahrtenbuchauflage erleichtert wird.[414] Das BVerwG hat in einer richtungsweisenden Entscheidung einen Überholverstoß ohne Gefährdung für so gewichtig eingestuft, dass schon bei erstmaliger Begehung eine Fahrtenbuchauflage als gerechtfertigt angesehen wurde.[415] Interessant ist in diesem Zusammenhang, dass auch das BVerwG in der Begründung zum Ausdruck bringt, dass sich die Verwaltungsbehörde am Mehrfachtäterpunktsystem orientieren könne; immer dann, wenn zumindest ein Punkt vergeben werde, könne dies für die Anordnung einer Fahrtenbuchauflage ohne Vorwarnung ausreichen.[416]

200   Als Kriterium für die Dauer der Fahrtenbuchauflage ist das Gewicht der Verkehrszuwiderhandlung zu würdigen. Bei sehr schweren Verstößen kommt u.U. eine mehrjährige Fahrtenbuchauflage in Frage.[417] Bei Unfallflucht kann für drei Jahre eine Auflage rechtmäßig sein.[418] Bei Rechtsüberholen auf der Autobahn sind 15 Monate rechtmäßig.[419] Bei mehreren nicht aufgeklärten Verkehrsverstößen mit verschiedenen auf einen Halter zugelassenen Firmenfahrzeugen kann eine Fahrtenbuchauflage für den gesamten Fahrzeugpark gerechtfertigt sein,[420] jedoch sind dann besonders hohe Anforderungen an die Begründung der Behörde geknüpft, weshalb das Fahrtenbuch nicht nur für das betroffene

---

409 VGH Mannheim zfs 2015, 660 sowie DAR 1991, 313 m. Anm. *Berr*.
410 VGH Mannheim NZV 1992, 167; VG Berlin DAR 2000, 136.
411 OVG Lüneburg DAR 1997, 121; VGH Mannheim NZV 1991, 408; OVG Saarlouis zfs 1998, 38; VG Oldenburg zfs 1998, 357.
412 VG Mainz zfs 2006, 302; OVG Münster zfs 2006, 234.
413 OVG Berlin DAR 2000, 328.
414 *Beck/Berr*, a.a.O., Rn 315 ff.
415 BVerwG zfs 1995, 396; vgl. auch OVG Münster NZV 1992, 423.
416 So auch schon früher: VG Dresden NZV 1994, 336; OVG Münster zfs 1995, 318; BVerwG NZV 2000, 386.
417 VGH Mannheim DAR 2003, 90.
418 OVG Münster NZV 2006, 53.
419 VG Braunschweig NZV 2006, 55.
420 OVG Lüneburg DAR 2006, 167.

Fahrzeug zu führen ist.[421] Ist der Betroffene nicht mehr Halter des Kfz, kann sich das Fahrtenbuch auf ein Ersatzfahrzeug beziehen.[422]

Übrigens hat das BVerwG[423] in der vorgenannten Entscheidung noch einmal klargestellt,   **201** dass ein Zeugnis- oder Aussageverweigerungsrecht die Verhängung einer Fahrtenbuchauflage nicht verhindert. Lehnt der Kfz-Halter unter Berufung auf sein Zeugnisverweigerungsrecht die Mitwirkung an der Aufklärung des Verkehrsverstoßes ab, so ist die Polizei nicht verpflichtet, wahllos Zeit raubende, kaum Aussicht auf Erfolg bietende Ermittlungen zu betreiben. Wenn allerdings aufgrund des Messfotos Anhaltspunkte für die Täterschaft einer bestimmten Person bestehen, muss dem nachgegangen werden.[424] Wenn durch die Fahrtenbuchführung nahe Angehörige des Kfz-Halters konkret belastet werden, ist dies unschädlich.[425]

In einer weiteren Entscheidung hat das BVerwG entschieden, dass selbst dann noch die   **202** Anordnung eines Fahrtenbuchzwangs in Betracht kommt, wenn zwischen dem Verkehrsverstoß und der endgültigen Entscheidung des Verwaltungsgerichts mehr als drei Jahre liegen und die Behörde keine sofortige Vollziehung angeordnet hat.[426] Ist vom Zeitpunkt des ungeahndeten Verstoßes bis zum Erlass der Fahrtenbuchauflage knapp ein Jahr verstrichen, soll die sofortige Vollziehung der Auflage möglich sein.[427] Jedoch ist auch hier auf die Umstände des Einzelfalls einzugehen,[428] weshalb nach 21 Monaten die Fahrtenbuchauflage unverhältnismäßig sein kann.[429]

Die Polizei muss allerdings alles ihr Mögliche tun um den Fahrer zu ermitteln, nur dann   **203** kann für den Kfz-Halter die Führung eines Fahrtenbuchs in Betracht kommen.[430] Dies gilt jedoch ausnahmsweise für weitere Maßnahmen als die Versendung des Anhörungsbogens dann nicht, wenn der Fahrzeughalter bewusst falsche Angaben zum Fahrer macht.[431] Eine Unmöglichkeit der Täterfeststellung liegt immer dann vor, wenn die Verfolgungsbehörde nicht in der Lage war, den Täter zu ermitteln, obwohl sie alle angemessenen Maßnahmen ergriffen hat.[432] Dies ist z.B. dann der Fall, wenn der Halter jede Auf-

---

421 VG Neustadt (Weinstraße), Beschl. v. 5.11.2015 – 3 L 967/15.NW, juris.
422 OVG Lüneburg zfs 2015, 415.
423 BVerwG zfs 1995, 396.; VGH Baden-Württemberg zfs 1999, 39; BVerwG NZV 2000, 385.
424 VGH Mannheim DAR 1999, 90; vgl. auch *Bethäuser*, DAR 1998, 408.
425 VG Oldenburg zfs 1999, 40.
426 BVerwG zfs 1995, 477; OVG Berlin VD 95, 259.
427 OVG Münster zfs 2006, 2.
428 OVG Lüneburg DAR 2014, 659.
429 VG Sigmaringen DV 2015, 227.
430 BVerwG DAR 1979, 310; VGH München NZV 1998, 99; VGH Mannheim zfs 2007, 595; VGH Kassel
      zfs 2015, 472.
431 VG Trier v. 9.3.2011 – 1 L 154/11. TR, n.v.
432 VG Karlsruhe DAR 1979, 110; vgl. auch VGH Kassel DAR 2006, 290.

klärung ablehnt, wem er seinen Wagen überlassen hat oder auch üblicherweise überlässt.[433] Die Vernehmung des Kfz-Halters als Zeugen zur Frage, wer sein Fahrzeug zum Zeitpunkt des Verkehrsverstoßes geführt hat, ist keine angemessene und der Behörde zumutbare Aufklärungsmaßnahme, wenn der Halter im Anhörungsbogen keine Angaben zur Sache gemacht hat und damit die Mitwirkung an der Aufklärung des Verstoßes erkennbar ablehnt.[434] Anders ist dies, wenn der Fahrzeughalter die Personen, die sein Fahrzeug benutzen zwar nennt, jedoch nicht den Benutzer zur Tatzeit. In diesem Fall müssen sich die weiteren Ermittlungen auf die genannten Personen erstrecken.[435] Die schlechte Qualität eines Messfotos befreit den Kfz-Halter nicht von der Pflicht, den das Fahrzeug nutzenden Personenkreis zu bezeichnen.[436] Eine ausdrückliche Frage nach diesem Personenkreis ist nicht erforderlich.[437] Hingegen muss auch die Behörde Akteneinsicht gewähren, wenn auf einem Zeugenfragebogen ein Prozessbevollmächtigter mitteilt, dass eine Zuordnung des Fahrers nach den vorliegenden Unterlagen und der schlechten Bildqualität nicht möglich sei.[438]

204   Schließlich muss der Fahrzeughalter binnen kurzer Zeit zu der begangenen Ordnungswidrigkeit befragt werden, andernfalls ist ihm eine Erinnerung an den Fahrer nicht mehr zumutbar und damit die Anordnung einer Fahrtenbuchauflage nicht zulässig. Wird der Halter innerhalb von zwei Wochen nach der Zuwiderhandlung von dem Verkehrsverstoß unterrichtet und kann er dann nicht den Fahrer benennen, ist die Verhängung einer Fahrtenbuch-Auflage möglich, soweit die übrigen Voraussetzungen vorliegen. Erfolgt die Information des Halters später, so steht dies einer Fahrtenbuchauflage meist entgegen.[439] Zum Teil verlangt die Rechtsprechung aber eine Kausalität der verzögerten Übersendung des Anhörungsbogens für die Nichtfeststellung des verantwortlichen Fahrers.[440]

205   Diese Kausalität ist unter Umständen dann zu verneinen, wenn in einer Firma Unterlagen über den Einsatz der einzelnen Fahrer vorliegen oder wenn ein zur Identifizierung geeig-

---

433 VG Hannover VRS 51, 398, 399; VGH München NZV 1998, 88; VGH Mannheim NZV 1998, 126; OVG Lüneburg DAR 2004, 607; OVG Niedersachsen DAR 2005, 231 und zfs 2007, 119.

434 VGH Mannheim DAR 2000, 378; BVerwG VRS 64, 466; VGH Mannheim NZV 1998, 47; OVG Lüneburg DAR 2004, 607.

435 VG Hannover a.a.O. sowie ausführlich Ludovisy DAR 1991, 475; zum notwendigen Ermittlungsaufwand: BayVGH zfs 1998, 117; VG Oldenburg zfs 1998, 357 und VG Oldenburg zfs 1999, 40 ff.

436 OVG Lüneburg DAR 2004, 607 und DAR 2005, 231; VG Braunschweig DAR 2007, 166.

437 OVG Lüneburg DAR 2004, 607.

438 VG Sigmaringen, Beschl. v. 1.9.2015 – 5 K 2765/15, juris.

439 Vgl. hierzu BVerwG NJW 79, 1054, OVG Lüneburg DAR 1977, 223; VG Saarlouis zfs 1995, 158; VG Frankfurt DAR 1991, 314; VGH Mannheim NZV 1993, 47; VG München DAR 1991, 473; vgl. zu der gesamten Problematik ausführlich: Beck/Berr, a.a.O., Rn 313, insb. Rn 221; vgl. auch VGH München NZV 1998, 88; AG Minden DAR 1998, 283; VG Saarlouis zfs 1997, 318; Ziegert zfs 1995, 242; VG Trier DAR 2001, 428; VG Frankfurt/Oder DAR 2007, 42.

440 OVG Münster v. 7.4.2011 – 8 B 306/11, n.v.

netes Messfoto vorliegt.[441] An der Kausalität verzögerter oder fehlender Ermittlungshandlungen der Polizei für die Unmöglichkeit der Feststellung des Fahrzeuglenkers im
Sinne des § 31a Abs. 1 StVZO kann es auch dann fehlen, wenn sich der Fahrzeughalter
nicht bereits im Ordnungswidrigkeitenverfahren auf eine fehlende Erinnerung an den
Fahrer berufen hat[442] oder er pauschal Zweifel an der Verwertbarkeit des Messfotos äußert.[443] Nach einem Teil der Rechtsprechung kommt eine Fahrtenbuchauflage auch bei
einer verspäteten Anhörung dann in Frage, wenn der Fahrer nicht ermittelt werden kann,
weil der Halter in keiner Weise an der Aufklärung mitwirkt.[444]

Bestreitet der Fahrzeughalter, der ein Fahrtenbuch führen soll, dass sich der Verkehrsver-   206
stoß tatsächlich ereignet hat, so muss er nach der Einstellung des Ordnungswidrigkeiten-
verfahrens im Verwaltungsverfahren substantiierte Angaben machen, die seinen Vortrag
plausibel erscheinen lassen.[445]

In der Praxis ist eine Kontrolle der Fahrtenbucheintragung erschwert, weil § 31a StVZO   207
keine Pflicht zur Mitführung der Aufzeichnungen beinhaltet. Dies kann nur beim Fahrer-
wechsel anders sein,[446] da es dann zwingend benötigt wird. So kann durch nachträgliche
Eintragungen oder durch die Einlassung, das Fahrtenbuch sei verloren gegangen, manipuliert werden.[447] Was unter dem Begriff „ordnungsgemäßes Fahrtenbuch" zu verstehen
ist, ist gesetzlich nicht definiert. Das Gesetz schreibt keine bestimmte Form der Führung
vor. Auch eine höchstrichterliche Klärung dieser Frage steht aus, wenn von einigen Entscheidungen des BFH abgesehen wird.[448] Allerdings muss ein Fahrtenbuch zeitnah und in
geschlossener Form geführt werden und die durchgeführten Fahrten mit den Kilometer-
ständen vollständig wiedergeben.[449] Eine durch ein Computerprogramm erzeugte Datei
reicht nur dann aus, wenn nachträgliche Veränderungen an den früher eingegebenen Daten technisch ausgeschlossen sind.[450]

Für die Eintragung einer Fahrtenbuchauflage im Kfz-Schein und für die Aufforderung,   208
den Kfz-Schein zu diesem Zweck vorzulegen, fehlt es an einer gesetzlichen Vorschrift,
beides ist unzulässig.[451] Auch gibt es nach der VZR-Reform für einen Verstoß gegen
die Fahrtenbuchauflage keine Punkte mehr.

---

441 VGH Mannheim DAR 1999, 425; VG München DAR 2001, 380; OVG Münster DAR 2006, 172.
442 OVG Lüneburg DAR 2005, 231.
443 VG Köln v. 20.5.2011 – 18 K 106/11, n.v.
444 OVG Münster zfs 2006, 234 und DAR 2006, 172.
445 OVG Lüneburg DAR 1999, 424.
446 OVG Lüneburg NJW 2011, 1620.
447 Vgl. *Beck/Berr*, a.a.O., Rn 314 ff.
448 BFH DAR 2004, 726.
449 BFH DAR 2006, 352 und BFH DAR 2006, 471.
450 BFH DAR 2006, 353.
451 OVG Münster DAR 2005, 411.

V. Anordnung von Verkehrsunterricht

209 Vereinzelt ist zu beobachten, dass bei relativ geringfügigen Verkehrsverstößen – oft bei Geschwindigkeitsüberschreitung oder Rotlichtmissachtung – eine Vorladung zum Verkehrsunterricht durch die Verwaltungsbehörde erfolgt. Manchmal wird diese schon unmittelbar nach Zustellung des Anhörungsbogens oder Erlass des Bußgeldbescheides ausgesprochen, ohne dass die Behörde abwartet, ob ein Verkehrsverstoß überhaupt nachweisbar ist.

210 Gemäß § 48 StVO ist die Vorladung zum Verkehrsunterricht nur zulässig, wenn davon auszugehen ist, dass der Betroffene einer Belehrung bedarf, also einen Unterricht über das Verhalten im Straßenverkehr benötigt. Es muss also feststehen, dass der Betroffene Verkehrsvorschriften nicht oder nur unzureichend kennt bzw. beherrscht bzw. dass er die Bedeutung und Tragweite einer Vorschrift nicht erfasst. Ist davon auszugehen, dass der Verkehrsteilnehmer die Vorschrift, die er missachtet hat, kennt, ist die Vorladung zum Verkehrsunterricht unzulässig.[452] Nach der Allgemeinen Verwaltungsvorschrift zu § 48 StVO kann eine einmalige Verfehlung dann eventuell Anlass zu einer Vorladung zum Verkehrsunterricht geben, wenn ein grober Verstoß gegen eine grundlegende Vorschrift vorliegt oder wenn der Betroffene sich besonders uneinsichtig gezeigt hat.

211 Nach der Rechtsprechung ist die Vorladung zum Verkehrsunterricht allerdings nur ausnahmsweise zulässig und zwar dann, wenn der Betroffene über etwas belehrt werden kann, was er nicht weiß, nicht versteht und in seiner Tragweite nicht begreift oder wenn feststeht, dass er eine wichtige Verkehrsvorschrift vergessen hat.[453] Wenn keine Anhaltspunkte vorliegen, dass ein Erziehungsbedürfnis bei dem Betroffenen besteht, ist die Anordnung der Teilnahme an einem Verkehrsunterricht fehlerhaft.[454] Ansonsten muss regelmäßig davon ausgegangen werden, dass die Wirkung des Bußgeldes auf den Betroffenen ausreicht, es also keiner zusätzlichen Maßnahme bedarf.

212 Grundsätzlich wird so bei einem Betroffenen, der erstmals einen Verstoß begeht, die Anordnung der Teilnahme an einem Verkehrsunterricht gem. § 48 StVO ausscheiden. Nur wenn Anhaltspunkte aufzeigen, dass bei dem Betroffenen ein ganz besonderes Erziehungsbedürfnis vorliegt, ist die Anordnung des Verkehrsunterrichts beim Ersttäter möglich.[455] Bei einem Mehrfachtäter hingegen kann der Verkehrsunterricht angeordnet werden, wenn der Betroffene durch die Wiederholungstat gezeigt hat, dass der Anstoß durch die Ahndung seiner Tat nach dem OWiG nicht ausreichen wird, genauso wie die entsprechende Ahndung der vorausgegangenen Tat.

---

452 *Müller* VD 2001, 263; vgl. auch *Rebler* VD 2005, 297.
453 *Burmann/Janker*, § 48 StVO; VGH München NZV 1991, 207.
454 VGH München NZV 1991, 207; zu dem gesamten Problem: *Beck* DAR 1993, 405; vgl. auch BVerfG NJW 1967, 1221.
455 Fraglich: BayVGH NJW 2015, 649.

Wer entgegen § 48 StVO einer rechtskräftigen Vorladung zum Unterricht nicht folgt, han-   **213**
delt zwar ordnungswidrig und kann mit einem Bußgeld belegt werden; eine aktive Teilnahme am Verkehrsunterricht ist allerdings nicht erzwingbar.[456] Gegen die Vorladung ist
das Rechtsmittel des Widerspruchs zulässig.

Darauf hinzuweisen ist noch, dass einige Rechtsschutzversicherer nach ihren Bedingun-   **214**
gen Versicherungsschutz in derartigen Verwaltungsstreitigkeiten gewähren und zwar bereits für die Anfechtung des Bescheids, der den Verkehrsunterricht anordnet (also noch
vor dem Widerspruchsverfahren).

Praxistipp   **215**

Wegen der aus den dargestellten Gründen oft großen Erfolgsaussichten führt ein
anwaltliches Vorgehen gegen die Anordnung des Verkehrsunterrichts meist zu einer
hohen Mandantenzufriedenheit und – bei Eintrittspflicht einer Rechtsschutzversicherung – auch aufgrund des verwaltungsrechtlichen Regelstreitwertes zu einem interes-
santen Honorar.

---

456 Vgl. hierzu *Burmann/Janker*, § 48 StVO Rn 5.

§ 2   Standardisierte Messverfahren

Siegert

A. Anforderungen

Bei standardisierten Messverfahren sind die Mindestanforderungen an die Urteilsgründe   **1**
reduziert worden, um dem **Massencharakter von Bußgeldsachen** Rechnung zu tragen
und den Verfahrensgang zu vereinfachen und zu beschleunigen. Fehlerquellen sind nur
zu erörtern, wenn der Einzelfall hierzu Veranlassung gibt.[1] Der Betroffene hat im Rahmen
seiner Einlassung über die richterliche Mindestprüfung hinaus den Tatrichter auf Zweifel
an der Richtigkeit der Messung aufmerksam zu machen und entsprechende Beweisanträge zu stellen. Geht das Amtsgericht diesen Beweisanträgen nicht im gebotenen
Maße nach, ist dies mit einer Verfahrensrüge justiziabel.[2] Die Verteidigung ist hier
also in besonderem Maße gefordert, aktiv an der weitergehenden Aufklärung mitzuwir-
ken, um einer Präklusion in der Rechtsbeschwerde zuvorzukommen.

Ein standardisiertes Messverfahren liegt vor bei einem durch Normen vereinheitlichten,   **2**
bewährten Messgerät, bei dem die Bedingungen seiner Anwendbarkeit und der Ablauf so
festgelegt sind, dass unter gleichen Voraussetzungen gleiche Ergebnisse zu erwarten
sind.[3] Ob es sich beim eingesetzten Messgerät jeweils um ein standardisiertes Messverfahren in diesem Sinne handelt, wird nachfolgend im technischen Teil thematisiert.

Menschliche Handhabungsfehler müssen nicht ausgeschlossen sein, jedoch muss das
Messgerät von seinem Bedienpersonal auch standardmäßig, das heißt in geeichtem Zustand, seiner Bauartzulassung entsprechend und gemäß der vom Hersteller vorgegebenen
Bedienungsanweisung verwendet werden. Dies gilt auch und gerade bei den der Messung
vorausgehenden Gerätetests.[4]

Wird die Messung als standardisiertes Messverfahren angesehen, hat dies zur Folge, dass   **3**
sich der Tatrichter grundsätzlich im Urteil beschränken kann auf

■ das gewählte Messverfahren (durch Bezeichnung des Messgeräts),
■ die gewährte Toleranz (hierauf verzichten die OLG teilweise sogar, wenn sich aus der
   Bezeichnung des Messgeräts die gewährte Toleranz ergibt),

---

1 BGH, Beschl. v. 19.8.1993 – 4 StR 627/92, BGHSt 39, 291–305, Rn 26 m.w.N., juris.
2 BGH, Beschl. v. 19.8.1993 – 4 StR 627/92, BGHSt 39, 291–305, Rn 27, juris.
3 BGH, Beschl. v. 30.10.1997 – 4 StR 24/97, BGHSt 43, 277–284, Rn 27, juris; BGH, Beschl. v. 19.8.1993 – 4 StR
  627/92, BGHSt 39, 291–305, Rn 27, juris.
4 Vgl. OLG Koblenz, Beschl. v. 12.8.2005 – 1 Ss 141/05, Rn 8, juris; OLG Celle, Beschl. v. 26.6.2009 – 311 SsBs
  58/09, Rn 14, juris; KG Berlin, Beschl. v. 11.3.2009 – 3 Ws (B) 67/08, Rn 5, juris; OLG Bamberg, Beschl. v.
  22.10.2015 – 2 Ss OWi 641/15, Rn 16, juris; Brandenburgisches OLG, Beschl. v. 31.5.2016 – (2 B) 53 Ss-OWi
  217/16 (119/16), Rn 9, juris.

- auf das so ermittelte vorwerfbare Messergebnis oder
- die Einhaltung der Bedingungen des Messverfahrens (Bedienungsanweisung und Eichung).[5]

4 Weitere Darlegungen sind nur erforderlich, wenn sich **Besonderheiten/Unregelmäßigkeiten** aus der Akte ergeben oder vom Betroffenen geltend gemacht werden. Insbesondere existiert kein Grundsatz, dass ein zweiter Messbeamter beim Ablesen und Übertragen der Messergebnisse zugegen sein muss – sog. „Vier-Augen-Prinzip".[6] Hingegen können bereits einfache Eingabefehler durch das Bedienpersonal eine erweiterte Darlegungspflicht begründen.[7]

5 Bislang wurden technische Messsysteme grundsätzlich als standardisierte Messverfahren angesehen, sofern ihre Bauart von der Physikalisch-Technischen Bundesanstalt (PTB) zur innerstaatlichen Eichung zugelassen war.[8] Hierdurch sollten die Ermittlungsbehörden und Gerichte von der Einzelfallprüfung und von der Sachverständigenbegutachtung entlastet werden.[9] Wenngleich die obergerichtliche Rechtsprechung[10] in der Bauartzulassung durch die PTB ein antizipiertes Sachverständigengutachten sieht, gibt es vereinzelte Kritik daran: Denn die „vorweggenommene Richtigkeitskontrolle"[11] soll auch über den Fall hinweghelfen, dass weder die Herstellerfirma noch die PTB die hierfür erforderlichen Daten herausgeben will und die Nachvollziehbarkeit der Messung somit nicht möglich ist.[12] Damit wird dem entscheidenden Gericht und auch der Verteidigung eine Black Box vorgesetzt, deren Funktionsweise unbekannt ist und allein von der PTB bestätigt wird. Dies ist rechtsstaatlich nicht hinnehmbar, da dem Gericht dadurch faktisch die Möglichkeit einer eigenen Überprüfung von Bescheiden und Genehmigungen einer ande-

---

5 OLG Celle, Beschl. v. 21.9.2011 – 322 SsRs 328/11, Rn 6, juris; OLG Oldenburg (Oldenburg), Beschl. v. 10.5.2011 – 2 SsBs 35/11, Rn 13, juris; OLG Frankfurt, Beschl. v. 14.2.2001 – 2 Ws (B) 56/01 OWiG, Rn 3, juris; OLG Hamm, Beschl. v. 24.11.2009 – 3 Ss OWi 882/09, Rn 6, juris; *König* in Hentschel/König/Dauer, Straßenverkehrsrecht, § 3 StVO, Rn 56b.

6 OLG Hamm, Beschl. v. 21.6.2012 – III-3 RBs 35/12, Rn 5, juris; OLG Stuttgart, Beschl. v. 26.1.2015 – 4 Ss 810/14, Rn 7, juris; OLG Düsseldorf, Beschl. v. 13.9.2012 – IV-2 RBs 129/12, Rn 12, juris; a.A.: AG Sigmaringen, Urt. v. 04.5.2010 – 5 OWi 15 Js 9971/09, Rn 7, juris.

7 OLG Celle, Beschl. v. 10.1.2013 – 322 SsBs 356/12, Rn 11, juris.

8 Vgl. *Cierniak*, zfs 2012, 664, 665 m.w.N.

9 BGH, Beschl. v. 19.8.1993 – 4 StR 627/92, BGHSt 39, 291–305, Rn 21, juris.

10 OLG Frankfurt, Beschl. v. 4.12.2014 – 2 Ss-OWi 1041/14, juris; OLG Köln, Beschl. v. 6.3.2013, III-1 RBs 63/13, juris = NZV 2013, 459 = DAR 2013, 530 = VRS 125 [2013] Nr. 13; OLG Karlsruhe, Beschl. v. 17.7.2015 – 2 (7) SsBs 212/15, juris = NZV 2015, 150; OLG Bamberg, Beschl. v. 26.4.2013, 2 Ss OWi 349/13, juris = DAR 2014, 38; OLG Zweibrücken, Beschl. v. 19.10.2012 – 1 SsBs 12/12, juris = DAR 2013, 38; OLG Schleswig, Beschl. v. 31.10.2013 – 1 Ss OWi 141/13, juris; KG Berlin, Beschl. v. 18.3.2010 – 3 Ws (B) 24/10, juris = VRS 118 [2010] Nr. 99; OLG Düsseldorf, Beschl. v. 14.7.2014 – 1 Rbs 50/14, juris; OLG Bamberg, Beschl. v. 22.10.2015 – 2 Ss OWi 641/15, juris.

11 *Cierniak*, zfs 2012, 664 ff.

12 OLG Bamberg, Beschl. v. 22.10.2015 – 2 Ss OWi 641/15 m.w.N., juris.

ren Behörde entzogen wäre.[13] Hiermit würde der Richter durch das Vorenthalten relevanter Informationen durch eine private Herstellerfirma „letztlich zu einem Verurteilungsautomaten herabsinken".[14] Hingegen findet sich im Eichgesetz kein Ausschluss von Einwendungen nach Erteilung der Bauartzulassung, weshalb es jeweils Aufgabe des erkennenden Gerichtes ist, in einem gerichtlichen Verfahren jeweils im Einzelfall über die Ordnungsgemäßheit der Messung zu entscheiden.[15] Der neue § 39 MessEG eröffnet nun vielmehr die Möglichkeit der Überprüfung, ob ein Messgerät die Anforderungen nach § 6 Abs. 2 MessEG einhält.

Jedenfalls überprüft die PTB die einzelnen Messverfahren in Kenntnis der Daten, welche   **6** im Bußgeldverfahren vorenthalten werden. Die Überprüfung durch die PTB selbst ist jedoch wiederum gerichtlich nicht nachvollziehbar. Hatte nach der alten Fassung der Eichgesetze die PTB noch die Stellung einer staatlichen Oberbehörde mit Zulassungsmonopol, ist dies nun nicht mehr der Fall. Die Ersteichung und Bauartzulassung entfällt gem. § 37 Abs. 1 S. 2 MessEG. An ihrer statt[16] tritt die sog. Konformitätsbewertung gem. § 6 Abs. 3 MessEG, § 9 MessEV, welche von einer privaten Konformitätsstelle durchzuführen ist. Solange es solche privaten Stellen noch nicht gibt, übernimmt die PTB diese Aufgabe gem. § 14 Abs. 3 S. 3 MessEG. Bereits eingesetzte Geräte mit einer PTB-Zulassung vor dem 1.1.2015 bedürfen erst ab dem 1.1.2025 einer Konformitätsbewertung. Bis dahin gilt für sie die alte Regelung.

Insoweit ist zumindest aktuell nicht absehbar, dass sich die Reform des Eichrechts während dieser Übergangszeit auf die aktuelle Rechtsprechung zum standardisierten Messverfahren spürbar auswirken wird. Danach wird sich das Gericht jedoch zusätzlich zu den eingangs benannten Voraussetzungen mit der Zuverlässigkeit der Konformitätsbewertungsstelle befassen müssen und bei ausländischen Stellen auch mit deren Gleichwertigkeit.[17]

B. Überprüfbarkeit des Messverfahrens

Wie eingangs bereits dargelegt, wird das Spannungsverhältnis zwischen Praktikabilität   **7** im Massenverfahren einerseits und der Einzelfallgerechtigkeit andererseits aufgelöst, indem der BGH den Betroffenen auf die Möglichkeit verweist, im Zweifel mittels Beweisanträgen eine weitere Sachaufklärung zu erwirken. Problematisch wird dies jedoch, wenn

---

13 AG Aachen, Urt. v. 10.12.2012 – 444 OWi 93/12, Rn 16, juris.
14 AG Herford, Urt. v. 11.3.2013 – 11 OWi-502 Js 692/11 – 1180/11, Rn 20, juris.
15 So: AG Rostock, Beschl. v. 27.9.2013 – 35 OWi 1/12, Rn 24, juris.
16 *Burrer*, GewArch 2015, 484.
17 *Rothfuß* in DAR 2016, 257, 259.

mangels ausreichender Erkenntnismöglichkeiten nur ein Beweisermittlungsantrag, jedoch kein konkreter Beweisantrag möglich ist.

Zuletzt wurde dies insbesondere im Rahmen der Geschwindigkeitsmessungen diskutiert, deren Hersteller die Herausgabe sämtlicher für die Messwertentstehung relevanter Daten verweigern. Darin sehen etliche Amtsgerichte nicht nur die Verteidigungsmöglichkeiten des Betroffenen beschnitten, sondern vielmehr auch die Erkenntnismöglichkeiten des Richters. Insofern sei die Messung gerade nicht nachvollziehbar und damit auch zumindest zweifelhaft, ob ein standardisiertes Messverfahren im Sinne der BGH-Rechtsprechung vorliege. Ein deutlich höherer Toleranzabzug sei veranlasst,[18] bzw. sei der Betroffene freizusprechen.[19]

Die Obergerichte sehen hingegen in der Bauartzulassung durch die PTB ein „antizipiertes Sachverständigengutachten" sowie in der Eichung ausreichende Anhaltspunkte für ein korrektes Messergebnis. Ohne konkrete Verdachtsmomente gebe es hier keinen Anlass, die Richtigkeit der Messung in Zweifel zu ziehen.[20]

Wenngleich das Argument auf den ersten Blick verfangen mag, dass auch in anderen kriminaltechnischen und rechtsmedizinischen Fragen dem Gericht die genaue Funktionsweise von Messgeräten nicht bekannt ist, trifft es nicht den Kern des Problems.[21] Denn vorliegend wird faktisch die Erkenntnis*möglichkeit* von Gericht und Verteidigung ohne erkennbaren Grund vereitelt. Sofern eine Offenlegung von Daten oder eine Übermittlung von Unterlagen aus tatsächlichen oder rechtlichen Gründen unmöglich ist, ist die Situation hinnehmbar. Andernfalls kann aber eine Überprüfbarkeit von fallrelevanten Tatsachen nicht auf eine behördliche oder gar private Ebene verlagert und dem Gericht sowie der Verteidigung entzogen werden – gleich ob dies im Einzelfall nun auf prozessuale Einsichtsrechte, das Gebot der Rechtsstaatlichkeit oder den Fair-Trial-Grundsatz gestützt wird.

---

18 AG Schwerte, Urt. v. 19.7.2012 – 10 OWi 872 Js 366/12 – 58/12, Rn 6, juris.
19 AG Groß-Gerau, Urt. v. 5.3.2012 – 30 OWi – 1439 Js 51481/10, Rn 37, juris; AG Kaiserslautern, Urt. v. 14.3.2012 – 6270 Js 9747/11.1 OWi, Rn 6, juris; AG Landstuhl, Urt. v. 3.5.2012 – 4286 Js 12300/10 OWi, Rn 14, juris; AG Aachen, Urt. v. 10.12.2012 – 444 OWi 93/12, Rn 8, juris; AG Herford, Urt. v. 24.1.2013 – 11 OWi – 502 Js 2650/12 – 982/12, Rn 20, juris; AG Herford, Urt. v. 11.3.2013 – 11 OWi-502 Js 692/11 – 1180/11, Rn 20, juris; AG Tiergarten, Urt. v. 13.6.2013 – (318 OWi) 3034 Js-OWi 489/13 (86/13), Rn 36, juris; AG Emmendingen, Urt. v. 13.11.2014 – 5 OWi 530 Js 17298/13, Rn 256, juris.
20 OLG Bamberg, Beschl. v. 4.4.2016 – 3 Ss OWi 1444/15, Rn 20, juris; OLG Frankfurt, Beschl. v. 4.12.2014 – 2 Ss-OWi 1041/14, Rn 16, juris; OLG Düsseldorf, Beschl. v. 14.7.2014 – IV-1 RBs 50/14, Rn 9, juris; OLG Bamberg, Beschl. v. 22.10.2015 – 2 Ss OWi 641/15, Rn 15, juris m.w.N.
21 OLG Bamberg, Beschl. v. 22.10.2015 – 2 Ss OWi 641/15, Rn 15, juris.

C. Geständnis

Im Falle eines glaubhaften Geständnisses des Betroffenen kann das Gericht unter Umständen selbst auf die Angabe des Messverfahrens und der Toleranzwerte im Urteil verzichten. Maßgeblich hierfür ist jedoch gerade die Glaubwürdigkeit dieses Geständnisses. Das Gericht muss die Äußerung des Betroffenen im Kontext des konkreten Sachverhaltes erörtern und auf seine Richtigkeit hin überprüfen.[22] Die Gründe für die Glaubhaftigkeit sind auszuführen.[23] Im Ergebnis kann also nur ein sog. qualifiziertes Geständnis mit nachvollziehbaren Angaben des Betroffenen eine weitere Erleichterung der Urteilsgründe ermöglichen.[24] Das nicht in Zweifel ziehen des Messergebnisses kann also nicht als Geständnis interpretiert werden. Mit konkreten Angaben zum Tatvorwurf sollte sich der Betroffene jedoch zurückhalten, da er Gefahr läuft, wegen einer Vorsatztat verurteilt zu werden.

8

D. Verteidigungsansätze

■ Angesichts des oben Gesagten hat sich die Verteidigung in Fällen standardisierter Messverfahren an dem Prüfungsumfang des Gerichts zu orientieren bzw. diesen möglichst zu erweitern. Insoweit ist die Messung also bereits vor Beginn der Hauptverhandlung – bestenfalls bereits während des Verwaltungsverfahrens – auf konkrete Anhaltspunkte für Messfehler hin zu überprüfen. Im Zweifel bietet es sich an, vorab ein Gutachten diesbezüglich einzuholen. Als zulässiges und regelmäßig auch gebotenes Verteidigungsmittel werden die Kosten hierfür vom Rechtsschutzversicherer übernommen.

9

■ Die Zweifel an der Richtigkeit der Messung sind sodann konkret unter möglichst präziser Benennung der technischen Anhaltspunkte in das Verfahren einzubringen. Sollte die Bußgeldbehörde den Argumenten nicht abhelfen, sind im Gerichtsverfahren entsprechend konkrete Beweisanträge zu stellen. Die Anträge sind in der Hauptverhandlung auch zu wiederholen, um das Fundament für eine zulässige Verfahrensrüge auszulegen.

■ Die Befragung der Messbeamten in der Hauptverhandlung sollte ernst genommen werden. Entsprechend muss der Verteidiger hier selbst mit der Bedienungsanleitung des eingesetzten Gerätes vertraut sein.

---

22 BGH, Beschl. v. 19.8.1993 – 4 StR 627/92, BGHSt 39, 291–305, Rn 35.
23 OLG Brandenburg, Beschl. v. 29.9.2004 – 1 Ss (OWi) 194 B/04, juris = DAR 2005, 97.
24 OLG Hamm, Beschl. v. 29.11.2001 – 2 Ss OWi 1029/01, Rn 11, juris; OLG Bamberg, Beschl. v. 17.11.2006 –
   3 Ss OWi 1570/2006, Rn 22, juris; OLG Bamberg, Beschl. v. 9.7.2009 – 3 Ss OWi 290/09, Rn 13, juris; OLG
   Celle, Beschl. v. 9.4.2009 – 322 SsBs 301/08, Rn 8, juris. Vgl. auch *Grube*, Zum sog. qualifizierten Geständnis
   bei Geschwindigkeitsverstößen in DAR 2013, 601.

- Sofern Aktenbestandteile oder anderweitige relevante Informationen zur Überprüfung der Messung nicht vorliegen, muss sich die Verteidigung hierum nachweislich aktiv bemühen, um diesbezüglich mit der Rechtsbeschwerde vordringen zu können.

- Die Urteilsgründe sind schließlich auf die eingangs erwähnten Mindestanforderungen hin zu überprüfen.

§ 3 Messung durch Polizei, Kommune und private Dritte

Siegert

A. Messungen durch Kommunen

Die Überwachung von Verkehrsverstößen dient der öffentlichen Sicherheit und ist somit **1** originäre Staatsaufgabe.[1] Zuständig hierfür ist die Polizei. Jedoch haben fast alle Bundesländer von der Möglichkeit Gebrauch gemacht, per Landesverordnung die Gemeinden zusätzlich zu ermächtigen, in eigener Regie Messungen durchzuführen. Hiervon umfasst sind die selbstständige und eigenverantwortliche Ermittlung, Feststellung und Erforschung von Verkehrsverstößen sowie die Sicherung der Beweise.[2] Dies ist verfassungsrechtlich unbedenklich,[3] wohingegen eine weitere Delegation an Private in begrenztem Rahmen zwar möglich, jedoch umstritten ist.

Die Verkehrsüberwachung durch Gemeinden und Verwaltungsgemeinschaften in ihrer **2** Funktion als Bußgeldbehörden ist durch das OWiG abgedeckt, wenn entsprechende Ermächtigungen vorliegen.[4] Unterschiedliche Regelungen bestehen landesrechtlich dahingehend, dass zum Teil lediglich Landkreise und kreisfreie Städte, zum Teil aber auch Gemeinden zur Kontrolle des fließenden Verkehrs ermächtigt sind. Die Frage der sachlichen Zuständigkeit der Gemeinde oder des gegründeten Zweckverbandes zur Verfolgung und Ahndung von Verkehrsverstößen bestimmt sich nach dem jeweiligen Landesrecht. Sollten hierbei Bedenken bestehen, tangiert dies das Bußgeldverfahren, wenn der Bußgeldbescheid nichtig ist. Nichtigkeit ist wiederum nur anzunehmen, wenn ein schwerwiegender, offenkundiger Mangel vorliegt.[5] Dies wird bei Fragen der sachlichen Zuständigkeit jedoch restriktiv gehandhabt.

Inhaltlich werden an die Kommunen dieselben Anforderungen gestellt, wie an die Poli- **3** zeibehörden.[6] Die Auswahl und die Häufigkeit der kommunalen Messungen sind jedoch nicht nach fiskalischen Gesichtspunkten, sondern unter dem Aspekt der Aufrechterhaltung und Besserung der Verkehrsdisziplin im pflichtgemäßen Ermessen auszurichten.[7]

---

1 Vgl. *Scholz* NJW 1997, 14.
2 OLG Stuttgart DAR 1991, 31.
3 *Janker*, DAR 1989, 172; *ders.*, DAR 1991, 32; *ders.*, NJW 1992, 1365; *Bick/Kiepe*, NZV 1990, 329; *Fredrich*, DAR 1992, 186; *Albrecht*, SVR 2005, 130.
4 *Rebler*, SVR 2011, 1.
5 BayObLG, Beschl. v. 29.9.2004 – 1 ObOWi 390/04, Rn 14, juris.
6 OLG Stuttgart, Beschl. v. 1.6.1990 – 3 Ss 265/90, juris = DAR 1991, 31.
7 OLG Stuttgart, Beschl. v. 1.6.1990 – 3 Ss 265/90, juris = DAR 1991, 31; OLG Brandenburg, Beschl. v. 23.11.1995 – 2 Ss (OWi) 130 B/95, juris = DAR 1996, 64; OLG Frankfurt, Beschl. v. 26.4.2017 – 2 Ss-OWi 295/17, Rn 30, juris.

Um Doppelmessungen zu vermeiden, sind die Standorte zudem mit den örtlichen Polizeidienststellen genau abzustimmen.[8] Im Gegensatz zur Polizei besitzen bei der Überwachung des fließenden Verkehrs Bedienstete einer Gemeinde grundsätzlich kein Anhalterecht gem. § 36 StVO.[9]

B. Messungen durch Private

4   Die hoheitlichen Kompetenzen auf dem Gebiet der öffentlichen Sicherheit können von den Kommunen an Privatpersonen übertragen werden, solange die Behörde Herrin des Verfahrens bleibt.[10] Eine behördliche Kontrolle muss in jedem Fall gewährleistet bleiben.[11]

5   **Herrin des Verfahrens** bedeutet hier, dass die Ordnungsbehörde
1. frei über das Gerät verfügen können muss,
2. die Echtheit der gewonnenen Messdaten garantieren muss und
3. diese Messdaten selbst umwandeln und auswerten muss.

Grundsätzlich kann festgehalten werden, dass mit steigendem Umfang der übertragenen Aufgaben weg von technischen Hilfsdiensten hin zu wesentlichen hoheitlichen Maßnahmen die Zulässigkeit dieser Delegation umso fraglicher erscheint.[12] Eine Übertragung ist zudem nur im Wege einer Beleihung möglich und bedarf einer gesetzlichen Ermächtigungsgrundlage.[13] Hierbei ist zu unterscheiden zwischen der Durchführung von Messungen selbst und der Auswertung der Messergebnisse.

6   Selbst wenn die zuständige Behörde dem die Messung ausführenden Privaten Ort, Zeit und Dauer des Geräteeinsatzes vorgibt, handelt es sich nicht um einen rein technischen Hilfsdienst, sondern um eine funktionell originäre Staatsaufgabe.[14] Eine derartige Aufgabenübertragung ist jedenfalls dann nicht zulässig, wenn der Leiharbeitnehmer nicht in die Gemeindeverwaltung physisch-räumlich und organisatorisch integriert ist, wenn

---

8 *Kärger* in Beck/Berr/Schäpe: OWi-Sachen im Straßenverkehrsrecht, 7. Aufl. 2017, § 6, Rn 496.
9 *Stollenwerk*, VD 1995, 104 ff.; vgl. hierzu auch *Albrecht*, DAR 2003, 537 ff.
10 Äußerst lesenswert hierzu: OLG Frankfurt, Beschl. v. 26.4.2017 – 2 Ss-OWi 295/17, Rn 45, juris. – vgl. auch: OLG Frankfurt NJW 1995, 2570, NStZ-RR 2003, 342; Beschl. v. 3.9.2014 – 2 Ss-OWi 655/14, juris; OLG Hamm, Beschl. v. 18.4.2016 – III-2 RBs 40/16, Rn 1 m.w.N, juris.
11 AG Neunkirchen, Urt. v. 27.4.2016 – 19 OWi 68 Js 778/15 (234/15), Rn 35, juris.
12 Ausführlich hierzu: *Geißler*, DAR 2015, 361–362.
13 *Steiner*, DAR 1996, 272, 274; *Scholz*, a.a.O. S. 15, 16; *Ludovisy*, DAR 1997, 208; BayObLG, Beschl. v. 5.3.1997 – 1 ObWi 785/96, Rn 10, juris; OLG Oldenburg (Oldenburg), Beschl. v. 11.3.2009 – 2 SsBs 42/09, Rn 7 m.w.N., juris.
14 KG Berlin, Beschl. v. 23.10.1996 – 2 Ss 171/96 – 3 Ws (B) 406/96, juris; BayObLG, Beschl. v. 5.3.1997 – 1 ObOWi 785/96, Rn 8 m.w.N., juris,

die Gemeinde mithin also nicht Herrin des Vorgangs bleibt.[15] Die Unzulässigkeit einer solchen Maßnahme zieht ein Beweiserhebungsverbot nach sich.

Ob hieraus auch ein **Beweisverwertungsverbot** erwächst, ist jedoch im Einzelfall zu bestimmen. Maßgeblich ist die Abwägung des staatlichen Interesses an der Tataufklärung zum Schutz der Allgemeinheit gegenüber dem Individualinteresse des Betroffenen – also dem Grundrechtsverstoß an sich, nicht der Rechtsfolge des Bußgeldbescheides.[16]   **7**

Für ein Beweisverwertungsverbot muss ein gravierender Verfahrensfehler vorliegen. Dieser ist unter anderem gegeben, wenn die Behörde einen Beamten mit der Überwachung des privaten Messpersonals betraut, obwohl sie sich dessen mangelnder Sachkunde bewusst ist[17] – selbst wenn das private Messpersonal diese Sachkunde besitzt.[18] Auch bei Willkür überwiegt das Individualinteresse des Betroffenen, beispielsweise wenn die Behörde bewusst entgegen eines Ministerialerlasses die Messdurchführung weiter an private Dienstleister delegiert.[19]   **8**

Für die **Auswertung der Messdaten** gilt dasselbe: Will die Kommune hier delegieren, muss Sie wiederum Herrin des Verfahrens bleiben und auch die Auswertung von eigenen fachkundigen Mitarbeitern durchgängig kontrollieren lassen. Unterbleibt diese Kontrolle, ist die Delegation unzulässig.[20] Ob zum Beweiserhebungsverbot ein Verwertungsverbot hinzukommt, bestimmt sich wiederum im Einzelfall. Hier meint das OLG Rostock, dass ein ministerieller Erlass zur Eigenauswertung durch die Behörde keine mit der Begründung subjektiver Rechte verbundene Außenwirkung entfalte, auf die sich ein Betroffener im Falle der Nichtbeachtung zu seinen Gunsten berufen könnte.[21] Hierauf kommt es jedoch nicht an, denn maßgeblich für ein Verwertungsverbot wäre nicht der eigentliche behördliche Verstoß sondern vielmehr die Frage, ob er bewusst und somit willkürlich erfolgt ist. Hinzu kommt noch, dass sich hier das Verwertungsverbot auf die Auswertung der Daten selbst beschränken dürfte und somit die Nachholung einer selbstständigen be-   **9**

---

15 BayObLG, Beschl. v. 5.3.1997 – 1 ObOWi 785/96, Rn 8 m.w.N., juris; BayObLG, Beschl. v. 17.2.1999 – 2 ObOWi 751/98, Rn 13, juris.

16 *Radtke*, NZV 1995, 428–431; BayObLG, Beschl. v. 5.3.1997 – 1 ObOWi 785/96, Rn 16, juris, m.w.N.; BayObLG, Beschl. v. 21.3.2005 – 2 ObOWi 700/04, juris = DAR 2005, 633–634.

17 OLG Frankfurt, Beschl. v. 10.5.1995 – 2 Ws (B) 210/95 OWiG, juris; AG Alsfeld, Urt. v. 6.2.1995 – 15 Js OWi 88543/94 OWi, juris; OLG Frankfurt, Beschl. v. 21.7.2003 – 2 Ss-OWi 388/02, juris.

18 AG Karlsruhe, Urt. v. 22.11.2010 – 15 OWi 351 Js 46163/09 Hw, Rn 10, juris.

19 OLG Frankfurt, Beschl. v. 21.7.2003 – 2 Ss-OWi 388/02, juris; OLG Naumburg, Beschl. v. 7.5.2012 – 2 Ss (Bz) 25/12, Rn 4, juris; AG Gelnhausen, Urt. v. 26.3.2014 – 44 OWi – 2255 Js 3061/14, Rn 63, juris; AG Neunkirchen, Urt. v. 27.4.2016 – 19 OWi 68 Js 778/15 (234/15), Rn 19, juris.

20 OLG Frankfurt, Beschl. v. 21.7.2003 – 2 Ss-OWi 388/02, juris; AG Parchim, Urt. v. 1.4.2015 – 5 OWi 2215/14, Rn 9, juris; OLG Hamm, Beschl. v. 18.4.2016 – III-2 RBs 40/16, Rn 1, juris.

21 OLG Rostock, Beschl. v. 17.11.2015 – 21 Ss OWi 158/15 (B), Rn 16, juris.

hördlichen bzw. gerichtlichen Auswertung zu erwägen wäre.[22] Andererseits kann im Einzelfall auch die Gewichtigkeit des Verstoßes eine tragende Rolle spielen, etwa evidente fiskalische Interessen der Behörde.[23] Jedenfalls ist die Frage eines solchen Beweisverwertungsverbotes bei der Auswertung durch private Dienstleister nicht abschließend geklärt.

10   Die bloße privatrechtliche Anmietung von Messgeräten bleibt der Behörde nach alledem unbenommen. Im Gesamtzusammenhang ist jedoch im Hinblick auf die Aufgabenübertragung zu prüfen, wie die jeweiligen Vertragsbedingungen ausgestaltet sind. Wenngleich ein Großteil der Behörden durch die Übertragung von Aufgaben dem Ziel der Verkehrssicherheit bei möglichst geringer Belastung des kommunalen Haushalts gerecht wird, zeigen sich vereinzelt auch Fälle kommunalen Gewinnstrebens.[24] Die fiskalische Sanierung von kommunalen Haushalten ist dem Ordnungswidrigkeitenrecht jedoch fremd; eine Interessenskollision ist nach staatsrechtlichen Grundsätzen zu vermeiden. Zudem enthebt selbst eine (auch nur indirekte oder teilweise) finanzielle Abhängigkeit die Kommune aus ihrer Rolle als Herrin des Verfahrens.[25] Dies mag für sich genommen kein Beweisverwertungsverbot begründen – zusammen mit den oben aufgeführten Kriterien schmälert es jedoch im konkreten Einzelfall allemal das öffentliche Interesse.

11   *Achtung – Widerspruchslösung (BGHSt 38, 214)*

Auch hier muss die Verteidigung für eine erfolgreiche Rechtsbeschwerde der Beweisverwertung im Rahmen der Hauptverhandlung ausdrücklich widersprochen werden.

---

22 So auch: *Krenberger* jurisPR-VerkR 5/2016 Anm. 4.
23 AG Kassel, Urt. v. 14.4.2015 – 385 OWi – 9863 Js 1377/15, Rn 10, juris.
24 AG Kassel, Urt. v. 14.4.2015 – 385 OWi – 9863 Js 1377/15, Rn 10, juris; OLG Frankfurt, Urt. v. 07.4.2017 –
     2 U 122/16, Rn 29, juris; OLG Frankfurt, Beschl. v. 26.4.2017 – 2 Ss-OWi 295/17, Rn 31, juris.
25 OLG Frankfurt, Beschl. v. 26.4.2017 – 2 Ss-OWi 295/17, Rn 30, juris.

§ 4 Eichung/Konformitätserklärung

Siegert

A. MessEG und MessEV seit dem 1.1.2015

Allein in Deutschland werden mehr als 40 % der Bundessteuern durch **geeichte Mess-** **1** **geräte** erwirtschaftet.[1] Aufgrund dieser wirtschaftlichen Bedeutung hat die Europäisierung auch hier Einzug gehalten. Durch nachträgliche Anpassungen an europäische Entwicklungen entstand eine zunehmende Unübersichtlichkeit, weshalb die gesetzliche Grundlage des Mess- und Eichwesens umfassend neu geordnet wurde.[2] Dadurch wurden auch amtliche Messungen von der Reform betroffen.

Am 1.1.2015 traten das Mess- und Eichgesetz (MessEG) sowie die zugehörige Mess- und **2** Eichverordnung (MessEV) in Kraft. Sie lösen das bisherige System aus Eichgesetz (EichG) und Eichordnung (EichO) ab. Das Zulassungsverfahren wird privatisiert. An die Stelle der staatlichen Zulassungsbehörde, der Physikalisch-Technischen-Bundesanstalt (PTB), treten künftig private Stellen, welche vor dem Inverkehrbringen neuer Messgeräte die Konformität mit den gesetzlichen Anforderungen bescheinigen. Dies ersetzt die Bauartzulassung nach altem Eichrecht. Die bisherige Nacheichung bleibt als hoheitlicher Akt hingegen erhalten.[3]

Bislang musste ein Messgerät zur amtlichen Überwachung des Straßenverkehrs zuerst **3** von der PTB zugelassen und sodann von einer staatlichen Behörde geeicht werden. Auf dieses bewährte Ex-ante-Genehmigungsverfahren wird nunmehr zugunsten eines in europäischen Regelungen weit verbreiteten „neuen Ansatzes" verzichtet. Es wird auf mehr Eigenverantwortlichkeit des Herstellers gesetzt.[4] Für das Inverkehrbringen neuer Geräte gilt danach Folgendes:

Für jede Art von Messgerät ist nur noch eine sog. Konformitätsbewertung gem. § 6 Abs. 3 **4** MessEG, § 9 MessEV erforderlich, wonach der Hersteller von einer anerkannten privaten Stelle (Konformitätsstelle) überprüfen und bestätigen lassen muss, dass sein Gerät die wesentlichen gesetzlichen Anforderungen erfüllt. Solange es solche privaten Stellen noch nicht gibt, übernimmt die PTB diese Aufgabe gem. § 14 Abs. 3 S. 3 MessEG. Im Wesentlichen entspricht dies inhaltlich der früheren Bauartzulassung und Ersteichung.[5] Daher entfällt gem. § 37 Abs. 1 S. 2 MessEG die Ersteichung. Mangels der bislang erforderlichen Bauartzulassung wird die Anwendung der Rechtsprechung zum sog. standardisier-

---

1 BMWI – Schlaglichter der Wirtschaftspolitik 11/2013, S. 26.
2 BT-Drucks 17/12727 S. 1 und S. 31.
3 BT-Drucks 17/12727 S. 31; *Rothfuß* DAR 2016, 257, 259.
4 BT-Drucks 17/12727 S. 31.
5 *Burrer*, GewArch 2015, 484.

ten Messverfahren für die Zukunft jeweils kritisch zu hinterfragen sein. Ob das Messverfahren in quantitativer Hinsicht standardisiert ist, muss dann aber im Einzelfall geprüft und im Zweifel restriktiv gehandhabt werden.[6] Der 54. Verkehrsgerichtstag hatte 2016 jedenfalls empfohlen, bei Inverkehrbringen neuer oder veränderter Geschwindigkeitsmessgeräte die Grundsätze zum standardisierten Messverfahren vorerst nicht anzuwenden.[7]

5   Die zu prüfenden wesentlichen Anforderung i.S.d. § 6 MessEG – insbesondere die Fehlergrenzen – sind in § 7 MessEV aufgeführt. Das Gesetz beschränkt sich auf die Festlegung von Grundsätzen, deren Ausfüllung technischen Regeln überlassen wird. Diese werden von einem Ermittlungsausschuss festgesetzt und von der PTB über den Bundesanzeiger veröffentlicht, § 46 MessEG. Hierdurch sollen die gesetzlichen Regelungen von technischen Einzelfragen „entschlackt" und gleichzeitig aufgrund des technischen Fortschritts eine höhere Flexibilität erzielt werden.[8]

6   Entsprechen die hier in Betracht kommenden Messgeräte den Anforderungen der Anlagen 1–23 der bisher gültigen Eichordnung, so wird vermutet, dass sie den wesentlichen Anforderungen genügen, § 7 Abs. 4 MessEV.

7   Über die erfolgreiche Bewertung muss gem. § 6 MessEG eine Konformitätserklärung ausgestellt werden (Abs. 3) und das Gerät muss entsprechend gekennzeichnet (Abs. 4) und beschriftet werden (Abs. 5). Die Kennzeichnungen sind nunmehr für alle Messgeräte vereinheitlicht worden.

8   Für bereits eingesetzte Geräte gilt: Sofern bereits eine PTB-Zulassung vor dem 1.1.2015 für das Gerät bestand, wird unwiderleglich davon ausgegangen, dass die wesentlichen Voraussetzungen bis zum Ende der Zulassung – spätestens bis zum 31.12.2024 – erfüllt sind, § 62 Abs. 2 S. 1 MessEG. Erst dann wird also eine Konformitätsbewertung erforderlich.[9] Für die Verteidigung bedeutet dies, dass für die Ordnungsgemäßheit solcher Geräte auch noch die alte Regelung relevant bleibt.

B. Eichung

9   **Messgeräte**, die zur amtlichen Überwachung des Straßenverkehrs eingesetzt werden, **dürfen nach wie vor nicht ungeeicht verwendet werden**. § 25 Abs. 1 Nr. 3 EichG a.F. stellte noch ein explizites Verbot auf, Messgeräte für die amtliche Überwachung des Straßenverkehrs ungeeicht zu verwenden. Hieran hat sich nichts geändert, denn das Verbot soll ausweislich der Gesetzesbegründung dem § 37 Abs. 1 S. 1 MessEG bereits

---

6 *Rothfuß* DAR 2016, 257, 260.
7 *Http://www.deutscher-verkehrsgerichtstag.de/images/empfehlungen_pdf/empfehlungen_54_vgt.pdf.*
8 BT-Drucks 17/12727 S. 32.
9 Näher hierzu: *Burrer* GewArch 2015, 481.

konkludent zu entnehmen sein.[10] Die rechtlichen Fragen zu hieraus eventuell resultierenden Beweisverwertungsverboten sind also nach wie vor aktuell.

Die Ersteichung der nach dem 1.1.2015 eingesetzten Messgeräte entfällt mit der ein-   **10**
gangs erwähnten Konformitätsbewertung. Die Eichfristen sind nach der Reform gleich
geblieben und betragen gem. § 34 Abs. 1 S. 1 MessEV allgemein zwei Jahre; besondere
Eichfristen gelten ausweislich der Anlage 7 der MessEV für Geschwindigkeitsmessverfahren und Radlastwaagen (Nr. 12.1: ein Jahr) und für Atemalkoholmessungen (Nr. 9.3:
sechs Monate).

Die Eichfristen laufen erstmals mit dem Zeitpunkt des Inverkehrbringens des Gerätes an,   **11**
§ 37 Abs. 1 S. 2 MessEG, also mit dem erstmaligen Bereitstellen auf dem Markt. Sie enden
jeweils mit dem Ablauf des betreffenden Kalenderjahrs – bzw. des Kalendermonats bei
der Messung von Alkohol.

Die Eichfrist endet vorzeitig in den Fällen des § 37 Abs. 2 MessEG. Die bisherige Rege-   **12**
lung ist mit einer Ausnahme beibehalten worden: Bei einer Reparatur des Gerätes ist die
Eichfrist nicht per se beendet, sofern die erneute Eichung unverzüglich beantragt wird und
gewisse Voraussetzungen erfüllt sind, § 37 Abs. 5 MessEG.

Praxistipp   **13**

Es ist zu erwarten, dass in Zukunft bei Gerätereparaturen von der praktischen Erleichterung des § 37 Abs. 5 MessEG Gebrauch gemacht wird. Mit der Einhaltung von vier
kumulativen Voraussetzungen liegt darin eine Fehlerquelle, welche für die Verteidigung beachtlich ist. Die Norm ist also dahin gehend negativ zu lesen, ob die Eichfrist
vorzeitig endet, weil

■ das Gerät nach der Reparatur die wesentlichen Anforderungen nach § 6 Abs. 2
MessEG bzw. die Fehlergrenzen nach § 41 Abs. 1 MessEG nicht einhält **oder**
■ die Neueichung nicht bzw. zu spät beantragt wurde **oder**
■ die Reparatur nicht durch das hierzu erforderliche Zeichen kenntlich gemacht
wurde **oder**
■ der Instandsetzer die Behörde nicht bzw. zu spät informiert hat.

Eine begrüßenswerte Neuerung ist, dass die Nachweise über sämtliche Eingriffe am   **14**
Messgerät mindestens drei Monate, längstens für fünf Jahre über die Eichfrist hinaus aufzubewahren sind, § 31 MessEG. Diese zentrale Pflicht des Verwenders ermöglicht nunmehr Gericht und Verteidigung ein Einsichtsrecht in die Unterlagen – wie bereits zur Akteneinsicht und Lebensakte oben ausgeführt.[11]

10 BT-Drucks 17/12727 S. 47.
11 Vgl. § 1 Rdn 63 ff.

15   Eine Besonderheit ergibt sich bei der Aktualisierung von Software. Machte bislang jedes Update eine Neueichung erforderlich, darf das Gerät nun ohne Auswirkung auf die Eichfristen weiterverwendet werden, wenn die Eichbehörde die Aktualisierung auf Antrag genehmigt hat, § 37 Abs. 6 MessEG i.V.m. § 40 MessEV.

16   Außerdem ist jetzt der Verwender neuer oder erneuerter Geräte verpflichtet, diese spätestens sechs Wochen nach der Inbetriebnahme der zuständigen Behörde gegenüber anzuzeigen, § 32 MessEG. Hierdurch soll den Eichämtern die Verwendungsüberwachung erleichtert werden.[12]

17   Der Verwender von Messgeräten ist nach dem neuen Recht verpflichtet, die Neueichung rechtzeitig – mindestens 10 Wochen vor Ablauf der Eichfrist – zu beantragen, § 37 Abs. 3 MessEG. Sofern das zuständige Eichamt die Eichung nicht rechtzeitig durchführen kann, darf das Gerät weiter verwendet werden, § 38 MessEG. Laut Satz 2 der Norm kann die Eichbehörde die Verwendung auch bei einem verspätet gestellten Antrag gestatten. Sofern hier Fristen nicht eingehalten werden, kann sich in Zukunft diesbezüglich ein weiterer Verteidigungsansatz ableiten.

18   Die **Eichtoleranzen** werden von der PTB in Braunschweig festgesetzt. Dass es hierbei Ermessensspielräume gibt, zeigt beispielsweise der Umstand, dass die Eichtoleranzen in der Schweiz bei gleichen Geschwindigkeitsmessgeräten größer sind als in Deutschland. Die Eichtoleranzen resultieren bei den verschiedenen Geschwindigkeitsmessgeräten aus unterschiedlichen Ursachen. Auf die konkreten Eichtoleranzen wird bei jedem einzelnen Geschwindigkeitsmessgerät/Messverfahren eingegangen.

19   Auch während der gültigen Eichfrist eines Gerätes können an diesem Defekte auftreten. Nacheichungen innerhalb der vorgeschriebenen Frist haben den Sinn, möglicherweise **während der gültigen Eichfrist auftretende Defekte** zu erkennen und ggf. zu beheben. Ein Messgerät, das die Eichbehörde als geeicht verlässt bzw. nunmehr die Konformitätsprüfung besteht, ist ohne vernünftige Zweifel technisch mängelfrei; einen Erfahrungssatz dahingehend, dass ein Messgerät während der gesamten Eichfrist mängelfrei bleibt, gibt es dagegen nicht.

20   Wird ein Gerät deutlich vor dem Ablauf der gültigen Eichfrist nachgeeicht, ist dies meist ein deutlicher Hinweis dafür, dass das Gerät während der gültigen Eichfrist defekt wurde; in einem solchen Fall ist abzuklären, welcher Defekt die frühe Nacheichung erforderlich machte und wie lange dieser Defekt – vor seinem Erkennen – bereits bestand bzw. wie lange dieser Defekt bereits mögliche Fehlmessungen bewirken konnte. Aufgrund der Aufbewahrungsfrist des § 31 MessEG kann der Verteidiger die Unterlagen hierzu einholen und überprüfen.

---

12 *Burrer*, GewArch 2015, 486.

Praxistipp   21

Aufgrund dieser Problematik sollte immer nachgeprüft werden, ob das zum Messzeitpunkt gültig geeichte Gerät zwischenzeitlich wieder nachgeeicht wurde – innerhalb oder außerhalb der normalen Frist – und ob und ggf. in welchem Umfang Reparaturen zur Erlangung der Nacheichung notwendig waren; diese Fragen lassen sich im Regelfall anhand der Lebensakte (Reparaturbuch/Mängelbuch) des Gerätes abklären.

§ 5 Polizeirichtlinien

Siegert

Wie die Geschwindigkeitsmessungen gehandhabt werden sollen, ergibt sich aus den Poli- **1**
zeirichtlinien der Länder – eine Übersicht hierzu findet sich im Anhang. Diese sind zwar nur
interner Natur, aber dennoch von Bedeutung. Werden wesentliche Grundsätze von der Polizei missachtet, bleibt die Messung zwar verwertbar.[1] Jedoch darf im Hinblick auf den
Gleichbehandlungsgrundsatz und das **Willkürverbot** erwartet werden, dass die Grundsätze beachtet werden.[2] Insofern können aufgrund eines Richtlinienverstoßes die Rechtsfolgen der Ordnungswidrigkeit nach dem Opportunitätsprinzip gemildert werden.

Die Richtlinien selbst enthalten wichtige **Toleranzgrenzen**. So sollen in vielen Bundes- **2**
ländern die verschiedenen Geschwindigkeitsmessungen mindestens 150–200 m vom Anfang bzw. vor dem Ende einer Geschwindigkeitsbegrenzung entfernt stattfinden. Hiervon
kann aus sachlichen Gründen aber abgewichen werden.[3] Über die Frage der Einhaltung
der Richtlinie hinaus sind Feststellungen zur Besonderheit der Messstelle und zu ihrer
verkehrstechnischen Bedeutung zu treffen.[4] Hierauf hat der Verteidiger bereits im Vorfeld hinzuwirken und die entsprechenden Beweisanträge zu stellen.

In den Richtlinien sind neben den Auswahlkriterien der Messstellen auch Begriffsbestim- **3**
mungen sowie Gerätefehlertoleranzen (z.B. für Radargeräte, Fahrtenschreiber, EG-Kon-
trollgeräte, Messungen durch Nachfahren, TRAFFIPAX-Anlagen, Video- und Datengene-
ratoren, Funkstoppmessverfahren etc.) enthalten. Festgelegt sind ferner die Geschwindig-
keitstoleranzen, die technische Ausbildung und Schulung des Messpersonals, teilweise die
Frage, inwieweit privates Messpersonal eingesetzt werden kann oder inwieweit Mindestanforderungen an die Ausstattung des Messprotokolls vorgeschrieben sind. Die Richtlinien
geben weiter Auskunft darüber, ob sie nur für die Polizei oder auch – bei kommunalen Messungen – für die Straßenverkehrsbehörde gelten.

Praxistipp **4**

Für den Anwalt ist es wichtig, die aktuellen Richtlinien für die polizeiliche Verkehrsüberwachung zu kennen; er sollte zumindest die für seinen Bereich gültigen anfordern
– zum Teil sind diese bereits im Internet abrufbar. Gerade im Bereich des Regelfahr-

---

1 OLG Celle NZV 2012, 253; OLG Frankfurt, Beschl. v. 27.1.2016 – 2 Ss-OWi 893/15, Rn 9, juris; OLG Hamm,
   Beschl. v. 10.3.2017 – 4 RBs 94/17, Rn 11, juris.
2 OLG Stuttgart DAR 2011, 220.
3 OLG Bamberg zfs 2012, 648 m.w.N.
4 BayObLG NZV 2002, 576; OLG Bamberg DAR 2006, 464; OLG Dresden DAR 2010, 29; OLG Stuttgart DAR
   2011, 220.

verbots ist es oft sinnvoll, mit dieser Richtlinie zu argumentieren. Auch eine Ortsbesichtigung kann zielführend sein.

5   Das **Messprotokoll** sollte vom Anwalt auf jeden Fall eingesehen werden. Anhand dieser Unterlagen können Fehler während des Ablaufes des gesamten Messeinsatzes leichter festgestellt werden, z.b. Unterlassen einer Funktionsprüfung oder unrichtiges Aufstellen des Messgerätes. Häufig wird nach entsprechender Anforderung durch den Anwalt die polizeiliche Ermittlungsakte ohne das Messprotokoll übersandt. Es empfiehlt sich deshalb bei Anbringung des Gesuchs auf Akteneinsicht ausdrücklich darauf hinzuweisen, dass das Messprotokoll, die Eichurkunde und auch die Registerauszüge beigefügt werden.

6   Auch wenn ortsfeste Geschwindigkeitskontrollen durchgeführt werden, sind in jedem Fall Messprotokolle anzufertigen, die genaue Angaben über die Errichtung der Messstelle, das Ergebnis der Funktionsprüfung und den Ablauf des Messeinsatzes enthalten müssen.[5]

---

5 Vgl. *Beck/Berr*, OWi-Sachen im Straßenverkehrsrecht, 6. Aufl. 2012, Rn 471.

§ 6 Schulungen der Messbeamten

Siemer

Bei jedem modernen elektrischen Gerät ist es notwendig, die vom Hersteller verfasste   **1**
Gebrauchsanweisung zu beachten. Nur so kann garantiert werden, dass dieses Gerät
voll funktionstüchtig ist und seine Aufgabe fehlerfrei verrichten kann. Innerhalb der Anleitung müssen auch zusätzliche Gefahrenhinweise beachtet werden, um eine Gefährdung
des Bedieners ausschließen zu können.

Gleiches gilt natürlich für Messgeräte, die selbstverständlich ebenfalls als technisches Gerät mit einer Gebrauchsanweisung beschrieben werden. Wenn die für die Messgeräte zulässige Gebrauchsanweisung vollständig ist und voll umfänglich beachtet wird, soll gesichert
sein, dass das Gerät fehlerfrei misst. Somit ist der Messbeamte angewiesen, sich an die Anweisung des Herstellers zum Gebrauch des Messgerätes zu halten. Wird eine Nichteinhaltung der Gebrauchsanweisung festgestellt, muss geprüft werden, ob durch diese Verletzung
der Anweisung eine mögliche Fehlmessung ausgelöst worden sein könnte.

Eine Nichteinhaltung der Gebrauchsanweisung ist sicherlich von zwei Seiten zu betrach-   **2**
ten. So gibt es innerhalb der Gebrauchsanweisung Absätze, die eher juristischer Natur
sind und keine Auswirkung auf das technische Ergebnis der Gerätemessung haben (standardisiertes Messverfahren). Des Weiteren gibt es Anweisungen, die einen technischen
Hintergrund haben und bei deren Nichteinhaltung es sehr wohl zu einer Messwertverfäl-
schung kommen könnte (z.B. Winkeleinstellung). Daher ist es ratsam, bei einer festgestellten Verletzung der Gebrauchsanweisung die Messung juristisch und technisch
nochmals zu überprüfen.

Dass die Gebrauchsanweisung und die Vorgaben der PTB während der Messung beachtet   **3**
wurden, wird in der Regel mit einem Standardtext innerhalb des Messprotokolls bestätigt.

Um sicherzustellen, dass der Messbeamte ein Gerät fehlerfrei bedienen kann, hat die PTB   **4**
in ihrer PTB-Anforderung (PTB-A18.11) verfügt, dass amtliche Messungen nur von entsprechend geschultem Bedienpersonal vorgenommen werden dürfen. Die Schulung muss
dabei durch kompetentes Personal des Herstellers oder einer Aus- und Fortbildungsstelle
der Polizei erfolgen. Diese Schulung ist schriftlich zu bestätigen. Dabei ist es zulässig,
dass Hersteller oder Aus- und Fortbildungsstellen der Polizei Multiplikatoren autorisie-
ren. Diesen ernannten Multiplikatoren ist die Eignung zur Durchführung von Schulungen
schriftlich zu bestätigen.

Aus dieser Anforderung ist zu schließen, dass bei jeder amtlichen Messung der Messbeamte entsprechend für das verwendete Messsystem geschult sein muss.

Einige moderne Messgeräte unterliegen einer **stetigen Entwicklung**. Häufig wird dafür   **5**
aber nicht die technische Hardware verändert. Viele Messgeräte lassen sich durch die Auf-

spielung einer neuen Softwareversion aktualisieren. Bei einer neuen Softwareversion kann aber die Messeigenschaft des Messgerätes so verändert werden, dass dieses schon als neues Messgerät zu behandeln wäre. So wurde beim 54. Deutschen Verkehrsgerichtstag 2016 im Arbeitskreis 5 empfohlen, dass *bei in Verkehr bringen neuer oder veränderter Geschwindigkeitsmessgeräte ... die Rechtsprechung zum standardisierten Messverfahren vorerst nicht anzuwenden* ist. Die Bezeichnung des veränderten Geschwindigkeitsmessgerätes bedeutet hierbei, dass falls die Messgeräte-Softwareversion sich verändert, dieses Gerät eben auch als neues Gerät zu behandeln ist. Daher sollte der durchführende Messbeamte auf die jeweils verwendete Softwareversion ausgebildet worden sein. Nur so kann gesichert sein, dass sich diese Person auch mit dem verwendeten Messgerät vollständig auskennt. Da sich auch die Auswertekriterien durch eine neue Softwareversion verändern können, müssen auch die Auswertebeamten auf das „neue Gerät" ausgebildet werden.

6   Dass zur Schulung von Messbeamten auch sogenannte **Multiplikatoren** eingesetzt werden dürfen, ist durchaus als kritisch zu sehen. Es besteht die Möglichkeit, dass Multiplikatoren auf eine ältere Version des verwendeten Messgerätes ausgebildet wurden. In dem Fall kann nicht das komplette Wissen über eine aktuellere Messanlage weitergegeben werden. Falls der Messbeamte Details des Messvorgangs falsch verstanden hat, kann dieser seine (Un-)Kenntnisse nur falsch weitergeben. Es ist somit möglich, dass sich lokale Messbeamtengruppen bilden, die bestimmte Messmethoden fehlerhaft gelernt haben. In solchen Gegenden können dann gehäuft problematische Messungen auftreten. Da Multiplikatoren ihre Befähigung bescheinigt werden muss, ist die Bescheinigung unbedingt einzusehen.

7   Bei der Ausbildung eines Messbeamten wird dieser mindestens in der technischen Anwendung des speziellen Messgerätes oder der Auswertung der zugehörigen Fotodokumentationen geschult. Häufig findet aber auch eine zusätzliche Schulung zu den Rechtsgrundlagen der Verkehrsüberwachung statt. Hier werden dann Themen wie die örtliche und sachliche Zuständigkeit, Rechtsstellung des Messpersonals, Eingriffsbefugnisse, Störung von Amtshandlungen, Verwaltungsvorschriften, Datenschutz, Einsatzerlass, Einsatz von privatem Messpersonal, Geschwindigkeitsverstöße nach der StVO, Verwarnungs- und Bußgeldverfahren und Ermittlungshandlungen behandelt. Dieser Teil entspricht somit eher einer juristischen Schulung. Dabei werden Messbeamte wohl auch auf das Verhalten vor Gericht geschult. Es ist davon auszugehen, dass die Messbeamten lernen, mit welchen Umgangsformen und Verteidigerstrategien sie vor Gericht zu rechnen haben.

Um die gelernten Methoden zu verinnerlichen, werden zusätzlich Rollenspiele durchgeführt, bei denen die Messbeamten das Erlernte praktisch umsetzen können.

8   In der Praxis wird in Bezug auf die Schulung häufig zwischen den eingesetzten Messgeräten unterschieden. Handelt es sich bei dem verwendeten Messgerät um eine stationäre An-

lage, die relativ wartungsfrei die Messungen durchführt und keiner besonderen Einstellung bedarf, wird häufig auf eine schriftlich bestätigte Schulung verzichtet. Hier wird vom Hersteller des Messgerätes lediglich eine Einweisung in das Messgerät durchgeführt. Bei neueren Messgeräten wie der ES3.0, XV3, dem Poliscan-Messgerät oder dem TraffiStar S350 ist allerdings eine Schulung auf das verwendete Messsystem mit der verwendeten Software unumgänglich, da es elementare Änderungen in der Anweisung der Durchführung und der Auswertung der Messung gibt.

§ 7 Datensicherheit

Siemer

In Zeiten der Digitalisierung macht diese auch vor Geschwindigkeitsmessgeräten nicht **1** Halt. So werden Fotodokumentationen mittlerweile mit digitalen Kameras aufgenommen und nicht mehr, wie in der Vergangenheit, mit solchen analogen Typs. Zusätzliche Daten und Informationen zur Messung werden vom Messgerät in die erfolgte Fotodokumentation eingeblendet und beides zusammen in einer gemeinsamen Falldatei abgespeichert. Eine so abgespeicherte Falldatei kann aber ohne Probleme geöffnet werden. So können mögliche Zusatzdaten (wie z.b. der Geschwindigkeitsmesswert) verändert werden. Um die einfache Manipulation solcher Daten zu verhindern, müssen laut PTB Anforderung A 18–11 die Falldateien geschützt werden. Daher ist gefordert, dass Daten bei der Datenübertragung durch Signierung mittels **asymmetrischer Verschlüsselung** geschützt sein müssen, um für Integrität und Authentizität der Daten zu sorgen.

Hierbei ist grundlegend zu beachten, dass es sich bei den erstellten Daten um digitale Da- **2** ten handelt. Digitale Daten sind, meist unter sehr großem Aufwand, immer manipulierbar. Es kann lediglich durch sinnvolle und aufwendige Verschlüsselungsverfahren verhindert werden, dass eine **einfache** Manipulation der Daten möglich ist. Sind die Falldateien ordnungsgemäß verschlüsselt, bedarf es in der Regel einer hohen kriminellen Energie und auch eines hohen zeitlichen und finanziellen Aufwands, um die Verschlüsselungen zu umgehen und die Falldateien zu verändern.

Für eine Verschlüsselung mit Signierung wird aus den Daten der Falldatei ein **Hashwert** **3** gebildet. Dieser Hashwert kann verschlüsselt werden und wird danach von der Messanlage in die Datenstruktur der Falldatei eingegliedert. Wird die Falldatei von einer Auswerteeinheit geöffnet, kann diese den Hashwert auslesen (nach einer möglichen Entschlüsselung) und ebenfalls einen Hashwert über die originalen Daten der Falldatei bilden. Stimmt dieser Hashwert mit dem übermittelten Hashwert überein, liegen die Daten unverfälscht vor (**Integrität**). Wurde der Hashwert dabei erfolgreich ver- und wieder entschlüsselt, ist dies ein Beleg dafür, dass die Falldatei vom betrachteten Messgerät stammt (**Authentizität**).

4

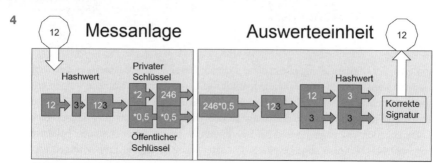

Abbildung 1: Prinzipielle Vorgehensweise bei der Verschlüsselung einer Information nach der Asymmetrischen Kryptografie.

5   Um sich dem Prozess der Verschlüsselung bildlich vorstellen zu können und einige verwendete Schlagwörter zu verdeutlichen, kann ein einfaches Beispiel als Erklärungshilfe gewählt werden (Abbildung 1). Soll z.b. eine Messanlage den Wert 12 übermitteln, so bildet diese einen Hashwert aus den zu übermittelten Daten. Im vorliegenden Beispiel wird einfach die Quersumme erzeugt (in der Realität werden mathematisch weitaus komplexere Verfahren verwendet), die hier für den Hashwert steht (1+2=3). Der Hashwert wird einfach an die Dateninformation gehangen, was einen Datenwert von 123 ergibt. Mit einer einfachen mathematischen Rechnung kann dieser Wert „*2" genommen werden, was 246 ergibt. Wird diese Zahl von einer dritten Person abgefangen, kann sie mit der Information nichts anfangen (die originale Information lautet ja 12). Der Faktor „*2" (Privater Schlüssel) wird von der Messanlage erzeugt und bleibt geheim. Die Messanlage generiert zusätzlich einen weiteren Schlüssel, der in diesem Beispiel „*0,5" lautet (Öffentlicher Schlüssel). Dieser „Öffentlicher Schlüssel" kann zusammen mit den zu übermittelnden Daten aus der Auswerteeinheit ausgelesen werden. Werden die Daten jetzt an eine Auswerteeinheit weitergegeben, kann diese die Zahl 246 mit dem Faktor „*0,5" verbinden und erhält das Ergebnis 123. Wird dieser Wert aufgeteilt in 12 und 3, kann über die Quersumme von 12 der in der Auswerteeinheit ermittelte Hashwert (3) mit dem übermittelten Hashwert (3) verglichen werden. Stimmen beide Werte überein, wird eine korrekte Signatur in der Auswerteeinheit angezeigt und die Authentizität und Integrität des Wertes „12" bestätigt.

6   Würde eine dritte Person die übermittelte Information abfangen und anhand des ebenfalls übermittelten öffentlichen Schlüssels auch die „12" entschlüsseln, könnte sie diese „12" verändern auf z.B. „9". Um jetzt diese verfälschte Datei so zu verschlüsseln, dass die Auswerteeinheit trotzdem eine korrekte Signatur erstellt, muss der Private Schlüssel verwendet werden. In diesem Beispiel ist es einfach, aus dem öffentlichen Schlüssel den Privaten Schlüssel zu berechnen (Kehrwert). In der Realität werden natürlich komplexere mathematische Verschlüsselungsverfahren (teilweise standardisiert) realisiert, um eben solche

Entschlüsselungen und mögliche Manipulationen zu vermeiden oder zumindest zu erschweren. So erzeugt eine 1024-Bit-Verschlüsselung beim asymmetrischen Verschlüsselungsverfahren eine Anzahl von ca. 2^{73} unterschiedlichen Schlüsseln. Ein typischer Standardwert für die Verschlüsselung von Falldateien ist aber **2048 Bit**, so dass von einer weitaus höheren Schlüsselanzahl ausgegangen werden kann. Da aber eine Berechnung mit einem langen Schlüssel relativ lange dauert, wird häufig lediglich der **Hashwert verschlüsselt**. Hier wenden die Hersteller jeweils unterschiedliche Methoden an. So kann auch die Falldatei einfach (symmetrisch) verschlüsselt und dann der Hashwert dieser Verschlüsselung erzeugt werden. Dieser Hashwert wird dann wieder asymmetrisch verschlüsselt.

Teilweise wird auch eine Verschlüsselung mit Hilfe eines **öffentlichen Kundenschlüssels** realisiert, welcher z.B. abhängig vom Messbeamten sein kann. In solchen Fällen wären dann mehrere Schlüssel (Passwort, Keyfile, Token) zur Kontrolle der Signatur und zum Öffnen der Falldatei notwendig.

Um eine „Hardwareseitige" Beeinflussung des Messgerätes zu vermeiden, dürfen sich laut PTB-Anforderung am Messgerät eichtechnisch relevante Funktionen und Daten nicht verfälschen oder stören lassen. Insbesondere müssen Schnittstellen entweder rückwirkungsfrei sein oder es ist nur eine Rückwirkung zulässig, soweit diese bei der Zulassung geregelt worden ist. Daher muss ausgeschlossen werden, dass nicht dokumentierte Befehle im Gerät eine Wirkung erzielen können. Programmspeicher und auch Parameter müssen dabei durch eichtechnische Sicherungen geschützt sein. 7

Teil 2: Messverfahren zur Geschwindigkeits- überwachung

§ 8 Allgemeine rechtliche Aspekte von Geschwindigkeitsüberschreitungen

Siegert

A. Tatbestandliche Verwirklichung

Der Tatvorwurf wird dem Betroffenen in den seltensten Fällen an Ort und Stelle eröffnet. **1** Regelmäßig wird er der behaupteten Überschreitung erst nach Wochen mit Erhalt des ersten amtlichen Schreibens gewahr. Dann beginnt die nachträgliche Fallrekonstruktion am Küchentisch, bevor der Anwalt mit einem scheinbar feststehenden Sachverhalt aufgesucht wird. Die Mandate mit kreativen Ausreden dürften sich erfahrungsgemäß die Waage halten mit Mandanten, welche die eigene Fahrweise objektiv richtig einschätzen. Jedoch wird in den seltensten Fällen der Sachverhalt umfassend erinnert, weshalb eine Prüfung in der Sache stets mit der Fallrekonstruktion zu beginnen hat. Die Ahndung richtet sich auch unter Opportunitätsgesichtspunkten nach dem konkreten Einzelfall, weshalb dieser zuvorderst herauszuarbeiten ist.

Entsprechend sind hier zunächst die wichtigsten allgemeinen rechtlichen Aspekte in der gebotenen Kürze vorangestellt, bevor zu den einzelnen Messverfahren aus rechtlicher und technischer Sicht Stellung genommen wird.

Die objektiven und subjektiven Tatbestandsmerkmale sind in jedem Einzelfall festzustel- **2** len und in den Urteilsgründen anzugeben, gem. § 267 Abs. 1 StPO i.V.m. § 71 OWiG. **Tatort** und **Tatzeit** sind also ebenso aufzuführen, wie die angeordnete und die gefahrene **Geschwindigkeit**. Wie nachfolgend näher erläutert wird, müssen sich diese Angaben für das Beschwerdegericht erkennbar aus den Urteilsgründen ergeben.

Ob der Betroffene zu Ort und Zeit ein Alibi vorweisen kann, lässt sich relativ schnell auf- **3** klären. Da mitunter Zahlendreher und Übertragungsfehler auftauchen, sollte dies mit Blick auf Rechtskraft und Verjährungsfristen jedoch standardmäßig beim Mandanten abgefragt werden. Wenn sich das Urteil nicht auf die Tat erstreckt, die Gegenstand der Anklage gewesen ist, so führt dies zu einem **absoluten Verfahrenshindernis**, das in der Rechtsbeschwerde von Amts wegen zu beachten ist.[1]

---

1 OLG Celle, Beschl. v. 28.3.2012 – 32 Ss 36/12, Rn 10 m.w.N., juris.

Die tatsächlich gefahrene Geschwindigkeit ergibt sich letztlich aus der Messung und ist in den Urteilsgründen festzuhalten.[2] Abweichende Angaben des Betroffenen hierzu sind selbstverständlich ernst zu nehmen und indizieren eine fehlerhafte Messung. Dennoch sind subjektive Wahrnehmungen stets kritisch zu hinterfragen. In welchem Fall ein **Messfehler** vorliegt wird in den nachfolgenden Paragraphen jeweils näher erörtert.

4   Die **angeordnete Geschwindigkeit an der Messstelle** ist ein nicht zu unterschätzender Aspekt. Es gilt stets nachzuprüfen, ob die maßgeblichen Verkehrszeichen zum Tatzeitpunkt tatsächlich wirksam aufgestellt worden waren und zudem auch im Tatvorwurf korrekt interpretiert worden sind. Zuweilen kommt es vor, dass selbst Gerichte die Beschilderung falsch deuten.[3] Beispielsweise verursachte die falsche Beschilderung einer Autobahnbaustelle in Köln im Jahr 2016 insgesamt 400.000 zu Unrecht ergangene Bußgeldbescheide, wovon 325.000 rechtskräftig wurden.[4] Sofern es im Verhältnis steht, sollte zusätzlich zur Einholung eines Beschilderungsplanes zeitnah eine eigene Überprüfung der tatsächlichen Beschilderung durch den Betroffenen bzw. durch den Verteidiger erfolgen und ggf. dokumentiert werden. Insbesondere der **Sichtbarkeitsgrundsatz** kann durch Bewuchs,[5] Schnee, Graffiti oder ähnliches unterlaufen werden. Je später dies thematisiert wird, umso schwieriger ist der Nachweis.

5   Bezüglich einer möglichen Fehlinterpretation von Verkehrszeichen durch die Bußgeldstelle gilt es vor allem auf die sog. Zusatzschilder hinzuweisen, welche den Geltungsbereich des Hauptschildes konkretisieren und einengen. Beispielsweise gebietet das Zusatzschild „bei Nässe" eine Beachtung der Geschwindigkeitsbegrenzung erst, wenn die gesamte Fahrbahn mit einem Wasserfilm überzogen ist.[6] Andererseits empfiehlt es sich zu überprüfen, ob das Schild tatsächlich eine konditionale Funktion einnimmt. So verhilft der Irrtum darüber, dass das rein deklaratorische Schneeflockensymbol die Geschwindigkeitsreduzierung nur bei Schneefall anordnen solle, nicht über die allgemeingültige Geschwindigkeitsbegrenzung hinweg.[7]

B.   Opportunität und Polizeirichtlinien

6   Dennoch kann bei falscher Interpretation der Schilder ein **Verbotsirrtum** vorliegen. Dieser lässt zwar ein Regelfahrverbot nicht per se entfallen. Wurde der Irrtum aber gerade

2 OLG des Landes Sachsen-Anhalt, Beschl. v. 6.4.2016 – 2 Ws 62/16, Rn 4, juris.
3 OLG Hamm, Beschl. v. 24.11.2015 – III-5 RBs 34/15, Rn 10, juris.
4 Vgl. Presserklärung der Stadt Köln vom 9.2.2017: *http://www.stadt-koeln.de/politik-und-verwaltung/presse/ stadt-koeln-will-unbuerokratisch-zurueckzahlen*; zur gebührenrechtlichen Behandlung: *Schneider* in DAR 2017, 356 ff.
5 OLG Hamm, Beschl. v. 30.9.2010 – III-3 RBs 336/09, Rn 30 m.w.N., juris.
6 OLG Hamm, Beschl. v. 15.11.2000 – 2 Ss OWi 1057/2000, Rn 12 m.w.N., juris.
7 OLG Hamm, Beschl. v. 4.9.2014 – III-1 RBs 125/14, Rn 2 m.w.N, juris.

durch ein **Augenblicksversagen** begründet – mithin also wegen einer momentanen Unaufmerksamkeit bzw. in einem kurzzeitigen Fehlverhalten, wie es auch dem sorgfältigen und pflichtbewussten Kraftfahrer unterlaufen kann – so kann im konkreten Einzelfall ein Fahrverbot erlassen werden.[8]

Ein gewichtiges objektives Argument für die Bemessung der Rechtsfolge ist die **Unfall-** **7** **trächtigkeit der konkreten Messsituation.** Wenngleich die Zahl der geschwindigkeitsbedingten Unfälle rückgängig ist, wird immer noch mehr als ein Drittel aller Unfalltoten durch unangepasste Geschwindigkeit verursacht.[9] Entsprechend ist die Unfallgefahr in den Polizeirichtlinien länderübergreifend das maßgebliche Kriterium für die Auswahl der Messörtlichkeit. Diese Richtlinien stellen an sich nur Verwaltungsinterna dar, welche die Feststellung und Ahndung von Geschwindigkeitsverstößen regeln. Ein Richtlinienverstoß führt also nicht zur Unverwertbarkeit der Messung. Sie sichern jedoch auch die Gleichbehandlung der Verkehrsteilnehmer in vergleichbaren Kontrollsituationen. Daher hat das Gericht im konkreten Einzelfall zu prüfen, ob die Abweichung von der Richtlinie begründet war. War sie es nicht, liegt eine Ausnahme vom Regelfall der BKatV vor, welche den Wegfall eines Fahrverbotes rechtfertigt.[10]

Auch wird in den Richtlinien regelmäßig gefordert, dass 150–200 m vor bzw. hinter der **8** Ortstafel nicht gemessen werden soll. Eine Abweichung hiervon ist ebenfalls zunächst auf ihre sachliche Rechtfertigung und auf Ermessensfehlerfreiheit hin gerichtlich zu erörtern. Erst danach kann das Gericht über eine Abmilderung der Rechtsfolge entscheiden.[11]

Hierauf hat der Verteidiger bereits im Vorfeld hinzuwirken und die entsprechenden Beweisanträge zu stellen.

Die Übersicht sämtlicher Polizeirichtlinien findet sich im Anhang. Darin werden neben **9** den Kriterien zur Messstellenauswahl auch Begriffsbestimmungen, zulässige Toleranzen für Gerätefehler und Geschwindigkeit sowie zahlreiche weitere Anforderungen an die Messung näher bestimmt.

Praxistipp **10**

Die Messung ist stets mit der jeweils einschlägigen Richtlinie abzugleichen. Abweichungen sind im Einspruchsverfahren möglichst frühzeitig – spätestens beim Amtsgericht – zu monieren.

---

8 OLG Bamberg, Beschl. v. 11.7.2007 – 3 Ss OWi 924/07, Rn 22, juris; OLG Bamberg, Beschl. v. 27.1.2017 – 3 Ss OWi 50/17, Rn 13, juris.

9 Pressemitteilung des statistischen Bundesamtes vom 12.7.2016 – 242/16, abrufbar unter: *https://www.destatis.de/ DE/PresseService/Presse/Pressemitteilungen/2016/07/PD16_242_46241pdf.pdf?__blob=publicationFile.*

10 OLG Dresden, Beschl. v. 27.8.2009 – Ss (OWi) 410/09, Rn 9, juris; OLG Stuttgart, Beschl. v. 03.2.2011 – 2 Ss 8/11, Rn 9, juris; OLG Celle, Beschl. v. 25.7.2011 – 311 SsRs 114/11, Rn 11, juris.

11 OLG Bamberg, Beschl. v. 17.7.2012 – 3 Ss OWi 944/12, Rn 9 m.w.N., juris.

Oft weichen (kommunale) Messbeamte mit der Argumentation aus, dass die Messstellen nach behördlichen Vorgaben ausgewählt wurden, über deren Zustandekommen und über deren Richtlinienkonformität sie nichts wüssten.
Hier ist das Gericht auf die gebotene umfassende Aufklärung von Rechtfertigungsgründen und Ermessensfehlern hinzuweisen. Gegebenenfalls sind im Hinblick auf das Rechtsbeschwerdeverfahren entsprechende Anträge zu stellen.

C. Standardisierte Messverfahren

11   Geschwindigkeitsmessungen sind in der Regel standardisierte Messverfahren.[12] Auf Abweichungen oder Besonderheiten wird beim jeweiligen Messverfahren näher eingegangen. Für die rechtliche Behandlung wird auf den ersten Teil dieses Buches verwiesen.[13]

Das Institut des standardisierten Messverfahrens birgt in beide Richtungen das Risiko von Verfahrensfehlern. Die reduzierte Reichweite der Aufklärungspflicht und der erforderlichen Darlegungen verleitet die Gerichte zuweilen, hinter den dennoch gebotenen Mindestanforderungen zurückzubleiben. Auch angesichts der nunmehr 25 Jahre alten **Grundsatzentscheidung des BGH** hat sich bei der Anwaltschaft immer noch nicht gänzlich herumgesprochen, dass die Verteidigung **konkrete Anhaltspunkte für Messfehler im Einzelfall substantiiert vortragen** muss. Dies zeigt die nicht abreißende obergerichtliche Rechtsprechung zu unbegründeten Rechtsbeschwerden. Eine effektive Verteidigung sollte daher stets sämtliche infrage kommenden Bedenken an der Richtigkeit der Messung frühzeitig herausarbeiten und über rechtsmittelfeste Beweisanträge in das erstinstanzliche Verfahren einbringen. Im Zweifel verhilft ein vorab eingeholtes Privatgutachten zu schlagkräftigen Argumenten, welche eine Verurteilung des Mandanten zumindest erschweren.

12   *Praxistipp*
Die jeweils gültige Bedienungsanleitung ist einzuholen; denn die Grundsätze eines standardisierten Messverfahrens greifen nur, wenn die Messung gemäß der Bedienungsanleitung durchgeführt wird.

---

12 Vgl. auch: *Grube* in: Freymann/Wellner, jurisPK-Straßenverkehrsrecht, 1. Aufl. 2016, OWiG – Bezüge zum Straßenverkehrsrecht, Rn 153.
13 Vgl. § 2.

D. Geschwindigkeitsmessung mit nicht justiertem/ungeeichtem Tachometer

Eine Geschwindigkeitsmessung durch Voraus-/Nachfahren mit einem gewöhnlichen   13
Pkw – ohne besondere technische Zusatzausstattung – ist besonders fehleranfällig und somit kein standardisiertes Messverfahren.[14]

Zum einen ist die Geschwindigkeit des Polizeifahrzeuges unpräzise, da neben der Eichung bzw. Justierung des Tachometers auch der Reifendruck eine Rolle spielt. Eine weitaus größere Fehlerquelle sind denknotwendig die **Messbeamten**, denn sie müssen eine Vielzahl von subjektiven Wahrnehmungen gleichzeitig und möglichst genau feststellen. Dies muss sodann möglichst zeitnah dokumentiert werden, wobei regelmäßig der Anhaltevorgang zwischen tatsächlicher Messung und Dokumentierung die Erinnerung in zeitlicher Hinsicht eintrüben wird.

Die gemessene Geschwindigkeit ist eine **Schätzung**, denn sie basiert auf der subjektiven Wahrnehmung von einem stetig veränderbaren Abstand, der im Fahrzeug angezeigten, ebenfalls veränderlichen Geschwindigkeit sowie äußeren Einflüssen wie Sichtverhältnissen, Verkehrsgeschehen und anderen potentiellen Störquellen. Der Tatrichter hat diesbezüglich den konkreten Einzelfall genau zu überprüfen.[15]

Teilweise geben die Polizeirichtlinien der Länder Vorgaben für solche Geschwindigkeitsmessungen. Hierauf hat das Tatgericht Bezug zu nehmen, ebenso auf die übrigen Voraussetzungen für die Verwertbarkeit der Messung: Die gefahrene Eigengeschwindigkeit, die Einhaltung einer Mindestmessstrecke und eines gleichbleibenden, nicht zu großen Abstandes, die Möglichkeit der Überwachung des gleichbleibenden Abstandes und den Abzug einer fallgruppenabhängigen Toleranz. Daneben muss auch explizit festgestellt werden, ob das verwendete Tachometer binnen Jahresfrist justiert oder gar geeicht wurde.[16]

Spielt die **Beschaffenheit der Reifen** bereits bei den speziellen Messverfahren eine Rolle,[17] gilt dies beim einfachen Nachfahren umso mehr. Messungen zur Nachtzeit oder bei schlechten Sichtbedingungen erfordern ebenfalls weitergehende Feststellungen hinsichtlich der Frage eines konstanten Abstandes.[18]

---

14 Thüringer OLG, Beschl. v. 10.4.2006 – 1 Ss 77/06, Rn 18, juris; OLG Hamm, Beschl. v. 4.8.2008 – 2 Ss OWi 409/08, Rn 8, juris; KG Berlin, Beschl. v. 27.10.2014 – 3 Ws (B) 467/14, Rn 2, juris.
15 OLG Köln, Beschl. v. 5.11.1993 – Ss 463/93 (B) – 240 B, juris; BayObLG, Beschl. v. 17.4.1996 – 1 ObOWi 85/96, juris; OLG Hamm, Beschl. v. 4.8.2008 – 2 Ss OWi 409/08, Rn 8, juris; Thüringer OLG, Beschl. v. 26.5.2009 – 1 Ss 124/09, Rn 11, juris.
16 Thüringer OLG, Beschl. v. 10.4.2006 – 1 Ss 77/06, Rn 18, juris.
17 OLG Hamm, Beschl. v. 7.6.2011 – III-1 RBs 75/11, Rn 24, juris.
18 OLG Köln, Beschl. v. 5.11.1993 – Ss 463/93 (B) – 240 B, juris; OLG Hamm, Beschl. v. 4.8.2008 – 2 Ss OWi 409/08, Rn 8, juris.

Zur Kompensation verbleibender Fehlerquellen ist ein **doppelter Toleranzabzug** vorzunehmen; zum einen für die Tachoungenauigkeit, zum anderen für Abstandsschwankungen und Ablesefehler.[19]

Bei ungeeichtem Tachometer wird regelmäßig ein Sicherheitsabschlag von 20 % vorgenommen. Jedoch handelt es sich bei den Toleranzabzügen um keine starren Werte. Will ein Gericht jedoch von den bislang anerkannten Abzügen abweichen, bedarf es einer eingehenden und fundierten Begründung.[20]

14   *Praxistipp*

Zunächst hat die Verteidigung also zu prüfen, ob die Messung grundsätzlich verwertbar ist. Hierzu sind mindestens folgende Kriterien abzuprüfen:

- die gefahrene Eigengeschwindigkeit,
- die Länge der Messstrecke,
- die Größe und Konstanz des Abstandes zum Betroffenen,
- Anhaltspunkte für einen gleichbleibenden Abstand,
- Zeitpunkt der Eichung des Tachometers,
- Beschaffenheit der Reifen, Luftdruck,
- Sichtbedingungen,
- Vorgaben der einschlägigen Polizeirichtlinie.

Im Rahmen der Zeugenbefragung der Messbeamten gilt es auch auf folgende Punkte zu achten:

- Verkehrsgeschehen zum Zeitpunkt der Messung,
- Beschilderung des Tatortes,
- Chronologischer Ablauf der Messung,
- Zeitpunkt der schriftlichen Fixierung des Sachverhaltes,
- Art und Weise der Aufgabenteilung zwischen den Messbeamten,
- Anzahl der messenden Polizisten.

Ein einzelner Beamter, welcher bereits das Fahrzeug sicher im Straßenverkehr führen muss, wird hinsichtlich der Fülle an gleichzeitig zu beachtender Kriterien kaum in der Lage sein, alles Erforderliche zu beachten.

Hinsichtlich des schließlich gebotenen Toleranzabzuges soll das Gericht vor allem für die im Einzelfall vorliegenden Besonderheiten sensibilisiert werden. Die Frage der Vornahme von Abzügen ist keine Rechtsfrage, sondern eine individuell zu entscheidende Tatfrage.

---

19 *Eichler/Schäfer/Grün* in Burhoff, Handbuch für das straßenverkehrsrechtliche OWi-Verfahren, 5. Aufl. 2018 Rn 1987 f.

20 BayObLG, Beschl. v. 17.4.1996 – 1 ObOWi 85/96, juris; OLG Celle, Beschl. v. 25.10.2004 – 222 Ss 81/04 (OWi), juris; OLG Rostock, Beschl. v. 28.3.2007 – 2 Ss (OWi) 311/06 I 171/06, Rn 24, juris; Thüringer OLG, Beschl. v. 26.5.2009 – 1 Ss 124/09, Rn 15, juris; KG Berlin, Beschl. v. 27.10.2014 – 3 Ws (B) 467/14, Rn 7, juris.

§ 9 Verkehrsradaranlagen

A. Messprinzip

Schmedding

Die Geschwindigkeitsmessung erfolgt mittels Radarstrahlen, die von dem jeweiligen Ge-   **1**
rätetyp ausgesendet und vom Fahrzeug – idealerweise an einem senkrecht stehenden Bauteil – reflektiert werden. Der reflektierte Radarstrahl hat dann eine andere Frequenz als
der ausgesandte. Diese Frequenzverschiebung wird vom Gerät im Sinne des sog. Dopp-
lereffektes registriert. In der Physik wird dieser Effekt am anschaulichsten anhand von
Schallwellen erklärt. Bewegt sich z.b. ein Einsatzfahrzeug (mit Martinshorn) auf einen
Beobachter zu, so hört Letztgenannter einen helleren Ton, als er tatsächlich vom Martinshorn ausgestrahlt wird (Wellenstauchung).

Fährt das Einsatzfahrzeug am Beobachter vorbei, so wird der Ton dumpfer, weil jetzt
keine „Stauchung" der Welle stattfindet, sondern eine Dehnung.

Beim Einsatz einer Radarmessanlage wird Letztgenannte meist **fest positioniert** (entweder seitlich in den Straßenraum hineinstrahlend oder aber von Brücken herab). Nur sehr
selten wird das sog. **Moving-Radar** eingesetzt, das auch z.b. aus einem Polizeifahrzeug
bedient werden kann.

Der Radarstrahl wird von festen, sehr gut von metallischen Gegenständen gerichtet reflektiert bzw. gespiegelt. Je kantiger ein seitlich erfasstes Kfz ist, umso besser sind seine
Reflexionseigenschaften. Es liegt damit auf der Hand, dass glatte Fahrzeugflächen (z.b.
seitlich angestrahlt) den Radarstrahl nicht in Richtung Empfangseinheit reflektieren, sondern in die genau andere Richtung (nämlich von der Empfangseinheit weg). Das kann zu
Reflexionen führen (s.u.).

B. Allgemeine Fehlermöglichkeiten

Radaranlagen, egal ob es sich um einen Festeinbau in einem Kfz handelt (Abbildung 1,   **2**
Rdn 3) oder um ein sog. Stativgerät (Abbildung 2, Rdn 4), sind stets neben dem Fließ-
verkehr, also am Straßenrand, aufzubauen. Da die Geschwindigkeit, also der reflektierte
Anteil vom zu messenden Kfz aber nur dann richtig bestimmt werden kann, wenn
Aussende- und Empfangsrichtung parallel zueinander liegen, muss der Winkelfehler
(schrägaxiale Anordnung des Radargerätes zum Fahrbahnrand) von der Anlage selbst
kompensiert werden.

3

Abbildung 1: Radaranlage Festeinbau

4

Abbildung 2: Radaranlage Stativaufbau

5 Der bei dem Geräteaufbau einzustellende Relativwinkel zur Fahrbahn wird als Umrechnungsfaktor im Gerät fest hinterlegt. Betrachtet man hierzu die Abbildung 2, also die auf einem Stativ betriebene Multanova-Anlage, so sieht man schon die zur Seite gerichtete Antennenöffnung. Der Messbeamte muss dann nur noch das Gerät (über Hilfseinrichtungen) parallel zum Fahrbahnrand ausrichten, um eben jenen Richtungsfehler zu kompensieren.

6 Wird eine solche Ausrichtung nicht sorgfältig durchgeführt, so kann die Messanlage keine korrekten Geschwindigkeitswerte liefern. Wird nämlich der Winkel unterschritten, also die Radarkeule zu wenig in die Verkehrsrichtung hineingedreht, so wird eine zu hohe Geschwindigkeit zuungunsten des Betroffenen angezeigt. Es ist folglich Grundbedingung einer korrekten Messung, dass das Radargerät entsprechend der Gebrauchsanweisung **korrekt zur Fahrbahn postiert** wird.

Über die von der Fotoeinrichtung gelieferten Lichtbilder ist man in der Lage, den Winkel der Kamera gegenüber der Fahrbahnlängsrichtung zu berechnen, der aber nicht identisch ist mit dem Winkel des Radarstrahls.

Gerätetechnisch ist es so, dass eine starre Verbindung zwischen der Fotoeinrichtung und der Radarantenne existiert (feste Aufnahmen auf dem Radargehäuse), womit es im Nachhinein möglich ist, über den Fotowinkel auf die Lage der Radarkeule im Bild zu schließen.

Ist dem Auswerter die Kamerabrennweite bekannt, so lässt sich über eine vergleichsweise einfache Gleichung bestimmen, ob der Fotowinkel (gerätespezifisch) tatsächlich in der richtigen Größenordnung liegt oder nicht.

Dieses Gerät unterliegt einer **Verkehrsfehlergrenze von 3 km/h unterhalb 100 km/h**   7
und 3 % darüber. Etwa ein Drittel beinhaltet dabei eine Ungenauigkeit bzgl. der Geräteausrichtung zum Fahrbahnverlauf.

Ergibt sich also aus der Fotoauswertung, dass der geforderte Fotowinkel um beispielsweise 1,5° fehl aufgestellt war (zu klein), so ist ein zusätzlicher Abzug aus technischer Sicht vorzunehmen.

Gleiches gilt auch dann, wenn der Fahrzeugverkehr, der überwacht wird, nicht parallel zur Längsachse der Fahrbahn bzw. des Fahrstreifens fährt, sondern selbst eine Schrägfahrt dazu einhält.

Als einfaches Beispiel kann man sich einen Spurwechsler vorstellen, also einen solchen Pkw, der einen anderen Pkw (oder z.B. einen Radfahrer) gerade eben überholt hat und dann von der linken auf die rechte Fahrspur hinüberzieht. Dann verkleinert er aufgrund der Fahrweise den vom Gerät fest vorgegebenen Winkel zusätzlich, wodurch eine Messung zuungunsten des Betroffenen entstehen kann.

Um solche Fehler von vornherein auszuklammern, unterliegt der Messbeamte dem sog.   8
aufmerksamen Messbetrieb. Er hat dabei stets den Verkehr zu beobachten und derartige Einflussfaktoren (Schrägfahrt etc.) festzuhalten. Im Nachhinein sollen solche Fotos nicht ausgewertet werden, wenngleich man über eine fotogrammetrische Auswertung schon noch bestimmen kann, in welcher Größenordnung der Spurwechselwinkel letztlich lag.

Gleiches gilt auch für weitere Fehlermöglichkeiten, nämlich der sog. Knickstrahlreflexi-   9
on, dem Trippelspiegeleffekt und auch der bei Radargeräten durchaus anzutreffenden sog. Doppelmessung. Mehr dazu bei der Vorstellung der einzelnen Messgerätetypen.

Schmedding   139

C. Messanlagentypen

I. Multanova VR 6F

1. Informationen zum Gerät

a) Technische Daten

10   Da es sich beim Multanova VR 6F um das am häufigsten eingesetzte Radargerät handelt, werden nachfolgend die wesentlichen technischen Daten genannt. Sie stammen aus der Bedienungsanleitung:

Sendefrequenz	34,3 GHz ± 100 Hz
Sendeleistung	typisch 0,5 mW
Gewinn der Antenne (bezogen auf Isotropen-Strahler)	30 dB
Halbwertsbreite des Radarstrahls	horizontal 5° vertikal 5°
Messwinkel in Bezug auf Fahrtrichtung	22°
Messbereich	25–250 km/h
Verkehrsfehlergrenzen	25–100 km/h: ± 3 km/h 100–250 km/h: ± 3 % (unter Aufrundung auf den nächsten Ganzzahligen Wert)

Reichweite	Stufe	absolute Reichweite	entsprechender Seitenabstand
	fern	ca. 40 m	ca. 15 m
	mittel	ca. 15 m	ca. 6 m
	nah	ca. 7 m	ca. 3 m
Messrichtung	nach Wahl abfließender Verkehr, ankommender Verkehr oder Verkehrsrichtungs-Erkennung automatisch durch Rechner.		

11   Das Multanova VR 6F wird von der Firma Jenoptik Robot GmbH (Monheim am Rhein) vertrieben. Die Vorgängermodelle VR 4 und VR 5 arbeiteten in geringeren Frequenzbereichen – dort wurde auch keine Mehrfachmessung, also keine kontinuierliche Überwachung der Geschwindigkeit im Messverlauf vorgenommen.

Das VR 6F hingegen arbeitet in einem wesentlich höheren Frequenzbereich (34,3 GHz).

Dieses Radargerät führt **Mehrfachmessungen** durch, d.h., so lange sich das zu messende Kfz innerhalb der Radarmesskeule befindet, werden kontinuierlich Geschwindigkeitsdaten erhoben.

Die Radarkeule sendet mit einer Bündelung von etwa 5°, je nach Aufstelleinrichtung.

Mit diesem Radargerät können sowohl Messungen des ankommenden wie auch des abfließenden Verkehrs durchgeführt werden. Bewegt sich das Kfz auf den Sender zu, ist die reflektierte Frequenz höher als die ausgesandte (Wellenstauchung). Entfernt sich hingegen der zu messende Pkw, so nimmt die Frequenz ab. Bei einem ruhenden bzw. stehenden Kfz ist die reflektierte und die empfangende Frequenz identisch mit der ausgesandten. Es kann also kein Tempowert generiert werden.

Je nach Einstellung der Antennenempfindlichkeit liegt der Arbeitsbereich bei Verkehrs- **12** radargeräten bis zu **maximal etwa 40 m**. Hier hat dann die Messkeule einen Durchmesser von rund 3,5 m.

Wird das Kfz in dieser Phase erstmals detektiert, so liefert es kontinuierlich Dopplersignale, die von der Empfangseinheit ausgewertet werden. Interne Gleichmäßigkeitskriterien erlauben dann die Gültigkeit oder die Annullation einer Messung. Wird Letztgenanntes gerätetechnisch angeordnet, so wird der Geschwindigkeitswert augenblicklich verworfen. So etwas kann auftreten, wenn der Fahrer des überwachten Kfz die Messanlage bemerkt hat und stark verzögert. Dann werden vom Gerät variierende Geschwindigkeitsmesswerte registriert, mit der Konsequenz einer Annullation.

Gleiches gilt auch, wenn neben dem zu messenden Kfz ein anderes in die Radarkeulenlage einfährt, sofern dieses eine signifikant andere Geschwindigkeit innehat.

Multanova-Anlagen können sowohl im **Stativbetrieb**, im Fahrzeug wie aber auch in ei- **13** nem sog. **Containereinbau** betrieben werden.

Wie oben (siehe Rdn 5) schon beschrieben, gibt es **messgerätespezifische Kompensati-** **14** **onswinkel** – bei Multanova VR 6F beträgt dieser 22° horizontal, was bedeutet, dass bei paralleler Aufstellung des Gerätegehäuses zum Fahrbahnrand die Radarstrahlung unter diesem Winkel in den Verkehrsraum hineinstrahlt.

Es gibt noch die Besonderheit des **Multanova VR 6-BAB**. Dort sind die Anlagen in die Brücken der Wechselverkehrszeichen integriert und strahlen nach schräg unten ab, unter einem Winkel von ca. 15°. Bei dieser Messmethodik erübrigen sich Fotowinkelauswertungen, weil eine Zuordnung des Messwertes zum Kfz voraussetzt, dass sich ein Fahrzeug in der unterhalb der Messanlage befindlichen Fahrspur aufhält und sich in einem durch Leitlinien markierten Referenzbereich befindet. Dieser hat in aller Regel eine Ausdehnung von etwa 10 m. Befindet sich das überwachte Kfz in diesem Registrierungsbereich, so kann der Messwert auch nur von diesem Kfz stammen.

b)   Toleranzen

15   Generell liegt die Verkehrsfehlergrenze bei eingesetzten Messgeräten bei ± 3 km/h unterhalb 100 km/h bzw. 3 % darüber. Ein Drittel fällt dabei auf evtl. Aufstellfehler (ungenau positioniertes Messgerät zum Fahrbahnrand) an. Ein weiteres Drittel berücksichtigt evtl. Schrägfahrten des zu überwachenden Kfz.

16   Stellt man bei der Prüfung eines Tatfotos fest, dass der vorgeschriebene Fotowinkel (über den man auf den Radarwinkel schließen kann) fehlgestellt war oder aber das Kfz nicht längsachsenparallel, sondern beispielsweise im ankommenden Verkehr auf die Messanlage zufuhr, so kann der Fehler bzw. die anzusetzende Geschwindigkeitskorrektur über das Verhältnis Kosinus des tatsächlichen Winkels dividiert durch den Kosinus des erforderlichen (gerätespezifischen) Winkels bestimmt werden.

Lag also beispielsweise eine Fehlaufstellung zuungunsten des Betroffenen von 1,5° vor und zeitgleich bewegte sich das Kfz in der ankommenden Verkehrsrichtung unter 4° auf die Messanlage zu (üblicher Spurwechselwinkel), so kann der sich hieraus ergebende Fehler schon oberhalb der Verkehrsfehlergrenze von 3 % liegen (hier etwa 3,4 %).

c)   Eichung

17   Wie jedes andere Messgerät auch, muss die Multanova VR 6F-Anlage einer **Eichung** unterzogen werden.

Tritt im Messbetrieb keine technische Störung auf, die eine vorzeitige Eichung erforderlich machen würde, so beträgt die Gültigkeitsdauer der Eichung ein Jahr. Zu bedenken ist aber, dass sich dieses „Jahr" nicht auf den exakten Zeitpunkt der Eichung bezieht, sondern auf das darauf folgende Kalenderjahr.

Wurde also das Messgerät am 10.1.2017 geeicht, so endet der Eichgültigkeitszeitraum erst am 31.12.2018. Wäre das gleiche Gerät Ende 2017 geeicht worden (beispielsweise am 31.12.2017), so wäre gleichermaßen die Eichgültigkeit bis auf das Jahresende 2018 beschränkt.

Im Rahmen der Eichung wird im Wesentlichen geprüft, ob die vom Gerätehersteller vorgegebene **Toleranzbreite bzgl. der elektronischen Bausteine** gewährleistet ist. Es geht dort z.B. um die Genauigkeit der Abstrahlrichtung, der sog. Halbwertsbreite des Radarstrahls etc. Weitere Ausführungen hierzu würden den Rahmen dieses Buches sprengen.

2.   Einrichtung der Messstelle/Messdurchführung

18   Grundvoraussetzung dafür, dass eine Radarmessung an einem Fahrbahnabschnitt durchgeführt werden darf, ist, dass die Straßenführung **geradlinig** ist.

Die überwachte Straßenzone muss vom Antennenstandort aus über zumindest 30 m bei einer einspurigen Fahrbahn, 40 m bei einer zweispurigen und 50 m bei mehrspurigen

Fahrbahnen gerade verlaufen. Damit ist gemeint, dass die Straße einen Krümmungsradius von ≤ 1.600 m besitzt. Man kann dies vor Ort mittels Maßband kontrollieren, wie aber auch z.b. durch einen einfachen Abgleich Luftbildern aus dem Internet oder entsprechenden Karten der Katasterämter.

An **Kurvenaußenrändern** ist eine Messung generell **nicht gestattet**, weil sich dadurch   **19** eine Winkelverkleinerung und eine Messung zuungunsten des Betroffenen ergeben würden. Als Faustregel kann gesagt werden, dass im Bereich von Fahrbahnverschwenkungen, Kurvenbereichen etc. nicht gemessen werden sollte. Dies kann man auch als technischer Laie sehr leicht über die Beiziehung geeigneten Luftbildmaterials aus den einschlägigen Internetportalen kontrollieren.

Zu Beginn und am Ende der Messung ist natürlich vonseiten des Bedienpersonals die **Be-**   **20** **schilderung vor Ort** zu prüfen. Insbesondere dann, wenn es sich um zeitlich begrenzte Geschwindigkeitsvorgaben handelt (z.B. infolge Straßensplittung), sollte fotografisch gesichert werden, ob die aufgestellten mobilen Verkehrszeichen auch gut zu erkennen waren.

Betreibt man das Multanova VR 6F auf dem sog. **Dreibeinstativ**, so ist über entspre-   **21** chende Visiereinrichtungen auf der Geräteoberseite mittels Peilung entlang der Straße (auf einem Messstab) die **parallele Orientierung zum Fahrbahnverlauf** zu prüfen. Wohlgemerkt kann man dies im Nachhinein über die Auswertung des sog. Fotowinkels auch im Detail kontrollieren.

Bei **fester Verbauung in einem Kfz** ist die **parallele Ausrichtung** desselben **zur Fahr-**   **22** **bahnlängsachse** sicherzustellen. Dabei ist mitunter zu berücksichtigen, dass Fahrzeuge vorne und hinten nicht die gleiche Spurweite besitzen, was bedeutet, dass dann, wenn z.B. das linke Vorder- wie auch Hinterrad den gleichen Abstand zur Fahrbahnleitlinie besitzen, der Pkw nicht parallel zum Fahrbahnrand steht. Ein evtl. Spurweitenunterschied vorne und hinten ist daher vom Messbeamten entsprechend zu kompensieren.

Das Multanova VR 6F agiert in einer hohen Sendefrequenz, was im Umkehrschluss be-   **23** deutet, dass es auch gleichzeitig die kleinste Wellenlänge hat. Dementsprechend können kleinere Reflektoren ungünstige Auswirkungen z.B. im Sinne von Fehlreflexionen haben. Deswegen ist gerade beim Einsatz dieses Gerätes und der Überwachung von mehreren Fahrspuren die Einstellung „fern" vorzunehmen, wenngleich man sagen muss, dass grundsätzlich immer in der geringsten Reichweiteneinstellung messtechnisch begonnen werden soll. Je höher Letztgenannte gewählt wird, umso größer ist auch die Gefahr von Knickstrahlreflexionen an z.B. Leitplanken, stehenden Kfz etc. Hier ist vonseiten des Messbeamten umso mehr der **aufmerksame Messbetrieb** zu fordern, was heißen soll, dass dann, wenn er entsprechende Reflexionsfehlmessungen (überwachtes Kfz weit vor der eigentlichen Radarkeulenlage) registriert, er entweder die Sendeleistung herunterregelt oder aber die Messstelle ganz aufgibt.

Zusätzlich ist vom Messbeamten sicherzustellen, dass zwischen dem Standort der Radaranlage und dem zu überwachenden Verkehr **keine Hindernisse** vorhanden sind, die zu einer irregulären Radarstrahlablenkung führen können. Als Beispiel mag hier die Abbildung 3 (Rdn 24) dienen, die die Messung eines Fahrzeugs im abfließenden Verkehr zeigt. Eindeutig zu erkennen ist im Bildvordergrund ein auf dem Gehweg befindlicher Schneehaufen, also ein festes Objekt in der aktiven Radarkeulenlage. Nichtsdestotrotz wurden vonseiten der Bußgeldbehörde nicht nur diese Messung, sondern auch sämtliche andere Messfotos der Gesamtmessreihe zur Anzeige gebracht.

24

Abbildung 3: Foto einer nicht verwertbaren Radarmessung

3. Auswertekriterien

25 Nach erfolgreicher Durchführung einer kompletten Messreihe an einem gewissen Straßenabschnitt kann zunächst mittels grober Prüfung des Messfotos gesagt werden, ob das überwachte Kfz zum Vorfallszeitpunkt überhaupt in die Radarkeulenlage eingefahren war oder nicht. Die Abbildung 4 zeigt ein typisches Messfoto, bei dem der überwachte Pkw in der ankommenden Verkehrsrichtung registriert wurde. Er bewegte sich also im Bild von rechts oben nach links unten und wurde über die nächstliegende Fahrspur hinweg gemessen. Dies nahm der Beamte auch zum Anlass, die höchste Reichweite S3 einzustellen, was in Anbetracht der Dämpfungseigenschaften (durch die Heckscheibe gemessen) auch vertretbar ist. Das Fahrzeug wurde mit einer Geschwindigkeit von 122 km/h in der ankommenden Verkehrsrichtung (v) gemessen. Bei dieser Art der Messung befindet sich die Radarkeulenlage grob gesagt im zweiten Viertel vom linken Fahrbahnrand aus gesehen, also in der Fotovertikalfläche zwischen der ersten und der mittleren Markierung am unteren Bildrand (eingekreist).

Abbildung 4: Typisches Foto einer Radarmessung

Wäre der ankommende Verkehr in genau anderer Richtung gemessen worden, also Fahrzeuge, die sich im zu erkennenden Foto von links nach rechts bewegen, so wäre natürlich die Gesamteinheit um 180° zu drehen gewesen. Dann wäre allerdings der Pkw bei korrekter Zuordnung nicht im zweiten Viertel des Bildes, sondern in jenem rechts daneben abgebildet worden. Je nach Geräteaufstellung und eingesetztem Objektiv kann also die Radarkeule im Bild unterschiedliche Lagen einnehmen.

Diese erste optische Kontrolle reicht der Bußgeldbehörde bzw. dem Auswertebeamten, um weitere Schritte einzuleiten. Dies nicht zuletzt deshalb, weil erkennbar in Abbildung 4 der überwachte Pkw längsachsenparallel fährt, also nicht etwa einen Spurwechsel vollzieht. Im Bild erscheint i.Ü. auch das Schlosssymbol, was bedeutet, dass die Datei ordnungsgemäß verschlüsselt war.

4. Technische Fehlermöglichkeiten

a) Messaufbau (Messbeamter)

26   Das Betreiben dieser Anlage erfordert den sog. aufmerksamen Messbetrieb, wie schon weiter oben beschrieben. Der Messbeamte hat stets zu kontrollieren, ob sich irgendwelche Unregelmäßigkeiten im Messablauf ergeben, also z.b. eine viel zu frühe Erfassung eines ankommenden Kfz, was z.b. auf eine Reflexionsfehlmessung hindeuten könnte.

Die Abbildung 5 (Rdn 27) zeigt dies exemplarisch für einen Streckenabschnitt, bei dem der von links ankommende Verkehr überwacht werden sollte. In diesem Fall war (Multanova VR 6F-Anlage) die Reichweite auf „fern" eingestellt – in dem Tatfoto wurde ein Geschwindigkeitswert von 70 km/h registriert, ohne dass allerdings irgendein Fahrzeug im Bild erscheint. Der Grund hierfür ist, dass über die im Bildhintergrund zu erkennende Leitplanke die Radarstrahlung in den nicht einsehbaren Bereich links vom Lichtbild gelangte und dort vom herannahenden (2 Sekunden später im Bild erscheinenden) Lkw reflektiert wurde. Dies hätte eigentlich schon dem Messbeamten vor Ort auffallen müssen, weshalb man hier entweder eine Verringerung der Antennenreichweite einstellen oder aber gleich die Messstelle hätte verlassen müssen. Von einem aufmerksamen Messbetrieb wird man angesichts solchen Lichtbildmaterials eher nicht sprechen können.

27

Abbildung 5: Bild einer Reflexionsfehlmessung

28   Dass die Geräte stets korrekt zum Fahrbahnrand aufgestellt werden, kann man ebenfalls nicht bestätigen. Die Abbildung 6 zeigt hierzu ein Beispiel. Vor jeder Messung ist ein Testfoto aufzunehmen, das man dort auch als solches wiedererkennen kann (Einblendung

in der Datenzeile). Wie weiter oben beschrieben, lässt sich mit Kenntnis der eingesetzten Objektivbrennweite (der Fotoeinrichtung) eine **Fotowinkelbestimmung** durchführen. Hierzu müssen die Fahrbahnränder, die Mittelleitlinien etc. in Blickrichtung der Fotoeinrichtung verlängert und im sog. Horizontpunkt HP zusammengeführt werden. Es lässt sich dann über die Kenntnis des Abstandes zwischen dem Horizontpunkt, der Bildmitte und dem Bildformat sowie der Objektivbrennweite gemäß obiger Gleichung der Fotowinkel bestimmen. Dieser ergab sich hier zu 17,26°, wobei der Normwert allerdings bei 19° liegt (Radareinstrahlwinkel 22°/Fotowinkel 19°).

$$OBJ = 80mm$$

$$\alpha = \arctan \frac{24{,}86}{80}$$

$$\alpha = 17{,}26°$$

$$\underline{\underline{\Delta\alpha = -1{,}74°}}$$

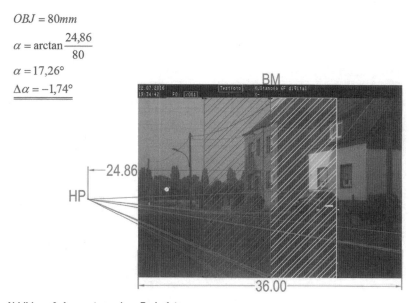

Abbildung 6: Auswertung eines Radarfotos

Es war also eine Unterschreitung des Fotowinkels von 1,74° festzustellen, der die von der PTB angesetzte Toleranz von 1° überschreitet. Eine solche Fehlaufstellung unter 1,74° ist eigentlich mit dem bloßen Auge (bei sorgfältiger Prüfung) erkennbar, sodass man bzgl. dieser Messung schon Zweifel an der Sorgfalt des die Messstelle einrichtenden Bedienpersonals anmelden darf.

Dieser über Gebühr zuungunsten der Betroffenen eingestellte Winkelfehler zieht sich komplett durch die Messung, was insbesondere dann, wenn man hier über eine juristisch relevante Grenze spricht (z.B. Punktegrenze: 21 km/h netto zu viel) bedeutsam sein kann.

Gleichermaßen verhält es sich mit der Messung in der Abbildung 7 (Rdn 30). Hier wurde 29 ein Mercedes in der ankommenden Verkehrsrichtung gemessen. Dieser befindet sich gem. Auswertekriterien schon korrekt in der Radarkeulenlage, nämlich im dritten Viertel links der Bildkante, was bedeutet, dass dieses Fahrzeug auch nur verantwortlich für den angezeigten Messwert sein kann. Das kleine „v" links vom angegebenen Geschwindigkeitswert (150 km/h) bestätigt dies. Dieses „v" entspricht eigentlich der Pfeilspitze, also nach unten gerichtet und damit auf die Anlage zu. Betrieben wurde es hier in der mittleren Reichweiteneinstellung S2, was für sich genommen auch wegen des recht großen Abstandes der Radaranlage zur Fahrbahngrenze auch nicht zu bemängeln ist.

30

Abbildung 7: Radarfoto – Pkw in einer Spurwechselbewegung

Auffällig ist aber, dass dieser Mercedes offensichtlich in einem Spurwechselvorgang von links nach rechts unterwegs war. Man erkennt am linken Bildrand (Ellipse) insofern auch noch das überholte Kfz. Dies hätte vom Messbeamten bemerkt werden müssen, d.h., diese Messung hätte nicht zur Anzeige gebracht werden dürfen, wenngleich man überschlägig den Spurwechselwinkel schon berechnen kann. Die Bedienungsanleitung besagt hierzu aber, dass Messungen, bei denen Fahrzeuge augenscheinlich eine Schrägfahrt durchführen, nicht ausgewertet werden sollen.

Hinzu kommt noch, dass sich nach Auswertung der gesamten Messreihe eine Verschiebung zwischen dem Testfoto und diesem Tatfoto ergab, Abbildung 8. Hier sind Testfoto und Tatfoto digital übereinander gelegt worden. Man erkennt, dass die Fahrbahnleitlinien in Höhe der aufgebrachten Pfeile nicht übereinstimmen, was allerdings der

Fall sein müsste, wenn sich an der Positionierung der Fotoeinrichtung zum Fahrbahn-rand im Messverlauf nichts veränderte.

Abbildung 8: Überlagerung von Test- und Tatfoto

Mithin hat also eine – wenn auch nur geringfügige – Veränderung der Fotoposition zwischen dem Testfoto und diesem Tatfoto stattgefunden, was entweder eine Veränderung der Messanlage durch den Messbeamten oder dann, wenn z.B. aus einem Fahrzeug herausgemessen wird, mit einem Verlassen derselben durch den Messbeamten erklärt werden kann. Dann wird eine Lagerveränderung des Kfz (Ausfedern infolge geringerer Beladung) stattfinden, die eine solche Abweichung erklärt. Das würde aber gleichzeitig bedeuten, dass kein aufmerksamer Messbetrieb mehr gewährleistet wäre.

Es ist also bei der Überprüfung solcher Messreihen unabdingbar, dass man alle Falldaten-sätze durchsieht, um ggf. solche Unzulänglichkeiten aufzudecken. Die Überprüfung eines einzelnen Lichtbildes aus einer Messreihe kann zwar für eine erste grobe Einschätzung ausreichend sein; für eine technisch umfassende Überprüfung muss aber der gesamte Falldatensatz zur Verfügung gestellt und auch ausgewertet werden.   **31**

b) Auswertung (Behörde)

Spätestens dann, wenn das Lichtbild der Abbildung 7 (Rdn 30) seitens der Behörde gesichtet und anschließend der Vorgang zur Anzeige gebracht wird, hätte die Schrägfahrt   **32** des Mercedes und die zuvor stattgefundene Überholbewegung erkannt werden müssen, was bedeutet, dass man hier nicht nur dem Messbeamten vor Ort den mangelnden aufmerksamen Messbetrieb vorwerfen kann, sondern auch der Behörde eine insoweit **oberflächliche Fallbearbeitung**.

Das A und O solcher Radarmessungen ist die Einhaltung des korrekten Radar-/Fotowinkels, die nur der Messbeamte vor Ort sachgerecht herbeiführen kann – bei der nachträglichen Auswertung in der Behörde kann man aber vom dortigen Bearbeiter erwarten, dass er sich mit problematischen Messungen, wie hier der erkennbaren Schrägfahrt, auseinandersetzt.

33   Es gibt Messstellen, die eine nachträgliche fotogrammetrische Auswertung nicht ermöglichen, beispielsweise deswegen, weil Fahrbahnränder nicht hinreichend erkannt werden können. Dann wird man letztendlich weder eine Überprüfung des Fotowinkels vornehmen können, noch technisch mögliche Schrägfahrten erkennen. Bei dem überholten anderen Verkehrsteilnehmer muss es sich ja nicht zwingend um einen Pkw, sondern es kann sich auch um einen Radfahrer handeln. Auch diesen muss man schlussendlich mit einer Wiedereinscherbewegung nach rechts umfahren, was einer Winkelverkleinerung zum Radargerät entspricht. Der Radfahrer muss dabei nicht einmal auf dem Messfoto erscheinen, was im Klartext bedeutet, dass Messstellen, die über **keine hinreichende Erkennbarkeit von Fahrbahnkanten** (seien es Gehsteige, Leitlinien etc.) verfügen, generell als ungeeignet zu bezeichnen sind – zumindest im Hinblick auf eine nachträgliche technische Untersuchung.

c) Technische Fehler (Gerät)

34   Das Gerät begeht natürlich dann systematisch den Fehler, wenn die o.g. **Winkelbedingungen** nicht gegeben sind. Dies führt für die gesamte Messreihe zu einem einheitlichen Fehler – bei zu flach aufgestellter Radaranlage (zu geringer Radarabtastwinkel) wären logischerweise Tempoabzüge für alle Kfz vorzunehmen.

Ansonsten ist auszuführen, dass die Genauigkeit von Radarmessungen auch mit der **Abtastqualität** des überwachten Kfz zusammenhängen.

35   Bis vor ein paar Jahren wurden immer noch Einflussmöglichkeiten durch z.B. Fremdsender wie CB-Funk, Polizeifunk, Amateurfunk etc. ins Spiel gebracht. Hierzu ist zu sagen, dass die heutigen Radargeräte insgesamt so gut abgeschirmt sind, dass es hier keinen aktiven Einfluss mehr auf solche Geräte gibt.

Sollten tatsächlich **elektromagnetische Störstrahlungen** im relevanten Übertragungsbereich der Radargeräte auftreten, so können selbige zu einer Blockade der Messung führen, **nicht** jedoch zu einer Verfälschung der Messergebnisse. Dass falsche Messwertbildungen heutiger Radargeräte auftreten, ist daher als äußerst unwahrscheinlich zu bezeichnen.

36   Allgemein können Radargeräte aber sog. **Doppelreflexionen** erzeugen, Prinzipabbildung 9 (Rdn 37). Das in der ankommenden Richtung, von links gemessene Kfz wird zunächst

detektiert. Von selbigem kann dann die Radarstrahlung in Richtung des Gegenverkehrs, also von rechts nach links durch die Skizze fahrend, abgelenkt werden. Von dort findet eine Reflexion wieder in Richtung des fotografierten Pkw statt, von wo aus dann die reflektierten Anteile zum Radargerät zurückgelangen. An jener Fahrzeugfront tritt eine Veränderung der Frequenz auf. Die Geschwindigkeit, die das fotografierte Fahrzeug (vermeidlich) gefahren sein soll, ergibt sich dann aus dem doppelten Eigengeschwindigkeitswert zzgl. dem Tempo des in Gegenrichtung fahrenden Kfz.

37

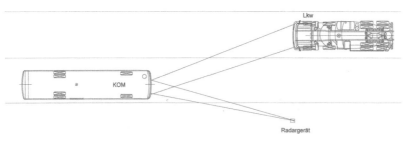

Abbildung 9: Entstehung einer Doppelreflexion

Aufgefallen sind solche Effekte an Kfz, die bauartbedingt nur gewisse Geschwindigkeiten erreichen, z.B. an Lkw oder KOM. Grundsätzlich entstehen solche Doppelmessungen an großen Reflexionsflächen, also vorzugsweise an Nutzfahrzeugen.

Begünstigt wird natürlich eine derartige Situation durch eine hohe Reichweiteneinstellung der Radaranlage. Wird die Ansprechempfindlichkeit hingegen reduziert, so ist die Wahrscheinlichkeit des Auftretens solcher Fehler sehr gering.

Als weitere technische Fehlerquelle ist die sog. **Trippelspiegelmessung** zu erwähnen, die   **38**
aber ebenfalls vorzugsweise nur an hochaufbauenden, kantigen Fahrzeugen (Nutzfahrzeuge/KOM) gelingt. Dabei wird der Radarstrahl von einer solchen, großflächigen Fahrzeugfront in den nicht im Foto abgebildeten Rückraum auf einen feststehenden Reflektor, wie z.B. einen Brückenpfeiler, abgelenkt und von dort aus zu seinem Ausgangspunkt zurückreflektiert. Das Auftreten solcher Fehler bedingt die Anwesenheit von derartigen Objekten, Bauwerken etc. im Rückraum der Radaranlage. Derartige Fehler werden eigentlich von der Multanova 6F-Anlage erkannt – auch hier ist wieder der aufmerksame Messbetrieb unabdingbar, weil hierdurch derartig ungewöhnliche Geschwindigkeitskombinationen (viel zu hoher angezeigter Messwert in Relation zum optischen Eindruck) erkannt werden können. Wie erwähnt sind derartige Effekte nur bei Nutzfahrzeugen/KOM etc. zu beobachten.

Bei der Reflexionsfehlmessung z.B. über eine Leitplanke oder einen großen Reflektor im   **39**
Bildhintergrund (vorzugsweise aus Metall) ist Grundbedingung dafür, dass die Messung

nicht verwertet werden kann, dass sich das Kfz nicht innerhalb der aktiven Radarkeulenlage befindet. Ist Letztgenanntes der Fall, so kann man eine Reflexionsfehlmessung insgesamt ausschließen.

5. Rechtliche Bewertung

Siegert

40 Vorliegend handelt es sich um ein **standardisiertes Messverfahren**.[1] Ohne Anhaltspunkte für Messfehler genügen also die Angabe des verwendeten Messgerätes und des Eichdatums sowie der Abzug eines Toleranzwertes.[2]

Auch ist die Anfertigung der Fotos von Fahrer und Fahrzeug gedeckt von § 100h Abs. 1 S. 1 Nr. 1 StPO i.V.m. § 46 Abs. 1 OWiG. Denn ein Foto des Betroffenen und des Kraftfahrzeugs mit Kennzeichen wird bei dem hier eingesetzten Gerät Multanova VR 6F nur dann erstellt, wenn ein vom Bediener zuvor eingestellter und festgestellter Grenzwert erreicht oder überschritten wird. Andernfalls wird die Messung automatisch annulliert. Somit erfolgt eine **automatische anlassbezogene Vorselektion**.[3]

Ergibt sich, dass durch eine erkennbare Schrägstellung des betroffenen Fahrzeuges auf der Fahrbahn ein **größerer Gierwinkel** erzielt wird, als von der Betriebsanleitung gefordert, ändert dies nichts an der Ordnungsgemäßheit der Messung. Jedoch liegt dann kein standardisiertes Messverfahren mehr vor, sondern eine ordnungsgemäß verwendbare und auswertbare **Individualmessung**. Hier hat dann über die Verkehrsfehlergrenze hinaus ein weiterer Abzug zu erfolgen, welcher ggf. durch einen Sachverständigen zu errechnen ist.[4]

6. Arbeitshilfen für die Praxis

Schmedding

a) Checkliste

41 ■ Lag zur Messeinheit ein gültiger Eichschein/Messprotokoll/Schulungsbescheinigung vor?
■ Wurden alle relevanten Daten dokumentiert?

---

1 OLG Hamm, Beschl. v. 14.6.2004 – 2 Ss OWi 335/04, Rn 10, juris; OLG Hamm, Beschl. v. 30.9.2010 – III-3 RBs 336/09, Rn 34, juris.
2 Vgl. § 2 Standardisiertes Messverfahren.
3 OLG Bamberg, Beschl. v. 25.2.2010 – 3 Ss OWi 206/10, Rn 12, juris.
4 AG Essen, Urt. v. 25.11.2005 – 49 OWi 82 Js 1374/05 – 626/05, Rn 14, juris; AG Stollberg, Urt. v. 27.4.2009 – 2 OWi 550 Js 10913/08, Rn 22, juris.

■ Waren am Gerät sämtliche Eichsiegel unversehrt?

■ War das eingesetzte Radargerät zum Vorfallszeitpunkt ordnungsgemäß geeicht?

■ Waren am eingesetzten Radargerät die Reichweiten korrekt eingestellt?

■ Wurde vor Messbeginn ordnungsgemäß das Kalibrierungs-/Testfoto durchgeführt?

■ Befindet sich das Fahrzeug korrekt im Auswerterahmen?

■ Befindet sich das Fahrzeug in einer Schrägfahrt?

b) Mögliche Beweisfragen

■ Zum Beweis dafür, dass die Radarmessung fehlerbehaftet ist, beziehe ich mich auf ein **42**
Sachverständigengutachten, das ergeben wird, dass der in der Bedienungsanleitung
vorgegebene Aufstellwinkel nicht korrekt eingestellt wurde.

■ Eine fotogrammetrische Überprüfung eines Sachverständigen wird ergeben, dass der
Fotowinkel nicht die vom Hersteller geforderte Größenordnung besaß, sondern zu
klein ausfiel, was sich zu Ungunsten des Betroffenen auswirkt.

■ Der Betroffene führte zum Unfallzeitpunkt einen Spurwechsel durch (in Fahrtrichtung von links nach rechts gesehen). Damit fuhr er auf die Messanlage zu, wodurch
der Radarwinkel verkleinert wurde und ein zu großer Messwert angezeigt wird,

■ Beweis: Sachverständigengutachten.

■ Zum Beweis dafür, dass die Messung mit dem Radargerät nicht in Ordnung war, beziehe ich mich auf ein Sachverständigengutachten, welches belegt, dass der Messbeamte eine zu hohe Radarreichweite eingestellt hatte. Dies birgt die Gefahr von Reflexionsfehlmessungen in sich.

■ Zum Beweis dafür, dass eine nicht ordnungsgemäße Messung vorlag, beantrage ich
die Einholung eines Sachverständigengutachtens, das ergeben wird, dass ein aufmerksamer Messbetrieb hier nicht erfolgte. Dazu ist die gesamte Messreihe auszuwerten.

■ Zum Beweis dafür, dass sich während der Messung der Radar- wie auch Fotoaufnahmewinkel veränderte, wird die Einholung eines Sachverständigengutachtens beantragt, das ergeben wird, dass perspektivische Verzerrungen zwischen dem Test-
und dem Tatfoto existieren.

■ Zum Beweis dafür, dass keine ordnungsgemäße Messung erfolgte, beziehe ich mich
auf ein Sachverständigengutachten, das ergeben wird, dass der Streckenverlauf, der
überwacht wurde, nicht geradlinig verlief. Die Messung erfolgte im Bereich eines
Kurvenaußenrandes.

■ Zum Beweis dafür, dass seitens der Auswertebehörde eine Fehlzuordnung des Messwertes vorgenommen wurde (zwei Fahrzeuge im Fotobereich zu sehen), beantrage
ich die Einholung eines Sachverständigengutachtens.

■ Zum Beweis dafür, dass die Radarmessung fehlerbehaftet ist, beziehe ich mich auf ein Sachverständigengutachten, das ergeben wird, dass eine Reflexionsfehlmessung an der großflächigen Front des Kfz des Betroffenen stattfand.

■ Die Messanlage war zu nah an der Geschwindigkeitsbegrenzung aufgestellt. Ein Sachverständigengutachten wird ergeben, dass die „Karenzstrecke" gemäß Richtlinien nicht eingehalten wurde.

c) Benötigte Daten/Unterlagen für eine technische Begutachtung (Kopiervorlage)

43 Die nachfolgende Auflistung soll wiedergeben, welche Unterlagen mindestens für eine technische Begutachtung notwendig sind. Die vollständige Auflistung der Daten kann bei Bedarf ergänzend beschafft werden, ist aber für eine erste Einschätzung in der Regel nicht notwendig.

	Mindestens	Vollständig	✓
Bußgeldbescheid	X	X	
Eichschein	X	X	
Lebensakte/Reparaturnachweise		X	
Messprotokoll	X	X	
Beschilderungsplan		X	
Schulungsnachweise	X	X	
Fotodokumentation des Betroffenen	X	X	
Falldatei (*.sbf)		X	
Gesamte Messreihe		X	
Statistikdatei		X	
Öffentlicher Schlüssel		X	

II. Traffipax SpeedoPhot

1. Informationen zum Gerät

a) Technische Daten

44

Antennentyp	Schlitzantenne
Sendefrequenz	24,125 GHz
Sendeleistung	20 mW
Messbereich	20–250 km/h

Reichweite I	1.–2. Fahrspur
Reichweite II	1.–4. Fahrspur
Messfolge	2 Messungen/Sekunde
Messrichtung	abfließender Verkehr, ankommender Verkehr (manuell/automatisch umschaltbar)
Messwinkel	20°; zum Straßenrand
Aufstellung	Rechts- und Linksmessung rechtwinkelig zum Straßenrand
Aufstellhöhe	mindestens 40 cm
Messkeule	5° horizontaler Öffnungswinkel, 20° vertikaler Öffnungswinkel

Das Radargerät Traffipax SpeedoPhot wird ebenfalls von der Jenoptik GmbH vertrieben. **45** Es arbeitet in einem niedrigeren Frequenzbereich (24,12 GHz) und besitzt im Umkehrschluss gegenüber dem Multanova VR 6F eine **größere Wellenlänge**.

Der Radarstrahl wird hier über eine Blende in Form einer Schlitzantenne in horizontaler Richtung auf 5° gebündelt (in vertikaler Richtung 20°). Das Gerät liefert nur dann richtige Werte, wenn das überwachte Fahrzeug unter einem Sollwinkel von **20°** die Messstelle passiert (und dabei fahrbahnlängsachsenparallel fährt).

Im Vergleich zum Multanova VR 6F-Gerät existieren nur geringe Unterschiede, die für die Beurteilung der Genauigkeit einer solchen Messung nicht sonderlich bedeutsam sind.

Der Fotowinkel ist gegenüber dem Multanova-Gerät bei korrekter Aufstellung der Anlage unter 17,5° bestimmbar.

Bei diesem Gerät gibt es zwei Radar-Empfindlichkeitsstufen, die als R1 bzw. R2 in der Datenleiste des Tatfotos eingeblendet werden.

Auch hier beinhaltet die höchste Reichweite die Gefahr einer sog. **Reflexionsfehlmessung**.

Das Bedienpersonal hat den sog. **aufmerksamen Messbetrieb** zu leisten, unterliegt dieses Radargerät, genauso wie das Multanova VR 6F, kritischen Situationen bei z.B. höher aufbauenden Kfz.

Anders als bei Multanova VR 6F sind solche Reflexionsfehlmessungen aber **nur an Kfz realisierbar, deren Geschwindigkeit maximal 20 km/h beträgt**.

b) Toleranzen

Hier gilt Gleiches wie beim Multanova VR 6F. Bzgl. eventueller Fehlaufstellungen (fal- **46** scher Winkel zur Fahrbahnlängsachse) sind entsprechende Berechnungen über den jeweiligen Kosinus von tatsächlichem zu vorgeschriebenem Winkel möglich.

Auch hier liegt die Verkehrsfehlergrenze wieder bei 3 km/h unterhalb 100 km/h bzw. 3 % darüber. Abzüge ergeben sich über entsprechende Fehlaufstellungen, Schrägfahrten etc.

c) Eichung

47 Die Eichung der Geräte erfolgt ähnlich zum Multanova VR 6F. Auf die einzelnen Schritte soll an dieser Stelle nicht eingegangen werden, berührt dies eher die Aufgaben der entsprechenden Eichämter.

2. Einrichtung der Messstelle/Messdurchführung

48 Auch das Traffipax Speedophot will, wie das Multanova VR 6F, in einem korrekten Winkel zur Fahrbahnlängsachse postiert werden (in der Regel 20°). Handelt es sich bei der eingesetzten Anlage um einen Festeinbau in einem Pkw, so gelten auch hier wiederum die gleichen Kriterien, nämlich dass das **Gerät** parallel zur Fahrbahnlängsachse ausgerichtet sein muss und nicht zwingend die der Straße zugewandten Fahrzeugräder, da unterschiedliche Spurweiten vorne und hinten am Kfz bauartbedingt vorliegen können. Der aufmerksame Messbetrieb ist auch hier unabdingbar. Ähnlich wie im letzten Kapitel (s.o. Rdn 30) ist darauf zu achten, dass das Kalibrierungs- (oder Test-)Foto den gleichen Bereich in gleicher Abbildung zeigt, wie das Tatfoto. Hier kann eine Überlagerung der jeweils mittlerweile digital erstellten Fotos Hilfe leisten.

Der aufmerksame Messbetrieb beinhaltet hier natürlich auch das sorgfältige Beobachten der einzelnen Messsituationen, insbesondere dann, wenn höher aufbauende, also gut reflektierende Fahrzeuge registriert werden. Fehlerhafte Geschwindigkeitseinblendungen bei solchen Kfz sind, da sie in der Regel bauartbedingt keine sehr hohen Geschwindigkeiten erreichen, sofort vom Messbeamten festzustellen und letztendlich auch auszusortieren.

3. Auswertekriterien

49 Gleichermaßen wie beim Multanova VR 6F ist auch hier eine **Überprüfung des Fotowinkels** (nicht direkt des Radarwinkels) möglich. Über die entsprechend starre Verbindung zwischen Fotoapparat und Radarausstrahlrichtung sind aber Rückschlüsse auf den Radarwinkel möglich.

So hat man als technischer Sachverständiger stets eine Fotowinkelüberprüfung vorzunehmen, und zwar zumindest am Kalibrierungs- und am Tatfoto selbst. Hier lässt sich eine evtl. Winkelverstellung im Messverlauf direkt nachvollziehen oder aber, wie schon erwähnt, über den digitalen Bildvergleich.

Genauso wie beim Multanova VR 6F sind auch hier evtl. Schrägfahrten sofort zu prüfen und ggf. auszusortieren. Dann, wenn das Foto qualitativ hochwertig und gut auswertbar ist, ist es auch möglich, den Spurwechselwinkel (der sich zuungunsten des Betroffenen auswirken kann) zu berechnen bzw. grafisch zu bestimmen.

4. Technische Fehlermöglichkeiten

a) Messaufbau (Messbeamter)

Radaranlagen unterliegen allgemein den bekannten **Reflexionsmöglichkeiten** an (vorzugsweise metallischen) Gegenständen. **50**

Als Beispiel kann hier die Abbildung 10 (Rdn 51) gezeigt werden, auf der das von links in Richtung rechts durch das Bild fahrende Kfz im Rahmen einer Reflexionsfehlmessung erfasst wurde. Links oben in der Datenleiste erkennt man einen Geschwindigkeitswert von 46 km/h. Vom Messbeamten wurde die höchste Reichweite R2 eingestellt. Die Einblendung der Pfeilspitze nach unten führt vor Augen (unterhalb DIR = Direction = Richtung), dass der im Bild links zu sehende Mercedes von der Radaranlage im reflektierten Radarstrahl gemessen wurde. Dies deshalb, weil bei ordnungsgemäßer Messung der Pkw zumindest bildmittig, Tendenz eher im dritten Viertel (weiß-strichpunktiert) hätte fotografiert werden müssen. Dies hätte dem Messbeamten vor Ort im Rahmen des aufmerksamen Messbetriebs auch direkt auffallen müssen. Als Handlungsalternativen wären entweder das Aufgeben der Messstelle oder aber die Reichweitenbegrenzung auf R1 angezeigt gewesen. Diese Messung wurde seinerzeit von der Bußgeldbehörde zur Anzeige gebracht, was vor Augen führt, dass auch dort offensichtlich nicht so genau hingesehen wurde.

51

Abbildung 10: Radarreflexion an einem stehenden Pkw

b) Auswertung (Behörde)

52   Dass die Behörde natürlich nicht kontrollieren kann, ob und inwieweit die Messanlage vor Ort korrekt durch den Bediener eingestellt wurde, liegt auf der Hand. Dass Fotowinkelauswertungen auf der Behörde durchgeführt werden, hat der Verfasser bislang noch nicht festgestellt.

Nichtsdestotrotz hätte der Behörde, also dem dort agierenden Personal, sofort auffallen müssen, dass die auf der Abbildung 10 erfolgte Messung nicht korrekt ablief, weil eben der Pkw nicht in der aktiven Radarkeulenlage fuhr, sondern viel zu weit am Bildrand.

Überdies müsste hier auch die Behörde dem Messbeamten vor Augen führen, dass die Messstelle ausgesprochen ungünstig für die nachträgliche Auswertung eines Sachverständigen ist, sieht man dort Fahrbahnränder, Leitlinien etc. überhaupt nicht. Man kann also nicht einmal sagen, ob der ohnehin nicht in der richtigen Fotoposition erfasste Mercedes am linken Bildrand z.B. einen Spurwechsel, also eine Wiedereinscherbewegung in Richtung Radaranlage unternimmt oder nicht. Zusätzlich verschwenkt die Fahrbahn im Bildhintergrund deutlich nach rechts, was bedeutet, dass angesichts der eingestellten Radarreichweite (bis 40 m) dieser Messort ohnehin schon wenig geeignet sein dürfte. Im Grunde genommen wird hier in einem nicht vollkommen geradlinigen Fahrbahnbereich gemessen. Man vermag den Fotowinkel nicht auszuwerten – zudem liegt hier klar ein insoweit technisch unsinniges Foto vor, das, bezogen auf die gesamte Messreihe, übrigens nicht das Einzige war.

c) Technische Fehler (Gerät)

53   Genauso wie beim Multanova VR 6F gibt es infolge evtl. übergroßer Toleranzen bzgl. der verwendeten Messbausteine die Möglichkeit technischer Fehler. Die Einwirkung von äußerer Strahlung ist aber als vernachlässigbar klein anzusehen. Als Sachverständiger wird man ohnehin einen solchen technischen Fehler selbst nicht aufdecken können, sofern sich nicht vollkommen „unsinnige Beweisfotos" ergeben. Damit sind solche gemeint, die man technisch nicht erklären kann – nochmals zurückgreifend auf die Abbildung 10 (Rdn 51) gelingt dies natürlich, weil in diesem Foto offensichtlich die Radarstrahlung an dem im mehr rechten Bildbereich stehenden Van (vom Typ Toyota) in Richtung des viel zu weit hinten befindlichen Mercedes abgelenkt wurde.

5. Rechtliche Bewertung

Siegert

54   Auch hierbei handelt es sich um ein **standardisiertes Messverfahren**, sofern die Vorgaben der Bedienungsanleitung eingehalten werden; für eine nähere Überprüfung des

Messergebnisses bedarf es also konkreter Anhaltspunkte für eine Fehlmessung.[5] Die vorwerfbare Geschwindigkeit sowie deren Berechnung müssen sich jedoch klar aus den Urteilsfeststellungen ergeben.[6]

Wird durch einen Sachverständigen festgestellt, dass der Aufstellort – abweichend von der Bedienungsanleitung – nicht **eben und parallel zur Fahrbahn** war, handelt es sich um eine **Fehlbedienung**, über den das Gericht nicht ohne weiteres hinwegsehen kann. Die Korrektheit der Messung muss dann individuell geprüft werden.[7] Eine Messwinkelabweichung allein führt nicht zu einer Unverwertbarkeit des Messergebnisses, sondern erfordert einen zusätzlichen Toleranzabzug, welcher ggf. durch einen Sachverständigen zu ermitteln ist.[8]

Die Anfertigung der Fotos von Fahrer und Fahrzeug ist anlassbezogen und somit gedeckt von § 100h Abs. 1 S. 1 Nr. 1 StPO i.V.m. § 46 Abs. 1 OWiG. Denn eine Aufnahme wird automatisch erst dann ausgelöst, wenn eine vorherige Messung die Überschreitung eines eingestellten Geschwindigkeitsgrenzwertes ergeben hat.[9]

Eine „Betriebserlaubnis" für das Geschwindigkeitsmessgerät ist neben der Zulassung und der Eichung nicht notwendig und existiert demnach auch nicht.[10]

6. Arbeitshilfen für die Praxis

Schmedding

a) Checkliste

■ Lag zur Messeinheit ein gültiger Eichschein/Messprotokoll/Schulungsbescheini- **55** gung vor?

■ Wurden alle relevanten Daten dokumentiert?

■ Waren am Gerät sämtliche Eichsiegel unversehrt?

■ War das eingesetzte Radargerät zum Vorfallszeitpunkt ordnungsgemäß geeicht?

■ Waren am eingesetzten Radargerät die Reichweiten korrekt eingestellt?

■ Wurde vor Messbeginn ordnungsgemäß das Kalibrierungs-/Testfoto durchgeführt?

---

5 OLG Hamm, Beschl. v. 17.6.2004 – 3 Ss OWi 315/04, Rn 12, juris; AG Strausberg, Urt. v. 12.8.2008 – 14 OWi 735/07, Rn 7, juris; OLG Hamm, Beschl. v. 25.5.2010 – III-3 RBs 119/10, Rn 4, juris; OLG Düsseldorf, Beschl. v. 15.4.2016 – IV-1 RBs 83/16, Rn 2, juris; Schleswig-Holsteinisches VG, Urt. v. 27.7.2016 – 3 A 340/15, Rn 25, juris.
6 Thüringer OLG, Beschl. v. 16.5.2006 – 1 Ss 106/06, Rn 9, juris.
7 OLG des Landes Sachsen-Anhalt, Beschl. v. 3.9.2015 – 2 Ws 174/15, Rn 13 m.w.N., juris.
8 OLG Hamm, Beschl. v. 5.4.2012 – 3 RBs 41/12, Rn 2, juris.
9 AG Kamenz, Beschl. v. 18.12.2009 – 3 OWi 210 Js 13895/09 v, Rn 12, juris; AG Prenzlau, Urt. v. 31.5.2010 – 21 OWi 383 Js-OWi 41493/09 (504/09), Rn 20, juris; OLG Hamm, Beschl. v. 25.5.2010 – III-3 RBs 119/10, Rn 9, juris.
10 OLG Hamm, Beschl. v. 19.11.2012 – III-3 RBs 268/12, Rn 4, juris.

■ Befindet sich das Fahrzeug korrekt im Auswerterahmen?
■ Befindet sich das Fahrzeug in einer Schrägfahrt?

b) Mögliche Beweisfragen

56 ■ Zum Beweis dafür, dass die Radarmessung fehlerbehaftet ist, beantrage ich die Einholung eines Sachverständigengutachtens, das ergeben wird, dass der in der Bedienungsanleitung vorgegebene Aufstellwinkel nicht korrekt eingestellt wurde.

■ Eine fotogrammetrische Überprüfung eines Sachverständigen wird ergeben, dass der Fotowinkel nicht die vom Hersteller geforderte Größenordnung besitzt, sondern zu klein ausfiel, was sich zu Ungunsten des Betroffenen auswirkt.

■ Der Betroffene führte zum Unfallzeitpunkt einen Spurwechsel durch (in Fahrtrichtung von links nach rechts gesehen). Damit fuhr er auf die Messanlage zu, wodurch der Radarwinkel verkleinert wurde und ein zu großer Messwert angezeigt wird, Beweis: Sachverständigengutachten.

■ Zum Beweis dafür, dass die Messung mit dem Radargerät nicht in Ordnung war, beantrage ich die Einholung eines Sachverständigengutachtens, welches ergeben wird, dass der Messbeamte eine zu hohe Radarreichweite eingestellt hatte. Dies birgt die Gefahr von Reflexionsfehlmessungen in sich.

■ Zum Beweis dafür, dass eine nicht ordnungsgemäße Messung vorlag, beantrage ich die Einholung eines Sachverständigengutachtens, das ergeben wird, dass ein aufmerksamer Messbetrieb hier nicht erfolgte. Dazu ist die gesamte Messreihe auszuwerten.

■ Zum Beweis dafür, dass sich während der Messung der Radar- wie auch Fotoaufnahmewinkel veränderte, wird die Einholung eines Sachverständigengutachtens beantragt, das ergeben wird, dass perspektivische Verzerrungen zwischen dem Test- und dem Tatfoto existieren.

■ Zum Beweis dafür, dass keine ordnungsgemäße Messung erfolgte, beziehe ich mich auf ein Sachverständigengutachten, das ergeben wird, dass der Streckenverlauf, der überwacht wurde, nicht geradlinig verlief. Die Messung erfolgte im Bereich eines Kurvenaußenrandes.

■ Zum Beweis dafür, dass seitens der Auswertebehörde eine Fehlzuordnung des Messwertes vorgenommen wurde (zwei Fahrzeuge im Fotobereich zu sehen), beantrage ich Einholung eines Sachverständigengutachtens.

■ Zum Beweis dafür, dass die Radarmessung fehlerbehaftet ist, beantrage ich die Einholung eines Sachverständigengutachtens, das ergeben wird, dass eine Reflexionsfehlmessung an der großflächigen Front des Kfz des Betroffenen stattfand.

■ Die Messanlage war zu nah an der Geschwindigkeitsbegrenzung aufgestellt. Ein Sachverständigengutachten wird ergeben, dass die „Karenzstrecke" gemäß Richtlinien nicht eingehalten wurde.

c)   Benötigte Daten/Unterlagen für eine technische Begutachtung (Kopiervorlage)
Die nachfolgende Auflistung soll wiedergeben, welche Unterlagen mindestens für eine   57
technische Begutachtung notwendig sind. Die vollständige Auflistung der Daten kann
bei Bedarf ergänzend beschafft werden, ist aber für eine erste Einschätzung in der Regel
nicht notwendig.

	Mindestens	Vollständig	✓
Bußgeldbescheid	X	X	
Eichschein	X	X	
Lebensakte/Reparaturnachweise		X	
Messprotokoll	X	X	
Beschilderungsplan		X	
Schulungsnachweise	X	X	
Fotodokumentation des Betroffenen	X	X	
Falldatei (*.sbf)		X	
Gesamte Messreihe		X	
Statistikdatei		X	
Öffentlicher Schlüssel		X	

III.   Weitere Radargeschwindigkeitsmessgeräte

1.   Allgemeines

Zu erwähnen ist hier das sog. **Moving-Radar**. Selbiges wird von einem Messbeamten in   58
einem Polizeifahrzeug bedient. Es können die Geschwindigkeiten z.B. überholender
Fahrzeuge gemessen werden. Sie ergibt sich dann natürlich aus der Summe der Eigengeschwindigkeit des Polizeifahrzeuges und dem Differenztempo zum überwachten
Kfz. Das Polizeifahrzeug ist mit entsprechenden Impulsgebern, die die Geschwindigkeit
genau messen, ausgerüstet. Bedingung für eine korrekte Messung ist, dass sich die Eigengeschwindigkeit des Polizeifahrzeugs vor und nach der Radarmessung nicht um mehr als
1,5 % unterscheidet. Im Moving-Radarbetrieb können Reflexionsfehlmessungen noch
gravierender ausfallen, als im stationären Messbetrieb. Diese Messmethode ist nicht
weit verbreitet und lässt sich nicht derart schematisiert beschreiben, wie die beiden gerade
eben vorgestellten Gerätetypen Multanova VR 6F und Traffipax Speedophot.

Gelegentlich trifft man auch noch auf ein Messverfahren **Mesta 208** der Firma Truvelo.
Selbiges sendet im Gegensatz zu den oben genannten Radargeräten nicht ständig einen
Radarstrahl aus. Es ist ein optischer Detektor verbaut, der den anvisierten Radarausstrahl-

bereich überwacht. Dies besitzt den Vorteil, dass die Gefahr von Knickstrahlreflexionen deutlich geringer ausfällt.

Die Unterschiede zu den genannten Geräten sind nicht sehr gravierend, weswegen auf eine nähere Vorstellung dieses Gerätetyps hier verzichtet wird.

2. Rechtliche Bewertung

Siegert

59   Auch bei den übrigen gängigen Radarmessverfahren handelt es sich um standardisierte Messverfahren, welche nur bei konkreten Anhaltspunkten für Messfehler eine weitere Auseinandersetzung mit der Ordnungsgemäßheit der Messung erfordern.[11] Ansonsten genügen die Angabe des verwendeten Messgerätes und des Eichdatums sowie der Abzug eines Toleranzwertes.[12] Je nach Bundesland gelten besondere interne Regelungen in den Polizeirichtlinien (bspw. Saarland), welche zusätzlich zur standardisierten Messung und im Hinblick auf den Gleichbehandlungsgrundsatz zu beachten sind.[13]

---

11 Vgl. *Grün/Böttger* in Burhoff (Hrsg.), Handbuch für das straßenverkehrsrechtliche OWi-Verfahren, 4. Aufl. 2015, Rn 2179; wohl auch BayObLG, Beschl. v. 29.8.2002 – 1 ObOWi 317/02, Rn 5, juris.
12 Vgl. § 2 Standardisiertes Messverfahren.
13 Vgl. § 5 Polizeirichtlinien.

§ 10   Lichtschrankenmessgeräte

Siemer

A. Messprinzip

Bei den Lichtschrankenmessgeräten werden prinzipiell zwei verschiedene Typen unter-   **1**
schieden. Zum einen die **Lichtschranke** und zum anderen der **Einseitensensor**. Beide
Messanlagentypen haben eine unterschiedliche Datenauswertung, stimmen aber in einigen grundlegenden Eigenschaften überein. So arbeiten beide nach dem gleichen Messprinzip und haben eine ähnliche Fehleranfälligkeit. Auf diese beiden Punkte soll zuerst
eingegangen werden, worauf eine Zusammenstellung der zugelassenen Lichtschranken-
messgeräte folgt.

Die Geschwindigkeitsmessgeräte, die nach dem Prinzip der Lichtschrankenmessung ar-   **2**
beiten, verwenden den Abstand mehrerer optischer Signale in Bezug zu einer festen Weg-
basis, um so einen Geschwindigkeitswert bestimmen zu können. Dieses wird in der Abbildung 1 (Rdn 3) verdeutlicht.

Dabei wird die Messanlage seitlich von der zu überprüfenden Strecke positioniert,
so dass der Öffnungswinkel der Sensoren senkrecht über die Fahrbahn zeigt. In der Abbildung 1 (a) ist dieses mit den gestrichelten Linien dargestellt. In der Regel ist ein
Messgerät dieser Bauweise mit mindestens 3 Sensoren ausgestattet. Die Sensoren nehmen dabei jeweils ein Helligkeitssignal auf. Hierbei handelt es sich je nach Geräte-
version um die Umgebungshelligkeit (Einseitensensor) oder um die Helligkeit einer
vom Messgerät erzeugten Lichtquelle. Im letzteren Fall ist auf der dem Sensor gegenüber liegenden Seite ein Lichtsender aufgestellt (Lichtschranke). Falls ein bestimmtes
Signalmaximum (z.B. Kontraständerung) oder ein Signalabbruch oder -anstieg (Unterbrechung der Lichtschranke) an einem Sensor von der Messanlage registriert wird,
ergibt sich eine Zeitmarke für die Position des Sensors. Da jede Messanlage mit mindestens drei Sensoren ausgestattet ist, können mehrere Zeitdauern t_x zwischen den einzelnen Sensoren bestimmt werden. Da der Abstand s_x zwischen diesen bekannt ist
(Messbasis), können somit mehrere Geschwindigkeitswerte v_x pro Messung bestimmt
werden.

3

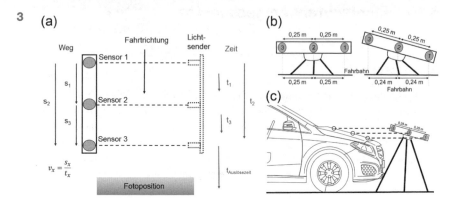

Abbildung 1: (a) Messprinzip der Lichtschrankenmessanlagen (b) Notwendigkeit der Nivellierung (c) Abtastfehler.

4 Welche Anzahl an Geschwindigkeitswerten bestimmt wird und welcher der ermittelten Werte dann zum Vorwurf gemacht wird, ist messanlagenspezifisch.

Die verschiedenen Lichtschrankenmessanlagen können dabei unterschiedliche Fahrbahnbreiten in beide Fahrrichtungen überwachen.

B. Allgemeine Fehlermöglichkeiten

I. Nivellierung

5 Da bei Lichtschrankenmessgeräten die **bekannte Messbasis** eine elementare Bedeutung hat, darf diese nicht verändert werden. Dies ist der Fall, wenn die Sensoren nicht parallel zur Fahrbahnoberfläche ausgerichtet sind. Nur bei einer parallelen Ausrichtung kann die bekannte Basislänge zwischen den einzelnen Sensoren garantiert werden. Ist der Sensor relativ zur Fahrbahnneigung schräg ausgerichtet (Abbildung 1 (b), Rdn 3), verkleinert sich die Messbasis und ein zu hoher Geschwindigkeitswert wird von der Messanlage ermittelt. Daher ist es besonders wichtig, dass der Messbeamte vor Inbetriebnahme des Messgerätes die Parallelität mittels der **Neigungswasserwaage** überprüft.

Bei der Justierung der Parallelität des Messgerätes muss der Messbeamte sehr sorgfältig vorgehen. Er übernimmt die Steigung der Fahrbahn in Längsrichtung mit einer Neigungswasserwaage und setzt diese auf die dafür vorgesehene Position auf dem Messgerät. Dieses kann jetzt so justiert werden, dass es die **gleiche Neigung wie die Fahrbahn** aufweist. Dabei muss der Beamte darauf achten, dass er die Neigungswasserwaage nicht um 180° dreht und so die falsche Steigung überträgt.

Um auszuschließen, dass sich der Sensorkopf während der Messung aufgrund eines unebenen Bodens (Moos, Moor) oder Vibrationen dejustiert, muss nach der Messung die Neigung des Sensorkopfes erneut überprüft werden.

Diese Kontrollen sollten auch **im Messprotokoll bestätigt** werden.

II. Stufenprofilmessung

Zu Fehlmessungen kann es kommen, wenn nicht alle drei Sensoren den gleichen Punkt   6
eines Fahrzeugs erfassen oder die Lichtstrahlen nicht durch den gleichen Punkt unterbrochen werden. Besitzt ein Fahrzeug in kritischer (Lichtstrahlen-)Höhe ein sogenanntes **Stufenprofil** (beispielsweise eine nach vorne herausragende Stoßstange) ist es möglich, dass die Sensoren hintereinander liegende Punkte des Fahrzeugs erfassen. Dies kann bei einer nicht ordnungsgemäßen Justierung, Fahrbahnunebenheit oder Schwankungen des Betroffenenfahrzeuges auftreten. Liegen die Punkte überdies äquidistant zueinander und wird das Fahrzeug nur an diesen Punkten registriert, kann es zu einer vom Gerät nicht erkannten Fehlmessung (Abtastfehlmessung) kommen (Abbildung 1 (c), Rdn 3).

Die Problematik der **Abtastfehlmessung** trat bei den älteren Versionen der Lichtschranken auf. Mittlerweile wurden sämtliche Lichtschrankenmodelle so umgebaut, dass sie nicht nur registrieren, wann ein Lichtstrahl unterbrochen wird, sondern auch, wann er durch die Ausfahrt des Fahrzeuges wieder freigegeben wird. Dadurch wird eine Mehrfachmessung realisiert. Dass ein Pkw vorne wie hinten ein kritisches Profil besitzt, ist unwahrscheinlich.

In Extremfällen kann diese Problematik aber bei den **Einseitensensoren** auftreten, worauf unter Rdn 98 eingegangen wird.

III. Zuordnungssicherheit

Bei der beschriebenen Messmethode ist die Zuordnungssicherheit ein weiterer Aspekt,   7
der problematisch sein kann. Gerade bei **mehreren Fahrspuren in eine Richtung**, kann es sein, dass der Bildausschnitt der Fotodokumentation **nicht den gesamten Fahrbahnbereich** in Höhe der Messanlage abbildet. In dem Fall kann nicht ausgeschlossen werden, dass das abgebildete Fahrzeug nicht das gemessene darstellt, sondern ein parallel dazu fahrendes, sodass eine falsche Zuordnung des Messwertes möglich ist. Daher sind für die verschiedenen Messanlagen **besondere Ansprüche bezüglich der Positionierung der Fotoeinrichtungen** gegeben. Im Allgemeinen wird dabei gefordert, dass alle Fahrbahnabschnitte, auf denen sich Fahrzeuge befinden könnten, abgebildet werden. Nur so kann ausgeschlossen werden, dass der Messwert von einem anderen Fahrzeug als dem abgebildeten stammen kann.

Zusätzlich wird bei den Einseitensensoren der Abstand des gemessenen Fahrzeuges angegeben, um die Messwertzuordnung zu ermöglichen.

C. Messanlagentypen

8   Im Folgenden sollen die vier zugelassenen Messanlagentypen vorgestellt und jeweils technische Fehlermöglichkeiten aufgeführt werden. Dabei werden zuerst die Lichtschranken µP 80 (ESO) und LS4.0 (ESO) angeschnitten, welche aber kaum noch in Verwendung sind. Darauf folgend wird der Einseitensensor ES1.0 beschrieben, bevor tiefer gehend auf die Geschwindigkeitsmessanlage ES3.0 eingegangen wird, die in der Regel im heutigen Alltag ihre Anwendung findet. Abschließend wird das neu zugelassene ESX angeschnitten.

I. µP 80

9   Die µP 80 wird heutzutage kaum noch verwendet, weshalb nur kurz auf die Funktionsweise und mögliche spezifische Messfehler eingegangen wird.

1. Informationen zum Gerät

10   Bei der Messanlage µP 80 der Firma ESO handelt es sich um eine Lichtschranke, bei der die Geschwindigkeit der Fahrzeuge mit einer **Drillingslichtschranke** ermittelt wird. Dafür muss das Fahrzeug die drei unsichtbaren Lichtstrahlen der Lichtschranke passieren. Auf der einen Straßenseite steht der **Lichtsender**, während auf der genau gegenüber liegenden Straßenseite der **Lichtempfänger** mit einer mikroprozessorgesteuerten Rechnereinheit steht. Die Leistungsstärke der Lichtschranke ist so ausgeführt, dass Straßenbreiten bis zu 25 m überwacht werden können (vgl. Rdn 2). Es können dabei beide Fahrrichtungen überwacht werden.

11   Wird ein zu hoher Geschwindigkeitswert ermittelt, wird ein Foto ausgelöst. Da es je nach Kameratyp (Typ VIII-4, Typ FE2.0) eine **feste Fotoauslöseverzögerung** gibt (s. Tabelle, Rdn 12) befindet sich das Fahrzeug zum Zeitpunkt der Fotodokumentation nicht in Höhe der Messlinie, sondern je nach Kameratyp und Geschwindigkeit eine bestimmte Strecke hinter dieser Messlinie. Durch die Auswertung dieser Fotoposition ist eine Plausibilitätsprüfung des Geschwindigkeitswertes möglich.

a) Technische Daten

Messbereich	5 km/h–250 km/h	12
Anzeigebereich	2 km/h–399 km/h	
Auflösung	1 km/h (geeicht)	
Richtungsanzeige	I →; II ←	
Reichweite	25 m	
Lichtquelle	LED, Wellenlänge 930 nm	
Abstand der Schranken	250 mm	
Länge der Messstrecken	250 mm und 500 mm	
Verzögerung Kamera VIII-4	0,065 s Kamera 1; 0,070 s Kamera 2	
Verzögerung Kamera FE2.0	0,060 s Kamera 1; 0,065 s Kamera 2	
Takt für Zeitmessung	100 000 Hz	
Betriebsdauer	ca. 6 h bzw. 18 h (Lichtsender)	
Temperaturbereiche der µP 80		
Lichtsender, Lichtempfänger, Elektronik, Anzeige, Fotoeinrichtung	-20°C bis +50°C	

b) Toleranzen

Bei der Einfahrt eines Fahrzeugs mit der Vorderfront in den Lichtstrahlenbereich (Einfahrtsmessung) werden zwischen den unterbrochenen Lichtstrahlen 1 & 2 und den Lichtstrahlen 1 & 3, zwei Messwerte gebildet (vgl. Rdn 2). Stimmen die beiden Messwerte auf ± 3 % überein und liegt dieser über einem zuvor eingestellten Grenzwert, wird er zur Fotoeinrichtung weitergeleitet. Danach wird die Ausfahrtsmessung am Heck des Fahrzeugs eingeleitet. Unter der Voraussetzung, dass auch die beiden Werte der Ausfahrtsmessung innerhalb der Toleranzgrenze von ± 3 % übereinstimmen, wird nun noch ein Toleranzvergleich zwischen der Einfahrts- und der Ausfahrtsmessung durchgeführt. Liegen beide Messergebnisse von Einfahrts- und Ausfahrtsmessung bei Messwerten bis 100 km/h innerhalb einer Toleranz von 6 km/h und bei Messwerten über 100 km/h innerhalb einer Toleranz von 6 %, wird aus allen bis zu diesem Zeitpunkt getätigten Messwertvergleichen der **tiefste Messwert** ermittelt. Das so ermittelte Messergebnis wird der Fotoeinrichtung übertragen. Nachdem zuvor (nach Abschluss der Frontmessung) nur der Fotoauslösebefehl übertragen wurde, wird jetzt auch der Geschwindigkeitsmesswert übertragen und über den Dateneinspiegelungsverschluss nachträglich in die Fotodokumentation eingeblendet.

13

c) Eichung

14   Die eichtechnische Prüfung der Geräte besteht aus einer **labormäßigen Prüfung**. Dabei wird der Ablauf des Selbsttests überprüft und Impulse mit bekanntem zeitlichen Abstand in den Mikroprozessorteil eingespeist. Dadurch ist die Zeitmess-, Rechen- und Anzeigefunktion überprüfbar. Zusätzlich werden die Versorgungsspannung und die Programmbausteine des EPROMs geprüft.

Die Verkehrsfehlergrenze liegt bei diesen Geräten für die Anzeige im Anzeigen-Bedienteil und im Fototeil bei ± 3 km/h bei Geschwindigkeiten bis 100 km/h und bei ± 3 % oberhalb von 100 km/h.

2. Einrichtung der Messstelle/Messdurchführung

15   Zu Beginn der Einrichtung werden der Lichtsender und der Lichtempfänger mit integriertem Rechner aufgebaut und mit einem Zielfernrohr einjustiert. Dabei muss die im Zubehör enthaltene Neigungswasserwaage eingesetzt werden, um die Fahrbahnneigung auf die Lichtschranke zu übertragen. Die Abtasthöhe der Messanlage soll von 40 cm bis 70 cm über Fahrbahnniveau (Lichtschutzrohre – Fahrbahn) liegen (ideal sind ca. 60 cm). Die Lichtschranke (Empfängereinheit/Sendeeinheit) wird als nächstes mit Hilfe eines Zielfernrohrs über die Fahrbahn hinweg ausgerichtet.

Sodann wird die Kameraeinrichtung justiert, wobei diese die gedachte (unsichtbare) **Messlinie zwischen Lichtsender und Lichtempfänger** so abbilden muss, dass alle Straßenabschnitte abgedeckt werden, auf denen Messungen entstehen können. Die empfohlene Aufstellhöhe, gemessen vom Fotoobjektiv zum Fahrbahnniveau, liegt dabei zwischen 1,1 m und 1,2 m, wobei ein Seitenabstand von ca. 4 m zum Fahrbahnrand angegeben wird.

16   Die Messlinie kann dabei laut Bedienungsanleitung mit einer der folgenden Maßnahmen fotografisch dokumentiert werden:

■   Lichtsender und/oder Lichtempfänger liegen für jedes Foto im Blickwinkel,

■   Leitlinienmarkierer, Reflexfolie oder Kreidestrich werden am Fahrbahnrand oder in der Fahrbahnmitte angebracht und liegen in jedem Foto im Blickwinkel,

■   Lübecker Hüte werden in Verlängerung zur Lichtschrankenmesslinie am Fahrbahnrand aufgestellt. Hier ist es ausreichend, wenn sie nur für die ersten beiden Testfotos (über Test 1 ausgelöst) aufgestellt werden.

17   Diese Maßnahmen gewährleisten in Verbindung mit der sehr kurzen Fotoauslöseverzögerung, dass das betreffende Fahrzeug sich im Foto noch im Bereich der Lichtschranke befindet.

Werden mehr als zwei Fahrspuren fotografisch überwacht, sollte eine Aufteilung der Straßenabschnitte auf Kamera 1 und Kamera 2 erfolgen.

Vor dem Beginn der Messung müssen verschiedene Tests des Messgerätes durchgeführt   **18**
werden. Es muss überprüft werden, ob alle Leuchtdioden und Segmentanzeigen im An-
zeigebedienteil funktionieren (Test 2) und ob die Kamerafunktionen (Test 1) korrekt laufen. Zusätzlich muss die Funkdatenübertragung geprüft und der Selbsttest des Messgerätes durchgeführt werden.

Es ist möglich, einen zweiten Grenzwert, der über die Taste LKW aktiviert wird, anzuge-   **19**
ben. Desweiteren kann auch eine **manuelle Fotoauslösung** aktiviert werden, um z.b.
Überholvorgänge oder Gurtpflichtverletzungen zu dokumentieren.

3. Auswertekriterien

Werden die erstellten Fotodokumentationen ausgewertet, gibt es laut Bedienungsanlei-   **20**
tung besonderen Verkehrssituationen, bei denen spezielle Vorsichtsmaßnahmen bezüglich der Zuordnung zu beachten sind.

■ Begegnen sich zwei Fahrzeuge direkt innerhalb der Lichtschrankenmessbasis von
0,25 m, dann wird über den Rechner automatisch eine Annullierung (1EE = außer Toleranz) ausgelöst. Es erfolgt dann eine Messwertanzeige „1EE" und keine Fotoauslösung.

■ Begegnen sich zwei Fahrzeuge kurz vor oder nach der Lichtschrankenmessbasis,
dann darf die Messwertzuordnung zum Fahrzeug über das Fahrtrichtungssymbol in
der Dateneinblendung ($\rightarrow$ oder $\leftarrow$) in Verbindung mit dem Standortcode aus der Kamera 1 oder Kamera 2 erfolgen.

■ Bewegen sich zwei Fahrzeuge nebeneinander in gleicher Fahrtrichtung durch die
Lichtschranke, z.B. Einbahnverkehr (Autobahnen) oder bei einem Überholvorgang,
dann ist allein anhand der eingeblendeten Daten eine zweifelsfreie Zuordnung nicht
in jedem Fall möglich. Möglich ist die Zuordnung, wenn die folgenden Bedingungen
beachtet werden:

▦ Wenn nur eines der Fahrzeuge die Messlinie bereits überfahren hat, kann der Messwert zweifelsfrei ihm zugeordnet werden.

▦ Hat sich eines der Fahrzeuge weiter als 4 m von der Messlinie entfernt, so kann der
Messwert (bei Geschwindigkeitsmesswerten bis 200 km/h) dem anderen Fahrzeug
zugeordnet werden.

▦ Kann der Einsatzbeamte während des Messvorgangs zweifelsfrei entscheiden, welches der betreffenden Fahrzeuge zuerst die Messbasis verlassen hat, so kann der
Messwert diesem Fahrzeug zugeordnet werden.

■ Es muss ausgeschlossen werden, dass ein parallel fahrendes Fahrzeug von dem im
Vordergrund fahrenden verdeckt ist (dies kann z.B. durch eine zweite Fotoeinrichtung, die den verdeckten Bereich mitfotografiert, oder durch konsequentes Beobachten der Messstelle erreicht werden.).

4. Technische Fehlermöglichkeiten

a) Messaufbau (Messbeamter)

21 Wie schon erwähnt, ist es möglich, dass der Messbeamte die **Fahrbahnneigung** nicht exakt auf die Empfängereinheit überträgt, wodurch vom Messgerät eine zu geringe Messbasis angenommen wird (vgl. Rdn 5).

Der Messbeamte muss den Funktionstest der Anzeigesegmente **mindestens zweimal** am Ende und am Anfang durchführen und im Messprotokoll quittieren.

Die **Kamerapositionen** können so gewählt sein, dass hier die Auswertebedingungen nicht gegeben sind, da sie nicht die komplette Breite der Fahrbahn in Höhe der Messlinie abbilden oder Teile der Fahrbahn durch Fahrzeuge verdeckt werden. Hier kann bei der Auswertung nicht ausgeschlossen werden, dass sich ein weiteres Fahrzeug (z.B. Motorrad) innerhalb des Messbereichs befunden hat, welchem der Messwert zuzuordnen ist.

b) Auswertung (Behörde)

22 Die auswertende Behörde kann bestimmte Konstellationen auf der Fotodokumentation übersehen, die darauf hindeuten, dass hier eine **Abtastfehlmessung** vorliegt (vgl. Rdn 6).

Des Weiteren kann die auswertende Person übersehen, dass hier nicht der gesamte Fahrbereich in Höhe der Messlinie abgebildet wurde und eine mögliche Fehlzuordnung vorliegt (vgl. Rdn 7).

c) Technische Fehler (Gerät)

23 Zu Abtastfehlmessungen üblicher Art kann es bei den auf die Vierfach-Messung umgebauten Dreifach-Lichtschrankengeräten nur noch dann kommen, wenn ein Fahrzeug an der Vorderfront und am Heck jeweils in Lichtstrahlenhöhe ein spiegelsymmetrisch ausgebildetes Stufenprofil aufweist. Eine solche Konstellation ist eher unwahrscheinlich.

24 Bei Geschwindigkeitsmessungen über **mehrere Fahrstreifen der gleichen Fahrtrichtung** hinweg (Messungen auf Autobahnen etc.) gilt es jedoch folgende Problematik zu beachten.

Auch bei den auf die Vierfach-Messung umgebauten Dreifach-Lichtschrankengeräten kann es zu einer vom Gerät nicht erkannten Abtastfehlmessung kommen, wenn zwei Fahrzeuge der gemessenen Fahrtrichtung **nahezu gleichzeitig** in den Strahlenbereich einfahren und zwar dergestalt, dass zwischen dem Heck des zuerst einfahrenden Fahrzeugs und der Front des zweiten Fahrzeugs in Fahrbahnlängsrichtung gesehen keine Lücke besteht (wenn sich beispielsweise die Front des auf dem linken Fahrstreifen fahrenden schnelleren Fahrzeugs in Fahrbahnlängsrichtung bereits vor dem Heck – jedoch noch nicht vor der Vorderfront – des auf dem rechten Fahrstreifen fahrenden Fahrzeugs befindet).

Bei einer solchen Konstellation erfolgt die Einfahrtsmessung an der Front des auf dem rechten Fahrstreifen fahrenden Fahrzeugs, die Ausfahrtsmessung dagegen am Heck des auf dem linken Fahrstreifen fahrenden Fahrzeugs. Die Anlage würde die beiden Fahrzeuge als ein einziges Fahrzeug behandeln.

Würde in einem solchen Fall an der Vorderfront des rechts fahrenden Fahrzeugs eine normale 10 % zu hohe Abtastfehlmessung zustande kommen und würde zufällig das auf dem linken Fahrstreifen überholende Fahrzeug eine um etwa 10 % höhere Geschwindigkeit als das rechts fahrende Fahrzeug einhalten, so würde auch das auf die Vierfach-Messung umgebaute Gerät eine Abtastfehlmessung nicht erkennen. Messsituationen der vorliegenden Art sollten aus diesem Grund nicht ausgewertet werden. Ob eine solche Konstellation vorliegt, sieht man bei richtiger Aufstellung der Fotoeinrichtung auf dem Messfoto.

Falls die Lichtstrahlen die Fahrbahn nicht rechtwinkelig zur Fahrtrichtung, sondern **schräg** überqueren (Aufstellungsfehler), führt dies systembedingt zu einer zu geringen Geschwindigkeitsanzeige. 25

5. Rechtliche Bewertung

Siegert

Geschwindigkeitsmessungen mit derartigen Lichtschrankengeräten erfolgen bei Beachtung der Herstellerangaben nach einem standardisierten Verfahren,[1] sodass die Angaben zu Messverfahren und Toleranz ausreichen.[2] Die Anforderungen an ein standardisiertes Messverfahren sowie an die Bedienungsanleitung des Herstellers sind also zu beachten.[3] 26

6. Arbeitshilfen für die Praxis

Siemer

a) Checkliste
■ Lag zur Messeinheit ein gültiger Eichschein/Messprotokoll/Schulungsbescheinigung vor? 27
■ Wurden alle relevanten Daten dokumentiert?
■ Waren am Gerät sämtliche Eichsiegel unversehrt?
■ Wurde die Messanlage korrekt ausgerichtet und am Messende überprüft?
■ Sind alle Fahrbahnbereiche in Höhe der Messlinie zu erkennen?

---

1 Vgl. § 2 Standardisiertes Messverfahren.
2 BayObLG NZV 1988, 30, 31; KG, Beschl. v. 29.4.1998 – 3 Ws (B) 128/98, juris; KG Berlin, Beschl. v. 29.4.1998 – 2 Ss 53/98 – 3 Ws (B) 128/98, Rn 5, juris; KG Berlin, Beschl. v. 25.1.1999 – 2 Ss 390/98 – 3 Ws (B) 742/98, Rn 7, juris; AG Ludwigslust, Urt. v. 10.7.2003 – 1 OWi 805/02, Rn 47, juris.
3 BayObLG, Beschl. v. 30.5.1990 – 2 Ob OWi 141/90, Rn 4, juris.

■ Befindet sich das Betroffenenfahrzeug alleine im Messbild?

■ Kann ein weiteres Fahrzeug die Messung beeinflusst haben?

b)   Mögliche Beweisfragen

28   ■ Das Tatfoto zeigt, dass die aufgestellte Kamera sehr tief positioniert wurde, wodurch sich erhebliche bildliche Verzerrungen ergeben. Ein Sachverständigengutachten wird ergeben, dass schon allein deshalb eine Positionsbestimmung, ob sich das Kfz des Betroffenen in einem plausiblen Abstand zur Messlinie befand, nicht möglich ist.

■ Die Messung wurde nur anhand einer einzigen Kamera dokumentiert, was dann, wenn nicht alle Fahrbahnabschnitte, auf denen sich Fahrzeuge bewegen können, abgebildet werden, einen aufmerksamen Messbetrieb bedingt. Dass sich hier ein weiteres Fahrzeug in der Messzone befunden haben könnte, ohne dass dies mit abgebildet wurde, kann durch ein Sachverständigengutachten gezeigt werden.

■ Im Tatfoto sind zwei Kfz zu sehen. Ein Sachverständiger wird bestätigen, dass der Messwert dem Betroffenen nicht mit der nötigen Sicherheit zugeordnet werden kann.

c)   Benötigte Daten/Unterlagen für eine technische Begutachtung

29   Die nachfolgende Auflistung soll wiedergeben, welche Unterlagen mindestens für eine technische Begutachtung notwendig sind. Die vollständige Auflistung der Daten kann bei Bedarf ergänzend beschafft werden, ist aber für eine erste Einschätzung in der Regel nicht notwendig.

	Mindestens	Vollständig	✓
Bußgeldbescheid	X	X	
Eichschein	X	X	
Lebensakte/Reparaturnachweise		X	
Messprotokoll	X	X	
Beschilderungsplan		X	
Schulungsnachweise	X	X	
Fotodokumentation des Betroffenen	X	X	
Gesamte Messreihe		X	

II.   LS4.0

30   Die **mobile mikrogesteuerte Lichtschranken-Geschwindigkeitsmessanlage** vom Typ LS4.0 ist wie der zuvor beschriebene Lichtschrankentyp µP80, kaum noch im Einsatz. Sie ähnelt der µP80 in der prinzipiellen Messwertgewinnung, ist allerdings kompakter aufgebaut und kann die Steilheit eines abgetasteten Fahrzeugprofils ermitteln (Abtastfehler).

1. Informationen zum Gerät

Bei dieser Lichtschranke unterbricht ein Fahrzeug nacheinander vier Lichtschranken. Die   **31**
Messbasis ist hier durch die beiden äußeren Lichtschranken festgelegt und beträgt 0,25 m.
Die beiden weiteren Lichtschranken sind in der Mitte der Basis übereinander angeordnet.
Die Messanlage misst die Zeit zwischen den beiden äußeren Impulsen der Lichtschranke
und zwischen den jeweils äußeren und einem mittleren. Die Zeitdifferenz der Auslösung
der beiden Sensoren in der Mitte wird ebenfalls ermittelt und ist ein Maß für die Steilheit
der abgetasteten Fahrzeugstruktur.

Wird von der Messanlage ein gültiger Geschwindigkeitswert ermittelt, welcher über dem
eingestelltem Grenzwert liegt, wird über die Kameras (Typ IX, FE2.0/2.1) ein Foto erstellt, welches die Verkehrssituation dokumentieren soll. Dabei sollen die Fahrzeuge in
etwa der gleichen Position abgebildet werden, wodurch eine **Plausibilitätsprüfung
des Geschwindigkeitsmesswertes** zumindest Größenordnungsmäßig möglich ist.

a) Technische Daten

Messbereich	5 km/h–250 km/h (geeicht)
Anzeigebereich	1 km/h–350 km/h
Auflösung	1 km/h (geeicht), 0,1 km/h (ungeeicht)
Richtungsanzeige	→; ←
Reichweite	25 m
Lichtquelle	LED, Wellenlänge 930 nm
Länge der Messstrecken	0,25 m
Länge der Kontrollstrecke	0,125 m
Verzögerung Kamera VIII-4	0,065 s Kamera 1; 0,070 s Kamera 2
Verzögerung Kamera FE2.0	0,060 s Kamera 1; 0,065 s Kamera 2
Takt für Zeitmessung	100 000 Hz
Betriebsdauer	Ca. 6 h bzw. 18 h (Lichtsender)
Temperaturbereiche der LS4.0	
Lichtsender, Lichtempfänger, Elektronik, Anzeige und Fotoeinrichtung	-15°C bis +50°C

32

b) Toleranzen

Die Messbasis, welche durch die beiden äußern Schranken festgelegt ist, dient der Ermitt-   **33**
lung des Geschwindigkeitswertes. Dieser wird mit den Werten verglichen, die anhand der
Kontrollstrecke (mittlere Lichtschranken) ermittelt wurden. Aus den gemessenen Zeiten
wird dann der **niedrigere Geschwindigkeitswert** dem Betroffenen vorgeworfen.

Ein Messwert ist aber nur gültig, wenn

- die Reihenfolge der Unterbrechung der einzelnen Lichtschranken korrekt ist,
- der Messwert der Kontrollstrecke, mit 2 multipliziert, sich um höchstens 1 % von der Gesamtmessstrecke unterscheidet,
- das ermittelte Fahrzeugprofil steiler als ein festgelegter Winkel ist,
- sich die Ergebnisse der getrennten elektronischen Zähler um höchstens 0,1 % unterscheiden.

34   Ist bei der Einfahrt eines Fahrzeuges keine Ermittlung eines Geschwindigkeitswertes möglich, erfolgt eine **erneute Messung bei der Ausfahrt des Fahrzeuges**, welche analog zur Eingangsmessung erfolgt.

c) Eichung

35   Die eichtechnische Prüfung der Geschwindigkeitsmessanlage besteht in der Regel aus einer labormäßigen Prüfung. Bei der Eingabe eines Messwertes, mit dem eine Geschwindigkeitsmessung simuliert wird, beträgt die Fehlergrenze für die Anzeigen der Messanlage ± 1 km/h bei Messwerten bis 150 km/h und ± 2 km/h bei Messwerten oberhalb 150 km/h.

Bei betriebsmäßigen Prüfungen im Rahmen der Eichung betragen die Fehlergrenzen für die Anzeigen ± 3 km/h bis 100 km/h und ± 3 % oberhalb von 100 km/h. Die dabei errechneten Messwerte sind auf den nächsten ganzzahligen aufzurunden.

2. Einrichtung der Messstelle/Messdurchführung

36   Die **Messung in Kurven** ist **ohne Einschränkungen** möglich.

Dabei werden die Lichtsender und -empfänger auf gegenüberliegenden Straßenseiten aufgestellt und zueinander ausgerichtet. Die Lichtstrahlen sollen die Fahrbahn in einer Höhe von ca. 40–70 cm überbrücken. In einem weiteren Schritt muss, um Messfehler aufgrund einer fehlerhaften Nivellierung zu vermeiden (siehe Rdn 5), die **Fahrbahnneigung** auf die Messanlage übertragen werden. Danach können die Fotoeinrichtungen positioniert werden, wobei bei der Kameraaufstellung darauf zu achten ist, dass das Messfoto die gedachte Messlinie zwischen Lichtsender und Lichtempfänger so abbildet, dass **alle Fahrbahnabschnitte** auf denen Messwerte entstehen können abgebildet werden. Es werden eine Aufstellhöhe von ca. 1,1 bis 1,2 m und ein Seitenabstand von ca. 4 m zum Fahrbahnrand empfohlen. Bei der Justierung der Fotoeinrichtung muss die Zeitverzögerung der Kameraauslösung beachtet werden, um den Punkt zu bestimmen, an dem sich die Fahrzeuge zum Fotozeitpunkt befinden. Zusätzlich muss bei jedem Messeinsatz die Messlinie dokumentiert werden, was am besten über eine Markierung erreicht wird, die auf einem Messfoto festgehalten wird.

Zum Beginn der Messung müssen 2 Tests durchgeführt werden, bei denen die Fotoeinrichtung und die Anzeige überprüft werden.

3. Auswertekriterien

Werden die erstellten Fotodokumentationen ausgewertet, gibt es laut Bedienungsanleitung besondere Verkehrssituationen, bei denen spezielle Vorsichtsmaßnahmen bezüglich der Zuordnung zu beachten sind.   37

■ Begegnen sich zwei Fahrzeuge direkt innerhalb der Lichtschrankenmessbasis von 0,25 m, dann wird über den Rechner automatisch eine Annullierung (1 EE = außer Toleranz) ausgelöst. Es erfolgt dann eine Messwertanzeige „1 EE" und keine Fotoauslösung.

■ Begegnen sich zwei Fahrzeuge kurz vor oder nach der Lichtschrankenmessbasis, dann darf die Messwertzuordnung zum Fahrzeug über das Fahrtrichtungssymbol in der Dateneinblendung (→ oder ←) in Verbindung mit dem Standortcode aus der Kamera 1 oder Kamera 2 erfolgen.

■ Bewegen sich zwei Fahrzeuge nebeneinander in gleicher Fahrtrichtung durch die Lichtschranke, z.B. Einbahnverkehr (Autobahnen) oder bei einem Überholvorgang, dann ist allein anhand der eingeblendeten Daten eine zweifelsfreie Zuordnung nicht in jedem Fall möglich. Die Zuordnung ist möglich, wenn die folgenden Bedingungen beachtet werden:

▨ Fotos dürfen nur verwendet werden, wenn nur ein Fahrzeug in Fahrtrichtung auf oder hinter der Messlinie abgebildet ist.

▨ Fotos auf denen zwei oder mehrere Fahrzeuge in Fahrtrichtung auf oder hinter der Messlinie abgebildet sind, dürfen nicht ausgewertet werden.

▨ Es muss ausgeschlossen werden, dass ein parallel fahrendes Fahrzeug von dem im Vordergrund fahrenden verdeckt ist. (Dies kann zum Beispiel durch eine zweite Fotoeinrichtung, die den verdeckten Bereich mitfotografiert, oder durch konsequentes Beobachten der Messstelle erreicht werden.).

Messfotos dürfen nur dann ausgewertet werden, wenn ein einziges Fahrzeug in Messrichtung auf oder in Fahrtrichtung hinter der Messlinie abgebildet ist. Sind mehrere Fahrzeuge in einer solchen Position zu sehen, darf die Messung nicht verwendet werden. Besonders **Heckmessungen** sind zu überprüfen.   38

4. Technische Fehlermöglichkeiten

Bezüglich der technischen Fehlermöglichkeiten kann auf Rdn 21–25 verwiesen werden.   39

5. Rechtliche Bewertung

Siegert

40 Zur rechtlichen Bewertung kann auf Rdn 26 verwiesen werden.

6. Arbeitshilfen für die Praxis

Siemer

a) Checkliste

41 ■ Lag zur Messeinheit ein gültiger Eichschein/Messprotokoll/Schulungsbescheinigung vor?

■ Wurden alle relevanten Daten dokumentiert?

■ Waren am Gerät sämtliche Eichsiegel unversehrt?

■ Wurde die Messanlage korrekt ausgerichtet und am Messende überprüft?

■ Sind alle Fahrbahnbereiche in Höhe der Messlinie zu erkennen?

■ Befindet sich das Betroffenenfahrzeug alleine im Messbild?

■ Kann ein weiteres Fahrzeug die Messung beeinflusst haben?

b) Mögliche Beweisfragen

42 ■ Das Tatfoto zeigt, dass die aufgestellte Kamera sehr tief positioniert wurde, wodurch sich erhebliche bildliche Verzerrungen ergeben. Ein Sachverständigengutachten wird ergeben, dass schon allein deswegen eine Positionsbestimmung, ob sich das Kfz des Betroffenen in einem plausiblen Abstand zur Messlinie befand, nicht möglich ist.

■ Die Messung wurde nur anhand einer einzigen Kamera dokumentiert, was dann, wenn nicht alle Fahrbahnabschnitte, auf denen sich Fahrzeuge bewegen können, abgebildet werden, einen aufmerksamen Messbetrieb bedingt. Dass sich hier ein weiteres Fahrzeug in der Messzone befunden haben könnte, ohne dass dies mit abgebildet wurde, kann durch ein Sachverständigengutachten gezeigt werden.

■ Im Tatfoto sind zwei Kfz zu sehen. Ein Sachverständiger wird bestätigen, dass der Messwert dem Betroffenen nicht mit der nötigen Sicherheit zugeordnet werden kann.

c) Benötigte Daten/Unterlagen für eine technische Begutachtung

43 Die nachfolgende Auflistung soll wiedergeben, welche Unterlagen mindestens für eine technische Begutachtung notwendig sind. Die vollständige Auflistung der Daten kann bei Bedarf ergänzend beschafft werden, ist aber für eine erste Einschätzung in der Regel nicht notwendig.

	Mindestens	Vollständig	✓
Bußgeldbescheid	X	X	
Eichschein	X	X	
Lebensakte/Reparaturnachweise		X	
Messprotokoll	X	X	
Beschilderungsplan		X	
Schulungsnachweise	X	X	
Fotodokumentation des Betroffenen	X	X	
Gesamte Messreihe		X	

III. ES1.0

Die Messanlage ähnelt dem Nachfolger ES3.0 auf dessen Funktionsweise unter   **44**
Rdn 61–63 näher eingegangen wird.

1. Informationen zum Gerät

Bei dieser Anlage handelt es sich um einen Einseitensensor, der mit einem Sensorkopf   **45**
mit **vier optischen Helligkeitssensoren** ausgestattet ist. Drei der vier Sensoren überbrücken die Straße rechtwinklig zum Fahrbahnrichtungsverlauf, während der vierte dagegen schräg versetzt ist (Abbildung 2, Rdn 45). Die Gesamtlänge der Messbasis des
Sensorkopfes, die durch die Sensoren 1 und 3 festgelegt ist, beträgt 500 mm, die Basis
der Teilstrecke (zwischen Sensor 1 und 2 bzw. 2 und 3) liegt bei 250 mm. Die drei Sensoren dienen zur Ermittlung von zwei Geschwindigkeitsmesswerten. Der vierte Sensor,
dessen optische Achse um ca. 2° schräg gestellt ist, dient zur Messung des Abstandes
des Fahrzeugs vom Sensor. Dabei wird ausgenutzt, dass die zeitliche Verschiebung seines Signalverlaufs gegenüber den anderen Verläufen von der Geschwindigkeit und vom
Abstand des gemessenen Objektes abhängt.

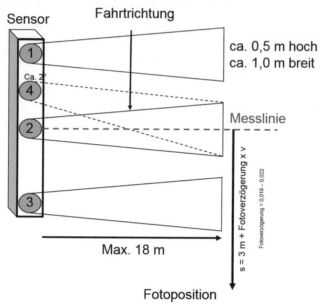

Abbildung 2: Skizze der prinzipiellen Messmethode der ES1.0. Der Sensorbereich beträgt dabei in einer Entfernung von ca. 18 m ca. 0,5 m × 1,0 m. Die Fotolinie liegt mindestens 3 m hinter der Messlinie und ist Geschwindigkeitsabhängig.

Wird ein zu hoher Geschwindigkeitswert ermittelt, wird ein Dokumentationsfoto über eine der zulässigen Kameras (Typ VII-4, FE2.0, FE2.4) erstellt. Das Fahrzeug muss sich zum Zeitpunkt der Fotodokumentation an einer Position hinter der Messlinie befinden, wobei diese geschwindigkeitsabhängig ist. Demnach kann über die Ermittlung der Überfahrstrecke eine Plausibilitätskontrolle des gemessenen Geschwindigkeitswertes durchgeführt werden.

a) Technische Daten

46 Technische Daten

Messbereich	10 km/h–250 km/h (geeicht)
Anzeigebereich	Max. 10 km/h–399 km/h
Auflösung bei amtlichen Messungen	1 km/h
Gesamtlänge der Messbasis	500 mm
Länge der Kontrollstrecke	250 mm
Reichweite	ca. 18 m

Quarzfrequenz für AD-Wandler	250 kHz
Betriebsdauer	ca. 14 h
Temperaturbereiche des ES 1.0	
Rechnereinheit, Anzeige Bedienteil	ca. 0°C bis +50°C (nicht kondensierend)
Sensorkopf, Foto- und Blitzeinrichtung	ca. -20°C bis +50°C

b) Toleranzen

Das Fahrzeug durchfährt den Sichtbereich der Sensoren, wobei diese nacheinander **Trig-**   47
gersignale erzeugen. Die Triggersignale dienen zur Vorbestimmung der Geschwindigkeit, zur Abstandsbestimmung und zur Optimierung der Signalauswertung.

Des Weiteren liefern die Sensoren jeweils ein **Helligkeitsprofil** des vorbeifahrenden
Fahrzeugs. Die aufgezeichneten Helligkeitsprofile können rechnerisch mit der mathematischen Methode der Korrelationsrechnung verglichen werden, um den genauen Zeitver-
satz der Profile zu bestimmen. Die Geschwindigkeit ergibt sich aus den zwei Zeiten der
Messstrecke und der Kontrollstrecke und der jeweiligen Messbasis.

Für einen gültigen Geschwindigkeitsmesswert muss die Reihenfolge der Sensortrigge-
rung (erst 1, dann 2, zuletzt 3 bei Fahrt von links nach rechts; erst 3, dann 2, zuletzt 1
bei der anderen Fahrtrichtung) eingehalten werden und die verschiedenen Parameter
der Korrelationsrechnung (Qualität der Kurven) dürfen nicht unterschritten werden. Falls
bei der Berechnung des Geschwindigkeitswertes die Übereinstimmung der Helligkeitsprofile der Sensoren 1 und 2 besser und/oder schlechter ist als die der Helligkeitsprofile
der Sensoren 1 und 3, werden die zwischen den Sensoren 1 und 2 sowie den Sensoren 1
und 3 gebildeten Geschwindigkeitswerte mit entsprechenden Gewichtungen versehen,
daraus wird letztlich der endgültige Geschwindigkeitswert ermittelt.

Der Vergleich der Helligkeitsprofile der Sensoren 1, 2 und 3 wird dann als gut gegeben,
wenn diese um mehr als 75 % übereinstimmen; in welchen Punkten sich die drei Helligkeitsprofile um mehr als 75 % gleichen müssen, wurde seitens des Herstellers nicht
mitgeteilt.

Die Messung wird dann endgültig als gut gegeben, wenn sich der durch den Vergleich der
Helligkeitssignale ergebende **Geschwindigkeitswert** nicht um mehr als 2 % vom Wert
der speziellen Triggerpunkte und sich nicht um mehr als 6 % vom durch den Vortrigger
ermittelten Eingangswert unterscheidet.

c) Eichung

Bei der Eingabe eines Messwertes, mit dem eine Geschwindigkeit simuliert wird, betra-   48
gen die Fehlergrenzen für die Anzeigen der Messanlage ± 1 km/h bei Messwerten bis
150 km/h und ± 2 km/h bei Messwerten oberhalb 150 km/h.

Bei betriebsmäßigen Prüfungen im Straßenverkehr betragen die Fehlergrenzen für die Anzeigen des Geschwindigkeitsüberwachungsgerätes ES1.0 ± 3 km/h bei Messwerten bis 100 km/h und ± 3 % des richtigen Wertes bei Messwerten oberhalb von 100 km/h. Die so errechneten Werte für die Fehlergrenzen sind auf den nächsten ganzzahligen Wert aufzurunden.

Am Messgerät (ohne Kameras) werden laut Bedienungsanweisung nach der korrekten Eichung insgesamt **13 Eichsiegel** befestigt.

2. Einrichtung der Messstelle/Messdurchführung

49   Messungen in Kurven, im Bereich von Straßenbaustellen sowie innerhalb geschlossener Ortschaften, in 30 km/h-Zonen und in verkehrsberuhigten Bereichen (Messwerte ab 10 km/h) sind ohne Einschränkung möglich.

In der Gebrauchsanweisung wird ausgeführt, dass bei der Aufstellung des Sensors darauf zu achten ist, dass für den Sensor eine **freie Sicht** auf die zu messenden Fahrzeuge gegeben ist. Grashalme und Äste o.ä. sind ggf. zu entfernen. Feststehende oder sich bewegende Gegenstände haben keinen Einfluss auf das Messergebnis, können aber die Annullierungsrate erhöhen.

50   Nach der Aufstellung wird die Parallelität zwischen der Fahrbahn und dem Sensor mit Hilfe der **Neigungswasserwaage** hergestellt (vgl. Rdn 5).

Die Einstellung der Längsneigung mit der Neigungswasserwaage ist nicht zwingend erforderlich. Mit dieser Neigung können aber z.B. die 2. oder 3. Fahrspur ausgeblendet werden. Bei Nacht ist allerdings eine waagerechte und höhere Ausrichtung über die Fahrbahn zu empfehlen, um die Scheinwerfer auf der ganzen Straßenbreite erfassen zu können. Wird nicht so vorgegangen, kann im Extremfall in der Dämmerungsphase das Fahrzeug an den Heckleuchten erfasst werden. Dementsprechend ist das gemessene Fahrzeug u.U. auf dem Foto in Fahrtrichtung nach vorne versetzt.

Da bei dieser Messanlage der Fotopunkt geschwindigkeitsabhängig hinter der Messlinie liegt, führt dieses dazu, dass die Kamera **auf einen Fotopunkt auszurichten** ist, der in Fahrtrichtung hinter dem Sensorkopf liegt. Bei der Wahl des Bildausschnitts ist festzulegen, mit welchen Fahrzeuggeschwindigkeiten am Messort maximal zu rechnen ist. Dieser Wert ist als Grenzwert *vGrenz* zu protokollieren, um bei der Auswertung der Fotos auch in Extremfällen eine zweifelsfreie Messwertzuordnung zu gewährleisten. Zusätzlich müssen bei jedem Messeinsatz die **Messlinie** und die **Fotolinie 2 dokumentiert** werden.

Bei der Festlegung der Fotoentfernung vom Sensorkopf ist zu berücksichtigen, dass alle Straßenabschnitte abgedeckt werden müssen, auf denen Messungen entstehen können. So muss eine Fahreridentifizierung möglich sein, sich das Kennzeichen innerhalb des Fotos befinden und die gedachte (i.a. unsichtbare) Linie an der Fotolinie rechtwinklig über die Fahrbahn abgebildet werden.

Sind mehr als zwei Fahrspuren fotografisch zu überwachen, dann empfiehlt sich eine Aufteilung der Straßenabschnitte auf zwei Fotoeinrichtungen.

3. Auswertekriterien

Zur Auswertung der erstellten Fotodokumentationen gelten laut Gebrauchsanweisung folgende Auswertekriterien bezüglich der Zuordnung des Geschwindigkeitswertes. **51**

Begegnen sich zwei Fahrzeuge kurz vor oder nach der Sensormessbasis, dann darf die Messwertzuordnung zu einem Fahrzeug über die Fahrtrichtungssymbolik in der Dateneinblendung ($\rightarrow$; $\leftarrow$) in der Fotodokumentation erfolgen.

Bewegen sich zwei Fahrzeuge nebeneinander in gleicher Fahrtrichtung am Sensorkopf vorbei, z.B. Einbahnverkehr (Autobahnen) so ist allein anhand der eingeblendeten Daten eine zweifelsfreie Zuordnung nur möglich, wenn die folgenden Bedingungen beachtet werden:

- Fotos dürfen nur verwendet werden, wenn nur ein Fahrzeug in Fahrtrichtung auf oder hinter der Messlinie abgebildet ist.

- Fotos, auf denen zwei oder mehrere Fahrzeuge in Fahrtrichtung auf oder hinter der Messlinie abgebildet sind, dürfen nicht ausgewertet werden.

- Dabei ist insbesondere auch auszuschließen, dass ein parallel fahrendes Fahrzeug von dem im Vordergrund fahrenden verdeckt ist. (Dies kann z.B. durch eine zweite Fotoeinrichtung, die den verdeckten Bereich mitfotografiert, oder durch konsequentes Beobachten der Messstelle erreicht werden.)

Sind Fahrzeuge auf dem Messfoto erkennbar, die die Messlinie noch nicht erreicht haben, müssen diese bei der Auswertung nicht berücksichtigt werden, da sie zur Messwertbildung nicht beigetragen haben können. **52**

Überschreitet der festgestellte Geschwindigkeitswert eines Fahrzeuges die im Protokoll festgehaltene Geschwindigkeit *vGrenz* um mehr als 50 % (d.h. beträgt er mindestens das 1,5-fache von vGrenz), darf dieses Foto nur dann verwendet werden, wenn das betreffende Fahrzeug sich mit der Fahrzeugfront **zweifelsfrei in Fahrtrichtung hinter der Fotolinie** befindet. Befindet sich ein zweites Fahrzeug in Fahrtrichtung hinter der Messlinie, darf das Foto nicht ausgewertet werden.

Bei der Verwendung von zwei Fotoeinrichtungen, darf auch bei Ausbleiben eines der beiden Fotos (z.B. durch eine Störung der Funkstrecke) das andere verwendet werden, wenn sich mit diesem die Einhaltung aller obigen Forderungen nachweisen lässt.

4. Technische Fehlermöglichkeiten

a) Messaufbau (Messbeamter)

53   Falls bei der Messreihe ungewöhnlich viele Messungen annulliert wurden, müssen die Messbeamten die **Parallelität zur Fahrbahn** oder/und die **Messhöhe** überprüfen.

Wenn die Anlage nicht auf messbereit schaltet oder gelegentlich auslöst, obwohl keine Fahrzeuge den Sensorbereich durchfahren, könnte dies an einem stark bewegten Hintergrund (z.B. Büsche bei starkem Wind) liegen. In dem Fall muss der Sensorkopf z.B. auf eine Leitplanke, Hauswand, Bordsteinkante o.ä. gerichtet werden (falls vorhanden). In Extremfällen sollte die Messstelle gewechselt werden.

Der Fototest muss jeweils zweimal pro Messstelle ausgeführt werden. Einmal zu Beginn und einmal am Ende des Messeinsatzes an einer Messstelle.

b) Auswertung (Behörde)

54   Eine zweifelsfreie Zuordnung ist dann möglich, wenn die folgenden Bedingungen beachtet werden:

■ Fotos dürfen nur verwendet werden, wenn nur ein Fahrzeug in Fahrtrichtung auf oder hinter der Messlinie abgebildet ist.

■ Fotos, auf denen zwei oder mehrere Fahrzeuge in Fahrtrichtung auf oder hinter der Messlinie abgebildet sind, dürfen nicht ausgewertet werden.

■ Dabei ist insbesondere auch auszuschließen, dass ein parallel fahrendes Fahrzeug von dem im Vordergrund fahrenden verdeckt ist.

Es müssen alle Fahrbahnbereiche im Bild zu sehen sein, auf denen Messungen entstehen können, z.B. auch ein vorgelagerter Seitenstreifen, da theoretisch auch dort ein Fahrzeug fahren könnte, sodass Messungen möglich wären, ohne dass dies in den Fotos zu sehen wäre.

c) Technische Fehler (Gerät)

55   Bewegen sich zwei Fahrzeuge nebeneinander in gleicher Fahrtrichtung am Sensor vorbei, z.B. **Einbahnverkehr** (Autobahnen) oder bei einem **Überholvorgang**, ist allein anhand der eingeblendeten Daten eine zweifelsfreie Zuordnung nicht in jedem Fall möglich.

56   Die Messanlage ermöglicht die **Erfassung nur eines Bauteils** (bei Dunkelheit Scheinwerfer). In dem Fall entspricht dies der Einfachmessung der Lichtschranken mit der Gefahr eines **Abtastfehlers**.

5. Rechtliche Bewertung

Siegert

Hier handelt es sich wiederum um ein standardisiertes Messverfahren.[4] Entsprechend sind   57
konkrete Anhaltspunkte für Messfehler aufzuzeigen, um den gebotenen Prüfungsumfang
zu erweitern. Ein besonderes Augenmerk ist darauf zu legen, ob das Gerät **in geeichtem
Zustand** und **gemäß der Bedienungsanleitung** eingesetzt worden ist.

Zwischenzeitlich waren Bedenken aufgekommen, ob die hierbei angefertigten Lichtbilder von Fahrer und Fahrzeug eine hinreichende Gesetzesgrundlage haben.[5] Die meisten
OLG nehmen nunmehr an, dass die verdachtsbezogene Überwachungsmaßnahmen im
Straßenverkehr auf § 100h Abs. 1 Nr. 1 StPO i.V.m. § 46 OWiG gestützt werden können
und die Aufzeichnungen zu Beweiszwecken verwertbar sind.[6]

6. Arbeitshilfen für die Praxis

Siemer

a) Checkliste

■ Lag zur Messeinheit ein gültiger Eichschein/Messprotokoll/Schulungsbescheini-   58
gung vor?

■ Wurden alle relevanten Daten dokumentiert?

■ Waren am Gerät sämtliche Eichsiegel unversehrt?

■ Wurde die Neigung der Straße auf den Sensor übertragen und nach der Messung überprüft?

■ Wurde der Abstand zwischen Mess- und Fotolinie exakt ausgemessen?

■ Befindet sich das Betroffenenfahrzeug in Höhe der Messlinie?

■ Ist der angezeigte Abstandswert plausibel?

■ Ist die gesamte Fahrbahnbreite in Höhe der Fotolinie auf der Fotodokumentation abgelichtet?

b) Mögliche Beweisfragen

■ Es ist keine Dokumentation von vGrenz erfolgt. Die Messung ist daher amtlich nicht   59
verwertbar, Beweis: Sachverständigengutachten.

■ Das Tatfoto zeigt, dass die aufgestellte Kamera sehr tief positioniert wurde, wodurch
sich erhebliche bildliche Verzerrungen ergeben. Ein Sachverständigengutachten

---

4 OLG Stuttgart, Beschl. v. 24.10.2007 – 4 Ss 264/07, Rn 12, juris; *Helle* in: Freymann/Wellner, jurisPK-Straßenverkehrsrecht, 1. Aufl. 2016, § 3 StVO, Rn 74.
5 Eine Übersicht zu dieser Thematik bietet *Rausch* zfs 2010, 302–312.
6 Vgl. neben anderen: OLG Dresden, Beschl. v. 30.3.2010 – Ss Bs 152/10, Rn 7, juris.

wird ergeben, dass schon allein deshalb eine Positionsbestimmung, ob sich das Kfz des Betroffenen in einem plausiblen Abstand zur Messlinie befand, nicht möglich ist.

■ Die Messung wurde nur anhand einer einzigen Kamera dokumentiert, was dann, wenn nicht alle Fahrbahnabschnitte, auf denen sich Fahrzeuge bewegen können, abgebildet werden, einen aufmerksamen Messbetrieb bedingt. Dass sich hier ein weiteres Fahrzeug in der Messzone befunden haben könnte, ohne dass dies mit abgebildet wurde, kann durch ein Sachverständigengutachten gezeigt werden.

■ Im Tatfoto sind zwei Kfz im Bereich der Fotolinie zu sehen. Ein Sachverständiger wird bestätigen, dass der Messwert dem Betroffenen nicht mit der nötigen Sicherheit zugeordnet werden kann.

■ Die Fotoeinrichtung ist gemäß Tatfoto tief postiert, was bedeutet, dass der Betroffene nicht an der Frontstruktur, sondern im Unterbodenbereich gemessen wurde und somit unzureichende Abtastvoraussetzungen vorliegen. Ein Sachverständigengutachten wird dies belegen.

■ Die Messung fand erkennbar bei Dunkelheit statt, was bedeutet, dass das mit der Messung einhergehende Abtastsignal nur für einen Karosseriepunkt auswertbar ist. Ein Sachverständigengutachten wird ergeben, dass dies einer Einfachmessung der alten Lichtschranke entspricht und demzufolge nicht den Anforderungen an eine Mehrfachmessung genügt.

■ Die Signalauswertung in einem Sachverständigengutachten zum Fahrzeug des Betroffenen wird ergeben, dass die Anlage unsorgfältig aufgestellt wurde, es wird sich nämlich zeigen, dass die einzelnen Sensorlinien bereits ohne Anwesenheit eines Kfz weit voneinander abweichen.

c) Benötigte Daten/Unterlagen für eine technische Begutachtung

60   Die nachfolgende Auflistung soll wiedergeben, welche Unterlagen mindestens für eine technische Begutachtung notwendig sind. Die vollständige Auflistung der Daten kann bei Bedarf ergänzend beschafft werden, ist aber für eine erste Einschätzung in der Regel nicht notwendig.

	Mindestens	Vollständig	✓
Bußgeldbescheid	X	X	
Eichschein	X	X	
Lebensakte/Reparaturnachweise		X	
Messprotokoll	X	X	
Beschilderungsplan		X	

	Mindestens	Vollständig	✓
Schulungsnachweise	X	X	
Fotodokumentation des Betroffenen	X	X	
Gesamte Messreihe		X	

IV. ES3.0

Die ES3.0 des Herstellers ESO ist eine zum Veröffentlichungszeitpunkt häufig verwen- **61**
dete Geschwindigkeitsmessanlage. Dabei handelt es sich um eine Weiterentwicklung des
Einseitensensors ES1.0, der unter Rdn 44 beschrieben wurde.

1. Informationen zum Gerät

Beim Geschwindigkeitsmessgerät ES 3.0 handelt es sich um einen **Einseitensensor** der **62**
Firma ESO GmbH. In der Abbildung 3 (a) ist die Gerätezusammenstellung der Messanlage am Beispiel eines Fahrzeugeinbaus gezeigt. Die Messanlage besteht aus dem Sensorkopf, der auf einem Stativ befestigt werden kann, mindestens einer Kamera (Kamera
1) und optional einer Funkkamera (Kamera 3) mit jeweils dazugehöriger Blitzeinheit. Als
Kameras dürfen die Typen FE3.1, FE4.1, FE4.5, FE6.0 und FE5.0 eingesetzt werden,
Ebenfalls enthalten sind Verlängerungskabel, ein Rechnersystem mit Monitor, eine Bat-
terieladeeinheit, ein Laserpointer und eine Neigungswasserwaage zur Ausrichtung des
Sensorkopfes.

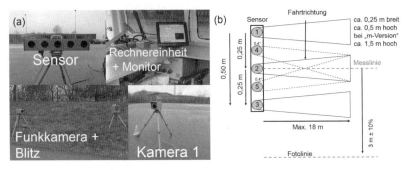

**Abbildung 3: (a) Gerätezusammenstellung der Messanlage ES3.0. (b) Skizze der prinzipiellen
Funktionsweise der Geschwindigkeitsbestimmung der ES3.0. Die Fotolinie liegt dabei ca. 3 m
hinter der Messlinie.**

Der Sensorkopf besitzt **fünf seitlich angebrachte Helligkeitssensoren** deren optisches **63**
Sichtfeld ebenfalls den seitlich gelegenen Bereich erfasst. In Abbildung 3 (b) ist die prin-

zipielle Ausrichtung des Sensorkopfes gezeigt. In der Praxis wird der Sensorkopf so aufgebaut, dass die Blickrichtung der Sensoren 1, 4, 2, 5 und 3 senkrecht zur Fahrbahn verläuft. Die Sensoren 1, 2 und 3 messen die Geschwindigkeit eines vorbeifahrenden Fahrzeuges, während die schräg (0,4°) stehenden Sensoren 4 und 5 (gestrichelte Linien) den Abstand des Fahrzeuges bestimmen können. Der Abstand der Sensoren 1–3 beträgt zueinander 0,25 m bei einer maximalen Fahrbahnerfassungsbreite von 18 m. Das Messprinzip verläuft so, wie bei der ES 1.0 vom gleichen Hersteller (vgl. Rdn 45). Im Gegensatz zu der ES 1.0 ist aber bei der ES 3.0 ein **zweiter Sensor** (Sensor 5) **zur Abstandsbestimmung** angebracht. Dadurch ist eine eichfähige Abstandsmessung realisiert, wodurch eine Zuordnung des Geschwindigkeitswertes ermöglicht wird.

Erfasst die Messanlage ein Fahrzeug, welches den eingestellten Geschwindigkeitsgrenzwert überschreitet, wird **mindestens ein Foto** ausgelöst, welches den Vorgang dokumentieren soll. Die erstellte Fotodokumentation wird zusammen mit den Rohmessdaten der einzelnen Sensoren in einer Falldatei gespeichert. Die Messanlage ist dabei so konzipiert, dass das Fahrzeugbauteil, welches zuerst von der Messanlage detektiert wurde, sich zum Fotozeitpunkt auf einer gedachten Linie (Fotolinie) 3 m hinter der Messlinie befindet.

Durch die Überprüfung dieser Position kann eine **Plausibilitätskontrolle** des gemessenen Geschwindigkeitswertes durchgeführt werden. Befindet sich die Front des gemessenen Fahrzeuges, welche zuerst von der Messanlage erfasst werden sollte, nicht in Höhe dieser Linie, kann dies ein Hinweis auf eine Fehlmessung sein.

a)   Technische Daten

64

Messbereich	10 km/h–250 km/h (geeicht)
Abstandsmessung	0,1 m–18 m
Toleranz der Abstandsmessung im gesamten Bereich	± 1 m
Abstandsbereichseinstellung	0,1–18 m in Schritten von 0,1 m
Länge der Messstrecke	500 mm
Länge der Kontrollstrecke	250 mm
Grenzwerteinstellung	10 km/h–250 km/h in Schritten von 1 km/h
Quarzfrequenz für AD-Wandler	100 000 Hz pro Kanal
Fotodokumentation	Schwarz/Weiß Digitalkamera
Datenspeicherung	>80 GB (ca. 80.000 Überschreitungen)
Betriebsdauer	bis zu 16 Stunden
Temperaturbereiche des ES 3.0	
Rechnereinheit	ca. 0°C bis +50°C intern überwacht (nicht kondensierend)

Sensorkopf	ca. -20°C bis +70°C, intern überwacht
Fotoeinrichtung	ca. -20°C bis +55°C, intern überwacht
Lagertemperatur für alle Geräteteile	-25°C bis +70°C

b) Toleranzen

Anhand der Signalverläufe die von den unterschiedlichen Sensoren aufgezeichnet wer-   65
den, können mit Hilfe der Kreuzkorrelation (Signalvergleich), die Zeiten zwischen diesen
Sensoren bestimmt werden. Bei diesem Vergleich müssen laut PTB die Signale mit einer
Güte von **mindestens 92 %** übereinstimmen. Ist die Anlage aber so aufgestellt, dass auch
die Kontraste der Räder von den Sensoren erkannt werden, können die Signale der sich
drehenden Räder mit ausgewertet werden. Dies sorgt dafür, dass auch höhere Geschwin-
digkeitskomponenten von der Kreuzkorrelation beachtet werden, die den Messwert erhöhen könnten. Deshalb werden vermutlich nicht die gesamten Signalverläufe miteinander
verglichen (korreliert), sondern nur **der erste und letzte Teil der einzelnen Signalverläufe.**

Die drei ermittelten Geschwindigkeitswerte v_{12}, v_{13} oder v_{23} dürfen um maximal 2 % voneinander abweichen, bevor die Messung verworfen wird. Der vorgeworfene Geschwindigkeitswert errechnet sich dann aus dem **Mittelwert**, wobei dieser nach der Güte der einzelnen Korrelationen gewichtet wird.

Das ES 3.0 System ist bis zu einer Schrägstellung gegenüber der Steigung einer Straße
von 2° PTB geprüft. Es treten dabei keine unzulässigen Abweichungen auf. Die Abweichung beträgt bei 2° Schrägstellung weniger als 0,07 % vom Messwert und liegt innerhalb
der Verkehrsfehlergrenze, ist daher vernachlässigbar.

c) Eichung

Die Eichfehlergrenzen der Geschwindigkeitsmessung und der Abstandsmessung betra-   66
gen bei der laboratoriumsmäßigen Prüfung und bei der Eingabe normierter Signale bei
Geschwindigkeitsüberwachungsgeräten des Typs ES3.0:

- ± 1 km/h bei Messwerten bis 150 km/h
- ± 2 km/h bei Messwerten größer als 150 km/h
- ± 0,3 m.

Bei der betriebsmäßigen Prüfung im Straßenverkehr betragen die Fehlergrenzen für die
Anzeige der **Geschwindigkeit** bei Überwachungsgeräten des Typs ES3.0:

- ± 3 km/h bei Messwerten bis 100 km/h
- ± 3 % des richtigen Wertes bei Messwerten größer als 100 km/h

Bei Messwerten größer als 100 km/h sind die errechneten zulässigen größten Fehler auf den nächsten ganzzahligen Wert aufzurunden. Die Verkehrsfehlergrenzen sind gleich diesen Fehlergrenzen.

Für den gemessenen **Abstand** ergibt sich eine Fehlergrenze von:

■ ± 1 m.

Die Verkehrsfehlergrenzen sind gleich diesen Fehlergrenzen.

Die Anlage wird dabei an folgenden Stellen mit **Sicherungsstempeln** gesichert: Das **Anzeige-Bedienelement** mit zwei, der **Sensorkopf** mit fünf und die **Fotoeinrichtung** FE3.1 mit drei.

2. Einrichtung der Messstelle/Messdurchführung

67   Die Anlage darf ohne Einschränkungen zu jeder Zeit, bei jeder Witterung und an jedem Ort, insbesondere auch in Kurven, im Bereich von Straßenbaustellen sowie innerhalb und außerhalb geschlossener Ortschaften, in 30 km/h Zonen und in verkehrsberuhigten Bereichen (Messwerte ab 10 km/h) für amtliche Messungen eingesetzt werden.

Zunächst wird der Sensorkopf, wie unter Rdn 5 beschrieben, parallel zur Fahrbahn ausgerichtet.

68   Wird die Anlage mit einem **Matrix-Sensor** (durch *m* gekennzeichnet) besitzt diese Anlage zusätzliche Sensoraugen, die die Erfassungshöhe vergrößern (siehe Abbildung 3).

Die Blickrichtung des Sensorkopfes kann nach unten eingestellt werden, um beispielsweise die zweite oder dritte Fahrspur auszublenden. Dabei empfehlen sich größere Aufstellhöhen des Sensorkopfes und die Blickrichtung z.B. auf die Straßenmitte.

Der Sensorkopf sollte **parallel zur Fahrbahnlängsrichtung** aufgestellt werden, d.h. die Sensoren sollten rechtwinklig zur Fahrbahnlängsrichtung ausgerichtet sein. Nur dann misst das Gerät die exakte Geschwindigkeit eines Fahrzeugs. Falls die Sensoren nicht exakt rechtwinklig zur Fahrbahnlängsrichtung ausgerichtet sind, führt dies aufgrund des Kosinuseffekts zu einer **etwas zu geringen Geschwindigkeitsanzeige**. Die rechtwinklige Ausrichtung der Sensoren zur Fahrbahnlängsrichtung kann daher, ohne einen Betroffenen zu benachteiligen, per Augenmaß, d.h. **ohne spezielle Justierung** erfolgen.

Bei der Aufstellung des Sensorkopfes ist darauf zu achten, dass eine **freie Sicht** zwischen dem Sensorkopf und den zu messenden Fahrzeuge besteht. Grashalme und Äste o.ä. sind ggf. zu entfernen. Feststehende Gegenstände im Sichtbereich des Sensorkopfes sowie durch Wind bewegtes Gebüsch können die Annullierungsrate während der Messung erhöhen, haben aber keinen Einfluss auf den Messwert und die Messwertbildung.

Allerdings gilt es diesbezüglich folgende Besonderheit zu berücksichtigen. **69**

ES 3.0 Geräte können sich im Verlauf einer Messreihe unabsichtlich **denivellieren**, sei es durch den Windzug vorbeifahrender Großfahrzeuge oder weil sie von vornherein auf zu losem Untergrund aufgestellt wurden. Der Sensorkopf muss daher **bei Messende nochmals mit der Neigungswasserwaage überprüft** werden. Sollte sich der Sensorkopf deutlich abgesenkt haben, dürfen die Messungen seit der letzten Überprüfung nicht verwendet werden.

Laut Bedienungsanleitung hat die Aufstellhöhe über der Fahrbahn keinen Einfluss auf die Qualität des Geschwindigkeitsmesswertes, allenfalls auf die Messeffizienz.

Es kann aber sein, dass unter bestimmten Umständen eine tiefe Aufstellung für Zuordnungsprobleme des Messwertes sorgen kann, was im weiteren Verlauf erörtert werden soll.

a) Seitlicher Abstand

Damit bei der Auswertung erkennbar ist, wo sich der Straßenrand befindet, muss der **Abstand zur Straße** im Messgerät eingegeben werden. Es muss mindestens ein Wert von 0,1 m eingegeben werden; „0,0 m" wird vom Gerät nicht akzeptiert. Weitere relevante Daten der Messstelle müssen ebenfalls dokumentiert werden. Dabei handelt es sich um Angaben der Anzahl der Fahrspuren und deren jeweilige Breite. **70**

b) Fotolinie

Beim Aufbau der Messanlage ist zu beachten, dass laut Handbuch und Gebrauchsanweisung die Fahrzeuge in einem Abstand von ca. 3m, von dem mittleren Sensor aus gesehen, fotografiert werden. Dieser sog. Fotopunkt ist **geschwindigkeitsunabhängig** und sollte von jedem Fahrzeug zum Fotozeitpunkt erreicht worden sein. Die Fotolinie/der Fotopunkt sollte in mindestens einem Foto sichtbar gemacht worden sein. Dies kann mittels Leitkegel, Reflexfolie oder auch mittels einer festen Fotolinienmarkierung auf der Fahrbahn durchgeführt werden. Verändert sich der Bildausschnitt der Fotodokumentationskamera, muss die Fotoliniendokumentation ggf. wiederholt werden. Wird ein Leitkegel zur Markierung der Fotolinien verwendet, muss auf dem Foto der Fotoliniendokumentation dessen Auflagepunkt auf der Straße sichtbar sein. **71**

In der Gebrauchsanweisung wird beschrieben, dass der Ort der Fotolinie auf dem Foto auch **aus der Position mehrerer gemessener Fahrzeuge** ermittelt werden kann.

Die nicht geeichte funkgesteuerte Fotoeinrichtung FE4.1 kann je nach Bedarf **zusätzlich** z.B. auf der gegenüberliegenden Straßenseite aufgebaut werden. Es ist zu beachten, dass diese Fotoeinrichtung keine messtechnisch relevanten Funktionen übernehmen darf, da es sich hierbei um eine ungeeichte Zusatzkamera handelt. Aufnahmen dieser Kamera können demnach nicht zur Auswertung herangezogen werden. **72**

Die erstellten Fotodokumentationen werden zusammen mit den Rohmessdaten der einzelnen Sensoren in einer Falldatei gespeichert.

73 In einigen Fällen und an bestimmten Messörtlichkeiten kann die Fotoposition durch **Lichteffekte** (z.B. vorauseilende Schatten o.Ä.) abweichen, insbesondere in der Dämmerungsphase kann das Fahrzeug weiter hinten erfasst werden. Im Extremfall können ja nach Aufstellung des Sensorkopfes bei Dunkelheit statt der vorderen Scheinwerfer die Heckleuchten erfasst werden. Dementsprechend ist das gemessene Fahrzeug u.U. auf dem Foto in Fahrtrichtung nach hinten oder vorne versetzt. Diese Effekte haben **keine Auswirkung auf den Geschwindigkeitsmesswert.**

Eine sichere Auswertung kann trotzdem erfolgen, wenn anhand der Fahrtrichtungssymbolik, der Position bezüglich der Fotolinie und des gemessenen Abstandes eine eindeutige Zuordnung möglich ist. Dies ist auf jeden Fall gegeben, wenn nur ein Fahrzeug in Frage kommt. Treten vermehrt solche Messungen auf, sollte der Messaufbau angepasst werden, da hier anhand der erstellten Fotodokumentationen keine Plausibilitätskontrolle durchgeführt werden kann.

3. Auswertekriterien

74 Grundsätzlich gibt es keine Auflagen bezüglich des Aufstellortes der Fotoeinrichtung solange folgende Punkte erfüllt werden:

■ Mindestens ein Foto muss eine Fahreridentifizierung ermöglichen.

■ Mindestens auf einem Foto muss sich das Kennzeichen innerhalb des Fotos befinden und lesbar sein.

■ Die nötigen Informationen können auch in verschiedenen Fotos vorhanden sein. Eine eindeutige Zuordnung aller Fotos einer Messung, auch der ungeeichten Kamera, ist immer gewährleistet.

75 Begegnen sich zwei Fahrzeuge kurz vor oder nach der Sensormessbasis und wird daraufhin eine gültige Geschwindigkeit ermittelt, dann erfolgt die Messwertzuordnung zu einem Fahrzeug über die Fahrtrichtungssymbolik in der Dateneinblendung (=>; <=) im Foto.

Bei mehreren dicht hintereinander fahrenden Fahrzeugen kann im Zweifelsfall die Zuordnung des Messwertes zum Fahrzeug mit Hilfe der Fotolinie und über die Abstandsangabe erfolgen. Das gemessene Fahrzeug wird unabhängig von der Geschwindigkeit mit der Vorderfront im Bereich der Fotolinie abgebildet.

76 Bewegen sich zwei Fahrzeuge nebeneinander in gleicher Fahrtrichtung am Sensorkopf vorbei, z.B. mehrspuriger Einbahnverkehr, Autobahn oder Überholvorgang, erfolgt an Hand des eingeblendeten Abstandes die eindeutige Zuordnung. Dabei müssen ggf. die geometrischen Daten der Messstelle (Abstand des Sensorkopfes zum Fahrbahnrand

und Breite der Fahrspuren) verwendet werden. Hierbei gilt es, die Toleranz der Abstandsmessung von ± 1 m zu berücksichtigen.

Laut Bedienungsanleitung ist es bei einem sehr tief aufgestellten Sensorkopf bei Fahrzeu-   **77**
gen mit einer besonders großen Bodenfreiheit möglich, dass nicht der seitliche Abstand
des Fahrzeuges gemessen wird, sondern der Abstand zu einem weiter entfernten Fahr-
zeugteil. Dadurch kann es sein, dass zwei dicht nebeneinander in gleicher Richtung fahrende Fahrzeuge einem gemessenen Geschwindigkeitswert nicht zweifelsfrei zugeordnet
werden können. Somit ist bei der Wahl des Bildausschnittes die **Toleranz der Abstandsmessung von ± 1 m** zu beachten und muss abgebildet werden.

Es muss sichergestellt sein, dass das gemessene Fahrzeug allein in Höhe der Fotolinie
fuhr, unter Berücksichtigung des Abstandsmesswertes mit einer Toleranz von ± 1 m.

4. Technische Fehlermöglichkeiten

Bei der ES3.0 ist es möglich, dass dem durchführenden Messbeamten innerhalb des Mess-   **78**
aufbaus Fehler unterlaufen sind. Des Weiteren können auch die Auswertekriterien von
dem Auswertebeamten nicht beachtet worden sein. Dadurch können die Anforderungen,
die für eine Plausibilitätsbewertung vorgegeben sind, möglicherweise nicht eingehalten
werden.

So lässt sich häufig ein Überfahren oder nicht Erreichen der Fotolinie dadurch erklären,
dass das gemessene Fahrzeug aufgrund des Sonnenstandes entweder einen vorauseilen-
den Schatten aufwies oder der Sensor die Fahrzeuge zu hoch abtastete, so dass höher liegende Bauteile erfasst wurden.

In solchen Fällen kann aber auch nicht ausgeschlossen werden, dass ein Gerätedefekt vor-
gelegen haben könnte. Daher ist es ratsam, eine Signalanalyse durchzuführen, um sicherzustellen, dass es sich nicht um einen Messfehler handelt.

Bei der ES 3.0 stellt der Hersteller die **Rohmessdaten** der Messung zur Verfügung um   **79**
eine Signalauswertung der Sensordaten zu ermöglichen. Damit kann zweifelsfrei der gemessene Geschwindigkeitswert berechnet werden und eine Zuordnung zu dem fotodoku-
mentierten Fahrzeug hergestellt werden. Eine **Überprüfung möglicher technischer
Fehler** ist dadurch möglich.

Die Falldatei kann auf die **Internetplattform** des Herstellers hochgeladen werden. Auf   **80**
dieser Internetplattform ist eine **Extrahierung der Rohmessdaten aus der Originalfall-
datei** möglich. Hier können die gemessene Geschwindigkeit und auch die Güte der Rohmessdaten festgestellt werden. Dabei zeigen sich u.a. auch unseriöse Prüfbereiche, die darauf hinweisen, dass das Fahrzeug hier z.B. in Höhe der Räder oder der Motorhaube abgetastet wurde (Abbildung 4 (a) und (b), Rdn 81).

81

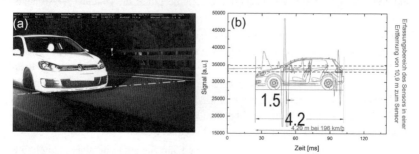

Abbildung 4: (a) Hier hat ein VW Golf die Fotolinie weit überfahren, so dass eine Fehlfunktion der Messanlage nicht ausgeschlossen werden konnte. Somit wurde eine Auswertung der Sensorsignale durchgeführt. (b) Zeigt die zugehörige Zuordnung des Signalverlaufes zum Betroffenenfahrzeug. Es ist zu erkennen, dass die Messanlage das Fahrzeug in Höhe der Motorhaube abtastete.

82   Es ist nicht unumstritten, dass über das Internetportal eine ESO-eigene Software die Auswertung der Sensordaten übernimmt. Daher können über den Internetauftritt und mit der Auswertesoftware *esoDigitales II Viewer* auch die Rohdaten selbst exportiert werden. Werden diese Rohmessdaten selbst ausgewertet, können die einzelnen Signalverläufe separat dargestellt und überlagert werden (Abbildung 4 (b) und 5 (a), Rdn 80, 83). Ebenfalls sind Korrelationsrechnungen möglich (Abbildung 5 (b) Rdn 83), die auf ein gleiches Ergebnis kommen sollten, wie die Berechnungen auf der Internetplattform. Hier ist eine unabhängige Überprüfung der Messergebnisse der Messanlage möglich.

83

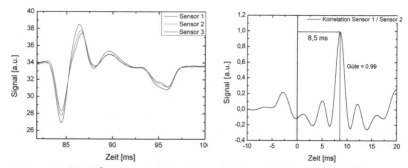

Abbildung 5: Zeitliche Überlagerung der einzelnen Sensorsignale die aus den Rohdaten gewonnen werden konnten. Die zugehörige Kreuzkorrelation ist in (b) gezeigt. Dabei entspricht eine Zeit von 8,5 ms einer Geschwindigkeit von 105 km/h.

84   Anhand dieser Rohmessdaten kann der Geschwindigkeitswert nachvollzogen, die Abstandsmessung ggf. kontrolliert und der Signalverlauf einem Fahrzeug zugeordnet werden.

a) Messaufbau (Messbeamter)

Laut Gebrauchsanweisung muss die **Fotolinie auf einem Foto der Messreihe dokumen-** 85
tiert werden (vgl. Rdn 71). Im Gegensatz dazu wird aber in der Gebrauchsanleitung ge-
schrieben, dass der Fotopunkt bzw. die Fotolinie **keine messrelevante Bedeutung** haben
soll und lediglich zur Erleichterung der Zuordnung der Fahrzeuge dient. Die Fotoposition
wäre auch aus den Positionen mehrerer fotografierter Fahrzeuge erkennbar. Diese Formulierung ist durchaus als problematisch anzusehen, da, falls ein Fehler der Messanlage vorliegt, alle Fahrzeuge an der falschen Position fotografiert werden könnten. Somit wäre es
nicht möglich, anhand der Fotodokumentation einen Messfehler oder einen Defekt der
Messanlage festzustellen. Aufgrund dessen ist es unabdinglich, dass auf mindestens einem Messfoto die Fotolinie dokumentiert wurde. Dieses dient dann nicht der Zuordnung
der Fahrzeuge oder der Zuordnung eines Geschwindigkeitswertes, sondern nur der **Kon-**
trolle der Funktionstüchtigkeit der Anlagen.

Bei der Fotoliniendokumentation ist die **praktische Umsetzung** häufig problematisch.
So werden oftmals Pylonen verwendet, deren Grundmaß 30 × 30 cm beträgt. Die Abstandsmessung zur Fotolinie hat geräteintern eine maximale Toleranz von ± 33 cm, sodass das Maß der Pylonen dieses schon fast abdeckt. Ist nun nicht direkt ersichtlich, welche Lage der Pylonen als Fotolinienlage angenommen werden kann, befindet man sich
schnell außerhalb des Toleranzbereiches der Messung.

Zu beachten ist, dass bei der Verwendung von Leitkegeln, o.ä. die Kameraposition nach
Erstellung der Fotoliniendokumentation **nicht verändert** wird. In der Abbildung 6
(Rdn 86) ist ein Beispiel gezeigt, bei dem ein Motorrad fotografiert wurde. Es kann
aber keine Zuordnung durchgeführt werden, da sich die Position der Kamera nach Erstellung der Fotoliniendokumentation veränderte (verschobene Seitenlinien). Hier
wurde gegen die Bestimmungen der Gebrauchsanweisung verstoßen und es ist keine
Kontrolle der Funktionsfähigkeit der Messanlage und des bestimmten Geschwindigkeitswertes möglich.

86

Abbildung 6: Zwischen der Aufnahme der Fotoliniendokumentation und der Erstellung des Messfotos wurde die Kameraperspektive verändert, sodass keine technische Überprüfung der Messung am Messfoto durchgeführt werden kann.

87   Ein häufiger Fehler ist ebenfalls bei der Verwendung eines Leitkegels oder einer Leitbarke als Fotolinienmarkierung zu sehen (Abbildung 7, Rdn 88). Eine Leitbake ist hinter einem Bordstein aufgestellt, sodass der Fuß der Leitbake, und damit auch die Fotolinienlage, nicht exakt bestimmbar ist. In diesem Falle kann keine Zuordnung des Geschwindigkeitswertes zu einem betroffenen Fahrzeug durchgeführt werden, weil nicht sicher ist, dass sich das Fahrzeug auch in einer Entfernung von 3 m zum mittleren Sensor befindet. Somit wäre in diesem Falle die Messung **außerhalb des standardisierten Messverfahrens**.

88

Abbildung 7: (a) Die Position der Fotolinienlage kann nicht bestimmt werden, da die Bordsteinkante die Sicht auf den Aufstandspunkt der Leitbarke verdeckt. (b) Hier ist die Fotolinienmarkierung nicht zu erkennen, da hoher Grasbewuchs sie verdeckt.

In der Abbildung 7 (b) wird beispielhaft ein Tatfoto gezeigt. In der oberen Datenzeile **89** finden sich Angaben wie Gerätenummer und Kameranummer, eine Beschreibung der Messstelle und des Zeugens. Ebenfalls werden das Datum und der Zeitpunkt der Fotodokumentation festgehalten (geschwärzt). Zusätzlich ist hierbei der festgestellte Geschwindigkeitswert, die Fahrtrichtung des gemessenen Fahrzeuges als Pfeil, der nach rechts oder links zeigt und der von der Geschwindigkeitsanlage gemessene Abstand zwischen Sensor und der der Geschwindigkeitsmessanlage zugewandten Fahrzeugseite gezeigt. Ein weiterer Wert zeigt dabei den eingestellten Grenzwert an. Wird ein höherer Geschwindigkeitswert festgestellt, so wird eine Fotodokumentation erstellt. Darunter findet sich eine Dokumentation des gemessenen Abstandes zwischen Sensor und Straßenrand. Dieser Wert ist unbedingt einzugeben, da lediglich über diesen Wert eine Zuordnung zu dem Fahrzeug stattfinden kann. Deshalb müssen auch die jeweiligen Abstände und Fahrbahnbreiten im Messprotokoll eingetragen werden.

In diesem Fall soll sich die Fotolinienlage in Höhe der Fahrbahnfuge befinden. Diese ist auf dem Bild allerdings nicht auszumachen, da die Fahrbahn vom hohen Grasbewuchs verdeckt ist. Auch eine Kontrolle der Fotoposition anhand der vorderen Radaufstandspunkte ist nicht möglich, da diese ebenfalls verdeckt werden.

90

Abbildung 8: Die tiefe Kamerapositionierung und die Fahrbahnkrümmung sorgen dafür, dass die Fotolinienmarkierung auf der hinteren Fahrbahn nicht erkannt werden kann.

Aus **Tarnungsgründen** wird die Fotoeinrichtung gerne **sehr tief** aufgestellt. Dieses hat **91** zur Folge, dass die Tiefenauflösung des Bildes äußerst gering ist. Dadurch ist die Auswertung der exakten Positionierung des betroffenen Fahrzeuges zu der Fotolinienlage häufig nicht möglich. Zumindest müssen große Toleranzen angenommen werden, sodass sich die Front des Fahrzeuges, die ja in Höhe dieser Fotolinie liegen sollte, außerhalb des Toleranzbereiches von 0,33 m befindet. Wird die Kamera sehr tief aufgestellt, kann es zudem sein, dass aufgrund der Straßenwölbung die Fotolinienlage für den abfließenden Verkehr nicht mehr sichtbar ist. Dies ist eindrucksvoll in der Abbildung 8 (Rdn 90) gezeigt, bei der die Fotolinienlage durch den Leitkegel im Hintergrund und eine Markierung auf der Fahrbahn markiert wurde, wobei diese Markierung nicht zu erkennen ist.

92   Häufig werden nicht nur die Kamera, sondern auch der **Sensor** sehr tief aufgestellt, was in der Skizze der Abbildung 9 (a) (Rdn 93) gezeigt ist. Hier erfasst die sehr tief aufgestellte Messanlage im linken Bildbereich ein Unterbauteil eines hoch liegenden Geländewagens. Innerhalb des Toleranzbereiches von ± 1 m befindet sich nun zusätzlich die rechte Seite eines Sportwagens. In diesem Fall kann der Geschwindigkeitswert keinem der beiden Fahrzeuge sicher zugeordnet werden, weshalb eine **Annullierung** der Messung stattfinden sollte.

93

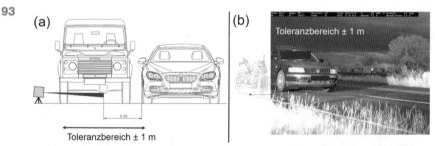

Abbildung 9: (a) Prinzipskizze einer tiefen Erfassung und dadurch folgenden Annullierung der Messung (b) Diese Fotodokumentation wurde unter Nichtbeachtung der Auswertekriterien erstellt. Hier ist nicht die gesamte Fahrbahnbreite im Toleranzbereich abgebildet. Es ist möglich, dass sich neben dem Betroffenenfahrzeug noch ein schmalspuriges Fahrzeug befindet, welches für den Messwert verantwortlich ist.

94   In der Abbildung 9 (b) ist beispielhaft eine solche Situation gezeigt. Hier wurde ein Fahrzeug, welches 162 km gefahren sein soll, fotografisch erfasst. Allerdings wurde nicht die gesamte Breite der Straße beachtet, sodass in dem Bildausschnitt, der nicht mehr sichtbar ist (Fahrbahnerweiterung mit der grauen Linie), ein weiteres schmalspuriges Fahrzeug fahren könnte. In einer solchen möglichen Konstellation wäre nicht sicher, von welchem Fahrzeug der gemessene Geschwindigkeitswert käme.

95   Alle Fahrzeuge sollten im Allgemeinen **dieselbe Fotoposition** einnehmen. Ist dies nicht der Fall, so sollte es dem geschulten Messbeamten auffallen und dieser sollte den Messaufbau oder die Messstelle wechseln.

b)   Auswertung (Behörde)

96   Die unter Rdn 74–77 beschriebenen **Auswertekriterien** sollten beachtet worden sein. Besonders der Umstand der vollen Erfassung der Fahrbahnbreite in Höhe der Fotolinie sollte konsequent überprüft worden sein.

Die **Signatur der Falldatei** (Schlosssymbol) sollte beim Öffnen mit der zugehörigen Software korrekt angezeigt werden.

c) Technische Fehler (Gerät)

In der Abbildung 4 (b) (Rdn 80) ist eine typische Signalanalyse einer zu hohen Abtastung   **97** gezeigt. Hier wurde ein Fahrzeug offensichtlich zu spät fotodokumentiert. In diesem Falle hat es die Fotolinie schon weit überfahren (1,5 m), was eine Überprüfung der Rohmessdaten nach sich zog. Die Signalanalyse ergab, dass das Messgerät wohl die Motorhaube detektierte und aufgrund von Fahrzeugschwankungen annahm, dass diese ein unruhiger Hintergrund sei. Die Kontur des Fahrzeuges wurde erst zu einem späteren Zeitpunkt in Höhe der A-Säule erkannt. Aus diesem Grund befindet sich in der Fotodokumentation auch die A-Säule in Höhe der Fotolinie. Dies ist dem nicht optimalen Aufbau durch den Messbeamten geschuldet, was die Frage nach gut geschultem Messpersonal erlaubt.

Wird im Gegensatz dazu das Fahrzeug zu früh abgebildet, wurde möglicherweise ein Schatten detektiert und dieser zum Fahrzeug dazugezählt.

Problematisch ist, dass bei **Dunkelheit** die Messanlage lediglich **einen Signalausschlag**   **98** ausgibt, da nur die Frontscheinwerfer im Erfassungsbereich der Sensoren liegen könnten (Abbildung 10, Rdn 99). In diesen Fällen könnte unter bestimmten Umständen das Prinzip der **Einfachlichtschranke** zutage kommen (vgl. Rdn 6). In diesem Fall wäre es möglich, falls eine schräge Kontur von den Sensoren erfasst wird und das Betroffenenfahrzeug z.B. schwankt, dass ein zu hoher Geschwindigkeitswert gemessen wird. Solche Messungen sind durchaus als kritisch zu beurteilen.

99

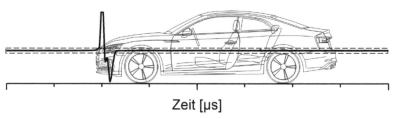

Zeit [µs]

Abbildung 10: Hier ist zu erkennen, dass das Betroffenenfahrzeug lediglich an den Frontscheinwerfern erfasst wurde, da die Heckscheinwerfer außerhalb des Erfassungsbereiches (gestrichelte Linien) liegen. Demnach ähnelt diese Messung einer Einfachmessung mit der Lichtschranke, bei der Abtastfehler auftreten konnten.

Interne Gerätetests laufen beim Einschalten und während des Messbetriebs **auto-**   **100** **matisch** ab. Wenn ein Test nicht erfolgreich verläuft, wird eine dementsprechende Fehlermeldung auf dem Bildschirm angezeigt. Ein Testfoto gibt es hingegen nicht.

Aufgrund der **Auswerteroutine** ist es wohl möglich, dass in besonderen Situationen anhand der Rohmessdaten ein zu hoher Geschwindigkeitswert darstellbar ist. Dabei beeinflussen **periodisch blinkende Lichtquellen** (Scheinwerfer mit LED Birnen) die mathematische Methode der Kreuzkorrelation, sodass sich bei der Betrachtung eines kleinen Auswertebereiches der Rohmessdaten, das Maximum und damit die ermittelte Geschwindigkeit verschieben kann. Diese Problematik sollte von der Messanlage erkannt und die betroffenen Messungen annulliert werden. Für einen sicheren Ausschluss wäre aber bei einem Fahrzeug mit LED-Scheinwerfern unter bestimmten Umständen eine Auswertung der Rohdaten empfehlenswert.

5. Rechtliche Bewertung

Siegert

101   Sofern vor Beginn der Messung eingestellt wird, dass alle Fahrzeuge ab einer bestimmten Geschwindigkeit erfasst werden, handelt es sich um ein **verdachtsabhängiges Messverfahren**. Der Anfangsverdacht entsteht, sobald das Messgerät die konkrete Überschreitung registriert.[7] Bedenken wegen des Rechts des Betroffenen auf informationelle Selbstbestimmung verfangen nicht, denn der Eingriff ist dann verfassungsmäßig gedeckt, § 100h Abs. 1 S. 1 Nr. 1 StPO i.V.m. § 46 Abs. 1 OWiG.[8]

Beim ESO 3.0 handelt es sich grundsätzlich um ein standardisiertes Messverfahren.[9] Zu einer eingehenden Prüfung der Messung ist das Gericht daher erst angehalten, sofern die Verteidigung **konkrete Anhaltspunkte für eine Fehlmessung** aufzeigt.[10]

Für eine vollumfängliche Überprüfung der Messung auf mögliche Messfehler bedarf es aber einer **unabhängigen Auswertung der Rohmessdaten**.[11] Bei ESO 3.0 werden sie

---

7 OLG Rostock, Beschl. v. 6.7.2010 – 2 Ss (OWi) 147/10 I 119/10, Rn 6, juris.
8 OLG Bamberg, Beschl. v. 16.11.2009 – 2 Ss OWi 1215/2009, Rn 5, juris, 101; Thüringer OLG, Beschl. v. 6.1.2010 – 1 Ss 291/09, juris; OLG Stuttgart, Beschl. v. 29.1.2010 – 4 Ss 1525/09, juris; VG Gelsenkirchen, Beschl. v. 18.1.2010 – 14 L 2/10, juris; Brandenburgisches OLG, Beschl. v. 22.2.2010 – 1 Ss (OWi) 23 Z/10, Rn 7, juris; Brandenburgisches OLG, Beschl. v. 24.6.2010 – 1 Ss (OWi) 124 B/10, Rn 15, juris.
9 *Helle* in Freymann/Wellner, jurisPK-Straßenverkehrsrecht, 1. Aufl. 2016, § 3 StVO, Rn 74; AG Lüdinghausen, Urt. v. 23.1.2009 – 19 OWi 146/08, Rn 15, juris; OLG Zweibrücken, Beschl. v. 19.10.2012 – 1 SsBs 12/12, juris; OLG Hamm, Beschl. v. 29.1.2013 – III-1 RBs 2/13, Rn 9, juris; OLG Dresden, Beschl. v. 26.10.2015 – OLG 21 Ss 651/15 (Z), Rn 6, juris; AG Tübingen, Urt. v. 13.6.2017 – 16 OWi 16 Js 7027/17, Rn 15, juris.
10 § 2 Standardisiertes Messverfahren.
11 AG Bad Kissingen, Urt. v. 30.11.2015 – 3 OWi 16 Js 3704/14, Rn 6, juris.

vom Hersteller verschlüsselt, um sich vor der Konkurrenz zu schützen. Dies ist weder gesetzlich geboten noch vertraglich vorgesehen. Hierdurch entsteht ein Dilemma in mehreren rechtlichen Facetten.

Urheber- oder datenschutzrechtliche Einwände gegen die Herausgabe der Daten an den Verteidiger oder an einen Sachverständigen bestehen jedenfalls **nicht**.[12] Vielmehr sind die unverschlüsselten Rohmessdaten der konkreten Messung und Messreihe im Hinblick auf ein faires Verfahren und zur Ermöglichung einer aktiven Verteidigung bereits im Verwaltungsverfahren herauszugeben.[13] Hier steht die **Verfügungsbefugnis** der **Behörde** zu, da sie diese Daten erzeugt und abgespeichert hat und sie demzufolge auch sachverständig auswerten lassen kann.[14] Zivilrechtlich ist die Behörde Inhaberin der Daten.[15]

Praxistipp　　　　　　　　　　　　　　　　　　　　　　　　　　　　　　**102**
Zur Herausgabe der unverschlüsselten Rohmessdaten ist zunächst die Bußgeldbehörde als Besitzerin der Messdaten aufzufordern. Weigert sie sich generell, ist ein Beschluss gem. § 62 OWiG herbeizuführen. Beruft sie sich darauf, dass sie diese unverschlüsselten Daten selbst nicht besitzt, wäre gem. § 62 OWiG ein Beschluss dahingehend herbeizuführen, dass sie sich die Daten von ihrem Vertragspartner, also vom Hersteller, besorgen muss. Bleibt die Herausgabe aus, kann das Gericht die Sache nach § 69 Abs. 5 OWiG zurückverweisen oder direkt nach § 47 OWiG einstellen.[16]

Bei **konkreten Einwendungen** gegen die Richtigkeit der Geschwindigkeitsmessung im　**103** Einzelfall und einem entsprechenden **Beweisbeschluss** zur Überprüfung der Messung durch Anordnung eines schriftlichen Sachverständigengutachtens, kann sich das Gericht nicht weiter auf die Grundsätze des standardisieren Messverfahrens berufen. Das Gericht muss sich vielmehr mit den Einwänden befassen und ist zur **gebotenen weiteren Sachaufklärung** in der Hauptverhandlung, § 244 Abs. 2 StPO angehalten.[17]

Die Obergerichte sehen in der **Zulassung der PTB** ein **Behördengutachten** (antizipiertes Sachverständigengutachten), wodurch ein standardisiertes Messverfahren grundsätz-

---

12 LG Dessau-Roßlau, Beschl. v. 24.5.2011 – 6 Qs 393 Js 23360/10 (101/11), Rn 2, juris.
13 AG Kassel, Beschl. v. 27.2.2015 – 381 OWi – 9673 Js 32833/14, juris; AG Weißenfels, Beschl. v. 03.9.2015 – 10 AR 1/15, juris; AG Neunkirchen, Beschl. v. 27.4.2016 – 19 Gs 55/16, juris.
14 OLG des Landes Sachsen-Anhalt, Urt. v. 27.8.2014 – 6 U 3/14, Rn 24, juris.
15 AG Landstuhl, Beschl. v. 6.11.2015 – 2 OWi 4286 Js 2298/15, Rn 25, juris.
16 *Krenberger*, zfs 2015, 354–355.
17 AG Groß-Gerau, Urt. v. 5.3.2012 – 30 OWi – 1439 Js 51481/10, Rn 38, juris; AG Saarbrücken, Urt. v. 25.5.2012 – 22 OWi 68 Js 331/12 (251/12), Rn 10, juris; AG Landstuhl, Urt. v. 3.5.2012 – 4286 Js 12300/10 OWi, Rn 11, juris.

lich vorliegt.[18] Die Stellungnahmen sind von der PTB im Internet veröffentlicht und im **Freibeweisverfahren** zu verwerten.[19]

Nun fand im Rahmen des Zulassungsverfahrens gerade **keine Auswertung der Rohmessdaten** statt, wie es in einer dienstlichen Erklärung der PTB vom 19.3.2014 heißt. In einer zweiten dienstlichen Stellungnahme führte die PTB jedoch aus, dass dies **nicht erforderlich** sei. Denn der Hersteller verwende dieselbe Software-Bibliothek und damit denselben Auswertealgorithmus, der auch im Messgerät implementiert ist. Diese wiederum sei im Rahmen des Bauartzulassungsverfahrens in detaillierten Untersuchungen verifiziert worden. Zudem ließen sich mögliche Zweifel an der Echtheit der Rohmessdaten (Integrität und Authentizität) auch im Nachhinein mithilfe eines Referenz-Auswerteprogramms ausräumen, welches wiederum ein Bestandteil der Zulassung sei. Daher soll es sich trotz der fehlenden Einsicht in die Rohmessdaten um ein standardisiertes Messverfahren handeln.[20]

104   Für sich genommen bleibt das Messverfahren aber eine Black Box, welche letztlich Ergebnisse ausspuckt. Der Weg dorthin ist weder für das Gericht, noch für den Betroffenen nachvollziehbar und – weitaus wichtiger – auch **nicht komplett überprüfbar**. Zwischenzeitlich kam etwas Bewegung in die Diskussion, denn der Hersteller bietet ein **Onlineprogramm hinsichtlich der Rohmessdaten** an. Dieses vermittelt immerhin die grafische Aufarbeitung der Rohmessdaten und verschiebt die unzureichende Einsichtsfähigkeit lediglich auf eine neue Stufe: Ein Ausschluss der Datenmanipulation und damit die Echtheit der Daten kann technisch nicht garantiert werden. Damit wird der „Black-Box-Problematik" aber nicht abgeholfen, denn die Rohmessdaten selbst sind nach wie vor nicht verfügbar. Im Einzelfall kann damit zumindest beim Hinzutreten konkreter Anhaltspunkte für einen Messfehler die Messung mangels Rohmessdaten nicht hinreichend überprüft werden. Mittlerweile stellt der Hersteller ein neues Programm zur Verfügung, mit dem die **Rohmessdaten ausgelesen** werden können. Zwar kann der Sachverständige nun die **Signalverläufe** prüfen, jedoch immer noch **nicht die Messwertbildung**. Insofern verbleibt es bis auf weiteres beim aktuell misslichen Stand der Rechtsprechung.[21]

105   Fraglich bleibt, ob die oben geschilderte Kontrolle durch die PTB noch als antizipiertes Sachverständigengutachten über diese Aufklärungslücke hinweghilft. Jedenfalls ist die **Bauartzulassung nicht der richterlichen Kontrolle entzogen**.[22] Mehrere Amtsgerichte kamen zu dem Schluss, dass eine (verhältnismäßige) richterliche Überprüfungsmöglich-

---

18 OLG Frankfurt, Beschl. v. 4.12.2014 – 2 Ss-OWi 1041/14, Rn 15, juris.

19 OLG Hamm, Beschl. v. 22.6.2016 – III-1 RBs 131/15, juris.

20 So: OLG Hamm, Beschl. v. 6.7.2016 – III-1 RBs 38/16, Rn 5, juris.

21 *Krenberger*, zfs 2016, 292–294.

22 AG Meißen, Urt. v. 29.5.2015 – 13 OWi 703 Js 21114/14, Rn 582, juris.

keit damit an ihre Grenzen stoße und die Richtigkeit der Messung somit nicht aufklärbar sei.[23] Nach Ansicht der Obergerichte ist die Einholung eines gerichtlichen Sachverständigengutachtens jedoch erst dann veranlasst, wenn **Anhaltspunkte für strukturell angelegte Fehler** bestehen. Bis dahin ist nach wie vor von einem standardisierten Messverfahren auszugehen.[24]

Selbiges gilt für die eben aufgeworfene Frage der Veränderbarkeit der mittels des Onlineprogramms ausgelesenen Daten. Erst **greifbare Anhaltspunkte für eine Manipulation** geben Anlass zur weiteren richterlichen Aufklärung.[25]

Im Falle einer **Rechtsbeschwerde** soll zur Rüge der Verletzung des fairen Verfahrens dargelegt werden, welche konkreten Tatsachen bei der Herausgabe der Rohmessdaten abgeleitet werden und inwiefern sie sich im Einzelfall auf die Verteidigung ausgewirkt hätten.[26] Dies ist hinsichtlich der Systematik beim standardisierten Messverfahren stringent. Bei strikter Auslegung werden die Anforderungen an die Verteidigung jedoch überzogen. Mangels Kenntnis der unverschlüsselten Rohmessdaten kann die Verteidigung lediglich die fundierten technischen Ausführungen des (privaten) Gutachters wiederholen. Mehr ist nicht zumutbar, da ansonsten ein **Zirkelschluss** entstünde, welcher für sich genommen wiederum zu einer Verletzung des fairen Verfahrens führen würde. Dem Verteidiger bleibt diesbezüglich also nichts anderes übrig, als den Vortrag hierzu so konkret wie möglich zu fassen und zusätzlich auf die Zirkelschlussproblematik hinzuweisen.

Praxistipp   106

Um hinsichtlich des grundsätzlich standardisierten Messverfahrens gerichtliches Gehör in der Sache zu finden, muss der Verteidiger konkrete Anknüpfungspunkte vorbringen, mit welchen die Messung angezweifelt werden kann. Diese Anknüpfungspunkte erhält er mit der vorherigen Einholung eines Sachverständigengutachtens.

Moniert der Gutachter seinerseits mit den gegebenen technischen Argumenten, dass er weitere Daten zur hinreichenden Überprüfung benötigt, so sind diese Daten durch den Verteidiger direkt bei der Behörde zu erfragen.

Verweigert die Behörde aus rechtlichen oder tatsächlichen Gründen die Herausgabe, so hat die Verteidigung in einem weiteren Schritt eine Entscheidung des Gerichts nach § 62 OWiG herbeizuführen.

---

23 AG Bad Kissingen, Urt. v. 30.11.2015 – 3 OWi 16 Js 3704/14, Rn 9, juris.
24 OLG Zweibrücken, Beschl. v. 19.10.2012 – 1 SsBs 12/12, Rn 6, juris; OLG Zweibrücken, Beschl. v. 15.4.2013 – 1 SsBs 14/12, juris; OLG Köln, Beschl. v. 6.3.2013 – III-1 RBs 63/13, Rn 20, juris; OLG Koblenz, Beschl. v. 7.5.2014 – 2 SsBs 22/14, juris; OLG Frankfurt, Beschl. v. 4.12.2014 – 2 Ss-OWi 1041/14, Rn 18, juris; OLG Dresden, Beschl. v. 26.10.2015 – OLG 21 Ss 651/15 (Z), Rn 6, juris; OLG Oldenburg, Beschl. v. 18.4.2016 – 2 Ss (OWi) 57/16, Rn 13, juris; OLG Hamm, Beschl. v. 6.7.2016 – III-1 RBs 38/16, Rn 5, juris.
25 OLG Hamm, Beschl. v. 22.6.2016 – III-1 RBs 131/15, Rn 7, juris.
26 OLG Hamm, Beschl. v. 23.3.2016 – III-4 RBs 50/16, Rn 9 m.w.N., juris.

Stellt das Gericht sodann die Verpflichtung der Behörde auf Herausgabe der erforderlichen Daten fest und weigert sich diese, ist die Anordnung von Maßnahmen nach §§ 94 ff. StPO anzuregen und gleichzeitig zu thematisieren, inwiefern im konkreten Fall im Rahmen der Verhältnismäßigkeit ein Absehen vom Fahrverbot,[27] die Einstellung des Verfahrens aus Opportunitätsgründen[28] oder gar ein Freispruch[29] geboten ist. Im Zweifel sind sämtliche verfügbaren rechtlichen Schritte zur Erlangung der Daten bis zum Ablauf der Rechtsmittelfrist zu unternehmen – vergleichbar zum Vorgehen bei der Einsichtnahme in Bedienungsanleitung, Lebensakte, etc. Nur so verspricht die Rechtsbeschwerde Aussicht auf Erfolg.

107 Dennoch ist auch beim standardisierten Messverfahren der **Mindestumfang an Feststellungen** zu wahren; hierzu gehört auch das **Messbild**. Beim vorliegenden Messverfahren geht der Bedeutungsgehalt des Messbildes über die Fahrer- und Fahrzeugfrage hinaus. Hierzu gehört auch die Länge der Auslöseverzögerung, wovon wiederum die Lage der Fotolinie abhängt. Können aus dem geeichten Lichtbild keine ausreichenden Feststellungen dazu getroffen werden, kommt es im Einzelfall darauf an, ob weitere Beweismittel (nicht geeichte Fotos) hierüber hinweghelfen.[30]

Auch von den Angaben zur **Höhe des Toleranzwertes** ist das Gericht nicht enthoben.[31] Jedenfalls muss hierfür das Messverfahren und die nach Abzug der Messtoleranz ermittelte Geschwindigkeit mitgeteilt werden, um dem Rechtsbeschwerdegericht eine Überprüfung zu ermöglichen.[32]

Das Amtsgericht muss einen Antrag auf Überlassung der Messdaten zumindest verbescheiden. Übergeht es den Antrag, entspricht dies einem die Verteidigung beschränkenden Beschluss und ist in der Rechtsbeschwerde beachtlich; die Verteidigung muss aber auch bis zur Beschwerdebegründung weiter versuchen, Einsicht in die Messreihe zu erhalten.[33]

Die Verteidigung muss sich auch aktiv um die **Einholung der Bedienungsanleitung** kümmern; das Tatgericht ist nicht gehalten, die Bedienungsanleitung von Amts wegen oder auf Antrag beizuziehen.[34] Nur sofern die Behörde die Herausgabe verweigert, muss das Gericht gem. § 62 OWiG tätig werden. Befindet sich die Anleitung hingegen bereits in der Gerichtsakte, ist sie auch vom Akteneinsichtsrecht des § 147 StPO umfasst.[35]

27 Vgl. auch: *Krenberger*, zfs 2014, 114–115.
28 *Krenberger*, zfs 2015, 592–594.
29 AG Bad Kissingen, Urt. v. 30.11.2015 – 3 OWi 16 Js 3704/14, Rn 9, juris.
30 OLG Düsseldorf, Beschl. v. 4.10.2016 – IV-2 RBs 145/16, Rn 12, juris.
31 OLG Düsseldorf, Beschl. v. 8.1.2016 – IV-3 RBs 132/15, Rn 6, juris.
32 OLG Bamberg, Beschl. v. 20.10.2015 – 3 Ss OWi 1220/15, juris; *Krenberger*, zfs 2016, 229.
33 OLG Bamberg, Beschl. v. 23.1.2015 – 3 Ss OWi 58/15, Rn 6, juris.
34 OLG Frankfurt, Beschl. v. 12.4.2013 – 2 Ss-OWi 173/13, juris.
35 *Krenberger*, jurisPR-VerkR 14/2013 Anm. 5.

Wie bereits im allgemeinen Teil erläutert,[36] darf sich die Behörde eingeschränkt privater Dienstleister bei der Verkehrsüberwachung bedienen, solange sie **Herrin des Verfahrens** bleibt. Folglich muss die Umwandlung der digitalen Messdaten (sog. Falldateien) in die lesbare Bildform (Messbild mit Messdaten) sowie deren Auswertung zwingend bei der Behörde verbleiben. Nur dann liegt auch ein standardisiertes Messverfahren vor.[37] Ein Verstoß hiergegen führt aber nicht automatisch zu einem Beweisverwertungsverbot. Vielmehr ist die Auswertung der Falldatei durch die Behörde **nachzuholen**.[38]

6. Arbeitshilfen für die Praxis

Siemer

a) Checkliste

■ Lag zur Messeinheit ein gültiger Eichschein/Messprotokoll/Schulungsbescheinigung vor? 108

■ Wurden alle relevanten Daten dokumentiert?

■ Waren am Gerät sämtliche Eichsiegel unversehrt?

■ Wurde die Neigung der Straße auf den Sensor übertragen und nach der Messung überprüft?

■ Wurde der Abstand zwischen Mess- und Fotolinie exakt ausgemessen?

■ Befindet sich das Betroffenenfahrzeug in Höhe der Messlinie?

■ Ist der angezeigte Abstandswert plausibel?

■ Ist die gesamte Fahrbahnbreite plus Toleranzbereich (± 1 m) in Höhe der Fotolinie auf der Fotodokumentation abgelichtet?

b) Mögliche Beweisfragen

■ Zum Beweis dafür, dass keine korrekte Fotoliniendokumentation vorlag, beantrage 109 ich die Einholung eines Sachverständigengutachtens. Dieses wird ergeben, dass der Abstand von 3 m ebenso wenig eingehalten wurde wie eine komplette Abbildung sämtlicher Straßenabschnitte, auf denen sich Fahrzeuge bewegen konnten.

■ Bei der ES3.0-Messung liegt die Toleranzbreite für die Seitenabstandsbestimmung bei ± 1 m. Der Randstreifen neben dem Kfz des Betroffenen ist in dieser Distanz nicht ausreichend abgebildet, weshalb ein Sachverständigengutachten ergeben wird, dass sich dort ein – messungsauflösendes – weiteres Fahrzeug (Krad) befunden hat bzw. befunden haben kann.

36 Vgl. § 3 Messung durch Polizei, Kommune und private Dritte.
37 OLG Frankfurt, Beschl. v. 28.4.2016 – 2 Ss-OWi 190/16, juris.
38 OLG Frankfurt, Beschl. v. 3.3.2016 – 2 Ss-OWi 1059/15, juris.

■ Es ist keine Fotoliniendokumentation erfolgt. Die Messung ist daher amtlich nicht verwertbar, Beweis: Sachverständigengutachten.

■ Die Fotoliniendokumentation erfolgte mittels Einsatz einer Pylone (Lübecker Hut). Ein Sachverständigengutachten wird ergeben, dass hierdurch eine ausreichende Fotoliniendokumentation nicht gewährleistet ist.

■ Das Tatfoto zeigt, dass die aufgestellte Kamera sehr tief positioniert wurde, wodurch sich erhebliche bildliche Verzerrungen ergeben. Ein Sachverständigengutachten wird ergeben, dass schon allein deshalb eine Positionsbestimmung, ob sich das Kfz des Betroffenen in Höhe der Fotolinie befand, nicht möglich ist.

■ Die Messung wurde nur anhand einer einzigen Kamera dokumentiert, was dann, wenn nicht alle Fahrbahnabschnitte, auf denen sich Fahrzeuge bewegen können, abgebildet werden, einen aufmerksamen Messbetrieb bedingt. Dass sich hier ein weiteres Fahrzeug in der Messzone befunden haben könnte, ohne dass dies mit abgebildet wurde, kann durch ein Sachverständigengutachten gezeigt werden.

■ Im Tatfoto sind zwei Kfz im Bereich der Fotolinie zu sehen. Ein Sachverständiger wird bestätigen, dass der Messwert dem Betroffenen nicht mit der nötigen Sicherheit zugeordnet werden kann.

■ Das Fahrzeug des Betroffenen ist nicht in Höhe der Fotolinie. Ein Sachverständiger wird ermitteln, dass eine fehlerhafte Abtastung vorlag und somit die Messung ungültig ist (z.B. vorauseilender Schatten).

■ Im Tatfoto des Betroffenen befindet sich im oberen Bereich keine Datenzeile, was bedeutet, dass das Foto mit der ungeeichten Funkkamera aufgenommen wurde. Ein Sachverständigengutachten wird ergeben, dass das Messergebnis wegen der zeitversetzten Auslösung nicht verwertbar ist – der Pkw befindet sich nicht im Bereich der Fotolinie.

■ Die Fotoeinrichtung ist gemäß Tatfoto tief postiert, was bedeutet, dass der Betroffene nicht an der Frontstruktur, sondern im Unterbodenbereich gemessen wurde und somit unzureichende Abtastvoraussetzungen vorliegen. Ein Sachverständigengutachten wird dies belegen.

■ Die Messung fand erkennbar bei Dunkelheit statt, was bedeutet, dass das mit der Messung einhergehende Abtastsignal nur für einen Karosseriepunkt auswertbar ist. Ein Sachverständigengutachten wird ergeben, dass dies einer Einfachmessung der alten Lichtschranke entspricht und demzufolge nicht den Anforderungen an eine Mehrfachmessung genügt.

■ Die Signalauswertung zum Fahrzeug des Betroffenen wird in einem Sachverständigengutachten ergeben, dass die Anlage unsorgfältig aufgestellt wurde, es wird sich nämlich zeigen, dass die einzelnen Sensorlinien bereits ohne Anwesenheit eines Kfz weit voneinander abweichen.

c) Benötigte Daten/Unterlagen für eine technische Begutachtung

Die nachfolgende Auflistung soll wiedergeben, welche Unterlagen mindestens für eine   110
technische Begutachtung notwendig sind. Die vollständige Auflistung der Daten kann
bei Bedarf ergänzend beschafft werden, ist aber für eine erste Einschätzung in der Regel
nicht notwendig.

	Mindestens	Vollständig	✓
Bußgeldbescheid	X	X	
Eichschein	X	X	
Lebensakte/Reparaturnachweise		X	
Messprotokoll	X	X	
Beschilderungsplan		X	
Schulungsnachweise	X	X	
Fotodokumentation des Betroffenen/der Fotolinie	X	X	
Falldatei (*.eso)		X	
Gesamte Messreihe		X	
Statistikdatei		X	
Öffentlicher Schlüssel		X	

V. ESX

Bei diesem Gerät handelt es sich um ein Messgerät, welches zum Zeitpunkt der Veröffent-   111
lichung dieses Buches, **gerade erst zugelassen** wurde. Demnach liegen noch keine ausführlichen Erfahrungen mit dieser Messanlage vor. Das X im Gerätenamen steht dabei
entweder für die Version **7.0** oder **8.0**.

Der Einseitensensor ES8.0 wird als kabelloses Geschwindigkeitsmessgerät beschrieben
und kann mit **bis zu zwei unabhängigen zwölf Megapixel Funkfotoeinrichtungen** betrieben werden. Mit diesen Kameras ist eine Dokumentation des ankommenden und abge-
henden Verkehrs mit Fahreridentifikation oder z.b. die beweissichere Ahndung von Mo-
torradfahrern durch eine Front- und Heckfotografie möglich. Durch seine **schnelle Rech-
nerzeit** soll der Sensor auch bei sehr hohem Verkehrsaufkommen dicht hintereinander
und **auf mehreren Spuren positionierte Fahrzeuge nahezu in Echtzeit** messen können.
Dieses ist eine maßgebliche Weiterentwicklung des Einseitensensor ES8.0.

Die **Technischen Daten** entsprechen dabei nach bisherigen Informationen den Angaben   112
der **ES3.0**, wobei hier ein **zusätzlicher Laser** eingebaut sein soll, der, wie die Sensoren,
senkrecht über den Straßenverlauf blickt. Mit Hilfe dieses Lasers soll die Messung und
Fehlinterpretation eines vorauslaufenden Schattens vermieden werden. Zusätzlich dazu

sind, wie schon erwähnt, die Kameras über Funk & WLAN mit dem Sensor verbunden, so dass eine **flexible Aufstellung der Kameras** möglich ist. Dadurch ist kein Fahrzeugeinbau mehr notwendig, da die Gerätekomponenten einfach transportiert werden können.

113 Die Gebrauchsanweisung ist detaillierter ausgeführt als beim Vorgänger ES3.0. So werden hier eine maximal zulässige Höhe der Sensoreinheit (max. 1,9 m) und umfassende Aufstellvorschriften der Fotoeinrichtungen angegeben. Zusätzlich ist bei amtlichen Messungen die Erstellung eines Messprotokolls notwendig. In der Gebrauchsanweisung ist aufgelistet, welche Angaben dieses enthalten muss.

114 Da zu dieser Messanlage kaum praktische Kenntnisse vorliegen, wird im Übrigen auf die Rdn 61–110 verwiesen.

§ 11 Geschwindigkeitsmessgeräte mit piezo-elektrischen und faseroptischen Drucksensoren

A. Messprinzip

Siemer

Piezosensorenmessanlagen arbeiten, wie auch Lichtschranken, nach dem Weg-Zeit- 1
Messverfahren. Dabei werden die Messungen nicht durch optische Signale ausgelöst
oder beendet, sondern durch **elektrische oder faseroptische Signale**. In der Abbildung
1 (a) (Rdn 2) ist das Prinzip als Skizze dargestellt.

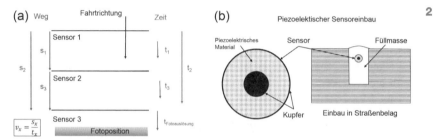

2

Abbildung 1: (a) Prinzipielle Geschwindigkeitsbestimmung bei der Messung mit Drucksensoren.
(b) Skizze des Fahrbahneinbaus eines Piezosensors.

Diese Geschwindigkeitsmessanlagen arbeiten in der Regel mit drei oder vier lotrecht in 3
die Fahrbahn eingelassenen und mit einer Füllmasse versiegelten piezoelektrischen
(druckempfindlichen) Messfühlern. Die Sensorkabel haben in der Regel einen Abstand
von 1 m zueinander. Fährt ein Fahrzeug über diese druckempfindlichen Sensoren, werden
elektrische Impulse ausgelöst, die den Beginn und das Ende einer Zeitmessung steuern.
Die Überfahrzeiten werden in Relation zu den fest vorgegebenen Wegstrecken gesetzt,
wodurch die Geschwindigkeit des Pkw bestimmt werden kann. Wird eine zu hohe Über-
fahrgeschwindigkeit festgestellt, löst die Messanlage eine Fotodokumentation aus.

Der Geschwindigkeitsmesswert kann dabei nach dem **Prinzip der Mehrfachmessung** 4
ermittelt werden. Fährt bei dieser Messmethode ein Fahrzeug in den Messstellenbereich
ein und überquert den ersten Piezosensor, werden zwei Stoppuhren gestartet. Die
1. Stoppuhr wird nach Überfahren des 2. Sensors gestoppt. Hierdurch wird der 1. Geschwindigkeitswert ermittelt. Beim Überfahren des 2. Sensors wird zeitgleich eine weitere 3. Stoppuhr gestartet, die nach Überfahren des 3. Sensorkabels wiederum gestoppt
wird. Damit ergibt sich ein weiterer Geschwindigkeitswert. Gleichzeitig wird beim
Überfahren des 3. Sensorkabels auch die 2. Stoppuhr angehalten, die beim Überfahren

vom Sensorkabel 1 ausgelöst wurde. Es ergeben sich demnach drei Messwerte für eine Fahrstrecke von 2 m (Abbildung 1 (a), Rdn 2).

Somit liegen **drei Zeitmessungen** für unterschiedliche Fahrstrecken vor. Diese führen unabhängig voneinander über

$$V_x = \frac{s_x}{t_x}$$

zu **drei verschiedenen rechnerischen Geschwindigkeiten**.

5   Je nach Messanlagentyp können diese drei Werte miteinander verglichen und der Mittelwert oder der **geringste Wert** als maßgeblich genommen werden. Liegt dieser Geschwindigkeitswert über dem eingestellten Grenzwert, wird eine Fotodokumentation der Verkehrssituation erstellt. Da die internen Berechnungen und die Fotoauslösung eine bestimmte Zeit $t_{Fotoauslösung}$ dauern, befindet sich das Fahrzeug zum Zeitpunkt der Auslösung eine berechnete Strecke ($s = V \times t_{Fotoauslösung}$) hinter dem letzten Messsensor.

6   Zur Durchführung einer **Plausibilitätskontrolle** kann die vom Betroffenenfahrzeug gefahrene Strecke nach der Überquerung des letzten Sensors bestimmt werden. Hierfür ist es aber notwendig, dass die Lage des letzten Sensors hervorgehoben und auf der Fotodokumentation erkennbar ist.

B. Allgemeine Fehlermöglichkeiten

7   Bei dieser Messanlage kommt es auf eine exakte und sorgfältige Verarbeitung der Sensorlage an. Die piezoelektrischen Sensoren bestehen dabei aus einem Kabel, welches in einen gefrästen Kanal in die Fahrbahndecke eingelassen wird (Abbildung 1 (b), Rdn 2). Die Fräsnut wird dann mit einer flexiblen Gummimasse gefüllt, die den Gewichtsdruck der Fahrzeuge auf das Sensorkabel überträgt. Hier gelten für den Einbau der Sensoren die **Piezorichtlinien der PTB**, in denen hohe Anforderungen an die eingebauten Sensoren und den Fahrbahnbelag gestellt werden. So soll der Fahrbahnbelag 2 m vor und hinter den Sensoren eben und homogen sein und keine auffälligen Stellen (Ausbesserungen, Regenabflüsse, usw.) haben. Mögliche Fahrbahnaufwölbungen durch Spurrillen oder Bremsvorgänge dürfen jeweils 3 cm (Spurrillen) bzw. 1 cm (Queraufwölbungen) nicht überschreiten. Offensichtliche Fahrbahnrisse dürfen im Messstellenbereich nicht auftreten.

8   Die Sensoren müssen fest mit dem Fahrbahnbelag verbunden sein und die Vergussmasse muss nach Anleitung bündig oder leicht erhaben mit der Fahrbahn abschließen. Auch die Sensoren dürfen keine Risse aufweisen. Die Lage der Sensoren darf dabei kaum von den Vorgaben (-0,5 % – +1,0 %) abweichen.

9   Die Sensoren liegen in der Fahrbahn und werden tagtäglich von vielen, auch schweren, Fahrzeugen überquert. Typischerweise finden an Messstellen auch immer wieder starke

Bremsungen statt, die eine starke Kraft auf die Fahrbahnoberfläche ausüben. Zusätzlich dazu kommen große Temperaturschwankungen zwischen dem Hochsommer und dem tiefsten Winter. Somit sind die Sensoren intensiven Belastungen ausgesetzt und können mit der Zeit ihre Position in der Fahrbahn verändern. Auch kann es zu Beschädigungen kommen, wenn z.b. im Winter Räumfahrzeuge über die Sensorflächen fahren.

Bei beschädigten Sensorlagen können **Fahrbahnschwingungen** die Sensoren auslösen   10
und es kann zu **Fehlmessungen** kommen. Wenn das Messgerät selbstständig die Fehlmessungen erkennt, steigt dabei die Annullationsrate. Deshalb ist in den Richtlinien auch festgelegt, dass bei einem Anteil der verworfenen Messungen von 20 % die Messstelle nicht mehr verwendet werden darf.

Die Sensorbereiche müssen, wie auch die Messanlage, geeicht und einer Kontrolle unter-   11
zogen werden. Ist in die Anlage dabei ein **intelligenter Piezo-Vorverstärker (IPV)** integriert, findet diese Kontrollroutine jährlich statt. Bei Anlagen ohne IPV ist eine halbjährliche Wartung vorgeschrieben.

Kommt es zu einer Fehlmessung und befindet sich zufällig ein Betroffenenfahrzeug im   12
Sensorbereich, könnte hier eine Fehlzuordnung des festgestellten Geschwindigkeitswertes stattfinden.

Bei einer **Schrägfahrt** wird vom Betroffenenfahrzeug ein längerer Weg zurückgelegt, als   13
in der Berechnung beachtet wird. Daher misst eine Messanlage dieses Typs in diesem Fall eine **niedrigere Geschwindigkeit** als in der Realität vom Betroffenen gefahren wurde.

C. Messanlagentypen

Im Folgenden sollen die unterschiedlichen Messanlagen, die mit Piezosensoren oder op-   14
tischen Sensoren arbeiten, aufgeführt werden. Die TraffiPhot S, TraffiStar S330 und V-Control IIb sind Messanlagen des Herstellers Jenoptik, während die Truvelo M4² und die VDS M5 von VDS vertrieben werden.

I. Traffipax TraffiPhot S

1. Informationen zum Gerät

Die Traffipax TraffiPhot S besteht aus einem Außengehäuse, in dem sich das Innenteil   15
befindet. Dies beinhaltet die **Kamera**, das **Netzteil** und die **gesamte Messtechnik**. Das Innenteil ist dabei nicht fest an einen Standort gebunden und kann an mehreren Messstellen verwendet werden, die mit zugelassenen Sensoren, Vorverstärkern und Außengehäusen ausgestattet sind.

16

Abbildung 2: (a) Beispielfoto der TraffiPhot S. Die Überfahrstrecke von 0,56 m stimmt mit dem vorgeworfenen Geschwindigkeitswert von 100 km/h und der Fotoverzugszeit von ~20 ms überein. (b) Beispielfoto der TraffiStar S 330 mit Anbindung an Wechselverkehrszeichen (weißes durchgezogenes Rechteck). Die Überfahrstrecke von 1,23 m ergibt eine realistische Verzögerungszeit von ~40 ms.

17   Im Messfeld liegen, wie unter Rdn 1–4 beschrieben, drei senkrecht über die Fahrbahn verlaufende Piezosensoren, mit denen drei Geschwindigkeitswerte ermittelt werden. Bei einer Überschreitung des eingestellten Grenzwertes wird eine Fotodokumentation (Smart-Camera IM; SmartCamera IV) erstellt. Das Bild wird zusammen mit einigen Informationen der Messung in einer Falldatei zusammengefasst, digital signiert und verschlüsselt.

Mit diesem Messgerät ist eine Überwachung von mehreren Fahrstreifen möglich, wobei dann der relevante Fahrstreifen in die Datenzeile der Fotodokumentation mit eingeblendet wird (Abbildung 2 (a), gestrichelt weißes Rechteck (L2), Rdn 16).

Die analogen Signale der Sensoren können mit einem intelligenten Piezo-Vorverstärker (IPV) erfasst werden, der diese analysiert. So kann der IPV mögliche Fehlmessungen erkennen und eine Klassifizierung des Fahrzeuges (Lkw oder Pkw) vornehmen. Dies ermöglicht auch die Einstellung **zweier unterschiedlicher Grenzwerte.**

Bei der Verwendung eines IPV reicht eine jährliche Wartung des Sensorbereiches, während eine halbjährliche Wartung von Nöten ist, wenn kein IPV eingebaut ist.

a) Technische Daten

18

Messbereich	20 km/h–250 km/h (geeicht)
Blitzdauer	1/1000 s
Blitzfolge	Max. 2 Blitze pro s
Gesamtmessstrecke	2,00 m/1,99 m–2,02 m)

Teilmessstrecke	1,00 m (0,995 m–1,01 m)
Temperaturbereiche der TraffiPhot S	
Netzbetrieb	-20°C bis +60°C

b) Toleranzen

Kommt bei einer Messanlage ein IPV zum Einsatz, wandelt dieser die analogen Druck-   19
signale in digitale Signale um und beurteilt den Signalverlauf. Hierbei ermittelt er den
Zeitpunkt der maximalen Steigung des Signals und generiert daraus **3 Spannungs-
impulse**, die an die Traffiphot-S Anlage weitergeleitet werden. Der IPV führt verschiedene Plausibilitätskontrollen der Signale durch und annulliert ggf. Messungen, noch bevor sie an die Traffiphot-S Anlage weitergeleitet werden. Sollten nun zusätzliche Signale,
z.B. durch starke Erschütterungen, auftreten, würde der IPV dies registrieren und die Messung wegen der nicht erfüllten Kriterien, verwerfen.

Um einen Geschwindigkeitswert zu bestimmen, erfolgt ein Vergleich der drei aufgenom-   20
menen Messwerte (vgl. Rdn 4). Nur wenn die maximale Abweichung der drei Messwerte
kleiner als ± 3 km/h – bzw. ab 100 km/h 3 % – ist, kommt es zur Geschwindigkeitsanzeige,
so der Gerätehersteller bzw. die PTB. Ist die Abweichung größer, wird das Ergebnis als nicht
verwertbar angesehen und verworfen. In dem Fall erfolgt dann auch **keine Fotoauslösung**.
Vorgeworfen wird dabei der **kleinste** der drei zuvor ermittelten Geschwindigkeitswerte.

c) Eichung

Für die eichtechnische Prüfung gilt die **Richtlinie zur Eichung der Geschwindigkeits-   21
überwachungsgerätes vom Typ TRAFFIPAX TraffiPhot S**.

Die Wartung des Sensorbereiches muss in einem Abstand von einem halben Jahr durchgeführt werden. Wird bei der Messanlage allerdings ein IPV verwendet, reicht ein jähr-
licher Wartungs-/Eichzyklus.

2. Einrichtung der Messstelle/Messdurchführung

Bei der Einrichtung der Messstelle muss ein Abgleich der **Uhrzeit** und des **Datums** statt-   22
finden. Des Weiteren muss die Kamera eingestellt werden, sodass das Fahrzeugkennzeichen, der Fahrzeugführer und die Sensorkennzeichnung auf der Straße erkennbar sind.
Dann muss ein **Kalibrierfoto** ausgelöst werden. Dies beinhaltet eine **Funktionsprüfung**,
bei der die Signale eines Geschwindigkeitswertes von 100 km/h simuliert und somit alle
folgenden Funktionen zur Fotoauslösung und der korrekten Dateneinblendung geprüft
werden. Eine fehlerfrei durchgeführte Funktionsprüfung endet mit einem Kalibrierfoto.
In dieses Foto wird die Zeichenfolge *CALIBRATION* eingefügt, als Geschwindigkeitswert wird 100 km/h angezeigt.

23 Wird lediglich die Messanlage eingeschaltet, wird ein **automatischer Selbsttest** der Anlage durchgeführt, was mit einer grünen LED bestätigt wird. Im weiteren Verlauf der Inbetriebnahme muss ein Kalibrierfoto ausgelöst werden.

24 Zusätzlich muss laut Hersteller ein **Kalibrierfoto beim Anschließen oder Entfernen eines USB-Sticks und spätestens nach 1000 Bildern** durchgeführt werden.

Da die Lage der Sensoren elementar für eine korrekte Messung ist, sollte der Messbeamte bei jedem Besuch der Messanlage das Sensorfeld auf **mögliche Schadstellen** überprüfen.

3. Auswertekriterien

25 Auf der Fotodokumentation müssen das **Fahrzeugkennzeichen**, der **Fahrzeugführer** und die **Sensorkennzeichnung** erkennbar sein.

Der ermittelte Geschwindigkeitsmesswert kann dabei nur dem Fahrzeug zugeordnet werden, welches als einziges das Messfeld des in der Fotodokumentation angezeigten Fahrstreifens befährt.

Fotodokumentationen von Ketten- und Kehrfahrzeugen (im Einsatz) und, unter bestimmten Umständen, Fahrzeugen mit Drillingsachsen, dürfen nicht ausgewertet werden.

4. Technische Fehlermöglichkeiten

a) Messaufbau (Messbeamter)

26 Der Messbeamte kann vergessen, das Kalibrierungsfoto auszulösen. Dies wäre eine Nichteinhaltung der Gebrauchsanweisung.

In der Verantwortung des Betreibers (Messbeamten) liegt die **Unversehrtheit des Sensorbereichs**. Hier dürfen keine sichtbaren Beschädigungen auftreten, weshalb die Messfläche **bei jedem Besuch des Messbeamten** (Fotoentnahme, Kontrolle) zu überprüfen ist. Eine solche Überprüfung sollte auch ordnungsgemäß **dokumentiert** werden.

Ein Fehler liegt auch vor, wenn die **(halb-)jährliche Eichung** des Sensorbereiches nicht durchgeführt wurde.

b) Auswertung (Behörde)

27 Aufgrund **schlechter Bildqualität** können die **Auswerteanforderungen** gegebenenfalls nicht erfüllt werden.

Die digitale Signatur der Falldateien (Schloss-Symbol) kann beim Öffnen mit einer zugelassenen Software (BiffProcess) nicht korrekt angezeigt werden. **Nur wenn das Schloss unversehrt dargestellt wird, darf das Foto ausgewertet werden.**

c) Technische Fehler (Gerät)

Bei dieser Messanlage gelten die **allgemein gültigen Fehlermöglichkeiten** für Piezo-   28
messanlagen.

Die Zeitdauer zwischen dem letzten Sensorsignal und der Fotoauslösung wird mit ca. 20 ms–25 ms angegeben. Ist in der Messanlage zusätzlich ein IPV verbaut, können hier auch etwas höhere Zeiten (25–30 ms) gegeben sein. Für eine korrekte Bestimmung der Fotoverzugszeit ist die Auswertung mehrerer Fotodokumentationen notwendig, um einen **statistischen Mittelwert** zu erhalten.

5. Rechtliche Bewertung

Siegert

Das Traffipax TraffiPhot S ist ein **standardisiertes Messverfahren**.[1] Entsprechend muss   29
das Gericht die zugrunde gelegte Geschwindigkeit so festhalten, dass das Rechtsbeschwerdegericht den **konkreten Toleranzwert** erkennen kann.[2]

Wenn ein Geschwindigkeitsgrenzwert vorab eingestellt wurde, handelt es sich auch um eine verdachtsabhängige Messung. Der **Anfangsverdacht** entsteht, sobald das Messgerät die konkrete Überschreitung registriert. Folglich ist der Eingriff verfassungsmäßig gedeckt von § 100h Abs. 1 S. 1 Nr. 1 StPO i.V.m. § 46 Abs. 1 OWiG.[3]

6. Arbeitshilfen für die Praxis

Siemer

a) Checkliste

■ Lag zur Messeinheit ein gültiger Eichschein/Messprotokoll/Schulungsbescheini-   30
gung vor?

■ Wurden alle relevanten Daten dokumentiert?

■ Waren am Gerät sämtliche Eichsiegel unversehrt?

■ Ist die Anlage gültig geeicht – ohne IPV ist eine halbjährige Wartung vorgeschrieben – sonst Sichtprüfung?

■ Befindet sich das Fahrzeug allein im Messbereich?

■ Ist der Sensorbereich in einem ordnungsgemäßen Zustand?

1 AG Hannover, Urt. v. 22.3.2011 – 241 OWi 593/10, Rn 5, juris, OLG Köln, Beschl. v. 15.6.2016 – 1 RBs 167/16, Rn 19, juris.
2 OLG Rostock, Beschl. v. 27.4.2001 – 2 Ss (OWi) 23/01 I 58/01, Rn 9, juris.
3 OLG Rostock, Beschl. v. 6.7.2010 – 2 Ss (OWi) 147/10 I 119/10, Rn 6, juris; OLG Brandenburg, Beschl. v. 22.2.2010 – 1 Ss (OWi) 23 Z/10, Rn 7, juris; OLG Brandenburg, Beschl. v. 24.6.2010 – 1 Ss (OWi) 124 B/10, Rn 15, juris.

b) Mögliche Beweisfragen

31   ▪ Die Sensorlage an der Vorfallstelle war im Teerverbund verschoben, wodurch die geeichten Abstände derselben nicht mehr stimmig sind. Ein Sachverständigengutachten wird ergeben, dass sich hierdurch fehlerhafte Geschwindigkeitswerte ergeben und mithin die Messung ungültig ist.

▪ Auf dem Messfoto ist die gesamte Sensorlage nicht zu sehen. Eine sachverständige Überprüfung wird ergeben, dass sich außerhalb des Bildausschnittes ein weiteres Kfz befunden haben könnte, das die Messung auslöste.

c) Benötigte Daten/Unterlagen für eine technische Begutachtung

32   Die nachfolgende Auflistung soll wiedergeben, welche Unterlagen mindestens für eine technische Begutachtung notwendig sind. Die vollständige Auflistung der Daten kann bei Bedarf ergänzend beschafft werden, ist aber für eine erste Einschätzung in der Regel nicht notwendig.

	Mindestens	Vollständig	✓
Bußgeldbescheid	X	X	
Eichschein	X	X	
Lebensakte/Reparaturnachweise		X	
Messprotokoll	X	X	
Beschilderungsplan		X	
Schulungsnachweise		X	
Fotodokumentation des Betroffenen	X	X	
Falldatei (*.sbf)		X	
Gesamte Messreihe		X	
Statistikdatei		X	
Öffentlicher Schlüssel		X	

II. Traffipax TraffiStar S 330

1. Informationen zum Gerät

33   Die Traffipax TraffiStar S 330 ist eine Weiterentwicklung des TraffiPhot S Messgerätes und besteht aus einem **Außengehäuse**, einer **digitalen Dokumentationseinheit**, einem **intelligenten Piezo-Vorverstärker** (IPV) und einem **Sensorbereich in der Fahrbahn**. Im Messfeld liegen, wie unter Rdn 1–4 beschrieben, drei senkrecht über die Fahrbahn verlaufende Piezosensoren, mit denen drei Geschwindigkeitswerte ermittelt werden. Bei ei-

ner Überschreitung des eingestellten Grenzwertes wird eine Fotodokumentation (Smart-camera; SmartCamera IV) erstellt. Das Bild wird zusammen mit einigen Informationen der Messung in einer Falldatei zusammengefasst und digital verschlüsselt. Wird die Fall-datei mit einer zugehörigen Software geöffnet, zeigt ein digitales Bild eines Schlosses die Authentizität und Integrität der Datei auf.

Mit diesem Messgerät ist eine Überwachung von zwei Fahrstreifen möglich, wobei der 34 relevante Fahrstreifen in die Datenzeile der Fotodokumentation mit eingeblendet wird. Die Digitalkamera muss in dem Fall den Bereich aller Drucksensoren der beiden Fahr-spuren abbilden. Mit **mehreren Geräten** dürfen so **maximal zehn Fahrspuren** über-wacht werden.

Die analogen Signale der Sensoren werden vom IPV erfasst. Dieser führt drei Zeitmes-sungen der unterschiedlichen Messstrecken durch und berechnet die Geschwindigkeits-werte für v_{12}, v_{13} und v_{23}. Zusätzlich führt der IPV verschiedene Plausibilitätskontrollen durch, die gegebenenfalls zu einer Annullation der Messung führen. Der Wert von v_{13} wird dann als Geschwindigkeitswert dokumentiert und mit weiteren Daten an die Digital-kameraeinheit übertragen.

Der IPV ermöglicht eine **Klassifizierung des Fahrzeuges** (Lkw oder Pkw), welche eben-falls an die Digitalkamera übermittelt wird. Dabei ist diese Messung nicht Gegenstand der Eichung und muss bei der Auswertung anhand der Fotodokumentation überprüft werden.

Eine Anbindung an Wechselverkehrszeichen (WVZ) ist realisierbar.

a) Technische Daten

35

Messbereich	15 km/h–250 km/h (geeicht)
Blitzdauer	1/1000 s
Blitzfolge	Max. 2 Blitze pro s
Abstand der Sensoren (1–2 bzw. 2–3)	1,000 m (0,995 m–1,010 m)
Anzahl der gleichzeitig zu überwachenden Fahrspuren pro IPV	2
CCD Sensor	Schwarz-Weiß
Temperaturbereiche der TraffiStar S 330	
Umgebungstemperatur	-20°C bis +60°C intern überwacht

b) Toleranzen

Wie schon beschrieben, können drei Zeitwerte zwischen den auslösenden Piezosensoren 36 bestimmt werden. Dabei nimmt der IPV nicht nur eine Zeitmessung anhand der elektri-schen Signalverläufe des Piezos vor, sondern zwei (primäre und sekundäre Messung). Das Ergebnis der primären Messung zwischen den Sensoren 1 und 3 wird mit den Ergebnissen der Teilstrecken und deren Sekundärmessungen verglichen. Liegen diese unter einer definierten Abweichungsschwelle, erfolgt ein Vergleich der primären mit der sekundären Hauptmessung. Wenn die Abweichung dieser beiden Werte unter einer definierten Abweichungsschwelle liegt, wird der Geschwindigkeitswert zugelassen.

Der so bestimmte Geschwindigkeitswert wird dann auf die nächste Zahl voll abgerundet und zur Digitalkamera weitergeleitet.

c) Eichung

37   Die Eichung der Messanlage TRAFFIPAX TraffiStar S 330 teil sich in die **Prüfung der einzelnen Komponenten des Gerätes** (Überfahrsensoren und IPV; Digitalkamera) auf. Die betriebsmäßige Prüfung der Geräte im Straßenverkehr kann auf Sonderfälle beschränkt werden.

Bei betriebsmäßigen Prüfungen im Rahmen der Eichung beträgt die Fehlergrenze ± 3 km/h bis 100 km/h und 3 % des richtigen Wertes bei Geschwindigkeiten oberhalb 100 km/h. Die so errechneten Werte für die Verkehrsfehlergrenzen sind auf den nächsten ganzzahligen Wert aufzurunden.

Die **Verkehrsfehlergrenzen** sind **gleich den oben genannten Eichfehlergrenzen** bei der betriebsmäßigen Prüfung.

Bei der Eichung kann laut Gebrauchsanweisung auf einen **zusätzlichen Sensor zur Feststellung von Lageänderungen der Sensoren**, zurückgegriffen werden.

2. Einrichtung der Messstelle/Messdurchführung

38   Das Personal, welches zur Betreibung der Anlage eingesetzt wird, muss in die Bedienung der Anlage **eingewiesen** worden sein.

Der Betreiber ist für den Zustand der Sensoren und des Fahrbahnbelages mit Markierungen verantwortlich. So müssen mögliche Risse durch Verfüllen mit einer Gussmasse repariert werden.

Bei der Einrichtung der Messanlage sind bestimmte Kriterien bezüglich der verwendeten Softwareversionen (Kamera; EPROM; Speicher) zu beachten.

3. Auswertekriterien

39   Die Kamera ist so auszurichten, dass das gemessene Fahrzeug **im Messfeld** des zugehörigen Fahrstreifens abgebildet ist.

Die **Lage des letzten Piezosensors** muss im Messfoto erkennbar sein und die Fronträder des Fahrzeuges müssen sich in Fahrtrichtung hinter diesem befinden.

Der **Fahrzeugführer** und das **Fahrzeugkennzeichen** müssen deutlich erkennbar sein.

Der ermittelte Geschwindigkeitswert kann dem Fahrzeug **zugeordnet** werden, welches sich als einziges im Messfeld der betreffenden Spur befindet.

Fotodokumentationen von Ketten und Kehrfahrzeuge (im Einsatz) und unter bestimmten Umständen Fahrzeuge mit Drillingsachsen, dürfen nicht ausgewertet werden.

4. Technische Fehlermöglichkeiten

a) Messaufbau (Messbeamter)

Der Messbeamte kann vergessen, das **Kalibrierungsfoto** auszulösen. Dies wäre dann   **40**
eine Nichteinhaltung der Gebrauchsanweisung.

Ein Fehler liegt auch vor, wenn die **(halb-)jährliche Eichung** des Sensorbereiches nicht durchgeführt wurde.

In der Verantwortung des Betreibers (Messbeamten) liegt die **Unversehrtheit des Sensorbereichs**. Hier dürfen keine sichtbaren Beschädigungen auftreten, weshalb die Messfläche **bei jedem Besuch des Messbeamten** (Fotoentnahme, Kontrolle) zu überprüfen ist. Eine solche Überprüfung sollte auch ordnungsgemäß dokumentiert werden.

b) Auswertung (Behörde)

Aufgrund **schlechter Bildqualität** können die Auswerteanforderungen gegebenenfalls   **41**
nicht erfüllt werden.

Die digitale Signatur der Falldateien (Schloss-Symbol) kann beim Öffnen mit einer zugelassenen Software (BiffProcess) nicht korrekt angezeigt. **Nur wenn das Schloss unversehrt dargestellt wird, darf das Foto ausgewertet werden.**

c) Technische Fehler (Gerät)

Bei dieser Messanlage gelten die **allgemein gültigen Fehlermöglichkeiten** für Piezo-   **42**
messanlagen.

Die **Zeitdauer** zwischen dem letzten Sensorsignal und der Fotoauslösung wird mit bis   **43**
ca. 40 ms angegeben. Für eine korrekte Bestimmung der Fotoverzugszeit ist die Auswertung mehrerer Fotodokumentationen oder Fahrversuchen notwendig, um hier einen **statistischen Mittelwert** zu erhalten.

Siemer   217

5. Rechtliche Bewertung

Siegert

44 Auch hierbei handelt es sich um ein standardisiertes Messverfahren.[4]

Die Datenspeicherung ist **anlassbezogen**, nachdem die Aufzeichnung erst beginnt wenn infolge des Durch- bzw. Überfahrens von mindestens zwei Messsensoren eine Geschwindigkeitsüberschreitung festgestellt wird.[5]

Bei der Öffnung der digitalen Datei anlässlich der behördlichen Datenauswertung wird zum Nachweis der **Authentizität und Integrität der Messdaten** ein „Schlosssymbol" angezeigt. Bei der Abspeicherung des Tatfotos wird es laut Bedienungsanleitung jedoch nicht mehr eingeblendet. Entsprechend begründet ein Fehlen des Sicherungssymbols auf dem Lichtbild keine weitere Aufklärungspflicht des Tatgerichts.[6]

Gegebenenfalls ist ein weiterer **geringer Toleranzabzug** gerechtfertigt, wenn ein Fahrzeug bei Befahren des Mittelstreifens **beide Messanlagen** auslöst.[7] Hinsichtlich der Systematik des standardisierten Messverfahrens wäre bei gerichtsbekannter Fehlfunktionen hierüber zunächst ein Sachverständigengutachten einzuholen und erst auf der Grundlage des Gutachtenergebnisses ein weiterer Toleranzabschlag vorzunehmen.[8]

Es genügt, wenn dem Eichschein zu entnehmen ist, dass die Eichung **gemäß der PTB-Bauartzulassung** erfolgte; eine konkrete Angabe der hierzu verwendeten Software ist nicht erforderlich.[9]

6. Arbeitshilfen für die Praxis

Siemer

a) Checkliste

45 ■ Lag zur Messeinheit ein gültiger Eichschein/Messprotokoll/Schulungsbescheinigung vor?

■ Wurden alle relevanten Daten dokumentiert?

---

4 AG Helmstedt, Urt. v. 22.6.2017 – 15 OWi 908 Js 63678/16, Rn 6, juris; AG Helmstedt, Urt. v. 11.8.2016 – 15 OWi 912 Js 19328/16, Rn 11, juris; OLG Braunschweig, Beschl. v. 20.10.2015 – 1 Ss (OWi) 156/15, Rn 8, juris; Oberverwaltungsgericht für das Land Nordrhein-Westfalen, Beschl. v. 30.6.2015 – 8 B 1465/14, Rn 8, juris; VG Berlin, Urt. v. 4.12.2014 – 14 K 151.14, Rn 19, juris; OLG Braunschweig, Beschl. v. 11.4.2013 – 1 Ss 71/13, Rn 22, juris; AG Suhl, Beschl. v. 6.1.2011 – 330 Js 15630/10 OWi, Rn 6, juris; OLG Hamm, Beschl. v. 18.1.2010 – 3 RBs 5/10, Rn 18, juris; Thüringer OLG, Beschl. v. 14.4.2008 – 1 Ss 281/07, juris.
5 AG Meißen, Urt. v. 14.10.2009 – 13 OWi 705 Js 30975/09, Rn 38, juris; AG Jena, Urt. v. 6.11.2009, 599 Js 18185/09 – 1 OWi, juris; OLG Hamm, Beschl. v. 18.1.2010 – 3 RBs 5/10, Rn 18, juris.
6 OLG Bamberg, Beschl. v. 17.1.2017 – 3 Ss OWi 1630/16, Rn 10, juris.
7 1 km/h: AG Jena, Urt. v. 6.3.2014 – 205 Js 36961/13 – 9 OWi, Rn 11, juris.
8 *Fromm* SVR 2015, 266–267.
9 AG Bielefeld, Urt. v. 24.11.2014 – 37 OWi – 602 Js 4903/14 – 1245/14, Rn 31, juris.

■ Waren am Gerät sämtliche Eichsiegel unversehrt?

■ Ist die Anlage gültig geeicht – ohne IPV ist eine halbjährige Wartung vorgeschrieben – sonst Sichtprüfung?

■ Befindet sich das Fahrzeug allein im Messbereich?

■ Ist der Sensorbereich in einem ordnungsgemäßen Zustand?

b) Mögliche Beweisfragen

■ Die Sensorlage an der Vorfallstelle war im Teerverbund verschoben, wodurch die ge-   46
eichten Abstände derselben nicht mehr stimmig sind. Ein Sachverständigengutachten
wird ergeben, dass sich hierdurch fehlerhafte Geschwindigkeitswerte ergeben und
mithin die Messung ungültig ist.

■ Auf dem Messfoto ist die gesamte Sensorlage nicht zu sehen. Eine sachverständige
Überprüfung wird ergeben, dass sich außerhalb des Bildausschnittes ein weiteres
Kfz befunden haben könnte, das die Messung auslöste.

c) Benötigte Daten/Unterlagen für eine technische Begutachtung

Die nachfolgende Auflistung soll wiedergeben, welche Unterlagen mindestens für eine   47
technische Begutachtung notwendig sind. Die vollständige Auflistung der Daten kann
bei Bedarf ergänzend beschafft werden, ist aber für eine erste Einschätzung in der Regel
nicht notwendig.

	Mindestens	Vollständig	✓
Bußgeldbescheid	X	X	
Eichschein	X	X	
Lebensakte/Reparaturnachweise		X	
Messprotokoll	X	X	
Beschilderungsplan		X	
Schulungsnachweise		X	
Fotodokumentation des Betroffenen	X	X	
Falldatei (*.sbf)		X	
Gesamte Messreihe		X	
Statistikdatei		X	
Öffentlicher Schlüssel		X	

III. Truvelo M4² und VDS M5

1. Informationen zum Gerät

48   Die Anforderungen an die Sensoren und Wandler stationärer Messstellen der Bauart M5 sind identisch mit denen der Bauart M4². Daher ist auch ein erstellter Prüfschein für die Bauart M4² für die Bauart M5 gültig. Bei dem **Messgerät M5** handelt es sich um eine **Weiterentwicklung der M4²-Anlage**, weshalb in diesem Abschnitt beide Anlagen zusammengefasst behandelt werden.

Das Messgeräte Truvelo M4² vom Hersteller VDS gibt es jeweils in einer mobilen und in einer stationären Ausführung, wobei die Truvelo M4² kaum noch im Betrieb ist.

Bei diesen Messanlagen werden zwei Geschwindigkeitsmesswerte aus vier Sensoren gewonnen (Abbildung 3, Rdn 49).

49

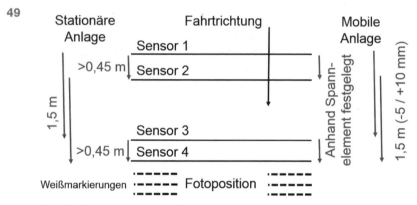

Abbildung 3: Messprinzip der Geschwindigkeitsanlagen M4² und M5. Hier liegen zwei voneinander unabhängige Messstrecken vor (Sensoren 1–3 und 2–4).

50   Ein Fahrzeug überfährt zuerst die Sensoren 1 und 2 und startet **zwei unabhängige Zeitmessungen**, die beim Überfahren der Sensoren 3 und 4 jeweils gestoppt werden. Die beiden Messstrecken betragen jeweils 1,5 m. Die einzelnen Messstrecken (Sensoren 1 und 2) müssen dabei bei stationären Anlagen mindestens um 0,45 m versetzt in die Fahrbahn eingelassen sein.

51   Bei **mobilen Anlagen** werden die Sensoren über die Fahrbahn gespannt, wobei die Entfernung voneinander von dem verwendeten Befestigungsmaterial abhängig ist. Für die mobile Version werden dabei **optische Sensoren** verwendet, die aber nach dem gleichen Messprinzip arbeiten wie **piezoelektrische Sensoren**. Letztere werden bei der **stationären Anlage** verwendet.

Die beiden ermittelten Geschwindigkeitswerte werden verglichen und der **niedrigere** von beiden wird dann vorgeworfen.

Bei beiden Systemen gibt es eine **relativ eng definierte Fotoposition**, anhand derer die Korrektheit einer Messung größenordnungsmäßig überprüft werden kann. Zur einfachen Auswertung sind dafür nach dem letzten Sensor zusätzliche Weißmarkierungen auf die Fahrbahnoberfläche aufgebracht (Abstand je 0,5 m).

Die Fotodokumentationen werden bei der Verwendung einer digitalen Kamera mit Zusatzinformationen in einer Falldatei zusammengefasst, digital signiert und verschlüsselt.

a) Technische Daten

Messbereich	10 km/h–200 km/h	52
Blitzdauer	1/1000 s	
Blitzfolge	max. 2 Blitze pro s	
Abstand der Sensoren	1,5 m	
Überwachbare Fahrbahnen	1–3	
Temperaturbereiche der Truvelo M4^2 und der M5		
Messgerät	-20°C bis +60°C	

b) Toleranzen

Geräteintern werden die beiden ermittelten Messwerte miteinander verglichen. Weichen diese um mehr als ± 2 km/h voneinander ab, wird die Messung verworfen. Vorgeworfen wird bei einer gültigen Messung der **kleinste Geschwindigkeitswert**. 53

Der Sensorabstand der mobilen Anlage darf vom richtigen Wert von 1,50 m höchstens um – 0,5 bis + 1 cm abweichen.

c) Eichung

Die Sensoren werden gemäß der **PTB Richtlinien** geeicht. 54

Bei der M5 handelt es sich um ein modulares System, bei dem verschiedene geeichte Komponenten miteinander verknüpft werden können. Die Sensorlagen müssen dabei alle sechs Monate gewartet werden.

Die Verkehrsfehlergrenzen betragen ± 3 km/h bei Messwerten bis 100 km/h und ± 3 % bei Werten über 100 km/h. Die errechneten Werte sind auf den nächsten ganzzahligen Wert aufzurunden.

2. Einrichtung der Messstelle/Messdurchführung

55 Vor dem Beginn der Messung sind die in der Gebrauchsanleitung angegebenen **Testroutinen** (z.b. Kalibrierungsfoto) durchzuführen.

Bei dem modularen Messsystem M5 ist darauf zu achten, dass **alle Messanlagenteile** gültig geeicht sind und nachvollziehbar ist, welche Modulkomponenten Verwendung fanden.

Bei der mobilen Messung ist der **aufmerksame Messbetrieb** zu gewährleisten. So muss darauf geachtet werden, dass sich keine Gegenstände im Bereich der Messstrecke auf der Fahrbahn befinden und dass die Messfühler gut und fest verspannt auf der Fahrbahn aufliegen.

3. Auswertekriterien

56 Nach dem Überfahren des letzten Sensors ergibt sich eine Verzögerung bis zum Auslösen des Fotos. Trotzdem sollte sich das Fahrzeug noch mit einem Teil in der Messstrecke befinden. Sind bei mehrspurigen Straßen mehrere Fahrzeuge gleichzeitig innerhalb der Messstrecke, muss auf die Auswertung verzichtet werden.

Bei der Bildauswertung ist darauf zu achten, ob die **Geschwindigkeitsdifferenz** von ± 2 km/h zwischen den beiden Strecken eingehalten wurde. Größere Abweichungen sprechen für einen Defekt des Kabels oder der Messanlage.

4. Technische Fehlermöglichkeiten

a) Messaufbau (Messbeamter)

57 Die **Abstände der Sensoranlagen** wurden nicht eingehalten und nicht korrekt dokumentiert.

Der **aufmerksame Messbetrieb** wurde nicht eingehalten.

Es wurden **nicht geeichte Module** eingesetzt oder eingesetzte Module falsch dokumentiert.

In der Verantwortung des Betreibers (Messbeamten) liegt die **Unversehrtheit des Sensorbereichs**. Hier dürfen keine sichtbaren Beschädigungen auftreten, weshalb die Messfläche bei jedem Besuch des Messbeamten (Fotoentnahme, Kontrolle) zu überprüfen ist. Eine solche Überprüfung sollte auch ordnungsgemäß dokumentiert werden.

b) Auswertung (Behörde)

58 Die Auswertekriterien sind nicht erfüllt worden.

Das Schloss-Symbol wurde nicht korrekt innerhalb der Auswertesoftware angezeigt, wodurch die Authentizität und Integrität der Falldatei nicht bestätigt werden kann.

c) Technische Fehler (Gerät)

Bei dieser Messanlage gelten die allgemein gültigen Fehlermöglichkeiten für Piezomess- 59
anlagen.

Die Zeitdauer zwischen dem letzten Sensorsignal und der Fotoauslösung wird mit ca.
30 ms–40 ms angegeben. Für eine korrekte Bestimmung der Fotoverzugszeit ist die **Auswertung mehrerer Fotodokumentationen oder Fahrversuche** notwendig, um einen statistischen Mittelwert zu erhalten.

Wenn zwei nebeneinander liegende Fahrstreifen gleichzeitig durch stationäre Truvelo M4²-Systeme geschwindigkeitsüberwacht werden, kann es zu erheblichen Geschwindigkeitsfehlanzeigen kommen, wenn ein Fahrzeug entweder teils auf dem linken und teils auf dem rechten Fahrstreifen fährt, oder entweder mit den linken oder den rechten Reifen exakt in der Mitte zwischen den beiden Fahrstreifen fährt und so zwangsläufig beide Messsysteme berührt. Die Messsysteme zweier nebeneinander liegender Fahrstreifen sind nämlich nicht voneinander entkoppelt.

Beim starken Bremsen eines Fahrzeuges können sich bei der mobilen Messanlage die Sensorkabel verschieben.

5. Rechtliche Bewertung

Siegert

M5 Speed der Firma VDS ist noch recht neu. Die Anlage ist von der PTB unter dem Zu- 60
lassungszeichen 18.11/02.05 zur Eichung zugelassen worden.[10] Entsprechend ist sie als
standardisiertes Messverfahren zu werten.[11] Die weitere hierzu ergehende Rechtsprechung ist im Blick zu behalten. Im Übrigen wird auf die allgemeinen Ausführungen zum standardisierten Messverfahren (§ 2) verwiesen.

6. Arbeitshilfen für die Praxis

Siemer

a) Checkliste

■ Lag zur Messeinheit ein gültiger Eichschein/Messprotokoll/Schulungsbescheini- 61
gung vor?

■ Wurden alle relevanten Daten dokumentiert?

■ Waren am Gerät sämtliche Eichsiegel unversehrt?

---

10 *Https://www.ptb.de/cms/ptb/fachabteilungen/abt1/fb-13/ag-131/geschwindigkeitsueberwachungsgeraete.html#c19090.*
11 OLG Düsseldorf, Beschl. v. 25.1.2017 – IV-2 RBs 10/17, Rn 18, juris.

- Ist der aufmerksame Messbetrieb gegeben?
- Ist die Anlage gültig geeicht – ohne IPV ist eine halbjährige Wartung vorgeschrieben – sonst Sichtprüfung?
- Befindet sich das Fahrzeug allein im Messbereich?
- Ist der Sensorbereich in einem ordnungsgemäßen Zustand?

b) Mögliche Beweisfragen

62
- Die Sensorlage an der Vorfallstelle war im Teerverbund verschoben, wodurch die geeichten Abstände derselben nicht mehr stimmig sind. Ein Sachverständigengutachten wird ergeben, dass sich hierdurch fehlerhafte Geschwindigkeitswerte ergeben und mithin die Messung ungültig ist.
- Auf dem Messfoto ist die gesamte Sensorlage nicht zu sehen. Eine sachverständige Überprüfung wird ergeben, dass sich außerhalb des Bildausschnittes ein weiteres Kfz befunden haben könnte, das die Messung auslöste.

c) Benötigte Daten/Unterlagen für eine technische Begutachtung

63
Die nachfolgende Auflistung soll wiedergeben, welche Unterlagen mindestens für eine technische Begutachtung notwendig sind. Die vollständige Auflistung der Daten kann bei Bedarf ergänzend beschafft werden, ist aber für eine erste Einschätzung in der Regel nicht notwendig.

	Mindestens	Vollständig	✓
Bußgeldbescheid	X	X	
Eichschein	X	X	
Lebensakte/Reparaturnachweise		X	
Messprotokoll	X	X	
Beschilderungsplan		X	
Schulungsnachweise		X	
Fotodokumentation des Betroffenen	X	X	
Falldatei (*.TIC)		X	
Gesamte Messreihe		X	
Statistikdatei		X	
Öffentlicher Schlüssel		X	

IV. V-Control IIb

1. Informationen zum Gerät

Dieses Messgerät wurde vom Hersteller AD-Elektronik GmbH produziert, der von der **64** Jenoptik GmbH übernommen wurde. Mittlerweile wird diese Messanlage vom Hersteller nicht mehr vertrieben.

Die Anlage besteht aus einem Außengehäuse, einem Messgeräteeinschub und einem Sensorbereich, bei dem mit **zwei 6 m voneinander entfernte Piezosensoren** die Zeit bestimmt wird, die ein Fahrzeug zur Überquerung dieser Strecke benötigt. Dabei werden durch die Beachtung der beiden Fahrzeugachsen zwei Geschwindigkeitswerte bestimmt. Zusätzlich ist in dem Sensorfeld eine **Induktionsschleife** in die Fahrbahn eingelassen. Anhand dieser ist es möglich festzustellen, ob sich ein Fahrzeug innerhalb des Sensorbereiches aufhält oder ob mögliche empfangende Signale verworfen werden müssen.

Nach erfolgter Messung und Vergleich der einzelnen Geschwindigkeiten (Abweichung nicht größer als 3,12 %), wird die Zeit berechnet, die das Fahrzeug bis zum Fotopunkt benötigt. Dieser Punkt findet sich ca. 7,5 ± 0,5 m hinter dem letzten Sensor. Das Fahrzeug muss sich zum Zeitpunkt der Fotodokumentation innerhalb dieses Bereiches befinden. Anhand dieser Position ist auch eine Plausibilitätsprüfung des gemessenen Geschwindigkeitswertes möglich.

Mit dieser Anlage kann eine **Klassifizierung des Fahrzeuges** und eine **Überwachung von zwei Fahrstreifen** realisiert werden.

a) Technische Daten

Messbereich	20 km/h–250 km/h
Blitzdauer	1/1000 s
Blitzfolge	1 Blitz pro s
Abstand der Sensoren	6 m (-1 cm/+2 cm)
Überwachbare Fahrbahnen	Bis 2
Temperaturbereiche der V-Control-IIb	
Betriebstemperaturbereich	-20°C bis +70°C

65

b) Toleranzen

Die Zeitmessung erfolgt zwischen den beiden **Überfahrten der Vorderachse** und den **66** **Überfahrten der Hinterachse**. Durch die Algorithmen der Messsoftware werden die Flächenintegrale und Anstiegskurven der Piezosignale überprüft. Zusätzlich werden die Signale auf ihre logische Folge hin analysiert. So ist auch eine Auswertung bezüglich der Fahrzeugklasse (Lkw, PKM) möglich. Stimmen die ermittelten Geschwindigkeiten mit einer Abweichung kleiner als 3,12 % überein, wird der Geschwindigkeitswert verwendet, um zu berechnen, zu welchem Zeitpunkt sich die Vorderachse am Fotopunkt der Messanlage befindet. Dieser Punkt liegt 7,5 ± 0,5 m hinter dem zweiten Sensor.

c) Eichung

67   Die Sensoren werden gemäß der **PTB Richtlinien** geeicht.

Die Verkehrsfehlergrenzen betragen ± 3 km/h bei Messwerten bis 100 km/h und ± 3 % bei Werten über 100 km/h. Die errechneten Werte sind auf den nächsten ganzzahligen Wert aufzurunden.

2. Einrichtung der Messstelle/Messdurchführung

68   Vor dem Beginn der Messung sind die in der Gebrauchsanleitung angegebenen Testroutinen durchzuführen.

3. Auswertekriterien

69   Nach dem Überfahren des letzten Sensors ergibt sich eine Verzögerung bis zum Auslösen des Fotos, sodass sich das Fahrzeug ca. 7,5 m hinter dem letzten Sensor befindet. Ist dies augenscheinlich nicht der Fall, ist die Messung zu verwerfen.

4. Technische Fehlermöglichkeiten

a) Messaufbau (Messbeamter)

70   Die **Abstände** der Sensoranlagen wurden nicht eingehalten und nicht korrekt dokumentiert.

Die geforderten **Testroutinen** wurden nicht korrekt durchgeführt oder dokumentiert.

b) Auswertung (Behörde)

71   Die **Auswertekriterien** sind nicht erfüllt worden.

c) Technische Fehler (Gerät)

72   Bei dieser Messanlage gelten die **allgemein gültigen Fehlermöglichkeiten** für Piezomessanlagen, vgl. Rdn 7 ff.

5. Rechtliche Bewertung

Siegert

73   Es wird auf die allgemeinen Ausführungen zum standardisierten Messverfahren (§ 2) verwiesen.

6. Arbeitshilfen für die Praxis

Siemer

a) Checkliste

■ Lag zur Messeinheit ein gültiger Eichschein/Messprotokoll/Schulungsbescheini-   74
gung vor?
■ Wurden alle relevanten Daten dokumentiert?
■ Waren am Gerät sämtliche Eichsiegel unversehrt?
■ Befindet sich das Fahrzeug allein im Messbereich?
■ Ist der Sensorbereich in einem ordnungsgemäßen Zustand?

b) Mögliche Beweisfragen

■ Die Sensorlage an der Vorfallstelle war im Teerverbund verschoben, wodurch die ge-   75
eichten Abstände derselben nicht mehr stimmig sind. Ein Sachverständigengutachten
wird ergeben, dass sich hierdurch fehlerhafte Geschwindigkeitswerte ergeben und
mithin die Messung ungültig ist.
■ Auf dem Messfoto ist die gesamte Sensorlage nicht zu sehen. Eine sachverständige
Überprüfung wird ergeben, dass sich außerhalb des Bildausschnittes ein weiteres
Kfz befunden haben könnte, das die Messung auslöste.

c) Benötigte Daten/Unterlagen für eine technische Begutachtung

Die nachfolgende Auflistung soll wiedergeben, welche Unterlagen mindestens für eine   76
technische Begutachtung notwendig sind. Die vollständige Auflistung der Daten kann
bei Bedarf ergänzend beschafft werden, ist aber für eine erste Einschätzung in der Regel
nicht notwendig.

	Mindestens	Vollständig	✓
Bußgeldbescheid	X	X	
Eichschein	X	X	
Lebensakte/Reparaturnachweise		X	
Messprotokoll	X	X	
Beschilderungsplan		X	
Schulungsnachweise		X	
Fotodokumentation des Betroffenen	X	X	

§ 12 Geschwindigkeitsmessgeräte mit Induktionsschleifen

Siemer

Die Geschwindigkeitsmessgeräte, die mit **Induktionsschleifen** arbeiten, funktionieren 1
nach dem gleichen Messprinzip wie die Messgeräte, die zur Überwachung der **Rotlicht-zeiten** verwendet werden. Dabei handelt es sich um das **Multanova Multastar C** und das **Gatsometer GTC-GS11**, welche in dem Kapitel Rotlichtüberwachungsanlagen – Messanlagen mit Fahrbahnsensoren (§ 22) behandelt werden. Unter § 22 Rdn 11–53 und § 22 Rdn 81–99 wird auch auf die technischen Details und mögliche Fehleranfälligkeiten eingegangen. Des Weiteren finden sich dort Anregungen zu möglichen Beweisfragen und Checklisten.

Den interessierten Lesern sei auch das Kapitel zum Messprinzip der Geschwindigkeitsmessgeräte mit piezoelektrischen und faseroptischen Drucksensoren empfohlen (§ 11), da hier ähnliche technische Prinzipien verwendet werden.

§ 13 Geschwindigkeitsmessgeräte mit laseroptischen Sensoren

A. Messprinzip

Schmedding

In Deutschland werden von entsprechenden Behörden unterschiedliche Laserhandmess- **1**
geräte (LHM) benutzt. Deren Messprinzip ist untereinander sehr ähnlich. Die Geschwindigkeitsmessung erfolgt nach dem **Weg-Zeit-Prinzip** über eine **getaktete Laserstrahlaussendung**. Ein elektronischer Impulsgenerator steuert auf Tastendruck in periodischer
Folge einen Diodenlaser an, der daraufhin eine Serie kurzer Infrarotlichtimpulse (unsicht-
bar) abgibt, die durch die Sendeoptik gebündelt als Sendesignal abgestrahlt werden. Über
die Empfangsoptik gelangen die vom Ziel zum Gerät reflektierten Echosignale auf eine
Fotodiode, die entsprechende elektrische Empfangsimpulse liefert. Eine Auswerteein-
richtung misst jeweils das Zeitintervall zwischen Sende- und Empfangsimpuls, das ein
Maß für die Zielentfernung ist.

Ein **geräteinterner Mikrocomputer** sorgt für die Speicherung und weitere Aufbereitung **2**
der Messwerte. Die Basis ist dabei die ultimative Konstante, nämlich die **Lichtgeschwin-
digkeit**.

Während des Messablaufes erfolgt nicht nur eine einzige Weg-Zeit-Messung, sondern es
werden innerhalb des etwa 0,3–0,5-sekündigen Messzyklusses rund 60–80 Einzelwerte
erhoben, die auf Gleichmäßigkeit geprüft werden.

Weichen aus dieser Bandbreite Einzelwerte von dem vom Hersteller vorgegebenen Toleranzbereich ab, wird die Gesamtmessung und damit auch der aktuelle Geschwindigkeitswert verworfen, so die Entwickler dieser Geräte.

Falls derartige Fehler auftreten, werden unterschiedliche **Fehlermeldungen** im Display **3**
des Gerätes angezeigt. Nicht selten treten Verwackelungseffekte als Richtungsfehler auf.
Auch unzureichende reflektierende Objekte, wie z.B. eine stark angeschrägte Fahrzeugfront (ohne Anwesenheit z.B. senkrechter Flächen) werden als Intensitätsfehler angezeigt.

B. Allgemeine Fehlermöglichkeiten

Als diese Messanlagen seinerzeit auf den Markt kamen, gab es anfänglich die **Problema-** **4**
**tik der Abgleitbewegung eines Laserstrahls an einem z.B. schräg angeordneten Ge-
genstand**. Es konnte seinerzeit (mit alten Softwareversionen) durch Entlangziehen des
Gerätes (bzw. des darin integrierten Laserstrahls) z.B. an einer schrägen Fensterfront

ein Geschwindigkeitswert erzielt werden. Dieser Abgleiteffekt wurde unter dem Begriff „wandernde Häuser" zusammengefasst.

Daraufhin erfolgte eine **komplette Überarbeitung** der im Gerät installierten Softwareversionen. Diese wurden gegen solche Effekte „gefeit", sodass nach derzeitigem Kenntnisstand der Abgleit- wie aber auch Stufenprofileffekt bei diesen Geräten kein ernsthaftes Diskussionsthema mehr ist.

5   Die Geräte messen prinzipiell zuverlässig, wobei aber darauf hinzuweisen ist, dass aufgrund der Konzeption (Laser und Visiereinrichtung sind baulich getrennt) eine Fehlstellung dieser Baugruppen zueinander problematisch sein kann. Durch z.B. unsanftes Ablegen eines LHM (bzw. Fallenlassen) kann eine **Fehljustierung** auftreten, die im dichten Verkehrsgeschehen dazu führt kann, dass der vom Messbeamten anvisierte Pkw tatsächlich von der Lasereinheit gar nicht abgetastet wird, sondern z.B. ein Fahrzeug, das auf einer Nebenspur fährt.

6   Auch ist die **Laserstrahlaufweitung** nicht bei allen Geräten gleich. Nur bei dem RIEGL FG21-Typ wird eine Laseraufweitung von unter 3 mrad erzielt (2–2,5 mrad).

Bei allen anderen Produkten liegt die Laseraufweitung bei 3 mrad, was einer Strahlaufweitung in 100 m Entfernung auf 30 cm entspricht, in 200 m auf 60 cm etc.

7   Tatsächlich relevant ist aber nicht diese nominelle Laseraufweitung, sondern der sog. **Zielerfassungsbereich**, der beim RIEGL FG21-Gerät bei 5 mrad und bei allen anderen bei 7 mrad liegt.

Dies kann (im letztgenannten Fall) bei einer Messentfernung von 300 m dazu führen, dass der vom Laser bestrahlte Bereich schon bei 2,1 m liegt.

Bedenkt man, dass ein Kleinwagen Smart 4two bzgl. seiner Frontsilhouette eine Ausdehnung von etwa 1,6 × 1,6 m besitzt (Breite mal Höhe), so wird dessen Frontkontur von einem solchen Messfleck deutlich überstrahlt, was dazu führen kann, dass z.B. ein hinterherfahrendes Kfz mit in der Laserabtastfläche liegt. Dies ist ein technisch unzulässiger Zustand. Solche Messungen dürfen nicht durchgeführt werden, siehe Abbildung 1 (Rdn 8).

8

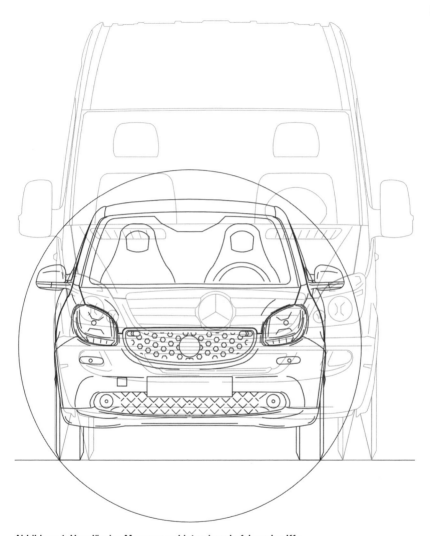

Abbildung 1: Unzulässige Messung an hintereinanderfahrenden Kfz

Wenngleich der vorausfahrende Kleinwagen Smart voll innerhalb der kreisrund dargestellten Laserabtastkeule (in 300 m Entfernung) enthalten ist, so sieht man, dass dies auch auf den in Fahrtrichtung linken Scheinwerfer des hinterherfahrenden Mercedes Sprinter zutrifft. Es handelt sich dabei um ein hochreflektierendes Bauteil des hinterherfahrenden größeren Kfz, was dazu führt, dass nicht mehr sicher gesagt werden kann, von wem letztlich die reflektierten Laseranteile stammen. In einer solchen Situation darf nicht gemessen werden.

Problematisch ist dabei aber, dass dem Messbeamten dieser Zielerfassungsbereich (in dieser Größe) nicht direkt vor Augen geführt wird (mit Ausnahme des RIEGL FG21). Es ist daher aus technischer Sicht zu fordern, dass **mit zunehmender Messentfernung** (etwa ab 250 m) vom Messbeamten **auf Messungen im dichteren Verkehrsgeschehen verzichtet wird**, da nicht ausgeschlossen werden kann, dass z.b. auch durch die Fahrzeugscheiben hindurch ein hinterherfahrendes Kfz erfasst wird.

9 Es liegt auf der Hand, dass insbesondere bei Zweirädern, die über eine schmale Frontsilhouette verfügen, zuverlässige Messungen ab etwa 100–150 m gar nicht mehr möglich sind – es sei denn, es handelt sich um absolute Einzelfahrzeuge (kein anderes Kfz in der Umgebung).

C. Messanlagentypen

10 Im Folgenden werden die unterschiedlichen LHM-Typen, die in Deutschland eingesetzt werden, näher vorgestellt. Das Hauptaugenmerk wird dabei auf die Produkte der Firma RIEGL gelegt, weil es sich hierbei quasi um die „Marktführer" handelt (wenngleich diese nicht mehr produziert werden).

Darüber hinaus werden noch gelegentlich die Produkte LASER PATROL, LTI etc. eingesetzt. Auf diese wird kurz eingegangen.

I. RIEGL LR90–235/P

1. Informationen zum Gerät

11 Die Abbildung 2 (Rdn 12) zeigt den Gerätetyp, quasi eines der ersten LHM, die in Deutschland zugelassen wurden. Dieses Gerät misst zwischen 0 und 250 km/h, wobei Messungen in einem Entfernungsbereich von 30–500 m erlaubt sind.

Das Gerät verfügt nicht über eine vergrößernde Zieloptik – diese ist i.Ü., wie der Abbildung 2 zu entnehmen ist, oben auf das Gerätegehäuse aufgesetzt (und dort verschraubt). Es ist damit relativ stoßempfindlich.

12

Abbildung 2: Ansicht RIEGL LR 90–235/P

Die nominelle Laseraufweitung liegt bei 3 mrad, wobei der Zielerfassungsbereich, auf   13
den es aus technischer Sicht ankommt, mit 7 mrad benannt wird.

Schon in der Frühphase des Einsatzes dieses Gerätetyps wurde festgestellt, dass die vom   14
Gerätehersteller angegebene 3-mrad-Grenze nicht eingehalten wird – man stellte in entsprechenden labortechnischen Untersuchungen fest, dass der Laserfleck eine **größere Ausdehnung** besitzt, weswegen von der PTB eine Eichfehlergrenze von nur 5 mrad gefordert
wurde. Inklusive nicht ausschließbare leichter Zitterbewegungen des Messbeamten wurde
dann der sog. **Zielerfassungsbereich** kreiert, nämlich mit einer Ausdehnung von 7 mrad.

Das bedeutet, dass in 100 m Entfernung die Laserabtastfläche (idealisiert im Durchmesser) bei 70 cm liegt und in der maximalen Messweite von 500 m bei bereits 3,5 m.

Der Laser arbeitet im **Infrarotbereich**, ist also für das menschliche Auge nicht sichtbar, wobei die Laserintensität der Stufe 1 genügt.

a) Technische Daten

15

Messbereich	0 km/h–250 km/h
Entfernungsbereich	30 m–500 m
Meßzeit	Ca. 0,5 s (max. 1 s)
Messrichtung des Verkehrs	+ = ankommender; – = abfließender
Messstrahldurchmesser	0,7 mrad
Temperaturbereich des RIEGL LR90	
Messgerätr	-10°C bis +50°C

b) Toleranzen

16   Dieses Gerät unterliegt der Verkehrsfehlergrenze von 3 km/h bis 100 km/h und 3 % darüber.

17   Vom Gerät werden innerhalb der etwa 0,5-sekündigen Messphase eine Fülle von Einzelwerten ermittelt, anhand derer auf Gültig- bzw. Ungültigkeit der Messung entschieden wird. Geräteintern wird ein sog. **Histogramm** entworfen (Weg-Zeit-Diagramm), in dem eine **Regressionsgerade** erstellt wird. Die Steigung selbiger gibt das Maß der Geschwindigkeit an.

c) Eichung

18   Wie schon unter Rdn 16 dargelegt, gilt für dieses Gerät die **typische Verkehrsfehlergrenze**.

Die eichtechnische Prüfung solcher Geräte besteht aus einer **labormäßigen Untersuchung**. Insbesondere bei diesem Gerätetyp, bei dem die Visiereinrichtung extern auf dem Gehäuse angebracht ist, wird geprüft, ob die Visier- und Laserlinie hinreichend übereinstimmen, d.h., ab der angegebenen 30-m-Distanz im ausreichenden Umfang korrelieren oder nicht.

Bzgl. der Einschaltroutine dieser Geräte wird natürlich der **Ablauf des Selbsttests** und des sog. **Segmenttests** untersucht. Zeitgleich werden Zeitmessrechen- und Anzeigefunktionen nebst Untersuchung der Hardware-Komponenten geprüft.

2. Einrichtung der Messstelle/Messdurchführung

19   Bevor alle LHM für amtliche Messungen eingesetzt werden dürfen, müssen diverse Tests absolviert werden. Nach dem Einschalten des Gerätes überprüft dieses zunächst selbstständig die **Versorgungsspannung** und die **Gerätetemperatur**. Es wird dann eine gerät-

einterne **Funktionsprüfung** durchgezogen, die letztlich in der **Displayprüfung** (sog. Segmenttest) gipfelt.

Vor Durchführung der Messung muss der Messbeamte den Gleichlauf zwischen seiner   **20** Visiereinrichtung und der Laserabtastung prüfen. Diesen Vorgang nennt man den **Visiertest**. Eine solche ist vor jeder Blockmessung, d.h., immer dann, wenn der Messort gewechselt wird, durchzuführen. Dies betrifft dann natürlich auch Fälle, bei denen aus einem Behördenfahrzeug heraus gemessen, sodann die Verfolgung eines Verkehrssünders aufgenommen und anschließend zum gleichen Messort zurückgekehrt wird. Die Bedienungsanleitung schreibt vor, dass in einem solchen Fall bei Wiedereintreffen am ursprünglichen Messort auch eine Visiertestüberprüfung vorzunehmen ist.

3. Auswertekriterien

Der Messort muss so gewählt werden, dass das zu überwachende Straßenstück frei einseh-   **21** bar ist. Das Fahrzeug sollte unter einem kleinen Winkel zur Fahrbahn erfasst werden, um den sogenannten Cosinuseffekt möglichst klein zu halten.

Das Anvisieren eines Fahrzeuges kann mit Hilfe eines Leuchtpunktvisiers erfolgen. Dabei muss die gesamte Fläche von Front bzw. Heck des zu messenden Fahrzeuges unverdeckt im Visier sein. Die Position des Leuchtpunktes ist so zu wählen, dass das zu messende Fahrzeug möglichst mittig und in Höhe eines stark reflektierenden (Kennzeichen) Fahrzeugbauteils erfasst wird. Der reale Zielerfassungsbereich wird aber nicht vom Leuchtpunkt abgebildet.

Hierfür gibt es die Vorgabe, dass das Fahrzeug mittig anzuvisieren ist und ab Entfernungen von 300 m der freizuhaltende Zielerfassungsbereich auf insgesamt zwei Fahrzeugbreiten zu erweitern ist.

Beim Blick durch das Visier hat der Messbeamte sicherzustellen, dass sich in diesem Ziel-   **22** erfassungsbereich **ausschließlich das gemessene Kfz** befindet und nicht irgendwelche Bauteile anderer Fahrzeuge. Dies gilt auch dann, wenn das anvisierte Kfz kolonnenführend ist und z.B. durch die Fahrzeugscheiben desselben hindurch ein dahinter befindliches Fahrzeug mit im Auswertebereich liegt, ähnlich Abbildung 1 (Rdn 8).

Da hier ebenfalls eine Fotodokumentation fehlt, ist der Messbeamte genau zu befragen, wie die **tatsächliche Verkehrssituation** aussah.

Dem Autor ist bekannt, dass der Begriff Einzelfahrzeug für den einen oder anderen Messbeamten nicht bedeutet, dass das anvisierte Kfz völlig allein in der Umgebung fuhr – wie gesagt kann dies dann auch ein Überholer oder aber ein kolonnenführendes Kfz gewesen sein. Hier ist also explizit nachzufragen.

4. Technische Fehlermöglichkeiten

a) Messaufbau (Messbeamter)

23   Hat der Beamte einen Geschwindigkeitsmesswert gemessen, so muss dieser in die Messliste (Kontrollblatt) aufgenommen werden. Sofern eine problemlose Verständigung mit dem Protokollführer gegeben ist und dieser auch selbst den Messwert am LHM abliest (**Vier-Augen-Prinzip**), sind größere Bedenken nicht anzumelden.

Kritisch kann es werden, wenn Tempowerte **per Zuruf** oder **per Funk** übermittelt werden, dann können leicht Verständigungsschwierigkeiten auftreten. Hier ist also „nachzuhaken", wie die Datenübermittlung konkret erfolgte.

24   Für den aus technischer Sicht wesentlichen Visiertest ist unabdingbare Voraussetzung, dass das Gerät vom Messbeamten ausreichend **ruhig** gehalten wird. Dies gelingt natürlich nur bei einer insoweit hinreichend **stabilen Geräteauflage**, z.b. einem Ein- oder Dreibeinstativ. Auch das Ablegen auf dem Lenkrad (durch Scheiben darf hindurchgemessen werden) wie aber auch z.b. auf dem Fahrzeugdach sind gestattet.

25   Als **Eichpunkt** für den Visiertest (wie auch für den Nulltest) ist ein **ausreichend reflektierendes Objekt** (z.b. ein Verkehrsschild, ein Vorwegweiser etc.) anzuvisieren.

In den alten Bedienungsanleitungen wurden Empfehlungen bzgl. der Entfernung dieser Eichobjekte angegeben (Verkehrszeichen 150–200 m – Zusatzreflektor ca. 100 m).

Der Beamte hat hierzu zunächst den Messpunkt, der in Form eines roten Lichtfleckes in seiner Visiereinrichtung eingeblendet wird, auf dieses ruhende Ziel zu richten. Während der Eichung werden dann akustische Signale abgegeben, die vergegenwärtigen, ob das ruhende Hindernis von seiner Fixierrichtung (also dem roten Leuchtpunkt) erfasst worden ist. Ergibt sich bei Überstreichen des Hindernisses in vertikaler wie auch horizontaler Richtung ein veränderndes akustisches Signal (eine raschere Tonfolge), so ist eine korrekte Einstellung des Visiers gegeben. Andernfalls darf das Gerät nicht für amtliche Messungen eingesetzt werden. Es muss dann von der Herstellerfirma überprüft und neu geeicht werden.

26   In der neuen Bedienungsanleitung gibt es eine Empfehlung bzw. eine Vorschrift zur Distanz zum Visiertesteobjekt nicht mehr. Dies ist aus technischer Sicht höchst bedenklich, könnte ein in technischen Dingen wenig kritischer Messbeamter z.b. einen Leitpfosten in 300 m als geeignetes Visiertestobjekt erachten.

Bzgl. des Zielerfassungsbereiches von 7 mrad würde das bedeuten, dass an einem sehr kleinen Reflektor (im Leitpfosten integriert) eine Laserausdehnung von 2,1 m (tatsächliche Laserausdehnung) als Beurteilungsmaßstab herangezogen würde. Dies ist natürlich gänzlich ungeeignet, weswegen der Durchführung des Visiertests eine sehr große Bedeutung zukommt.

27   Dem Autor sind die gravierendsten Fehler bzw. Unzulänglichkeiten bei derartigen Visiertests untergekommen, weshalb hier stets eine **Einzelfallprüfung** notwendig ist. Aus tech-

nischer Sicht ist die Durchführung dieses Tests an wirklich großen, in der nicht vergrößernden Visieroptik gut erkennbaren Objekten, z.b. einem großen Vorwegweiser in 100 oder 150 m Entfernung zu fordern. Ein normales Verkehrszeichen in 150 m Entfernung ist schon als sehr grenzwertig zu bezeichnen, ist dies doch mit bloßem Auge nur schwer erkennbar. Zudem sind z.b. runde Verkehrszeichen wegen fehlender senkrechter Kanten wenig geeignet, wenngleich die neue Gebrauchsanweisung es zulässt, dass man selbiges aufgrund der eingespiegelten roten Lichtpunktfläche auch in durchaus größeren Entfernungen „benutzten darf".

Zu fordern ist auch, dass das Visiertestobjekt in Richtung der Laserstrahlaussendung **das** **28** **einzige reflektierende Objekt** ist, weshalb sich in zunehmender Distanz eine in Blickrichtung installierte Schildergruppe (in unterschiedlichen Entfernungen zum Standort des Messbeamten) als untauglich erweist.

Da gem. Bedienungsanleitung der Einsatz eines solchen LHM nur dann gestattet ist, wenn **29** alle Test erfolgreich absolviert wurden, kommt dem Visiertest eine sehr große Bedeutung zu. Wird nämlich ein ungeeignetes Objekt (z.B. kleines Verkehrszeichen oder Leitpfosten in großer Entfernung) vom Messbeamten gewählt, so kann man durchaus Zweifel an der korrekten Laserstrahlaussendung (im Hinblick auf die Visierlinie) anmelden. Insbesondere bei der Anwesenheit weiterer Kfz in Blickrichtung des Messbeamten kann es dann zu Fehlzuordnungen kommen, was bedeutet, dass dann der erhobene Geschwindigkeitswert gar nicht zwingend vom anvisierten Fahrzeug stammen muss, sondern z.B. von einem nebenherfahrenden Kfz.

Dies ist bei den eingesetzten LHM von sehr großer Bedeutung, weil hier eine Bilddokumen- **30** tation (oder auch ein Videobeweis) nicht existiert. Was der Messbeamte vor Ort letztlich (wie) misst, bleibt damit unbekannt, was besonders misslich ist, trauen sich einige Messbeamte durchaus Messungen in sehr großen Distanzen, also bzgl. dieses Gerätes bis zu 500 m zu. Jeder, der einmal den Versuch unternommen hat, einen Pkw mit bloßem Auge in 500 m Distanz (denkbar auch noch bei ungünstigen äußeren Verhältnissen wie z.B. Dämmerung) zu beobachten, wird wissen, wie schwierig es ist, selbigen überhaupt zu erkennen. Umso mehr ist eigentlich eine fotografische Dokumentation für diese Art von Messungen zu fordern, die allerdings (mit Ausnahme des Video LAVEG in der Schweiz) unterbleibt.

Von den Messbeamten wird in der zu erstellender Messliste (Kontrollblatt) nicht selten **31** der Begriff des Einzelfahrzeugs benutzt, als Bezeichnung des Kfz, an dem die Messung vorgenommen worden sein soll. Was allerdings der Messbeamte unter einem Einzelfahrzeug versteht, kann nur in einem mündlichen Termin erörtert werden. Dem Autor sind viele Fälle bekannt, bei dem ein Einzelfahrzeug für den Messbeamten ein z.B. kolonnenführendes Kfz ist.

Zurückgreifend auf die Abbildung 1 (Rdn 8) wäre also der dort zu sehende Smart ein solches Einzelfahrzeug, wenngleich eine Messung, wie dort dargestellt, unzulässig wäre.

Auch sind hier Fälle bekannt, bei denen das Einzelfahrzeug ein solches war, das ein anderes Kfz überholte. Der Messbeamte erklärte dann in seiner Vernehmung, dass er doch nur dieses in seinem Visier gehabt habe, also selbiges vom roten Leuchtpunkt mit einer Größe von etwa 3 mrad abgedeckt wurde.

Tatsächlich ist aber, wie schon beschrieben, die Zielerfassungszone um mehr als das Doppelte größer, was bedeutet, dass für den Messbeamten gar nicht ersichtlich ist, dass er auch Laseranteile vom überholten Kfz mit in der Laserausdehnungsfläche hat.

32   Deshalb ist bei diesem Gerätetyp zu fordern, dass **nur Messungen an wirklichen Einzelfahrzeugen (ab Distanzen von etwa 250 m)** vorgenommen werden, dann ist die Gefahr einer Miterfassung anderer Kfz-Bauteile vergleichsweise gering.

33   Zu einem solchen Messvorgang müssen die Messbeamten ein **Messprotokoll** erstellen, in dem sich zumindest grundlegende Informationen wiederfinden lassen sollten.

Bedenkt man, welchen Umfang Messprotokolle bei Überprüfungen mit Fotoeinrichtungen oder Videobeweis haben, so ist es erstaunlich, wie gering der bürokratische Aufwand bei Messungen mit LHMs ausfällt.

Im Messprotokoll muss festgehalten werden, dass die geforderten Einzeltests erfolgreich abliefen. Nicht immer wird vom Messbeamten preisgegeben, woran der Visiertest im Detail durchgeführt wurde (z.B. was für ein Verkehrszeichen in welcher Entfernung). Hier sollte man auf jeden Fall „nachhaken", ist nicht selten zu beobachten, dass völlig ungeeignete Visiertestobjekte bei der Einrichtung des Gerätes angepeilt werden.

34   Auch sollte zumindest im Messprotokoll erscheinen, ob der **Verkehrsfluss** schwach oder z.B. lebhaft war. Wünschenswert ist natürlich stets, dass vor Durchführung einer solchen Blockmessung vom Messbeamten z.B. **Fotos** gefertigt werden, die die Örtlichkeit, das verwendete Visiertestobjekt etc. zeigen. Aber auch hier gibt es letztlich keine Vorschrift, die dies fordert.

35   Unter dem Strich ist daher festzuhalten, dass der Messbeamte mit einem solchen LHM (in dem der sog. Zielerfassungsbereich nicht sichtbar eingeblendet wird) viele Fehler machen kann, die letztlich einer sicheren Kontrolle nicht zuführbar sind, es fehlt der Foto- oder der Videobeweis. Nach Autorenansicht ist es daher an der Zeit, dass diese Geräte für eine seriöse Verkehrsüberwachung nicht mehr eingesetzt werden, solange der Messbeamte sich über die genaue Funktionsweise des Gerätes nicht im Klaren ist, d.h., tatsächlich nur geringe Messentfernungen bzgl. der überwachten Kfz zulässt und i.Ü. hinreichend große und gut reflektierende Visiertestobjekte im Vorfeld der Messung wählt.

Dies ist letztlich auch der Grund, weshalb der Verkehrsgerichtstag 2013 empfahl, dass Messungen ohne Foto-/Videodokumentation nicht mehr als standardisiertes Messverfahren behandelt werden sollten.

b) Auswertung (Behörde)

Nach einer Blockmessung kehrt der Messbeamte mit dem verwendeten Gerät, dem 36
Messprotokoll und der Messliste zur Behörde zurück. Der Vorgang wird dann den
dort zuständigen Mitarbeitern überlassen, die im Grunde genommen eine nachträgliche
Kontrolle des gesamten Vorgangs nicht vornehmen können. Auch diese müssen sich auf
die vor Ort erhobenen Daten und die korrekte Überprüfung der entsprechenden Tests
verlassen. Dies wird ja nur schriftlich festgehalten, nicht jedoch durch z.b. Fotos etc.
nachgewiesen.

Allerdings sollte einem entsprechend sensibilisierten Mitarbeiter einer Behörde auffallen, dass die Durchführung von vielen Messungen innerhalb kürzester Zeit mit diesem
Gerät quasi gar nicht möglich ist.

Dem Autor liegen Vorgänge vor, bei denen sich aus der Messliste ergab, dass bei zwei
aufeinanderfolgenden Messvorgängen identische Geschwindigkeits- und Messentfer-
nungswerte in die Messliste eingetragen wurden.

In der anschließenden Verhandlung stellte sich heraus, dass der Messbeamte bei der Überprüfung der Verkehrssituation feststellte, dass der Vorausfahrende und das nachfolgende
Kfz die ganze Zeit dicht hintereinander herfuhren, was für ihn bedeutete, dass der am ersten Kfz erhobene Messwert auch für das zweite Kfz gelten muss und entsprechend ver-
merkt wurde.

Die **Durchsicht der Messliste** ist also unbedingte Voraussetzung für das Einleiten eines 37
Bußgeldverfahrens. Mit den zugegebenermaßen wenigen Informationen, die sich aus
dem **Messprotokoll** und der **Messliste** ergeben, lassen sich schon **Plausibilitätsprüfungen** durchführen, die einem (kritischen) Mitarbeiter einer solchen Behörde auch auffallen
sollten.

c) Technische Fehler (Gerät)

Die in den frühen Jahren festgestellten Abgleiteffekte (wandernde Häuser) sind mittler- 38
weile durch entsprechende Softwareerneuerungen bereinigt.

Technische Fehler können sich dadurch ergeben, dass die **Übereinstimmung zwischen
der Visierlinie und der Laserabstrahlung** nicht gegeben ist, z.B. weil das Messgerät auf
den Boden fiel und hierdurch die oben auf das Gerät verschraubte Visiereinrichtung ver-
stellt ist. Dies fällt dem Messbeamten direkt nicht auf, weshalb der korrekte Ablauf des
Visiertestes (an einem insofern auch geeigneten Objekt) umso wichtiger ist.

Ansonsten ergeben sich bzgl. des Gerätes RIEGL LR90–235/P keine bedeutenden Fehler.
Man kann mit diesem Gerät zuverlässig arbeiten, sofern man sich über dessen Arbeits-
weise im Klaren ist.

5. Rechtliche Bewertung

Siegert

39   Beim RIEGL LR90–235/P handelt es sich um ein **standardisiertes Messverfahren** im Sinne der BGH-Rechtsprechung.[1] Zu einer eingehenden Prüfung der Messung ist das Gericht daher erst angehalten, sofern die Verteidigung **konkrete Anhaltspunkte für eine Fehlmessung** aufzeigt. Ansonsten genügen die Angabe des verwendeten Messgerätes und des Eichdatums sowie der Abzug eines Toleranzwertes.[2] Je nach Bundesland gelten besondere interne Regelungen in den Polizeirichtlinien (bspw. Saarland), welche im Rahmen der standardisierten Messung und im Hinblick auf den Gleichbehandlungsgrundsatz zu beachten sind.

Problematisch ist die **fehlende Dokumentation der Messung**. Die bestimmungsgemäße Bedienung des Gerätes anhand der Anleitung muss hier detailliert beim Messbeamten abgefragt werden. Die Messbeamten werden sich in den seltensten Fällen an die konkrete Messung erinnern. Entsprechend kann im Rahmen einer gerichtlichen Zeugenanhörung nur das **Messprotokoll** durch Verlesung hinzugezogen werden. Das dort festgehaltene Messergebnis kann wiederum nur für eine Verurteilung herhalten, wenn der die Messung durchführende Beamte hierfür mit seiner Unterschrift garantiert oder aber über weitere unterschriebene Urkunden ein Bezug zu dieser Garantie hergestellt werden kann. Fehlende Unterschriften gehen zugunsten des Betroffenen.[3]

> *Praxistipp*
>
> Weisen die vorgeschrieben Eingangstests eine auch hinter der Kommastelle exakte Meterentfernung auf, ist dies zumindest ungewöhnlich. Hier empfiehlt sich ein entsprechender Beweisantrag auf Durchführung eines Ortstermins, um ausschließen zu können dass die Entfernungsangabe pauschal und ohne Abgleich der Messung eingetragen wurde.[4]

40   Der für die korrekte Zuordnung des Messergebnisses erforderliche **Zielerfassungsbereich** ist bei einer Messentfernung von über 300 m auf insgesamt zwei Pkw-Breiten zu erweitern. Das Gericht muss sich hierüber vergewissern, wozu es entsprechender Anhaltspunkte bedarf. Bei Messungen im Überholvorgang muss der Messbeamte daher schlüssig darlegen, dass zum Zeitpunkt der Messung das überholte Fahrzeug langsamer war als der Betroffene. Im Zweifel ist zugunsten des Betroffenen zu entscheiden.[5]

---

1 OLG Hamm, Beschl. v. 11.12.2006 – 2 Ss OWi 598/06, Rn 13 m.w.N., juris.
2 Vgl. § 2 Standardisiertes Messverfahren.
3 AG Dortmund, Urt. v. 14.7.2017 – 729 OWi – 268 Js 995/17 – 169/17, Rn 6, juris.
4 *Krenberger*, zfs 2017, 472, 473.
5 AG Dortmund, Urt. v. 26.5.2017 – 729 OWi – 253 Js 291/17 – 78/17, Rn 10, juris.

6. Arbeitshilfen für die Praxis

Schmedding

a) Checkliste

■ Lag für die Messeinheit ein gültiger Eichschein/Messprotokoll/Schulungsbescheinigung des Messbeamten vor? **41**

■ Wurden alle relevanten Daten im Messprotokoll dokumentiert?

■ Waren am Gerät sämtliche Eichsiegel unversehrt?

■ Wurde der elementare Visiertest korrekt durchgeführt – von einer stabilen Auflage aus? – an einem insoweit vernünftigen Visierobjekt?

■ Stand das Visiertestobjekt räumlich getrennt von anderen reflektierenden Objekten (z.B. Verkehrsschilder)?

■ Konnte vom Standpunkt des Messbeamten aus das Visierobjekt und auch das zu messende Kfz gut erkannt werden?

■ War das Betroffenenfahrzeug als Einzel-Kfz unterwegs, d.h., nicht als Kolonne führendes oder z.b. überholendes Fahrzeug?

■ Wie war die Verkehrsdichte zu beurteilen?

■ Erfolgte die Wiedergabe der gemessenen Werte zum protokollführenden Beamten akustisch und optisch einwandfrei (Vier-Augen-Prinzip)?

■ Wurde bei einem in größerer Distanz befindlichen Anhaltekommando eine eindeutige Beschreibung des Täter-Kfz inkl. Kennzeichen übermittelt?

b) Mögliche Beweisfragen

■ Der durchzuführende Visiertest mit dem RIEGL Messgerät erfolgte an einem ungeeigneten Visiertestobjekt. Ein Sachverständigengutachten wird ergeben, dass ein Verkehrszeichen in einer Distanz oberhalb von 150 m hierfür nicht herangezogen werden kann und somit die Voraussetzungen für eine ordnungsgemäße Messung nicht gegeben sind. **42**

■ Der Visiertest mit dem RIEGL Messgerät wurde an einem Verkehrsschild in einer Distanz von über 250 m vorgenommen. Ein Sachverständigengutachten wird ergeben, dass dies kein geeignetes Visiertestobjekt ist.

■ Es wurde ein ungeeignetes, weil zu kleines und konturloses, Visiertestobjekt gewählt. Ein Sachverständiger wird bestätigen, dass der erforderliche Test nicht ordnungsgemäß durchführbar war und deshalb gegen die Messvorschriften verstoßen wurde.

■ Der Visiertest (unabhängig vom Laserpistolentyp) wurde an keinem freistehenden Visiertestobjekt durchgeführt. Ein Sachverständigengutachten wird ergeben, dass mit in der Laserkeulenlage ein weiteres reflektierendes Objekt in unterschiedlicher Distanz liegt und solchermaßen gegen die Vorschriften zum Visiertest verstoßen wurde.

■ Im Messprotokoll erscheint unter der Rubrik Visiertest ein glatter Zahlenwert (ohne Nachkommastelle). Ein Sachverständigengutachten wird ergeben, dass diese Angabe nicht korrekt ist. Zum einen gibt das Messgerät Nachkommastellen heraus, zum anderen befindet sich vor Ort kein entsprechendes Verkehrszeichen in dieser Distanz.

■ Die Messung des Betroffenen fand im lebhaften Verkehrsfluss statt (Messprotokoll). Das bedeutet, dass der Betroffenen-Pkw nicht als Einzelfahrzeug (kein weiteres Kfz in der Laserabtastfläche liegend) gemessen wurde. Es wird ein Sachverständigengutachten beantragt, das ergeben wird, dass ein den Vorgaben in der Gebrauchsanweisung widersprechender Messvorgang vorliegt.

■ Im Beiblatt zum Messprotokoll wird angegeben, dass der Betroffene als Einzelfahrzeug gemessen wurde, was in Anbetracht der großen Messdistanz und dem zum Vorfallszeitpunkt lebhaften Verkehr nicht möglich war. Dies wird ein Sachverständigengutachten ergeben.

■ Der in einem Überholvorgang gemessene Betroffenen-Pkw konnte vom Polizeibeamten nicht als Einzelfahrzeug gemessen werden, da aufgrund der großen Messdistanz der überholte Pkw stets Bauteilen in der Laserkeulenlage enthalten war. Ein Sachverständigengutachten wird dies ergeben.

■ Das Kraftrad des Betroffenen konnte, da in einer Gruppe mehrerer Motorradfahrer fahrend, nicht als Einzelfahrzeug gemessen werden – ein Sachverständigengutachten wird ergeben, dass die Laserstrahlaufweitung in der Distanz von über 150 m so groß war, dass zwingend auch Bauteile anderer Krafträder mit in der Zielmarke enthalten waren.

■ Die Messung fand bei Dunkelheit statt – demzufolge konnte der Visiertest an einem unbeleuchteten Verkehrszeichen nicht ordnungsgemäß erfolgen, was unter Sachverständigenbeweis gestellt wird.

■ Das Messergebnis wurde dem Protokollführer durch Zuruf/per Funk übermittelt. Hierdurch sind Übertragungsfehler möglich, Beweis: Sachverständigengutachten.

■ Zwischen den Einzelmessungen wurde der Messort verlassen (Verfolgungsfahrt des Betroffenen). Danach ist die Durchführung aller Tests vorgeschrieben, was unterblieb. Zum Beweis der Unverwertbarkeit der Messung beziehe ich mich auf ein Gutachten.

c) Benötigte Daten/Unterlagen für eine technische Begutachtung

43   Die nachfolgende Auflistung soll wiedergeben, welche Unterlagen mindestens für eine technische Begutachtung notwendig sind. Die vollständige Auflistung der Daten kann bei Bedarf ergänzend beschafft werden, ist aber für eine erste Einschätzung in der Regel nicht notwendig.

	Mindestens	Vollständig	✓
Bußgeldbescheid	X	X	
Eichschein	X	X	
Lebensakte/Reparaturnachweise		X	
Messprotokoll	X	X	
Kontrollblatt (Messliste)		X	
Beschilderungsplan		X	
Schulungsnachweise		X	
Fotos der Örtlichkeit (Ortsbesichtigung)		X	

II. RIEGL FG21-P

1. Informationen zum Gerät

Im Vergleich zum Vorgängermodell – s. Rdn 11 ff. – ist dieses Gerät vollkommen neu **44** entwickelt worden. Es handelt sich um ein fernrohrähnliches Konzept, das durchaus starke Parallelen zum Produkt der Firma LAVEG besitzt (Abbildung 3, Rdn 43). Auch besitzt dieses Gerät eine vergrößernde Visiereinrichtung (6-fach) und einen **enger gebündelten Laserstrahl.**

45

Abbildung 3: Ansicht RIEGL FG21-P

46   Das RIEGL FG21 misst, wie alle anderen LHMs auch, im Bereich zwischen 0 und 250 km/h. Hier ist allerdings eine **Messentfernung von bis zu 1.000 m** gestattet, eben weil eine engere Bündelung des Laserstrahls (2,5 mrad) realisiert wurde. Demzufolge ist auch der **Zielerfassungsbereich** kleiner als bei allen anderen LHMs, nämlich **5 mrad**, was bedeutet, dass in z.b. 300 m Distanz die Laserabtastfläche einen (idealisierten) Durchmesser von 1,5 m besitzt.

47   Im Gegensatz zu den anderen Geräten wird im RIEGL FG21 der relevante Zielerfassungsbereich mit einer Ausdehnung von 5 mrad durch einen **Kreisring** gezeigt, der dem Messbeamten vor Augen führt, ob er das anvisierte Kfz alleinig in dieser Zone präsentiert bekommt oder aber ob z.b. ein nebenher fahrendes Kfz mit Teilen hierin liegt. Dann darf diese Messung nicht durchgeführt werden. Die Eigenschaften dieses Gerätes sind also im Hinblick auf die Problematik des RIEGL LR90 deutlich verbessert worden, wenngleich man sagen muss, dass auch Fehlmessungen mit diesem Gerät problemlos möglich sind.

a) Technische Daten

48

Messbereich	0 km/h–250 km/h
Entfernungsbereich	30 m–1000 m
Meßzeit	Ca. 0,5 s (max. 1 s)
Messrichtung des Verkehrs	+ = ankommender; – = abfließender
Messstrahldurchmesser	0,2 mrad
Temperaturbereich des RIEGL LR90	
Messgerät	-10°C bis +50°C

b) Toleranzen

49   Die Ermittlung der Geschwindigkeitswerte erfolgt vergleichbar mit dem RIEGL LR90. Die Verkehrsfehlergrenze von ± 3 km/h bzw. ± 3 % oberhalb von 100 km/h trifft auch hier zu.

c) Eichung

50   Der Gleichlauf zwischen der Laserstrahlaussendung und der Visierlinie wird über ein **Spiegelsystem** realisiert, was bedeutet, dass auch hier eine **Verstellmöglichkeit** gegeben ist (starke Erschütterungen durch z.B. Fallenlassen).

51   Im Rahmen der Eichung werden natürlich sämtliche Baugruppen im Gerät überprüft, vgl. Rdn 12.

Große Bedeutung kommt natürlich der **Übereinstimmung zwischen Sicht- und Laserausstrahllinie** zu, also dem schon unter Rdn 12 benannten Spiegelsystem dazwischen. Hier können sich durch unsanftes Ablegen des Gerätes oder aber z.B. durch Fallenlassen

Fehlstellungen ergeben, die dann nicht zu einer hinreichenden Überlappung von Sicht- und Laserfeld führen. So etwas wird im Rahmen der Eichung geprüft.

2. Einrichtung der Messstelle/Messdurchführung

In Analogie zum Vorgängermodell LR90 sind auch hier die schon dort beschriebenen **52** einzelnen Visiertests etc. durchzuführen. Dies gelingt natürlich mit dem FG21 aufgrund der 6-fachen Vergrößerung besser als mit dem Vorgängermodell. Es können tatsächlich auch Verkehrszeichen in größerer Distanz als Visiertestobjekte benutzt werden, wenngleich aber auch hier zu fordern ist, dass das benutzte Visierobjekt **alleinig im präsentierten Zielerfassungsbereich** enthalten ist. So ist beispielhaft der in der Abbildung 4 (Rdn 54) zu sehende Visiertest an dem dortigen dreieckigen Verkehrszeichen unzulässig, weil sich nämlich in dem Zielerfassungsbereich (größerer Kreisring) direkt links unterhalb des Verkehrszeichens ein Leitpfosten in deutlich größerer Distanz befindet, der einen Reflektor besitzt. Der hier zu 290,6 m angegebene Entfernungswert bzgl. des Visiertests an dem dreieckigen Schild trifft also auf den in größerer Distanz stehenden Leitpfosten so nicht zu. Hier gibt es also einen Verstoß gegen die Regeln zur Durchführung des Visiertests, hat dieser an einem **einzelnstehenden Objekt** zu erfolgen.

Genauso wie bei dem Vorgängermodell muss der Visiertest von einer **stabilen Auflage** **53** aus geschehen, sei es ein Ein- oder Dreibeinstativ, aber auch die Ablage z.B. auf das Fahrzeugdach des Behörden-Kfz ist zulässig.

Es sei empfohlen, den vor Ort durchgeführten Visiertest durch **Inaugenscheinnahme** selbst zu prüfen. Dem Autor sind Vorgänge bekannt, bei denen es sich vor Ort herausstellte, dass das angegebene Verkehrsschild sich dort gar nicht befand, weil sich der Messbeamte vor Messdurchführung mit einem vorgefertigten Messprotokoll (für den falschen Messort) „ausgerüstet" hatte. Kritisch zu prüfen sind auch solche Testdurchführungen, bei denen ein **ungewöhnlich runder Entfernungswert** erscheint, z.B. 150 m. Die Wahrscheinlichkeit, dass der Messbeamte in exakt diesem runden Meterwert von einem beliebigen Verkehrszeichen in seiner Umgebung entfernt steht, ist sehr gering. Das Messgerät kann, wie die Abbildung 4 (Rdn 54) zeigt, i.Ü. eine Nachkommastelle wiedergeben, die entsprechend auch in der Protokollierung erscheinen sollte.

54

Abbildung 4: Visiertest an einem RIEGL FG 21-P

3. Auswertekriterien

55 Im Gegensatz zum nicht erkennbaren Zielerfassungsbereich beim Vorgängermodell LR90 kann der Messbeamte durch den eingeblendeten Kreisring in der Größenordnung des Zielerfassungsbereiches (5 mrad) direkt entscheiden, ob die in der Gebrauchsanweisung geforderten Eckpunkte eingehalten wurden oder nicht.

Beim Blick durch das Visier hat der Messbeamte sicherzustellen, dass sich in diesem Zielerfassungsbereich **ausschließlich das gemessene Kfz** befindet und nicht irgendwelche Bauteile anderer Fahrzeuge. Dies gilt auch dann, wenn das anvisierte Kfz kolonnenführend ist und z.B. durch die Fahrzeugscheiben desselben hindurch ein dahinter befindliches Fahrzeug mit im Auswertebereich liegt, ähnlich Abbildung 1 im vorangegangenen Kapitel (Rdn 8).

Da hier ebenfalls eine Fotodokumentation fehlt, ist der Messbeamte genau zu befragen, wie die **tatsächliche Verkehrssituation** aussah.

Dem Autor ist bekannt, dass der Begriff Einzelfahrzeug für den einen oder anderen Messbeamten nicht bedeutet, dass das anvisierte Kfz völlig allein in der Umgebung fuhr – wie gesagt kann dies dann auch ein Überholer oder aber ein kolonnenführendes Kfz gewesen sein. Hier ist also explizit nachzufragen.

4. Technische Fehlermöglichkeiten

a) Messaufbau (Messbeamter)

Eine **fehlerhafte Einrichtung des Gerätes**, also ein **unzulässig durchgeführter Visiertest**, ist hier als erstes zu nennen, weil dann nämlich nicht sichergestellt ist, dass Visier- und Laserabtastfläche hinreichend übereinander liegen (in der Messentfernung). Sämtliche Messungen sind von stabilen Auflagen aus durchzuführen. Es ist möglichst der Bereich an dem Kfz, der gut **reflektiert**, anzuvisieren. Dies sind natürlich das Kennzeichen und die Scheinwerfer. Messungen entlang von Fahrzeugseiten (also das Schwenken mit dem Gerät darüber) sind zu unterlassen bzw. dürfen nicht aktiv vorgenommen werden. 56

Insbesondere die **Übertragung der Messwerte in die entsprechende Messliste** kann zu Fehlern führen, z.B. durch schlechte akustische Verständigung (denkbar über ein Funkgerät). Hier ist aus technischer Sicht das sog. Vier-Augen-Prinzip zu fordern, d.h. der Protokollführer sollte den Messwert möglichst selbst direkt am Gerät ablesen und dann in die Messliste eintragen.

Dem Autor sind Vorgänge bekannt, bei denen es ersichtlich zu Zahlendrehern kam, konnte doch das vom Messbeamten erfasste Kfz bauarttechnisch den vorgeworfenen Geschwindigkeitswert gar nicht erreichen.

b) Auswertung (Behörde)

Ähnlich wie beim zuvor beschriebenen LHM LR90 wäre von einem insoweit kritischen Mitarbeiter einer Behörde zu fordern, dass er sich das **Messprotokoll** und die **Messliste** bzgl. der schon weiter oben beschriebenen Auffälligkeiten genau ansieht. **Technisch unplausible Messwerte** in Bezug auf das gemessene Kfz (z.B. ein gemessener Lkw mit einem Tempo von weit über 100 km/h) sollten dort auffallen und entsprechend nach Rücksprache mit dem Messbeamten, aussortiert werden. Nicht selten sind auch **unleserliche Handschriften** zu kritisieren, die nicht gerade großes Vertrauen in die durchgeführte Messreihe erzeugen. Der Protokollführer sollte daher in der Lage sein, alle Vorgänge leserlich zu dokumentieren. 57

Dem in der Behörde tätigen Sachbearbeiter sollte auch auffallen, wenn z.B. Verstöße gegen den **Umfang der Protokollierung** vorliegen, z.B. weil der elementare Visiertest nicht oder nicht vorschriftsmäßig dokumentiert wurde. Dann ist es angezeigt, die gesamte Messreihe auszusortieren.

c) Technische Fehler (Gerät)

58 Der **Gleichlauf zwischen der Visierlinie und der Laserabtastfläche** ist unabdingbare Voraussetzung für ein technisch einwandfrei messendes Gerät. Dies ist im Rahmen der Eichung zu prüfen. Hat der Messbeamte ein solches Gerät fallengelassen, so ist es angezeigt, selbiges zum Hersteller bzw. zur Eichbehörde zu schicken, um überprüfen zu lassen, ob dieses Kriterium auf das Gerät noch zutrifft.

5. Rechtliche Bewertung

Siegert

59 Das Lasermessgerät RIEGL FG21-P ist ein standardisiertes Messverfahren.[6] Der Bauartzulassung durch die PTB kommt die Funktion eines antizipierten Sachverständigengutachtens zu. Insoweit obliegt es der Verteidigung, **konkrete Anhaltspunkte für eine Fehlmessung** darzulegen, um das Tatgericht zur weiteren Sachaufklärung zu veranlassen.

Der Hersteller, wie auch die PTB[7] weigern sich unter Berufung auf Datenschutz und Urheberrechte, die Funktionsweise des Messgeräts einschließlich der zugrunde liegenden messtechnischen Kenngrößen sowie der Gerätesoftware offenzulegen.

Urheber- oder datenschutzrechtliche Einwände gegen die Herausgabe der Daten an den Verteidiger oder an einen Sachverständigen bestehen jedenfalls nicht.[8] Vielmehr sind sie zur Überprüfung der Richtigkeit der konkreten Messung im Hinblick auf ein faires Verfahren und zur Ermöglichung einer aktiven Verteidigung bereits im Verwaltungsverfahren herauszugeben. Der richtige Anspruchsgegner zur Herausgabe der Daten ist die **Bußgeldbehörde, die diese Daten erzeugt und abgespeichert hat** und sie demzufolge auch sachverständig auswerten lassen kann.[9]

60 *Praxistipp*

Zur Herausgabe der erforderlichen Daten ist zunächst die Bußgeldbehörde als Erzeugerin und somit als Besitzerin der Messdaten aufzufordern. Weigert sie sich generell, ist ein Beschluss gem. § 62 OWiG herbeizuführen. Beruft sie sich darauf, dass sie diese unverschlüsselten Daten selbst nicht besitzt, wäre gem. § 62 OWiG ein Beschluss dahingehend herbeizuführen, dass sie sich diese Daten von ihrem Vertragspartner, also

---

6 OLG Hamm, Beschl. v. 30.10.2006 – 2 Ss OWi 237/06, Rn 17, juris; OLG Koblenz, Beschl. v. 12.1.2010 – 1 SsBs 127/09, juris; OLG Bamberg, Beschl. v. 22.10.2015 – 2 Ss OWi 641/15, Rn 13, juris.
7 OLG Bamberg, Beschl. v. 22.10.2015 – 2 Ss OWi 641/15, Rn 8, juris
8 LG Dessau-Roßlau, Beschl. v. 24.5.2011 – 6 Qs 393 Js 23360/10 (101/11), Rn 2, juris.
9 OLG des Landes Sachsen-Anhalt, Urt. v. 27.8.2014 – 6 U 3/14, Rn 24, juris.

vom Hersteller, besorgt. Bleibt die Herausgabe aus, kann das Gericht die Sache nach § 69 Abs. 5 OWiG zurückverweisen oder direkt nach § 47 OWiG einstellen.[10]

Zu klären ist hierbei, inwiefern welche Daten tatsächlich zur Überprüfbarkeit der konkre- 61 ten Messung erforderlich sind. Diese Daten müssen im Zweifel möglichst konkret benannt werden. Eine vollumfängliche Überprüfbarkeit der Funktionsweise der Messung ist dem Gericht und der Verteidigung zwar entzogen. Dies führt jedoch nicht per se zum Wegfall des standardisierten Messverfahrens. Vielmehr muss zunächst die Prüfung der PTB „überwunden" werden:

Abstrakte Zweifel an der Richtigkeit der Messung genügen hierzu nicht, vielmehr sind **konkrete einzelfallbezogene Anhaltspunkte** für eine Fehlmessung erforderlich. Im Rahmen des gebotenen Prüfumfanges müssen der Verteidiger – und letztlich der Tatrichter im Urteil – entweder darlegen, dass das konkrete Messszenario nicht von der PTB im Rahmen der Zulassung geprüft wurde oder aber dass im konkreten Einzelfall Fehler trotz der PTB-Zulassung plausibel erscheinen.[11]

Praxistipp 62

Um hinsichtlich des grundsätzlich standardisierten Messverfahrens gerichtliches Gehör in der Sache zu finden, muss der Verteidiger konkrete Anknüpfungspunkte vorbringen, mit welchen die Messung angezweifelt werden kann. Diese Anknüpfungspunkte erhält er mit der vorherigen Einholung eines Sachverständigengutachtens.

Moniert der Gutachter seinerseits mit den gegebenen technischen Argumenten, dass er weitere Daten zur hinreichenden Überprüfung benötigt, so sind diese Daten durch den Verteidiger direkt bei der Behörde zu erfragen.

Verweigert die Behörde aus rechtlichen oder tatsächlichen Gründen die Herausgabe, so hat die Verteidigung in einem weiteren Schritt eine Entscheidung des Gerichts nach § 62 OWiG herbeiführen.

Stellt das Gericht sodann die Verpflichtung der Behörde zur Herausgabe der erforderlichen Daten fest und weigert sich diese, ist die Anordnung von Maßnahmen nach §§ 94 ff. StPO anzuregen und gleichzeitig zu thematisieren, inwiefern im konkreten Fall im Rahmen der Verhältnismäßigkeit ein Absehen vom Fahrverbot,[12] die Einstellung des Verfahrens aus Opportunitätsgründen[13] oder gar ein Freispruch[14] geboten ist.

Im Zweifel sind bis zum Ablauf der Rechtsmittelfrist sämtliche verfügbaren rechtlichen Schritte zur Erlangung der Daten zu unternehmen – vergleichbar zum Vorgehen

---

10 *Krenberger*, zfs 2015, 354–355.
11 OLG Bamberg, Beschl. v. 22.10.2015 – 2 Ss OWi 641/15, Rn 20, juris.
12 Vgl. auch: *Krenberger*, zfs 2014, 114–115.
13 *Krenberger*, zfs 2015, 592–594.
14 AG Bad Kissingen, Urt. v. 30.11.2015 – 3 OWi 16 Js 3704/14, Rn 9, juris.

bei der Einsicht von Bedienungsanleitung, Lebensakte, etc.[15] Nur so verspricht die Rechtsbeschwerde Aussicht auf Erfolg.

63   Bevor der Betroffene im Zweifel freizusprechen ist, muss also eine abschließende Beweiswürdigung erfolgen. Ein qualifizierter Sachverständiger muss den jeweiligen Einzelfall überprüfen und bei begründeten Anhaltspunkten für Messfehler konkret benennen, welche weiteren Informationen er warum benötigt. Sodann sind diese Informationen im Rahmen der Verhältnismäßigkeit bei Behörde und PTB (der Hersteller ist im Ordnungswidrigkeitenverfahren Dritter) einzuholen. Erst wenn dann die **erforderlichen Auskünfte verweigert** werden, kann über eine **Einstellung** des Verfahrens oder über einen **Freispruch** entschieden werden.[16]

Wie oben beschrieben ist die Messung von **Motorrädern** problematisch. Bei konkreten Zweifeln ist das Gericht gehalten, zur Erörterung eines **erhöhten Toleranzabschlages** vorab ein Sachverständigengutachten einzuholen. Ist indes klar, dass eine Erhöhung der Toleranz geboten sein wird und würde das drohende Fahrverbot dann ohnehin entfallen, kann das Tatgericht die von der Verteidigung vorgetragene Messungenauigkeit als wahr unterstellen und auf die Einholung des hierzu beantragten Gutachtens verzichten.[17]

Es lohnt sich, die aktenkundig gemachten Entfernungsangaben mit der **Beschilderung an der Messörtlichkeit** abzugleichen. Das im Nulltest avisierte Objekt und der Standort des Verkehrsschildes sind im Messprotokoll festgehalten. Bestehen Zweifel, ob das betroffene Fahrzeug innerhalb der maßgeblichen Geschwindigkeitsbegrenzung erfasst worden war, ist trotz standardisierten Messverfahrens zumindest eine weitere Überprüfung seitens des Gerichts erforderlich.[18]

Für das **standardisierte Messverfahren** ist erforderlich, dass das Gerät zwingend **gemäß der Angaben im Eichschein und der Gebrauchsanweisung** bedient wurde. Ist der gebotene Test der Visiereinrichtung unterblieben, handelt es sich somit nicht mehr um ein standardisiertes Messverfahren, sondern um ein individuelles. Ob daraus automatisch ein Freispruch folgt,[19] ist zweifelhaft. Das Gericht ist im Rahmen seiner Möglichkeiten zu einer vertieften Überprüfung der Messung angehalten.

Das Lasermessgerät RIEGL FG231-P dokumentiert das Messergebnis **nicht fotografisch bzw. schriftlich.** Angesichts der hierdurch hervorgerufenen Fehleranfälligkeit bei der Festhaltung des Messergebnisses und unter dem Aspekt des fair trial ist dies äußerst bedenklich. Hierzu wurde sich in der Literatur ausreichend ausgelassen, ohne dass dies etwas an der misslichen Lage geändert hätte. Insoweit erübrigen sich weitere Ausführun-

15 Vgl. § 1 Rdn 61 ff.
16 OLG Bamberg, Beschl. v. 22.10.2015 – 2 Ss OWi 641/15, Rn 26 m.w.N., juris.
17 AG Kaiserslautern, Urt. v. 30.4.2014 – 4 OWi 6270 Js 15118/13, juris.
18 OLG Hamm, Beschl. v. 20.4.2012 – III-3 RBs 59/12, Rn 7, juris,
19 So: AG Rathenow, Beschl. v. 2.4.2008 – 9 OWi 451 Js – OWi 6383/08 (37/08), Rn 24, juris.

gen. Festzuhalten gilt es jedoch, dass ein „Vier-Augen-Prinzip" nicht existiert.[20] Verein-zelte anderslautende amtsgerichtliche Urteile[21] sind irreführend und überholt.

6. Arbeitshilfen für die Praxis

Schmedding

Es kann auf den Unterpunkt 6. des letzten Kapitels verwiesen werden (Rdn 41 ff.) – hier   64
sind vergleichbare Beweisanträge formulierbar.

III. Ultralyte 100

1. Informationen zum Gerät

Das Ultralyte 100 wird von der Helmut Lukschütz Lasertechnologie in Österreich her-   65
gestellt. Auch hier wird der Laserfleck im Visier durch einen entsprechenden roten
Leuchtpunkt wiedergegeben.

Die Messzeit liegt hier bei 0,3 Sekunden, innerhalb derer 60 kurze Infrarotlichtimpulse
ausgesandt werden. Sie werden als reflektierende Impulssignale (auf eine Fotodiode) ausgewertet und zu einem Geschwindigkeitswert umgerechnet.

a) Technische Daten

Dieses Gerät arbeitet ebenfalls in einem Tempobereich von bis zu 250 km/h, wobei die   66
zugelassene Reichweite zwischen 20 und 400 m liegt. Der Strahlöffnungswinkel beträgt
nominell 3 mrad (werkseitige Justierung) – die Zielerfassungszone liegt hier aber auch
7 mrad. Das Gerät verfügt nicht über eine Vergrößerung in der Visiereinrichtung.

b) Toleranzen

Auch hier gilt die **übliche Verkehrsfehlergrenze** – bzgl. der zulässigen Reichweite ist   67
man bei der Obergrenze etwas „vorsichtiger" als beim RIEGL LR 90, das ebenfalls nicht
über eine vergrößernde Visieroptik verfügt. Messungen mit dem Ultralyte sind nur **bis
400 m** zulässig, was dann einer Zielerfassungszone von 2,8 m (im Durchmesser) entspricht. Dies ist im Hinblick auf die normale Ausdehnung von Pkw ein sehr großer Abtast-
bereich.

20 OLG Hamm, Beschl. v. 21.6.2012 – III-3 RBs 35/12, Rn 5, juris; Hierzu auch: *Krenberger*, jurisPR-VerkR
   20/2012 Anm. 4.
21 Bspw. das AG Sigmaringen, Urt. v. 4.5.2010 – 5 OWi 15 Js 9971/09, Rn 7, juris.

c) Eichung

68   Auch hier ist natürlich die Übereinstimmung zwischen Visier- und Laserabtastfläche zu prüfen. Sämtliche andere Baugruppen sind vergleichbar der schon beschriebenen LHMs zu untersuchen (vgl. Rdn 20).

2. Einrichtung der Messstelle (Messdurchführung)

69   Bei amtlichen Messungen sind vor Beginn jeder Messreihe und nach jedem Standortwechsel die schon bezeichneten vier Tests durchzuführen, also zunächst der **Selbsttest**, der allerdings alleine abläuft und vom Messbeamten nicht beeinflusst werden kann. Gleiches gilt für den **Displaytest** (dieser ist vom Messbeamten zu beobachten, um zu prüfen, ob z.b. der Ausfall eines Segmentes vorliegt). Sodann schließen sich der **Test der Visiereinrichtung** und der sog. **Nulltest** an. Auch hier werden akustische Signale gegeben, die mit dem optischen Eindruck im Visier harmonieren müssen. Der Test verläuft ähnlich jenem am LR90 der Firma RIEGL.

70   Ebenfalls ist unabdingbar, dass das Gerät von einem **stabilen Auflagepunkt** aus betrieben wird (Stativ oder z.B. Ablage auf einem festen Punkt).

Die Messungen sind so durchzuführen, dass **nur das anvisierte Kfz** im Bereich der Visierlinie liegt. Ähnlich dem RIEGL LR90 ist allerdings auch hier die Schwierigkeit gegeben, dass man nicht weiß, wie groß der tatsächliche Zielerfassungsbereich ist.

71   Es ist untersagt, Fahrzeugseitenflächen anzuvisieren – auch das bewusste Anvisieren von Heck- oder Windschutzscheiben ist zu unterlassen, was bedeutet, dass man den „**Lichtleistenbereich**" eines Pkw anzupeilen hat, weil dort die **hochreflektierenden Scheinwerfer** (im Heckbereich die Rückleuchten) und auch das **Kennzeichen** verbaut sind.

3. Auswertekriterien

72   Das dieses Gerät **keine vergrößernde Visieroptik** besitzt, ist vom Messbeamten zu fordern, dass er möglichst geringe Messdistanzen im lebhaften Verkehrsgeschehen einhält.

Dann und nur dann, wenn das anvisierte Kfz völlig alleine fährt (keine Anwesenheit von anderen Fahrzeugen) sind größere Messentfernungen technisch unkritisch.

73   Auch hier ist das Augenmerk auf die Frage Einzelfahrzeug, kolonnenführendes Kfz oder Überholer zu richten. Es gelten die gleichen Kriterien wie bei den beiden vorgenannten LHMs der Firma RIEGL (vgl. Rdn 8).

4. Technische Fehlermöglichkeiten

a) Messaufbau (Messbeamter)

Wird auch hier der Visiertest nicht ordnungsgemäß durchgeführt, so ist der „Gleichlauf"   74
zwischen Visier- und Laserabstrahlrichtung nicht gegeben. Im dichteren Verkehrsgeschehen sind dann Messwertfehlzuordnungen quasi vorprogrammiert. Dem **Visiertest**
kommt also, genauso wie bei den Produkten der Firma RIEGL, die größte Bedeutung zu.

Neben diesen Unzulänglichkeiten bei Messdurchführung bzw. bei Vorbereitung des Ge-   75
rätes ist natürlich auch hier die **Protokollierung** zu hinterfragen, d.h. wie der am Gerät
abgelesene Messwert in die Messliste gelangte. Das sog. Vier-Augen-Prinzip ist auch
hier zu fordern, wenngleich keine obergerichtliche „Vorgabe".

b) Auswertung (Behörde)

Die Behörde sollte angesichts der spärlichen Daten, die eine solche Messung begleiten,   76
zumindest prüfen, ob die **Messliste** Unzulänglichkeiten (Auffälligkeiten) aufweist, ob
der **Visiertest** ordnungsgemäß kommentiert wurde und ob das Gerät über eine **Eichung**
verfügt.

c) Technische Fehler (Gerät)

Auch hier ist wiederum der ordnungsgemäße Zustand der einzelnen Gerätebaugruppen zu   77
nennen, insbesondere aber der **Gleichlauf zwischen Visier- und Laserausstrahlrich-**
tung. Dieser kann nur vom Messbeamten vor Ort an einem insoweit geeigneten Visierobjekt zuverlässig beurteilt werden.

5. Rechtliche Bewertung

Siegert

Es kann auf die Ausführungen zu den vorgenannten Geräten und die allgemeinen Ausfüh-   78
rungen verwiesen werden.

6. Arbeitshilfen für die Praxis

Schmedding

Auch hier gelten die gleichen Kriterien wie bei den beiden vorgenannten Geräten (vgl.   79
Rdn 41 ff.) – auf eine erneute Beschreibung soll an dieser Stelle verzichtet werden.

IV. LASER PATROL

1. Informationen zum Gerät

80 Zugelassen ist dieses Gerät für Messungen bis zu 250 km/h – die Messentfernung wird bei 500 m begrenzt. Ebenfalls gilt die nominelle Laserstrahlaufweitung von 3 mrad, wobei auch dieses Gerät in der Visieroptik **keine Vergrößerung** besitzt.

a) Technische Daten

81 Angesichts der nominellen Laserstrahlaufweitung von 3 mrad, einer nicht vermeidbaren Zitterbewegung des Messbeamten und der tatsächlich größeren Laserstrahlaussendung ist auch hier der Zielerfassungsbereich bei 7 mrad vorgegeben. Damit ist dieses Gerät genauso wie die schon genannten Produkte (mit Einschränkung des RIEGL FG21) **für Messungen in großen Distanzen** eigentlich **wenig geeignet**. Die Messentfernung von 500 m würde in der Realität einen Zielerfassungsbereich von 3,5 m bedeuten, was in etwa der doppelten Stirnfläche eines unteren Mittelklassewagens entspricht.

b) Toleranzen

82 Die Verkehrsfehlergrenze, von 3 km/h bis 100 km/h bzw. 3 % bei über 100 km/h, gilt für dieses Gerät ebenfalls.

c) Eichung

83 Auch hier werden sämtliche **Hardware-Baugruppen** in der Eichung geprüft, wie aber auch eine insoweit **optimale Übereinstimmung zwischen Visier- und Laserabstrahlrichtung**.

2. Einrichtung der Messstelle

84 Hier gelten die gleichen Kriterien wie beim zuvor beschriebenen Produkt Ultralyte 100 (vgl. Rdn 69).

3. Auswertekriterien

85 Hier kann auf den Unterpunkt 3. des vorangegangenen Kapitels (Rdn 72) verwiesen werden, da sich die Gerätetypen Ultralyte, LASER PATROL und RIEGL LR 90 stark ähneln.

4. Technische Fehlermöglichkeiten

a) Messaufbau (Messbeamter)

Ist der Gleichlauf bzw. die korrekte Übereinstimmung zwischen Visier- und Laserabtast-   86
linie nicht gegeben, so kann der Messbeamte insbesondere im dichten Verkehrsgeschehen verhängnisvolle (ihm allerdings nicht ersichtliche) Fehler begehen. Dann können
nämlich Visierpunkt und Laserabstrahlrichtung differieren, mit der Konsequenz, dass
z.b. ein Kfz auf der Nebenspur statt jenem, das wirklich angepeilt wurde, gemessen wird.
Ansonsten gelten die gleichen Kriterien wie bei den vorgenannten LHMs (vgl. Rdn 8).

b) Auswertung (Behörde)

Der Bedienstete auf der Behörde muss die Unterlagen, die ihm vom Messbeamten zur   87
Verfügung gestellt werden, auf **Plausibilität und Vollständigkeit** hin überprüfen. Sind
die schon weiter oben (Rdn 57) genannten Mindestkriterien tatsächlich nicht gegeben,
so sollte eine komplette Blockmessung aussortiert werden.

c) Technische Fehler (Gerät)

Wiederum ist zu nennen, dass aufgrund der Gerätekonzeption sichergestellt sein muss,   88
dass das, was der Messbeamte über den roten Leuchtpunkt sieht, auch tatsächlich mit
der Laserabstrahlrichtung korreliert.

Fällt also ein Gerät auf den Boden, so sollte der Messbeamte von sich aus eine sofortige
Überprüfung eben dieses Gleichlaufes beim Hersteller oder beim Eichamt anordnen.

5. Rechtliche Bewertung

Siegert

Der Übersendung einer Kopie der Bedienungsanleitung kann das Urheberrecht nicht ent-   89
gegengehalten werden. Dies ist zwar zivilrechtlich evident, bedurfte aber dennoch einer
ausdrücklichen gerichtlichen Klärung.[22]

Die gerichtlichen Erwägungen zu ESO 3.0 gelten hier entsprechend.[23] Die Verfügungsbefugnis über die Messanlage liegt allein bei der Behörde.[24] Für die Frage der Richtigkeit der Messung ist nicht zuletzt die **Bedienungsanleitung** maßgeblich, was dem Hersteller auch im Zeitpunkt der Veräußerung der Anlage bewusst sein musste. Da zum vertraglich vorgesehenen Gebrauch die Kenntnis der Bedienungsanleitung zwingend
erforderlich ist, können dem Einsichtsrecht keine rechtlichen Hindernisse entgegenste-

---

22 AG Heidelberg, Beschl. v. 31.10.2011 – 3 OWi 510 Js 22198/11, Rn 3, juris.
23 LG Dessau-Roßlau, Beschl. v. 24.5.2011 – 6 Qs 393 Js 23360/10 (101/11), Rn 2, juris.
24 OLG des Landes Sachsen-Anhalt, Urt. v. 27.8.2014 – 6 U 3/14, Rn 24, juris.

hen. Das Einsichtsrecht in die Bedienungsanleitung folgt nicht zuletzt auch aus dem Grundsatz des fairen Verfahrens.[25]

Praxistipp

Die Bußgeldbehörde ist als Besitzerin zur Herausgabe der Bedienungsanleitung aufzufordern. Weigert sie sich, ist eine gerichtliche Entscheidung gem. § 62 OWiG herbeizuführen. Bleibt die Herausgabe aus, kann das Gericht die Sache nach § 69 Abs. 5 OWiG zurückverweisen oder direkt nach § 47 OWiG einstellen.[26]

6. Arbeitshilfen für die Praxis

Schmedding

90 Auch hier ist auf die vorgenannten Produkte, also die jeweiligen Unterpunkte zu verweisen (Rdn 41 ff.).

V. LAVEG/VIDEO-LAVEG

1. Informationen zum Gerät

91 Das ursprüngliche LAVEG wurde im Zeitraum des Erscheinens des ersten RIEGL LR 90 auf den Markt gebracht. Es handelt sich um ein fernrohrähnliches Gebilde, das große Ähnlichkeiten (auch von der Handhabung) zum RIEGL FG21 besitzt, wenngleich Letztgenanntes später entwickelt wurde.

92 Auch dieses LHM verfügt über eine Vergrößerung, nämlich eine 7-fache in der Visieroptik.

Die Laserbündelung ist allerdings noch nicht so gut umgesetzt wie beim RIEGL FG21 (nominell 3 mrad).

a) Technische Daten

93 Zugelassen ist dieses Gerät für Messungen bis zu 250 km/h und eine Messentfernung von bis zu 350 m. Dies ist angesichts der 7-fachen Vergrößerung in der Visieroptik keine sehr große Messentfernung, wenngleich man sagen muss, dass beim LAVEC-Gerät nicht etwa ein roter Leuchtpunkt eingeblendet wird, sondern nur eine in der Größenordnung der Laseraufweitung eingeblendete **Zielmarke**. Eine Darstellung des Zielerfassungsbereiches, wie im RIEGL FG21 (Kreissegment), gibt es bei diesem Produkt nicht, sodass der Mess-

---

25 AG Kassel, Beschl. v. 27.2.2015 – 381 OWi – 9673 Js 32833/14, juris; AG Weißenfels, Beschl. v. 3.9.2015 – 10 AR 1/15, juris; AG Neunkirchen, Beschl. v. 27.4.2016 – 19 Gs 55/16, juris.
26 *Krenberger*, zfs 2015, 354–355.

beamte letztlich nicht weiß, wie groß die tatsächliche Laserabtastfläche bzgl. der 7 mrad Zielerfassungszone sein kann.

Bei der maximalen Messentfernung von 350 m entspricht dies einem Durchmesser von 2,45 m, der eine Überstrahlung eines unteren Mittelklasse Pkw auch noch zulässt. **94**

b) Toleranzen

Die Verkehrsfehlergrenze von 3 km/h bzw. 3 % (ab 100 km/h-Messungen) gilt auch hier. **95** Aufgrund der 7-fachen Vergrößerung und der zulässigen Messentfernung von bis zu 350 m ist hier etwas vorsichtiger vorgegangen worden, als z.b. beim LR90, mit dem Messungen bis zu 500 m zulässig sind (ohne vergrößernde Visieroptik).

c) Eichung

Ähnlich den weiter oben beschriebenen Geräten wird auch hier ein vergleichbares Eich- **96** prozedere durchgeführt (vgl. Rdn 83).

2. Einrichtung der Messstelle/Messdurchführung

Der Messbeamte hat bei der Benutzung des LAVEG einen sog. Visiertest (Justierung der **97** Zieleinrichtung) **nicht** durchzuführen. Der Grund hierfür ist die **kompakte Bauform** (ähnlich eines Fernrohres) des Gerätes. Bei den anderen Produkten sind stoßempfindlich auf- bzw. eingesetzte Visiereinrichtungen verbaut.

Daher ist die Einschalteroutine beim LAVEG etwas anders, weil hier neben dem **Selbsttest**, dem **Anzeigetest** und dem **Nulltest** eben diese Visiertestüberprüfung ausbleibt.

3. Auswertekriterien

Dem Messbeamten wird die Messszenerie durch ein sog. **Fadenkreuz** (kleine Kreismar- **98** kierung – unbeleuchtet) vor Augen geführt.

Wenngleich aufgrund der 7-fachen Vergrößerung der Messbeamte Fahrzeuge in größerer Distanz recht gut erkennen kann, so ist dieses Gerät beim Einsatz in der **Dunkelheit** kritisch. Der nicht selbstleuchtende Kreisring besitzt einen **sehr geringen Kontrast**, der es nur schwerlich zulässt, ein Fahrzeug in der Dunkelheit punktgenau anzuvisieren.

4. Technische Fehlermöglichkeiten

a) Messaufbau (Messbeamter)

Hier ist auf das letzte Kapitel zu verweisen (Rdn 86), weil auch hier die große **99** 7 mrad-Zone gilt und dieses dem Messbeamten eben nicht direkt vor Augen geführt wird.

Der nicht leuchtende kleine Kreisring führt zu „**Anpeil-Problemen**" bei Messungen in der Dunkelheit.

Insgesamt wird dem Messbeamten auch bei diesem Gerät nicht vor Augen geführt, wie die tatsächliche Messsituation (**Größe der Laserabtastfläche**) aussieht.

100   Auch hier ist davon abzusehen, Seitenflächen von Pkw anzumessen oder aber direkt auf Windschutzscheiben zu halten.

101   Aufgrund der Laserstrahlausdehnung existiert hier die gleiche Gefahr wie bei den anderen LHMs mit einer Zielerfassungszone von 7 mrad. Im dichten Verkehrsgeschehen kann das anvisierte Fahrzeug zwar erfasst werden – es könnte sich dabei aber um einen schlechten Reflektor handeln, wodurch schrägversetzt hinterherfahrende andere Fahrzeuge (die besser reflektieren) die für die Messung relevanten Reflexionen liefern. Wenngleich also der Messbeamte aufgrund der Vergrößerung (7-fach) insgesamt das Fahrzeug besser erkennen kann, so ist auch hier zu fordern, dass von größeren Messentfernungen abgesehen werden sollte, weil der **Zielerfassungsbereich** dem Messbeamten nicht direkt (Auswertehilfe) signalisiert wird.

b) Technische Fehler (Gerät)

102   Hier gilt Gleiches wie bei den vorgenannten Geräten, siehe Rdn 77.

5. Rechtliche Bewertung

Siegert

103   Bei der Messung mit dem Gerät LAVEG handelt es sich um ein standardisiertes Messverfahren.[27] Neben der **zulässigen Höchstgeschwindigkeit** sind die verwendete Messmethode, die **gemessene Geschwindigkeit** und der **berücksichtigte Toleranzabzug** im Urteil festzuhalten. Eine weitere Aufklärungspflicht ist erst beim Vortrag konkreter Anhaltspunkte für eine Fehlmessung geboten.[28]

Es gibt **keine Fotodokumentation** des Messergebnisses. Hieraus folgt aber weder ein „Vier-Augen-Prinzip" noch ändert es etwas am grundsätzlich standardisierten Messverfahren.[29] Im Wege des **Freibeweises** ist zur Richtigkeit der Messung gemäß der Gebrauchsanleitung der **Messbeamte** zu befragen und das **Messprotokoll** ergänzend heranzuziehen. Aufgrund der vergleichbaren Situation gelten die Ausführungen zu RIEGL FG21-P entsprechend.[30]

---

27 Einhellige OLG-Rspr. Nachweise bei: OLG Hamm, Beschl. v. 24.1.2007 – 4 Ss OWi 891/06, Rn 12, juris.
28 So auch: KG Berlin, Beschl. v. 22.1.2001 – 2 Ss 297/00 – 3 Ws (B) 640/00, juris.
29 KG Berlin, Beschl. v. 15.5.2014 – 3 Ws (B) 249/14, Rn 11 f., juris.
30 Vgl. oben Rdn 59 ff.

Bei einer frontalen Messung eines Motorrades aus einer Distanz von 199 Metern handelt es sich mangels eines reflektierenden Frontkennzeichens um keine standardisierte Messmethode mehr.[31]

Bislang gab es für das Gericht ohne konkrete Anhaltspunkte für eine beeinträchtigte Funktionsfähigkeit keinen Anlass, die Lebensakte einholen zu lassen – jedenfalls wenn die Eichung relativ kurz vor der Messung erfolgt war.[32] Hinsichtlich der Regelungen des MessEG ist dies nunmehr zumindest fraglich. Für die entsprechenden Maßnahmen und Anträge wird auf die Ausführungen im allgemeinen Teil verwiesen.[33]

6. Arbeitshilfen für die Praxis

Schmedding

Hier kann auf die schon in den vorgenannten Kapiteln dargelegten Beweisanträge verwiesen werden, Rdn 41 ff.   **104**

VI. Video LAVEG

Zum Schluss soll noch auf das sog. Video LAVEG eingegangen werden.   **105**

Dieses wird in der **Schweiz** eingesetzt. Das LAVEG-Messgerät ist mit einem **Videosystem** gekoppelt. In dem Videofilm wird der Zielerfassungsbereich durch einen roten Kreisring eingeblendet, sodass die Messsituation genau bewertet werden kann.

Eigentlich wäre es kein Problem, auch die hier in Deutschland eingesetzten Geräte dementsprechend auszurüsten. Dies wird aber von der PTB so nicht gefordert, weshalb bei diesen Geräten immer noch der sogenannte (kritische) **Personenbeweis** bleibt.

VII. LEIVTEC XV2

Reuß

1. Informationen zum Gerät

a) Funktionsweise

Das Infrarotlasergerät der Fa. Leivtec vom Typ XV2 besitzt prinzipiell das gleiche physikalische Messprinzip wie die Handlasermessgeräte der anderen Hersteller, letztlich aber eine völlig andere Konzeption. Während man mit den Handlasergeräten – je nach Mess-   **106**

---

31 KG Berlin, Beschl. v. 23.3.2011 – 3 Ws (B) 650/10, juris.
32 KG Berlin, Beschl. v. 8.10.2001 – 3 Ws (B) 479/01, juris.
33 Vgl. § 1 Rdn 61 ff.

entfernung – mehr oder minder punktgenau messen kann, da eine sehr enge Strahlbündelung technisch erzielt wird, ist der Öffnungswinkel des Infrarotlasers dieses Geschwindigkeitsmessgerätes weitaus größer, d.h., dieses Gerät streut die zur Geschwindigkeitsmessung dienenden Infrarot-Laserabtastimpulse merklich stärker in die Umgebung aus.
Das Leivtec-XV2-Gerät besitzt einen Laseröffnungswinkel von ca. 3°, was in einer Distanz von gut 50 m zur Messsonde einer Laserkeulenaufweitung von immerhin gut 2,5 m
nahe kommt.

Es handelt sich um das Vorgängermodell des mittlerweile häufig eingesetzten XV3
(siehe Rdn 136 ff.)

107

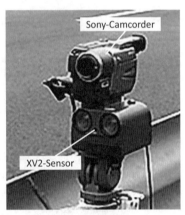

Abbildung 5: Frontansicht

Abbildung 6: Rückansicht

Die Messeinheit des lasergestützten Geschwindigkeitsmesssystems LEIVTEC XV2 be- **108**
steht im Wesentlichen aus dem **XV2-Sensor** und einem **modifizierten analogem Sony-Vi-**
deocamcorder (Abbildungen 5 und 6, Rdn 107). Diese beiden Teile sind fest miteinander
verbunden und justiert (eichamtlich gesichert). Die Ermittlung der Fahrzeuggeschwindigkeit erfolgt ausschließlich im Sensor, der neben Sende- und Empfangsoptik eine Rechnereinheit enthält. Rückseitig am Sensor befindet sich noch ein **Außendisplay** (Abbildung 6,
Rdn 105) und ein **Fernrohr**, mit dem der Sensor exakt ausgerichtet werden kann.

Weitere Komponenten des Messgerätes sind eine **Fernbedienung** mit 2 m Kabel sowie
ein **Akku** inkl. Kabelverbindung. **Optional** sind ein **Zusatzmonitor**, ein 20 m-**Ver-**
längerungskabel für die Fernbedienung sowie eine **Nachtsichteinrichtung** erhältlich.

Abbildung 7: Auswertesystem

Bei dieser Messanlage kommt eine **spezielle Auswerteanlage** (Abbildung 7, Rdn 108) **109**
zum Einsatz, mit der die erstellte Videobandaufnahme ausgewertet wird. Die Auswerteanlage besteht aus einem **Demodulator**, einem **Videorekorder**, sowie **optional** einem
Videomonitor bzw. **Videoprinter**.

Die Geschwindigkeit von Fahrzeugen, die sich auf den Sensor zubewegen, wird als Än- **110**
derung der Entfernung mit der Zeit bestimmt. Zur Ermittlung der Entfernung zwischen
dem Gerät und einem Fahrzeug wird die **Laufzeit von Infrarot-Laserimpulsen** gemessen, die von dem Sensor ausgesendet und nach ihrer Reflexion an dem anvisierten Fahrzeug wieder empfangen werden.

Wie bei den anderen Lasergeräten wird eine Abhängigkeit zwischen den Entfernungs-
messwerten und der Zeitzählung entworfen, die, wenn eine Regressionskurve hierüber
entwickelbar ist, zu einer Messwertbildung führt. Im Grunde genommen werden die
Laufzeiten der einzelnen Laserimpulse gemessen, die vom Fahrzeug hin und zurück benötigt werden. Hierbei kommt die ultimative Konstante, nämlich die **Lichtgeschwindig-**

keit zum Tragen. Über das Weg-Zeit-Gesetz ergibt sich daraus dann die Geschwindigkeit des Fahrzeugs.

Eine technische Besonderheit dieser Laserüberwachungsanlage ist, dass Entfernungsmessungen nach Messbeginn dahingehend überprüft werden, ob diese zu- oder abnehmen. Eine solche Überprüfung ist softwaretechnisch einfach zu programmieren, sodass es keine Schwierigkeiten bereitet, die **Messung des abfließenden Verkehrs** (bei dem ja die Einzelabstände zunehmen) **messtechnisch zu unterdrücken.**

Durch diese Softwarevorgabe wird daher nur der Ankommende, das heißt der auflaufende Verkehr gemessen.

111   Es wird nicht nur ein einzelner Impuls ausgesandt, sondern eine Vielzahl solcher. Die Aussendung der Infrarotimpulse erfolgt kontinuierlich. Ein Geschwindigkeitsmessvorgang wird gestartet, sobald vom Sensor ein Fahrzeug in ca. 50 m bis 43 m Entfernung erkannt wird. Die Messungen enden, sobald das Fahrzeug eine Strecke von ca. 10 m zurückgelegt hat, spätestens aber nach 1,3 s. Werden nach Messbeginn sich vergrößernde Distanzen von der Messanlage registriert, wird die Messung sofort abgebrochen, da es sich um ein Fahrzeug der abfließenden Richtung handelt. So können mit diesem Gerät **ausschließlich Fahrzeuge der ankommenden Richtung** gemessen werden.

112   Im Gegensatz zu den Punktlasergeräten wird hier also nicht auf Knopfdruck eine Messung durchgeführt, sondern es findet eine **kontinuierliche Impulsaussendung** statt. Wird ein reflektierendes sich **bewegendes** Ziel messtechnisch erkannt, so erfolgt die Aussendung mit einer **höheren Frequenzrate.**

Für die Ermittlung der Geschwindigkeit ist eine Fahrstrecke von 10 m mit gleichmäßiger Geschwindigkeit erforderlich. Anderenfalls wird die Messung annulliert. Wird bei langsamen Fahrzeugen die Mindeststrecke von 10 m nach 1,3 s nicht erreicht, wird die Messung beendet. In diesem Fall ist auch eine kürzere Messstrecke zur Ermittlung der Geschwindigkeit ausreichend.

Jeder angezeigte gültige Geschwindigkeitsmesswert besteht dann aus **30 bis 300 Entfernungsmessungen.**

Der angeschlossene **Videocamcorder** zeichnet den Messvorgang dabei lückenlos auf, die Messdaten werden als Tonfrequenzfolge auf der Tonspur des Videobandes aufgenommen. Diese Tonspur nutzt der Demodulator der Auswerteanlage u.a., um den Videorekorder so zu steuern, dass das Videoband dort gestoppt wird, wo auch eine Geschwindigkeitsüberschreitung festgestellt wurde. Der Demodulator blendet dann die entsprechenden Daten der Messung in das Videobild ein.

Im Gegensatz zu dem Nachfolgemodell XV 3 zeichnet diese Videokamera kontinuierlich, also unabhängig von einer Geschwindigkeitsüberschreitung, auf. Es findet also, im Automatikmodus der Messanlage, **keine verdachtsabhängige Messung** statt. Es werden alle

Fahrzeuge, die die Messanlage passieren, auch ohne Geschwindigkeitsüberschreitung, aufgezeichnet.

Maßgeblich aufgrund des Urteils des Bundesverfassungsgerichts bezüglich des Datenschutzes/Grundrecht auf informationelle Selbstbestimmung[34] wurde das Nachfolgemodell XV3 entwickelt. Bei diesem findet keine kontinuierliche Videoaufzeichnung mehr statt; dort werden nur noch im Falle einer Geschwindigkeitsüberschreitung zwei Einzelbilder abgespeichert. Gemäß des genannten Urteils ist also eine **verdachtsunabhängige** Videoaufzeichnung nicht zulässig.

Bei diesem „älteren" Modell kann der Messbeamte die Anforderung des Urteils nur dadurch erfüllen, dass er diese Anlage **manuell** betreibt, also die Videokamera **verdachtsabhängig** aktiviert/deaktiviert. Er muss also den heranfahrenden Verkehr beobachten und dann, wenn er den Verdacht einer Geschwindigkeitsüberschreitung hat, die Messanlage manuell starten. Da dies natürlich schwierig ist, kommt diese Anlageversion immer seltener zum Einsatz.

b) Selbsttest

Beim Einschalten des Messgerätes werden verschiedene automatische Kontrollprüfungen durchgeführt.   113

Der **Selbsttest** (Eigentest) überprüft die gesamte Entfernungsmesseinrichtung des Sensors, in dem der Laserstrahl in abgeschwächter Form in die Empfangsoptik eingestreut wird und so eine Geschwindigkeitsmessung auf ein stehendes Ziel simuliert wird. Das Messresultat im muss hierbei 0 km/h sein. Der Selbsttest des Sensors wird zudem nach jeder Messung automatisch durchgeführt.

Die Messanlage führt weiterhin ein **Programmtest** durch, bei dem der Inhalt des Programmspeichers mit einer Checksumme verglichen wird.

Im Anschluss erfolgt noch ein **RAM-Test**, bei dem der Speicher mit einer festgelegten Zeichenfolge beschrieben wird. Beim anschließenden Datenvergleich muss das ausgelesene Ergebnis mit den geschriebenen Werten übereinstimmen.

Tritt beim Selbsttest ein Fehler auf, wird die Messfunktion des Sensors abgeschaltet und   114
eine Fehlermeldung auf der Messwertanzeige des Sensors dargestellt.

Weiterhin gibt es noch drei weitere Fehlermeldungen und zwar:

- Kabel (Trennung der Kabelverbindung zwischen Sensor und Fernbedienung)
- Fehler 00...99 (interne Fehler im XV2-Sensor)
- Akku (Batterieunterspannung)

---

34 BVerfG, Beschl. v. 11.8.2009 – 2 BvR 941/08, Rn (1–32), *http://www.bverfg.de/e/rk20090811_2bvr094108.html.*

Bei der Inbetriebnahme des Gerätes ist zudem die Messwertanzeige des Sensors (Abbildung 6, vgl. Rdn 107) auf lückenlose Anzeige zu **prüfen**.

c) Signatur und Verschlüsselung

115 Da es sich um eine **analoge Videobandaufzeichnung** handelt, gibt es hier keine digitalen Falldateien, die signiert oder verschlüsselt werden müssten. Das erstellte Videoband gilt als unveränderliches Beweismittel. Dieses muss von der Behörde entsprechend **archiviert** werden.

d) Technische Daten

116

Gesamtsystem	
Messbereich	0 km/h–250 km/h.
Zulässiger Temperaturbereich	0°C bis +40°C. Optional -10 °C bis +40 °C Sensor und Fernbedienung überwachen ihre interne Gerätetemperatur und stellen den Betrieb bei Unterschreitung der zulässigen Betriebstemperatur ein. Eine Überwachung auf Überschreitung gibt es nicht.
Spannungsversorgung	XV2 Akkueinheit 12 V.
Sensor der Messeinheit	
Geschwindigkeitsanzeige	0 km/h–250 km/h als ganze Zahl, nach unten gerundet.
Messentfernung	ca. 50 m–33 m.
Messstrecke	ca. 10 m, bzw. max. 1,3 s
Messwinkel	keine Vorgabe.
Messfeld	50 mrad x 50 mrad Das entspricht ca. 3° x 3° oder 2,5 m x 2,5 m in 50 m Entfernung.
Sicherheit	Laserwellenlänge ca. 850 nm, Laserklasse 1 nach IEC 825
Kamera der Messeinheit	
Kamera	Sony CCD-TRV 98E/Sony FX-700-E.
Aufnahmeformat	Hi-8-Videoband
Maximale Längen der Kabelverbindungen	
XV2 Fernbedienung	maximal 20 m

e) Fehlergrenzen

117 Die Verkehrsfehlergrenzen betragen bei diesem Gerät, wie üblich, 3 km/h bis 100 km/h und 3 % ab 100 km/h.

f) Eichung

Die eichtechnischen Prüfungen des Geschwindigkeitsüberwachungsgerätes bestehen in   **118**
der Regel aus einer **laboratoriumsmäßigen Prüfung**. Eine betriebsmäßige Prüfung
der Geräte im Straßenverkehr kann auf Sonderfälle beschränkt werden.

Die Eichfehlergrenzen betragen bei der laboratoriumsmäßigen Prüfung und bei der Eingabe
normierter Signale ± 1 km/h bei Messwerten bis 150 km/h und ± 2 km/h bei Messwerten größer als 150 km/h. Bei betriebsmäßigen Prüfungen betragen die Fehlergrenzen für die Anzeige
der Geschwindigkeit ± 3 km/h bei Geschwindigkeiten bis 100 km/h und ± 3 % des richtigen
Wertes der Geschwindigkeiten oberhalb 100 km/h. Die so errechneten Werte für die Fehlergrenzen werden dabei auf den nächsten ganzzahligen Wert aufgerundet. Die Verkehrsfehlergrenzen sind gleich den oben genannten Eichfehlergrenzen bei der betrieblichen Prüfung.

Die Prüfungen im Rahmen der **Eichung** belaufen sich u.a. auf die Punkte:

- Überprüfung der Entfernungs-und Geschwindigkeitsmessung,
- Funktionstest und elektrische Prüfung,
- Justierung von Kamera und Zielfernrohr.

Die Eichhinweismarken sind auf dem Sensor, der Fernbedienung, dem Akku und am De-   **119**
modulator der Auswerteeinheit aufzubringen. Der Hauptstempel befindet sich auf der
Sensoreinheit und auf der Fernbedienung.

Sechs Sicherungsstempel sind auf der Messeinheit angebracht (eine Eichmarke und fünf
Sicherungsmarken, die ein Öffnen des Gerätes verhindern). Eine weitere Sicherungsmarke findet sich auf der Fernbedienung und eine weitere Marke auf dem Akku. Am Demodulator befindet sich ebenfalls eine Sicherungsmarke oberhalb der mittleren Schraube
am Gehäuseboden.

2. Einrichtung der Messstelle/Messdurchführung

a) Inbetriebnahme

- Eichamtliche Haupt- und Sicherungsstempel sowie die Eichhinweismarken sind zu-   **120**
  nächst zu kontrollieren.
- Die Kabelverbindungen und das Messgerät sind auf sichtbare Beschädigungen zu untersuchen.
- Eingabewerte sind zu kontrollieren.
- Die Messwertanzeige hinten am Sensor ist auf lückenlose Anzeige bzw. Erlöschen
  aller Matrixpunkte zu prüfen.
- Der automatische Selbsttest wird durchgeführt. Erst dann lässt sich die Anlage messbereit schalten.
- Die Aufnahmeformate CINEMA und 16:9FULL dürfen nicht verwendet werden, was
  zu prüfen ist.

■ Der Camcorder ist nicht regenfest, weswegen in solchen Fällen eine Regenschutzhaube (Zubehör) zu verwenden ist.

■ Untertemperatur wird automatisch überwacht. Die Obergrenze ist vom Bediener zu prüfen (40°C).

■ Weiterhin ist die Belichtung des Camcorders und des POL-Filters einzustellen. Bei falscher Einstellung ist eine Fahrererkennung nicht möglich.

b) Aufstellen des Messgerätes

121 Das Geschwindigkeitsmesssystem LEIVTEC XV2 ist in erster Linie für Messungen von einem **Stativ** konzipiert. Die Messeinheit wird seitlich neben der Straße aufgestellt und so ausgerichtet, dass sich die gemessenen Fahrzeuge in einer Entfernung zwischen ca. 50 m und ca. 33 m für mindestens 10 m im Messstrahl befinden.

Die Messeinheit darf bei der Messung aber auch frei in der Hand gehalten werden (sog. **Handheld-Messungen**). Starkes Wackeln und Zittern können zum Abbruch von Messungen führen, nicht aber zu falschen Messergebnissen.

Zum Anvisieren der Fahrzeuge wird bei den Handheld-Messungen vorzugsweise das Fernrohr des Sensors, zum Start der Messung die Start-Taste des Sensors benutzt. Das Fernrohr ist zum Messfeld justiert.

In den meisten Fällen wird die Anlage aber feststehend am Fahrbahnrand aufgestellt. Die Messungen kann der Messbeamte an einem externen Monitor oder direkt am Camcorder beobachten.

Da die Videoaufzeichnungen wegen des Urteils des Bundesverfassungsgerichts nicht verdachtsunabhängig erfolgen dürfen, sind nunmehr Messungen **ausschließlich im manuellen Modus** zulässig.

c) Wahl des Messortes

122 Bei der Auswahl eines Messortes sind keine durch die Messtechnik des LEIVTEC XV2 bedingten Einschränkungen zu beachten.

Messungen in Kurven oder mit einem seitlichen Abstand von der Fahrbahn oder von einem erhöhten Standpunkt aus sind zulässig. Die Fahrzeuge dürfen links oder rechts am Messgerät vorbei fahren. Messungen von Brücken herab sind seitens des Herstellers zugelassen.

Bei der Wahl des Messortes ist zu beachten, dass Messungen von stark bremsenden oder beschleunigenden Fahrzeugen vom Sensor abgebrochen (annulliert) werden. Aus diesem Grund sind Messungen an Kreuzungen ungünstig.

Die Messeinheit sollte **möglichst nur auf einzelne Fahrspuren ausgerichtet** sein, um zu verhindern, dass sich parallel fahrende Fahrzeuge in der möglichen Messentfernung befinden. Erlaubt ist aber auch die Überwachung von mehreren Fahrspuren.

Der Sensor ist für korrekte Messergebnisse bei frontaler Messung konzipiert. Bei Messungen unter einem Winkel zwischen Messrichtung und Fahrtrichtung sind die Messwerte zugunsten des betroffenen Fahrers kleiner als die tatsächlich gefahrene Geschwindigkeit (Cosinuseffekt). Diese Abweichung, die allein durch die Geometrie der Messung gegeben ist, darf nachträglich nicht rechnerisch korrigiert werden.

Da die Messungen bereits in ca. 50 m Distanz zum Messgerätestandort beginnen können, ist diese Strecke bei der Wahl des Messortes bzgl. etwaig einzuhaltender Karenzstrecken zu berücksichtigen. Ist z.B. eine **Karenzstrecke** von 150 m gefordert, muss das Gerät in mindestens 200 m Entfernung aufgestellt werden.

3. Beurteilung der Beweisbilder

Bei der Beurteilung der Beweisbilder sind einige Besonderheiten der LEIVTEC-XV2-Messungen zu beachten. Die Auswertung erfolgt vollständig im **Auswerteraum** und nicht an der Messstelle. **123**

Die Messdaten sind auf einer **Tonspur** gespeichert; im Auswerteraum werden die auf der Tonspur enthalten Messdaten gleichzeitig mit der bildlichen Darstellung der Messsituation auf einem Monitor dargestellt. Es werden Standbilder angefertigt, in denen das gemessene Fahrzeug mit den dazugehörigen Messwerten und Randdaten dargestellt wird. Der Messfeldrahmen wird mittels des Demodulators am Auswertesystem in das Videobild eingeblendet. Dieser Messfeldrahmen markiert das maximale Messfeld, wobei die Außenkanten des Rahmens als Begrenzung gelten. Die folgenden Bilder (Abbildung 8, Abbildung 9 und Abbildung 10, Rdn 124) zeigen die maßgeblichen Videostandbilder einer solchen Messung.

124

Abbildung 8: Messung-Start

Abbildung 9: Messung-Ende

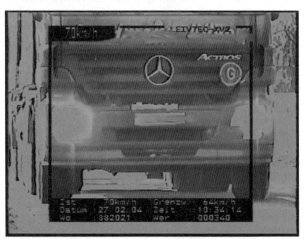

Abbildung 10: Messergebnis

125 Der Start der Messung wird als Messung Start (vgl. Abbildung 8, Rdn 124) bezeichnet. Die Messung beginnt in einer Entfernung von ca. 50 m bis 43 m.

Das Ende der Messung wird als Messung Ende im Video angezeigt. Die Messung wird nach 10 m Fahrstrecke in einer minimalen Entfernung von ca. 33 m beendet oder dann, wenn der Sensor aus dem Signalverlauf die Ausfahrt des Fahrzeugs aus dem Messfeld erkennt.

Die Kamera zeichnet den gesamten Fahrvorgang kontinuierlich auf.

In der Abbildung 10 (Rdn 124) sind die Daten der Messung am unteren Rand des Mess-   **126**
feldrahmens zu sehen, die nach Abschluss der Messung eingeblendet wurden.

IST:	Die gemessene Geschwindigkeit.
GRENZW.:	Die als Grenzwert eingegebene Auslöseschwelle.
DATUM:	Das Datum der Messung.
ZEIT:	Die Uhrzeit der Messung.
WO:	Ein sechsstelliger Code für den Messort.
WER:	Ein sechsstelliger Code für den Messbeamten.

Zur Absicherung wird die gemessene Geschwindigkeit zusätzlich noch einmal oben links
innerhalb des Messfeldrahmens dargestellt.

a) Auswertekriterien

Zur Beurteilung der Verwertbarkeit der Messung ist die eindeutige Zuordnung der   **127**
Messwerte zu den gemessenen Fahrzeugen erforderlich. Dabei werden ausschließlich
Fahrzeuge oder Fahrzeugteile berücksichtigt, die sich innerhalb des Messfeldrahmens
befinden.

■ **Einzelnes Fahrzeug:**
   Der Messwert kann immer dann sicher zugeordnet werden, wenn sich das gemessene
   Fahrzeug allein im Auswertebereich aufhält. Die Messung ist **verwertbar**.

■ **Zweites Fahrzeug:**
   Befindet sich ein zweites Fahrzeug der gemessenen (ankommenden) Richtung während der gesamten Messphase innerhalb des Messfeldrahmens, darf die Messung nur
   dann ausgewertet werden, wenn sich das zweite Fahrzeug außerhalb der möglichen
   Messentfernung (mindestens 70 m) befindet.
   Dies ist dann der Fall, wenn die Front des zweiten Fahrzeugs zu keinem Zeitpunkt
   breiter als ein Drittel des Messfeldrahmens abgebildet wird. Ist also ein zweites Fahrzeug innerhalb der möglichen Messentfernung vorhanden, ist die Messung **nicht verwertbar**.
   Messungen, bei denen sich zwei oder **mehrere** Fahrzeuge der gemessenen (ankommenden) Richtung innerhalb des Messfeldrahmens befinden, jedoch nur eines davon
   dauernd von Messbeginn bis zum Messende, dürfen ohne Einschränkung ausgewertet
   werden. Die Messung ist **verwertbar**.

■ **Abfließender Verkehr:**
   Messungen, bei denen sich während der gesamten Messung nur ein Fahrzeug der gemessenen (ankommenden) Richtung im Messfeldrahmen befindet, sich gleichzeitig
   jedoch während der gesamten Messung ein weiteres Fahrzeug der entgegengesetzten

(abfließenden) Verkehrsrichtung im Messfeldrahmen befindet, können unbedenklich ausgewertet werden, da die Messanlage lediglich den ankommenden Verkehr berücksichtigt. Die Messung ist **verwertbar.**

■ **Zusätzliches Fahrzeug steht:**
Im Messfeldrahmen ist ein zusätzliches ankommendes Fahrzeug sichtbar, das vermutlich steht. Zur Beurteilung der Verwertbarkeit ist mindestens ein weiteres Bild erforderlich. Wenn im zweiten Bild zu erkennen ist, dass das zusätzliche Fahrzeug aus dem Messung-Ende-Bild **tatsächlich steht,** ist die Messung **verwertbar.**

Nicht verwertbar sind damit Messungen, bei denen sich sowohl bei Start als auch bei Ende einer Messung ein weiteres Kfz der ankommenden Verkehrsrichtung innerhalb (auch teilweise) des Auswerterahmens befindet und dieses zudem in der möglichen Messentfernung fährt.

b) Auswertung einer solchen Messung durch einen Sachverständigen

128 Ein Standbild stellt nur einen kurzen Ausschnitt der Messung dar; mithilfe der Videoaufzeichnung lässt sich der gesamte Messvorgang – Bild für Bild – zwischen Messbeginn (Abbildung 8, Rdn 124) und Messende (Abbildung 9, Rdn 124) überprüfen.

Durch Abzählen der Einzelbildschaltungen (Zeitinformation) und Ermittlung der zwischen zwei Einzelbildschaltungen vom Fahrzeug zurückgelegten – gegebenenfalls vor Ort nachprüfbaren (nachmessbaren) – Strecke lässt sich damit nach der Gleichung:

Geschwindigkeit = Weg/Zeit

die vom Messgerät ermittelte Geschwindigkeit zumindest größenordnungsmäßig noch einmal unabhängig überprüfen. Bei guter Bildqualität lässt sich die Laser-Geschwindigkeitsmessung auf der beschriebenen Weg-Zeit-Basis auf ± 5 km/h genau überprüfen. Die zurückgelegte Strecke kann auch über die veränderliche Abbildungsbreite des gemessenen Fahrzeugs bestimmt werden. Die Messung kann damit auf ihre **Plausibilität** hin geprüft werden.

4. Technische Fehlermöglichkeiten

a) Messaufbau (Messbeamter)

129 Mitschwenken der Messeinheit mit dem zu messenden Fahrzeug ist zulässig, ebenso Messungen aus einem **stehenden** Fahrzeug heraus, auch durch die Fahrzeugscheiben.

Nicht zulässig hingegen sind Messungen aus einem fahrenden Fahrzeug heraus.

Im Messbereich sollten sich keine größeren spiegelnden Flächen befinden, da es denkbar ist, dass hieran die Laserstrahlung abgelenkt wird.

Wegen des Urteils des Bundesverfassungsgerichts bzgl. des Datenschutzes (s.o. Rdn 112) sind Messungen nur im manuellen Modus zulässig. Es muss ein **Anfangsverdacht** seitens des Messbeamten bestehen. Es ist also zu prüfen, ob der Beamte die Messungen und damit das Video **manuell** startete/beendete und hierbei dann auch zumindest der Großteil der Messungen eine Geschwindigkeitsüberschreitung zeigt.

Die Messanlage ist nicht regenfest. Es kann aber eine optionale Regenhaube eingesetzt werden. Die **Temperaturobergrenze** (+40°C) ist zu überwachen.

b) Auswertung (Behörde)

Es ist darauf zu achten, dass die bereits genannten **Auswerteanforderungen** tatsächlich eingehalten wurden (siehe Rdn 127).　　130

Dabei ist zu beachten, dass Laserlicht Fahrzeugscheiben durchdringen kann. So ist ein Augenmerk darauf zu richten, dass sich kein anderes Fahrzeug derselben Verkehrsrichtung im Messfeldrahmen befindet, das nur durch die Fahrzeugscheiben eines Fahrzeugs verdeckt wird.

Das Personal sollte entsprechend **geschult** sein.

Auch der **Auswerterechner** (Demodulator) muss gültig geeicht sein.

c) Technischer Fehler (Gerät)

Da es bei diesem System keine Möglichkeit gibt, die Rohmessdaten auszulesen, kann eine vollständige Überprüfung des angezeigten Messwertes nicht erfolgen. Es sind lediglich **Plausibilitätsprüfungen** möglich, indem das Video analysiert wird.　　131

Technische Fehler, die das Gerät selbst betreffen, sind **nicht bekannt**. Es wurden umfangreiche Versuche mit diesem Gerätetyp durchgeführt, wobei sich keine Fehler produzieren ließen. Damit sind die möglichen Fehler eher im Bereich der **Messwertzuordnung** und der **korrekten Inbetriebnahme** zu finden.

5. Rechtliche Bewertung

Siegert

Hierbei handelt es sich um ein standardisiertes Messverfahren.[35]　　132

Die Anfertigung der Bildaufnahmen findet in § 100h Abs. 1 S. 1 StPO i.V.m. § 46 Abs. 1 OWG eine zulässige und verfassungsrechtlich unbedenkliche Rechtsgrundlage, wenn sie verdachtsabhängig erfolgt. Dies ist der Fall, sofern ein zugelassenes und automatisches Bilderstellungssystem verwendet wird und vor Inbetriebnahme des Systems ein **Grenzwert** eingestellt wird, welcher erst ab der eingegebenen Geschwindigkeitsüberschreitung

---

35 AG Chemnitz, Urt. v. 11.5.2007 – 12 OWi 520 Js 36363/06, Rn 11, juris; VG Berlin, Urt. v. 9.2.2011 – 11 K 459.10, Rn 45, juris.

die Tatfotos auslöst.[36] Andernfalls hat sich das Tatgericht insbesondere mit der Frage der zuverlässigen Einschätzung des Anfangsverdachts im konkreten Fall vertieft auseinanderzusetzen.[37]

6. Arbeitshilfen für die Praxis

Reuß

a) Checkliste

133   ■ Existierte zum Messgerät eine gültige Eichung?

■ War auch die Auswerteeinheit (Demodulator) gültig geeicht?

■ Waren die Eichsiegel unversehrt?

■ War das Personal (Messbeamter/Auswertekraft) geschult?

■ Wurden die geltenden Richtlinien zur Geschwindigkeitsüberwachung eingehalten?

■ Wurde ein ausreichender Abstand zur Beschilderung eingehalten (Messbeginn bereits ca. 50 m vor dem Gerät)?

■ Waren die Kabelverbindungen unbeschädigt?

■ Befanden sich größere spiegelnde Objekte im Messbereich?

■ Ist der Messwert entsprechend der Auswerteanforderung zweifelsfrei zuzuordnen?

■ Originalvideoband archiviert?

b) Mögliche Beweisfragen

134   ■ Bei der streitgegenständlichen Messung war der Betroffenen-Pkw zu Beginn wie auch am Ende der Messung nicht alleinig im Auswerterahmen, weshalb die Messung unverwertbar ist (Beweis: Sachverständigengutachten).

■ Der Abstand zum Geschwindigkeitstrichter wurde nicht eingehalten, da die Messungen bereits 50 m vor dem Messgerät beginnen. Ein Sachverständiger wird bestätigen, dass der Messbeginn außerhalb der Tempobegrenzung lag.

■ Die Eichung der Gesamteinheit war nicht gegeben, da die Eichsiegel nicht kontrolliert wurden.

■ Die Messungen fanden nicht verdachtsabhängig entsprechend des einschlägigen Beschlusses des BVerfG (BVerfG, Beschl. v. 11.8.2009 – 2 BvR 941/08, Rn 1–32, Grundrecht auf informationelle Selbstbestimmung) statt (Beweis: Sachverständigengutachten).

---

36 VG Berlin, Urt. v. 9.2.2011 – 11 K 459.10, Rn 46, juris.
37 AG Cloppenburg, Urt. v. 17.9.2010, 25 OWi 795 Js 28862/10, zfs 2011, 173–175; AG Prenzlau, Urt. v. 31.5.2010 – 21 OWi 383 Js-OWi 41493/09 (504/09), Rn 17, juris.

c) Benötige Daten/Unterlagen für eine technische Begutachtung

Die nachfolgende Auflistung soll wiedergeben, welche Unterlagen nach Autorensicht **135** **mindestens** für ein Kurzgutachten, also eine außergerichtliche Begutachtung notwendig sind. Die restlichen Daten können bei Bedarf ergänzend beschafft werden, sind aber für eine erste Einschätzung in der Regel nicht zwingend notwendig.

	Mindestens	Vollständig	✓
Bußgeldbescheid	X	X	
Eichschein	X	X	
Lebensakte/Reparaturnachweise		X	
Messprotokoll	X	X	
Beschilderungsplan		X	
Schulungsnachweise		X	
Videoprints	X	X	
Tatvideo	X	X	
Gesamtes Video des Messeinsatzes (Auswertesystem)		X	
Originalvideoband (Archivband)		X	

VIII. LEIVTEC XV3

1. Informationen zum Gerät

a) Funktionsweise

Das Infrarotlasergerät der Fa. Leivtec vom Typ XV3 besitzt prinzipiell das gleiche phy- **136** sikalische Messprinzip wie die Handlasermessgeräte der anderen Hersteller, letztlich aber eine völlig andere Konzeption. Während man mit den Handlasergeräten – je nach Messentfernung – mehr oder minder punktgenau messen kann, da eine sehr enge Strahlbündelung technisch erzielt wird, ist der Öffnungswinkel des Infrarotlasers dieses Geschwindigkeitsmessgerätes weitaus größer, d.h. dieses Gerät streut die zur Geschwindigkeitsmessung dienenden Infrarot-Laserabtastimpulse merklich stärker in die Umgebung aus. Es handelt sich um eine Weiterentwicklung des Vorgängermodells XV2 mit dem grundsätzlich selben Messprinzip (Rdn 106 ff.).

Das Leivtec-XV3-Gerät besitzt einen Laseröffnungswinkel von ca. 3°, was in einer Distanz von gut 50 m zur Messsonde einer Laserkeulenaufweitung von immerhin gut 2,5 m nahe kommt.

137   Mit Einführung des XV3 wurden Messungen dem Urteil des BVerfG bzgl. des Daten-
       schutzes (siehe Rdn 112, Leivtec XV2) gerecht.

       Es werden zwar auch hier **alle Fahrzeuge erfasst**, aber diese Daten nur in einem flüch-
       tigen Speicher zwischengespeichert und erst dann, wenn eine **Geschwindigkeitsüber-
       schreitung** vorliegt, **endgültig abgespeichert**.

       Dabei werden lediglich das Start- und das Ende-Bild gespeichert. Alle anderen erfassten
       Daten werden geräteintern unwiderruflich gelöscht, sodass **keine verdachtsunabhängi-
       gen Daten** gespeichert werden.

138

Abbildung 11: Frontansicht

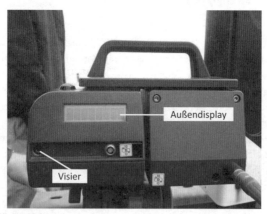

Abbildung 12: Rückansicht

Die Messeinheit des lasergestützten Geschwindigkeitsmesssystems LEIVTEC XV3 be-   **139**
steht im Wesentlichen aus dem **XV3-Sensor** und der **digitalen XV3-Kamera** (Abbildung
11, Rdn 138). Diese beiden Teile befinden sich in getrennten Gehäusen, sind aber fest miteinander verbunden und justiert. Dies lässt sich in der Abbildung 12 (Rdn 138) gut erkennen. Die Ermittlung der Fahrzeuggeschwindigkeit erfolgt ausschließlich im Sensor, der
neben Sende- und Empfangsoptik eine Rechnereinheit enthält. Rückseitig am Sensor befinden sich noch ein **Außendisplay** und ein **Visier**, mit dem auch ohne Monitor Fahrzeuge
anvisiert werden können.

Weitere Komponenten des Messgerätes sind eine weitere **Rechnereinheit**, die **Bedieneinheit, optional** ein **Bedienfunkempfänger**, der **Monitor, Akku, Adapter Datenübertragung**, diverse **Kabel, Transportkoffer** und die **Anzeige- und Auswertesoftware**.
Optional sind weiterhin noch eine **Monitorfunkübertragung** und eine **Blitzeinheit** erhältlich.

Die externe Rechnereinheit wird mit einer Kabelverbindung mit dem XV3-Sensor/der   **140**
Kamera verbunden und ist in einem Koffer installiert. In dieser Rechnereinheit sind der
Hauptrechner, der Datenspeicher und die Signatureinheit enthalten. Die Bedieneinheit,
mit der die Messanlage gesteuert wird, wird mit einer Kabelverbindung an der Rechner-
einheit angeschlossen. Optional kann auch ein Bedienfunkempfänger verwendet werden.
Der Monitor wird ebenfalls an der Rechnereinheit per Kabel oder optionaler Funkverbin-
dung betrieben. Zum Zubehör gehört noch ein 10 m-Verlängerungskabel, mit dem die
Verbindung des Monitors auf insgesamt 12 m verlängert werden kann.

Die Geschwindigkeit von Fahrzeugen, die sich auf den Sensor zubewegen, wird als Än-   **141**
derung der Entfernung mit der Zeit bestimmt. Zur Ermittlung der Entfernung zwischen
dem Gerät und einem Fahrzeug wird die Laufzeit von Infrarot-Laserimpulsen gemessen,
die von dem Sensor ausgesendet und nach ihrer Reflexion an dem anvisierten Fahrzeug
wieder empfangen werden.

Wie bei den anderen Lasergeräten wird eine Abhängigkeit zwischen den Entfernungs-
messwerten und der Zeitzählung entworfen, die, wenn eine Regressionskurve hierüber
entwickelbar ist, zu einer Messwertbildung führt. Im Grunde genommen werden die
Laufzeiten der einzelnen Laserimpulse gemessen, die vom Fahrzeug hin und zurück
benötigt werden. Hierbei kommt die ultimative Konstante, nämlich die **Lichtgeschwin-
digkeit** zum Tragen. Über das Weg-Zeit-Gesetz ergibt sich daraus dann die Geschwindigkeit des Fahrzeugs.

Eine technische Besonderheit dieser Laserüberwachungsanlage ist, dass Entfernungsmessungen nach Messbeginn dahin gehend überprüft werden, ob diese zu- oder abnehmen. Eine solche Überprüfung ist softwaretechnisch einfach zu programmieren, sodass
es keine Schwierigkeiten bereitet, die **Messung des abfließenden Verkehrs** (bei dem
ja die Einzelabstände zunehmen) **messtechnisch zu unterdrücken**.

Durch diese Softwarevorgabe wird daher nur der Ankommende, das heißt der auflaufende Verkehr gemessen.

142 Es wird nicht nur ein einzelner Impuls ausgesandt, sondern eine Vielzahl solcher, wobei während des Messvorganges, der ab etwa 50 m beginnen soll, die Infrarotimpulsaussendung mit einer deutlich höheren Frequenz vonstattengeht, also sobald ein Objekt im Laserfeld registriert wird. Laut Herstellerinformation wird alle 10 ms eine neue Entfernungsmessung vorgenommen, wobei jede Entfernungsmessung aus 200 Lasereinzelimpulsen besteht. Der einzelne Laserimpuls soll hierbei alle 40 µs ausgesandt werden.

143 Im Gegensatz zu den Punktlasergeräten wird hier also nicht auf Knopfdruck eine Messung durchgeführt, sondern es findet eine kontinuierliche Impulsaussendung statt. Wird ein reflektierendes sich **bewegendes** Ziel messtechnisch erkannt, so erfolgt die Aussendung mit einer erheblich **höheren Frequenzrate**.

Ein Geschwindigkeitsmessvorgang wird gestartet, sobald ein ankommendes Fahrzeug in ca. 50 m erkannt wird. Die Messung endet, wenn das Fahrzeug aus dem Messfeld ausgefahren ist, spätestens bei der Unterschreitung einer Entfernung von 30 m. Für die Ermittlung der Geschwindigkeit ist eine Fahrstrecke von mindestens 8 m mit gleichmäßiger Geschwindigkeit erforderlich. Anderenfalls wird die Messung annulliert. Wird bei langsamen Fahrzeugen die Mindeststrecke von 8 m nach 1,5 s nicht erreicht, wird die Messung beendet. In diesem Fall ist auch eine kürzere Messstrecke zur Ermittlung der Geschwindigkeit ausreichend.

Im Optimalfall wird das Fahrzeug also über eine Strecke von ca. 20 m kontinuierlich gemessen, wobei die tatsächlich ausgewertete Strecke seitens des Herstellers mit maximal ca. 12 m angegeben wird. Es zeigt sich also, dass **Messstrecke** und **Auswertestrecke** bei diesem System nicht identisch sind.

Vorliegend ist es nämlich so, dass die Anlage die Messwerte zunächst vollständig zwischen 50 und 30 m aufnimmt und dann aus diesen Werten, vom Messung-Ende ausgesehen, eine zusammenhängende Strecke in Richtung Messung-Start „sucht", die mindestens 8 m und maximal ca. 12 m lang ist. Das Messung-Ende entspricht dabei auch dem Auswerte-Ende.

144 Die digitale XV3-Kamera der Messeinheit nimmt ständig Bilder (ca. 15 Bilder/s) auf. Beim Beginn einer Messung wird das darauf folgende Bild als Messung-Start-Bild zwischengespeichert. Bei Beendigung der Messung wird im Fall einer Geschwindigkeitsüberschreitung das **Messung-Ende-Bild** aufgenommen. Beide Bilder werden zusammen mit den Mess- und weiteren Daten als Falldatei in der Rechnereinheit gespeichert. Ein Bildschirmausdruck dieser Software ist beispielhaft in der nachfolgenden Abbildung 13 (Rdn 145) zu sehen.

Abbildung 13: Screenshot der Auswertesoftware

b) Selbsttest

Nach dem Start einer Messfolge und nach jeder festgestellten Überschreitung führt der **146** Sensor einen **automatischen Selbsttest** durch, bei dem der korrekte Messablauf geprüft wird. Liegt kein Fehler vor, ist der Sensor nach Beendigung des Selbsttests sofort wieder messbereit. Tritt beim Selbsttest ein Fehler auf, wird die Messfunktion des Sensors abgeschaltet und eine Fehlermeldung auf der Messwertanzeige des Sensors dargestellt.

Bei der Inbetriebnahme des Gerätes ist die **Messwertanzeige** des Sensors auf lückenlose Anzeige zu prüfen (Abbildung 12, Rdn 138).

c) Signatur und Verschlüsselung

Die Falldaten – bestehend aus dem Messung-Start-Bild, dem Messung-Ende-Bild und **147** den Messdaten – werden in einer gemeinsamen Datei abgelegt. Diese Datei wird digital signiert.

Die Signaturprüfung dient zur Prüfung der **Integrität** der XV3-Datei. Integrität bedeutet, dass die Datei vollständig und Unversehrtheit ist. Hierzu wird ein sog. Hashwert (Prüfsumme) über die gesamte Datei berechnet. Dieser Hashwert wird dann verschlüsselt und an die Falldatei angehängt. Die Signaturprüfung wird mit der Referenzauswertesoftware Speed Check durchgeführt, indem ein neuer Hashwert über die Falldatei berechnet wird und dieser mit dem abgespeicherten Hashwert (angehängt an der Falldatei) verglichen wird.

Das Ergebnis der Signaturprüfung wird durch das Signaturprüfzeichen und dem Hinweis „Signatur korrekt" innerhalb der Auswertesoftware Speed Check (Abbildung 13, Rdn 145) angezeigt.

148   Neben der Prüfung der Integrität muss noch zusätzlich eine Prüfung der **Authentizität** erfolgen. Dabei wird geprüft, welchem Messgerät die XV3-Falldatei zugeordnet werden kann, also ob diese Falldatei auch tatsächlich von dem betreffenden Gerät stammt. In dem Auswerteprogramm Speed Check lässt sich der öffentliche Schlüssel darstellen (vgl. Abbildung 14, Rdn 167). Dieser öffentliche Schlüssel der XV3-Falldatei wird dann mit dem öffentlichen Schlüssel des betreffenden XV3-Geschwindigkeitsüberwachungsgerätes verglichen. Hierfür gibt es keine automatische Prüfung, es muss **manuell** verglichen werden. Der öffentliche Schlüssel des XV3 Geschwindigkeitsüberwachungsgerätes kann mit dem Datenübertragungsprogramm Speed-Transfer ausgelesen und in einer Datei gespeichert werden. Alternativ wird er im Rahmen der Ersteichung auch beim Eichamt archiviert und kann dort angefordert werden.

Hierdurch ist die Authentizität und Integrität der Daten gesichert, sodass sie als sicheres Beweismittel im weiteren Verfahren dienen.

149   Der geheime, **private Schlüssel** befindet sich in der Rechnereinheit und ist nach derzeitigem Kenntnisstand und Angabe von Hersteller und Zulassungsbehörde **nicht auslesbar**. Da der Zugriff auf den privaten Schlüssel nicht möglich ist, lässt sich im Nachhinein eine etwaige Manipulation nachweisen.

Bis dato ist noch kein Fall bekannt geworden, in dem eine Manipulation erfolgreich durchgeführt worden wäre, was auch an der Verschlüsselungsstärke von RSA-2048 Bit liegen wird.

Es wird also ein Vergleich des öffentlichen Schlüssels in der Falldatei mit dem am Messgerät auslesbaren öffentlichen Schlüssel durchgeführt. Nach derzeitigem Kenntnisstand ist es nämlich erforderlich, dass der öffentliche Schlüssel, im Falle einer Manipulation der Falldatei, ebenfalls verändert werden muss. Damit würde dies also, selbst dann, wenn es gelingen würde die Falldatei zu manipulieren, im Nachhinein nachweisbar sein.

150   Letztendlich ist es aber auch so, dass es niemals einen 100 %igen Schutz vor Manipulationen geben kann, allein schon wegen der Fortentwicklung der Technik. So sind Schutzmechanismen, die in der Vergangenheit als sicher galten, mittlerweile angreifbar.

Daher ist grundsätzlich zu fordern, dass die Anlagen dem **technischen Fortschritt** angepasst werden, oder zumindest die Daten von vertrauenswürdigen Stellen so unter Verschluss gehalten werden, dass sie vor Zugriff von außen geschützt sind.

d) Technische Daten

151

Gesamtsystem	
Messbereich	0 km/h–250 km/h. Messwerte von 251 km/h bis 300 km/h werden mit der Einblendung „>250 km/h" angezeigt.
Empfohlener Temperaturbereich	-10 °C bis +45 °C. Messeinheit, Rechnereinheit, Bedieneinheit und Bedien-Funkempfänger überwachen ihre interne Gerätetemperatur und stellen den Betrieb beim Verlassen des zulässigen Bereichs ein.
Spannungsversorgung	XV3 Akkueinheit 12 V.
Zulässiger Eingangsspannungsbereich	Untere Grenze: Programmabschaltung der Rechnereinheit <11,2 V, Programmabschaltung der Messeinheit <10,9 V.
	Obere Grenze: Programmabschaltung der Rechnereinheit >15,0 V, Überspannungsschutz >18,0 V.
Sensor der Messeinheit	
Geschwindigkeitsanzeige	0 km/h–250 km/h als ganze Zahl, nach unten gerundet. 251 km/h–300 km/h als „>250 km/h".
Messentfernung	ca. 50 m–30 m.
Messstrecke	mindestens 8 m, bzw. max. 1,5 s
Auswertestrecke	mindestens 8 m bis max. ca. 12 m
Messwinkel	Keine Vorgabe.
Messfeld	50 mrad x 50 mrad Das entspricht ca. 3° x 3° oder 2,5 m x 2,5 m in 50 m Entfernung.
	Die Begrenzung des Messfeldes wird mit einer Toleranzzugabe von etwa 10 % in den Beweisbildern als Messfeldrahmen eingeblendet.
Sicherheit	Laserwellenlänge 905 nm, Laserklasse 1 nach EN 60825–1 (augensicher).

Kamera der Messeinheit	
Kamera	Digitale 2/3 Zoll S/W-Kamera.
Auflösung	1024x960 Pixel.
Helligkeitsdynamik	12 Bit.
Bildfrequenz	ca. 15 Bilder/Sek.
Objektiv	LEICA APO-SUMMICRON – M 1:2/90 mm ASPH.
Rechnereinheit	
Bilddarstellung	Darstellung auf einem Monitor im VGA-Format, 640 x 480 Pixel.
Geschwindigkeitsanzeige	0 km/h–250 km/h als ganze Zahl, nach unten gerundet. 251 km/h bis 300 km/h als „größer 250 km/h".
Bildspeicher	Flash-Speicher 2 GB, Kapazität ca. 1500 Fälle.
Signatur	SHA-256 Hashwert, RSA-Signatur, 2048 Bit.
Maximale Längen der Kabelverbindungen	
XV3 Messeinheit	4 m
XV3 Monitor:	2 m, optional mit 10 m Verlängerungskabel (insgesamt 12 m)
XV3 Bedieneinheit	3 m
XV3 Bedien-Funkempfänger	3 m
XV3 Akku: 10 m	10 m

e) **Schnittstellen und Kompatibilitätsbedingungen**

152   An der **Messeinheit** befinden sich folgende Schnittstellen:

■   Buchse zur Rechnereinheit (gegen Trennung eichtechnisch gesichert),
■   Blitz-Buchse (rückwirkungsfrei, nicht eichtechnisch zu sichern).

An der **Rechnereinheit** befinden sich folgende rückwirkungsfreie Schnittstellen:

■   Monitor-Buchse (rückwirkungsfrei, nicht eichtechnisch zu sichern),
■   Datenausgabe-Buchse (rückwirkungsfrei, nicht eichtechnisch zu sichern),
■   Bedieneinheit-Buchse (rückwirkungsfrei, nicht eichtechnisch zu sichern),
■   Messeinheit-Buchse (gegen Trennung eichtechnisch zu sichern),
■   Akku-Buchse (rückwirkungsfrei, nicht eichtechnisch zu sichern),
■   Eich-Buchse (ist eichtechnisch gegen Benutzung zu sichern).

An der **Bedieneinheit und am Bedien-Funkempfänger** befindet sich jeweils folgende Schnittstelle:

■   Buchse zur Rechnereinheit (rückwirkungsfrei, nicht eichtechnisch zu sichern).

f) Fehlergrenzen

Die Verkehrsfehlergrenzen betragen bei diesem Gerät, wie üblich, 3 km/h bis 100 km/h **153**
und 3 % ab 100 km/h.

g) Eichung

Die eichtechnischen Prüfungen des Geschwindigkeitsüberwachungsgerätes bestehen in **154**
der Regel aus einer **laboratoriumsmäßigen Prüfung**. Eine betriebsmäßige Prüfung
der Geräte im Straßenverkehr kann auf Sonderfälle beschränkt werden.

Die Eichfehlergrenzen betragen bei der laboratoriumsmäßigen Prüfung und bei der Eingabe normierter Signale ± 1 km/h bei Messwerten bis 150 km/h und ± 2 km/h bei Messwerten größer als 150 km/h. Bei betriebsmäßigen Prüfungen betragen die Fehlergrenzen
für die Anzeige der Geschwindigkeit ± 3 km/h bei Geschwindigkeiten bis 100 km/h und
± 3 % des richtigen Wertes der Geschwindigkeiten oberhalb 100 km/h. Die so errechneten
Werte für die Fehlergrenzen werden dabei auf den nächsten ganzzahligen Wert aufgerundet. Die Verkehrsfehlergrenzen sind gleich den oben genannten Eichfehlergrenzen bei
der betrieblichen Prüfung.

Die Prüfungen im Rahmen der Eichung belaufen sich auf die Punkte: **155**

■ Prüfung der Programmversionen der Messeinheit, der Rechnereinheit, der Bedieneinheit und des Bedienfunkempfängers. Auch nur diese Komponenten sind eichpflichtig. Der Monitor und dessen Funkübertragung unterliegen nicht der Eichpflicht.

■ Überprüfung der Entfernungs-und Geschwindigkeitsmessung,

■ Funktionstest und elektrische Prüfung,

■ Justierung von Kamera und Zielfernrohr,

■ Öffentlicher Schlüssel,

■ Überprüfung der gespeicherten Falldaten.

Die Eichhinweismarken sind auf der Bedieneinheit, dem Bedien-Funkempfänger und der **156**
Rechnereinheit aufzubringen. Der Hauptstempel befindet sich auf der Messeinheit. **Sechs**
Sicherungsstempel sind auf der Messeinheit angebracht, die ein Öffnen des Gerätes verhindern. Eine weitere Sicherungsmarke findet sich auf der Bedieneinheit und zwei weitere Marken auf dem Bedienfunkempfänger. Auf der Rechnereinheit sind drei Sicherungsstempel vorhanden.

2. Einrichtung der Messstelle/Messdurchführung

a) Inbetriebnahme

■ Eichamtliche Haupt- und Sicherungsstempel sowie die Eichhinweismarken sind zu- **157**
nächst zu kontrollieren.

■ Die Kabelverbindungen und das Messgerät sind auf sichtbare Beschädigungen zu untersuchen.

- An der USB-Schnittstelle der Rechnereinheit darf während der Messungen nichts angeschlossen sein.
- Der Koffer, in dem sich die Rechnereinheit befindet, ist zwingend geschlossen zu halten, um ein Eindringen von Feuchtigkeit zu verhindern. Alternativ darf sich dieser auch in einem Fahrzeug befinden.
- Der automatische Selbsttest wird durchgeführt. Erst dann lässt sich die Anlage messbereit schalten.

b) Aufstellen des Messgerätes

158 Das Geschwindigkeitsmesssystem LEIVTEC XV3 ist in erster Linie für Messungen von einem **Stativ** konzipiert. Die Messeinheit wird seitlich neben der Straße aufgestellt und so ausgerichtet, dass sich die gemessenen Fahrzeuge in einer Entfernung zwischen ca. 50 m und ca. 30 m für mindestens 8 m im Messstrahl befinden.

Die Messeinheit darf bei der Messung aber auch frei in der Hand gehalten werden (sog. **Handheld-Messungen**). Starkes Wackeln und Zittern kann dabei jedoch zum Abbruch von Messungen führen, nicht aber zu falschen Messergebnissen. Zum Anvisieren der Fahrzeuge wird bei den Handheld-Messungen vorzugsweise das Fernrohr des Sensors, zum Start der Messung die Start-Taste des Sensors benutzt. Das Fernrohr ist zum Messfeld justiert.

In den meisten Fällen wird die Anlage aber **feststehend am Fahrbahnrand** aufgestellt. Die Messungen kann der Messbeamte am Monitor beobachten. Oftmals kommt hierzu eine optionale Funkverbindung zum Einsatz.

c) Wahl des Messortes

159 Bei der Auswahl eines Messortes sind keine durch die Messtechnik des LEIVTEC XV3 bedingten Einschränkungen zu beachten. Messungen in Kurven oder mit einem seitlichen Abstand von der Fahrbahn oder von einem erhöhten Standpunkt aus sind zulässig. Die Fahrzeuge dürfen links oder rechts am Messgerät vorbei fahren. Messungen von Brücken herab sind somit seitens des Herstellers zugelassen.

Bei der Wahl des Messortes ist zu beachten, dass Messungen von stark bremsenden oder beschleunigenden Fahrzeugen vom Sensor abgebrochen (annulliert) werden. Aus diesem Grund sind Messungen an Kreuzungen ungünstig.

Die Messeinheit sollte möglichst nur auf **einzelne Fahrspuren** ausgerichtet sein, um zu verhindern, dass sich parallel fahrende Fahrzeuge in der möglichen Messentfernung befinden. Erlaubt ist aber auch die Überwachung von mehreren Fahrspuren.

160 Der Sensor ist für korrekte Messergebnisse bei frontaler Messung konzipiert. Bei Messungen unter einem Winkel zwischen Messrichtung und Fahrtrichtung sind die Messwerte zugunsten des betroffenen Fahrers kleiner als die tatsächlich gefahrene Geschwin-

digkeit (Cosinuseffekt). Diese Abweichung, die allein durch die Geometrie der Messung gegeben ist, darf nachträglich nicht rechnerisch korrigiert werden.

Da die Messungen bereits in ca. 50 m Distanz zum Messgerätestandort beginnen können, **161** ist diese Strecke bei der Wahl des Messortes bzgl. etwaig einzuhaltender **Karenzstrecken** zu berücksichtigen. Ist z.B. eine Karenzstrecke von 150 m gefordert, muss das Gerät in mindestens 200 m Entfernung aufgestellt werden.

3. Beurteilung der Beweisbilder (Auswertekriterien)

Bei der Beurteilung der Beweisbilder sind einige Besonderheiten der LEIVTEC- **162** XV3-Messungen beachten.

Der Start der Messung wird als **Messung-Start-Bild** (vgl. Abbildung 13: Screenshot der Auswertesoftware, Rdn 145), gespeichert. Die Messung beginnt in einer maximalen Entfernung von ca. 50 m oder dann, wenn der Sensor aus dem Signalverlauf die Einfahrt eines Fahrzeugs in das Messfeld erkennt. Das kann bereits der Fall sein, wenn das Kennzeichen erst teilweise innerhalb des Messfeldrahmens sichtbar ist. Solche Messungen sind verwertbar.

Das Ende der Messung wird als **Messung-Ende-Bild** gespeichert. Die Messung wird beendet in einer minimalen Entfernung von ca. 30 m oder dann, wenn der Sensor aus dem Signalverlauf die Ausfahrt des Fahrzeugs aus dem Messfeld erkennt. Das kann der Fall sein, wenn das Kennzeichen nur noch teilweise oder gar nicht mehr innerhalb des Messfeldrahmens sichtbar ist. Solche Messungen sind verwertbar. Ist das Kennzeichen des gemessenen Fahrzeugs im vollständigen Messung-Ende-Bild nicht oder nur teilweise sichtbar oder ganz oder teilweise verdeckt, ist die Messung nicht verwertbar.

Das Messung-Start-Bild dient als **zusätzlicher Nachweis**, wenn im Messung-Ende-Bild ein zweites Fahrzeug im Messfeldrahmen sichtbar ist. Es wird nur für Zweifelsfälle benötigt und ist nur mit halber Auflösung gespeichert.

Bei schnellen Fahrzeugen kann es vorkommen, dass kein Messung-Start-Bild gespeichert wird. Die Messung ist auch dann verwertbar.

Bei den obigen Entfernungsangaben ist jeweils „ca." vorangesetzt, weil der XV3-Sensor nur Entfernungsänderungen präzise misst und daraus Geschwindigkeiten genau errechnet. Die gemessenen Entfernungen dagegen können vom exakten Wert abweichen.

a) Auswertekriterien

Zur Beurteilung der Verwertbarkeit der Beweisbilder ist die **eindeutige Zuordnung der** **163** **Messwerte zu den gemessenen Fahrzeugen** erforderlich. Dabei werden ausschließlich Fahrzeuge oder Fahrzeugteile berücksichtigt, die sich innerhalb des Messfeldrahmens befinden.

- **Einzelnes Fahrzeug:**
  Im Messfeldrahmen des Messung-Ende-Bildes ist nur ein einzelnes Fahrzeug der ankommenden Verkehrsrichtung sichtbar. Die Messung ist **verwertbar.**
- **Abfließender Verkehr:**
  Im Messfeldrahmen des Messung-Ende-Bildes ist außer dem gemessenen Fahrzeug (im ankommenden Verkehr) nur abfließender Verkehr sichtbar. Die Messung ist **verwertbar.** Hierbei ist es nicht relevant, ob sich im Messung-Start-Bild ein weiteres Fahrzeug aufhält, das Messung-Ende-Bild ist maßgeblich.
- **Zusätzliches Fahrzeug hinter dem gemessenen Fahrzeug:**
  Im Messfeldrahmen des Messung-Ende-Bildes ist ein zusätzliches ankommendes Fahrzeug sichtbar. In den Fällen ist zur Beurteilung der Verwertbarkeit das **Messung-Start-Bild erforderlich.** Wenn das zusätzliche Fahrzeug aus dem Messung-Ende-Bild **im Messung-Start-Bild vollständig außerhalb des Messfeldrahmens** ist, ist die Messung **verwertbar.**
  Wenn das zusätzliche Fahrzeug dagegen außer auf dem Messung-Ende-Bild auch **im Messung-Start-Bild teilweise innerhalb des Messfeldrahmens** sichtbar ist, ist die Messung **nicht verwertbar, sofern sich dieses in der möglichen Messdistanz** befindet. Hierbei ist ein besonderes Augenmerk auf **Gliederzüge (Lkw mit Anhänger)** zu richten. Ein solcher Anhänger kann prinzipiell gemäß diesem Auswertekriterium als zweites Fahrzeug gewertet werden, auch wenn der Anhänger logischerweise genauso schnell fährt wie der Lkw selbst. Es kann nämlich der Fall eintreten, wenn ein ausreichender Abstand zwischen dem Lkw und dem Anhänger vorherrscht und der Winkel der Messanlage hierzu passt, dass ein solches Fahrzeug am Messende an der Front gemessen wird, zu Beginn der Messung jedoch der Anhänger erfasst wurde. Die Anlage würde in einem solchen Fall eine zu lange Messstrecke ermitteln, eben um das Maß des Lkw selbst verlängert. Diese Möglichkeit findet sich in der Gebrauchsanweisung des Herstellers nicht. Im Prinzip handelt es sich dabei um eine Art **Stufenprofilmessung,** die theoretisch bei allen Lasermessungen möglich ist, weshalb es wichtig ist, dass immer dieselben Karosseriepunkte im Verlaufe der Messung erfasst werden.
  Im Gegensatz zu anderen Geräten, wo dieser Effekt zu diskutieren ist (z.B. PoliScan Speed), kann das **geschulte Auswertepersonal** eine solche Fehlmessung jedoch erkennen, da im Messung-Start-Bild oder ggf. auch im Messung-Ende-Bild nicht die Front des Fahrzeugs im Auswerterahmen liegt. Allerdings ist die Angabe in der Herstelleranweisung nicht korrekt, dass das Messung-Start-Bild nur bei nachfolgenden Fahrzeugen heranzuziehen ist. Dieses ist auch dann heranzuziehen, wenn es sich um einen Gliederzug handelt, da es sich dabei ja quasi um ein nachfolgendes Fahrzeug handelt.
  Der Grund, dass Messungen mit nachfolgenden Fahrzeugen nicht zu verwerten sind, liegt damit wohl darin begründet, dass wenn die Fahrzeuge in etwa gleich schnell hin-

tereinander herfahren die Möglichkeit besteht, dass ein zu hohes Tempo angezeigt wird, da die Messwerte von unterschiedlichen Fahrzeugen stammen können und damit aufgrund der Positionsunterschiede ggf. eine zu lange Messstrecke vom Gerät ermittelt wird.

Bei der Auswertung solcher Messungen ist also immer das **Messung-Start-Bild** hinzuzuziehen, weil die Möglichkeit besteht, dass Messwerte vom Anhänger eines Fahrzeugs oder anderen markanten Karosserieteilen stammen könnten. Durch Auswertung der vollständigen Daten ist ein solcher Effekt bei diesem Gerät eigentlich hinreichend nachweisbar.

■ **Nachfolgendes Fahrzeug außerhalb der Messentfernung:**

Ist ein nachfolgendes Fahrzeug beim Start der Messung **mindestens 70 m oder mehr von der Messeinheit entfernt**, ist die Messung **verwertbar**. Die Entfernung kann z.b. mit einer „70 m-Marke" nachgewiesen werden. Das kann ein nicht verwechselbares Objekt (z.b. Fahrbahnmarkierung, Verkehrsschild, Leitkegel) auf oder neben der Fahrbahn sein.

Wenn im Messfeldrahmen des Messung-Ende-Bildes **ein zusätzliches ankommendes Fahrzeug sichtbar** ist, das sich zweifelsfrei **hinter der „70 m-Marke"** befindet, ist die Messung **verwertbar**. Es ist auch ausreichend, wenn diese Bedingung nur für das Messung-Start-Bild erfüllt wird.

Die **Einhaltung der Mindestentfernung** kann auch festgestellt werden, indem man die relative Breite des nachfolgenden Fahrzeugs im Messung-Start-Bild misst. Ein **Pkw ist weit genug (mehr als 70 m) entfernt**, wenn sich seine gesamte **Front nicht breiter als ein Drittel des Messfeldrahmens** abbildet. Ist ein Fahrzeug nur teilweise sichtbar, muss dessen Kontur für diese Prüfung ergänzt werden. Bei schmaleren Fahrzeugen (z.b. Motorrad) kann dieses Kriterium nicht angewendet werden.

Wenn im Messfeldrahmen des Messung-Ende-Bildes ein **zusätzliches ankommendes Fahrzeug sichtbar** ist, dessen **gesamte Front nicht breiter als ein Drittel des Messfeldrahmens** ist, ist die Messung **verwertbar**. Es hier es ist ausreichend, wenn diese Bedingung nur für das Messung-Start-Bild erfüllt wird.

■ **Zusätzliches Fahrzeug fährt seitlich ein:**

Im Messfeldrahmen des Messung-Ende-Bildes ist ein zusätzliches Fahrzeug sichtbar, das **hinter dem gemessenen Fahrzeug** seitlich in die vom erfassten Fahrzeug befahrbare Straße einfährt: Die Messung ist **verwertbar**.

Ist im Messfeldrahmen des Messung-Ende-Bildes ein zusätzliches Fahrzeug sichtbar, das **vor dem gemessenen Fahrzeug** seitlich einfährt, ist die Messung **nicht verwertbar**.

■ **Zusätzliches Fahrzeug steht:**

Im Messfeldrahmen des Messung-Ende-Bildes ist ein zusätzliches ankommendes Fahrzeug sichtbar, das vermutlich steht. Zur Beurteilung der Verwertbarkeit ist das

Messung-Start-Bild erforderlich. Wenn im Messung-Start-Bild **zu erkennen** ist, dass das zusätzliche Fahrzeug aus dem Messung-Ende-Bild **tatsächlich steht**, ist die Messung **verwertbar.**

■ **Fahrzeug-Kennzeichen nur teilweise sichtbar:**
Im Messung-Ende-Bild ist das Kennzeichen des gemessenen Fahrzeugs nur teilweise sichtbar. Dies bezieht sich auf das ganze Bild und nicht nur den Auswerterahmen. Die Messung ist **nicht verwertbar.**
Diese Regelung **gilt jedoch nicht für Fahrzeuge ohne Kennzeichen an der Fahrzeugfront oder für Motorräder.** Bei solchen Fahrzeugen ist es ausreichend, wenn sich im Messung-Ende-Bild Teile des Fahrzeugs innerhalb des Messfeldrahmens befinden.

b) Auswerteprogramme

164 Messungen dürfen mit den Herstellerprogrammen Speed-Check, Speed-Office und der neuesten Auswertesoftware Speed-Check 2.0 ausgewertet werden. **Speed-Check** ist dabei die Referenzauswertesoftware. Speed-Office ist eine im Funktionsumfang erweiterte Version für Behörden. Mit dieser können z.b. Kennzeichen-/Fahrervergrößerungen etc. vorgenommen werden. Mit allen Versionen ist die Prüfung der korrekten Signatur möglich und zulässig.

aa) Speed-Check-Gutachter

165 Da eine nachträgliche Messwertüberprüfung nicht möglich war, führte der Hersteller Anfang 2013 eine **Gutachter-Version** der Auswertesoftware ein. Mit dieser lassen sich die Messung-Start- und -Ende-Distanzen sowie die Messzeit auslesen. Hierdurch wird die Plausibilitätsüberprüfung der Messung ermöglicht.

bb) Speed-Check 2.0

166 Mit Einführung dieser Version der Auswertesoftware, die **zusätzlich** zu den anderen Programmen zugelassen wurde, wurde u.a. die Funktionalität der Gutachtersoftware integriert. In der Abbildung 14 (Rdn 167) ist ein Ausdruck solcher Zusatzdaten zu sehen. Zusätzlich wird nun der Messwert, der sich aus den Wegstreckenpunkten ergibt, direkt inkl. Nachkommastellen angezeigt (Geschwindigkeit Auswertestrecke).

Weiterhin wird der Geschwindigkeitswert vor Abrundung ausgegeben, also der tatsächliche Messwert der Anlage angezeigt (XV3 Geschwindigkeit vor Abrundung). Die Differenz zwischen den beiden Geschwindigkeiten wird automatisch ermittelt und zusätzlich noch die Zeitspanne zwischen Auswerte-Start und Auswerte-Ende (Messzeit Auswertestrecke) angegeben.

167

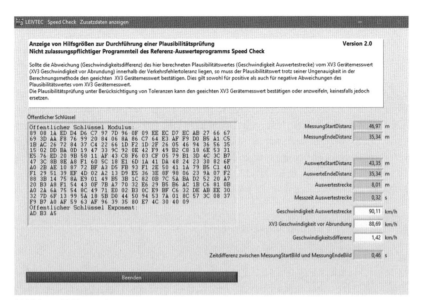

Abbildung 14: Zusatzdaten

Zwischen der nachträglichen Auswertung und dem angezeigten Messwert sind leichte   **168**
Tempounterschiede (i.d.R. max. 1 km/h) nicht ungewöhnlich. So wird bei der nachträglichen Auswertung lediglich der Start und das Ende der ausgewerteten Strecke berücksichtigt. Die Messanlage misst aber während der gesamten Annäherungsphase **kontinuierlich** und bildet hieraus eine Regressionsgerade. Geringe Tempounterschiede sind daher nicht ungewöhnlich. Wegen des nun angezeigten Wertes **vor Abrundung** sind die exakten Tempounterschiede direkt erkennbar.

Sind lediglich geringfügig kleinere Tempowerte aus der Plausibilitätsanalyse feststellbar, handelt es sich hierbei nicht zwingend um einen Messfehler, dies resultiert aus o.g. Gründen. Geringe Tempoabzüge zugunsten des betroffenen Fahrzeugfahrers sind dennoch zumindest teilweise diskutabel, da im Falle einer Abweichung nur der geringere Tempowert sicher nachweisbar ist. Aufgrund dieser nachträglichen Analyse der Zusatzdaten sind Messungen mit diesem System im Nachhinein dahingehend überprüfbar, **ob der angezeigte Messwert plausibel ist.**

Einen vollständigen Zugriff auf die Rohmessdaten gibt es hingegen **nicht**. Bei der früheren   **169**
Softwareversion der Anlage waren noch Messdaten abgespeichert. Der Hersteller bezeichnet diese allerdings lediglich als **Simulationsdaten**, die für die Weiterentwicklung der Messanlagen verwendet werden sollten. Vom Hersteller gab es nie ein Programm, mit dem Zugriff auf diese Daten gewährt wurde. Lediglich mit herstellerunabhängiger Soft-

ware war ein Zugriff hierauf möglich. Mit Einführung der Version 2.0 hat der Hersteller Leivtec den Zugriff der Daten unterbunden, indem diese nun gelöscht werden. Es sind lediglich noch die o.g. Daten verfügbar.

170 Anhand der technischen Daten der Kamera und der in den Zusatzdaten verfügbaren Zeitspanne zwischen den Fotos (Abbildung 14, Zeitdifferenz zwischen Messung-Start-Bild und Messung-Ende-Bild, Rdn 167) kann mittels einer Bildanalyse eine zusätzliche Plausibilitätsüberprüfung stattfinden. Hierzu werden die **Bilder vermessen** und die Distanzen auf den jeweiligen Bildern bestimmt. Damit kann eine größenordnungsmäßige zusätzliche Prüfung vorgenommen werden, die unabhängig von der eigentlichen Geschwindigkeitsermittlung ist. Allerdings hängt die Genauigkeit maßgeblich von der Bildqualität ab und unterliegt damit teils nicht unerheblichen Auswertetoleranzen. Zumindest lässt sich aber eine Größenordnung der gefahrenen Geschwindigkeit bestimmen.

4. Technische Fehlermöglichkeiten

a) Messaufbau (Messbeamter)

171 Mitschwenken der Messeinheit mit dem zu messenden Fahrzeug ist zulässig, ebenso Messungen aus einem **stehenden** Fahrzeug heraus, auch durch die Fahrzeugscheiben. Nicht zulässig hingegen sind Messungen aus einem fahrenden Fahrzeug heraus. Während der Messung darf an der USB-Schnittstelle des „XV3-Adapter Datenübertragung" kein Kabel angeschlossen sein. Der Koffer mit der eingebauten Rechnereinheit und dem Adapter Datenübertragung ist während der Messung zum Schutz gegen Nässe **immer** zu schließen. Dies ist eine Vorgabe, die sich in der Bauartzulassung des Messgerätes findet, weshalb ein Verstoß gegen diese Anforderung den Zulassungsvoraussetzungen widersprechen würde. In einem solchen Fall würde also keine Messung im Rahmen des „standardisierten Messverfahrens" mehr vorliegen. Alternativ kann sich der Koffer aber auch in einem Fahrzeug befinden. Im Messbereich sollten sich keine größeren spiegelnden Flächen befinden, da es denkbar ist, dass hieran die Laserstrahlung abgelenkt wird.

b) Auswertung (Behörde)

172
■ Es ist darauf zu achten, dass die bereits genannten Auswerteanforderungen tatsächlich eingehalten wurden (siehe Rdn 162).
■ Das Personal sollte entsprechend geschult sein.
■ Hierfür sind die Auswerteprogramme Speed Check oder Speed Office zu verwenden.
■ Dabei ist zu beachten, dass Laserlicht Fahrzeugscheiben durchdringen kann. So ist ein Augenmerk darauf zu richten, dass sich kein anderes Fahrzeug derselben Verkehrsrichtung im Messfeldrahmen befindet, was nur durch die Fahrzeugscheiben eines Fahrzeugs verdeckt wird.

c) Technischer Fehler (Gerät)

Es sind Fälle bekannt geworden, bei denen **zu lange Bedienkabel** zur Anwendung ka- 173
men, die dann ab Mai 2015 entsprechend vom Hersteller gekürzt wurden oder werden
sollten. Im November 2015 sind dann Fälle bekannt geworden, in denen die Monitorkabel
das zulässige Maß überschritten haben.

Da die max. Kabellänge in der Bauartzulassung vorgeschrieben wurde (siehe technische Daten), handelt es sich bei der Verwendung von längeren Kabeln um einen **Verstoß gegen die Bauartzulassung**. Die Kabellängen sind begrenzt, da längere Kabel
grundsätzlich das Empfangen von Funkstörungen ermöglichen. Je länger ein Kabel
ist, desto empfänglicher ist es für Störungen. Die Kabel wurden entsprechend der angegebenen Längen auf ihre elektromagnetische Verträglichkeit (EMV) geprüft. Sind die
Kabel länger als dort angeben, ist der dazugehörige Prüfbericht nicht mehr anwendbar.
Rein technisch gesehen ist die Verwendung von längeren Kabeln allerdings eher unproblematisch, es werden dort keine messrelevanten Daten übertragen, d.h. die Anschlüsse
sind rückwirkungsfrei. Auch die Zulassungsbehörde (PTB) gab an, dass dies unproblematisch sei.

Seitens des Herstellers wurde versucht, einen Nachtrag in der Zulassung zu veranlassen.
Hierzu wurde zumindest für die Bedienkabel ein EMV-Prüfbericht erstellt, der auch die
längeren Kabel beinhaltet. Nachträge in der Bauartzulassung sind aber seit dem 1.1.2015
(Änderung der Gesetze, Einführung des Konformitätsbewertungsverfahrens) nicht mehr
möglich, weshalb die Kabelverbindungen auf das zulässige Maß gekürzt werden mussten.
Mittlerweile sollte diese Problematik keine Relevanz mehr besitzen, die entsprechenden
Belege sollten aber dennoch eingesehen werden.

Auch der Prüfling, der bei der PTB hinterlegt ist, soll diese zu langen Kabel besessen ha- 174
ben, weshalb von einigen Sachverständigen die **generelle Zulassung** des Gerätes angezweifelt wird. Demzufolge soll die PTB bzw. der Hersteller die erforderlichen **EMV-
Prüfungen** nicht vollständig durchgeführt haben. Nach Ansicht des Autors ist dies
aber eher eine rechtlich zu wertende Problematik, siehe unten Rdn 177.

Da es bei diesem System **keine Möglichkeit** gibt, die **Rohmessdaten** auszulesen, kann 175
eine vollständige Überprüfung des angezeigten Messwertes nicht erfolgen. Aus diesem
Grund sind teilweise geringfügige Tempoabzüge diskutabel, wenn sich in den Plausibilitätsprüfungen ein geringerer Tempowert darstellen lässt.

5. Rechtliche Bewertung

Siegert

176 Es wird auf die allgemeinen Ausführungen sowie Rdn 132 verwiesen.

177 Der **Grenzwert** muss eingestellt werden, weshalb eine Aufzeichnung erst bei Überschreitung der eingestellten Geschwindigkeit stattfindet. Somit findet eine verdachtsunabhängige Messung statt gem. § 100h Abs. 1 S. 1 StPO i.V.m. § 46 Abs. 1 OWG.[38]

Im Gegensatz zum XV2 wirft das Messverfahren XV3 zwischenzeitlich Fragen zum standardisierten Messverfahren auf. Grundsätzlich hat die PTB das Messgerät zum Zulassungszeichen Z18.11/09.04 am 2.7.2009 mit Nachträgen vom 27.5.2011 (1. Neufassung) und 30.12.2014 (1. Nachtrag zur 1. NF) zugelassen. Dem kommt der Beweiswert eines antizipierten Sachverständigengutachtens zu. Doch die **Zulassungsbedingungen** der PTB.A wurden teilweise nicht eingehalten; anstatt der **vorgeschriebenen Kabellänge** zwischen Monitor und Bedieneinheit von maximal 2 Metern wurden solche mit mehr als 3 Metern verwendet. Diese Abweichung von der Bedienungsanleitung wurde vom AG Zeitz gleichgestellt mit einer Geschwindigkeitsermittlung durch Nachfahren ohne geeichten Tachometer mit einem entsprechenden Toleranzabzug von 20 %.[39] Spätestens nachdem die PTB zur **Unbeachtlichkeit** der Prüfungen mit einem zu langen Kabel am 29.4.2016 öffentlich Stellung genommen hatte, ging die Rechtsprechung weiterhin von einem standardisierten Messverfahren aus.[40]

Nun holte das **AG Jülich** zur gleichen Frage zunächst ein Sachverständigengutachten ein, welches zwar zum Ergebnis kam, dass die Kabellänge sich technisch nicht auswirke. Doch stellte sich hierbei heraus, dass das Gerät von der PTB nicht ausreichend auf **Magnetfeldresistenz** überprüft worden war. Die PTB bekräftigte wiederum, dass diese Prüfung ohnehin nicht erforderlich sei; jedoch widersprach dem der gerichtlich bestellte Sachverständige. Das Gericht stellte somit fest, dass **kein standardisiertes Messverfahren** vorliege, die Messung somit nachträglich nicht überprüfbar sei, und sprach den Betroffenen frei.[41] Damit ist zum Zeitpunkt der Drucklegung eine neue Frage hinsichtlich der Bauartzulassung durch die PTB aufgeworfen worden.

Nunmehr werden die Reaktionen von PTB, Hersteller und Gerichten auf die neu aufgeworfene Problematik aufmerksam weiter zu verfolgen sein. Insbesondere muss das

---

38 AG Wetzlar, Urt. v. 5.6.2012 – 45 OWi – 2 Js 53476/12, Rn 17, juris.
39 AG Zeitz, Beschl. v. 30.11.2015 – 13 OWi 721 Js 205989/15, Rn 18, juris.
40 AG Gelnhausen, Urt. v. 6.7.2012 – 44 OWi – 2575 Js 6195/12, Rn 14, juris; AG Lüdinghausen, Urt. v. 16.3.2015 – 19 OWi 26/15, Rn 9, juris; AG Castrop-Rauxel, Urt. v. 12.2.2016 – 6 OWi 4/16, Rn 7, juris; AG Gießen, Beschl. v. 1.3.2016 – 510 OWi 5/16, Rn 2, juris; KG Berlin, Beschl. v. 1.2.2017 – 3 Ws (B) 12/17, Rn 5, juris; AG Landstuhl, Urt. v. 13.3.2017 – 2 OWi 4286 Js 777/17, Rn 10, juris.
41 AG Jülich, Urt. v. 8.12.2017 – 12 OWi 122/16, Rn 13 ff., juris.

Tatgericht zunächst klären, ob dies einen **Einfluss auf das Messergebnis** hat und damit tatsächlich von den Grundsätzen eines standardisierten Messverfahrens abzuweichen ist.[42]

Praxistipp 178

In gleichgelagerten Fällen wäre hinsichtlich der im Urteil des AG Jülich näher bezeichneten, unzureichenden Prüfung auf Magnetfeldresistenz jedenfalls ein konkreter Beweisantrag zu stellen.

Gleichzeitig ist hinsichtlich der erforderlichen Konnexität von Beweisantrag und konkreter Messung wohl ein Befundprüfungsverfahren gem. § 39 MessEG anzudenken.

Für das Befundprüfungsverfahren ist noch nicht geklärt, ob die Behörde die Erstattung von Mietkosten für ein Ersatzgerät während des Ausfallzeitraumes fordern kann. Im Zweifel hat vorab ein gerichtlicher Hinweis zu ergehen.[43] Ohne die Deckung durch einen Rechtsschutzversicherer ist das Kostenrisiko vorab mit dem Betroffenen zu besprechen.

6. Arbeitshilfen für die Praxis

Reuß

a) Checkliste

■ Existierte zum Messgerät eine gültige Eichung? 179
■ Waren die Eichsiegel unversehrt?
■ War das Personal (Messbeamter/Auswertekraft) geschult?
■ Wurden die geltenden Richtlinien zur Geschwindigkeitsüberwachung eingehalten?
■ Wurde ein ausreichender Abstand zur Beschilderung eingehalten (Messbeginn bereits ca. 50 m vor dem Gerät)?
■ War der Koffer der Rechnereinheit geschlossen?
■ War der USB-Anschluss während der Messung „frei"?
■ Waren die Kabelverbindungen unbeschädigt?
■ Entsprachen die Kabelverbindungen den Vorgaben der Zulassung?
■ Befanden sich spiegelnde Objekte im Messbereich?
■ Ist der Messwert entsprechend der Auswerteanforderung zweifelsfrei zuzuordnen?
■ Geringe Tempoabweichung (juristisch günstigere Kategorie gemäß Bußgeldkatalog)?
■ Integrität und Authentizität gewährleistet?

---

42 *Krenberger*, zfs 2017, 532, 534.
43 LG Duisburg, Beschl. v. 17.1.2018 – 69 Qs 46/17, Rn 23, juris.

b) Mögliche Beweisfragen

180 ■ Bei der streitgegenständlichen Messung war der Betroffenen-Pkw zu Beginn wie auch am Ende der Messung nicht alleinig im Auswerterahmen, weshalb die Messung unverwertbar ist (Beweis: Sachverständigengutachten).

■ Die Auswertung des Vorganges mittels der LEIVTEC Speed-Check-Gutachterversion wird ergeben, dass entgegen des vorgeworfenen Geschwindigkeitswertes ein um 1 km/h nach unten abweichender Tempowert vorliegt (Beweis: Sachverständigengutachten).

■ Der Abstand zum Geschwindigkeitstrichter wurde nicht eingehalten, da Messungen bereits 50 m vor dem Messgerät beginnen. Ein Sachverständiger wird bestätigen, dass der Messbeginn außerhalb der Tempobegrenzung lag.

c) Benötigte Daten/Unterlagen für eine technische Begutachtung

181 Die nachfolgende Auflistung soll wiedergeben, welche Unterlagen nach Autorenansicht **mindestens** für ein Kurzgutachten, also eine außergerichtliche Begutachtung notwendig sind. Die restlichen Daten können bei Bedarf ergänzend beschafft werden, sind aber für eine erste Einschätzung in der Regel nicht zwingend notwendig.

	Mindestens	Vollständig	✓
Bußgeldbescheid	X	X	
Eichschein	X	X	
Lebensakte/Reparaturnachweise		X	
Messprotokoll	X	X	
Beschilderungsplan		X	
Schulungsnachweise		X	
„Tatfotos"	X	X	
Falldatei (XV3-Datei)	X	X	
Gesamte Messreihe		X	
Statistikdatei (LOG-Datei)		X	
Öffentlicher Schlüssel des Messgerätes		X	

§ 14   Laserscanner

A. Messprinzip

Schmedding

Bei diesen Messanlagen werden die Geschwindigkeitswerte auf Basis einer **Laserpuls-**   1
laufzeitmessung ermittelt. Die Messsensorik kann eine Fahrbahnüberwachung über
mehrere Spuren realisieren, so der Hersteller, womit die Fahrzeuge, die sich im Messbereich befinden, gleichzeitig erfasst und gemessen werden können. Bei Geschwindigkeitsüberschreitungen werden mithilfe eines digitalen Kamerasystems die zu schnell fahrenden Kfz fotografiert. Messungen können stationär wie aber auch mobil erfolgen (z.b.
auf einem Stativ oder aus einem Fahrzeug heraus).

Das Gerät initialisiert beim Einschalten die notwendigen **Softwaremodule** der Gerätebau-   2
gruppen. Danach wird ein **Selbsttest** des Displays, der Software des Festplattenspeichers,
des LIDARS (light detection and ranging) der Kamera und des Gesamtsystems vorgenommen, bei dem der Anwender keine Möglichkeit hat, einzugreifen, also den Selbsttest ggf.
abzubrechen. Wird der Selbsttest erfolgreich durchgeführt, so muss sich der Benutzer mithilfe eines persönlichen **USB-Schlüssels** und einem **Passwort** anmelden. Es sind dann die
Messörtlichkeit, die Höhe des Messgerätes, bezogen auf die Fahrbahnoberfläche und der
Abstand zur Fahrbahn anzugeben.

Bei Einrichten des Gerätes wird eine sog. **Feinjustage** vorgenommen. Dem Benutzer   3
wird eine sog. **Einrichtgüte** gezeigt (Wert zwischen 1 bis 9), wobei die Einrichtgüte
nach Erfahrung des Unterzeichners bei zumindest 5 liegen sollte. Je höher die Einrichtgüte ist, umso besser ist das Gerät auf die jeweilige Messstelle abgestimmt. Änderungen
können vonseiten des Benutzers durch Veränderungen der Neigung sowie des Schwenk-
winkels vorgenommen werden.

Nach Abschluss der Einrichtung und Einstellung der Kameras kann der Messbetrieb ge-   4
startet werden. Die Messanlage kann nicht manuelle betrieben werden.

B. Allgemeine Fehlermöglichkeiten

Die beiden auf dem Markt bislang eingesetzten Geräte PoliScan[speed] und Jenoptik Traffi-   5
Star S350 senden unter Verwendung eines scannenden LIDARs kurze, in einem Strahl
gebündelte Lichtimpulse in definierten Winkeln zum Gerät aus. Die einzelnen Lichtimpulse bilden sich aus dem Laserstrahl, der auf die spiegelnden Seitenflächen eines rotierenden Würfels gerichtet ist. Dabei werden hohe Abtastraten erzielt, so der Hersteller,
die nach Autoransicht schon bei geringfügigen Abweichungen der optimalen Rotati-
onsrichtung des Spiegels zu einem unkontrollierten Aussenden der Laserkolonnen führen

können. In Analogie zum LHM (Laserhandmessgerät) ist es dabei möglich, dass Bereiche vor dem LIDAR abgetastet werden, die gar nicht „angesteuert" wurden. Da das Gerät optisch arbeitet, spielt natürlich das Medium, durch das der Laserstrahl gelenkt wird, auch eine Rolle. Es liegt auf der Hand, dass sich dann, wenn die Abdeckscheibe des LIDARs z.b. verkratzt ist, **unkontrollierte Laserstrahlaussendungen** ergeben können, bildet doch jeder einzelne Kratzer für sich genommen eine sog. Streulichtquelle, ähnlich einem Blick durch eine stark verschlissene Windschutzscheibe.

6   Als weitere Fehlermöglichkeit seien die schon beim erstmaligen Erscheinen der LHMs aufgetretenen **Abgleit- bzw. Stufenprofileffekte** genannt. Rein prinzipiell kann nämlich der vom Laser zurückgelegte Weg (Aussendung und Reflexion) von der tatsächlichen Fahrstrecke des Fahrzeugs abweichen. Es ist grundsätzlich vorstellbar, dass das Kfz z.B. im weiter hinten liegenden Bereich, also z.b. an der Windschutzscheibenoberkante (Frontmessung) erstmals erfasst wird. Wandert dann der Laserpunkt in Annäherung des Kfz nach unten, so nimmt das Gerät irrigerweise nicht nur die tatsächliche Fahrstrecke des Kfz als Berechnungsbasis, sondern auch den Anteil, den der Laser über die Frontstruktur hinweg zurückgelegt hat, also zwischen der Windschutzscheibenoberkante und z.b. der vordersten Kfz-Position (Kennzeichen). Da dies deutlich über einen Meter sein kann und das Gerät als minimale Verfolgungsstrecke 10 m benötigt, ist allein hierüber eine theoretische Abweichung im Bereich von z.b. 10 % möglich.

7   Während man beim ankommenden Verkehr (also gemessene Kfz, die sich auf die Anlage zubewegen) den Pkw nach Ende der Messung fotografiert, so ist es bei der **Heckmessung** so, dass das Foto schon **vor Beginn der eigentlichen Messphase** erstellt wird. Wie dies letztlich messtechnisch durch das Gerät realisiert wird, ist dem Verfasser nicht genau bekannt – es muss so sein, dass eine Vorabprüfung des Geschwindigkeitswertes vorgenommen wird.

Bei der Heckmessung hat man also lediglich ein Foto noch vor der eigentlichen Messphase – was im Messablauf bis z.B. einer 50- oder 60-m-Position letztlich noch passiert ist, ist nicht beurteilbar. Wird bei solchen Heckmessungen ein Foto in z.b. 15 m Distanz erstellt (typische Position), so kann der eigentliche Messvorgang auch noch durchaus 40 m länger angedauert haben, was in Anbetracht einer Tempokontrolle in einer 30-km/h-Zone bereits einem Zeitfenster von fast 5 Sekunden entsprechen kann. Dies ist eine in Weg-Zeit-technischer Hinsicht sehr lange Zeitdauer, weshalb nach Ansicht des Unterzeichners Messungen des abfließenden Verkehrs insbesondere im niedrigeren Geschwindigkeitsbereich mit Vorsicht zu begegnen ist.

C. Messanlagentypen

Die aktuellen Laserscannergeräte werden von der Firma Vitronic (PoliScan[speed]) und der   8
Firma Jenoptik, TraffiStar S350 vertrieben. Sie ähneln einander in ihrer Funktionsweise
sehr stark, wenngleich der Bereich der Messwerterfassung und deren Auswertung unterschiedlichen Kriterien unterliegen. Von beiden Herstellern werden sog. **Enforcement
Trailer** angeboten, also „semistationäre Anlagen", die mittlerweile nicht mehr alleinig
von der Polizei im Bereich von BAB betrieben werden, sondern auch z.b. von den **Kommunen.**

Die PoliScan-Gerätefamilie umfasst Anlagen des Typs M1, M1 HP, bei dem ein leis-   9
tungsfähigerer Rechner verwendet wird, der Anlage F1 als stationäre Einheit sowie
dem Typ F1 HP, bei dem ebenfalls ein leistungsfähigerer Rechner eingesetzt wird – diese
Anlage dient auch zur Überwachung von Rotlichtverstößen (siehe Kapitel Rotlichtverstöße, § 23).

I. PoliScanspeed (F1, M1)

1. Informationen zum Gerät

a) Technische Daten

Nenngebrauchsbedingungen	
Zugelassener Geschwindigkeitsbereich	10 km/h–250 km/h
Messbereich	50 m–20 m
Bereich (in Fahrtrichtung), in dem Roh-daten zur Geschwindigkeitsmessung bei-tragen	
Erfassungsbereich	75 m–10 m
Bereich (radial), in dem Fahrzeuge erfasst werden können	
Maximale horizontale Strahlaufweitung des Laser-Messstrahls	6 mrad
Maximale vertikale Strahlaufweitung des La-ser-Messstrahls	19 mrad
Überwachungsfunktion für Fotoauslösung	0,04 s (max. Auslöseverzögerungszeit)
Zulässige Objekt-Brennweiten der Digital-Kameras (Kameratyp Vistek)	25 mm, 35 mm, 50 mm, 75 mm
Zulässige Objektiv-Brennweiten der Digital-Kameras (Kameratyp Vicam hd4)	50 mm, 85 mm, 105 mm

10

Betriebsspannungsbereich	10,5 V–16,0 V (intern überwacht)
Außentemperaturbereich beim Betrieb des Gerätes	ca. -15°C bis +45°C (intern überwacht)

11   Das PoliScanspeed sendet kurze, in einem Strahl gebündelte Lichtimpulse in definierten Winkeln zum Gerät aus. Liegen reflektierte Flächen im Bereich des ausgesendeten Lichtimpulses, so werden diese vom Gerät detektiert. Durch Auswertung der Laufzeit des Strahls können eine Entfernung und durch den Winkel der Ort der Reflexionsfläche, bezogen auf das Messgerät, bestimmt werden. Durch die Errechnung der reflektierten Lichtimpulse in Bezug auf die dazugehörigen Winkel im Erfassungsbereich ergibt sich dann ein sog. **virtuelles Bild der Abstände der reflektierenden Flächen.** Streng genommen liegen diese Informationen als Polarkoordinaten vor – sie werden dann aber geräteintern in ein kartesisches Koordinatensystem übertragen. Wird vom Gerät eine solche Reflexionsfläche erkannt, so folgt es den detektierten Punkten (Tracking) und errechnet bei jeder Detektierung erneut die Geschwindigkeit. Durch die Fülle der Lichtimpulse soll das Gerät in der Lage sein, mehrere Kfz gleichzeitig zu erfassen und getrennt Geschwindigkeitswerte zu bestimmen.

12   In einem Durchlauf im horizontalen Öffnungswinkel (Scanbereich) von 45° werden 158 Lichtimpulse ausgesendet. Die Abmessung wird mit einer Frequenz von 100 Hz wiederholt und dann letztlich auch verarbeitet. Innerhalb des Erfassungsbereiches von ca. 10 bis 75 m zum Messgerät wird durch die Abtastung der gemessenen Objekte eine Reflexionsfläche dreidimensional erstellt, das den o.g. Messbereich „durchfährt".

13   Die eigentliche Messung findet **zwischen 50 und 20 m vor dem Messkopf** (ankommender Verkehr) statt. Diese Werte sind in der Bedienungsanleitung so explizit angeführt, was schon vor Augen führt, dass, wenn dieser Messbereich merklich überschritten wird, dies einem Verstoß gegen die Bauartzulassung entspräche.

14   Detektiert das Messgerät ein Kfz, so muss dieses mindestens entlang einer Strecke von 10 m (ununterbrochen) erfasst werden. Ferner muss die Mindestanzahl der Entfernungsmessungen bei 80 liegen. Die Signallücke innerhalb einer Messung darf maximal 15 m lang sein bzw. 2 Sekunden nicht überschreiten. Die vom Gerät bzw. der Auswerteeinheit bestimmten Geschwindigkeitswerte dürfen maximal um 10 % variieren, was bedeutet, dass ein z.B. zunächst mit 100 km/h erfasstes Kfz, das am Messende auf ca. 90 km/h abgebremst wurde, vom Messgerät letztlich noch erfasst wird. Dies ist eine, nach Autorenansicht **bedenklich große Toleranz**, führt dies nicht selten dazu, dass Geschwindigkeitsvorwürfe von den jeweils Betroffenen widerspruchsfrei akzeptiert werden, lesen diese bekanntlich am Ende der Messung (erkennbar durch den Fotoblitz) einen deutlich geringeren Geschwindigkeitswert an ihrem Tachometer ab und vermuten daher auch einen letztlich geringeren Tempoverstoß.

Laut Hersteller soll das Gerät Schrägfahrten des Objektes unter einem **Winkel von über 5°** zur Fahrbahnlängsachsenrichtung aussortieren (annullieren). Bzgl. der Fotoeinheit ist anzumerken, dass die Bildauslöseverzögerungszeit bei 0,01 Sekunden liegen soll. Sie kann sich auf maximal 0,04 Sekunden erhöhen – höhere Werte sollen zu einer Annullierung der Messung führen.

Gem. Herstellerangaben soll mindestens 4 m vor dem Ende der Messung das Fahrzeug noch einmal sensorisch erfasst werden, was im Klartext bedeutet, dass dies dann letztmalig zwischen etwa 24 und 20 m der Fall wäre. Dieses „**24-m-Kriterium**" ist in einschlägigen Veröffentlichungen hinlänglich diskutiert worden – es findet sich sogar im einschlägigen Beschluss des OLG Frankfurt explizit wieder.[1]

b) Toleranzen

Wie jedes zugelassene Messgerät unterliegt das PoliScan[speed] der geforderten Verkehrs- **15** fehlergrenze von 3 km/h (Messungen unterhalb 100 km/h) bzw. 3 % (Messungen oberhalb 100 km/h). Eine Messung soll laut Angaben des Herstellers verworfen werden, wenn die erforderliche Güte der Einzelmessungen nicht erreicht wird. Selbige sei um den Faktor 5 besser als die geforderte Verkehrsfehlergrenze, was bedeutet, dass die Genauigkeit der Einzelmessungen zueinander unterhalb von 0,6 km/h bzw. 0,6 % liegen soll.

c) Eichung

Nach hier vorliegenden Informationen erfolgt die Eichung der Messgeräte **beim Herstel-** **16** **ler selbst**, weil nur diesem die hierfür erforderlichen technischen Gerätschaften zur Verfügung stünden. Aus technischer Sicht ist dies ein nicht unbedenklicher Zustand, werden letztlich die Aufgaben der abnehmenden Behörden dem Entwickler der Geräte (unkontrollierbar) übertragen.

2. Einrichtung der Messstelle/Messdurchführung

Wird das Gerät mobil betrieben, so muss der Benutzer einen sog. **Testlauf** initialisieren. **17** In concreto ist es so, dass nach Einschalten des Gerätes die einzelnen Softwaremodule geprüft werden. Es folgen dann einzelne Selbsttests von Gerätebaugruppen, bei dem der Betreiber nur wenige Möglichkeiten hat, einzugreifen.

Vom Anwender ist bei der Einrichtung des Gerätes eine **Fotoeinheit** der jeweiligen **Fahr-** **18** **spur** zuzuordnen, was dann, wenn dies nicht korrekt erfolgt, zu unsinnigen Rahmeneinblendungen im Foto führt, Abbildung 1, Rdn 19. Hier ist ersichtlich, dass der weit im Bildvordergrund zu sehende Auswerterahmen in unplausibler Größe (bezogen auf die Sil-

---

1 OLG Frankfurt, Beschl. v. 4.12.2014 – 2 Ss OWi 1041/14.

houette des im Bildhintergrund zu sehenden Pkw) erscheint. Dies hat mit der falschen Zuordnung der Kamera zur Fahrspur (falsche Brennweite) zu tun.

19

Abbildung 1: Unsinnige Rahmeneinblendung infolge falscher Kamerazuordnung

20   Ist das Einschaltprozedere erfolgreich abgelaufen, so hat der Messbeamte den **Abstand** des Messgerätes zur Fahrbahn anzugeben. Ebenfalls sollen sich im Messprotokoll Informationen dazu wiederfinden, wie **breit** die einzelnen Fahrspuren sind. Ferner ist die **Aufstellhöhe** des Messgerätes zu dokumentieren, wenngleich anzuführen ist, dass es zwingende Vorgaben bzgl. der Protokollierung der gerade genannten Daten nicht gibt. Sollten also diese Informationen fehlen, so ist die Protokollierung als dürftig zu bezeichnen, was auf eine vergleichsweise geringe Sorgfalt bei Einrichtung des Gerätes schließen lässt. Bzgl. der weiteren Angaben (Geschwindigkeitslimit/Verkehrszeichen in welcher Distanz etc.) gelten im Grunde genommen die gleichen Protokollierungsbedingungen wie bei allen anderen Messgeräten.

Wie bereits weiter oben beschrieben, zeigt das Gerät nach erfolgreichem Ablauf der ge- **21** samten Selbsttests die sog. **Einrichtgüte** an, die Werte zwischen 1 und 9 annehmen kann. 9 ist die höchste Einrichtgüte – das Gerät ist dann optimal auf die gewählte Messstelle abgestimmt.

Der Messbeamte kann dann auf seinem Bildschirm das jeweilige Tatfoto (Fotoposition) **22** kurzzeitig erkennen. Stellt er hierbei fest, dass der Rahmen bzgl. der im nächsten Kapitel anzusprechenden Auswertekriterien z.b. zu hoch eingeblendet wird, so kann er das Gerät „passend" neigen oder bei zu tiefer Rahmenlage in die andere Richtung verdrehen.

3. Auswertekriterien

Nach Abschluss der Messung wird der **komplette Falldatensatz** von der jeweiligen Aus- **23** wertebehörde geprüft. Diese haben als Beurteilungsmaßstab das sog. Tatfoto, auf dem sich der für die Fallbeurteilung wesentliche Auswerterahmen erkennen lässt. Je nach Auswertesoftware kann dieser eine unterschiedliche Form einnehmen (annähernd rechteckig bzw. mit abgeschrägter oberer Kante). Diese **Auswertehilfe** liegt in der Regel im Bereich der Fahrzeugfront oder bei abfließendem Verkehr am Fahrzeugheck.

Innerhalb dieses Rahmens müssen ein Vorderrad (bei Frontmessung) bzw. ein Hinterrad (bei Heckmessung) oder das Kennzeichen des gemessenen Fahrzeugs zumindest teilweise abgebildet sein. Die Unterseite des Rahmens muss sich unterhalb der Radaufstandspunkte des gemessenen Kfz befinden. Erfüllt das Tatfoto diese Kriterien nicht, ist die Messung seitens der auswertenden Behörden als Beweismittel zu verwerfen.

Weiterhin dürfen sich im gleichgerichteten Verkehr innerhalb der Auswerteschablone nicht zwei Fahrzeuge oder auch nur Bauteile derselben befinden.

Ob eine Schrägfahrt eines Kfz tatsächlich vorliegt, lässt sich fotogrammetrisch bestim- **24** men, wird nach Autorenansicht aber seitens der auswertenden Behörden quasi nie geprüft.

Mit im Tatfoto erscheint (Abbildung 2, Rdn 26) auch eine Spurzuordnungsnummer, eine **25** Fahrzeugklassifizierung (Pkw oder Lkw) und eben die Messrichtung.

Zusätzlich eingeblendet werden kann eine sog. **Hilfslinie**, die eine horizontale Ausdehnung von ca. 50 cm besitzen soll. Durch den optischen Vergleich mit dem Kfz-Kennzeichen lässt sich dann überschlägig bestimmen, ob eine Zuordnung zu diesem Kfz möglich ist oder nicht (Pfeil).

26

| Datum / Zeit | Limit PKW | Limit LKW | Geschw. | Klasse | Richtung |
| 14:53:57 | 120 km/h | 120 km/h | 132 km/h | PKW | ankommend |

System | Bildnummer | Ort
PS-643142 | 1409140904 - 357 - 1 | LRA ███████████████ - FR KN

Abbildung 2: Typisches Messfoto mit Hilfslinie (Pfeil)

27 Bzgl. der in der Vergangenheit häufig diskutierten **Höhe des Auswerterahmens** (die Breite ist von der Gerätesoftware abhängig), gibt es unterschiedlichste Ansichten. Häufig wurde die Meinung vertreten, dass der Rahmen eine Höhe von 1 m besitzen soll, wobei etwa 85 cm auf dem Kfz abgebildet sein sollen und ca. 15 cm unterhalb der Radaufstands- punkte. In einem persönlichen Gespräch mit dem Gerätehersteller wurde mitgeteilt, dass dieses 1-m-Kriterium ohne technische Bedeutung ist, weshalb es auch letztlich in einer Erneuerung bzw. Erweiterung der Gebrauchsanweisung ersatzlos gestrichen wurde.

28 Tatsächlich wird die eigentliche Messwertzone auch nicht durch diesen Rahmen verifi- ziert, breitet sich zum einem die Laserstrahlung nicht eckig aus, zum anderen signalisiert

die Höhe der sog. Hilfslinie (mit einer Breite von ca. 50 cm) die Lage der Laserabtastung. Nicht selten ist zu beobachten, dass sich diese Hilfslinie oberhalb des sog. Auswerterahmens befindet, was nur bedeuten kann, dass der Hilfsrahmen lediglich den vom Messsystem bzw. dem Auswerteprogramm geschätzten Aufenthaltsort des Kfz wiedergibt.

Die Abbildung 3, Rdn 30 zeigt exemplarisch die Lage eines Auswerterahmens in Bezug 29 auf die tatsächlichen Laserscans, die sich aufgrund der o.g. **Strahldivergenz** in der frühesten Messposition 50 m vor dem Gerät noch in gewisser Weise mit dem Auswerterahmen überdecken, bei der 20-m-Position überhaupt nicht mehr. Der Auswerterahmen stellt also nicht die eigentliche Messzone dar, die Höhenlage der Hilfslinie liefert gem. Herstellerangaben den Hinweis darauf, wo das Kfz letztlich abgetastet wird.

30

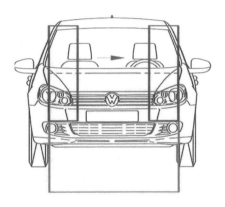

in 50m
Distanz

in 20m
Distanz

Abbildung 3: Lage der Laserscans in 50 und 20 m Distanz (Prinzipskizze)

31   Darüber hinaus ist bei den mittlerweile modernisierten Softwareversionen 3.2.4. und 3.7.4 (Letztgenannte mit abgeschrägtem Auswerterahmen) die Möglichkeit gegeben, sog. **interne Daten** auszuwerten. Wohlgemerkt gelingt dies nur mit den gerade genannten Softwareversionen und nicht mit der leider immer noch eingesetzten Vorgängersoftwareversion 1.5.5. Hier sind keine Zusatzdaten aus den Falldateien auslesbar, weshalb diese Softwareversion nach Autorenansicht „ausgemustert" werden sollte. Man hat nämlich kein einziges verwertbares Kriterium, den bei diesen Geräten nicht auszuschließenden Stufenprofileffekt auszuklammern.

32   Bei den Softwareversionen 3.2.4 und 3.7.4 lassen sich über entsprechende Auswertesoftwareversionen diverse Messparameter aufzeigen. Dies sind die **Zeitpunkte und Entfernungen zum Messgerät bei erstmaliger und letztmaliger Erfassung des Kfz.** Diese Daten werden in x- und in y-Richtung ausgegeben, sodass auch der seitliche Abstand zum Messgerät angezeigt wird. Darüber hinaus werden auch die Entfernungen in x-Richtung und die dazugehörigen Zeitpunkte der tatsächlichen Messzone wiedergegeben. Ferner wird noch die **Fotoposition** mit Zeitpunkt und Entfernung (xy-Koordinaten) angezeigt, sowie eine Angabe der Anzahl der **berücksichtigten Messwerte.** Bei all diesen Daten soll es sich um ungeeichte Angaben handeln, die, so die PTB, nicht für eine verlässliche Beurteilung des vorgeworfenen Geschwindigkeitswertes heranzuziehen seien.

33   Hier kann man nach Autorenansicht durchaus anderer Meinung sein, sind zumindest die Werte der tatsächlichen Messpositionen Bestandteil des Gesamtdatensatzes. Man kann nämlich über eine Weg-Zeit-Berechnung (Differenz zwischen den x-Werten, dividiert durch das Zeitintervall) einen Geschwindigkeitswert errechnen und diesen mit dem vorgeworfenen Tempowert vergleichen. Letztlich hat man auch keine andere Möglichkeit als so zu verfahren, solange seitens des Geräteherstellers nicht sämtliche Koordinaten zzgl. Messzeitpunkten herausgegeben werden. Geschähe dies, so wäre man in der Lage, eine solche Messung bis ins Detail zu prüfen. Da dies bislang aber von der PTB nicht gefordert wird, sind dem technischen Sachverständigen hier die Hände gebunden – er muss dazu eben diese wenigen XML-Dateien (interne Falldatenparameter) heranziehen.

4. Technische Fehlermöglichkeiten

a) Messaufbau (Messbeamter)

34   Nach erfolgreichem Selbsttest kann der Messbeamte durch die **falsche Wahl bzw. Zuordnung des Fotoobjektives** unsinnige Fotos erzeugen. Dies sollte ihm eigentlich in der Einrichtphase des Gerätes sofort auffallen, ist doch gem. Abbildung 1 (Rdn 19) der unplausibel große Rahmen in Bezug zur Fahrzeugfront direkt offensichtlich. Hier liegen Messfotos von stationären Messanlagen vor, die genau dieses Problem zeigen, was vor Augen führt, dass bei der Einrichtung des Messgerätes wohl nicht sonderlich sorgfältig gearbeitet wurde.

Als weitere Fehlermöglichkeit ist natürlich zu nennen, dass die **Rahmenlage** (bei korrekt zugeordnetem Objektiv) nicht den Auswertekriterien entspricht (deutlich zu niedrig oder deutlich zu hoch). Erkennt der Messbeamte bei der Einrichtung des Gerätes, dass die sog. Hilfslinie sehr hoch liegt, so erhöht sich die Gefahr einer sog. Stufenprofilmessung, die insbesondere im Zusammenhang mit der veralteten Software 1.5.5 großen Diskussionsspielraum bzgl. abzugsfähiger weiterer Tempoanteile liefert.

b) Auswertung (Behörde)

Grundsätzlich besteht die Möglichkeit, dass seitens der Behörde ein zeitgleicher Aufenthalt von Karosseriepunkten eines anderen Kfz im Auswerterahmen zum Betroffenenfahrzeug übersehen wird. Entsprechende Fotos liegen hier vor. Auch die unsinnig großen Rahmen infolge fehlerhafter Objektivzuordnungen fanden sich in diversen Vorgängen wieder, was vor Augen führt, dass die dort arbeitende Behörde sich über diese Fehlermöglichkeit gar nicht im Klaren war. Auch sind hier Vorgänge ausgewertet worden, bei denen die Auswertekriterien nicht allesamt erfüllt waren, insbesondere bzgl. der unteren Rahmenlinie, die ja unterhalb der Radaufstandspunkte des gemessenen Kfz liegen muss. 35

c) Technische Fehler (Gerät)

Spricht man vom Messsystem PoliScan[speed], so ist sofort anzumerken, dass es sich um ein **softwarebasiertes Auswerteverfahren** handelt. Der erste Leitsatz der Informatik lautet, dass es keine fehlerfreie Software gibt, was nur bedeuten kann, dass ein solches Messgerät nie 100 %ig korrekt arbeiten kann. 36

Wenngleich die PTB sich auf eine Messwertanzahl von 20.000 beruft, ohne dass es zu Fehlmessungen (außerhalb der Verkehrsfehlergrenze) kam, so darf nicht übersehen werden, dass sich nach der Auswertung von vielen Falldatensätzen in weit überwiegender Anzahl zu hohe Tempoeinblendungen im Vergleich zu den weiter oben genannten Weg-Zeit-Messungen ergaben. Hier wurden Falldatensätze ausgewertet, bei denen eine Abweichung von bis zu 7 km/h festgestellt wurde, was seitens der PTB stets damit begründet wurde, dass es sich bei den Angaben in den Zusatzdaten um Einzelwerte zu Beginn und am Ende der Messung handelt, die für sich genommen viel ungenauer seien, als eine Regressionsrechnung aus einer Vielzahl von einzelnen Messpunkten. 37

Dem ist zwar grundsätzlich zuzustimmen, wenngleich man aber anführen muss, dass eben ein solcher Messwert Bestandteil des Gesamtdatensatzes ist und damit gleichermaßen eine Messwertbildung ausschließlich zugunsten des Betroffenen darstellt.

Es ist mit Sicherheit so, dass durch eine Messung mit mehreren Hundert Punkten eine höhere Sicherheit bzgl. des **gemittelten** Tempowertes herbeizuführen ist, als durch diese Weg-Zeit-Betrachtung zweier einzelner Punkte. Dies könnte der Hersteller bzw. die PTB ganz leicht dadurch bewerkstelligen, dass eben diese Messwerte auch dem Auswerter

(Sachverständigen) zur Verfügung gestellt werden, was bislang allerdings nicht geschieht. Man mag trefflich darüber spekulieren, weshalb diese Daten nicht offengelegt werden.

38   Dass der vom Autor Ende 2013 in einem entsprechenden Artikel[2] beschriebene **Stufenprofileffekt** (oder Abgleiteffekt) tatsächlich existiert, wurde selbst vom Hersteller eingeräumt. Stets beruft man sich darauf, dass es sich um eine mathematisch sehr einfache Betrachtung eben dieser beiden Zusatzdaten handelt, während nur die Gesamtmessung zu einer verlässlicheren Tempoeinschätzung führen soll.

In der Untersuchung des Autors Ende 2013 konnte festgestellt werden, dass die Tempoabweichungen bei kantigen, hoch aufbauenden Kfz (z.B. Lkw) gering ausfielen – hier stimmten die angezeigten Tempowerte mit der Auswertung der internen Daten gut (im Bereich von 1 oder 2 km/h) überein. Bei hoch liegender Hilfslinie und einem stark angeschrägten Fahrzeug (Keilform, wie bei Vans häufig zu beobachten), konnten hingegen ganz erhebliche Abweichungen festgestellt werden, die sich auch physikalisch einfach begründen lassen.

In der Abbildung 4 (Rdn 39) sieht man zuoberst die Abtastung eines Familienvans – darunter selbige an einem kantigen Transporter. Unterhalb dieser beiden Skizzen befindet sich das zugehörige Weg-Zeit-Diagramm. Dargestellt worden sind nur insgesamt drei Fahrzeugmodelle je Ansicht – bestünde die Messung aus z.B. 400 Einzelpunkten, so müsste man derer 400 skizzieren, was aber unübersichtlich würde.

39

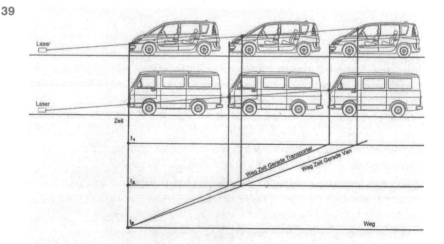

Abbildung 4: Unterschiedliche Abtastung von Kfz Konturen

2 *Schmedding*, DAR 2013, 726 ff.

Wird nun der zuoberst zu sehende Familienvan aufgrund einer hoch liegenden Hilfslinie   **40**
erstmals an der oberen Dachkante erfasst, so kann dies bei weiterer Vorwärtsbewegung
aufgrund der schrägen Silhouette zu einer kontinuierlichen, also nicht etwa sprunghaften
Laserabtastung von der oberen Dachkante bis zum vorderen Kennzeichen, ganz linkes
Modell, führen. Das Fahrzeug legt, bezogen auf die Front, eine deutlich kürzere Strecke
zurück, als der Laserabtastpunkt, der an der Dachkante ansetzt, dann über die schräge
Motorhaube kontinuierlich hinunter in Richtung vorderes Kennzeichen läuft.

Stellt man diesem Kfz-Schrägprofil die vordere Kante eines hochaufbauenden Transpor-
ters gegenüber, so sieht man, dass an selbigem der Laserabtastpunkt immer an einer senk-
rechten Kfz-Stelle liegt, womit letztlich auch die vom Transporter gefahrene Strecke jener der Laserreflexionsstrecke entspricht. Beim Familienvan ist die von den Laserstrahlen
zurückgelegte Strecke größer als der eigentliche Fahrweg, weshalb man bei solchen Fahr-
zeugprofilen niemals den gerade eben beschriebenen Stufeneffekt (oder Abgleiteffekt)
ausschließen kann. Hieran würden auch 400 weitere kleine Fahrzeugmodelle nichts ändern, würde nämlich der Laserpunkt ganz gleichmäßig an der Karosserie herunterlaufen.

In diesem Zusammenhang ist auf eine Herstellerangabe hinzuweisen, wonach die Genauigkeit der einzelnen Abstandswerte des Laserscanners mit einer Toleranz von 0,3125 m
(sog. Tiefenschärfe) ermittelt werden. Eine solche Toleranz findet sich übrigens in der innerstaatlichen Bauartzulassung nicht. Dies kann mithin dazu führen, dass bei der fix angegebenen Messphase zwischen 50 und 20 m eben der früheste Messpunkt bei 50,3125 m
bauartbedingt gelegen haben kann. Die Bauartzulassung würde dann letztlich nicht eingehalten, was aber mehr ein juristisches Problem darstellt, siehe unten Rdn 51.

Der Toleranzwert für die **Tiefenschärfe** von gut 30 cm ist aus technischer Sicht als knapp   **41**
bemessen zu bezeichnen, führt man sich einmal die heutige Konzeption von Pkw vor Augen. Der in der Abbildung 2 (Rdn 26) fotografierte Pkw besitzt vom vorderen Kennzeichen
bis zur Hinterkante der weit nach hinten hochgezogenen Scheinwerfer einen Abstand von
70 cm, was bedeutet, dass bei Wanderung der Messpunkte innerhalb der vom Hersteller geforderten mindestens 10 m hier rein theoretisch ein Fehler von 7 % auftreten kann.

Bzgl. der o.g. genannten Tiefenschärfe kann man aus technischer Sicht bei der Auswertung der internen Daten bzgl. der Erst- und Letztmessung eben jene Werte noch zugunsten
des Betroffenen einsetzen, indem man nämlich diese gut 30 cm vom Beginn der Messung
(Entfernungswert) abzieht und am Ende aufaddiert. Es ergibt sich dann eine kürzere
Messstrecke mit logischerweise geringerem Durchschnittsgeschwindigkeitswert.

Im Hinblick auf den Stufenprofil- bzw. Abgleiteffekt verbleibt nach Autorenansicht letztlich nur festzuhalten, dass die Erklärungsversuche der PTB (im Hinblick auf die Abbildung
4, Rdn 39) nicht haltbar sind. Es findet dort keine sprunghafte Veränderung der Geschwindigkeitswerte aufgrund der Konturform statt, sondern es kommt zu einer gleichmäßigen
Abgleitbewegung des Laserpunktes an der recht einheitlich geneigten Frontsilhouette.

42 Kann man sich als technischer Sachverständiger letztlich glücklich schätzen, dass man bei neueren Softwareversionen diese, wenngleich wenigen internen Daten hat, so gilt dies für die Softwareversion 1.5.5 natürlich nicht, dort kann man lediglich prüfen, ob die Hilfslinie hoch liegt und damit die Möglichkeit einer Stufenprofilmessung gegeben ist oder nicht.

Mittlerweile sind hier auch Fälle bekannt, bei denen trotz tief liegender Hilfslinie erhebliche Abweichungen zwischen den internen Daten und dem vorgeworfenen Geschwindigkeitswert vorliegen. Dies ist, wie bereits eben erwähnt, nicht selten der sehr modernen Bauform von Kfz geschuldet (z.b. weit nach hinten hochgezogene Scheinwerfer).

Interessant in diesem Zusammenhang ist noch, dass im Jahre 2009, also deutlich nach der ersten Zulassung dieses Messgerätes, die PTB sich der Thematik des Stufenprofileffektes widmete. Es wurden dort unterschiedliche Nickwinkel am Messgerät eingestellt, um zu überprüfen, ob in realen Messsituationen Abweichungen auftraten oder nicht. Es wurden dabei insgesamt 73 Einzelmessungen ausgewertet – hier von einer statistischen Absicherung zu sprechen, ist grotesk, zumal nicht einmal klar ist, an was für Kfz diese Messungen vorgenommen wurden. Handelte es sich dabei z.b. um kantige Fahrzeuge, so spielt natürlich der Stufenprofileffekt eine deutlich untergeordnete Rolle. Hier hätte erwartet werden dürfen, dass zielgerichtete Versuche im Hinblick auf die schon bei den alten Laserhandmessgeräten auftretende Problematik (sog. wandernde Häuser) durchgeführt worden wären und zwar in einer entsprechend umfangreichen Messreihe.

Wenn sich also die PTB darauf beruft, in 20.000 Einzelmessungen die Funktionsweise des Gerätes geprüft zu haben, so trifft dies offensichtlich auf die Stufenprofilproblematik so nicht zu.

43 Nach Einführen der Softwareversion 3.7.4 (abgeschrägter Auswerterahmen) erfolgte die Anweisung der PTB, dass diese Falldatensätze nur noch mit der Auswertesoftware 3.45.2 geöffnet werden dürfen und nicht mehr mit jener für die Softwareversion 3.2.4 – Auswertesoftware 3.4.5.1.

Wie eigene Untersuchungen zeigten, lassen sich allerdings die Falldatensätze der Softwareversion 3.7.4 noch mit der alten Auswerteversion öffnen – man erhält dann einen entsprechend rechteckigen Auswerterahmen, der gemäß Abbildung 5 (Rdn 44) dazu führen kann, dass eine Messung unverwertbar wird. Während man im linken Bild der Abbildung 5 den Auswerterahmen der Auswertesoftware 3.45.2 abgeschrägt sieht, so ist er bei der Vorgängerauswertesoftwareversion rechteckig. Man erkennt, dass mit im Rechteck der links fahrende Pkw, zumindest teilweise enthalten ist. Ein solches Foto dürfte von der Behörde nicht ausgewertet werden, während dies bei der neuen Softwareversion unproblematisch ist. Hier erkennt man eine (mögliche) Absicht des Geräteherstellers, besonders viele Falldatensätze verwertbar werden zu lassen, sinkt dadurch eindeutig die Wahrscheinlichkeit, dass sich andere Karosserieteile eines nebenherfahrenden Kfz mit im Auswerterahmen für den Betroffenen befinden.

44

Abbildung 5: Rahmenveränderung durch neue Auswertesoftware

Nunmehr gibt es noch ein zusätzliches Prüftool (in der Auswertesoftware 3.45.1 und **45** 3.45.2), das selbstständig entscheiden soll, ob eine Falldatei geöffnet oder unterdrückt wird. Während bei der zweiten Auswertesoftware vermeintliche Verdeckungsszenarien nicht unterdrückt wurden, so sei dies bei dem neuen Prüftool der Fall. Dies führt klar vor Augen, dass es letztlich die Auswertesoftware ist, die über eine Gültigkeit der Messung entscheidet und nicht das Messgerät selbst. Auch die Breite des Auswerterahmens verändert sich bei den unterschiedlichen Auswertesoftwareversionen, was letztlich entscheidend für die Frage einer evtl. Verdeckung sein kann. Als Fazit folgt damit, dass der Auswerterahmen nicht etwa durch das Messsystem selbst berechnet wird – es ist die Auswertesoftware, die (wie auch immer) simuliert, wie die Lage und Größe des Auswerterahmens im Bild ausfällt.

Da die neue Auswertesoftware 3.45.1 bzw. 3.45.2 bei der Gerätesoftware 1.5.5 nicht **46** funktioniert, wird also die „Neuerung durch das zusätzliche Prüftool" hier nicht verwandt – im Klartext werden also Verdeckungsszenarien sowie die Kontrolle des sog. 24-m-Kriteriums hier nicht geprüft. Dies ist ein weiterer Grund dafür, dass nach Autorenansicht diese Softwareversion (1.5.5) ausgemustert werden sollte, entzieht sie sich gänzlich einer seriösen Analyse.

Gesichert ist durch diese Neuerung zudem, dass die Auswertesoftware kein reiner Bild- **47** betrachter mehr ist, sondern Funktionen übernimmt, die das eigentliche Messgerät selbst ausführen sollte. Wenn ein solches „intelligentes System" nicht einmal einer Eichpflicht unterliegt oder selbiger unterzogen wird, so kann dies nur Erstaunen hervorrufen.

48   Letztlich ist es die Lage des Auswerterahmens, die behördenintern darüber entscheidet, ob die Messung zu verwerten ist oder nicht. Über ihn wird also das Bußgeldverfahren angestoßen oder ggfs. gar nicht erst eröffnet.

Wenn dann von der Herstellerfirma beschrieben wird, dass zur Geschwindigkeitsmessung Punkte am Kfz herangezogen werden, die mittig auf der Fahrzeugfront liegen und die vorzugsweise vom Kennzeichen stammen, so bleibt unklar, wie dies von den mittlerweile unterschiedlichsten Auswertesoftwareversionen „interpretiert" wird. Der Hersteller spricht letztlich auch von einer „Modellierung des Kfz" über Messpunkte an Fahrzeugecken, die letztlich schwächere Rückstreusignale liefern und demzufolge eine größere Streuung aufweisen.

Angemerkt sei hierzu, dass der Begriff „Breitenmodellierung" in der technischen Beschreibung eines so hochkomplexen Gerätes nichts zu suchen hat. Bedenkt man nämlich, dass gerade die Rahmenbreite im dichten Verkehr darüber entscheidet, ob Fahrzeugteile eines Kfz auf der Nebenspur mit im Rahmen liegen oder nicht (Messung gültig oder nicht), so fällt es schwer, sich von einem Gerät oder dessen Software überführen zu lassen, das nicht etwa tatsächliche (mit ausreichender Intensität versehene) Messwerte in einem Raumkoordinatensystem einwandfrei zuordnet, sondern stattdessen über schwache Signale ein Muster (oder Modell) zum Kfz „entwirft". Wenn dann auch noch von Messunsicherheit seitens des Herstellers die Rede ist, so verbietet es sich nach Autorenansicht von vornherein, Messvorgänge zu verfolgen, auf deren Tatfotos zwei Kfz vergleichsweise dicht nebeneinander herfahren – unabhängig davon, wo der Auswerterahmen genau liegt.

49   Zum Abschluss dieses Abschnitts sei noch (kurz) eine weitere (grobe) Möglichkeit erwähnt, den Geschwindigkeitsverlust des Kfz über das **Tatfoto** auszuwerten.

Bei Fotokameras, die mit einem CD-Sensor arbeiten, werden nach der Belichtung die Pixel schrittweise in vertikaler Richtung verschoben. Eine Lichtquelle (Schweinwerfer z.B.) erzeugt dadurch eine „Lichtspur" im Bild, deren Steigung ein Maß für das Bewegungstempo des Kfz ist (sog. „Smear-Effekt")

Für eine (seriöse) Berechnung müssen folgende Voraussetzungen erfüllt sein:

- Der Kameratyp muss bekannt sein.
- Der Sensor muss ein CCD-Sensor sein.
- Die Brennweite des verwendeten Objektivs muss bekannt sein.
- Die Höhe der Kamera über der Fahrbahn sollte im Bereich 0 m bis 1,6 m liegen.
- Es muss mindestens ein heller Lichtpunkt auf der Fahrzeugfront im Bild sichtbar sein. Er muss so hell sein, dass sich ein Smear-Effekt ausbildet.
- Die Lichtspur sollte einem festen Punkt der Fahrzeugfront zugeordnet werden können (z.B. Scheinwerfer).
- Die Lichtspur des Smear-Effekts muss so lang sein, dass ihre Steigung mit ausreichender Genauigkeit messbar ist.

Für die Berechnung müssen eine Fülle von Parametern aus dem Foto abgeleitet werden;   **50**
die Berechnungsgleichung ist vergleichsweise komplex, weshalb auf deren Vorstellung
hier verzichtet werden soll.

Letztlich sind solche Kontrollen explizit von der Bildgüte, den daraus ableitbaren Parametern etc. abhängig. Zu bedenken ist ferner, dass das berechnete Tempo auch nur für
das Tatfoto gilt und nicht für die Phase (Messung kann deutlich früher erfolgen) davor.

Für eine „überschlägige" Geschwindigkeitseinordnung wird man diese Methode heranziehen können, also wenn behauptet wird, die z.b. vorgeworfenen 80 km/h innerorts können nicht stimmen, weil man nur 50 km/h gefahren sei.

Sehr oft geht es aber um einige wenige km/h in Bußgeldverfahren – hier versagt diese
Kontrollmethode regelmäßig, da zu viele Unwägbarkeiten vorliegen, die sich im Übrigen
rechentechnisch auch noch gegenseitig beeinflussen.

Zum Abschluss sei erwähnt, dass es relativ seltsam anmutet, wenn man ausgerechnet eine
„Kameraschwäche" (Bildaufbau im CCD-Sensor) als Beurteilungskriterium für eine
hochpräzise Messung heranziehen will.

5. Rechtliche Bewertung

Siegert

Den Poliscan Speed Messgeräten wurde die Bauartzulassung seitens der PTB erteilt. Ent-   **51**
sprechend gilt auch dieses Messverfahren obergerichtlich als standardisiert im Sinne der
BGH-Rechtsprechung.[3]

Vereinzelt wurden erstinstanzlich erhebliche Schwachstellen bei den Gerätesoftwarever-
sionen 1.5.5 und 3.2.4 angenommen. Die seitdem bekannten Zweifel führten jedoch nicht
zum Entzug der Bauartzulassung, weshalb nach wie vor grundsätzlich von einem standardisierten Messverfahren auszugehen ist.[4]

Ebenso wie beim ES3.0 stellt sich hier die **Black-Box-Problematik**; der Hersteller bietet
dem Gericht und der Verteidigung keine Möglichkeit der Einsichtnahme in die Rohmessdaten. Angesichts der Zulassung entfällt damit nicht das standardisierte Messverfahren
per se, jedoch ist für eine weitergehende gerichtliche Sachaufklärung der **Verteidiger-**

---

3 KG Berlin, Beschl. v. 26.2.2010 – 3 Ws (B) 94/10, Rn 2, juris; OLG Frankfurt, Beschl. v. 21.4.2010 – 2 Ss-OWi
  236/10, juris; OLG Stuttgart, Beschl. v. 29.2.2012 – 4 Ss 39/12, Rn 9, juris; OLG Zweibrücken, Beschl. v.
  27.1.2017 – 1 OWi 1 Ss BS 53/16, juris; OLG Zweibrücken, Beschl. v. 21.4.2017 – 1 OWi 2 SsBs 18/17, juris;
  OLG Saarbrücken, Beschl. v. 21.4.2017 – Ss Rs 13/2017, juris; KG, Beschl. v. 21.6.2017 – 162 Ss 90/17, juris;
  OLG Braunschweig, Beschl. v. 14.6.2017 – 1 Ss [OWi] 115/17, juris; OLG Karlsruhe, Beschl. v. 26.5.2017 –
  8 Ss 246/17, juris; OLG Bamberg, Beschl. v. 24.7.2017 – 3 Ss OWi 976/17, Rn 3, juris.
4 Kritisch hierzu: AG Emmendingen, Urt. v. 13.11.2014 – 5 OWi 530 Js 17298/13, Rn 125, juris.

vortrag erforderlich zu konkreten Anhaltspunkten für eine Fehlmessung. Mangels einer tatsächlich vollumfänglichen Überprüfbarkeit der Messung wird also die Verteidigung beschnitten. Dem von einigen Amtsgerichten gesehenen Verstoß gegen das Recht auf ein faires Verfahren[5] wird hier regelmäßig entgegengehalten, dass auch in Strafsachen regelmäßig allgemein anerkannte kriminaltechnische oder rechtsmedizinische Untersuchungsverfahren verwertet werden, ohne Kenntnis deren genauer Funktionsweise. Im Hinblick auf den Massencharakter von Verkehrsordnungswidrigkeiten – wofür der BGH gerade das Institut des standardisierten Messverfahrens entwickelt hat – könne hier umso weniger eine unzulässige Behinderung der Verteidigung gesehen werden.[6]

Urheber- oder datenschutzrechtliche Einwände gegen die Herausgabe der Daten an den Verteidiger oder an einen Sachverständigen bestehen jedenfalls nicht.[7] Vielmehr sind die unverschlüsselten Rohmessdaten der konkreten Messung und Messreihe im Hinblick auf ein faires Verfahren und zur Ermöglichung einer aktiven Verteidigung bereits **im Verwaltungsverfahren herauszugeben.**[8] Die Verfügungsbefugnis steht der Behörde zu, die diese Daten erzeugt und abgespeichert hat und sie demzufolge auch sachverständig auswerten lassen darf.[9]

52   *Praxistipp*

Zur Herausgabe der unverschlüsselten Rohmessdaten ist zunächst die Bußgeldbehörde als Besitzerin der Messdaten aufzufordern. Weigert sie sich generell, ist ein Beschluss gem. § 62 OWiG herbeizuführen. Beruft sie sich darauf, dass sie die unverschlüsselten Daten selbst nicht besitzt, wäre gem. § 62 OWiG ein Beschluss dahingehend herbeizuführen, dass sie sich diese Daten von ihrem Vertragspartner, also vom Hersteller besorgen muss. Bleibt die Herausgabe aus, kann das Gericht die Sache nach § 69 Abs. 5 OWiG zurückverweisen oder direkt nach § 47 OWiG einstellen.[10]

53   Es verbleibt also bis auf weiteres dabei, dass seitens der Verteidigung **konkrete Anhaltspunkte** vorzubringen sind. Daraufhin hat das Gericht eine weitere Sachaufklärung zu veranlassen. Erst wenn diese letztlich an der Herausgabe erforderlicher Messdaten durch den Hersteller scheitert, ist zu überlegen, wie weiter verfahren wird. Die Verteidigung muss also von sich aus aktiv werden, um an diesen Punkt zu gelangen.

---

5 AG Emmendingen, Urt. v. 13.11.2014 – 5 OWi 530 Js 17298/13, Rn 252, juris; AG Mannheim, Beschl. v. 29.11.2016 – 21 OWi 509 Js 35740/15, Rn 6, juris.
6 OLG Düsseldorf, Beschl. v. 14.7.2014 – IV-1 RBs 50/14, Rn 10 m.wN., juris.
7 LG Dessau-Roßlau, Beschl. v. 24.5.2011 – 6 Qs 393 Js 23360/10 (101/11), Rn 2, juris.
8 AG Kassel, Beschl. v. 27.2.2015 – 381 OWi – 9673 Js 32833/14, juris; AG Weißenfels, Beschl. v. 3.9.2015 – 10 AR 1/15, juris; AG Neunkirchen, Beschl. v. 27.4.2016 – 19 Gs 55/16, juris.
9 OLG des Landes Sachsen-Anhalt, Urt. v. 27.8.2014 – 6 U 3/14, Rn 24, juris.
10 *Krenberger*, zfs 2015, 354–355.

Praxistipp   54

Um hinsichtlich des grundsätzlich standardisierten Messverfahrens gerichtliches Gehör in der Sache zu finden, muss der Verteidiger konkrete Anknüpfungspunkte vorbringen, mit denen die Messung angezweifelt werden kann. Diese Anknüpfungspunkte erhält er mit der vorherigen Einholung eines Sachverständigengutachtens.

Moniert der Gutachter seinerseits mit den gegebenen technischen Argumenten, dass er weitere Daten zur hinreichenden Überprüfung benötigt, so sind diese Daten durch den Verteidiger direkt bei der Behörde zu erfragen.

Verweigert die Behörde aus rechtlichen oder tatsächlichen Gründen die Herausgabe, so hat die Verteidigung in einem weiteren Schritt eine Entscheidung des Gerichts nach § 62 OWiG herbeiführen.

Stellt das Gericht sodann die Verpflichtung der Behörde auf Herausgabe der erforderlichen Daten fest und weigert sich diese, ist die Anordnung von Maßnahmen nach §§ 94 ff. StPO anzuregen und gleichzeitig zu thematisieren, inwiefern im konkreten Fall im Rahmen der Verhältnismäßigkeit ein Absehen vom Fahrverbot,[11] die Einstellung des Verfahrens aus Opportunitätsgründen[12] oder gar ein Freispruch[13] geboten ist.

Im Zweifel sind bis zum Ablauf der Rechtsmittelfrist sämtliche verfügbaren rechtlichen Schritte zur Erlangung der Daten zu unternehmen – vergleichbar dem Vorgehen bei der Einsichtnahme in Bedienungsanleitung, Lebensakte, etc. Nur so verspricht die Rechtsbeschwerde Aussicht auf Erfolg.[14]

Das Gericht muss nicht von sich aus ein Sachverständigengutachten einholen, auch nicht bei Einzelmessungen, deren Ortskoordinaten geringfügig außerhalb des von der PTB zugelassenen Messbereichs liegen.[15]

6. Arbeitshilfen für die Praxis

Schmedding

a) Checkliste

■ Lag zur Messeinheit ein gültiger Eichschein/Messprotokoll/Schulungsbescheini-   55
    gung vor?

■ Wurden alle relevanten Daten dokumentiert?

■ Waren am Gerät sämtliche Eichsiegel unversehrt vorhanden?

---

11 Vgl. auch: *Krenberger*, zfs 2014, 114–115.
12 *Krenberger*, zfs 2015, 592–594.
13 AG Bad Kissingen, Urt. v. 30.11.2015 – 3 OWi 16 Js 3704/14, Rn 9, juris.
14 Vgl. § 1 Rdn 54 ff.
15 OLG Karlsruhe, Beschl. v. 26.5.2017 – 2 Rb 8 Ss 246/17, Rn 15, juris.

■ Befindet sich das Betroffenenfahrzeug alleine im Auswerterahmen der Fotodokumentation?

■ Sind die Auswertekriterien des Herstellers erfüllt?

b) Mögliche Beweisfragen

56 ■ Die Fahrzeugfront des Betroffenen-Pkw ist erkennbar abgesenkt. Das bedeutet, dass sich dessen Tempo innerhalb der Messphase verringerte. Ein Sachverständigengutachten wird ergeben, dass am Ende der Messung der vorgeworfene Geschwindigkeitswert gegenüber dem tatsächlichen überhöht ist. Ein Sachverständigengutachten wird ergeben, dass vom vorgeworfenen Nettowert nochmals 5 % abzuziehen sind.

■ Der Auswerterahmen liegt tief vor dem Fahrzeug des Betroffenen, was zeigt, dass die Rahmenhöhe von etwa 1 m nicht erreicht wird. Wenngleich selbige nicht mehr Gegenstand der PTB-Zulassung ist, so wird ein Sachverständigengutachten ergeben, dass vom seinerzeitigen bedeutenden Wert (1 m) eine erhebliche Abweichung vorliegt.

■ Der Auswerterahmen passt nicht zum Kfz des Betroffenen, was unter Sachverständigenbeweis gestellt wird. Dies deshalb, weil auf dem Lichtbild die sog. Hilfslinie nicht zu sehen ist, die allein eine hinreichende Zuordnung zulässt.

■ Die Hilfslinie liegt im Tatfoto vergleichsweise hoch, nämlich im Bereich des Scheinwerfers bzw. an der Motorhaube. Die Höhe der Hilfslinie zeigt die Abtastebene, weshalb ein Sachverständigengutachten ergeben wird, dass sich der dann folgende Stufeneffekt zu Ungunsten des Betroffenen auswirkte.

■ Die Messung erfolgte mit der Softwareversion 1.5.5, bei der der Falldatensatz nicht ausgelesen werden kann. Ein Sachverständigengutachten wird ergeben, dass dann generell ein Stufeneffekt zu diskutieren ist, der einen weiteren Geschwindigkeitsabzug berechtigt.

■ Die Messung wurde im Rahmen eines Spurwechsels des Betroffenen durchgeführt, der oberhalb 5° lag. Ein Sachverständigengutachten wird ergeben, dass eine Messung unter diesen Bedingungen nicht ordnungsgemäß erfolgen konnte (Schrägfahrt bis 5° erlaubt).

■ Das Tatfoto zeigt, dass der Auswerterahmen auf nicht gut reflektierenden bzw. zu kleinen Reflexionsflächen liegt, wodurch eine ordnungsgemäße Abtastung nicht möglich war. Ein Sachverständigengutachten wird ergeben, dass sich die Messung dann nur auf sehr schwache Reflexionsanteile stützen kann und somit insgesamt unverwertbar ist.

■ Die Messung wurde mit der Softwareversion 3.x.x erhoben, wodurch Zusatzdaten auslesbar sind. Ein Sachverständigengutachten wird ergeben, dass aus den Anfangs- und Endwerten ein geringerer Tempovorwurf folgt, als im Messfoto eingeblendet.

■ Die Auswertung der internen XML Dateien (Software 3.x.x) wird ergeben, dass die Zusatzdaten nicht zum Fahrzeug des Betroffenen gehören, weil sie unplausibel im Hinblick auf die Fahrspurbenutzung sind – Beweis: Sachverständigengutachten.

■ Die Messung des Betroffenen wird wegen der ungünstigen Auswerterahmenlage bezweifelt. Ein Sachverständigengutachten wird wegen der nicht auslesbaren Softwareversion 1.5.5 ergeben, dass auch eine Beurteilung mittels des „Smeareffektes" zu keinem sicheren Ergebnis führt, sind dort zu große Toleranzen zu berücksichtigen.

■ Die Messung des Betroffenen wird bezweifelt, da nach wie vor unklar ist, wie die genaue Generierung des Auswerterahmens erfolgt. Ein Sachverständigengutachten wird ergeben, dass auf Basis des verwertbaren Beweisangebotes eine objektive Beurteilung der Messung nicht möglich ist.

■ Im PoliScanspeed-Gerät sind auch mechanische Bauteile vorhanden, die im Betriebsablauf einem Verschleiß unterliegen. Ein Sachverständigengutachten wird ergeben, dass nicht auszuschließen ist, dass hierdurch eine unkontrollierte Laserstrahlaussendung gegeben war und somit eine sichere Zuordnung im Messfoto nicht möglich ist.

■ Als Abdeckung der optischen Einheit dieses Gerätes dient eine Plexiglasscheibe, die Verkratzungen unterliegt. Ein Sachverständigengutachten wird ergeben, dass infolge von Kratzern und Schlieren auf der Plexiglasscheibe eine unkontrollierte Laserstrahlaussendung erfolgte und mithin das Messergebnis nicht verwertbar ist.

c) Benötigte Daten/Unterlagen für eine technische Begutachtung

Die nachfolgende Auflistung soll wiedergeben, welche Unterlagen mindestens für eine technische Begutachtung notwendig sind. Die vollständige Auflistung der Daten kann bei Bedarf ergänzend beschafft werden, ist aber für eine erste Einschätzung in der Regel nicht notwendig.   **57**

	Mindestens	Vollständig	✓
Bußgeldbescheid	X	X	
Eichschein	X	X	
Lebensakte/Reparaturnachweise		X	
Messprotokoll	X	X	
Beschilderungsplan		X	
Schulungsnachweise		X	
Fotodokumentation des Betroffenen	X		
Zusatzdaten (aus Falldatei)	X		
Falldatei (*.tuff)		X	
Gesamte Messreihe		X	
Statistikdatei		X	
Token inkl. Passwort		X	

II. TraffiStar S350

1. Informationen zum Gerät

a) Technische Daten

58   Die Geschwindigkeitsmessanlage, hier TraffiStar S350, basiert auf einer **Laserpuls-Laufzeitmessung mit digitaler Fotodokumentation** und ist, so der Hersteller, **mehrzielfähig.** Sie lehnt sich stark an das PoliScan^{speed}-Gerät Vitronic an, weicht jedoch in einigen Punkten von diesem ab.

Die von Jenoptik entwickelte Messsensorik soll eine **Fahrbahnüberwachung über mehrere Spuren** erlauben, womit die im Zielkorridor befindlichen Fahrzeuge gleichzeitig erfasst und gemessen werden. Die Geschwindigkeitsüberschreitung wird mithilfe von zwei hochauflösenden Digitalkameras dokumentiert. Für Pkw und Lkw sind unterschiedliche Geschwindigkeitsgrenzwerte einstellbar. Das Gerät sendet mittels eines scannenden Lasers, dem sog. **LIDAR** (light detection and ranging), kurze Lichtimpulse aus, die die zu messenden Fahrzeuge des herannahenden Verkehrs erfassen und eine fortlaufende Fahrbahnüberwachung ermöglichen. Es werden 182 Lichtimpulse in einem horizontalen Öffnungswinkel (Scanwinkel) von ca. 50° ausgesendet. Die maximale Erfassungsdistanz wird mit ca. 70 m angegeben.

In der LIDAR-Technik wird ein Laserstrahl geräteintern auf einen rotierenden Polygonspiegel gerichtet. An dessen verspiegelten Seitenflächen wird der Laserstrahl reflektiert. Über die hohe Taktrate des LIDAR bzw. die hohe Drehgeschwindigkeit des Würfels wird eine Abtastung der Fahrbahn im o.g. Umfang realisiert. Dem Messgerät soll hierbei die Stellung des rotierenden Polygons bekannt sein. Eine verschmutzte Abdeckscheibe des Gerätes sei von diesem selbstständig erkennbar – es würde dann eine entsprechende Statusmeldung herausgegeben.

59   Als Annullationskriterium wird ausgeführt, dass eine Unterbrechung des Messsignals maximal über 1 m Fahrstrecke und maximal 50 ms Dauer vorliegen darf.

Der Herstelleranweisung lassen sich die Auswertekriterien entnehmen. Dabei muss der **Auswerterahmen** komplett im Bild zu sehen sein. Die Rahmenunterkante muss unterhalb der Radaufstandspunkte liegen und es müssen zumindest Teile der Fahrzeugfront darin enthalten sein. Innerhalb des Rahmens darf sich zudem **nur das gemessene Fahrzeug** befinden. Einzig Fahrzeugteile der abfließenden Verkehrsrichtung sind zulässig. Als weitere Forderung ist in der Gebrauchsanweisung nachzulesen, dass das gemessene Fahrzeug mindestens 2,3 m lang und 1,5 m breit sein muss. Damit sind **Messungen von Motorrädern generell ausgeschlossen.** Anzumerken ist, dass diese Regelung **bis zum 22.7.2015** galt – in der neuen Gebrauchsanweisung ist die Passage entfernt worden, weshalb nun wohl auch Motorräder gemessen werden können.

Die **Laserstrahlaufweitung** wird in senkrechter Richtung mit 19 mrad und in der Breite   60
mit 6 mrad angegeben. In 50 m Entfernung ist damit jeder (der 182 Einzelstrahlen) 95 cm
hoch und 30 cm breit. Im 20 m Distanz sind dies dann noch 38 zu 12 cm. Eine Hilfslinie,
wie sie beim Vitronic-Gerät eingeblendet wird, gibt es bei diesem Gerät nicht (bei Poli-
Scan realisiert sie ja die Höhenlage des Lasers).

Der Hersteller gibt nur an, dass die **Abtasthöhe** bei korrekter Ausrichtung zwischen 0,45
und 0,6 m Höhe liegen würde. Konkret anzeigen lässt sich dies aber nicht, womit prinzipiell diese Werte unter- oder überschritten werden können.

Die **Tiefenauflösung** des Messgerätes wird mit >1 cm angegeben, wobei die Messgenau-   61
igkeit bei ±7,5 cm liegen soll und damit deutlich enger gefasst ist, als beim PoliScan-
Gerät. Sollten diese Informationen zutreffen, so ist die Stufenprofileffektproblematik
bei diesem Gerät wohl vernachlässigbar.

Auch dieses Gerät bildet eine **Durchschnittsgeschwindigkeit** aus der 10 m langen Mess-   62
strecke. Es wird also nicht der geringste Tempowert aus der Messstrecke vorgeworfen,
sondern ein Mittelwert aus diesen Geschwindigkeiten. Da diese Messstrecke aber recht
kurz ist und zudem eine maximale Distanz von 5 m bis zur Fotoerstellung vorliegt, ist
ein deutlicher Tempounterschied zwischen Messzone und Zeitpunkt der Fotoaufnahme
eher nicht gegeben.

b) Toleranzen

Genauso wie bei den meisten, in Deutschland eingesetzten Messgeräten beträgt auch   63
hier die Verkehrsfehlergrenze ± 3 km/h bei Geschwindigkeiten bis 100 km/h bzw.
± 3 % darüber.

Im Hinblick auf die schon beim PoliScan-Gerät benannten Stufenprofil- bzw. Abgleiteffekte ist auch hier generell eine Beeinflussung des Geschwindigkeitswertes hierdurch
nicht ausgeschlossen (vgl. Rdn 38). Zu erwarten ist allerdings, dass aufgrund der deutlich
kleineren Tiefenschärfe und der zulässigen kürzeren Messstrecke diese Abweichung
nicht sehr gravierend sein wird.

c) Eichung

Die Kontrolle der im Betrieb befindlichen Geräte darf in Form einer Laborprüfung erfol-   64
gen. Dafür werden spezielle Prüfeinrichtungen und Software des Herstellers benötigt.
Wie auch unter Rdn 16, ist dies aus technischer Sicht ein nicht unbedenklicher Zustand,
da die Aufgaben der abnehmenden Behörden dem Entwickler der Geräte (unkontrollierbar) übertragen werden.

2. Einrichtung der Messstelle/Messdurchführung

65   Die Aufstellung der stationären Messanlage „TraffiTowers" sowie die Erstinbetriebnahme darf nur vom Hersteller oder von den durch ihn ermächtigen Stellen vorgenommen
werden.

66   Der Messplatz des semistationären Außengehäuses unterliegt bestimmten Anforderungen, die detailliert in der zugehörigen Gebrauchsanweisung aufgeführt sind. So muss
die Austrittshöhe des Laserfächers zwischen 0,6 m und 1,4 m über der Fahrbahn liegen.
Dementsprechend darf die Fläche auf der die Semistation abgestellt wird, maximal
0,707 m unterhalb und maximal 0,093 m oberhalb der Fahrbahnoberfläche liegen.

Der Erfassungsbereich des Lasers muss frei von Hindernissen und der Fahrbahnverlauf
konstant (keine Kuppen, Senken, Querneigungen) sein.

Die Positionierung der Semistation darf zu keiner Behinderung oder Gefährdung führen
und die örtlichen Vorschriften sind zu beachten.

Bestimmt Einstellwerte des Messsystems müssen mit der Software „TraffiSite" ermittelt
werden. Für jede SmartCamera-Software wird eine spezielle Version der Software bereitgestellt. Die Verwendung einer anderen Version kann zu falschen Einstellungen führen,
die die Erfassung negativ beeinflussen kann.

Die Aufstellung der mobilen Messanlage muss so erfolgen, dass niemand behindert wird
und der Erfassungsbereich des Messsystems nicht abgedeckt wird. Bei der Verwendung
von mehreren Messsystemen muss mindestens eine Entfernung von 100 m zueinander
vorliegen.

Die Ausrichtung der Anlage wird dann mittels Softwarebedienung realisiert.

3. Auswertekriterien

67   Die Abbildung 6 (Rdn 68) zeigt das **Tatfoto** einer Messung mit diesem Gerät. In der Datenleiste finden sich diverse Angaben, wobei die entscheidende natürlich links oben steht
– das vorgeworfene Tempo. Daneben werden das Datum und die Uhrzeit sowie die Messrichtung (Direction DIR) angegeben. Die Pfeilspitze nach unten zeigt, dass der ankommende Verkehr überwacht wird. Auch hier gibt es eine Fahrzeugklassifikation bzgl.
Lkw und Pkw.

68

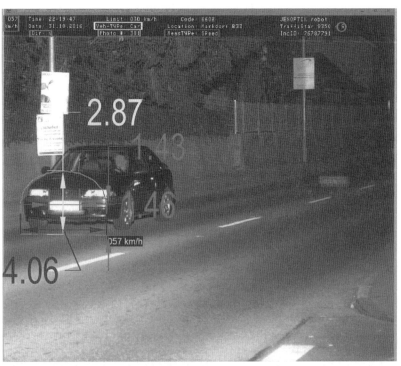

Abbildung 6: Typisches Messfoto TraffiStar S350

Entsprechend diesem Tatfoto sieht man, dass der Pkw auf der hinteren Fahrspur erfasst   69
wurde. In direkter Nähe dazu befindet sich kein weiteres Kfz, was bedeutet, dass eine
sog. Verdeckung (Miterscheinen anderer Kfz-Bauteile im Auswerterahmen) hier nicht
in Betracht kommt.

Man erkennt zudem den softwareseitig eingeblendeten **Auswerterahmen**. Dieser liegt
vollständig vor der Fahrzeugfront. Zusätzlich muss sich zumindest ein Teil des Fahrzeugs
allein innerhalb des Rahmens befinden und die Unterkante desselben unterhalb der beiden
Fahrzeugräder liegen. Sämtliche Anforderungen des Herstellers sind bzgl. dieses Fotos
erfüllt.

Laut Hersteller hat der Rahmen eine Höhe von 1 m und eine feste Breite von 1,5 m. Da sich
die Laserstrahlung nicht entsprechend dem Profil des Auswerterahmens ausbreitet, wird
hier nicht die **tatsächliche Messwertzone** dargestellt. Damit gibt der Auswerterahmen
nicht die Lage der Laserstrahlung wieder, sondern kennzeichnet lediglich den vom Messsystem bzw. dem Auswerteprogramm geschätzten Aufenthaltsort des Fahrzeugs. Die Fo-

toposition sollte dabei fest von der Anlage berechnet werden, sodass die Fahrzeuge alle in etwa auf gleicher Höhe fotografiert werden.

70   Wie in der Abbildung 6 (Rdn 68) zu sehen ist, kann man über die Breite des vorderen Kennzeichens (ca. 52 cm) die Dimension des Rahmens prüfen. Im konkreten Fall waren nur geringfügige Abweichungen vom Sollwert gegeben, was natürlich auch auf die nur beschränkte Auflösungsmöglichkeit eines solchen Fotos zurückzuführen ist. Wie bei allen digital arbeitenden Messgeräten muss das Tatfoto ein sog. **Schlosssymbol** aufweisen, was zeigt, dass es nicht nachträglich verändert wurde.

4. Technische Fehlermöglichkeiten

71   Wie schon im letzten Abschnitt unter Rdn 38 dargelegt, gibt es bei allen Laser basiert arbeitenden Geräten die grundsätzliche Problematik von **Abgleiteffekten** oder **Stufenprofilmessungen**. Auch diese sind bei dem TraffiStar S350 nicht ausgeschlossen, wenngleich vom Hersteller behauptet wird, dass dies detailliert untersucht worden sei. Entsprechende Belege dazu fehlen allerdings.

72   Ähnlich wie beim PoliScan-Gerät liefert auch diese Messeinheit interne Zusatzdaten, Abbildung 7, Rdn 73.

Die Kürzel **MEA_BEGX** und **MEA_ENDX** liefern hier die wichtigsten Informationen. Sie signalisieren den **Messbeginn** und das **Messende**, die auf Abbildung 7 bei 36,59 m bzw. 26,64 m liegen. Hieraus folgt eine Messstrecke von 9,95 m, was innerhalb der Angabe des Herstellers von ca. 10 m liegt. Auch werden seitliche Distanzen angegeben (y-Koordinaten), wobei sich diese jeweils auf die ermittelte Fahrzeugmitte beziehen soll – eine Bestimmung der Erfassungsbreite des Pkw ist hierüber nicht möglich. Es ist damit ausgeschlossen, zu beurteilen, welche Karosseriezonen des Kfz für die Messwertbildung herangezogen wurden.

73
```
MEA_BEGX=36.59
MEA_BEGY=9.34
MEA_DATI=31.10.2016
22:19:47.778
MEA_ENDX=26.64
MEA_ENDY=9.02
MEA_LVIX=24.59
```

Abbildung 7: Auszug aus den Zusatzdaten Traffistar S350

74

Messung vom 06.09.2014

LOG_USER=local
MEA BEGX=40.88
MEA_BEGY=4.52
MEA_ENDX=31.00
MEA_ENDY=4.84
MEA_TDIF=480

480ms

40,88 m -31,0 m = 9,88 m

9,88 m / 0,48 s = 20,58 m/s

Dies entspricht 74,1 km/h.

Angezeigter Messwert: 74 km/h

Abbildung 8: Daten bis September 2014 – Zeitdauer eingeblendet

75

Messung vom 29.09.2014

MEA_BEGX=-35.44
MEA_BEGY=6.26
MEA_ENDX=-25.54
MEA_ENDY=6.11
MEA_TDIF=---

???ms
Keine Plausibilitätsüberprüfung
möglich.
35,44 m -25,54 m = 9,9 m

9,88 m / ??? s = ?? m/s

Abbildung 9: Daten ab September 2014 – Zeitangabe gelöscht

76   Im September 2014 wurde eine entscheidende Veränderung bei der Ausgabe dieser Zusatzdaten vorgenommen. Gem. Abbildung 8 (Rdn 75) wurde der Zahlenwert hinter dem Parameter MEA_TDIF gelöscht bzw. durch drei Querbalken ersetzt. Bei dieser Angabe handelt es
sich um die **Zeitdifferenz zwischen Messbeginn und Messende.** Hierüber wäre, ähnlich
wie bei den Zusatzdaten des PoliScan^{speed} Gerätes, eine Weg-Zeit-Betrachtung dergestalt
möglich, dass man den vorgeworfenen Geschwindigkeitswert überprüft. In der Abbildung
9 (Rdn 74) ist eine hier ausgewertete Messung vom 6.9.2014 zu sehen, bei der statt der drei
Querbalken die Zahlenfolge 480 (= 480 ms = 0,48 s) erscheint. Aus der Quotientenbildung
der Messstrecke von hier 9,88 m und dem Zeitintervall von 0,48 s ergibt sich dann ein errech-
neter Geschwindigkeitswert von 74,1 km/h bei angezeigtem Tempowert im Foto von 74 km/h.
Das bedeutet, dass man bei Angabe dieses Zusatzparameters beurteilen kann, ob der Fotowert
technisch plausibel ist oder nicht. Konkret nachprüfen lässt sich also das Messergebnis bei diesem Anlagentyp derzeit nicht, gibt es eben in den Zusatzdaten keine Zeitpunkte.

77   Ähnlich wie bereits beim PoliScan-Gerät beschrieben, ist die **richtige Auswahl der Objektive** (deren Zuordnung) von Bedeutung. Ansonsten können sich nämlich, wie in Abbildung 10 (Rdn 78) zu sehen, unsinnige Rahmengrößen ergeben. Dies sollte eigentlich
dem Messbeamten vor Ort sofort auffallen – noch mehr den den auf der Behörde arbeitenden
Personen. Dieser Rahmen kann nämlich im Hinblick auf die Abbildungsgröße der Frontstruktur des Pkw niemals das Kriterium der 1,5 m Breite erfüllen, ist der im Bildhintergrund zu sehende Pkw sicher breiter als 1,5 m.

78

Abbildung 10: Unsinnige Rahmeneinblendung infolge falscher Objektivzuordnung

5. Rechtliche Bewertung

Siegert

TraffiStar S350 ist das erste Messverfahren, welches nach Inkrafttreten des neuen **79**
MessEG eingeführt wurde. Damit liegt keine Bauartzulassung nach altem Eichrecht
vor, sondern eine **Konformitätsbescheinigung des Herstellers** sowie eine **Baumuster-
prüfbescheinigung**. Bei letzterer ist die PTB jedoch nicht mehr als Oberbehörde, sondern
privatwirtschaftlich tätig. Fraglich ist nun, ob hier angesichts der BGH-Rechtsprechung
immer noch von einem antizipierten Sachverständigenverfahren ausgegangen werden
kann und somit ein standardisiertes Messverfahren vorliegt. So heißt es in der maßgeblichen Entscheidung des BGH vom 19.8.1993:

*„Die amtliche Zulassung von Geräten und Methoden verfolgt (...) gerade den Zweck,
Ermittlungsbehörden und Gerichte von der Sachverständigenbegutachtung und
Erörterung des Regelfalles freizustellen. (...)"*[16]

In der ergänzenden Entscheidung vom 30.10.1997 führt der BGH aus:

*„Diesen Anforderungen [eines standardisierten Messverfahrens] werden (...) grund-
sätzlich auch Lasermessverfahren gerecht, bei denen die Geschwindigkeitsmessung
von besonders geschultem Messpersonal unter Beachtung der Betriebsanleitung des
Geräteherstellers und der Zulassungsbedingungen der Physikalisch-Technischen Bundesanstalt durchgeführt wird. "*[17]

Vor dem Hintergrund, dass zur Überprüfung der Funktionsweise des Messverfahrens von
den Herstellern regelmäßig Informationen zurückgehalten werden, sprach sich der 54.
Verkehrsgerichtstag dafür aus, die Rechtsprechung zum standardisierten Messverfahren
bei neuen Messgeräten vorerst nicht anzuwenden.[18] Der Vertrauensvorschuss in die Zulassung sei der damaligen Behördeneigenschaft der PTB geschuldet.

Im Rahmen der ersten Verfahren zu Traffistar S350 kamen die Sachverständigen zum Ergeb- **80**
nis, dass die Messung **technisch nicht nachvollziehbar** sei; die Gerichte sprachen jeweils
frei.[19] In der Begründung wurde zunächst festgehalten, dass das Messverfahren grundsätzlich als standardisiert im Sinne der BGH-Rechtsprechung zu werten sei, jedoch *„die Überprüfung der Messung durch einen Sachverständigen und somit die Amtsermittlungsmöglich-*

16 BGH, Beschl. v. 19.8.1993 – 4 StR 627/92, BGHSt 39, 291–305, Rn 21.
17 BGH, Beschl. v. 30.10.1997 – 4 StR 24/97, BGHSt 43, 277–284, Rn 27.
18 *Https://www.gdv.de/resource/blob/10376/a83351d25a0a89d4f07e0e210697a991/download-pdf-792654184-data.pdf.*
19 AG Kassel, Urt. v. 24.8.2016, Az.: 386 OWi – 9643 Js 8224/16; AG Stralsund, Urt. v. 7.11.2016 – 324 OWi
554/16, Rn 14, juris.

keit quasi standardisiert beschnitten ist."[20] Der systematisch verfehlte Prüfungsansatz ist evident: denn entweder liegt ein standardisiertes Messverfahren vor oder mangels der Behördeneigenschaft der PTB und mangels Überprüfbarkeit der Messung gerade keines.

In der Folgezeit wurde das MessEG vereinzelt komplett ignoriert und schlicht festgehalten, dass TraffiStar S350 eine **Bauartzulassung nach altem Recht** erhalten habe.[21] Zuletzt wurde das neue System des MessEG mit der alten Bauartzulassung gleichgesetzt. Sofern also die notwendige Konformitätsbescheinigung sowie die Baumusterbescheinigung der PTB vorliegen, sei nach der bisherigen Rechtsprechung von einem standardisierten Messverfahren auszugehen.[22]

Insoweit bleibt es auch hier zunächst erforderlich, durch einen Sachverständigen konkrete Anhaltspunkte für eine Fehlmessung zu erörtern und diese in der gebotenen Form einzubringen um das Tatgericht zur weitergehenden Aufklärung zu bewegen.

Ein **Verstoß gegen die Polizeirichtlinie** des Bundeslandes, wonach die Geschwindigkeit auf Autobahnen nur mit **fest** installierten Messgeräten erfolgen darf, führt grundsätzlich zu keinem Beweisverwertungsverbot, wenn die Regelung allein Überschneidungen von Behördenkompetenzen verhindern soll.[23] Im Falle einer systematischen Missachtung und damit willkürlichen Verletzung einer internen Verwaltungsanordnung kann dies jedoch anders gewichtet werden.[24] Entsprechend entsteht ein Beweisverwertungsverbot, wenn die Behörde sich bewusst über die Bestimmung hinwegsetzt, welche die Auswertung der Rohmessdaten durch Privatpersonen verbietet.[25]

6. Arbeitshilfen für die Praxis

Schmedding

a) Checkliste

81
- Lag zur Messeinheit ein gültiger Eichschein/Messprotokoll/Schulungsbescheinigung vor?
- Wurden alle relevanten Daten dokumentiert?

20 AG Stralsund, Urt. v. 7.11.2016 – 324 OWi 554/16, Rn 16, juris.
21 AG Eisenach, Urt. v. 30.3.2017 – 332 Js 1176/17 1 OWi, juris.
22 AG Mettmann, Urt. v. 14.2.2017 – 32 OWi 461/16, Rn 16, juris; AG Mettmann, Urt. v. 14.3.2017 – 33 OWI 97/16, Rn 9, juris; AG Mettmann, Urt. v. 28.3.2017 – 33 OWI 237/16, Rn 6, juris; Schleswig-Holsteinisches OLG, Beschl. v. 11.11.2016 – 2 SsOWi 161/16 (89/16), Rn 6, juris; OLG Düsseldorf, Beschl. v. 31.1.2017 – IV-3 RBs 20/17, Rn 6, juris; vgl. auch: *Helle* in Freymann/Wellner, jurisPK-Straßenverkehrsrecht, 1. Aufl. 2016, § 3 StVO, Rn 56.
23 AG Mettmann, Urt. v. 14.2.2017 – 32 OWi 461/16, juris; OLG Düsseldorf, Beschl. v. 7.8.2017 – IV-3 RBs 167/17, Rn 15, juris.
24 Vgl. § 5 Polizeirichtlinien.
25 Saarländisches OLG, Beschl. v. 18.5.2017 – Ss Bs 8/2017 (8/17 OWi), juris.

- Waren am Gerät sämtliche Eichsiegel unversehrt vorhanden?
- Befindet sich das Betroffenenfahrzeug alleine im Auswerterahmen der Fotodokumentation?
- Sind die Auswertekriterien des Herstellers erfüllt?

b) Mögliche Beweisfragen

- Die Fahrzeugfront des Betroffenen-Pkw ist erkennbar abgesenkt, was bedeutet, dass sich dessen Tempo innerhalb der Messphase verringerte. Ein Sachverständigengutachten wird ergeben, dass am Ende der Messung der vorgeworfene Geschwindigkeitswert gegenüber dem tatsächlichen überhöht ist. Ein Sachverständigengutachten wird ergeben, dass vom vorgeworfenen Nettowert nochmals 5 % abzuziehen sind.   **82**
- Der Auswerterahmen liegt tief vor dem Fahrzeug des Betroffenen, was zeigt, dass die Rahmenhöhe von etwa 1 m nicht erreicht wird. Wenngleich selbige nicht mehr Gegenstand der Gebrauchsanweisung ist, so wird ein Sachverständigengutachten ergeben, dass vom seinerzeitigen bedeutenden Wert (1 m) eine erhebliche Abweichung vorliegt.
- Der Auswerterahmen passt nicht zum Kfz des Betroffenen, was unter Sachverständigenbeweis gestellt wird
- Die Messung wurde im Rahmen eines Spurwechsels des Betroffenen durchgeführt, der oberhalb 5° lag. Ein Sachverständigengutachten wird ergeben, dass eine Messung unter diesen Bedingungen nicht ordnungsgemäß erfolgen konnte (Schrägfahrt bis 5° erlaubt).
- Das Tatfoto zeigt, dass der Auswerterahmen auf nicht gut reflektierenden bzw. zu kleinen Reflexionsflächen liegt, wodurch eine ordnungsgemäße Abtastung nicht möglich war. Ein Sachverständigengutachten wird ergeben, dass sich die Messung dann nur auf sehr schwache Reflexionsanteile stützen kann und somit insgesamt unverwertbar ist.
- Die Auswertung der internen Daten wird ergeben, dass die Zusatzdaten nicht zum Fahrzeug des Betroffenen gehören, weil sie unplausibel im Hinblick auf die Fahrspurbenutzung sind – Beweis: Sachverständigengutachten.
- Die Messung des Betroffenen wird wegen der ungünstigen Auswerterahmenlage bezweifelt. Ein Sachverständigengutachten wird wegen der nicht offen gelegten Zeitmarken der Geschwindigkeitsmessung ergeben, dass auch eine Beurteilung mittels des „Smeareffektes" zu keinem sicheren Ergebnis führt, sind dort zu große Toleranzen zu berücksichtigen.
- Die Messung des Betroffenen wird bezweifelt, da nach wie vor unklar ist, wie die genaue Generierung des Auswerterahmens erfolgt. Ein Sachverständigengutachten wird ergeben, dass auf Basis des verwertbaren Beweisangebotes eine objektive Beurteilung der Messung nicht möglich ist.

■ Im TraffiStar S 350-Gerät sind auch mechanische Bauteile vorhanden, die im Betriebsablauf einem Verschleiß unterliegen. Ein Sachverständigengutachten wird ergeben, dass nicht auszuschließen ist, dass hierdurch eine unkontrollierte Laserstrahlaussendung gegeben war und somit eine sichere Zuordnung im Messfoto nicht möglich ist.

■ Als Abdeckung der optischen Einheit dieses Gerätes dient eine Plexiglasscheibe, die
Verkratzungen unterliegt. Ein Sachverständigengutachten wird ergeben, dass infolge
von Kratzern und Schlieren auf der Plexiglasscheibe eine unkontrollierte Laserstrahlaussendung erfolgte und mithin das Messergebnis nicht verwertbar ist.

c)   Benötigte Daten/Unterlagen für eine technische Begutachtung

83   Die nachfolgende Auflistung soll wiedergeben, welche Unterlagen mindestens für eine
technische Begutachtung notwendig sind. Die vollständige Auflistung der Daten kann
bei Bedarf ergänzend beschafft werden, ist aber für eine erste Einschätzung in der Regel
nicht notwendig.

	Mindestens	Vollständig	✓
Bußgeldbescheid	X	X	
Eichschein	X	X	
Lebensakte/Reparaturnachweise		X	
Messprotokoll	X	X	
Beschilderungsplan		X	
Schulungsnachweise		X	
Fotodokumentation des Betroffenen	X		
Zusatzdaten (aus Falldatei)	X		
Falldatei (*.sbf)		X	
Gesamte Messreihe		X	
Statistikdatei		X	
Keyfile		X	

§ 15   Videoüberwachungsanlagen

A. Messprinzip

Reuß

In Einsatzfahrzeuge der Polizei werden bei dieser Messart **Videoüberwachungsanlagen**   1
installiert, die den zu überwachenden Verkehr filmen. Die Messeinheit ist mit dem Einsatzfahrzeug gekoppelt, sodass hierüber die Geschwindigkeit des Polizeifahrzeugs und die zurückgelegte Wegstrecke erfasst und in das Videobild eingeblendet werden. Zudem verfügen
diese Geräte über eine Stoppuhr, sodass über das Weg-Zeit-Gesetz die Geschwindigkeit des
Einsatzfahrzeugs bzw. des voraus- oder hinterfahrenden Fahrzeugs ermittelt werden kann.

Hierbei wird das Fahrzeug, dessen Geschwindigkeit festgestellt werden soll, nicht direkt
gemessen, sondern es wird im Grunde genommen der Messwert vom Einsatzfahrzeug auf
das voraus- oder hinterherfahrende Fahrzeug übertragen.

Die Messsysteme unterscheiden sich untereinander kaum, sie bestehen generell aus einer
Kamera, einem **Monitor**, einer **Videoeinheit**, einer **Bedieneinheit**, sowie aus einem
Steuergerät inkl. Tachometer, Impulsgeber etc., die die zurückgelegte Wegstrecke
und die Messzeit erfassen.

Die Einsatzmöglichkeit der in einem Polizeifahrzeug eingebauten Anlage erstreckt sich
auf fast alle Gebiete der Überwachung des Straßenverkehrs, die mittels Videobeweis aufgezeichnet werden können, z.B.:

- Geschwindigkeitsmessung,
- Abstandsüberwachung,
- Überholen im Überholverbot oder an kritischen Stellen wie Kurven, Kuppen etc.,
- Überwachung von Lichtzeichenanlagen,
- Nicht-Beachten des Rechtsfahr-Gebotes,
- Straßenverkehrsgefährdungen/Nötigungen,
- Rechtsüberholen,
- unzulässiges Linksfahren.

B. Allgemeine Fehlermöglichkeiten

Zu den allgemeinen Fehlermöglichkeiten bei diesen Systemen zählt vor allen Dingen,   2
dass die Beamten die Messungen vor Ort entsprechend der Herstellervorgaben durchführen. Nicht selten sind hier Fehler zu finden, bei denen die Messungen zuungunsten der
Betroffenen durchgeführt wurden. Der **Faktor Mensch** hat hier eine große Bedeutung,
da die Beamten einigen Vorgaben einzuhalten haben.

C. Messanlagentypen

I. ProVida 2000 und ProVida 2000 modular

1. Informationen zum Gerät

3 Bei diesem Gerät handelt es sich um das am meisten verwendete System, in den Varianten ProVida 2000 und 2000 modular. ProVida ist dabei die Abkürzung für „Proof Video Data System" und ist auch unter dem Begriff Police-Pilot-System bekannt.

Die Varianten 2000 und 2000 modular unterscheiden sich dabei lediglich in der Bauweise. Während beim klassischen 2000er Modell Haupteinheit und LCD-Anzeige eine Einheit bilden, sind bei der modularen Variante die Komponenten getrennt voneinander aufgebaut, sodass der werksseitig verbaute Monitor des Einsatzfahrzeugs verwendet werden kann. Technisch gesehen unterscheiden sich diese beiden Systeme nicht merklich voneinander, wenngleich es für jedes System eine eigene Gebrauchsanweisung/Zulassung gibt.

Die folgenden Abbildungen (1–5, Rdn 4) zeigen die einzelnen sichtbaren Komponenten des modularen Systems.

In der Abbildung 6 ist eine Übersichtsaufnahme des ProVida 2000 ohne modulare Bauweise zu sehen. Man erkennt dies deutlich an dem Monitor, in der auch das Bedienpanel integriert ist.

4

Abbildung 1: ProVida 2000 modular – Zoom-Kamera an Frontscheibe

Abbildung 2: ProVida 2000 modular – fahrzeugeigener Monitor

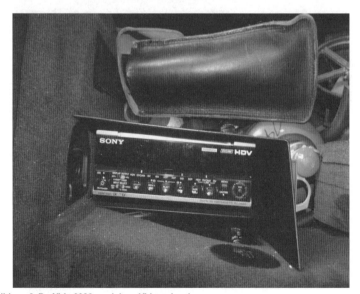

Abbildung 3: ProVida 2000 modular – Videorekorder

Abbildung 4: ProVida 2000 modular – Bedienpanel

Abbildung 5: Fernbedienung

Abbildung 6: ProVida 2000

Die Bauteile sind fest in einem solchen Fahrzeug installiert und werden auch zusammen   5
mit diesem Fahrzeug geeicht. Ebenso kann die ProVida-Anlage statt in einem Pkw auch in
einem Kraftrad verbaut werden.

Die Anlage besteht aus einem Impulsgeber, einem digitalen Tachometer, dem Steuergerät
Police-Pilot, einer Interface-Einheit, einer Videokamera, einem Monitor und einer Fernbedienung. Im Bedarfsfall können alle Daten auf einem Videorekorder gespeichert werden.

In dem digitalen Tachometer befinden sich ein Wegstreckenzähler sowie eine Geschwindigkeitsanzeige, die auch im Monitor sichtbar ist.

In der Interface-Einheit befindet sich neben der Stromversorgung eine Vorrichtung zur An-
gleichung der Anlage an die Wegdrehzahl des Fahrzeugs. Weiter sind ein Datum- und Zeit-
generator sowie verschiedene Interface-Einheiten und ein Video-Datengenerator enthalten.

Die Überwachungskamera des ProVida-Fahrzeugs wird üblicherweise am **Innenspiegel
oder im oberen Windschutzscheibenausschnitt** positioniert. Für die Überwachung
steht den beiden Polizeibeamten ein **Monitor** zur Verfügung, der das gleiche Bild zeigt,
das auch momentan von der Kamera aufgenommen wird. Darin eingeblendet sind die Anzeigen, die später auf dem Videofilm gespeichert werden. Zusätzlich wird häufig eine **Kamera im Heck** des Fahrzeugs installiert, auf die der Beamte umschalten kann.

a) Funktionsweise

6 Bei diesem Videosystem wird der Geschwindigkeitswert über eine Weg-Zeit-Messung gebildet. Im Gegensatz zu einer Radar- oder Lasermessung kann mit dem ProVida 2000-System über einen **längeren Zeitraum** das Fahrverhalten eines Verkehrsteilnehmers aufgezeichnet und damit beurteilt werden. Das Gerät ist mit 2 Stoppuhren ausgerüstet, die eine Ganggenauigkeit von größer 1/100s aufweisen. Die Wegerfassung erfolgt über einen **elektronischen Tripzähler**, der seine Informationen von der „normalen" Geschwindigkeitsanzeige des Fahrzeugs oder einem gesonderten Wegimpulsgeber erhält.

7

Abbildung 7: Messergebnisse

In der Abbildung 7 ist das Endbild einer Geschwindigkeitsmessung zu sehen. Im unteren Bereich sind der Wegstreckenzähler (W) und die Zeitnahme (Z) eingeblendet. Die Momentangeschwindigkeit wird rechts im Bild (E) eingeblendet. Rechts oben steht die aktuelle Uhrzeit und darunter der **Einzelbildzähler**. Über diesen kann das Videomaterial zusätzlich geprüft werden bzw. kann eine nachträgliche Geschwindigkeits- bzw. Abstandsbestimmung erfolgen. Oben links wird weiterhin das aktuelle Datum wie auch ein weiterer Wegstreckenzähler angezeigt. Diese Wegstreckenanzeige wird kontinuierlich aktualisiert, also unabhängig von etwaig ausgelösten Messungen.

Weiterhin wird oben rechts eine **Zoom-Kennziffer** (Abbildung 7, „26") angezeigt, anhand derer sich erkennen lässt, ob der Zoom-Faktor der Kamera zwischenzeitlich verändert wurde, sofern eine Kamera mit Zoom-Objektiv eingesetzt wurde. Ein direkter Rückschluss auf die exakte Brennweite der Kamera ist über diese Kennziffer im Übrigen nicht möglich.

Klassisch wird dieses System im **Nachfahrvorgang** betrieben. Auf die verschiedenen Varianten wird in diesem Kapitel später eingegangen (vgl. Rdn 17 ff.).

Bei dem ProVida-System ist es möglich, die Geschwindigkeit, eines vorausfahrenden **8** Fahrzeugs, auf unterschiedliche Weise zu ermitteln. An dem Gerät kann im Grunde genommen der „**automatische**" oder der „**manuelle**" Modus eingestellt werden. Beiden gemeinsam ist, dass die Geschwindigkeit aus den beiden gemessenen Parametern Weg und Zeit berechnet wird. Das vorausfahrende Fahrzeug wird dabei also nicht klassisch gemessen. Stattdessen wird **die Geschwindigkeit des Einsatzfahrzeugs erfasst und auf das vorausfahrende/hinterherfahrende Fahrzeug übertragen.**

b) Selbsttest

Die Messanlage prüft geräteintern verschiedene Parameter, überwacht sich also quasi **9** selbst. So werden u.a. der Zeittakt der Stoppuhr und auch die Bildfrequenz überwacht. Einen klassischen Selbsttest, den der Messbeamte überwachen muss, gibt es hingegen nicht.

c) Signatur und Verschlüsselung

Da die Aufzeichnung auf Videobändern erfolgt, gibt es hier **keine speziellen Ver-** **10** **schlüsselungstechniken**. Die Videodateien werden in der Regel von den Beamten digitalisiert und entsprechend bereitgestellt. Das Originalvideoband wird archiviert oder aber die maßgeblichen Sequenzen auf ein Archivvideoband gesichert und dieses dann dauerhaft archiviert. Dabei muss die Videosequenz zeitnah und vollständig vom Original-Band auf das Archiv-Band kopiert werden. Das Videoformat darf beim Kopiervorgang nicht verändert werden. Zudem muss der Kopiervorgang dokumentiert werden.

d) Technische Daten

11

Umgebungsdaten	
Stromversorgung	7,4 V–16,5 V DC Hauptmodul und Fernbedienungseinheit. 10,5 V–15 V DC Videokomponenten
Bereich der Umgebungstemperatur bei Betrieb des Gerätes (intern überwacht)	-5°C bis +65°C
Videosystem	PAL-G (625 Zeilen 50 Hz)
Beladung	max. 250 kg ggü Eichzustand
Wegstreckensignalkonverter bei CAN-Bus	
WSK 1	für BMW-Pkw (E87, E90/91, E60/61)
WSK 3	für BMW-Pkw (E87, E90/91, E60/61) und BMW-Motorrad (K25, K26, K28, K40, K43, K44), Pkw nur zusammen mit Kontrollbaugruppe KGB3
WSK 5	für VW-Pkw (Plattformen: PQ35, PQ36, PQ46, PQ47)
Wegimpulsgeber mit mechanischem Abgriff	
VDO Kienzle	Typ 2155
Fa. Petards	PG 4
Kamera ohne Zoom	
max. 2 Videokameras	handelsüblich, wenn sie nach CCIR-Norm (PAL) und mit 12 V arbeiten
Kamera mit Zoom	
Typ 184.02.00	8fach-Zoom
EX480.18	18fach-Zoom
EX780.25	25fach-Zoom

e) Fehlergrenzen

12

Fehlergrenzen	
Eichfehlergrenzen Zeitmessung (Stoppuhrfunktion und Videobildzähler)	0,05 % der gemessenen Zeit, vermehrt um 0,02 s
Verkehrsfehlergrenzen Zeitmessung (Stoppuhrfunktion und Videobildzähler)	0,1 % der gemessenen Zeit, vermehrt um 0,02 s.
Eichfehlergrenzen Wegstreckenmessung	2 % des gemessenen Weges, mindestens 2 m

Verkehrsfehlergrenzen Wegstreckenmessung	4 % des gemessenen Weges, mindestens 4 m
Eichfehlergrenzen Geschwindigkeitsmessung	± 3 km/h für 0–100 km/h ± 3 % für über 100 km/h
Verkehrsfehlergrenzen Geschwindigkeitsmessung	± 5 km/h für 0–100 km/h ± 5 % für über 100 km/h
Maximale Fehleranteile laut PTB	
Eichfehlergrenze	2 %
Reifenwechsel	1 %
Reifenabnutzung	1 %
Reifendruck	0,5 %
Schlupf/Aufweitung	0 %
Summe:	4,5 %

f) Eichung

Die Eichung des ProVida-Systems erfolgt **zusammen mit dem Einsatzfahrzeug**. Das **13** System darf dann auch nur in diesem Kfz verwendet werden. Bei der Eichung erfolgt eine Prüfung der installierten Programmversionen, der Zeitmessung, des Videobildzählers und der Wegstreckenmessung. Im Rahmen der Eichung werden zudem stichprobenartig Messungen durchgeführt. Wird ein Wegstreckensignalkonverter verwendet, wird auch dieser eichtechnisch überprüft. Gleiches gilt auch für eine etwaig verbaute Kontrollgruppe.

2. Einrichtung der Anlage/Messdurchführung

a) Inbetriebnahme

Zunächst müssen die **Eichsiegel** und **Sicherungsmarken** seitens des Beamten überprüft **14** werden.

Der **Beladungszustand** des Fahrzeugs darf nur um max. 250 kg gegenüber dem Eichzustand erhöht werden.

Wird ein **Wegstreckensignalkonverter** verwendet, muss nach Einschalten der Zündung eine Strecke von mindestens 200 m zurückgelegt werden, bevor mit Messungen begonnen wird. Nach einer Eichung sind 1000 m erforderlich.

Der **Reifenfülldruck** ist in regelmäßigen Abständen zu überprüfen. Ein zu geringer Fülldruck bzw. eine zu hohe Zuladung verringert den Abrollumfang der Reifen, was zu zu hohen gemessenen Tempowerten führt. Weiterhin ist zu kontrollieren, ob Sommer- oder Winterreifen der richtigen Größe montiert sind. Ein Wechsel der **Reifengröße** ist generell untersagt. Ein Wechsel von Sommer- auf Winterreifen ist zulässig, wenn das Fahrzeug mit Sommerreifen geeicht wurde. Bei der Eichung mit Winterreifen ist ein Wechsel auf Sommerreifen nicht zulässig. Dies liegt darin gegründet, dass der Abrollumfang bei Winterreifen größer ist, was kleinere Tempowerte zur Folge hat. Bei einem Wechsel auf Sommerreifen würden zu hohe Tempowerte gemessen werden.

b) Wahl des Messortes

15 Die Messstrecke sollte ausreichend lang bemessen sein. Bei Geschwindigkeiten von etwa 100 km/h sollte diese nicht merklich unter 500 m liegen (Faustformel: Nachfahrstrecke mindestens 10 x halber Tachowert). Je geringer die Nachfahrstrecke ist, desto stärker wirken sich die Fehlertoleranzen aus. Bei z.B. 100 m Nachfahrstrecke wirken sich 1 m Abweichung deutlicher auf den Geschwindigkeitswert aus, als das es bei längeren Strecken der Fall wäre. Kürzere Messstrecken kann der Beamte aber ggf. durch Gewährung zusätzlicher Toleranzen kompensieren.

Messungen sind sowohl über die Front- als auch über die Heckkamera möglich.

c) Betriebsarten/Messdurchführung

16 Die Messanlage kann in den Betriebsarten Auto 1, Auto 2, MAN, und Split betrieben werden.

■ **Auto 1**: Zeitmessung bei bekannter Wegstrecke.

■ **Auto 2**: Messung der Eigengeschwindigkeit beim Nachfahren mit gleichem Anfangs- und Endabstand.

■ **MAN**: Geschwindigkeitsbestimmung durch Nachfahren mit ungleichem Anfangs- und Endabstand.

■ **SPLIT**: Geschwindigkeitsbestimmung durch Nachfahren mit ungleichem Anfangs- und Endabstand.

Wie man erkennt, unterscheiden sich die Betriebsarten im Grunde genommen, nur in **manueller** (ungleichem Anfangs- und Endabstand) und **automatischer** Messmethode (gleicher Anfangs- und Endabstand).

aa) Automatische Messung

17 Bei einer **Automatikmessung** werden Weg- und Zeitmessungen **zeitgleich gestartet bzw. beendet**. Wichtig ist hierbei, dass das Messfahrzeug zwischen Messstart und Messende nicht auf das vorausfahrende Fahrzeug aufschließt. Eine **Abstandsvergrößerung** würde sich hierbei **zugunsten** des Betroffenen auswirken. Mit dieser Vorgehensweise können im Übrigen auch kürzere Messstrecken von den Beamten kompensiert werden, da hierdurch zusätzliche Toleranzen gewährt werden.

Relevant sind hier nur der **Messstart** und das **Messende**; eine zwischenzeitliche Abstandsveränderung ist unerheblich.

Für eine nachträgliche Überprüfung ist diese Messart die bessere Alternative, da sämtliche relevante Daten im Videobild zu sehen sind.

Es ist also „nur" darauf zu achten, dass das Polizeifahrzeug nicht auf das zu messende Fahrzeug **aufschließt**, da sich dies **zuungunsten** des Betroffenen auswirken würde. Das Polizeifahrzeug hätte in einem solchen Fall eine größere Wegstrecke zurückgelegt, als das vorausfahrende Fahrzeug.

bb) Manuelle Messung

Bei der **manuellen Messart** muss der Polizeibeamte insgesamt viermal eine Taste am Panel der Messanlage bestätigen, um die Weg- bzw. Zeitmessung zu starten und zu beenden.   **18**

Die Zeitmessung wird ausgelöst, wenn das vorausfahrende Fahrzeug einen **markanten Punkt**, z.B. einen Leitpfosten oder ein Straßenschild am Straßenrand, passiert. Erreicht das Polizeifahrzeug diesen markanten Punkt, startet der Polizeibeamte die Wegmessung. Passiert dann nach einer gewissen Zeitdauer bzw. Wegstrecke das vorausfahrende Fahrzeug wiederum einen markanten Punkt, stoppt der Polizeibeamte die Zeitmessung. Erreicht daraufhin das Polizeifahrzeug ebenfalls diesen markanten Punkt, wird auch die Wegmessung beendet. Über das **Weg-Zeit-Gesetz** folgt dann der Geschwindigkeitswert. Bei der manuellen Messung ist eine **Abstandsveränderung** während der Messphase **nicht relevant**.

Dies ist aber insoweit die **unsicherere** Messmethode, da hier der Polizeibeamte vor Ort   **19** die Punkte abzuschätzen hat, an denen sich zum einen das vorausfahrende Fahrzeug und zum anderen dann das Polizeifahrzeug selbst befand. Hierüber ergeben sich natürlich Abweichungen, allein schon aufgrund der Reaktionszeit des Polizeibeamten und ggf. ungünstiger Sichtverhältnisse. Der Beamte muss die Positionen immerhin viermal an seinem Bediengerät betätigen und die entsprechenden Positionen abschätzen. Er muss dabei gewährleisten, dass die Messzeit nicht zu kurz und/oder die zurückgelegte Wegstrecke nicht zu lang bestimmt wird.

Für den Sachverständigen ist die manuelle Messung im Nachhinein schwieriger auszuwerten, da die markanten Punkte, also die Wegstreckenpunkte, die das Polizeifahrzeug selbst passierte, nicht im Videomaterial abgebildet werden.

cc) Auto 1

Bei der Betriebsart **Auto 1** handelt es sich um eine der beiden automatischen Betriebs-   **20** arten. Dort wird **eine im Voraus ausgemessene Wegstrecke überwacht** und mittels des ProVida-Systems lediglich die vom überwachten Fahrzeug benötigte Zeitspanne gestoppt. Solche Messungen sind sowohl aus einem stehenden Fahrzeug, als auch durch Nachfahren möglich. Diese Betriebsart findet sich jedoch eher selten, da die Beamten hiermit lediglich einen bestimmten Fahrbahnabschnitt überwachen können (der zuvor ausgemessen wurde).

Sollen die Messungen aus einem stehenden Fahrzeug heraus durchgeführt werden, so ist der Standort so zu wählen, dass die gesamte Messstrecke von der Videokamera erfasst wird. Dabei sollte sichergestellt werden, dass das überwachte Fahrzeug den Streckenabschnitt auch vollständig passiert hat. Dies ist zum Beispiel dann der Fall, wenn bei Messbeginn das überwachte Fahrzeug den ersten Markierungspunkt noch nicht erreicht hat und bei Messende den zweiten Markierungspunkt gerade passiert hat. Dies kann anhand des Videos überprüft werden.

dd) Auto 2

21   Bei der Betriebsart **Auto 2** wird die Durchschnittsgeschwindigkeit des Einsatzfahrzeugs **mittels einer zuvor festgelegten Wegstrecke** ermittelt. Hierzu wird in die Messanlage zuvor die Wegstrecke einprogrammiert die zurückgelegt werden soll. Bei der Betriebsart Auto 2 fahren die Beamten hinter dem vorausfahrenden Fahrzeug her und versuchen, die eigene Geschwindigkeit diesem Fahrzeug anzupassen. Der Beamte startet dann mittels Tastendruck die Messung, die automatisch nach der fest eingestellten Wegstrecke beendet wird.

Derselbe Messvorgang lässt sich auch über eine beliebige, zuvor nicht fest eingegebene Wegstrecke durchführen. Die Messung wird dann vom Beamten per Tastendruck – nicht automatisch – beendet.

Dies ist im Übrigen die am häufigsten gewählte Betriebsart, da die Beamten so selbst entscheiden können, wann das überwachte Fahrzeug eine ausreichend lange Strecke zurückgelegt hat. Dies ist zum Beispiel dann von Vorteil, wenn das überwachte Fahrzeug plötzlich seine Geschwindigkeit stark verringert, da der Fahrer das Polizeifahrzeug bemerkt.

Die Automatik-Betriebsarten sind daran zu erkennen, dass die unten im Bild zu erkennenden Weg- und Zeitanzeigen **zeitgleich** gestartet und beendet werden.

Angemerkt sei hierbei, dass insbesondere die Einblendung oben im Videobild nicht zwingend die tatsächliche Betriebsart wiedergibt. Diese zeigt nämlich lediglich den eingestellten **Betriebsmodus** der Messanlage. Insbesondere die Betriebsarten MAN und SPLIT bedeuten nicht zwangsläufig, dass eine manuelle Messung durchgeführt wurde. Der Beamte kann an seinem Bedienteil nämlich Weg- und Zeitmessung auch in der manuellen Betriebsart synchron Starten und Beenden (**Synchronauslösung**), was dann der automatischen Messmethode entspricht.

ee) MAN

22   Bei der Betriebsart **MAN** werden **Weg- und Zeitmessung getrennt voneinander gestartet und gestoppt**. Im Unterschied zu einer automatischen Messmethode ist das Abstandsverhalten zwischen den Fahrzeugen nicht von Belang. Der Messbeamte muss hierbei sowohl Zeit als auch Wegmessung getrennt voneinander manuell starten und beenden. Dies bedeutet, dass der Beamte insgesamt viermal das Bedienteil betätigen muss. Wie

oben dargestellt (Rdn 21) kann der Beamte auch die **Synchronauslösung** verwenden, sodass dies dann der automatischen Messmethode entspricht.

ff) SPLIT

Die Betriebsart **Split** ist weitestgehend mit der Betriebsart **MAN** identisch. Im Gegensatz   23
zur MAN-Einstellung laufen die Wegstrecken und Zeitmessungen **geräteintern weiter**,
sodass hiermit Messungen fortgesetzt werden können.

gg) Zusammenfassung

Maßgeblich ist, ob die Messungen **manuell** oder **automatisch** durchgeführt worden sind.   24
Dies lässt sich daran erkennen, ob die **Weg- und Zeitmessungen zeitgleich gestartet/beendet wurden oder diese Einheiten getrennt voneinander arbeiten.**

In den meisten Fällen wird nicht mit festen Wegstrecken gearbeitet, da die Beamten häufig spontan, also bei einem Anfangsverdacht, Messungen durchführen und damit die Wegstrecke zuvor nicht bekannt ist.

Bei einer manuellen Messung sollte die Mindestnachfahrstrecke länger sein als bei einer automatischen Messung, da es teils nicht unerhebliche Auswertetoleranzen gibt.

Messungen nach der automatischen Messmethode haben den Vorteil, dass sie weniger fehleranfällig sind und zudem im Nachhinein problemlos überprüft werden können. Dies liegt daran, dass die Beamten bei dieser Variante „nur" konstant hinter dem vorausfahrenden Fahrzeug herfahren müssen.

hh) Nachträgliche Videoauswertung

Neben Messungen vor Ort ist auch eine Geschwindigkeitsbestimmung (im Nachhinein)   25
anhand des Videomaterials möglich. Die **Auswertung der Videoaufzeichnungen**, insbesondere die Auswahl der Strecke, innerhalb der die Geschwindigkeit des überwachten Fahrzeugs ermittelt wird, erfolgt nicht bereits im Polizeifahrzeug, sondern erst **am Auswerteplatz.** Dadurch ist es möglich, denjenigen Bereich zu ermitteln, in welchem die Geschwindigkeit des Betroffenen am höchsten ist. Hierzu werden die Wegstreckenanzeige oben links (Abbildung 7, Rdn 7) und der Einzelbildzähler oben rechts verwendet. Das Videomaterial wird mit einer Bildwiederholrate (Vollbilder) von 25 Hz aufgezeichnet, dies entspricht 0,04 Sekunden pro Videoeinzelvollbild.

Die Anzeigen laufen kontinuierlich weiter, unabhängig von etwaigen vor Ort ausgelösten Messungen.

Die Nachfahrstrecke sollte dabei 100 m keinesfalls unterschreiten.

Bei der Auswertung führt der Beamte quasi eine Automatikmessung durch. Er wählt ei-   26
nen Streckenabschnitt, auf dem das Einsatzfahrzeug in einem gleichbleibenden oder vergrößernden Abstand hinter dem zu überwachenden Fahrzeug herfährt, also nicht auf dieses aufschloss. Dies kann er überprüfen, indem er am Bildschirm die Abbildungsbreite

des vorausfahrenden Fahrzeugs zu Messbeginn und Messende ausmisst. Vergrößert sich die Abbildungsbreite zum Messende hat das Einsatzfahrzeug aufgeschlossen. Verkleinert sich der Abbildungsmaßstab, entfernte sich das überwachte Fahrzeug, was sich zugunsten des Betroffenen auswirken würde.

Näherte sich das Einsatzfahrzeug zum Messende an den vorausfahrenden Pkw an, so wirkt sich dies **zuungunsten** des Betroffenen aus. Dies kann der Beamte im Nachhinein dadurch kompensieren, dass er bei seinen Berechnungen den Wegstreckenanteil der Annäherung von der Messstrecke **abzieht**.

Die nachträgliche Auswertung kommt häufig bei Messungen mit dem ProVida-Kraftrad zum Einsatz oder aber dann, wenn die Messung vor Ort nicht korrekt erfolgen konnte, da der Pkw z.B. verzögerte oder die Messungen zu spät gestartet wurden etc.

ii) ViDistA-Verfahren/Messungen bei variablem Abstand zum überwachten Kfz

27 Neben der manuell durchgeführten nachträglichen Auswertung gibt es auch das ViDistA-System. Dies ermöglicht eine **nachträgliche softwarebasierte Auswertung**. Hierbei wird die Abstandsveränderung zwischen Messbeginn und Messende anhand der Abbildungsbreiten des verfolgten Fahrzeugs ermittelt. Hierdurch sind auch Messungen auswertbar, bei denen der Abstand zum überwachten Kfz variierte, also sich verkleinerte/vergrößerte.

28 Die physikalische Grundlage hierfür bildet das **optische Abbildungsgesetz**. Dieses lautet:

$$E = f \cdot B/b$$

mit

E = Entfernung zwischen der Videokamera und dem überwachten Fahrzeug

f = Brennweite/Abbildungsfaktor der Videokamera

B = Breite oder Höhe des überwachten Fahrzeugs in Wirklichkeit

b = Breite oder Höhe des überwachten Fahrzeugs in den Videoaufzeichnungen

29 Die Vermessung des überwachten Fahrzeugs auf den Videoaufzeichnungen erfolgt mit dem sogenannten **Videodistanzmeter**. Hierbei werden horizontale und vertikale Linienpaare in das Videobild eingeblendet. Der Abstand der Linienpaare ist ein Maß für die Breite oder Höhe des überwachten Fahrzeugs.

Genauso wie bei der manuellen Auswertung sollte die Nachfahrstrecke 100 m keinesfalls unterschreiten.

30 Die Auswertung der Videoaufzeichnungen, insbesondere die Auswahl der Strecke, innerhalb der die Geschwindigkeit des überwachten Fahrzeugs ermittelt wird, erfolgt auch hier nicht bereits im Polizeifahrzeug, sondern erst am Auswerteplatz. Dadurch ist es möglich, denjenigen Bereich zu ermitteln, bei dem die Geschwindigkeit des Betroffenen am höchsten war.

Wie knapp oder wie großzügig die ViDistA-Auswertelinien an das überwachte Fahrzeug angelegt werden, ist nicht exakt definiert; dies liegt im Ermessen des Auswertebeamten. Da Videobilder aber begrenzte Auflösungsqualitäten aufweisen, sollten die ViDistA-Linien stets so an das Fahrzeug gelegt werden, dass dies zugunsten des Betroffenen ausfällt. Dies ist stets dann der Fall wenn:

Am **Messbeginn** die ViDistA-Linien **eng** an das überwachte Fahrzeug angelegt werden; dadurch wird es optisch kleiner erfasst und der Abstand von der Videokamera zum Fahrzeug größer errechnet.

Am **Messende** sollte dann umgekehrt verfahren werden; die ViDistA-Linien sollten dort **großzügig** an das überwachte Fahrzeug angelegt werden; dadurch wird das Fahrzeug größer erfasst, was dazu führt, dass sich der Abstand zwischen dem überwachten Fahrzeug und der Videokamera rechnerisch verringert.

In der Summe ergibt sich dann eine **geringere Gesamtmessstrecke**, mit der Folge, dass die Auswertung zugunsten des Betroffenen erfolgt.

jj) Abstandsmessungen

Anhand des Videomaterials sind genauso Abstandsmessungen möglich. Es kann also bei- **31** spielsweise das **Abstandsverhalten zwischen zwei vorausfahrenden Fahrzeugen** ermittelt werden.

Hierbei ermittelt der Beamte zunächst die Fahrgeschwindigkeit des Betroffenenfahrzeugs in der relevanten Bewachungsphase. In der zweiten Auswertephase ermittelt dieser dann durch Durchtasten der Videoeinzelbilder den zeitlichen Abstand zwischen den beiden vorausfahrenden Fahrzeugen. Hierzu sucht der Auswertebeamte zunächst einen markanten Ortspunkt, an dem sich das erste Fahrzeug mit dem Heck befindet. Sodann lässt dieser das Videomaterial so weit vorlaufen, bis das zweite Fahrzeug mit der Front diesen markanten Punkt erreicht hat. Hierüber wird der zeitliche Abstand zwischen diesen beiden Fahrzeugen ermittelt. Dieser Zeitwert wird sodann mit dem zuvor ermittelten Geschwindigkeitswert multipliziert, woraus dann der Abstand zwischen den Fahrzeugen folgt. Auch hier gilt, dass eine ausreichend lange Beobachtungsstrecke vorliegen sollte. Zudem sollte die Abstandsermittlung zu verschiedenen Zeitpunkten erfolgen, um feststellen zu können, ob die Abstandsunterschreitung auch konstant vorlag.

kk) Rotlichtüberwachung

Mit diesem System lassen sich quasi alle Aufgaben erledigen, bei denen eine Videodoku- **32** mentation mit eingeblendeter Zeit- bzw. Wegstrecke benötigt wird. So ist auch eine Überwachung von Rotlichtverstößen an Kreuzungen möglich, indem die Beamten ihr Fahrzeug so positionieren, dass im Videobild die **Ampelanlage** und die **Haltelinie** zu sehen sind.

3. Auswertung einer solchen Messung durch einen Sachverständigen

33   Die Auswertung durch einen Sachverständigen erfolgt anhand des Videomaterials, das im Detail analysiert wird. Wie schon dargestellt (Rdn 24) wird im Grunde genommen lediglich zwischen **manueller** und **automatischer** Messmethode unterschieden.

Bei der **automatischen** Messmethode werden Weg- und Zeitmessung **zeitgleich** gestartet und beendet. In der Abbildung 8 (Rdn 34) ist der Start einer solchen automatischen Messung zu sehen. Die Wegstrecken- und Zeitanzeigen befindet sich dort noch in 0-Position. Bereits ein Videoeinzelbild später werden dann beide Einblendungen zeitgleich aktualisiert.

Die Abbildung 9 (Rdn 34) zeigt das dazugehörige Messende. Die Wegstreckenanzeige gibt dort einen Wert von 164 m und die Zeitanzeige einen Wert von 3,37 Sekunden aus. Beide Anzeigen wurden zeitgleich beendet. Über das Weg/Zeit-Gesetz folgt hieraus dann eine Fahrgeschwindigkeit von 164 m/3,37 s = 48,66 m/s; was abgerundet 175 km/h entspricht. Nach Abzug der Verkehrsfehlergrenze von 5 % bleibt ein vorzuhaltender Geschwindigkeitswert von abgerundet 166 km/h bestehen.

Weiterhin wurde dort die Abbildungsbreite des vorausfahrenden Fahrzeugs ausgemessen. Man erkennt in der Abbildung 8, dass diese dort 2,6 cm beträgt, währenddessen diese bei Ende der Messung (Abbildung 9) nur noch 2,5 cm ausmacht.

Dass sich die **Abbildungsbreite verringert**, bedeutet, dass sich der vorausfahrende Pkw vom Einsatzfahrzeug **entfernte**.

Die Messung erfolgte in diesem Fall also **zugunsten** des vorausfahrenden Fahrzeugführers, da dieses Fahrzeug damit eine größere Wegstrecke als das Einsatzfahrzeug zurücklegte. Da sich die eingeblendeten Werte auf das Einsatzfahrzeug beziehen, wirkt sich dies in der Folge zugunsten des Fahrers aus.

Diese Abbildungen sind gleichzeitig auch ein Beispiel für eine **kurze Messstrecke**. So würde hier bereits eine Abweichung von lediglich 1 m (z.B. 163 m) einen Tempounterschied von einem 1 km/h bedeuten. In den Fällen, in denen die Abstandszunahme zwischen Messung-Start und Messung-Ende nicht eindeutig ist und zusätzliche Toleranzen gewährt werden müssten, ergeben sich dann **nicht unerhebliche Tempoabweichungen**.

Bei **längeren Messstrecken** deutlich oberhalb von 500 m wirkt sich eine Abweichung von z.B. 1 m **nicht so deutlich** auf den gemessenen Geschwindigkeitswert aus.

34   **Hinweis:**

Ist die Messstrecke besonders kurz und keine deutliche Entfernungszunahme zum Messende zu erkennen, sind zusätzliche Tempoabzüge sehr wahrscheinlich darstellbar.

Ein weiteres Augenmerk ist bei einer solchen Messung darauf zu richten, dass die Messungen auch tatsächlich **innerhalb der vorgehaltenen Geschwindigkeitszone** durchgeführt wurden, also sicher hinter bzw. vor den Verkehrszeichen durchgeführt wurden. Nicht selten finden sich Fälle, in denen die Messungen zu spät beendet wurden, also zu dicht am Ende einer Geschwindigkeitsbegrenzung. Kritisch sind dabei Messungen in Geschwindigkeitstrichtern.

Abbildung 8: Messung-Start-Bild (automatische Messung)

Abbildung 9: Messung-Ende-Bild (automatische Messung)

35   Weiterhin sollte bei Durchsicht des Videomaterials darauf geachtet werden, dass die Beamten mit ihrem Fahrzeug nicht **zu dicht** auffuhren, also den betroffenen Fahrzeugfahrer nicht durch „Drängelei" bedrängten. Nach Autorensicht hätte dies dann nur sehr wenig mit der Erfüllung „hoheitlicher" Aufgaben zu tun.

Wie dargestellt (Rdn 17), ist die Durchführung einer automatischen Messung vorteilhaft, da diese relativ einfach überprüft werden kann; ist im Grunde genommen nur darauf zu achten, dass das Einsatzfahrzeug zum Messende nicht auf das Fahrzeug aufschloss und die Messstrecke ausreichend lang ist.

36   In der Abbildung 10 (Rdn 38.1) ist eine Prinzipdarstellung einer **manuellen Messung** zu sehen. Die einzelnen Positionen geben jeweils wieder, wo der Beamte die Position abschätzen muss und dies dann am Gerät quittiert.

Im Videomaterial lässt sich die **manuelle Messung** daran erkennen, dass die unten eingeblendeten Anzeigen (Weg und Zeit) **getrennt** voneinander **gestartet und beendet** werden.

Der Beamte startet zunächst die Zeitmessung, wenn der vorausfahrende Pkw sich an einem markanten Punkt (z.B. Schild, Leitlinie etc.) befindet.

Im nächsten Schritt startet dieser die Wegstreckenmessung, wenn sich das Polizeifahrzeug ebenfalls an diesem markanten Punkt aufhält.

Nach einer gewissen Fahrstrecke, die ausreichend lang bemessen sein sollte (Richtwert etwa 10 x halber Tachowert) beendet dieser dann die Zeitmessung, wenn sich das vorausfahrende Fahrzeug an einem weiteren markanten Punkt befindet.

Die Wegmessung wird beendet, wenn sich das Polizeifahrzeug auf Höhe dieses markanten Punktes befindet.

Der **Vorteil** der **manuellen** Messmethode liegt darin, dass eine zwischenzeitliche Abstandsveränderung **nicht von Belang** ist.

Der **Nachteil** besteht aber darin, dass die Positionen, wo die Wegmessung begonnen und beendet wird, **nicht im Videobild zu sehen** sind; schließlich befindet sich das Polizeifahrzeug selbst in Höhe dieser Positionen. Da der Beamte diese Positionen jeweils abschätzen und diese dann entsprechend quittieren muss, ist dies letztlich die **ungenauere Messmethode**.

Da bei der nachträglichen Auswertung die Positionen im Bild nicht zu sehen sind, müssen diese „abgeschätzt" werden, oder aber die Messung anhand der Wegstreckenanzeige und Einzelbildschaltung auf eine automatische Messung zurückgeführt werden.

Hierbei ergeben sich teils nicht unerhebliche **Auswertetoleranzen**.

Dieses „Manko" kann der Beamte eigentlich nur dadurch kompensieren, dass er die Positionen deutlich zugunsten des Betroffenen wählt, also den Start und das Ende der Wegmessung so auswählt, dass eine geringere Wegstrecke folgt, als tatsächlich zurückgelegt wurde.

Dies ist dann der Fall, wenn der Beamte bei Beginn der Wegstreckenmessung diese verspätet auslöst und beim Messende die Wegstreckenmessung frühzeitig beendet.

Hinweis **37**

Sollte die Messung nach einer manuellen Messmethode erfolgt sein, sollten die Nach-fahrstrecke ausreichend lang und die Auslösepunkte so gewählt werden, dass eine zu lange Messstrecke ausgeschlossen ist.

Die Abbildungen 11–14 (Rdn 38.1) zeigen Videoeinzelbilder einer solchen manuellen **38** Messung, die zuungunsten des Betroffenen erfolgt ist.

Die Abbildung 11 zeigt den Beginn der Zeitmessung. Der vorausfahrende Pkw befindet sich etwa am Beginn einer Leitlinie.

Im darauffolgenden Bild, der Abbildung 12, müsste sich das Polizeifahrzeug auf gleicher Höhe befinden. Was vorliegend aber nicht der Fall ist, ist die Leitlinie rechtsseitig im Bild zu sehen. Die Wegstreckenmessung wurde damit deutlich **verfrüht** gestartet.

Das Ende der Zeitmessung ist dann in der Abbildung 13 zu sehen. Dort befindet sich das vorausfahrende Fahrzeug am Ende einer Leitlinie. Die Wegstreckenmessung und damit die Gesamtmessung wurde in der Abbildung 14 beendet. Dort war feststellbar, dass das Polizeifahrzeug diese Leitlinie bei Weitem überfahren hatte. Die Wegmessung wurde also **verspätet** gestoppt.

In der Konsequenz wurde damit eine **zu lange Messstrecke** ermittelt, da das Einsatzfahr-zeug eine größere Strecke zurücklegte, als das Fahrzeug des Betroffenen.

39

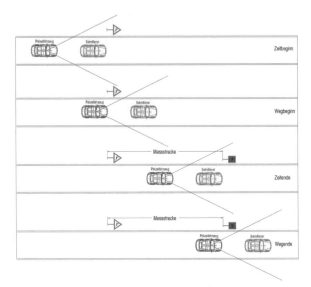

Abbildung 10: Prinzipdarstellung einer manuellen Messung

Abbildung 11: Zeitbeginn

Abbildung 12: Wegbeginn

Abbildung 13: Zeitende

Abbildung 14: Wegende

40   *Hinweis*

Dunkelheitsmessungen sind gerade bei der manuellen Messmethode besonders kritisch zu sehen, lassen sich die gewählten markanten Punkte oftmals kaum bzw. gar nicht erkennen.

4. Technische Fehlermöglichkeiten

a) Messdurchführung (Messbeamter)

41   Bei dieser Messmethode hängt die Messgenauigkeit maßgeblich davon ab, wie genau der Messbeamte sich an die entsprechenden Vorgaben gehalten hat. Aufgrund der vollständigen Videodokumentation kann diese in der Regel im Nachhinein aber im Detail geprüft werden.

Insbesondere außergewöhnliche Umgebungsbedingungen wie zum Beispiel Dunkelheit, starker Regen etc. sind aber entsprechend bei den Auswertungen zu berücksichtigen. Diese Faktoren haben in den meisten Fällen nicht unerheblichen Einfluss auf die Auswertegenauigkeit.

Zunächst sollte festgestellt werden, um was für eine Messart es sich handelt, also ob nach der **automatischen** oder **manuellen** Messweise verfahren wurde.

Im Falle einer **automatischen Messung** ist darauf zu achten, dass die Messstrecke ausreichend lang bemessen wurde und der Abstand zwischen den Fahrzeugen konstant war bzw. sich vergrößerte. Es muss also ausgeschlossen sein, dass das Messfahrzeug zum Messende auf das Betroffenenfahrzeug aufschloss.

Der Zoom-Faktor darf sich während der Messphase nicht verändert haben.

Bei einer **manuellen Messung** treten häufig Ungenauigkeiten auf, was der Messbeamte nur dadurch kompensieren kann, dass dieser deutlich zugunsten des Betroffenen verfahren hat. Die einzelnen Auslösepunkte an den markanten Ortspunkten sind im Detail zu prüfen.

Nach Autorenansicht ist auch ein Augenmerk darauf zu halten, dass die Beamten den erforderlichen Sicherheitsabstand einhielten, sodass nicht der Vorwurf der „Drängelei" im Raum steht.

Weiterhin ist darauf zu achten, dass die Messung auch tatsächlich innerhalb der vorgehaltenen Geschwindigkeitszone stattfand, also sicher hinter bzw. vor den Verkehrszeichen. Messungen in Geschwindigkeitstrichtern sind diesbzgl. kritisch zu prüfen.

b) Nachträgliche Auswertung des Videomaterials
Wird ein Messwert vorgehalten, der nachträglich aus den Videoaufnahmen ermittelt wurde, ist zunächst zu prüfen, ob auch dort die entsprechenden Toleranzen angewandt wurden.   **42**

Auf die Wegstrecke muss eine Toleranz von 4 % und auf den Zeitwert eine solche von 0,1 % vermehrt um 0,02 s gewährt werden.

Bei der nachträglichen Auswertung werden also andere Toleranzen gewährt, als es bei Messungen vor Ort der Fall wäre. In Grenzfällen wirkt sich die allgemeine Toleranz von 5 % bzw. 5 km/h stärker auf den Messwert aus als es die getrennten Toleranzen auf den Wegstrecken- und Zeitwert tun. Aus technischer Sicht gibt es aber keinen nachvollziehbaren Grund, warum bei der nachträglichen Messung eine geringere Toleranz angesetzt werden sollte als bei einer Messung vor Ort. Deswegen ist bei der nachträglichen Auswertung zu prüfen, ob sich gegebenenfalls die Verkehrsfehlergrenze von 5 km/h bzw. 5 % merklicher auf den Messwert auswirken würde.

Der Zoom-Faktor darf sich während der Messphase nicht verändert haben.

Bei **Abstandsverstößen** muss zunächst die Fahrgeschwindigkeit korrekt von den Beamten ermittelt werden. Da bei diesem System lediglich Durchschnittswerte gebildet werden, ist darauf zu achten, dass das Fahrzeug des Betroffenen in diesem Bereich nicht stark verzögert bzw. beschleunigt wurde; also tatsächlich mit dieser Geschwindigkeit fuhr. Die Abstandsmessung sollte zu mehreren Zeitpunkten erfolgen, um eine kurzfristige Abstandsunterschreitung bzw. eine nicht konstante Abstandsunterschreitung ausschließen zu können. Insbesondere nicht gut zu erkennende markante Punkte sind mit entsprechenden Sicherheitszuschlägen zu berücksichtigen.

c)   Technischer Fehler (Gerät)

43   Zunächst ist zu prüfen, ob das Messfahrzeug tatsächlich eine gültige Eichung besaß. Hierzu ist erforderlich, dass der Messbeamte die **Eichsiegel** kontrolliert.

Weiterhin muss dieser den **Reifenfülldruck** in regelmäßigen Abständen überprüfen, damit der Abrollumfang auch den Vorgaben der Eichung entspricht. Es ist in Erfahrung zu bringen, welcher **Reifentyp** und welche **Größe** zum Tatzeitpunkt installiert war und ob dies zu den Vorgaben im Eichschein passt. Ein Wechsel von Sommer auf Winterreifen derselben Größe ist zulässig, sofern die Eichung mit Sommerreifen erfolgte.

Weiterhin ist sicherzustellen, dass der **Beladungszustand** des Fahrzeugs um nicht mehr als 250 kg gegenüber der Eichung erhöht wurde. Dies kann zum Beispiel bereits der Fall sein, wenn weitere Personen auf der Rückbank des Einsatzfahrzeugs saßen.

Zwischenzeitlich gab es bei diesem System Probleme mit den **Kabellängen** zwischen Kamera und Rechnereinheit. Diese waren entgegen den Angaben in der Zulassung zu lang bemessen. Wenngleich dies aus rein technischer Sicht nicht zwingend problematisch ist, wäre dies dennoch zu hinterfragen, da es sich um eine Zulassungsvoraussetzung handelt.

Die Messeinheit kann auch in einem Kraftrad verbaut werden. Bei Messungen mit einem **Kraftrad** gibt es jedoch eine Besonderheit. So sind Messungen mit offensichtlichen **Schräglagen** des Einsatzkraftrads **nicht zulässig**. Es hat sich nämlich gezeigt, dass bei Schräglage des Kraftrads sich der Abrollumfang des Hinterrades verringert und deshalb dann eine zu hohe Wegstrecke erfasst wird, die nicht von der Verkehrsfehlergrenze abgedeckt ist.

Dies liegt daran, dass bei einer Schräglage des Kraftrads dieses auf der äußeren Flanke des Rades fährt und dort der Abrollumfang kleiner ist. Das Rad dreht sich damit schneller, womit der Wegimpulsgeber mehr Radumdrehungen registriert, also von einer höheren zurückgelegten Wegstrecke ausgeht. Aus diesem Grund ist darauf zu achten, dass während der Messung mit einem Kraftrad keine starken Schräglagen zu erkennen sind.

44   Mittlerweile sind in den meisten Fahrzeugen **CAN-BUS**-Systeme verbaut. Bei diesen Fahrzeugen wurde das Geschwindigkeitssignal aus diesem System abgegriffen, was zu Problemen mit der Wegstreckenanzeige führte. Aus diesem Grund verfügen die Fahrzeuge nunmehr über entsprechende Kontroll- und Adaptereinrichtungen. Dieser sog. WSK (Wegstreckensignalkonverter) ist eichpflichtig und bei solchen Fahrzeugen entsprechend im Eichschein aufgeführt. Diese Problematik ist aber mittlerweile eigentlich kein Thema mehr, da die betroffenen Fahrzeugtypen mit Wegstreckensignalkonvertern ausgerüstet wurden.

5. Rechtliche Bewertung

Siegert

Das ProVida-System ist ein standardisiertes Messverfahren im Sinne der BGH-Recht- **45** sprechung,[1] lässt jedoch **verschiedene Messmethoden** zu. Diese haben wiederum gemäß Gebrauchsanweisung unterschiedliche Anforderungen.

Entsprechend ist für Geschwindigkeitsmessungen im Urteil zusätzlich anzugeben, ob die Messung durch **elektronische Aufzeichnungen** oder durch **Ablesen**, durch **stationäre** Geräte oder aus einem **fahrenden** Fahrzeug erfolgt und welcher **Toleranzabzug** vorgenommen wurde. Bei Messungen aus einem fahrenden Polizeifahrzeug sind zudem die **Länge der Verfolgungsstrecke** und der **Abstand** des Polizeifahrzeugs zum Fahrzeug des Betroffenen darzulegen.[2] Hierbei sind Verweise auf Urkunden, welche wiederum auf andere Urkunden Bezug nehmen, unzulässig.[3] Lässt sich indes aus der Urteilsbegründung die nicht konkret angegebene Betriebsart eingrenzen und sind die Anforderungen bei allen in Frage kommenden Methoden erkennbar erfüllt, kann dieser Mangel geheilt sein.[4]

Das OLG Saarbrücken hat mit Hinweis auf die allgemeinen Anforderungen eines standardisierten Messverfahrens seine bisherige Rechtsprechung aufgegeben und will die Erforderlichkeit der Angabe der eingesetzten Messart entfallen lassen.[5] Angesichts der unterschiedlichen Anforderungen wäre die Messung dann aber für das Beschwerdegericht nicht überprüfbar.[6]

---

1 Schleswig-Holsteinisches OLG, Beschl. v. 6.1.2011 – 1 Ss OWi 209/10 (214/10), Rn 5, juris; OLG Bamberg, Beschl. v. 3.2.2014 – 2 Ss OWi 5/14, Rn 7, juris; AG Castrop-Rauxel, Urt. v. 20.8.2014 – 6 OWi – 263 Js 406/13, Rn 12, juris; KG Berlin, Beschl. v. 2.4.2015 – 3 Ws (B) 39/15, Rn 6, juris; Saarländisches OLG, Beschl. v. 2.6.2016 – Ss (Bs) 8/2016 (7/16 OWi), Rn 8, juris.
2 OLG Köln, Beschl. v. 30.7.1999 – Ss 343/99 B, juris; OLG Hamm, Beschl. v. 4.12.2008 – 3 Ss OWi 871/08, Rn 16, juris; Schleswig-Holsteinisches OLG, Beschl. v. 6.1.2011 – 1 Ss OWi 209/10 (214/10), Rn 6, juris; Thüringer OLG, Beschl. v. 22.8.2011 – 1 Ss Rs 68/11, juris; OLG Bamberg, Beschl. v. 25.10.2011 – 3 Ss OWi 1194/11, juris; *Krenberger* jurisPR-VerkR 2/2012 Anm. 6.
3 OLG Hamm, Beschl. v. 9.12.2009 – 3 Ss OWi 948/09, Rn 8, juris.
4 OLG Bamberg, Beschl. v. 3.2.2014 – 2 Ss OWi 5/14, Rn 7, juris.
5 Saarländisches OLG, Beschl. v. 2.6.2016 – Ss (Bs) 8/2016 (7/16 OWi), Rn 8, juris.
6 OLG Frankfurt, Beschl. v. 13.3.2013 – 2 Ss-OWi 1003/12, Rn 8, juris; *Weigel* DAR 2016, 537 f.; *Helle* in Freymann/Wellner, jurisPK-Straßenverkehrsrecht, 1. Aufl. 2016, § 3 StVO, Rn 54.2.

Regelmäßig ist ein Toleranzabzug von **5 %** vorzunehmen.[7] Der Abzug einer höheren Toleranz bedarf einer weitergehenden Begründung.[8]

Die Anfertigung von Aufnahmen im Wege dieses Messverfahrens ist anlassbezogen und der Eingriff in das Persönlichkeitsrecht des Betroffenen somit von § 100h Abs. 1 S. 1 Nr. 1 StPO i.V.m. § 46 Abs. 1 OWiG gedeckt.[9]

Die Fehlergrenzen werden in Bezug auf betroffene **Motorradfahrer** nur bei Messfahrten mit aufrechter Position eingehalten. Somit können die Grundsätze des standardisierten Messverfahrens bei Kurvenfahrten nicht angewandt werden.[10] In derartigen Fällen ist die Messung durch einen Sachverständigen zu überprüfen und sodann im Einzelfall zu entscheiden, ob ein höherer Toleranzabzug oder sogar die Verfahrenseinstellung geboten ist.

Sofern die Eichung des polizeilichen Messfahrzeuges mit Sommerreifen erfolgte und nach einem Reifenwechsel wieder Sommerreifen derselben Dimension aufgezogen wurden, ist kein Anhaltspunkt für weitere Sachaufklärung gegeben.[11]

46   Beim Messgerät **ProVida 2000 Modular** geltend die Grundsätze des standardisierten Messverfahrens. Wie beim Provida 2000 ist aber auch hier zusätzlich die eingesetzte Messmethode in den Urteilsgründen anzugeben.[12]

Die Tatsache, dass die Eichbehörde die Kabellänge zwischen Signalverstärker und Eingang zum Videonachfahrsystem als sog. Zusatzgerät nicht selbst untersucht hat, führt zu keinem Beweisverwertungsverbot.[13]

6. Arbeitshilfen für die Praxis

Reuß

a) Checkliste

47   ■ Existierte zum Messgerät eine gültige Eichung?

■ Waren die Eichsiegel unversehrt?

■ War das Personal (Messbeamter/Auswertekraft) geschult?

■ Wurden die geltenden Richtlinien zur Geschwindigkeitsüberwachung eingehalten?

---

7 KG, Beschl. v. 17.5.2000 -3 Ws (B) 189/00, Rn 8, juris; KG Beschl. v. 9.11.1998 -3 Ws (B) 543/98, juris, Rn 7.
8 KG Berlin, Beschl. v. 30.11.2010 – 3 Ws (B) 615/10, Rn 7, juris.
9 OLG Bamberg, Beschl. v. 16.11.2009 – 2 Ss OWi 1215/2009, Rn 9, juris; Schleswig-Holsteinisches OLG, Beschl. v. 29.12.2009 – 2 Ss OWi 135/09 (102/09), juris; KG Berlin, Beschl. v. 2.4.2015 – 3 Ws (B) 39/15, Rn 8, juris.
10 OLG Hamm, Beschl. v. 26.8.2010 – III-3 RBs 226/10, Rn 8, juris.
11 OLG Hamm, Beschl. v. 7.6.2011 – III-1 RBs 75/11, Rn 24, juris.
12 OLG Hamm, Beschl. v. 4.12.2008 – 3 Ss OWi 871/08, Rn 21, juris; KG Berlin, Beschl. v. 11.6.2010 – 3 Ws (B) 270/10, Rn 7, juris; Saarländisches OLG, Beschl. v. 6.5.2014 – Ss (B) 82/2012 (59/12 OWi), Rn 22, juris; KG Berlin, Beschl. v. 17.10.2014 – 3 Ws (B) 550/14, Rn 5, juris.
13 OLG Bamberg, Beschl. v. 29.6.2015 – 3 Ss OWi 710/15, juris.

- Wurde ein ausreichender Abstand zur Beschilderung eingehalten?
- Automatikmessung oder manuelle Messung?
- Manuelle Messung? → Fehleranfällig!
- Messstrecke ausreichend lang?
- Automatische Messung: gleichbleibender/vergrößernder Abstand?
- Zoom-Kennziffer unverändert?
- Bei Kraftrad: Schräglage während der Messung?
- Reifendruck geprüft?
- Reifengröße/Reifenart?
- Zuladung?
- Archivband?
- Bedrängen/„Drängeln" seitens der Beamten?

b) Mögliche Beweisfragen

- Das ProVida-System war zum Vorfallszeitpunkt nicht gültig geeicht, da der Beamte   **48**
  die Eichsiegel nicht kontrollierte.
- Zum Zeitpunkt der Messung war eine andere Bereifung auf dem Messfahrzeug
  aufgezogen, die nicht identisch war mit jener, die zum Zeitpunkt der Eichung installiert war.
- Zum Beweis dafür, dass die Messung fehlerbehaftet ist, beantrage ich die Einholung
  eines Sachverständigengutachtens, das ergeben wird, dass sich bei der hier durchgeführten Automatikmessung der Abstand zwischen dem Polizeifahrzeug und dem
  des Betroffenen veränderte. Der Polizei-Pkw holte auf, was bedeutet, dass ein zu hoher Geschwindigkeitswert berechnet wurde.
- Zum Beweis dafür, dass die Messung mit dem ProVida-Gerät fehlerbehaftet ist, beantrage ich die Einholung eines Sachverständigengutachtens, das ergeben wird, dass
  sich die Brennweite im Verlauf der Messung verändert hat. Hierdurch ergeben sich
  unterschiedliche Abbildungsgrößen des betroffenen Fahrzeugs im Videomitschnitt.
- Die Messung wurde manuell vorgenommen, was bedeutet, dass der Zeit- und der
  Wegstreckenbeginn jeweils für beide Fahrzeuge identisch sein muss. Dies wird be-
  stritten – die Einholung eines Sachverständigengutachtens wird ergeben, dass hier
  Wegstreckenpunkte gewählt wurden, die zuungunsten des Betroffenen ausfielen.
- Zum Beweis dafür, dass die Messung mit dem ProVida-Messgerät fehlerbehaftet ist,
  beantrage ich die Einholung eines Sachverständigengutachtens, das ergeben wird,
  dass technisch ungünstige bzw. nicht sicher auswertbare Startpunkte bei der Zeit-
  wie auch Wegmessung genommen wurden (perspektivische Verzerrung).
- Vonseiten der Behörde wurde nachträglich eine Videoauswertung am Bildschirm
  vorgenommen, die fehlerbehaftet ist. Es wurden dabei zu geringe Fehlertoleranzen
  angesetzt, die im realen Nachfahrprozess größer ausgefallen wären. Die Einholung

eines Sachverständigengutachtens wird daher ergeben, dass zugunsten des Betroffenen ein weiterer Abzug vom vorgeworfenen Geschwindigkeitswert vorzunehmen ist.

■ Die überwachte Wegstrecke war zu kurz gewählt. Ein Sachverständigengutachten wird beweisen, dass Tempoabzüge bei schon geringer Distanzvariation vorzunehmen sind.

■ Die Messung wurde im Nahbereich des Geschwindigkeitstrichters vorgenommen. Im Hinblick auf die zuzubilligende „Karenzstrecke" wird eine sachverständige Überprüfung zum Ergebnis führen, dass weitere Tempoabzüge vorzunehmen sind.

■ Die Messung wurde zu dicht an der Beschilderung gestartet/beendet. Im Hinblick auf die zuzubilligende „Karenzstrecke" wird eine sachverständige Überprüfung zum Ergebnis führen, dass weitere Tempoabzüge vorzunehmen sind.

■ Das ProVida-Fahrzeug fuhr zu dicht auf das zu überwachende Kfz auf. Ein Gutachten wird beweisen, dass der Sicherheitsabstand unterschritten und der Betroffene sich genötigt fühlte, zu beschleunigen bzw. nicht abzubremsen.

■ Die Messung wurde mit einem Polizeimotorrad durchgeführt. Zum Beweis dafür, dass die Messung fehlerbehaftet ist, beziehe ich mich auf die Einholung eines Sachverständigengutachtens, das ergeben wird, dass im Messverlauf das Polizeimotorrad Kurvenschräglagen durchführte und sich dadurch ein Fehler in der Weg-Zeit-Berechnung ergibt.

c)   Benötige Daten/Unterlagen für eine technische Begutachtung

49   Die nachfolgende Auflistung soll wiedergeben, welche Unterlagen nach Autorenansicht **mindestens** für ein Kurzgutachten, also eine außergerichtliche Begutachtung notwendig sind. Die restlichen Daten können bei Bedarf ergänzend beschafft werden, sind aber für eine erste Einschätzung in der Regel nicht zwingend notwendig.

	Mindestens	Vollständig	✓
Bußgeldbescheid	X	X	
Eichschein	X	X	
Lebensakte/Reparaturnachweise		X	
Messprotokoll/Reifenkontrollbuch	X	X	
Beschilderungsplan		X	
Schulungsnachweise		X	
Tatvideo	X	X	
Gesamtes Video des Messeinsatzes		X	
Archivband		X	
Berechnungsunterlagen (bei nachträglicher Auswertung)	X	X	

II. Weitere Messanlagentypen

1. ProVida 2626, PRDS-1245, PD2601S

a) Informationen zum Gerät

Bei diesen Geräten handelt es sich um Vorgängermodelle des ProVida 2000. Die Ausfüh-   50
rungen des vorherigen Abschnitts gelten aber auch hier, unterscheiden sich die Systeme
nur teilweise im Aufbau, nicht aber bei der Durchführung der eigentlichen Messungen.

b) Rechtliche Bewertung
Siegert

Es handelt sich bei dem ProViDA System um ein standardisiertes Messverfahren, sodass nur   51
auf konkrete Rüge hin etwaige Messfehler zu überprüfen sind.[14] Insoweit wird auf die allgemeinen Ausführungen (§ 2) und die übrigen Provida-Messgeräte (Rdn 44 f.) verwiesen.

2. ViDistA-VDM-R

a) Informationen zum Gerät
Reuß

Bei diesem Gerät handelt es sich um ein ähnliches System des Herstellers Deininger.   52

Auch hier wird eine Wegstrecken- und Zeitmessung realisiert. Im Gegensatz zu den Pro-
Vida-Systemen wird aber generell **keine Messung vor Ort** vorgenommen. Stattdessen
wird das Videomaterial **nachträglich** mittels des ViDistA-Systems ausgewertet, dass
im vorangegangenen Abschnitt (Rdn 27 ff.) bereits beschrieben wurde.

Letztendlich handelt es sich also um eine Ergänzung des Herstellers Deininger, der damit
nicht nur rein die Auswerteinheit liefert, sondern auch das dazugehörige Videosystem.

Die Ausführungen des vorherigen Abschnitts (Rdn 27 ff.) gelten auch hier in Bezug auf
die nachträgliche Auswertung mittels ViDistA.

Die Ausführungen zu ProVida 2000 als können als allgemein gültig für Nachfahrsysteme
angesehen werden.

b) Rechtliche Bewertung
Siegert

Auch hier handelt es sich um ein standardisiertes Messverfahren. Wie beim ProVida-Sys-   53
tem muss jedoch zusätzlich zu den Mindestvoraussetzungen das **konkrete Messverfah-**

---

14 OLG Hamm, Beschl. v. 22.9.2003 – 2 Ss OWi 518/03, juris; OLG Hamm, Beschl. v. 4.5.2010 – III-2 RBs
   35/10, Rn 18, juris; AG Schwerte, Urt. v. 5.6.2014 – 10 OWi 17/13, Rn 15, juris.

ren angegeben werden, da das Beschwerdegericht andernfalls die unterschiedlichen Fehlergrenzen nicht überprüfen kann.[15] Jedenfalls muss sich die Verkehrsfehlergrenze aus dem Urteil erkennen lassen.[16]

Bei konkreten Anhaltspunkten für Messfehler hat das Gericht die Messung weiter aufzuklären. Sofern eine sachverständige Prüfung keine weitere Klärung schafft oder aber ein schwerwiegender Mangel vorliegt, ist das Messergebnis nicht verwertbar.[17]

Grundsätzlich sollte zur Darlegung der Fahreridentifikation nicht „insgesamt" auf den Videofilm verwiesen werden. Jedoch soll es nicht rechtsfehlerhaft sein, wenn auf die „Inaugenscheinnahme des Videofilms" Bezug genommen wird.[18]

D. Geschwindigkeitsmessung durch Nachfahren oder Vorausfahren ohne geeichten Tachometer und ohne Fotoeinrichtung

Reuß

54   Im Gegensatz zu den videogestützten Systemen gibt es bei dieser Art der Geschwindigkeitsmessung **keinerlei Foto- oder Videodokumentation.**

Bei diesem Verfahren wird am ungeeichten Tachometer des Polizeifahrzeugs die Geschwindigkeit abgelesen und damit auf die Fahrgeschwindigkeit des vorausfahrenden oder hinterherfahrenden Fahrzeugs geschlossen.

Dies ist unter Berücksichtigung entsprechender Fehlertoleranzen nur dann möglich, wenn der Abstand zwischen dem Polizeifahrzeug und dem überwachten Fahrzeug während der überwachten Zeit bzw. Wegstrecke annähernd **konstant** ist.

Das vorliegende Verfahren setzt aus technischer Sicht eine **längere Überwachungszeit bzw. eine längere Überwachungsstrecke** voraus. Nur dadurch lassen sich die bei diesem Verfahren auftretenden erheblichen Fehlertoleranzen – insbesondere was das von den Polizeibeamten zu schätzende Abstandsverhalten zwischen den beiden Fahrzeugen betrifft – ausreichend eingrenzen. Bei Geschwindigkeiten von größenordnungsmäßig 100 km/h sollte die überwachte Strecke beispielsweise nicht unter 500 m liegen (Faustformel: Nachfahrstrecke = mind. 10 x halber Tachowert).

Treten während der überwachten Zeit bzw. Strecke erhebliche Geschwindigkeitsänderungen ein (beispielsweise durch Bremsen oder Beschleunigen des überwachten Fahrzeugs), so sollte die Messung nicht verwertet werden.

---

15 OLG Karlsruhe, Beschl. v. 16.10.2006 – 1 Ss 55/06, Rn 9, juris.
16 Brandenburgisches OLG, Beschl. v. 13.9.2004 – 1 Ss (OWi) 188 B/04, juris.
17 AG Senftenberg, Beschl. v. 11.8.2008 – 54 OWi 1211 Js-OWi 16355/07 (274/07), Rn 6, juris.
18 Brandenburgisches OLG, Beschl. v. 17.2.2005 – 2 Ss (OWi) 132 B/04, juris.

Ganz allgemein kommen bei diesen Geschwindigkeitsmessverfahren folgende **Fehlermöglichkeiten** in Betracht:

■ Ungenauigkeit des nicht geeichten, serienmäßigen Tachometers des Polizeifahrzeugs: Nicht geeichte, serienmäßige Tachometer können in jedem Geschwindigkeitsbereich Voreilungen von bis zu 7 % ihres Skalenendwertes aufweisen. Bei relativ hohen Geschwindigkeiten sind Voreilungen dieser Größenordnungen durchaus wahrscheinlich.

■ Ungenauigkeit durch ungenügenden Reifenluftdruck des Polizeifahrzeugs:
> Zu hohe Geschwindigkeitsanzeige um bis zu 0,5 %.

■ Ungenauigkeit durch nicht mehr neuwertiges Reifenprofil des Polizeifahrzeugs:
> Zu hohe Geschwindigkeitsanzeige um bis zu 3 %.

■ Ungenauigkeit durch die Toleranz des Abrollumfanges der Reifen am Polizeifahrzeug:
> Zu hohe Geschwindigkeitsanzeige um bis zu 2 %.

■ Ungenauigkeit durch Reifengrößenwechsel am Polizeifahrzeug:
> Zu hohe Geschwindigkeitsanzeige um bis zu 2 %.

■ Ungenauigkeit durch Ablesefehler der Geschwindigkeitsanzeige am Tachometer:
> In einer Größenordnung von 2 km/h bis 5 km/h.

■ Ungenauigkeit durch Veränderung des Abstandes zwischen dem Polizeifahrzeug und dem überwachten Fahrzeug während der Messfahrt.

Verringert sich beim Nachfahren durch die Polizei der Abstand zwischen den beiden **55** Fahrzeugen, so ist von einer **geringeren Geschwindigkeit** des überwachten Fahrzeugs gegenüber der des Polizeifahrzeugs auszugehen; vergrößert sich der Abstand, so gilt das Umgekehrte.

Verringert sich der Abstand während einer Nachfahrstrecke des Polizeifahrzeugs von 500 m um 50 m, so hatte das überwachte Fahrzeug eine um 10 % geringere Geschwindigkeit als das Polizeifahrzeug inne.

Welche Toleranzen beim vorliegenden Geschwindigkeitsmessverfahren zu unterstellen sind, hängt wesentlich vom Einzelfall ab.

In den entsprechenden Richtlinien (im Anhang dieses Buches) finden sich häufig Vorgaben der Bundesländer, welche Toleranzen bei dieser Art der Messung heranzuziehen sind.

Um eine solche Messung bewerten zu können, ist das Hauptaugenmerk auf die Stellungnahmen und Protokollierungen der Beamten zu richten. So sollten dort genaue Angaben zu den **Umgebungsbedingungen** gemacht werden, wie z.B.:

■ Wie lang war die ungefähre Nachfahrstrecke?

■ Wie groß war der Abstand zwischen den Fahrzeugen?

Reuß 355

- Wie wurde man auf den Betroffenen aufmerksam?
- Musste zunächst aufgeholt werden?
- Lichtverhältnisse (Straßenbeleuchtung/Dunkelheit/Tageslicht)?
- Wo wurde genau gemessen (Örtlichkeit)?

Wegen der fehlenden Fotos/Videos müssen diese Angaben derart exakt sein, dass **keine Zweifel** an der Korrektheit des Nachfahrvorgangs aufkommen können.

§ 16   Section Control

Siemer

A. Messprinzip

Ein **neues Messverfahren**, welches bald in Deutschland eingeführt werden soll, aber in   **1**
mehreren europäischen Ländern schon üblich ist (Österreich, Niederlanden, Großbritannien, Italien…), ist die sogenannte **Abschnittskontrolle**. Im Englischen wird sie auch Section Control genannt. Zu diesem Messprinzip liegen noch keine Erfahrungen vor. Trotzdem soll kurz auf die Funktionsweise und eine mögliche Fehlerquelle eingegangen werden.

Bei der Section Control Messanlage wird ein Streckenbereich von ca. 2–5 km überwacht. Dadurch wird vom gemessenen Fahrzeug **keine Momentaufnahme** erstellt, sondern eine **Durchschnittsgeschwindigkeit** ermittelt. Kurzzeitige Geschwindigkeitsverstöße können demnach nicht erfasst werden.

Am Beginn der Messanlage fährt ein Fahrzeug in den Messbereich ein und wird von einer   **2**
Kamera o.ä. registriert (Abbildung 1, Rdn 3). Hierbei wird das Fahrzeug identifiziert (z.B. durch Ablesen des Nummernschildes) und eine individuelle Zeitnahme gestartet. Verlässt das Betroffenenfahrzeug wieder den Messbereich (z.B. 2 km), wird es wieder registriert und die individuelle Zeitnahme gestoppt. Mit diesem Zeitwert und dem bekannten Abstand zwischen den Messanlagen lässt sich ein durchschnittlicher Geschwindigkeitswert bestimmen. Der Messbereich beträgt dabei eine eher längere Strecke, wobei auf Autobahnen auch Strecken von mehreren Kilometern realisierbar sind. Es besteht wohl auch die Möglichkeit mehrere Streckenerfassungsabschnitte hintereinander zu schalten und so mehrere mittlere Geschwindigkeitswerte zu generieren.

3

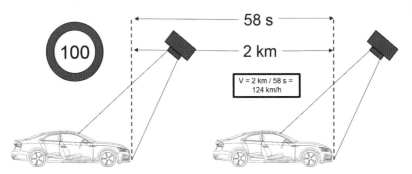

58 s

2 km

$V = 2 \text{ km} / 58 \text{ s} = 124 \text{ km/h}$

Abbildung 1: Prinzipskizze der Section Control, bei der ein Fahrzeug bei der Einfahrt und Ausfahrt eines Messbereiches registriert wird.

4 Je länger bei diesem Messprinzip die Messstrecke ist, desto genauer ist auch die Ermittlung der Durchschnittsgeschwindigkeit. Beschleunigungsspitzen und Abbremsungen der Fahrzeuge mitteln sich dabei weg.

Eine mögliche Fehlmessung könnte sich ergeben, wenn das Betroffenenfahrzeug bei der Einfahrt zu früh oder bei der Ausfahrt zu spät registriert werden würde. Allerdings hat aus technischer Sicht, nach bisheriger Erkenntnis, eine nicht exakte Bestimmung der Registrierungsposition keine relevante Auswirkung auf das Messergebnis. So ergibt sich bei einer Fehlerbetrachtung am Beispiel der Abbildung 1 bei einer Messstrecke von beispielsweise 2005 m statt 2000 m ein Geschwindigkeitswert von 124,4 km/h. Die Zeitmessung bleibt dabei unverändert, da hierbei sehr geringe Fehler zu erwarten sind. Der fehlerbehaftete Geschwindigkeitswert von 124,4 km/h ergibt abgerundet immer noch einen Geschwindigkeitswert von 124 km/h, so dass ersichtlich ist, dass die Messungenauigkeit bei einer größeren überwachten Messstrecken abnimmt.

B. Rechtliche Bewertung

Siegert

5 Bei der Abschnittskontrolle werden die Daten für den Zeitraum der Messung vom Einfahren bis zum Ausfahren erfasst, eine dauerhafte Speicherung erfolgt jedoch erst bei Überschreitung der zulässigen Geschwindigkeit bzw. des für die Speicherung eingestellten Grenzwertes. Heikel ist hier jedenfalls, dass für den Zeitraum des Einfahrens bis zum Ausfahren aus dem Messbereich eine **anlasslose Speicherung** erfolgt und erst im Nachhinein ausselektiert wird. Das Recht auf informationelle Selbstbestimmung wird hierdurch verletzt; ob dies verfassungsrechtlich gedeckt ist, bleibt fraglich.

Bei anderen Messsystemen wird vor Inbetriebnahme des Systems ein Grenzwert eingestellt, welcher erst ab der eingegebenen Geschwindigkeitsüberschreitung die Tatfotos auslöst. Dies ist auch bei automatischer Auslösung als anlassbezogen zu werten.[1] Umgekehrt kann die Eingriffsqualität aber auch verneint werden, wenn die Daten ungezielt und allein technikbedingt zunächst miterfasst, dann aber ohne weiteren Erkenntnisgewinn, anonym und spurenlos wieder gelöscht werden.[2] Bei **PoliScan SECO** werden die **Nichttreffer ohne weitere Auswertung sofort gelöscht**. Insoweit dürfte eine anlassbezogene Datenspeicherung vorliegen, welche von § 100h StPO i.V.m. § 46

---

1 So auch zur Messung mit XV3: VG Berlin, Urt. v. 9.2.2011 – 11 K 459.10, Rn 46, juris.
2 BVerfG, Stattgebender Kammerbeschluss vom 11.8.2009 – 2 BvR 941/08, Rn 16, juris; OLG Düsseldorf, Beschl. v. 9.2.2010 – IV-3 RBs 8/10, Rn 8, juris; BVerfG, Nichtannahmebeschluss vom 12.8.2010 – 2 BvR 1447/10, Rn 16, juris.

Abs. 1 OWiG gedeckt ist.[3] Die Thematik ist gleichgelagert mit den Abstandsmessverfahren; die Argumente sind dieselben (Vgl. § 19 Rdn 42 ff.). Insofern ist die Verteidigung auch hier gehalten, im Einzelfall ein besonderes Augenmerk auf die **Grundrechtskonformität** zu legen.

---

3 *Schlanstein*, VD 2015, 3–12; einschränkend: *Arzt/Eier*, NZV 2010, 113–119; *Rausch*, zfs 2010, 302–312.

Teil 3: Messverfahren zur Abstandsmessung

§ 17 Allgemeines zur Abstandsmessung

Siemer

Im aktuellen Bußgeldkatalog werden die Abstandsunterschreitungen mit einem Zehntel-   1
bruch des halben Tachometerstandes (x/10-Wert) aufgelistet. Dabei wird erst ab einer
Unterschreitung des 5/10-Wertes ein Vorwurf der Abstandsunterschreitung angezeigt.
Dieser Basiswert von 5/10 ist keine willkürliche Größe, sondern richtet sich nach der normalen Reaktionszeit eines durchschnittlichen Pkw-Fahrers. Fährt dieser mit einer Geschwindigkeit von z.b. 100 km/h, beträgt die zurückgelegte Strecke während einer Reaktionszeit von ~ 0,9 s ca. 25 m. Diese Strecke entspricht dabei genau 5/10 des halben
Tachometerwertes.

Dabei werden Abstandmessungen in der Regel erst ab Geschwindigkeiten von über
80 km/h durchgeführt, wobei von den Behörden prinzipiell zwei unterschiedliche Messverfahren verwendet werden.

Beim **Brückenmessverfahren** wird eine mobile Anlage erhöht aufgestellt und die Fahrzeuge aus dieser Position heraus gefilmt.

Bei dem Abstandsmessverfahren im **Hinterherfahrvorgang** befindet sich die Messanlage fest eingebaut in einem Behördenfahrzeug, weshalb dieses mobil in unterschiedlichen Verkehrssituationen Abstandsmessungen durchführen kann.

§ 18 Allgemeine rechtliche Aspekte von Abstandsmessungen

Siegert

§ 4 Abs. 1 StVO regelt allgemein, dass der Abstand zu einem vorausfahrenden Fahrzeug **1** groß genug sein muss, um auch im Falle einer plötzlichen Bremsung anhalten zu können. Gleichwohl darf der Vorausfahrende nicht ohne zwingenden Grund abbremsen.

Ein konkreter Abstand wird nur betreffend Autobahnen und nur für Lkw über 3,5 t zuläs- **2** siger Gesamtmasse und für Busse benannt. Gemäß § 4 Abs. 3 StVO müssen diese bei einer Geschwindigkeit von mehr als 50 km/h mindestens 50 Meter Abstand zum Vordermann einhalten. Diesen Abstand gilt es auch durchgängig bei zu belassen und nach Überholvorgängen wiederherzustellen. Bei einer geringfügigen Unterschreitung kann eine Reduzierung des Bußgelds unterhalb der FAER-Eintragungsgrenze angemessen sein, wenn der „halbe Tachoabstand" gewahrt wurde.[1]

Der „halbe Tachoabstand" ist im Übrigen lediglich eine unverbindliche Faustformel; lässt **3** sich jedoch Nr. 12.5 BKatV entnehmen. Ab einer Geschwindigkeit von 80 km/h und einer Abstandsunterschreitung weniger als 5/10 des Tachowertes beginnt der eintragungsrelevante Bereich mit einem Punkt und 75 EUR Bußgeld.

Hinweis **4**

Eine genauere Bestimmung erfährt § 4 Abs. 1 StVO durch die obergerichtliche Rechtsprechung:

- Der Abstand zwischen zwei Fahrzeugen soll **bei normalen Verhältnissen** auf Schnellstraßen **die in 1,5 Sekunden gefahrene Strecke** betragen und richtet sich nach Örtlichkeit und Lage sowie der Fahrgeschwindigkeit.[2] Hierdurch wird gewährleistet, dass der Hintermann innerhalb des Bremswegs des Vorausfahrenden gefahrlos anhalten kann. Es geht also nicht um die Länge des Gesamtanhaltewegs, sondern um die Strecke für die eigene Reaktions- und Bremsansprechzeit.[3]
- Gefordert wird zudem eine **nicht nur ganz vorübergehende** Abstandsunterschreitung. Dies trägt dem Umstand Rechnung, dass sowohl der Vorausfahrende, als auch dazwischenfahrende Dritte den Abstand ohne ein vorwerfbares Zutun des Betroffenen beeinflussen können.[4]

---

1 AG Lüdinghausen, Urt. v. 4.2.2013 – 19 OWi 239/12, Rn 12, juris; AG Lüdinghausen, Beschl. v. 20.6.2016 – 19 OWi 87/16, juris.
2 Einhellige Rechtsprechung – vgl. OLG Frankfurt, Beschl. v. 24.6.1976 – 1 Ws (B) 102/76, Rn 6 m.w.N., juris; KG Berlin, Urt. v. 30.9.2002 – 12 U 52/01, Rn 26 m.w.N., juris.
3 OLG Celle, Beschl. v. 25.4.1988 – 1 Ss (OWi) 120/88, Rn 4, juris.
4 OLG Hamm, Beschl. v. 22.12.2014 – III-3 RBs 264/14, Rn 15, juris.

■ Eine konkrete Gefährdung des Vordermanns ist hingegen nicht erforderlich. Umgekehrt kann die Verteidigung hier auch nicht mit dem Fehlen einer konkreten Gefährdung argumentieren. Aus einer nicht nur ganz vorübergehenden Abstandsunterschreitung kann eine Gefährdung auch nicht pauschal gefolgert werden. Jedoch kann sie im Einzelfall vorliegen und damit ein zusätzlicher Verstoß gegen § 1 StVO.[5]

5 Das Kriterium der **nicht nur ganz vorübergehenden Abstandsunterschreitung** wird von den Gerichten unterschiedlich beurteilt. Nicht zu verkennen ist hierbei die zeitliche Komponente. Für die Einzelfallprüfung genügt eine starre Meterangabe nicht, denn der Anhalteweg richtet sich maßgeblich nach der Geschwindigkeit des Fahrzeuges. Um dem Beschwerdegericht eine Überprüfung des Urteils zu ermöglichen, sind also auch Angaben zur festgestellten Geschwindigkeit, zur Dauer der Unterschreitung und vor oder hinter dem Fahrzeug des Betroffenen fahrender Fahrzeuge erforderlich.[6] Die von einigen Gerichten geforderte Strecke von mindestens 150 m,[7] bzw. 250–300 m[8] ist daher stets im Rahmen einer **Einzelfallbetrachtung** in Relation zu setzen zu den übrigen Kriterien.

6 Insofern kann auch ein dreimaliges Auffahren mit einem Abstand von weniger als 10 m auf einer Strecke von 900 m als erhebliche Abstandsunterschreitung gewertet werden.[9]

7 Geringfügige, nie ausschließbare, Abstandsschwankungen sind unbeachtlich.[10] Wird der gefährdende Abstand gleichwohl nur um ca. 5 % des Grenzwertes unterschritten, wird die Abstandsunterschreitung noch als vorübergehend zu qualifizieren sein.[11]

8 Wenngleich in den meisten Fällen ein Tatvideo vorliegt, ist der Nachweis von **Vorsatz** schwierig.[12] Aus der Abstandsunterschreitung selbst kann nicht auf Vorsatz geschlossen werden, wenngleich dies ab einer gewissen Gefährdungsgrenze nahe liegen wird.[13] Hierzu bedarf es stets einer eingehenden Erörterung der vorsatzimmanenten Wissens-

---

5 BGH, Beschl. v. 5.3.1969 – 4 StR 375/68, BGHSt 22, 341–346, Rn 5; OLG Hamm, Beschl. v. 30.8.2012 – III-1 RBs 122/12, Rn 3, juris.

6 OLG Hamm, Beschl. v. 9.7.2013 – III-1 RBs 78/13, Rn 12, juris; OLG Rostock, Beschl. v. 18.8.2014 – 21 Ss OWi 144/14 (B), Rn 8, juris.

7 OLG Hamm, Beschl. v. 30.8.2012 – III-1 RBs 122/12, Rn 2, juris; OLG Hamm, Beschl. v. 9.7.2013 – III-1 RBs 78/13, Rn 13, juris.

8 OLG Karlsruhe, Beschl. v. 4.9.1972 – 1 Ss (B) 328/71, juris; OLG Celle, Beschl. v. 20.4.1978 – 1 Ss (OWi) 141/78, juris; AG Homburg, Urt. v. 6.6.1997 – 5 OWi 120/97, juris; OLG Düsseldorf, Beschl. v. 11.7.2002 – 2a Ss (OWi) 107/02 – (OWi) 30/02 II, Rn 5, juris; AG Lüdinghausen, Urt. v. 28.1.2013 – 19 OWi 216/12, Rn 6, juris.

9 BayObLG, Beschl. v. 2.3.1994 – 2 ObOWi 28/94, Rn 1, juris.

10 OLG Koblenz, Beschl. v. 13.5.2002 – 1 Ss 75/02, Rn 18, juris.

11 BGH, Beschl. v. 7.6.1982 – 4 StR 60/82, BGHSt 31, 86–91, Rn 7; OLG Düsseldorf, Beschl. v. 20.1.1988 – 5 Ss (OWi) 12/88 – 10/88 I, Rn 20, juris.

12 Vgl. *Gutt/Krenberger*, zfs 2015, 664–668.

13 OLG Bamberg, Beschl. v. 20.10.2010 – 3 Ss OWi 1704/10, Rn 5, juris.

und Wollenselemente durch das Tatgericht.[14] Allein aufgrund erkennbarer Fahrbahnmarkierungen, mit denen ein aufmerksamer Fahrer seinen Abstand hätte überprüfen können, kann der Vorsatz jedenfalls nicht begründet werden.[15] Die Beurteilung des Fahrverhaltens erfolgt durch die **Inaugenscheinnahme des Videofilms**.[16]

Ist ein Regelfahrverbot vorgesehen, ist ein grober Pflichtenverstoß i.S.d. § 25 Abs. 1 S. 1 1. Alt. StVG indiziert; es bedarf hierzu also keiner näheren Erörterung. Dennoch muss der Tatrichter in seinen Urteilsgründen erkennen lassen, dass er die Möglichkeit des Absehens von einer Fahrverbotsanordnung bedacht hat.[17] Ein Fehlverhalten des Vorausfahrenden kann ein Fahrverbot entfallen lassen, wenn im Gegenzug die Geldbuße erhöht wird.[18] Dagegen genügt es auch bei einem bislang leeren FAER nicht für einen Wegfall des Regelfahrverbotes, wenn die Fahrverbotsschwelle lediglich **geringfügig** überschritten wurde.[19] Wie bereits eingangs erläutert (Rdn 4), verfängt hier auch die Argumentation nicht, dass eine konkrete Gefährdung nicht vorliegt.   9

Beim Kriterium des **beharrlichen Pflichtenverstoßes** ist zu bedenken, dass Geschwindigkeitsverstöße und Abstandsverstöße beide auf das Bestreben hindeuten, dass sich der Betroffene über Regeln hinwegsetzt, um schneller voranzukommen. Folglich wird ein „innerer Zusammenhang" bei entsprechenden Voreintragungen angenommen.[20]   10

Festgestellt werden Abstandsverstöße durch Brücken-Abstandsmessverfahren oder durch Nachfahrten. Es muss für das jeweilige Messverfahren feststehen, dass zu Beweiszwecken verwertbare Aufzeichnungen nur dann gefertigt werden, wenn **der konkrete Verdacht eines Verkehrsverstoßes** besteht.[21] Bei den anerkannten Messverfahren ist dies der Fall und wird dort jeweils genauer thematisiert.   11

Praxistipp   12

Das Vorliegen eines Tatvideos ermöglicht die Aufklärung der Begleitumstände der Tat. Hierin liegt gleichzeitig aber auch die Gefahr, dass weitere Delikte im Nachgang erfasst werden.

---

14 OLG Hamm, Beschl. v. 17.2.2006 – 2 Ss OWi 63/06, Rn 29, juris; OLG Bamberg, Beschl. v. 20.10.2010 – 3 Ss OWi 1704/10, Rn 5, juris; hierzu auch: *Krenberger*, jurisPR-VerkR 25/2017 Anm. 6.
15 OLG Oldenburg, Beschl. v. 5.1.2015 – 2 Ss (OWi) 322/14, Rn 15, juris.
16 OLG Hamm, Beschl. v. 28.10.1993 – 1 Ss OWi 426/92, juris.
17 OLG Düsseldorf, Beschl. v. 11.7.2002 – 2a Ss (OWi) 107/02 – (OWi) 30/02 II, Rn 14, juris.
18 AG Landstuhl, Urt. v. 22.2.2016 – 2 OWi 4286 Js 14527/15, juris.
19 OLG Bamberg, Beschl. v. 28.12.2011 – 3 Ss OWi 1616/11, Rn 11, juris.
20 OLG Bamberg, Beschl. v. 4.10.2007 – 3 Ss OWi 1364/2007, Rn 11, juris; OLG Bamberg, Beschl. v. 28.12.2011 – 3 Ss OWi 1616/11, Rn 13, juris.
21 BVerfG, Nichtannahmebeschl. V. 12.8.2010 – 2 BvR 1447/10, Rn 16, juris; *Bücken*, jurisPR-VerkR 4/2010 Anm. 5.

Die Verteidigung hat den Messfilm daher im Vorfeld insbesondere auf Nötigungshandlungen und – bei Lkw – auf Überholverstöße zu überprüfen.[22] Hier sind die entsprechenden Vorkehrungen zu ergreifen, um eine erheblich schwerwiegendere Verurteilung abzuwenden.

13 Die jeweils einschlägigen **Polizeirichtlinien** sind auf weitere Vorgaben zu Abstandsmessverfahren zu überprüfen. Zum Teil werden dort konkrete Anforderungen an das Einrichten der Messstelle und die Auswertung der Messdaten gestellt.[23]

14 Es gilt zwischen standardisierten Messverfahren und „einfachen" Messverfahren – d.h. mit Geräten ohne Bauartzulassung – zu unterscheiden. Brückenabstandsmessungen gelten zwischenzeitlich als standardisiert. Ansonsten sind vom Tatgericht eine vertiefte Einzelfallprüfung und erhebliche Toleranzabschläge vorzunehmen.

15 Die **Fahreridentifikation** ist zuweilen aufgrund unscharfer Messbilder schwierig. Fahrer von Lkw werden regelmäßig überhaupt nicht abgelichtet, weshalb es hier meist allein auf Halterangaben, Fahrtenbücher, Fahrerkarten etc. ankommt. Ist das Erscheinungsbild des Fahrers ohnehin nicht relevant, kann ein Entbindungsantrag auch ohne die Einräumung der Fahrereigenschaft erfolgen.[24]

---

22 *Gutt/Krenberger*, zfs 2015, 664–668.
23 Vgl. hierzu die allgemeinen Ausführungen zu Polizeirichtlinien in § 5.
24 *Gutt/Krenberger*, zfs 2015, 664–668.

§ 19   Brückenabstandsmessverfahren

Siemer

A. Messprinzip

Um den Abstand zwischen zwei Fahrzeugen anhand des Brückenmessverfahrens zu er-   **1**
mitteln, wird von einer erhöhten Position aus die Verkehrssituation beobachtet und mit
einer Videokamera aufgezeichnet. Dies erfolgt im Prinzip bei den unterschiedlichen
Messanlagentypen nach dem gleichen Messprinzip, sodass sich auch die gleichen Fehlermöglichkeiten ergeben können.
Im Folgenden sollen erst einmal die Gemeinsamkeiten der verschiedenen Messmethoden
aufgezeigt werden.

Wie auch bei allen Geschwindigkeitsmessmethoden wird bei der Abstandsmessung zu-   **2**
erst ein **Geschwindigkeitswert** bestimmt und dann anhand dieses Geschwindigkeitswertes ein **Abstandswert** berechnet. In der Abbildung 1 (Rdn 3) ist dabei der prinzipielle Ablauf gezeigt.

Grundlage der Messung sind Fahrbahnmarkierungen, die senkrecht über die Fahrbahn
aufgebracht sind. Dabei können diese Markierungen auch mehrere Fahrspurbreiten abde-
cken. In der Regel sind diese Markierungen ca. 50 m voneinander entfernt.

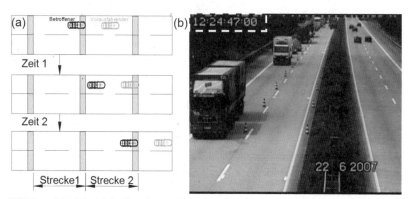

3

Abbildung 1: (a) Prinzipielle Vorgehensweise bei der Ermittlung des Abstandes zweier Fahrzeuge. (b) Einzelbild einer Videosequenz, die die Einrichtung einer Messstelle zeigt. Im oberen
linken Bildabschnitt wird dabei eine geeichte Zeitanzeige eingeblendet.

Das Verkehrsgeschehen wird dabei von **mindestens einer Kamera** dokumentiert. Die   **4**
Kamera ist auf einer höher gelegenen Ebene positioniert und hat eine so geringe Auflösung, dass das Erkennen von Personen (Kfz-Insassen) nicht möglich ist. Dies muss

aus Datenschutzgründen gegeben sein. In das Videobild wird zusätzlich eine geeichte Zeitanzeige mit zusätzlichem Bildzähler eingeblendet. Beispielhaft gezeigt in der Abbildung 1 (b). In diesem Einzelbild wird gerade die Zeit 12:24:47 angezeigt. Die beiden letzten Ziffern zeigen die Bildnummer an, die in diesem Beispiel 00 lautet. Ein Bild weiter würde dort 01 stehen, der Bildzähler geht bis 24, wobei der Abstand zwischen zwei Bilder 0,04 s beträgt.

5 Mithilfe der bekannten **Markierungsabstände** auf der Fahrbahn und der genauen **Zeitangabe** kann auf dem Videomaterial der Zeitpunkt bestimmt werden, zu dem sich das Betroffenenfahrzeug in Höhe der z.b. mittleren Markierung befindet (Abbildung 1 (a), obere Situation). In der nächsten aufgeführten Fahrzeugposition befindet sich das vorausfahrende Fahrzeug gerade in Höhe der in Fahrtrichtung gesehen letzten Markierung. Dieser Zeitwert wird ebenfalls gespeichert. Als letztes wird das Einzelbild bestimmt, bei dem sich das Betroffenenfahrzeug auch in Höhe der letzten Markierung befindet. Anhand der drei Zeitwerte können zwei Zeitdifferenzen bestimmt werden. Werden diese beiden Zeitdifferenzen addiert (*Zeit 1* + *Zeit 2* = *t*), kann über

$$v_{Betroffener} = \frac{Strecke\ 1}{t}$$

der Geschwindigkeitswert des Betroffenenfahrzeuges bestimmt werden. Mit der Grundlage dieses Wertes kann dann mit Hilfe der *Zeit 2* ($s_{Abstand} = v_{Betroffener} \times t$) der Abstand bestimmt werden, den das Betroffenenfahrzeug in der zweiten Situation von der letzten Markierung hatte. Wird von dieser Strecke die Fahrzeuglänge des vorausfahrenden Fahrzeuges abgezogen, ergibt sich der Abstand zwischen der Vorderachse des Betroffenenfahrzeuges und dem Heck des vorausfahrenden Fahrzeugs. Der so ermittelte Abstand kann jetzt mit der gefahrenen Geschwindigkeit verknüpft werden, so dass eine mögliche Abstandsunterschreitung festgestellt werden kann.

6 Wird von dem Messsystem oder dem Messbeamten ein **verdächtiger Abstand** beobachtet, kann eine weitere Kamera, die unterhalb der Brücke am Fahrbahnrand positioniert ist, geschaltet werden. Diese ID-Kamera erstellt zur möglichen Identifizierung Bilder des Betroffenenfahrzeuges und des Fahrers. Damit wird erreicht, dass eine verdachtsbezogene Messung durchgeführt wird.

B. Allgemeine Fehlermöglichkeiten

7 Aufgrund der **Videoaufzeichnung** kann bei dieser Messmethode die Korrektheit der Messung gut überprüft werden. Bei der gutachterlichen Betrachtung des Videomaterials können so Auffälligkeiten festgestellt oder der vorwerfbare Messwert nachvollzogen

werden. Dafür ist es allerdings notwendig, dass die Fahrbahnmarkierungen auf dem Videomaterial erkennbar sind und die Gesamtfahrt des Betroffenenfahrzeuges enthalten ist. Bei der Fehlerbetrachtung können mehrere Bereiche relevant sein. So ist das Betroffenen- 8 fahrzeug und die Verkehrssituation im Fernbereich des Videomaterials (über 100 m Entfernung von der letzten Markierung) zu beachten. Kommt es hier zu Besonderheiten wie z.b. einem einscherenden Fahrzeug (Abbildung 2, Rdn 9) oder einem gerade begonnenen Überholvorgang, sollte die Messung **nicht** ausgewertet werden, da hier möglicherweise der Verstoß über eine zu kurze Strecke vorliegt oder unverschuldet zu Stande kam.

9

Abbildung 2: Videoeinzelbilder des Fernbereichs. Hier ist zu erkennen, dass ein Transporter in eine Lücke vor dem Betroffenenfahrzeug einschert.

Im Nahbereich (innerhalb des Messfeldes) können mögliche Verzögerungen von voraus- 10 fahrenden Fahrzeugen oder dem Betroffenenfahrzeug beobachtet werden. Wird festgestellt, dass ein vorausfahrendes Fahrzeug stark verzögert, weil es z.B. die Messstelle entdeckt hat, soll die Messung ebenso wenig ausgewertet werden, wie eine starke Verzögerung innerhalb des Messbereichs durch den Betroffenen. Weiterhin ist es möglich, dass durch eine ungenaue Auswertung des Messbeamten, Zeit- oder Streckenabstände zu Ungunsten des Betroffenen ausfallen können.

Im Allgemeinen könnten die vorgegebenen **Maße**, die der Messstelleneinrichtung ent- 11 nommen werden können, nicht eingehalten worden sein. So kann der Messplatz nicht den System- oder Zulassungsvoraussetzungen entsprechen 'oder die Kamera falsch positioniert sein. Vom Messbeamten können auch die zu beachtenden **Toleranzen** (z.B. Fahrzeuglänge) falsch angenommen werden und es ist möglich, dass er lediglich **Geschwindigkeitswerte im Nahbereich** auswertete und so keine mögliche Verzögerung der Fahrzeuge bestimmte.

Im **Fernbereich** ist zu beachten, dass das Auflösungsvermögen anhand des Videomate- 12 rials im ungünstigsten Fall durchaus ± 10 m beträgt. Würde man beispielsweise im Nahbereich einen zugunsten eines Betroffenen gesicherten Abstand von 20 m feststellen, so bedeutet dies, dass aufgrund des Auflösungsvermögens der Videobilder im Fernbereich nicht selten nur ein Abstand von 10–30 m zwischen den überwachten Fahrzeugen als objektiv gesichert angesehen werden kann.

Aufgrund der **Unschärfe** des Auflösungsvermögens kann es zu einem nicht gesicherten Geschwindigkeitswert kommen. So muss die Geschwindigkeit der überwachten Fahrzeuge im Fernbereich nicht zwingend identisch mit der im Nahbereich sein. Ein Abstandsvorwurf kann aber immer nur in Verbindung mit einer als gesichert angesehenen Geschwindigkeit gemacht werden.

13   Durch technische Fehler, kann es zu möglichen **Einzelbildverlusten** kommen. Daher ist das Videomaterial daraufhin anzusehen, ob Einzelbilder oder Uhrzeitanzeigen übersprungen wurden.

C. Messanlagentypen

14   Als Brückenmessverfahren findet sich häufig das Verkehrs-Kontroll-System (VKS) vom Hersteller Vidit. Des Weiteren gibt es mehrere Hersteller von Video-Uhren. Dieses sind elektronische Uhren, die mithilfe eines Video-Systems eine Zeitinformationen als geeichte Messgrößen in ein laufendes Videobild einblenden und gemeinsam mit der aktuellen Verkehrssituation aufzeichnen. Anhand einer solchen Aufnahme kann im Nachhinein eine Auswertung bezüglich der Geschwindigkeit und des Abstandes durchgeführt werden. Hier werden unterschiedliche Auswertemethoden, die „Video-Abstands-Messanlage" (VAMA) und „Video-Brückenabstandsmessverfahren" (Vi-BrAM) vorgestellt.

I. VKS

15   Bei VKS-Messsystemen handelt es sich um Distanz- bzw- Tempomessungen von Brücken, bei denen hauptsächlich Autobahnabschnitte überwacht werden. Bei dieser Überwachungsmethode wird die Abstandsmessung auf eine **Zeitmessung** bzw. eine **Geschwindigkeitsmessung** zurückgeführt. Eine Kamera, die in einer höheren Position über der Fahrbahn ist, nimmt das Verkehrsgeschehen auf und registriert einzelne Fahrzeuge. Stellt das Messsystem bei dieser Betrachtung z.b. eine Abstandsunterschreitung fest, wird eine **Fahreridentkamera**, die sich unterhalb der Brücke befindet, ausgelöst, die ein Bild des Betroffenen aufnimmt.

16

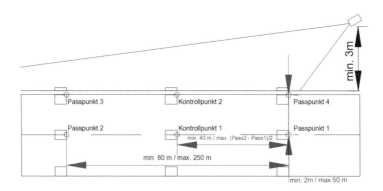

Abbildung 3: Für das VKS 2D-Messstelle gegebene Parameter der Anordnung der Fahrbahn-markierungen. Die Kamera muss dabei in einer Höhe von mindestens 3 m über der Fahrbahn stehen und den gesamten markierten Fahrbahnbereich erfassen.

1. Informationen zum Gerät

Anhand des Videomaterials kann wie in dem Absatz „Messprinzip"(Rdn 1–6) die Ge-   17
schwindigkeit und der Abstand des Betroffenenfahrzeuges nachträglich bestimmt werden.

Bei dieser Messanlage wird das Auswerteprinzip aber durch eine Messsoftware übernommen. Dabei wird eine **perspektivische Transformation der Videobilder** vorgenommen,
welches durch die Festlegung der **Abstände der Fahrbahnmarkierungen** möglich ist. Der
Abstand zwischen den einzelnen Fahrbahnmarkierungen ist durch die Gebrauchsanweisung vorgegeben und in der Abbildung 3 (Rdn 16) aufgeführt. Die vier Passpunkte müssen
auf der Fahrbahnoberfläche gut sichtbar sein und mit einem geeichten Längenmessgerät
oder einem elektrooptischen Tachymeter vermessen worden sein. Die exakten Abstands-
punkte befinden sich dabei an den vorderen sichtbaren Markierungskanten (Abbildung 3,
dunkle Kreise). Somit kann der Auswerter an jeder Position die Abstände zwischen der vordersten Markierung und einem Fahrzeug bestimmen. Die Positionsdifferenz zwischen zwei
Einzelbildern ergibt dabei die gefahrene Strecke des Fahrzeuges, falls die Position des Fahrzeuges immer an der gleichen Stelle (z.B. Radaufstandspunkt) gemessen wurde.

Die eingeblendete **Zeitmessung** erfolgt dabei über das automatische Zählen von Video-   18
halbbildern und einer vorangegangenen Prüfung der Videobildfrequenz.

Das Zusatzmodul „select" erkennt dabei pixelartige Veränderungen innerhalb des Vi-   19
deos. Anhand dieser pixelartigen Veränderung können softwareseitig bestimmte Fahr-

zeugkonturen bestimmt und Geschwindigkeiten erfasst werden. Stellt die Software ein Vergehen fest, wird die **Fahrerident-Kamera** aktiviert, die acht Fotodokumentationen der Verkehrssituation erstellt. Diese Identkamera ist meistens unter der Brücke positioniert und erstellt hochauflösende Bilder des betroffenen Fahrzeuges und des Fahrers. Diese Methode der Vorselektion sorgt dafür, dass nicht der gesamte Verkehrsraum personenspezifisch überwacht wird. Das Messprinzip ist bei der Messanlage als VKS Select als Sondermodul beigefügt. Wird nicht mit dem VKS Select-Modul gemessen, muss der Messbeamte das Verkehrsgeschehen beobachten und bei einer vermuteten Abstandsunterschreitung per Hand die Fahreridentkamera auslösen.

20   Die perspektivische Transformation erfordert im Hinblick auf eine möglichst hohe Auswertegenauigkeit im Prinzip **plane Fahrbahnabschnitte**. Fahrbahnunebenheiten wie Kuppen, Senken oder veränderliche Steigungen führen zwangsläufig zu Auswertefehlern. Für das VKS-Verfahren sind daher nur bestimmte Fahrbahnabschnitte geeignet.

21   Das zusätzliche Modul Version 3D lässt es zu, dass auf einer welligen Fahrbahn und in Kurven die Abstandsmessung durchgeführt werden kann (Oberfläche weist z.B. Kuppen oder Senken auf, Kurvenradius < 500°). Die Einrichtung ist dabei nur durch den Zulassungsinhaber oder eine autorisierte Fachfirma erlaubt. Zusätzlich zur annähernd festen Kameraposition muss eine **vorgegebene Kameralinie** eingehalten werden. Bei der Einrichtung sind drei Maße im Messprotokoll zu vermerken, die dann auch im originalen Messprotokoll der Messung beachtet werden müssen.

22   Da im vorliegenden Fall eine der beiden Abstandsmessungen zumindest im mittleren Bereich oder gar im **Fernbereich** erfolgt und dort die zugestandenen Toleranzen systembedingt relativ groß sind, kommt man nach dem VKS-Verfahren in der Regel zu deutlich größeren (und damit für die Betroffenen günstigeren) Abständen als sie sich nach den anderen Video-Brückenabstandsmessverfahren ergeben würden (da bei den anderen Video-Brückenabstandsmessverfahren die Abstände nur im Nahbereich ermittelt und dann mehr oder minder ohne weitere Toleranzen auch auf den Fernbereich übertragen werden).

a)   Technische Daten

23

Messbereich	0 m–500 m
Abstandsauflösung	0,1 m
Geschwindigkeitsmessbereich	1 km/h bis mindestens 300 km/h
Zeitauflösung der Videokodierung	0,04 s
Videovollbildfrequenz	25 Hz >= 0,015 %
Kamerastandortshöhe	min. 3 m
Temperaturbereiche der V-Control-IIb	
Betriebstemperaturbereich	0°C bis +50°C

b) Toleranzen

Bei dieser Messmethode wird die **Durchschnittsgeschwindigkeit** des Betroffenenfahr-   24
zeuges ermittelt, von der die **Verkehrsfehlertoleranz** abgezogen wird.

Zur Bestimmung des Abstandes müssen **zwei** Messwerte anhand des Videomaterials er-   25
mittelt werden, von denen der größere Abstand zur weiteren Auswertung herangezogen
wird. Hier soll eine Mehrfachmessung stattfinden, damit mögliche Verzögerungen oder
Beschleunigungen des vorausfahrenden Fahrzeuges erkannt werden. Falls eine Verzögerung oder eine Beschleunigung beobachtet werden kann, sollte keine Auswertung durchgeführt werden. Wird bei dieser Auswertemethode der Abstand des Hinterrades des Vorausfahrenden mit dem Vorderrad des Betroffenen betrachtet, wird schon eine Messung
zugunsten des Betroffenen durchgeführt, da mögliche Überhänge vernachlässigt wurden.

Die **Güte**, mit der der Messbeamte am Beginn einer Auswertung die Entzerrungsparame-   26
ter für die perspektivische Transformation für das Rechenprogramm ermittelt, wird vom
Programm selbst überwacht. Der Auswerter positioniert zunächst innerhalb der Auswertesoftware das Fadenkreuz auf die vier Passpunkte (Abbildung 3, Passpunkte 1–4,
Rdn 16) und gibt die tatsächlichen Strecken 1 bis 4 zwischen den jeweiligen Passpunkten
in den Rechner ein. Damit sind programmintern die Entzerrungsparameter für die perspektivische Transformation ermittelt.

Dieser Vorgang ist allerdings nur so genau und/oder so ungenau, wie genau oder ungenau
der Auswerter die Passpunkte mit dem Fadenkreuz fixiert hat.

Um mögliche **Fehler des Auswerters bei der Eingangspositionierung des Fadenkreuzes auf den Passpunkten** erkennen zu können, muss der Auswerter daher noch vor Aus-
wertebeginn auch die Kontrollpunkte über das Fadenkreuz fixieren. Das Programm rechnet dann die sich hieraus ergebenden realen Koordinaten der Kontrollpunkte aus. Nur
wenn die so ermittelten Koordinaten der Kontrollpunkte mit ihren tatsächlichen Koordinaten innerhalb einer vorgegebenen Toleranz übereinstimmen, kann mit der Auswerteeinheit überhaupt weitergearbeitet werden. Ansonsten ist die Auswerteeinheit für weitere
Tätigkeiten gesperrt.

Das VKS-System hebt sich insgesamt von den anderen am Markt vertretenen Systemen   27
ab, weil es sich um eine komplette Auswerteeinheit handelt, mit der anhand einer perspektivischen Transformation des Videosignals **jeder Punkt im Messbereich positionsge-
nau bestimmt** werden kann.

Das Digitalisieren von Punkten auf der Fahrbahnoberfläche erfolgt mit dem in das Videobild eingeblendeten Fadenkreuz. Die Fadenkreuzbreite ist endlich und konstant. Dadurch
überstreicht das Fadenkreuz im Fernbereich des Videobildes eine größere Fläche als im
Nahbereich. Die Genauigkeit des Anvisierens eines bestimmten Punktes auf dem Videobild (beispielsweise Aufstandspunkt des linken Vorderrades eines Fahrzeugs auf der

Fahrbahn) hängt fraglos von der Genauigkeit der Positionierung des Fadenkreuzes durch den auswertenden Polizeibeamten auf der Videoaufzeichnung ab.

Die Unschärfe, die durch die endliche Breite des Fadenkreuzes zustande kommt, wird im Auswerteprogramm zugunsten des Betroffenen berücksichtigt.

Als „Abstand" zweier aufeinander folgender Pkw wird beim VKS der **Abstand der Vorderachsen** (Aufstandspunkte der Vorderräder auf der Fahrbahn) gewählt. Der tatsächliche Abstand zwischen der Vorderfront des Fahrzeugs des Betroffenen und dem Heck des ihm vorausfahrenden Fahrzeugs kann max. um die Länge des vorausfahrenden Fahrzeugs geringer sein.

28   Die Zeitmessung erfolgt durch **automatisches Zählen der Videobilder**. Der zeitliche Abstand zwischen zwei aufeinander folgenden Videobildern beträgt $1/25$ s (bei Halbbildern $1/50$ s). Bereits während der Aufnahmen werden die Videobilder kodiert. Der Kodierer zählt in den fortlaufenden Videoaufzeichnungen die einzelnen Videobilder und trägt die fortlaufenden Bild-Nummern in das Videosignal ein. Damit lässt sich im Nachhinein der Zeitraum zwischen zwei Videobildern anhand der internen Kodierungsnummern berechnen. Über die Kodierungsnummer ist damit jedes Videobild zeitlich bekannt. Zur Korrektur von Zeitfehlern werden ausreichende $- 1/200$ s – zur Zeitmessung addiert.

c) Eichung

29   Die eichtechnische Prüfung der Systeme besteht in der Regel aus einer **laboratoriumsmäßigen Prüfung**. Bei der eichtechnischen Prüfungen gelten in Abhängigkeit der verwendeten Software unterschiedliche Richtlinien. Für die übliche VKS 3.2 3D Version gilt die Eichrichtline vom 1.6.2012.

Die Eichfehlergrenze der Zeitmessung beträgt dabei 0,05 %, vermehrt um $1/200$ s. Die Verkehrsfehlergrenze der Zeitmessung beträgt 0,1 % vermehrt um $1/200$ s.

Bei der Geschwindigkeitsmessung gelten die Verkehrsfehlergrenzen von ± 3 km/h bis 100 km/h und ± 3 % über 100 km/h.

2. Einrichtung der Messstelle/Messdurchführung

30   Auf dem zur Auswertung zur Verfügung stehenden Videomaterial müssen die auf der Fahrbahn aufgebrachten **Passpunkte** (und auch die Kontrollpunkte) zu sehen sein. Sollte dies bspw. infolge falscher Belichtung nicht der Fall sein, müsste nachträglich eine Vermessung anderer, auf den Videoaufzeichnungen ersichtlicher, ortsfester Fahrbahnpunkte an der Überwachungsstelle erfolgen.

Die Abstände zwischen den Fahrzeugen und die von ihnen zurückgelegten Wegstrecken werden mithilfe der perspektivischen Transformation innerhalb bestimmter Auswertetoleranzen berechnet. Für die perspektivische Transformation werden auf dem zur Abstandsüberwachung ausgewählten Fahrbahnabschnitt vier Passpunkte auf der Fahrbahn-oberfläche markiert; sie müssen auf dem Videofilm zu sehen sein; die Abstände zwischen den vier Passpunkten (und auch ihre diagonalen Abstände) müssen vor Ort mit einem geeichten Längenmessgerät gemessen werden.

In der Anlage A 1 (b) ist ein Einzelbild eines Referenzvideos gezeigt, welches erstellt werden muss, wenn eine solche Messanlage eingerichtet wird. Die **Aufstellhöhe der Video-kamera** ist festzuhalten; sie darf bei den späteren Videoaufzeichnungen nicht unterschritten werden. Auf dem zur Auswertung vorgesehenen Fahrbahnabschnitt sind – ausgehend von der Strecke 1 (von Passpunkt 1 zu Passpunkt 4) – in 20 m-Abständen **Referenz-punkte** festzulegen. Die durch die Referenzpunkte festgelegte Referenzstrecke muss in ihrer Länge mindestens der beabsichtigten Auswertestrecke bzw. dem überwachten Fahr-bahnabschnitt entsprechen. Die Referenzpunkte sind auf der (Referenz-)Videoaufzeich-nung auszuwerten und mit den Originalmaßen zu vergleichen. Eine Messstelle gilt nur dann für das VKS als geeignet, wenn die auf der Videoaufzeichnung ausgewerteten Po-sitionen der Referenzpunkte nicht um mehr als 2 % von den Sollpositionen abweichen. **31**

Bei der Einrichtung der Messstelle sind besondere Voraussetzungen zu prüfen, die an-hand des Referenzvideos nachvollzogen werden können. So ist auf dem **Referenzvideo** zu prüfen, ob die Marken auf der Fahrbahn richtig gesetzt wurden und der Abstand mit dem Abstand im Einrichtungsprotokoll übereinstimmt. Auf diesem Referenzvideo ist auch zu erkennen, dass die Auflösequalität der Kamera sehr begrenzt ist, sodass Personen oder Fahrzeugkennzeichen nicht zu erkennen sind. Dies muss aufgrund des Datenschut-zes gegeben sein. **32**

3. Auswertekriterien

Die Auswertung erfolgt mit der zugehörigen **Software**, in der das Videomaterial ange-zeigt wird. In der Auswertemaske werden dabei zwei Uhrzeiten eingeblendet, die in das Videomaterial übertragene und eine vom Auswertesystem generierte. Beide Anzei-gen müssen bei der Auswertung **identisch** sein. Ist dem nicht so, muss die Auswertung abgebrochen werden. **33**

Zur Auswertung aufgenommener Videoaufnahmen werden diese in der Auswertesoft-ware geöffnet. Dabei ist die eingestellte Bildschirmauflösung zu beachten. Diese muss bei mindestens 1024 Pixel x 768 Pixel liegen.

Es ist zu beachten, dass laut Gebrauchsanweisung **zwei** Abstandsmessungen durchzufüh-ren sind, bei denen eine mögliche Beschleunigung oder Verzögerung festzustellen ist.

Verändert sich der **Ausschnitt der Videoaufnahme**, z.B. durch Schwanken oder Wa-ckeln der Kamera, Zoomen oder aufgrund eines Standortwechsels, müssen die Referenz-punkte innerhalb der Auswertesoftware erneut eingegeben werden.

Beim VKS-Messsystem ist zu beachten, dass es sich um eine **softwareseitige Auswertung** handelt. Dabei ist ein nachträgliches Ausmessen der Fahrzeugposition am originalen Videomaterial oder einer Kopie möglich. Es sollten mindestens **drei** Messungen durchgeführt werden, um hier auf jeden Fall eine mögliche Verzögerung oder Beschleunigung der Betroffenenfahrzeuge zu sehen.

4. Technische Fehlermöglichkeiten

a) Messaufbau (Messbeamter)

34   Beim Aufbau der Messanlage könnte die **Mindesthöhe**, welcher bei der Einrichtung der Messstelle dokumentiert wurde, nicht eingehalten worden sein. Hier ist das Messprotokoll einzusehen, um die Werte miteinander vergleichen zu können.

35   Kritisch würde das vorliegende Messverfahren auf ein **Wackeln der Kamera** (z.B. infolge Windeinfluss) und/oder eine **Veränderung der Kameraposition** während eines laufenden Messvorgangs reagieren. Dadurch würde es bei der Veränderung der Entzerrungsparameter der perspektivischen Transformation und dadurch zu erheblichen Fehlern bei der Abstands- und Wegstreckenermittlung kommen. Ein Wackeln der Kamera und/oder eine bleibende Veränderung der Kameraposition sollte ein geschulter und geübter Mess- bzw. Auswertebeamter allerdings an der veränderten Lage der Passpunkte innerhalb des Videobildes erkennen.

36   Arbeitet das System mit dem Zusatzmodul „select", nimmt dieses eine „**Vorselektion**" vor; d.h. die programmtechnisch ermittelten Abstandswerte zeigen vorab, welche Kfz in der Messebene zu dicht hintereinander herfuhren.

In einem solchen Fall wird dann die Fahreridentkamera (unter der Brücke i.d.R.) angesteuert, die dann acht Einzelfotos aufnimmt, von denen aber nur ein einziges abgespeichert wird.

Wird das Zusatzmodul „select" nicht verwendet, muss der Messbeamte die Messsituation betrachten und bei einem möglichen Verstoß die Fahreridentkamera **per Hand** auslösen.

Während bei der 2D-Variante die Messstelle noch durch den Anwender eingerichtet werden konnte, ist in der 3D-Version der Zulassungsinhaber selbst oder eine von ihm autorisierte Fachfirma hierfür einzusetzen. Dieses sollte in der Regel entsprechend dokumentiert sein.

Im Gegensatz zu einer 2D-Messstelle wird in der dreidimensionalen Ausführung die Kameraposition auf der Brücke festgelegt. Zwei Markierungspunkte dort ergeben eine sog. **Kameralinie**, auf welcher die Überwachungseinheit im Messablauf zu positionieren ist. Es ergeben sich dann mehrere Maße (Querposition, Höhe etc.), die dann im Weiteren Vorgabeparameter für die weitere Videoauswertung sind. Diese Maße sind im Messprotokoll festzuhalten. Als Quintessenz folgt, dass normale 2D-Messstrecken, sofern sie der 2 %-Regelung (Abweichung der Referenzpunkte in der Realität und im Rechner) nicht mehr genügen, in eine 3D-Variante mit den o.g. Besonderheiten umgewandelt werden können.

b) Auswertung (Behörde)

Die in der Auswertesoftware angezeigten **Bildnummern** müssen bei der Auswertung **37** **identisch** sein. Falls das nicht gegeben ist, muss die Auswertung abgebrochen werden. Ebenso darf keine Auswertung fünf Sekunden vor oder nach einer Unterbrechung (Kodierungsbeginn) des Videosignals durchgeführt werden.

Der Abstand eines Betroffenen zum Vorausfahrenden, muss an **zwei mindestens 25 m entfernten Positionen innerhalb des Messbereichs** ermittelt werden. Der geringere Abstandswert soll dann vorgeworfen werden. Weichen diese beiden Abstände deutlich voneinander ab, könnte keine gleichmäßige Annäherung der beiden Fahrzeuge vorliegen.

Für eine Überprüfung sind hier demnach beide Abstandswerte, die von der Behörde ermittelt werden müssen, anzufordern. Den zugesandten Unterlagen liegt meistens nur ein Abstandswert bei.

Weisen beide Fahrzeuge eine Geschwindigkeitsdifferenz von unter 2–3 km/h auf, ist dieses allerdings unerheblich und kann durch die Auswertetoleranzen erklärt werden. Bei einer höheren Geschwindigkeitsdifferenz sollte eine ausführlichere Auswertung unter Einbeziehung des Fernbereichs durchgeführt werden.

Die Genauigkeit der Abstandsbestimmung hängt bei korrektem Zustand der VKS-Anlage im Wesentlichen davon ab, wie genau der Auswerter die Aufstandspunkte der Vorderräder eines Fahrzeugs auf der Fahrbahn mithilfe des Fadenkreuzes festlegt. Die dabei unter Umständen auftretenden Auswertefehler können im Nachhinein überprüft werden. Hierzu sollte allerdings das **Original-Videomaterial** zur Verfügung stehen. Videokopien können eine schlechtere Bildqualität haben; dies ergibt zwangsläufig größere Unschärfen.

Es sollte immer das **komplette Tatvideo** angefordert werden, auf dem die gesamte Fahrt **38** des Betroffenen zu sehen ist. Nur so ist es möglich, dass mögliche einscherende Fahrzeuge, die das Abstandsvergehen provoziert haben, festgestellt werden.

Eine nachträgliche Auswertung wird in der Regel andere Ergebnisse als die behördliche **39** Auswertung ergeben. Je nach Toleranzbeachtung kann diese Zugunsten oder zu Ungunsten des Betroffenen ausfallen.

c) Technische Fehler (Gerät)

40 Das Videomaterial sollte immer nach Hinweisen auf einen **technischen Defekt** des VKS-Messsystems überprüft werden. So können z.b. Zeilensprünge oder Synchronisationsprobleme entdeckt werden.

5. Rechtliche Bewertung

Siegert

41 Bei der Abstandsmessung mit dem Verfahren VKS 3.0 sowie VKS 3.01 handelt es sich um ein standardisiertes Messverfahren im Sinne der Rechtsprechung des BGH.[1] Das heißt, unter gleichen Voraussetzungen sind gleiche Ergebnisse zu erwarten. Daher reicht es grundsätzlich aus, dass im Urteil das angewendete Messverfahren, die gemessene Geschwindigkeit nebst Sicherheitsabschlägen und der ermittelte Abstand mitgeteilt werden. Weitere Toleranzabzüge zum Abstand sind nicht veranlasst.

42 Bei diesem Messverfahren soll ein sog. „aufmerksamen Messbetrieb" stattfinden. Mit der niedrigauflösenden, durchlaufenden Tat-Videokamera sind der Fahrzeugführer und das Kennzeichen des Pkw nicht erkennbar, weshalb das Recht des Betroffenen auf informationelle Selbstbestimmung nicht tangiert wird.[2] Die Vergrößerung dieser Bilder führt zu einer Verpixelung, ein Eingriff ist hier also ausschließbar. Die hochauflösende Videokamera zur Täteridentifizierung wird wiederum **verdachtsabhängig** hinzugeschaltet. Dieser Eingriff ist also legitim gem. § 100h Abs. 1 Nr. 1 StPO i.V.m. § 46 Abs. 1 OWiG.[3] Sofern anlässlich der Zuschaltung der verdachtsabhängigen zweiten Aufzeichnung kurzweilig unbeteiligte Dritte erfasst werden, vermag dies hieran nichts zu ändern.[4]

43 Zuweilen waren in der Vergangenheit jedoch VKS 3.0 Systeme mit älterer Software verwendet worden, bei denen **beide** Kameras mitliefen und die Auswertung der Videos erst auf der Dienststelle erfolgten.[5] Wenngleich die Behörden hinsichtlich der Grundrechtskonformität hier sensibilisiert sind, sollte die Verteidigung nach wie vor ein Augenmerk auf diese Problematik haben.

---

1 OLG Dresden, Beschl. v. 2.2.2010 – Ss (OWi) 788/09, Rn 8, juris; Hanseatisches OLG Bremen, Beschl. v. 28.10.2010 – 2 SsBs 70/10, Rn 13, juris; OLG Hamm, Beschl. v. 11.4.2016 – III-4 RBs 74/16, Rn 6, juris; OLG Karlsruhe, Beschl. v. 8.4.2016 – 3 (4) SsBs 121/16, Rn 4, juris. Kritisch hierzu: *La Malfa* zfs 2016, 241.
2 OLG Stuttgart, Beschl. v. 29.1.2010 – 4 Ss 1525/09, juris; Hanseatisches OLG in Bremen, Beschl. v. 28.10.2010 – 2 SsBs 70/10, Rn 7 m.w.N., juris.
3 Hanseatisches OLG Bremen, Beschl. v. 28.10.2010 – 2 SsBs 70/10, Rn 10, juris; OLG Bamberg, Beschl. v. 4.8.2015 – 3 Ss OWi 874/15, Rn 3 mit zahlreichen Nachweisen, juris.
4 OLG Rostock, Beschl. v. 24.2.2010 – 2 Ss (OWi) 6/10 I 19/10, Rn 14, juris.
5 BVerfG, Stattgebender Kammerbeschluss vom 11.8.2009 – 2 BvR 941/08, Rn 16, juris; Hanseatisches OLG Bremen, Beschl. v. 28.10.2010 – 2 SsBs 70/10, Rn 10, juris.

Neben der Bedienungsanleitung sind die jeweils einschlägigen **Polizeirichtlinien** maßgeblich; jeder Abstandsverstoß beinhaltet denknotwendig eine Geschwindigkeitsmessung. Die Messung ist diesbezüglich ebenfalls zu überprüfen.[6]

Der vom System vorgenommene Toleranzabzug soll ausreichen, weitere Sicherheits-   **44** abschläge sind nicht veranlasst.[7]

Eine gewisse Unschärfe bei den Messfotos der Fahrerkamera gebietet eine ausführliche   **45** Befassung des Tatgerichts mit der Fahreridentifikation.[8] Technisch bedingte Unzulänglichkeiten gehen hier **zugunsten** des Betroffenen.[9]

6. Arbeitshilfen für die Praxis

Siemer

a) Checkliste

- ■ Lag zur Messeinheit ein gültiger Eichschein/Messprotokoll/Schulungsbescheini-   **46** gung vor?
- ■ Wurden alle relevanten Daten dokumentiert?
- ■ Waren am Gerät sämtliche Eichsiegel unversehrt?
- ■ Entsprach die Höhe der Kameraposition zum Vorfallzeitpunkt mindestens jener bei der Einrichtung der Messstelle, also zum Zeitpunkt der Aufnahme des Referenzvideos?
- ■ Wurde das Betroffenen- oder Vorausfahrendenfahrzeug verzögert?
- ■ Wurde der Fernbereich im Videomaterial beachtet?
- ■ Wurden die Toleranzen beachtet

b) Mögliche Beweisfragen

- ■ Für die Frage der korrekten Abstandsbestimmung ist die Wahl der Passpunkte in den   **47** Videoaufnahmen von Bedeutung, weshalb das Referenzvideo der Vorfallstelle einzusehen ist. Ein Sachverständigengutachten wird ergeben, dass diese Voraussetzungen nicht eingehalten wurden.
- ■ Bei der Abstandsbestimmung wurden jeweils nur die niedrigsten Geschwindigkeitswerte (nach Abzug der Toleranz) gewählt, obschon ein höheres Ausgangstempo des Betroffenen Werte zu seinen Gunsten liefern kann. Ein Sachverständigengutachten wird dies belegen.

---

6 OLG Dresden, Beschl. v. 8.7.2005 – Ss (OWi) 801/04, Rn 19, juris.
7 OLG Dresden, Beschl. v. 8.7.2005 – Ss (OWi) 801/04, Rn 21, juris; AG Recklinghausen, Urt. v. 11.2.2011 – 29 OWi – 56 Js 81/10 – 12/10, Rn 7, juris; AG Lüdinghausen, Urt. v. 18.1.2016 – 19 OWi 214/15, Rn 9, juris.
8 OLG Karlsruhe, Beschl. v. 3.11.2017 – 3 Rb 6 Ss 681/17, Rn 6, juris.
9 Vgl. *Krenberger*, jurisPR-VerkR 5/2018 Anm. 5.

■ Das Fahrzeug vor dem Betroffenen bremste in der Annäherungsphase ab, wodurch sich der Relativabstand verkleinerte. Im Hinblick hierauf wird ein Sachverständigengutachten zu dem Ergebnis führen, dass keine kontinuierliche Unterschreitung des x/10tel-Abstandes (des halben Tachowertes) vorlag.

■ Der Videomitschnitt im Fernbereich beginnt nicht beim erstmaligen Erscheinen des Betroffenenfahrzeugs. Durch eine sachverständige Auswertung kann ermittelt werden, ob im Fernbereich das letztlich vor dem Betroffenen herfahrende Kfz plötzlich ausscherte.

■ Bei der Berechnung des Relativabstandes durch die Polizei wurden fehlerhafte Annahmen gewählt, so zu überhöhten vorderen bzw. hinteren Überhängen bzgl. der einander folgenden Kfz. Ein Sachverständigengutachten wird beweisen, dass weitere Abzüge vorzunehmen sind, wodurch sich der Relativabstand sich zugunsten des Betroffenen verändert.

c) Benötigte Daten/Unterlagen für eine technische Begutachtung

48   Die nachfolgende Auflistung soll wiedergeben, welche Unterlagen mindestens für eine technische Begutachtung notwendig sind. Die vollständige Auflistung der Daten kann bei Bedarf ergänzend beschafft werden, ist aber für eine erste Einschätzung in der Regel nicht notwendig.

	Mindestens	Vollständig	✓
Bußgeldbescheid	X	X	
Eichschein	X	X	
Lebensakte/Reparaturnachweise		X	
Messprotokoll	X	X	
Videomaterial (Gesamtfahrt Betroffener)	X	X	
Messstellendaten		X	
Screenshot Auswertesoftware		X	
Fahreridentmaterial		X	

II. VAMA

1. Informationen zum Gerät

49   Beim VAMA-Videobrückenabstandmessverfahren wird die Verkehrssituation mit **zwei Videokameras unterschiedlicher Brennweite** aufgezeichnet; die Kamera mit der größeren Brennweite ermöglicht die Auswertung des Nahbereichs (ca. 30 m bis ca. 120 m vor Aufstellort der Kamera bzw. vor Brücke); in diesem (Nah-)Bereich werden die Abstände und Geschwindigkeiten der beiden überwachten Fahrzeuge gemessen.

Die zweite Kamera mit der kleineren Brennweite ermöglicht einen Überblick über weiter entfernte Bereiche der Fahrbahn (ab ca. 80 m vom Aufstellort der Kamera [Brücke] entfernt). Mit dieser zweiten Kamera soll der sogenannte Fernbereich (bis ca. 350 m vom Aufstellort der Kamera [Brücke] entfernt) überwacht werden. Mit der zweiten Kamera kann überprüft werden, ob dem Betroffenen durch die Verkehrssituation ein zu dichtes Auffahren **aufgezwungen** wurde (Fahrstreifenwechsel eines vorausfahrenden Fahrzeugs von rechts nach links; starkes Abbremsen des dem Betroffenen vorausfahrenden Fahrzeugs). Die zweite Kamera mit der kleineren Brennweite soll auch dazu dienen, gravierende Geschwindigkeits- und damit einhergehende Abstandsänderungen der beiden überwachten Fahrzeuge innerhalb der überwachten ca. 350 m zu erkennen. Dass dabei natürlich durch die perspektivische Verzerrung **große Toleranzen** zu berücksichtigen sind, liegt auf der Hand.

Die Signale beider Kameras werden synchron gemischt, sodass man ein zweigeteiltes Videobild erhält, das in der linken Hälfte den Nahbereich, in der rechten Hälfte den Fernbereich zeigt.

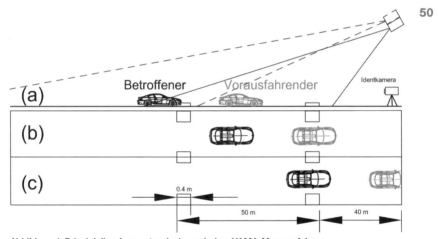

Abbildung 4: Prinzipielles Auswerteprinzip nach dem VAMA-Messverfahren.

Beim VAMA-Verfahren werden Abstands- und Geschwindigkeitsmessungen im Nahbereich der Überwachungsstrecke auf Zeitmessungen zurückgeführt; hierzu wird zum einen die Zeitinformation einer hochgenauen Uhr in die laufende Videoaufzeichnung eingeblendet; zum anderen wird auf der Fahrbahn eine Strecke von 50 m Länge durch zwei weiße Quermarkierungen festgelegt; die beiden Quermarkierungen befinden sich 90 m und 40 m vor der Brücke bzw. vor der Videokamera (Abbildung 4, Rdn 50).

51

Die Uhr ist quarzgesteuert; zur Einblendung der Anzeige der Uhr dient ein geeichter Charakter-Generator, mit dem die Einblendung von Zeichen (Text, Zahlen oder auch Sonderzeichen) in ein Videobild ermöglicht wird. ,

Der Charakter-Generator fügt die Zeitinformation jedem Videobild zu, wodurch in jedem Video-Halbbild eine ablesbare Zeitangabe erscheint. Die Markierungen auf der Straße sind mit geeichten Messgeräten vermessen. Zur Messwertbestimmung werden entsprechend den Einsatzrichtlinien im Nahbereich drei Situationen der Videoaufzeichnung verwendet.

■ Situation (a):
  Die Vorderräder des Fahrzeugs des Betroffenen (dunkle Fahrzeugskizze) befinden sich unmittelbar vor der 90 m-Markierung, haben diese aber noch nicht erreicht.

■ Situation (b):
  Die Hinterräder des dem Betroffenen vorausfahrenden Fahrzeugs (helle Fahrzeugskizze) befinden sich unmittelbar vor der 40 m-Markierung, haben diese aber noch nicht erreicht.

■ Situation (c):
  Die Vorderräder des Betroffenenfahrzeugs haben die 40 m-Markierung gerade überfahren.

52 Für jede Situation lässt sich aus den Videoaufzeichnungen jeweils eine Zeit ablesen und zwar mit einer Auflösung von zwei Stellen hinter dem Komma.

Anhand dieser Zeiten und der bekannten Strecke von 50 m kann, wie in den Absätzen Rdn 2–6 beschrieben, die Geschwindigkeit des Betroffenen und der Abstand zum Vorausfahrenden bestimmt werden.

Als Abstandswert ist der so genannte halbe Tachowert zu verwenden. Bei VAMA wird zur Berechnung vom halben Tachometerwert der abgerundete Geschwindigkeitsmesswert (in km/h) halbiert. Dann wird das Verhältnis gebildet, um festzustellen, wie viel Zehntel vom halben Tachometerwert das Betroffenenfahrzeug als Abstand zum vorausfahrenden Fahrzeug eingehalten hat.

a) Technische Daten

53 Die technischen Daten sind abhängig von dem **verwendeten Charaktergenerator** und der **angeschlossenen Kamera**.

Messbereich	0 m bis ca. 350 m
Abstandsauflösung	~ 0,1 m
Geschwindigkeitsmessbereich	1 km/h bis mindestens 300 km/h
Zeitauflösung der Videokodierung	0,04 s
Anzahl der Kameras	Min. 2 + Fahreridentifikations-Kamera

b) Toleranzen

Das VAMA-Brückenabstandsmessverfahren (und damit auch das „einfache" Videover- **54**
fahren) ist keine Abstandsmessung im eichrechtlichen Sinne, sondern ein Abstandsmessverfahren, bei dem geeichte Geräte zur Verwendung kommen; dies bedingt Toleranzen
und zwar zum einen die Eichfehlergrenzen der zum Einsatz kommenden geeichten Geräte, zum anderen die – nicht durch das Eichgesetz abgedeckten – Fehlerquellen der Anwendungsvorschriften.

Als Toleranzen für den Betroffenen ist zu berücksichtigen, dass zum einen als „Abstand" **55**
nicht der wirkliche Abstand zwischen der Vorderfront des Fahrzeugs des Betroffenen und
dem Heck des ihm vorausfahrenden Fahrzeugs gewählt wird, sondern der Abstand zwischen der Vorderachse des Fahrzeugs des Betroffenen und der Hinterachse des ihm vorausfahrenden Fahrzeugs; zum anderen gesteht man dem Betroffenen zwei Mal die halbe
Breite der 90 m- und 40 m-Markierungslinien als weitere Toleranz zu. Insgesamt entspricht dies einer Gesamttoleranz von 1,5–3,0 m (je nach Fahrzeugtyp).

Der geeichte Charaktergenerator hat mithin zunächst einen programmierbedingten Zeitfehler von ± 0,01 s.

Durch den sogenannten **Jitter-Effekt** (zeitliches „Taktzittern" bei digitalen Sig- **56**
nalübertragungen) kann es in Ausnahmefällen überdies zu einem Digitalisierungsfehler
von 0,01 s, für die vorliegende Uhr wegen ihrer speziellen Zählweise sogar von nicht ausschließbar 0,02 s kommen. Bei digitalen Uhren ist die Genauigkeit der Zeitmessung durch
die Auflösung der Uhr begrenzt; die mögliche Auflösung der Uhr beträgt zwar 0,01 s; aufgrund der Besonderheit der Zeitzählung macht die Uhr jedoch nicht nur Zeitschritte von
0,01 s, sondern auch von 0,02 s, manchmal sogar von 0,03 s.

Schließlich ist die Eichfehlergrenze der Uhr zu beachten; sie beträgt 0,1 % der gemessenen Zeitdauer; die Verkehrsfehlergrenze ist das doppelte, also 0,2 %; der durch die Eichfehlergrenze bedingte Fehler ist im Regelfall sehr gering und liegt nicht über 0,005 s.

Damit kann im Grenzfall bei der Zeitbestimmung eines Lichtbildes oder bei der Bestimmung der Zeitdifferenz zwischen zwei Lichtbildern ein Gesamtfehler von 0,01 s (Pro-
grammierfehler) + 0,02 s (Digitalisierungsfehler bzw. „Jitter-Effekt") + 0,005 s (Eichfehlergrenze) = 0,035 s zustande kommen.

c) Eichung

Die verwendeten Messgeräte (Uhr) müssen entsprechend der **Eichvorschriften** geeicht **57**
sein. Die Kamera ist bei der Eichung vorzustellen und zu prüfen. Daher sollte im Eichschein nicht nur die Identifikationsnummer der Uhr (Charaktergenerator), sondern
auch die Identifikationsnummer der mitgeeichten Kamera enthalten sein.

2. Einrichtung der Messstelle/Messdurchführung

58   In der Neufassung der Zulassung wird die **Länge des Videoverbindungskabels** von der Videokamera zum Charaktergenerator auf maximal 3 m beschränkt. Bei Videoverbindungskabellängen von deutlich über 3 m besteht die Gefahr, dass einzelne Bildsprungsignale so verändert werden, dass der Charaktergenerator sie nicht mehr erkennt. Die Folge wäre eine zu kurze Zeitanzeige. Eine zu kurze Zeitanzeige aber würde unter Umständen einen zu geringen Abstand nach sich ziehen.

Allerdings gilt es diesbezüglich Folgendes zu bedenken: wenn die einzelnen Bildsprungsignale so verändert werden, dass der Charaktergenerator sie möglicherweise nicht mehr erkennt, sollte zumindest im Normalfall auch die Bildqualität der Videoaufzeichnungen aufgrund der zu großen Kabellänge zurückgehen (was sich im Einzelfall anhand der Videoaufzeichnungen überprüfen lässt).

3. Auswertekriterien

59   Für den Abstandsvorwurf im Nahbereich bedarf es nicht nur der Kenntnis des Abstandes, sondern auch der Geschwindigkeiten der beiden überwachten Fahrzeuge. Beim VAMA-Verfahren wird als Referenzgeschwindigkeit für den Abstandsvorwurf die Geschwindigkeit des Fahrzeugs des Betroffenen im Nahbereich genommen; selbst im Nahbereich sind jedoch die Geschwindigkeiten des Fahrzeugs des Betroffenen und des ihm vorausfahrenden Fahrzeugs nicht immer exakt identisch; schon von den Anwendungsvorschriften her ergeben sich geringfügige Unterschiede (beim einem Fahrzeug sind die Vorderräder bei der Zeitfixierung näher an den 90 m- bzw. 40 m-Markierungen, beim anderen weiter). Unabhängig von diesen auswertebedingten Differenzen fahren zwei Fahrzeuge im Regelfall nie mit exakt gleichen (wenngleich sicherlich auch nicht deutlich unterschiedlichen) Geschwindigkeiten hintereinander her.

60   Der zur Zeitbestimmung für die Situationen (a), (b) und (c) verwandte geeichte Charakter-Generator mit Zeiteinblendung für die Videokamera, Typ CGP 50 E hat überdies eine Besonderheit. Er zählt bei ungeraden Zehntel-Sekunden nur ungerade Hundertstel-Sekunden bzw. bei geraden Zehntel-Sekunden nur gerade Hundertstel-Sekunden. Darauf ist bei einer händischen Auswertung zu achten.

4. Technische Fehlermöglichkeiten

a)   Messaufbau (Messbeamter)

61   Bei günstiger Aufstellposition der Videokamera und guter Bildqualität ist es mit einem technisch hoch entwickelten Auswertegerät möglich, die Zeitbestimmung für die drei Si-

tuationen (a), (b) und (c) entsprechend der Einsatzrichtlinie recht genau festzustellen. Es gibt jedoch auch Brückenabstandsvideofilme, die sowohl von der Aufstellposition der Kamera (ungünstiger Winkel) als auch von der schlechten Bildqualität her selbst im Nahbereich Auswertetoleranzen hinsichtlich der Zeitbestimmung der drei Lichtbilder erfordern. Diese außerhalb des Eichgesetzes liegende Auswertetoleranz wird beim vorliegenden Verfahren allerdings dadurch im Nahbereich ausreichend abgedeckt.

b) Auswertung (Behörde)

Die **Auswertekriterien** könnten nicht beachtet worden sein. Zusätzlich dazu können die „allgemeinen Fehlermöglichkeiten", Situationen in denen Fahrzeuge abgebremst wurden oder einscherten, **nicht erkannt** worden sein.   62

c) Technische Fehler (Gerät)

Im Einzelfall ist zu überprüfen, ob die 90 m- und 40 m-Markierung auf der Fahrbahn wirklich exakt 50 m auseinander liegen; Abweichungen von ± 1 m wurden (aufgrund von hohem Schwerlastverkehrsaufkommen) schon festgestellt; die Breite der beiden Markierungslinien betragen jeweils 0,4 m.   63

5. Rechtliche Bewertung

Siegert

Beim Videoabstandsmessverfahren (VAMA) handelt es sich um ein standardisiertes Verfahren im Sinne der BGH-Rechtsprechung.[10] Auch die **automatische Auswertung** und die **Berücksichtigung von Toleranzen** sind hiervon erfasst, denn sie sind ebenfalls Bestandteile der Innerstaatlichen Bauartzulassung der PTB.[11] Wird das Gerät in gültig geeichtem Zustand von ausgebildetem Personal gemäß der Bedienungsanleitung verwendet, ergeben sich unter gleichen Bedingungen gleiche Messwerte.   64

Die Geschwindigkeiten und Abstände der beiden Fahrzeuge zueinander werden hingegen nicht automatisch, sondern mittels einer nachträglichen Weg-Zeit-Auswertung des Videobandes festgestellt. Die **Berechnung** fällt daher nicht unter das standardisierte Messverfahren, weshalb sie im Urteil für das Rechtsbeschwerdegericht überprüfbar festgehalten werden muss.[12]   65

---

10 OLG Hamm, Beschl. v. 15.3.2004 – 2 Ss OWi 162/04, juris; OLG Bamberg, Beschl. v. 16.11.2009 – 2 Ss OWi 1215/2009, Rn 3, juris; OLG Bamberg, Beschl. v. 1.9.2011 – 2 Ss OWi 1063/2011, Rn 13, juris; OLG Bamberg, Beschl. v. 12.12.2012 – 3 Ss OWi 450/12, Rn 15, juris; OLG Zweibrücken, Beschl. v. 19.4.2017 – 1 OWi 2 Ss Bs 26/17, juris.
11 OLG Bamberg, Beschl. v. 12.12.2012 – 3 Ss OWi 450/12, Rn 15, juris.
12 OLG Bamberg, Beschl. v. 10.5.2010 – 2 Ss OWi 657/2010, juris.

66   Einer genauen Angabe der in den Polizeirichtlinien genannten Zeitpunkte bedarf es nicht.[13] Dem Urteil muss entnommen werden, dass der **standardmäßige Toleranzabzug** vorgenommen worden ist. Die genaue Größe muss zwar nicht angegeben werden,[14] jedoch genügt nicht die bloße Feststellung, die Abstandsunterschreitung sei durch das Brücken-Abstandsmessverfahrens (VAMA) ermittelt worden.[15]

67   Ist die Eichung des Charaktergenerators abgelaufen, gelten die Vereinfachungsgrundsätze des standardisierten Messverfahrens hingegen nicht mehr.[16] Auch die Verwendung von Gerätschaften entgegen der Bauartzulassung lässt das standardisierte Verfahren entfallen.[17] Der Einsatz einer Sanyo-Kamera, statt einer JVC ist wiederum unbedenklich, sofern das Zusammenspiel zwischen Charaktergenerator und Kamera geeicht ist.[18]

68   Inzwischen ist für VAMA geklärt, dass der Eingriff ins Grundrecht auf informationelle Selbstbestimmung eine ausreichende gesetzliche Grundlage besteht, § 100h Abs. 1 S. 1 Nr. 1 StPO i.V.m. § 46 Abs. 1 OWiG.[19]

69   Die gesetzlichen Anforderungen an eine **anlassbezogene Aufzeichnung**, wie es das BVerfG fordert,[20] sind erfüllt. Die Daueraufnahmen des VAMA-Systems sind nicht ausreichend hoch aufgelöst, um Kennzeichen oder Fahrer zu identifizieren. Mangels Personenbezug ist die Eingriffsschwelle des Grundrechts noch nicht überschritten. Eine höhere Auflösung durch aufwendige technische Aufbereitung der Rohdaten gibt es nicht, weshalb sich theoretische Überlegungen hierzu erübrigen.[21]

70   Die Aufzeichnung der **Identifikationskamera** erfolgt wiederum **ausschließlich verdachtsabhängig** und somit ebenfalls gesetzeskonform.[22] Die Identifizierungsaufnahme ist auch notwendig und gerechtfertigt, denn insbesondere auf Autobahnen wären Anhaltekontrollen zu riskant.[23]

71   Die verdachtsabhängige Aufnahme erfolgt wiederum händisch durch den Messbeamten. Dessen Zuverlässigkeit kann im Einzelfall ein Ansatzpunkt für die Verteidigung sein, je-

---

13 OLG Bamberg, Beschl. v. 12.12.2012 – 3 Ss OWi 450/12, Rn 15, juris. Anders noch: OLG Bamberg, Beschl. v. 1.9.2011 – 2 Ss OWi 1063/2011, Rn 14, juris.

14 OLG Bamberg, Beschl. v. 1.9.2011 – 2 Ss OWi 1063/2011, Rn 14, juris.

15 OLG Bamberg, Beschl. v. 12.12.2012 – 3 Ss OWi 450/12, Rn 15, juris; OLG Bamberg, Beschl. v. 25.2.2015 – 3 Ss OWi 160/15, Rn 5, juris.

16 OLG Bamberg, Beschl. v. 22.2.2012 – 2 Ss OWi 143/2012, Rn 19, juris.

17 OLG Bamberg vom 18.12.2007 – 3 Ss OWi 1662/07, juris.

18 AG Landstuhl, Urt. v. 6.2.2017 – 2 OWi 4286 Js 12911/16, Rn 10, juris.

19 Saarländisches OLG, Beschl. v. 26.2.2010 – Ss (B) 107/2009 (126/09), juris; OLG Düsseldorf, Beschl. v. 15.3.2010 – IV-1 RBs 23/10, juris; OLG Düsseldorf, Beschl. v. 5.5.2010 – IV-4 RBs 143/09, juris; *Gutt/Krenberger*, zfs 2015, 664–668.

20 BVerfG, Beschl. v. 11.8.2009 – 2 BvR 941/08, juris.

21 AG Landstuhl, Urt. v. 7.3.2016 – 2 OWi 4286 Js 981/16, Rn 17, juris.

22 OLG Bamberg, Beschl. v. 16.11.2009 – 2 Ss OWi 1215/2009, juris; OLG Stuttgart, Beschl. v. 29.1.2010 – 4 Ss 1525/09, juris; OLG Hamm, Beschl. v. 11.3.2010 – III-5 RBs 13/10, Rn 19, juris.

23 OLG Koblenz, Beschl. v. 4.3.2010 – 1 SsBs 23/10, Rn 9, juris.

doch wird sie erfahrungsgemäß von den Gerichten unterstellt.[24] Insoweit müsste die Messreihe tatsächlich auffällig viele anlasslose Aufzeichnungen enthalten. Allenfalls bei **evident willkürlichen Aufnahmen** könnte hier erfolgreich argumentiert werden, wobei im Rahmen der Beschwerdebegründung formgerecht zu rügen und das Verwertungsverbot ausführlich zu begründen wäre.[25]

Wie oben bereits ausgeführt, sind die Toleranzen beim Brücken-Abstandsmessverfahren **72** bereits **im Rahmen der Zulassung durch die PTB** festgelegt. Weitere Sicherheitsabschläge sind jedenfalls bis zu einer Geschwindigkeit von 154 km/h nicht geboten.[26]

Erforderlich, aber auch ausreichend ist die Angabe im Urteil, dass unter Verwendung des **73** Brücken-Abstandsmessverfahrens (VAMA) die vorzunehmenden Toleranzen bereits abgezogen wurden. Die Toleranzen sind bei diesem Messverfahren systemimmanent und unveränderbar, weshalb das Rechtsbeschwerdegericht zur Urteilsüberprüfung keine weitergehenden Angaben benötigt.[27]

Es genügt, wenn das Messverfahren nicht namentlich benannt wird, es sich aber aus den **74** übrigen Darlegungen im Urteil erschließt.[28] Dies soll auch gelten, wenn das Tatgericht schlicht festhält, dass ein „standardisiertes Videomessverfahren" eingesetzt worden ist.[29]

Auch beim standardisierten Messverfahren bedarf es Feststellungen in den Urteilsgrün- **75** den, ob und wie sich der Betroffene in der Hauptverhandlung eingelassen hat und wie der Tatrichter diese Einlassung wertet.[30]

Ohne **konkrete Darlegungen der Verteidigung** zu Messfehlern bedarf es auch keiner **76** Aufklärung über die Mindestprüfung des standardisierten Messverfahrens hinaus. Dies gilt auch bezüglich weiterer Komponenten des Messverfahrens, welche nicht laut Bauartzulassung geeicht werden müssen.[31]

Sofern die Lichtbildqualität des Frontfotos die Identifizierung des Betroffenen nicht un- **77** eingeschränkt zulässt, bedarf es weitergehender Darlegungen durch das Tatgericht, weshalb es von der Fahrereigenschaft überzeugt ist.[32]

---

24 *Ludovisy* ZAP Fach 9, 825–828.

25 Vgl. *Krenberger*, jurisPR-VerkR 5/2010 Anm. 6.

26 OLG Hamm, Beschl. v. 28.10.1993 – 1 Ss OWi 426/92, juris; OLG Hamm, Beschl. v. 15.3.2004 – 2 Ss OWi 162/04, Rn 10, juris; OLG Lüdinghausen, Urt. v. 12.11.2007 – 19 OWi 191/07, Rn 10, juris; AG Landstuhl, Urt. v. 6.2.2017 – 2 OWi 4286 Js 12911/16, Rn 6, juris.

27 OLG Bamberg, Beschl. v. 12.12.2012 – 3 Ss OWi 450/12, Rn 15, juris.

28 OLG Bamberg, Beschl. v. 22.2.2012 – 3 Ss OWi 100/12, Rn 18, juris.

29 OLG Hamm, Urt. v. 24.5.2004 – 2 Ss OWi 162/04, juris.

30 OLG Karlsruhe, 16.10.2006, 1 Ss 55/06 – juris; OLG Bamberg, Beschl. v. 9.7.2009 – 3 Ss OWi 290/09, juris.

31 AG Landstuhl, Urt. v. 3.3.2011 – 4286 Js 13510/10 OWi, Rn 11, juris.

32 OLG Hamm, Beschl. v. 13.5.2005 – 2 Ss OWi 274/05, juris; OLG Hamm, Beschl. v. 1.9.2011 – 2 Ss OWi 1063/2011, Rn 20, juris; OLG Bamberg, Beschl. v. 22.2.2012 – 2 Ss OWi 143/2012, juris.

78   Die Behauptung des Betroffenen, er sei seinerseits vom Hintermann bedrängt worden, habe die Spur nicht wechseln können und sei deshalb zu dicht auf seinen Vordermann aufgefahren, ergibt **keine Notstandslage im Sinne des § 16 OWiG**. Denn in keiner denkbaren Konstellation hätte der Betroffene den Abstand zum Vordermann unzulässig verkürzen dürfen.[33]

6. Arbeitshilfen für die Praxis

Siemer

a) Checkliste

79   ■ Lag zur Messeinheit ein gültiger Eichschein/Messprotokoll/Schulungsbescheinigung vor?

■ Wurden alle relevanten Daten dokumentiert?

■ Waren am Gerät sämtliche Eichsiegel unversehrt?

■ Wurde das Betroffenen- oder Vorausfahrendenfahrzeug verzögert?

■ Wurde der Fernbereich im Videomaterial beachtet?

■ Wurden die Toleranzen beachtet?

b) Mögliche Beweisfragen

80   ■ Für die Frage der korrekten Abstandsbestimmung ist die Wahl der Passpunkte in den Videoaufnahmen von Bedeutung. Ein Sachverständigengutachten wird ergeben, dass diese Voraussetzungen nicht eingehalten wurden.

■ Bei der Abstandsbestimmung wurden jeweils nur die niedrigsten Geschwindigkeitswerte (nach Abzug der Toleranz) gewählt, obschon ein höheres Ausgangstempo des Betroffenen Werte zu seinen Gunsten liefern kann. Ein Sachverständigengutachten wird dies belegen.

■ Das Fahrzeug vor dem Betroffenen bremste in der Annäherungsphase ab, wodurch sich der Relativabstand verkleinerte. Im Hinblick hierauf wird ein Sachverständigengutachten zu dem Ergebnis führen, dass keine kontinuierliche Unterschreitung des x/10tel-Abstandes (des halben Tachowertes) vorlag.

■ Der Videomitschnitt im Fernbereich beginnt nicht beim erstmaligen Erscheinen des Betroffenenfahrzeugs. Durch eine sachverständige Auswertung kann ermittelt werden, ob im Fernbereich das letztlich vor dem Betroffenen herfahrende Kfz plötzlich ausscherte.

■ Bei der Berechnung des Relativabstandes durch die Polizei wurden fehlerhafte Annahmen gewählt, so zu überhöhten vorderen bzw. hinteren Überhängen bzgl. der

33 OLG Bamberg, Beschl. v. 25.2.2015 – 3 Ss OWi 160/15, Rn 7, juris.

einander folgenden Kfz. Ein Sachverständigengutachten wird beweisen, dass weitere Abzüge vorzunehmen sind, wodurch sich der Relativabstand sich zugunsten des Betroffenen verändert.

c) Benötigte Daten/Unterlagen für eine technische Begutachtung

Die nachfolgende Auflistung soll wiedergeben, welche Unterlagen mindestens für eine technische Begutachtung notwendig sind. Die vollständige Auflistung der Daten kann bei Bedarf ergänzend beschafft werden, ist aber für eine erste Einschätzung in der Regel nicht notwendig. **81**

	Mindestens	Vollständig	✓
Bußgeldbescheid	X	X	
Eichscheine der Messgeräte	X	X	
Lebensakte/Reparaturnachweise		X	
Messprotokoll	X	X	
Videomaterial (Gesamtfahrt Betroffener)	X	X	
Messstellendaten		X	
Fahreridentmaterial		X	

III. ViBrAM

Als Weiterentwicklung zum VAMA-Verfahren ist das ViBrAM-BAMAS-Verfahren zu sehen. Dieses behebt bei korrekter Anwendung dank ausreichender Toleranzen im Nahbereich die Schwächen des bisherigen Brückenabstandsmessverfahren. **82**

1. Informationen zum Gerät

Über die Messkameras der ViBrAM-Aufnahmeeinheit wird der ankommende Verkehr auf ca. 500 m Beobachtungsstrecke aufgenommen. Am Ende der Beobachtungsstrecke liegt die Messstrecke, innerhalb der die relevanten Fahrbahnmarkierungen aufgebracht sind (Abbildung 5, Rdn 84). Die Messkanten der Fahrbahnmarkierungen liegen dabei jeweils 50 m voneinander entfernt. Diese wurden mit einem geeichten Maßband eingemessen. Als Alternative können die Markierungen auch innerhalb der Aufnahmeeinheit durch eingeblendete generierte Linien ersetzt werden. In das Bild der Aufnahmeeinheit wird dabei durch eine geeichte Videostoppuhr eine Zeitanzeige eingeblendet. Zusätzlich dazu werden auch das Datum, die Uhrzeit und eine Nummer und Ort der Messstelle im Bild angezeigt. **83**

Anhand der Videoaufzeichnung soll festgestellt werden, ob ein **konstantes Abstands-verhalten** vorlag. Dafür werden die **Geschwindigkeit** und die **Fahrpositionen des vo-rausfahrenden Fahrzeuges** beachtet. Sind dabei Spurwechsel oder andere Vorgänge mit negativen Auswirkungen auf den eingehaltenen Abstand erkennbar, ist eine Auswertung zu verwerfen.

Um eine Geschwindigkeitsänderung festzustellen, werden die Durchfahrtszeiten des Vorausfahrenden über die Strecken S_1 und S_2 verglichen (Abbildung 5, (a)–(c)). Dabei wird für die mittlere Position ein um ein Halbbild korrigierter Wert (t+0,02 s) gewählt, um zwei vergleichbare 50 m lange Strecken zu erhalten.

84

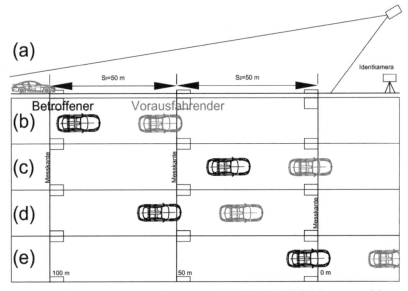

Abbildung 5: Skizze der prinzipiellen Auswertemethode beim ViBrAM-Brückenmessverfahren.

85   Zur Bestimmung der Geschwindigkeit des Betroffenen werden die gleichen Positionen wie beim VAMA-Verfahren gewählt. Zum einen das Einzelbild bei der Position vor der 50 m-Linie (Abbildung 5, (d)) und das Einzelbild wenn die Vorderräder nach der 0 m-Linie (Abbildung 5, (e)) stehen. Der zeitliche Unterschied der beiden Einzelbilder ergibt dann die **Zeitdifferenz**, in der das Betroffenenfahrzeug die 50 m zurücklegte. Dabei werden für die Zeitbestimmung die im Eichschein vorgeschriebenen **Verkehrstoleranzen** berücksichtigt.

86   Im weiteren Schritt werden die zeitlichen Abstände der beiden Fahrzeuge in Höhe der 50 m-Linie und der 0 m-Linie bestimmt. Der größere der beiden Werte wird mit der Ver-

kehrstoleranzen vermehrt und mit einer zusätzlichen Toleranz von zwei Videohalbbildern versehen.

Wie in der allgemeinen Funktionsbeschreibung (vgl. Rdn 2–6) kann nun mit dem zeitlichen Abstand, einem Korrekturwert (Fahrzeuglänge vorausfahrende Fahrzeug) und der Geschwindigkeit des Betroffenen ein Abstandswert bestimmt werden.

Die Auswertung des Videomaterials erfolgt dabei **nachträglich**. Der Messbeamte muss aber die Verkehrssituation beobachten, um bei einem Verdacht der Abstandsunterschreitung **manuell** auf die Identkamera umzuschalten, wenn das Betroffenenfahrzeug die 0 m-Marke passiert.   **87**

a) Technische Daten

Die technischen Daten sind abhängig von dem verwendeten **Charaktergenerator** und der angeschlossenen **Kamera**.   **88**

Messbereich	0 m bis ca. 500 m
Abstandsauflösung	~ 0,1 m
Geschwindigkeitsmessbereich	1 km/h bis mindestens 300 km/h
Zeitauflösung der Videokodierung	0,04 s
Anzahl der Kameras	min. 1 + Fahrerident-Kamera

b) Toleranzen

Bei der Durchfahrtszeit wird für die Strecke S1 ein korrigierter Wert (t2+0,02 s) verwendet, um das Passieren der Messkante zu simulieren.   **89**

Bei der Berechnung der Geschwindigkeit des Betroffenen werden die im Eichschein vorgeschriebenen Verkehrstoleranzen beachtet. Dieses beinhaltet 0,1 % der Messzeit + 0,01 s und eine Toleranz zur Abdeckung der Positionierungsunschärfen von 0,02 s je Positionierung (gesamt 0,04 s).

Innerhalb der Unschärfe der Positionierung des Fahrzeugs des Betroffenen gibt es einen für den Betroffenen ungünstigsten Fall, nämlich dann, wenn sich das Fahrzeug des Betroffenen mit seinen Vorderrädern bei Messbeginn unmittelbar an der 50 m-Messlinie und bei Messende unmittelbar nach der 0 m-Messlinie befindet. Für diesen ungünstigsten Fall wird dem Betroffenen bei der Positionierung des Fahrzeugs im Hinblick auf seine Geschwindigkeit **keine** Wegtoleranz zugestanden.

c) Eichung

Die verwendeten Messgeräte (Uhr) müssen entsprechend der **Eichvorschriften** geeicht sein. Die Kamera ist bei der Eichung vorzustellen und zu prüfen. Daher sollte im Eichschein nicht nur die Identifikationsnummer der Uhr (Charaktergenerator), sondern auch die Identifikationsnummer der mitgeeichten Kamera enthalten sein.   **90**

2. Einrichtung der Messstelle/Messdurchführung

91   Eine ViBrAM-BAMAS-Messstelle muss so beschaffen sein, dass der überwachte Verkehr auf ca. 500 m Entfernung beobachtet werden kann. Hierdurch können Fahrvorgänge, die das Fahrverhalten der zu messenden Fahrzeuge beeinflussen, im Nachhinein objektiv beurteilt werden.

Von der Messeinrichtung ist ein Protokoll zu erstellen:

Mittels eines geeichten Maßbandes von mindestens 50 m Länge werden die letzten 100 m der Auswertestrecke vermessen (Abbildung 5, Rdn 84). Es werden drei Messlinien mit Hilfe von Schablonen im rechten Winkel zur Fahrstreifenbegrenzung auf die Fahrbahn aufgebracht. Die einzelnen Linien werden als 0 m-Linie, 50 m-Linie und 100 m-Linie bezeichnet und haben in dieser Reihenfolge eine Breite von 50 cm, 80 cm und 100 cm.

Die Messlinien werden so auf der Fahrbahn aufgebracht, dass, in Fahrtrichtung der ankommenden Fahrzeuge gesehen, der Abstand zwischen dem Beginn der 50 m Linie und dem Ende der 0 m-Linie **50 m** beträgt (die Messlinienbreiten in den 50 m also nicht enthalten sind) und die Entfernung zwischen dem Beginn der 100 m-Linie und dem Beginn der 50 m-Linie 50 m beträgt. In diesen 50 m ist damit die Breite der 100 m-Messlinie enthalten.

Bei den Videobrückenabstandsmessverfahren erfassen die Videokameras in der Regel einen ca. 500 m langen Bereich vor der Kameraposition. Der anfängliche Bereich von ca. 500 m bis ca. 250 m wird **Beobachtungsstrecke** und der Bereich ca. 250 m bis 0 m wird **Auswertestrecke** genannt. Diese wiederum kann in einen **Fernbereich** (250 m – ~100 m) und einen **Nahbereich** (~100 m – 0 m) unterteilt werden.

3. Auswertekriterien

92   Bei der Auswertung soll von den beiden ermittelten Abstandswerten in Höhe der 50 m- und 0 m-Messlinie der größere zur weiteren Berechnung verwendet werden.

Als Maße für ein vorausfahrendes Fahrzeug werden häufig anstatt 3,5 m–5,2 m nur 3,0 m Länge verwendet. Handelt es sich bei dem vorausfahrenden Fahrzeug um ein kleinen Pkw oder ein Kraftrad, wird ein Wert von ~1,5 m abgezogen. Der so ermittelte Abstandswert ist auf den nächsten ganzzahligen Wert zu runden.

4. Technische Fehlermöglichkeiten

a)   Messaufbau (Messbeamter)

93   Bei günstiger Aufstellposition der Videokamera und guter Bildqualität ist es mit einem technisch hoch entwickelten Auswertegerät möglich, die Zeitbestimmung für die drei Situationen 1, 2 und 3 entsprechend der Einsatzrichtlinie recht genau festzustellen. Es gibt jedoch auch Brückenabstandsvideofilme, die sowohl von der Aufstellposition der Kamera (ungünstiger Winkel) als auch von der schlechten Bildqualität her selbst im Nahbereich Auswertetoleranzen hinsichtlich der Zeitbestimmung der drei Lichtbilder erfordern. Diese außerhalb des Eichgesetzes liegende Auswertetoleranz wird beim vorliegenden Verfahren allerdings dadurch im Nahbereich ausreichend abgedeckt.

b) Auswertung (Behörde)

Die **Auswertekriterien** könnten nicht beachtet worden sein. Zusätzlich dazu können die 94 „allgemeinen Fehlermöglichkeiten", Situationen in denen Fahrzeuge abgebremst wurden oder einscherten, nicht erkannt worden sein.

Bei der Auswertung wird die Länge des vorausfahrenden Fahrzeuges vom Abstandwert abgezogen. Hier ist zu beurteilen, ob möglicherweise zu Ungunsten des Betroffenen ein **zu hoher Längenfaktor** abgezogen wurde.

In Bezug auf einen Abstandsvorwurf hilft es einem Betroffenen nicht, wenn man ihm bei der Ermittlung seiner mittleren Geschwindigkeit längs der letzten 50 m der Auswertestrecke noch größere Toleranzen zugestehen würde. Dadurch würde zwar seine mittlere Geschwindigkeit zurückgehen. Gleichzeitig würden sich jedoch auch die Abstände der Bußgeldgrenzwerte minimieren.

c) Technische Fehler (Gerät)

Im Einzelfall ist zu überprüfen, ob die 90 m- und 40 m-Markierung auf der Fahrbahn wirk- 95 lich exakt 50 m auseinander liegen; Abweichungen von ± 1 m wurden (aufgrund von hohem Schwerlastverkehrsaufkommen) schon festgestellt; die Breiten der beiden Markierungslinien betragen jeweils 0,4 m.

5. Rechtliche Bewertung

Siegert

Hinsichtlich rechtlicher Aspekte gelten die obigen Ausführungen zu den Brücken- 96 abstandsmessanlagen (Vgl. Rdn 1 ff., 64 ff.) entsprechend.

Auch bezüglich des Messverfahrens ViBrAM ist unlängst geklärt, dass es sich um ein 97 standardisiertes Messverfahren im Sinne der BGH-Rechtsprechung handelt.[34]

Vergleichbar zum VAMA erfolgen die Aufzeichnungen **verdachtsabhängig**, mithin ist 98 Rechtsgrundlage für die Identifizierungsaufnahmen des Betroffenen § 100h Abs. 1 S. 1

---

34 OLG Stuttgart, Beschl. v. 14.8.2007 – 4 Ss 23/07, Rn 21, juris; OLG Bamberg, Beschl. v. 19.7.2017 – 3 Ss OWi 836/17, Rn 5, juris.

Nr. 1 StPO i.V.m. § 46 Abs. 1 OWiG.[35] Sofern anlässlich der Zuschaltung der verdachts-abhängig zweiten Aufzeichnung kurzweilig unbeteiligte Dritte erfasst werden, vermag dies hieran nichts zu ändern.[36]

6. Arbeitshilfen für die Praxis

Siemer

a) Checkliste

99 ■ Lag zur Messeinheit ein gültiger Eichschein/Messprotokoll/Schulungsbescheinigung vor?
■ Wurden alle relevanten Daten dokumentiert?
■ Waren am Gerät sämtliche Eichsiegel unversehrt?
■ Wurde das Betroffenen- oder Vorausfahrendenfahrzeug verzögert?
■ Wurde der Fernbereich im Videomaterial beachtet?
■ Wurden die Toleranzen beachtet?

b) Mögliche Beweisfragen

100 ■ Für die Frage der korrekten Abstandsbestimmung ist die Wahl der Passpunkte in den Videoaufnahmen von Bedeutung. Ein Sachverständigengutachten wird ergeben, dass diese Voraussetzungen nicht eingehalten wurden.

■ Bei der Abstandsbestimmung wurden jeweils nur die niedrigsten Geschwindigkeitswerte (nach Abzug der Toleranz) gewählt, obschon ein höheres Ausgangstempo des Betroffenen Werte zu seinen Gunsten liefern kann. Ein Sachverständigengutachten wird dies belegen.

■ Das Fahrzeug vor dem Betroffenen bremste in der Annäherungsphase ab, wodurch sich der Relativabstand verkleinerte. Im Hinblick hierauf wird ein Sachverständigengutachten zu dem Ergebnis führen, dass keine kontinuierliche Unterschreitung des x/10tel-Abstandes (des halben Tachowertes) vorlag.

■ Der Videomitschnitt im Fernbereich beginnt nicht beim erstmaligen Erscheinen des Betroffenenfahrzeugs. Durch eine sachverständige Auswertung kann ermittelt werden, ob im Fernbereich das letztlich vor dem Betroffenen herfahrende Kfz plötzlich ausscherte.

35 Thüringer OLG, Beschl. v. 6.1.2010 – 1 Ss 291/09, Rn 8, juris; OLG Stuttgart, Beschl. v. 29.1.2010 – 4 Ss 1525/09, Rn 10, juris; OLG Bamberg, Beschl. v. 16.3.2010 – 2 Ss OWi 235/10, Rn 5, juris. – zwischenzeitlich auch: OLG Düsseldorf, Beschl. v. 18.1.2011 – IV-3 RBs 152/10, Rn 30, juris; anders noch: OLG Düsseldorf, Beschl. v. 9.2.2010 – IV-3 RBs 8/10, Rn 28, juris; *Wolfgramm*, DAR 2010, 233–235.
36 OLG Rostock, Beschl. v. 24.2.2010 – 2 Ss (OWi) 6/10 I 19/10, Rn 14, juris.

■ Bei der Berechnung des Relativabstandes durch die Polizei wurden fehlerhafte Annahmen gewählt, so zu überhöhten vorderen bzw. hinteren Überhängen bzgl. der einander folgenden Kfz. Ein Sachverständigengutachten wird beweisen, dass weitere Abzüge vorzunehmen sind, wodurch sich der Relativabstand sich zugunsten des Betroffenen verändert.

c) Benötigte Daten/Unterlagen für eine technische Begutachtung

Die nachfolgende Auflistung soll wiedergeben, welche Unterlagen mindestens für eine technische Begutachtung notwendig sind. Die vollständige Auflistung der Daten kann bei Bedarf ergänzend beschafft werden, ist aber für eine erste Einschätzung in der Regel nicht notwendig.

101

	Mindestens	Vollständig	✓
Bußgeldbescheid	X	X	
Eichscheine der Messgeräte	X	X	
Lebensakte/Reparaturnachweise		X	
Messprotokoll	X	X	
Videomaterial (Gesamtfahrt Betroffener)	X	X	
Messstellendaten		X	
Fahreridentmaterial		X	

§ 20 Abstandsmessverfahren im Hinterherfahrvorgang

Siemer

A. Messprinzip

Eine Abstandsmessung kann auch mit einem ProViDa-Gerät durchgeführt werden, wel-   1
ches in ein Behördenfahrzeug eingebaut ist. Da hierfür auch eine Geschwindigkeitswert
ermittelt wird, ist aus dem Kapitel „Videoüberwachungsanlagen", § 15, die Beschreibung
der Funktionsweise und Handhabung eines ProViDa-Gerätes empfehlenswert (§ 15
Rdn 3–49). Die Abstandsmessung wird detailliert in § 15 Rdn 31 erwähnt.

Mit dem ProViDa-Gerät lassen sich Abstände zwischen zwei vorausfahrenden Fahrzeu-   2
gen ermitteln. Zur Konkretisierung eines Abstandsvorwurfs werden folgende Größen ermittelt:

- ■ Der **Abstand**, den das überwachte Fahrzeug zum ihm vorausfahrenden Fahrzeug einhält,
- ■ die **Geschwindigkeit**, die die beiden überwachten Fahrzeuge einhalten sowie
- ■ die **Länge** der Strecke, längs der ein möglicherweise ungenügender Abstand eingehalten wird.

Die Feststellung des Abstandes des überwachten Fahrzeugs zum ihm vorausfahrenden Fahr-   3
zeug erfolgt mit Hilfe der Videoaufzeichnungen unter Anwendung des Linsengesetzes. Es
wird zunächst der Abstand zwischen der Videokamera und dem Heck des dem Betroffenen
vorausfahrenden Fahrzeugs ermittelt, danach der Abstand zwischen der Videokamera und
dem Heck des Fahrzeugs des Betroffenen; subtrahiert man diese beiden Einzelabstände
und zieht man noch die Länge des Fahrzeugs des Betroffenen ab, so erhält man – unter Mit-
berücksichtigung entsprechender Auswertetoleranzen – den Abstand zwischen der Vorderfront des Fahrzeugs des Betroffenen und dem Heck des ihm vorausfahrenden Fahrzeugs.

Für den Abstandsvorwurf bedarf es auch der Kenntnis der Geschwindigkeit der beiden   4
überwachten Fahrzeuge. Auf dem Videofilm ist die augenblickliche Geschwindigkeit
des Polizeifahrzeugs eingeblendet; diese Anzeige unterliegt einer Verkehrsfehlertoleranz
von ± 5 km/h bzw. ± 5 %. Um aus der Geschwindigkeit des Polizeifahrzeugs auf die der
vorausfahrenden – überwachten – Fahrzeuge zu schließen, wird das Abstandsverhalten
des Polizeifahrzeugs zu den überwachten Fahrzeugen untersucht. Dies erfolgt nach
dem gleichen Verfahren, mit dem der Abstand zwischen den überwachten Fahrzeugen ermittelt wird.

Die Zeitdauer bzw. die Wegstrecke, längs der eine Abstandsunterschreitung vorliegt,   5
kann direkt vom Police-Pilot-Gerät abgelesen werden.

6   Mit dem ProViDa-Gerät sind auch Abstandsmessungen mittels **händischer** Auswertung der Video-Halbbilder möglich. Dabei wird die Zeitdifferenz gemessen, die zwischen dem Passieren eines markanten ortsfesten Punktes (z.B. Schatten einer Brücke) durch die beiden relevanten vorausfahrenden Fahrzeuge liegt.

Die Genauigkeit solcher Überwachungen hängt maßgeblich von der **Videoqualität** (und somit auch den äußeren Umständen – hell/dunkel/Nebel etc.) ab. Es liegt auf der Hand, dass mit zunehmendem Tempo der Kfz infolge der Zeitsprünge auch die relevanten Distanzen stark streuen können, sodass es hier quasi immer einer **Einzelfallanalyse** bedarf.

B.   Rechtliche Bewertung

Siegert

7   Im Gegensatz zu den Geschwindigkeiten werden die Abstände nicht elektronisch gemessen, sondern unter Auswertung des Videobandes errechnet, weshalb die Auswertung und Berechnung in den Urteilsgründen für das Beschwerdegericht verständlich und widerspruchsfrei dargelegt werden müssen.[1] Nachfahrsysteme sind folglich **keine** standardisierten Messverfahren.[2]

8   Die Abstandsfeststellung bei seitlich versetztem Nachfahren des Polizeifahrzeuges ohne technische Geräte ist grundsätzlich möglich, jedoch sind hieran erhöhte Anforderungen zu stellen. Aufgrund der zahlreichen Unwägbarkeiten werden nur beträchtliche Abstandsunterschreitungen über eine genügend lange Fahrstrecke erfasst, welche zudem nur von hinreichend geübten und erfahrenen Beamten beobachtet werden.[3] Die Beobachtung aus einer Entfernung von rund 100 m ist jedenfalls nicht zuverlässig genug.[4] Eine überprüfte Fahrstrecke von 600 m und ein Abstand des Überwachungsfahrzeugs von ca. 40 m sind ausreichend.[5] Die **Fehleranfälligkeit der Messung ist erheblich**, weshalb selbst bei einer Messstrecke von 500 m und einem Abstand von etwa 20 m ein Sicherheitsabschlag von 33,3 % nicht ausreicht.[6]

9   Auch können ungeübte Personen nach allgemeiner Erfahrung keine hinreichend genaue Schätzung abgeben.[7] Die Verurteilung aufgrund der Schätzung eines unerfahrenen Beamten stellt eine Verletzung sachlichen Rechts dar.[8]

---

1 OLG Hamm, Beschl. v. 4.12.2008 – 3 Ss OWi 871/08, Rn 21 m.w.N., juris.
2 OLG Koblenz, Beschl. v. 5.7.2007 – 2 Ss 114/07, Rn 13, juris; OLG Hamm, Beschl. v. 4.12.2008 – 3 Ss OWi 871/08, Rn 21, juris; Thüringer OLG, Beschl. v. 22.4.2010 – 1 Ss 355/09, Rn 11, juris.
3 OLG Düsseldorf, Beschl. v. 14.4.1978 – 2 Ss OWi 154/78, juris.
4 OLG Hamm, Beschl. v. 21.8.1997 – 4 Ss OWi 800/97, juris.
5 OLG Düsseldorf, Beschl. v. 11.7.2002 – 2a Ss (OWi) 107/02 – (OWi) 30/02 II, Rn 5, juris.
6 OLG Düsseldorf, Beschl. v. 15.5.1984 – 2 Ss (OWi) 325/83 – 148/83 III, juris.
7 OLG Hamm, Entscheidung vom 17.2.2006 – 2 Ss OWi 63/06, Rn 28, juris.
8 OLG Düsseldorf, Beschl. v. 11.10.1999 – 2a Ss (OWi) 263/99 – (OWi) 74/99 II, juris.

Erfolgt die Beobachtung zur Nachtzeit oder bei sonstigen schlechten Sichtverhältnissen,   **10**
erfordert dies ebenfalls eine ausführliche Auseinandersetzung mit den Beleuchtungsver-
hältnissen und Orientierungspunkten im Urteil.[9]

Grundsätzlich ist positiv in den Urteilsgründen festzustellen, dass der Abstand während   **11**
des Messvorgangs weder durch Abbremsen des Vorausfahrenden, noch durch Einscheren
eines Dritten verringert wurde.[10] Dies ist auch bei einem beträchtlichen Abstandsverstoß
denkbar, weshalb die erforderlichen Feststellungen auch dann nicht entbehrlich sind.[11]

Die rückwärtige Beobachtung eines Abstandsverstoßes durch die Rückspiegel wird re-   **12**
gelmäßig ausscheiden, weil die Beamten hier zu viele Kriterien gleichzeitig beachten
müssen.[12]

---

9 OLG Hamm, Beschl. v. 22.10.1997 – 2 Ss OWi 1216/97, juris; OLG Hamm, Beschl. v. 14.1.1999 – 2 Ss OWi
  1377/98, Rn 9 m.w.N., juris; OLG Hamm, Beschl. v. 13.3.2003 – 2 Ss OWi 201/03, juris.
10 OLG Celle, Beschl. v. 20.4.1978 – 1 Ss (OWi) 141/78, juris; OLG Düsseldorf, Beschl. v. 4.1.1983 – 5 Ss (OWi)
  221/82 – 39/82 V, juris; OLG Köln, Urt. v. 28.3.1984 – 3 Ss 456/83 – 254, juris.
11 So aber: OLG Oldenburg, Beschl. v. 9.3.1984 – Ss 596/83, juris; OLG Düsseldorf, Beschl. v. 11.7.2002 – 2a Ss
  (OWi) 107/02 – (OWi) 30/02 II, Rn 5, juris.
12 AG Lüdinghausen, Urt. v. 25.8.2008 – 19 OWi 89 Js 780/08 – 83/08, Rn 16, juris.

Teil 4: Rotlichtüberwachungsanlagen

§ 21 Allgemeine rechtliche Aspekte von Rotlichtverstößen

Siegert

Zuerst muss auf Tatbestandsseite abgeklärt werden, ob es sich überhaupt um einen **Rotlichtverstoß** handelt. Sodann ist auf Rechtsfolgenseite zu erörtern, ob der Verstoß aufgrund einer **besonderen Gefährlichkeit nach den Nummern 132.3–132.3.2 BKatV** strenger zu ahnden ist. Bei einer länger als 1 s andauernden Rotphase ordnet der Bußgeldkatalog nämlich regelmäßig ein einmonatiges Fahrverbot an. Für den Mandanten zählt hier also sprichwörtlich jede Sekunde.   **1**

§ 37 Abs. 2 Nr. 1 StVO besagt bei Rot: „Halt vor der Kreuzung". Es liegt also kein Rotlichtverstoß vor, wenn der Betroffene noch vor dem eigentlichen Schutzbereich zum Stehen kommt.[1] Dies ist regelmäßig die Straßenflucht oder aber eine davor mitgesicherte Fußgängerfurt bzw. ein Fahrradweg. Der Schutzbereich ist jeweils im konkreten Einzelfall zu bestimmen.[2] Bleibt der Betroffene bei Rot vor dem Schutzbereich stehen, kommt allenfalls ein Verstoß gegen § 49 Abs. 3 Nr. 4 StVO i.V.m. § 24 StVG in Betracht.[3]   **2**

> *Praxistipp*   **3**
>
> Sofern die Überwachungskamera nur ein einziges Foto dokumentiert, besagt dies lediglich, dass die Haltelinie überfahren wurde. Ohne weitere Anhaltspunkte wird kaum widerlegbar sein, dass der Betroffene noch vor dem geschützten Kreuzungsbereich angehalten hat.[4]

Entscheidend für die Berechnung der Rotlichtzeit ist der **Zeitpunkt**, in dem der Kraftfahrer in den von der Ampel gesicherten Bereich einfährt.[5] Die herrschende Meinung stellt   **4**

---

1 BGH, Beschl. v. 30.10.1997 – 4 StR 647/96, BGHSt 43, 285–293, Rn 23 m.w.N., juris; Hanseatisches OLG Bremen, Beschl. v. 24.1.2002 – Ss (B) 64/01, juris; OLG Hamm, Beschl. v. 17.7.2006 – 3 Ss OWi 435/06, Rn 13, juris; zum Wirkungsbereich selbst: *Lorenz*, NZV 2015, 575.
2 OLG Dresden, Beschl. v. 7.11.2002, 1 Ss OWi 508/02, juris.
3 OLG Celle, Beschl. v. 12.1.1994 – 2 Ss (OWi) 456/93, juris; OLG Hamm, Beschl. v. 17.7.2006 – 3 Ss OWi 435/06, Rn 12, juris.
4 So auch: *Burhoff*, Handbuch für das straßenverkehrsrechtliche OWi-Verfahren, 5. Aufl. 2018, Rn 3325.
5 OLG Oldenburg, Beschl. v. 19.8.1993 – Ss 150/93, Rn 8, juris; *Busch/Krenberger*, Der Rotlichtverstoß als verkehrsrechtliches Problem, DAR 2015, 49 (48).

hier auf das **Überfahren der Haltelinie** ab.[6] Nur, wenn es keine Haltelinie gibt, soll es auf die Fluchtlinien der Kreuzung bzw. auf eine gegebenenfalls bestehende Fußgängerfurt ankommen.[7]

5   *Praxistipp*

■ Der Verteidiger hat folglich zunächst den Schutzbereich der Lichtzeichenanlage unter Berücksichtigung der örtlichen Gegebenheiten zu bestimmen (Fußgängerfurt, Fahrradweg, Abbiegespuren etc.).

■ Sodann muss geprüft werden, ob dieser Bereich überfahren wurde und somit ein Rotlichtverstoß tatbestandlich erfüllt ist.

■ Schließlich ist für die Frage des qualifizierten Rotlichtverstoßes dann auf das Überfahren der Haltelinie abzustellen. Fehlt ein solches, kommt es wiederum nur auf das Einfahren in den Schutzbereich an.[8]

■ Die erste Induktionsschleife ist fast immer nach der Haltelinie eingelassen. Entsprechend weist das erste Messbild nicht den hier maßgeblichen Zeitpunkt des Überfahrens der Haltelinie aus. Die Zeitspanne zwischen dem Überfahren der Haltelinie bis zum Überfahren der ersten Induktionsschleife ist damit zugunsten des Betroffenen in Abzug zu bringen – was von Behörden und Gerichten zuweilen übersehen wird.[9]

6   Häufig beschleunigen Fahrzeugführer bei Gelblicht, um noch vor der Rotphase über die Kreuzung zu kommen. Deshalb kann bei der Berechnung des Rotlichtverstoßes (Rückrechnung an die Haltelinie) nicht immer von einer Durchschnittsgeschwindigkeit bzw. einer gleichbleibenden Geschwindigkeit ausgegangen werden. Wenn der Betroffene innerhalb der Messstrecke beschleunigt, dann ist beim Verlassen des Kreuzungsbereichs die Geschwindigkeit höher als die errechnete Durchschnittsgeschwindigkeit; die Entfernung zur Haltelinie im Moment des Umschaltens auf Rot ist also kürzer als vorgeworfen. Hie-

---

6 BayObLG, Beschl. v. 27.1.1994 – 2 ObOWi 483/93, Rn 8, juris; OLG Düsseldorf, Beschl. v. 9.1.1995 – 5 Ss (OWi) 466/94 – (OWi) 217/94 I, juris; OLG Karlsruhe, Beschl. v. 30.1.1995 – 3 Ss 210/94, Rn 8, juris; OLG Köln, Beschl. v. 19.3.1998 – Ss 129/98 (B), Rn 10, juris; OLG Frankfurt, Beschl. v. 19.10.1994 – 2 Ws (B) 651/94 OWiG, juris; OLG Hamm, Beschl. v. 25.3.1996 – 2 Ss OWi 248/96, juris; OLG Düsseldorf, Beschl. v. 18.12.1996 – 5 Ss (OWi) 365/96 – (OWi) 173/96 I, juris; Hanseatisches OLG Hamburg, Beschl. v. 14.4.1997 – 2 Ss 19/97 OWi, juris; OLG Stuttgart, Beschl. v. 17.7.1997 – 1 Ss 262/97, juris; OLG Dresden, Beschl. v. 19.3.1998 – 2 Ss (OWi) 575/97, Rn 10, juris; OLG Düsseldorf, Beschl. v. 4.10.1999 – 2b (OWi) 129/99 – (OWi) 65/99 I, Rn 25, juris; Hanseatisches OLG Bremen, Beschl. v. 19.10.2009 – 2 SsBs 38/09, Rn 7, juris; KG Berlin, Beschl. v. 14.3.2014 – 3 Ws (B) 124/14, Rn 4, juris.

7 Anders: OLG Oldenburg, Beschl. v. 19.8.1993 – Ss 150/93, Rn 8, juris; Thüringer OLG, Beschl. v. 29.10.2003 – 1 Ss 138/03, Rn 13, juris.

8 OLG Oldenburg, Beschl. v. 21.6.1996 – Ss 86/96, juris; KG Berlin, Beschl. v. 14.3.2014 – 3 Ws (B) 124/14, Rn 4, juris; vgl. hierzu auch: *Krenberger*, jurisPR-VerkR 23/2014 Anm. 6.

9 Vgl. hierzu auch *Kärger* in Beck/Berr/Schäpe, OWi-Sachen im Straßenverkehrsrecht, 7. Aufl. 2017, Rn 707.

raus ergibt sich wiederum, dass auch die errechnete Dauer der Rotphase beim Passieren der Haltlinie kürzer gewesen sein muss. Die Zugrundelegung der Durchschnittsgeschwindigkeit des Fahrzeugs für die Wegstrecke zwischen Haltelinie und Induktionsschleife wirkt sich also häufig zuungunsten des Betroffenen aus. Dies muss entsprechend zugunsten des Betroffenen mit einem weiteren Abzug kompensiert werden.[10]

Im innerörtlichen Verkehr ist laut den VwV-StVo zu § 37 unter normalen Fahrbedingungen davon auszugehen, dass ein Fahrer bei Gelblicht entweder rechtzeitig durchfahren oder abbremsen kann.[11] Fraglich ist also auch, ob dem Rotlichtverstoß im konkreten Einzelfall eine **ausreichende Gelbphase** vorangegangen war.   7

Entsprechend der Konstellation bei Geschwindigkeitsüberschreitung und standardisiertem Messverfahren stellen nunmehr die meisten OLG bei **einfachen** Rotlichtverstößen **innerorts** für die notwendigen Feststellungen im Urteil **geringe** Anforderungen. Mangels anderweitiger Anhaltspunkte ist hier von der üblichen Gelbphase von drei Sekunden auszugehen.[12] Der Betroffene darf darauf vertrauen, dass die Gelbphase die übliche Zeit andauert. Eine tatsächlich **kürzere Gelbphase** kann ein Fahrverbot entfallen lassen – die Verwaltungsvorschriften wirken sich hier durch den Gleichbehandlungsgrundsatz mittelbar aus.[13]   8

Zur Annahme von Fahrlässigkeit bei einem innerörtlichen Rotlichtverstoß genügt im Allgemeinen die Feststellung, dass der Betroffene die Ampel bzw. die Haltelinie bei Rot passiert hat.[14] Es muss nicht explizit festgestellt werden, dass von einem standardisierten Messverfahren ausgegangen wird,[15] jedoch muss das Gericht **eigene Feststellungen** treffen und darf nicht auf den Bußgeldbescheid bezugnehmen. Die Frage, ob ein Rotlichtverstoß qualifiziert ist, betrifft den Rechtsfolgenausspruch.[16] Vereinzelt wird nunmehr auch ein einfacher Rotlichtverstoß aufgrund von Voreintragungen mit einem Fahrverbot geahndet.[17]

---

10 Vgl. hierzu Informationen zum Eichwesen, Ausgabe I/1997 der Gewerkschaft Mess- und Eichwesen, S. 22 ff.; *Löhle/Beck* DAR 2000, 1 ff.; *Buck/Pütz/Müller* DAR 2011, 748.
11 *Hentschel/König/Dauer*, Straßenverkehrsrecht, 44. Aufl. 2017, Rn 17 zu VwV-StVO § 37; *Burhoff* in Ludovisy/Eggert/Burhoff, Praxis des Straßenverkehrsrecht, 6. Aufl. 2015, § 5 Rn 53.
12 Brandenburgisches OLG, Beschl. v. 9.2.2004 – 1 Ss (OWi) 15 B/04, Rn 8, juris; OLG Hamm, Beschl. v. 29.8.2002 – 3 Ss OWi 729/02, Rn 15, juris; Thüringer OLG, Beschl. v. 24.8.2005 – 1 Ss 177/05, Rn 10, juris; Hanseatisches OLG Bremen, Beschl. v. 19.10.2009 – 2 SsBs 38/09, Rn 9, juris; OLG Hamm, Beschl. v. 2.11.2010 – III-4 RBs 374/10, Rn 4, juris; OLG Bamberg, Beschl. v. 6.3.2014 – 3 Ss OWi 228/14, Rn 11, juris; *Busch/Krenberger*, Der Rotlichtverstoß als verkehrsrechtliches Problem, DAR 2015, 50 (48).
13 OLG Braunschweig, Beschl. v. 21.10.2005 – Ss (OWi) 81/05, juris.
14 Thüringer OLG, Beschl. v. 7.11.2005 – 1 Ss 124/05, Rn 17, juris.
15 KG, Beschl. v. 12.11.2015 – 3 Ws (B) 515/15, juris.
16 KG Berlin, Beschl. v. 1.7.2015 – 3 Ws (B) 296/15, Rn 3, juris.
17 OLG Bamberg, Beschl. v. 6.3.2014 – 3 Ss OWi 228/14, Rn 14 m.w.N., juris.

9

Praxistipp

Bei innerörtlichen Rotlichtverstößen ist ein besonderes Augenmerk darauf zu legen, ob die Gelbphase ausreichend lang war. Bei Zweifeln hieran hat der Verteidiger selbst bereits vor der Hauptverhandlung einen **Ampelphasenplan** einzuholen; das Gericht ist dazu nur unter besonderen Umständen angehalten.[18]

10 Bei **qualifizierten** Rotlichtverstößen – d.h. bei **Rotlicht von länger als eine Sekunde** – die durch automatische Kameras festgestellt werden, muss der Tatrichter dagegen umfangreiche Feststellungen treffen.[19] Insbesondere die Feststellungen zur Rotzeit mit den korrekten Bezugsgrößen und der darauf fußenden Berechnung sowie Messverfahren und Toleranzen[20] sind mitzuteilen. Die Urteilsgründe müssen auch die Einlassung des Betroffenen und gegebenenfalls Zeugenaussagen wiedergeben und kritisch hinterfragen.[21]

11 Mit der Rotlichtüberschreitung von mehr als einer Sekunde wird ein grober Pflichtverstoß im Sinne des § 25 Abs. 1 S. 1 StVG indiziert, welcher regelmäßig der Denkzettel- und Besinnungsmaßnahme eines Fahrverbots bedarf. Gleichwohl kann der Wegfall eines Fahrverbotes angezeigt sein, wenn im Einzelfall **besondere Umstände** hinzutreten, etwa ein unübersichtliches, besonders schwieriges, überraschendes oder gar verwirrendes Verkehrsgeschehen.[22] Das bloße Verwechseln mit der Fußgängerampel wird hierzu nicht genügen.[23] Bei fehlender Gefährdungslage kann jedoch ein **atypischer Fall** vorliegen und das Fahrverbot entfallen.[24] Selbiges gilt beim „Mitzieheffekt" und bei Wahrnehmungsfehlern.[25]

18 OLG Celle, Beschl. v. 1.11.2011 – 311 SsBs 109/11, Rn 7, juris.
19 OLG Bamberg Beschl. v. 29.10.2015 – 3 Ss OWi 1310/15, juris.
20 OLG Braunschweig, Beschl. v. 2.8.2006 – 2 Ss (B) 38/04, Rn 6, juris; OLG Düsseldorf, Beschl. v. 16.2.2017 – IV-1 RBs 264/16, Rn 8, juris.
21 OLG Düsseldorf, Beschl. v. 22.6.2001 – 2b Ss (OWi) 164/01 – (OWi) 41/01 I, Rn 7, juris; OLG Dresden, Beschl. v. 29.11.2002 – Ss (OWi) 599/02, juris; OLG Celle, Beschl. v. 1.11.2011 – 311 SsBs 109/11, Rn 9, juris.
22 OLG Hamm Beschl. v. 24.2.2006 – 4 Ss 58/06, juris; vgl. auch: OLG Bamberg Beschl. v. 29.6.2009 – 2 SsOWi 573/09, juris; OLG Hamm, Beschl. v. 19.10.2009 – 3 Ss OWi 763/09, Rn 7, juris; OLG Düsseldorf, Beschl. v. 14.3.2014 – IV-1 RBs 183/13, Rn 10, juris; OLG Bamberg, Beschl. v. 22.12.2015 – 3 Ss OWi 1326/15, Rn 9, juris; vgl. hierzu auch: *Krenberger*, jurisPR-VerkR 21/2014 Anm. 5.
23 KG Berlin, Beschl. v. 3.2.2014 – 3 Ws (B) 15/14, Rn 5, juris; OLG Bamberg, Beschl. v. 10.8.2015 – 3 Ss OWi 900/15, Rn 4, juris.
24 KG, Beschl. v. 17.2.2015 – 3 Ws (B) 24/15, juris; OLG Stuttgart, Beschl. v. 26.11.2013, – 4 Ss 601/13, juris; OLG Bamberg, Beschl. v. 24.7.2008 – 3 Ss OWi 1774/07, Rn 7, juris; a.A: OLG Hamm, Beschl. v. 19.10.2009 – 3 Ss OWi 763/09, Rn 7, juris.
25 OLG Hamm, Beschl. v. 5.5.1994 – 2 Ss OWi 414/94, juris; OLG Karlsruhe, Beschl. v. 3.4.1996 – 2 Ss 23/96, juris; OLG Düsseldorf, Urt. v. 24.8.1999 – 2b Ss (OWi) 162/99 – (OWi) 90/99 I, juris; KG Berlin, Beschl. v. 5.9.2001, 2 Ss 171/01 – 3 Ws (B) 420/01, juris; OLG Karlsruhe, Beschl. v. 18.6.2002 – 2 Ss 94/01, juris; OLG Koblenz, Beschl. v. 3.3.2004 – 1 Ss 333/03, juris; OLG Frankfurt, Beschl. v. 8.12.2004 – 2 Ss-OWi 411/04, juris; OLG Bamberg, Beschl. v. 29.6.2009 – 2 Ss OWi 573/09, juris; KG Berlin, Beschl. v. 30.11.2015 – 3 Ws (B) 531/15, juris.

Praxistipp   **12**

Die **konkrete Verkehrssituation** im Hinblick auf solche besonderen Umstände ist mit dem Betroffenen also frühzeitig zu erörtern.

Daneben ist das Hauptaugenmerk auf die **Rotlichtzeit** und auf **Messfehler** zu legen. Vor allem bei knapper Zeitüberschreitung ist schon vor der Hauptverhandlung die Einholung eines Sachverständigengutachtens angezeigt. Der Tatrichter hat sich nur mit konkret behaupteten und dargelegten Messfehlern zu befassen,[26] weshalb entsprechende Beweisanträge am besten vorab vorzubereiten sind.[27]

Früher umstritten, aber zwischenzeitlich geklärt ist, dass ein Rotlichtverstoß **nicht** ent-   **13**
fällt, wenn der Betroffene nach überfahrenem Rotlicht auf einen anderen, freigegebenen Fahrstreifen wechselt. Das zugeordnete Signal und somit das Rotlicht gilt für jede Spur gesondert, die Ampelschaltung für die andere Spur kann insoweit nicht „rückwirkend erstarken".[28] Entsprechend lebt auch das Rotlicht wieder auf, wenn der Betroffene in Umgehungsabsicht die Fahrbahn vorher (z.B. über den Gehweg) verlässt und sodann wieder in den Verkehr zurückgelangt.[29] Selbiges gilt für die Umgehung über Sonderfahrstreifen; unterfällt der Betroffene nicht dem vorgesehenen Adressatenkreis, hat er die allgemeinen Lichtzeichen zu beachten.[30] Anzudenken ist in allen drei Fallgruppen jedoch stets, ob eine **Gefährdung im konkreten Fall ausgeschlossen** war und somit ein Regelfahrverbot entfallen kann.

Hinweis   **14**

Auch das Räumen der Kreuzung kann grundsätzlich den objektiven Tatbestand des qualifizierten Rotlichtverstoßes erfüllen – jedenfalls wenn die Lichtsignale für den Betroffenen vor dem Wiederanfahren noch sichtbar waren.

Hier wird jedoch zum einen der Bezugspunkt für den Zeitfaktor nicht die Haltelinie sein.[31] Zum anderen wird im subjektiven Tatbestand regelmäßig keine grobe Pflichtwidrigkeit i.S.d. § 25 Abs. 2 S. 1 StVG vorliegen.[32]

---

26 BGHSt 39, 291.
27 Generell zur richtigen Stellung von Beweisanträgen: *Meyer* DAR 2011, 744.
28 BGH, Beschl. v. 30.10.1997 – 4 StR 647/96, BGHSt 43, 285–293; KG Berlin, Beschl. v. 18.3.2009 – 3 Ws (B) 46/09, Rn 4, juris; KG Berlin, Beschl. v. 7.4.2010 – 3 Ws (B) 115/10, Rn 4, juris; *König* in Hentschel/König/ Dauer, Straßenverkehrsrecht 44. Aufl. 2017, § 37 Rn 55 m.w.N.
29 OLG Frankfurt, Beschl. v. 7.11.2001 – 2 Ws (B) 391/01 OWiG, Rn 3, juris; OLG Hamm, Beschl. v. 2.7.2013 – III-1 RBs 98/13, Rn 6 m.w.N., juris.
30 OLG Frankfurt, Beschl. v. 7.11.2001 – 2 Ws (B) 391/01 OWiG, juris; Hanseatisches OLG Hamburg, Beschl. v. 7.2.2001 – III – 45/00 – 2 Ss 135/00 OWi, juris; KG Berlin, Beschl. v. 21.5.2010 – 3 Ws (B) 138/10, Rn 3, juris.
31 BGH, Beschl. v. 24.6.1999 – 4 StR 61/99, BGHSt 45, 134–139, Rn 12.
32 KG Berlin, Beschl. v. 1.9.2000 – 2 Ss 85/00 – 3 Ws (B) 291/00, Rn 6, juris; OLG Köln, Beschl. v. 8.2.2000 – Ss 51/00 B, Rn 10, juris.

15   Bei der Rotlichtüberwachung durch **automatische Überwachungskameras** handelt es sich um **standardisierte Messverfahren** gemäß der BGH-Rechtsprechung[33] Dennoch bedarf es zur Überprüfbarkeit des Urteils durch das Beschwerdegericht über den konkret verwendeten Gerätetyp und das gewonnene Messergebnis hinaus weiterer Angaben:

16   Wie bereits eingangs erläutert kommt es für die Berechnung der Rotlichtdauer auf das **Erreichen der Haltelinie** an und nicht auf das Erreichen der ersten Induktionsschleife. Zudem ist die **gefahrene Geschwindigkeit** unter Berücksichtigung einer möglichen Beschleunigung relevant. Die hierzu erforderliche Weg-Zeit-Berechnung ergibt sich wiederum aus dem **Auslösezeitpunkt** der beiden Messbilder bzw. der zweiten Induktionsschleife. Folglich kann erst mit diesen zusätzlichen Angaben der Rotlichtverstoß schlüssig und nachvollziehbar begründet werden.[34]

17   Der Abstand der Induktionsschleife zur Haltelinie, die auf den Messbildern jeweils eingeblendeten Messzeiten sowie – sofern vorhanden – der Abstand zur zweiten Induktionsschleife sind also im Urteil konkret aufzuführen. Je nach Messgerät kann auch die Angabe der Toleranzen erforderlich sein.

18   Sind diese Angaben bereits den Messbildern zu entnehmen und befinden sich diese ausgedruckt in der Akte, kann das Tatgericht hierauf gemäß § 267 Abs. 1 S. 3 StPO, § 71 Abs. 1 OWiG verweisen.[35]

19   Bei der Frage des Toleranzabzuges wird in der jüngeren Rechtsprechung auf den ausführlichen Beschluss des OLG Braunschweig vom 2.8.2002 Bezug genommen. Maßgeblich ist danach das **Datum der Bauartzulassung**. Spätestens seit Januar 2004 müssen alle von der PTB zugelassenen Rotlichtüberwachungsanlagen die Rotzeit **automatisch** ermitteln; ein zusätzlicher Toleranzabzug ist nicht veranlasst. Bei früher zugelassenen Geräten, welche die Rotzeit nicht automatisch ermitteln, ist die Zeit der zurückgelegten Strecke zwischen Haltelinie und der Fahrzeugposition auf dem ersten Messbild abzuziehen. Ein zusätzlicher gerätespezifischer Toleranzabzug von 0,2 s ist

---

33 Hanseatisches OLG Bremen, Beschl. v. 24.1.2002 – Ss (B) 64/01, juris; OLG Hamm, Beschl. v. 17.7.2006 – 3 Ss OWi 435/06, Rn 15, juris; OLG Hamm, Beschl. v. 1.2.2007 – 3 Ss OWi 856/06, Rn 12, juris; Hanseatisches OLG Bremen, Beschl. v. 19.10.2009 – 2 SsBs 38/09, Rn 5, juris; AG Konstanz, Urt. v. 16.2.2011 – 13 OWi 52 Js 1314/2011 – 43/11, Rn 5, juris; AG Hannover, Urt. v. 22.3.2011 – 241 OWi 593/10, Rn 5, juris; Schleswig-Holsteinisches OLG, Beschl. v. 2.4.2014 – 1 Ss OWi 59/14, Rn 5, juris.

34 OLG Dresden, Beschl. v. 19.11.2001 – Ss (OWi) 9012/01, juris; Brandenburgisches OLG, Beschl. v. 9.2.2004 – 1 Ss (OWi) 15 B/04, Rn 11, juris; OLG Hamm, Beschl. v. 17.7.2006 – 3 Ss OWi 435/06, Rn 25, juris OLG Hamm, Beschl. v. 1.2.2007 – 3 Ss OWi 856/06, Rn 12, juris; Schleswig-Holsteinisches OLG, Beschl. v. 2.4.2014 – 1 Ss OWi 59/14, Rn 5, juris; OLG Düsseldorf, Beschl. v. 16.2.2017 – IV-1 RBs 264/16, Rn 8, juris.

35 OLG Frankfurt, Beschl. v. 6.8.2008 – 2 Ss-OWi 366/08, Rn 5, juris; Hanseatisches OLG Bremen, Beschl. v. 19.10.2009 – 2 SsBs 38/09, Rn 5, juris.

zu berücksichtigen bei TRAFFIPAX TraffiPhot II und III[36] (ROBOT Visual Systems GmbH), Rotlicht-Überwachungsanlagen von TRUVELO Deutschland und MULTA-FOT (Multanova AG).[37] Ein Toleranzwert kann sich hingegen erübrigen, wenn die Rotlichtzeit auch nach Abzug des günstigsten Zeitwerts immer noch mindestens eine Sekunde dauern würde.[38]

Hinweis   **20**

Zu den Anforderungen der Verteidigung bei standardisierten Messverfahren wird auf die allgemeinen Ausführungen verwiesen.[39] Bei der Rotlichtüberwachung ist darauf zu achten, dass die Mindestanforderungen an das Urteil weiter gefasst sind als bei Geschwindigkeitsmessungen.

Dennoch obliegt es der Verteidigung, möglichst frühzeitig konkrete Zweifel an der Richtigkeit der Messung vorzutragen. Hierzu sind die nachfolgend thematisierten technischen Fehlerquellen des jeweiligen Messverfahrens im Einzelfall zu überprüfen.

Der Vollständigkeit halber sei hier noch die Anzeige eines Rotlichtverstoßes durch einfache **Schätzung eines Polizeibeamten** erwähnt. Diese basiert allein auf Wahrnehmungen und geht daher mit **erheblichen Unsicherheiten** einher.[40]   **21**

Entsprechend muss besonderes Augenmerk auf die **konkreten Umstände im Einzelfall**   **22** gelegt werden; zunächst ist zu klären, ob der Verstoß im Rahmen einer gezielten Rotlichtüberwachung oder aber nur beiläufig wahrgenommen worden ist. Ein zufällig beobachteter qualifizierter Verstoß wird hier regelmäßig zu keinem Fahrverbot führen können.[41] Anders kann dies bei einer geplanten und aufmerksamen Rotlichtüberwachung liegen, wenn weitere konkrete Anhaltspunkte die Richtigkeit der Schätzung bestätigen.[42] Kommt eine Stoppuhr zum Einsatz, ist deren Eichung zu klären und es ist ein **erheblicher Toler-**

---

36 Vgl. AG Konstanz, Urt. v. 16.2.2011 – 13 OWi 52 Js 1314/2011 – 43/11, Rn 5, juris.
37 OLG Braunschweig, Beschl. v. 2.8.2006 – 2 Ss (B) 38/04, juris.
38 Hanseatisches OLG Bremen, Beschl. v. 24.1.2002 – Ss (B) 64/01, juris; Schleswig-Holsteinisches OLG, Beschl. v. 25.2.2004 – 1 SsOWi 142/03 (25/04), Rn 3, juris; OLG Frankfurt, Beschl. v. 6.8.2008 – 2 Ss-OWi 366/08, Rn 5, juris.
39 Vgl. § 2.
40 BayObLG, Beschl. v. 20.10.2000 – 2 ObOWi 500/00, Rn 2, juris; OLG Düsseldorf, Beschl. v. 4.11.2002 – 2b Ss (OWi) 216/02 – (OWi) 68/02 I, Rn 8, juris; Hanseatisches OLG Hamburg, Beschl. v. 29.12.2004 – III – 117/04 – 3 Ss 114/04 OWi, juris; AG Landstuhl, Urt. v. 24.2.2011 – 4286 Js 13706/10 OWi, Rn 10, juris; OLG Köln, Beschl. v. 20.3.2012 – III-1 RBs 65/12, Rn 22, juris; vgl. hierzu auch *König/Seitz* DAR 2006, 127.
41 Thüringer OLG, Beschl. v. 10.12.1998 – 1 Ss 219/98, Rn 18, juris; AG Suhl, Urt. v. 23.11.2004 – 310 Js 18846/04 – 2 OWi –, juris; OLG Köln, Beschl. v. 7.9.2004 – 8 Ss-OWi 12/04, Rn 14, juris; AG Lüdinghausen, Urt. v. 22.9.2014 – 19 OWi 97/14, Rn 8, juris.
42 OLG Hamm, Beschl. v. 24.9.2007 – 3 Ss OWi 620/07, Rn 20 m.w.N., juris; OLG Bamberg, Beschl. v. 29.10.2015 – 3 Ss OWi 1310/15, juris.

anzabzug vorzunehmen.[43] Die eingangs thematisierten objektiven Tatbestandsmerkmale sind hier jedenfalls ausführlich im Urteil zu thematisieren, insbesondere die Dauer der Gelbphase, die gefahrene Geschwindigkeit sowie die Entfernung des Fahrzeuges zur Haltelinie im Zeitpunkt des Umschaltens der Ampel.[44]

43 OLG Düsseldorf, Beschl. v. 26.2.2003 – IV-2a Ss (OWi) 2/03 – (OWi) 7/03 III, Rn 8, juris; KG Berlin, Beschl. v. 23.5.2008 – 3 Ws (B) 133/08, juris; KG Berlin, Beschl. v. 17.11.2011 – 3 Ws (B) 561/11, Rn 9, juris.
44 Thüringer OLG, Beschl. v. 10.12.1998 – 1 Ss 219/98, Rn 18, juris; Hanseatisches OLG Hamburg, Beschl. v. 29.12.2004 – III – 117/04 – 3 Ss 114/04 OWi, juris; KG Berlin, Beschl. v. 4.8.2005 – 2 Ss 136/05 – 3 Ws (B) 357/05, juris; OLG Köln, Beschl. v. 20.3.2012 – III-1 RBs 65/12, Rn 22, juris; OLG Saarbrücken, Beschl. v. 5.11.2015, Ss (BS) 76/2015 = zfs 2016, 352–355.

§ 22　Messanlagen mit Fahrbahnsensoren

A.　Messprinzip/Allgemeines

Reuß

Rotlichtüberwachungsanlagen dokumentieren die Nichtbeachtung der roten Ampelphase　**1**
an Wechsellichtzeichenanlagen (Ampeln). Sie dokumentieren auf unterschiedliche
Art und Weise das Überqueren der Haltelinie durch ein Fahrzeug. Je nach technischer
Bauweise erfolgt die Registrierung direkt bei Passieren der Haltelinie oder aber erst später, wenn das Fahrzeug bereits in den Kreuzungsbereich hineingefahren ist. Im letzteren
Falle muss der Zeitpunkt, in dem das Fahrzeug die Haltelinie passierte, zurückgerechnet
werden, da der Rotlichtverstoß begangen wird, wenn die Pkw-Front den Haltelinienbeginn passiert.

Die Dokumentation erfolgt mithilfe von Fotos, die die Verkehrssituation zusammen mit
den eingeblendeten Daten (z.b. Rotzeit, Gelbzeit, Datum, Uhrzeit etc.) aufnehmen.

Die verschiedenen Anlagen zur Rotlichtüberwachung verfügen über unterschiedliche
technische Möglichkeiten. Bei den **älteren** Anlagen muss die vorwerfbare Rotzeit
noch **manuell** bestimmt werden, während die **neueren** Versionen die vorwerfbare Rotzeit **automatisch** berechnen. Die Liste der zugelassenen Messanlagen findet sich auf
der Homepage der PTB.[1]

Anlagen ohne automatische Rotlichtzeitberechnung werden nicht mehr neu zugelassen.
Sollte sich ein Hersteller dazu entschließen, ein neues Gerät herauszubringen, muss dieses
die Rotlichtzeit automatisch berechnen. Aus diesem Grund rechnen z.B. das MultaStar-C
oder PoliScan speed F1 HP die vorwerfbare Rotlichtzeit direkt aus.

Man kann die vorgeworfenen Rotlichtzeiten grob in vier Kategorien einteilen:　**2**

■　Rotlichtzeit < 1,0 s,
■　Rotlichtzeit 1,0–1,5 s,
■　Rotlichtzeit > 1,5 s,
■　Rotlichtzeit extrem lang, bspw. 56 s.

Bei der ersten Kategorie hat man die Ampel zwar bei Rot passiert; es droht jedoch kein
Fahrverbot.

Bei der zweiten Kategorie droht auf den ersten Anschein ein Fahrverbot (Rotlichtzeit
>1,0 s). Da die auf dem ersten Foto eingeblendete Rotlichtzeit jedoch nicht die rechtlich
relevante Rotlichtzeit ist, lohnt sich eine rechnerische Überprüfung, ob man nach Abzug

---

1 Vgl. Erläuterungen der PTB (*http://www.ptb.de/cms/fachabteilungen/abt1/fb-13/ag-131/rotlichtueber-
wachungsanlagen.html*).

der Zeit ab dem Überfahren des Haltebalkens bis zur Anfertigung des ersten Rotlichtfotos nicht auf eine rechtlich relevante Rotlichtzeit von unter 1,0 s kommt.

Bei der dritten Kategorie – Rotlichtzeit über 1,5 s – führt auch die Berücksichtigung der Korrekturzeit in der Regel zu keiner rechtlich relevanten Rotlichtzeit unter 1,0 s, d.h. nicht unterhalb der Fahrverbotsgrenze.

Bei der vierten Kategorie, d.h. bei auffallend langen Rotlichtzeiten (bspw. 56 s) ist es wahrscheinlich, dass eine Verwechslung eines Lichtsignals vorlag. Meist erhält zu diesem Zeitpunkt die Rechts- oder Linksabbiegerampel Grün. Der auf dem Geradeausfahrstreifen stehende Fahrzeuglenker hält dieses Signal irrtümlich für sein eigenes Ampelzeichen, fährt also geradeaus in die Kreuzung ein und löst damit die Geradeaus-Sensorik aus.

B. Allgemeine Fehlermöglichkeiten

I. Gelbphase

3   Die vor der Rotphase liegende Gelbphase wird bei den gängigen Systemen, die noch eingesetzt werden, **geräteintern** überwacht und gemessen. Die Ausnahme bilden lediglich ältere Systeme wie z.B. das Traffiphot –II, das Multafot oder die Rotlicht-Überwachungsanlage von TRUVELO Deutschland; wobei diese Geräte nur noch sehr selten anzutreffen sind.

Bei diesen älteren Geräten wird deswegen eine zusätzliche Toleranz von 0,2 s gewährt.

Im innerörtlichen Bereich (zulässige Höchstgeschwindigkeit 50 km/h) muss die Gelbphase einer Verkehrsampel mindestens 3,0 s betragen.

Bei zulässigen 60 km/h sind es 4,0 s und bei 70 km/h sind dann 5,0 s Gelbphasendauer vorgeschrieben.

Unter normalen Umgebungsbedingungen sind diese Zeitspannen ausreichend, um vor der Ampel anhalten zu können. Der ungünstigste Umschaltzeitpunkt einer Lichtsignalanlage von Grün auf Gelb ist für einen Verkehrsteilnehmer dann gegeben, wenn er mit der zulässigen Höchstgeschwindigkeit fahrend gerade exakt die vorgeschriebene Gelbphasendauer von der Ampel entfernt ist, d.h. bei konstanter Weiterfahrt die Ampel gerade bei Gelblichtende bzw. Rotlichtbeginn erreichen würde.

II. Anhalteweg und Bremsverzögerung

4   Bei 50 km/h (13,89 m/s) Fahrgeschwindigkeit legt ein Fahrzeug innerhalb von 1,0 s eine Fahrtstrecke von 13,89 m zurück. Schaltet die Ampel im für den Betroffenen ungünstigsten Fall, also 3,0 s vor Erreichen der Haltelinie, von Grün auf Gelb, befindet sich dieser bei Gelbbeginn noch 41,67 m vor dem Haltebalken.

Um das Fahrzeug dann aus 50 km/h innerhalb dieser Strecke von 41,70 m zum Stehen zu bringen, bedarf es unter Berücksichtigung der normalen Reaktions- und Bremsschwellzeit von 1,0 s der Einleitung einer Verzögerung mit einer Stärke von 3,5 m/s^2.

Bremsverzögerungen dieser Größenordnung sind bei normalen Fahrbahnbedingungen (trocken oder nass) von einem Pkw- oder Motorradfahrer problemlos beherrschbar.

Kritisch werden solche Bremsverzögerungen für Pkw-/Motorradfahrer erst bei **ungünstigen Fahrbahnbedingungen** (Schnee- und Eisglätte etc.). In diesen Fällen ist ein rechtzeitiges Anhalten nur dann noch möglich, wenn man sich der Ampel von vornherein mit einer deutlich unter 50 km/h liegenden Geschwindigkeit annähert.

Dies implementiert aber auch gleichzeitig, dass der Fahrzeugfahrer den Gelblichtbeginn auch tatsächlich wahrgenommen hat. Ungünstige Umgebungsbedingungen, wie z.B. vorausfahrende hoch aufbauende Fahrzeuge, ungünstig aufgestellte Ampelanlagen etc. können bewirken, dass der Fahrer den Gelblichtbeginn nicht registrierte, womit dann ein deutlich geringerer Anhalteweg zur Verfügung steht.

Bremsverzögerungen in der Größenordnung von 3,5 m/s^2 sind jedoch bereits bei norma-   5
len Fahrbahnbedingungen (trocken oder nass) für einen **Busfahrer** kritisch. Busse sind bei den genannten Bedingungen zwar noch gefahrlos zum Stehen zu bringen, aber dieser läuft dabei Gefahr, dass die – auf die Bremsung nicht gefassten – stehenden oder sitzenden Fahrgäste so starken Trägheitskräften ausgesetzt sind, dass sie nach vorne geschleudert werden und sich verletzen können.

Unvorbereiteten Businsassen sind aus Sicherheitsgründen (Verletzungsgefahr) lediglich Bremsverzögerungen von maximal 2,0 m/s^2 zumutbar.

Damit ein Bus, mit einer Bremsverzögerung von 2,0 m/s^2, noch vor einer auch im ungünstigsten Moment von Grün auf Gelb umschaltenden Ampel zum Stehen kommen kann, darf sich dieser mit keiner höheren Geschwindigkeit als etwa 40 km/h einer Grün zeigenden Ampel nähern. Auch hier muss der Fahrer die Ampelanlage frühzeitig wahrnehmen, damit er hierauf entsprechend reagieren kann.

Bremsungen mit einer Stärke von 3,5 m/s^2 bergen auch bei **Lastzügen** oder **Sattelkraft-**   6
fahrzeugen bereits auf trockener, insbesondere auch auf nasser Fahrbahn die Gefahr eines Schleudervorgangs und/oder eines Ausbrechens des Anhängers bzw. eines Einknickens des Sattelkraftfahrzeugs in sich.

Ähnlichen Gefahren sind **Langholztransporte** bei Bremsungen einer Stärke von 3,3 m/s^2 sowohl auf trockenen als auch nassen Fahrbahnen ausgesetzt. Bei Langholzfahrzeugen ist bei solchen Bremsverzögerungen überdies mit dem Verrutschen der Ladung nach vorne gegen das Führerhaus zu rechnen.

Beherrschbar sind diese Probleme für Fahrer von Lastzügen, Sattelkraftfahrzeugen und Langholztransporten daher ebenfalls nur, wenn sie sich Ampelanlagen bremsbereit mit deutlich unter 50 km/h liegenden Geschwindigkeiten annähern (wobei bei den zuletzt genannten Fahrzeugtypen noch erschwerend hinzukommt, dass deren Bremsschwellzeiten deutlich über denen kleinerer Fahrzeuge liegen, wodurch die zum Anhalten benötigte Strecke deutlich länger ist. So müssten diese bei 50 km/h noch stärker verzögern, als dies bei Pkws/Motorrädern der Fall ist; die Bremsverzögerung muss also noch über 3,5 m/s² liegen.

Lastzüge und Sattelkraftfahrzeuge können unter Bremsverzögerungen von 2,0 m/s² auch auf nassen Fahrbahnen in kontrollierter Form zum Stehen gebracht werden. Wegen der bei Lastzügen und Sattelkraftfahrzeugen gegenüber Omnibussen längeren **Bremsschwellzeiten** ist ein sicheres Anhalten vor einer im ungünstigsten Augenblick von Grün auf Gelb umschaltenden Ampel bei diesen Fahrzeugen nur aus Geschwindigkeiten von maximal 35 km/h möglich.

Noch langsamer als mit 35 km/h, nämlich sogar lediglich mit etwa 25 km/h kann man mit Langholzfahrzeugen an Ampelanlagen heranfahren, will man auch mit einem solchen Fahrzeug in kontrollierter Form vor der Ampel anhalten können, wenn diese im ungünstigsten Augenblick von Grün auf Gelb umschaltet.

Grundsätzlich lassen sich die eben berechneten maximal möglichen Annäherungsgeschwindigkeiten von Omnibussen, Lastzügen und Sattelkraftfahrzeugen an Ampelanlagen dadurch geringfügig erhöhen, wenn man als Führer solcher Fahrzeuge bremsbereit an Ampeln heranfährt, verkürzt sich hierdurch die benötigte Reaktionszeit.

7   Bei **extrem schlechten Witterungsverhältnissen** wie vereisten oder schneebedeckten Fahrbahnen kann man auch mit Pkws nur mit deutlich unter 50 km/h liegenden Geschwindigkeiten an Ampelanlagen heranfahren, um jederzeit in kontrollierter Form anhalten zu können. Auf vereisten und schneebedeckten Fahrbahnen erreicht man mit einem Pkw in kontrollierter Form nur noch Bremsverzögerungen von 1,0 m/s² bis 1,5 m/s².

Mit solchen Verzögerungen kann man nur dann auch bei ungünstigem Umschalten der Ampel noch vor dieser anhalten, wenn man eine maximale Geschwindigkeit von 25 km/h einhält. Allerdings sind diese Geschwindigkeiten bei den genannten Witterungsbedingungen nicht auffallend, da man unter diesen Umständen ohnehin nur mit deutlich reduzierten Geschwindigkeiten fahren sollte.

Im Gegensatz dazu erfordern die mehr fahrzeugtechnisch bedingten Umstände von Omnibussen, Lastzügen etc., dass man auf trockener und nasser Straße eine deutlich geringere Geschwindigkeit als der übrige Verkehr einhält.

III. Allgemeine Gründe für Rotlichtverstöße

An verkehrsabhängig gesteuerten Ampelanlagen kommt es manchmal vor, dass die Sen-   8
sorik **die Fahrzeuge nicht erkennt**. Der Fahrzeugfahrer wartet dann auf einer unterge-
ordneten Straße während mehrerer Ampelumläufe vergeblich auf Grün. Aus Verärgerung
fährt er schließlich irgendwann einmal bei Rot in die Kreuzung ein, da er von einem technischen Defekt der Ampelanlage ausgeht.

Auch eine **ungünstige Anordnung der Lichtsignale** kann zu Verwechslungen zwischen
Geradeausgrün und Linksabbiegegrün o.ä. führen und damit zu Rotlichtverstößen. Genauso ist häufig zu beobachten, dass die Fahrzeugfahrer nicht die für sie geltende Ampelanlage beobachten, sondern sich an dem Verkehr auf den Nachbarspuren orientieren. Besitzen diese Spuren nun eine getrennte Ampelschaltung (z.b. Abbiegepfeil), so fahren die
Fahrzeugfahrer bei Rotlicht in den Kreuzungsbereich. Dieser Umstand wird als **Mitzieheffekt** bezeichnet.

Es gibt auch ungünstige Konstellationen mit sog. **Vorampeln**, also solchen Bereichen, in
denen vor der eigentlichen Ampel eine weitere Anzeige installiert ist, damit der Verkehr
bereits früher stoppt. Wenn diese ungünstig geschaltet sind, kann es passieren, dass die
Fahrzeugfahrer die Vorampel noch bei Gelblicht erreichen, aber bei konstanter Weiterfahrt dann die Hauptampel bei Rotlicht passieren. Insbesondere, wenn die Zone als ver-
meintlicher Gefahrenbereich wahrgenommen wird, können hierdurch Rotlichtverstöße
entstehen. In dem Fall versuchen die Fahrzeugfahrer nämlich, diesen Bereich möglichst
noch zu verlassen. Solche Situationen lassen sich im Nachhinein aber Weg-Zeit-technisch rekonstruieren.

IV. Allgemeine Fehler bei der Auswertung

Insbesondere bei den älteren, sehr verbreiteten Anlagen sind häufig **manuelle Rück-**   9
rechnungen seitens der Behörden erforderlich. Hierbei treten aber häufig Fehler auf,
werden dort nicht alle Unwägbarkeiten konsequent betrachtet, sodass gerade in Grenzfällen oder besonderen Situationen eine Überprüfung dieser Berechnungen sinnvoll ist.
Insbesondere dann, wenn der Rotlichtverstoß knapp an der relevanten 1-Sekunden-
Grenze liegt, ist es sinnvoll, dies zu überprüfen. Seitens der Behörden werden nicht selten fehlerhafte Sensorendistanzen angenommen, Toleranzen nicht berücksichtigt, fehlerhafte Berechnungsformeln angewandt oder besondere Umgebungsbedingungen
nicht berücksichtigt. Zu den besonderen Umgebungsbedingungen zählen zum Beispiel
sich stauender Verkehr, stark beschleunigende oder verzögernde Fahrzeuge, ungünstige Ampelkonfigurationen.

10

Hinweis

Insbesondere die Betrachtung einer beschleunigten Fahrt wirkt sich oftmals nicht unerheblich zugunsten des Betroffenen auf den vorgehaltenen Rotlichtzeitwert aus. In der Regel betrachten die Behörden nämlich lediglich konstante Durchfahrten. Ein Indiz auf eine beschleunigte Fahrt kann dabei eine besonders geringe Durchschnittsgeschwindigkeit sein, die von den Behörden berechnet wurde. Dies deshalb, weil es schlichtweg unwahrscheinlicher ist, dass ein Fahrzeugfahrer der die Ampel gerade noch bei Gelblicht passierte, dies mit einer sehr geringen Durchschnittsgeschwindigkeit, also mit konstanter Fahrt vollzieht. In den meisten Fällen wird eher beschleunigt gefahren, schließlich wollen die Fahrzeugfahrer den Gefahrenbereich, also die Kreuzung, möglichst zügig passieren.

Hierbei gestaltet es sich oftmals so, dass in der Annäherung an die Kreuzung, also in der Entscheidungsphase ob abgebremst oder beschleunigt werden soll, die Geschwindigkeit zunächst etwas verringert wird, um dann entweder abzubremsen oder zu beschleunigen.

Hinweis

Lediglich eine **beschleunigte Fahrt** wirkt sich in der Regel **zugunsten** für den Betroffenen aus. Eine **Verzögerung** hingegen bedeutet meist, dass sich dies **zuungunsten** für den Betroffenen auswirkt, wäre dann letztlich ein noch höherer Rotlichtzeitwert vorwerfbar. Der Grund hierfür liegt darin, dass bei den Rückrechnungen die Zone zwischen dem ersten Foto und der Haltelinienposition zurückgerechnet werden muss. Im Falle einer Verzögerung würde der Betroffene diese Zone schneller durchfahren, als bei einer konstanten Geschwindigkeit. Hierfür wird weniger Zeit benötigt, mit der Konsequenz, dass ein geringerer Zeitabzug, von dem im Foto eingeblendeten Wert, vorzunehmen ist.

C. Messanlagentypen

I. TraffiPhot III

1. Informationen zum Gerät

11 Zur Messmethode ist Folgendes auszuführen:

Die Rotlichtüberwachungsanlage TraffiPhot III (Abbildung 4, Rdn 11) koppelt an die Schaltzustandsänderung des LZA-Phasenplans an. Zum Zeitpunkt des Abfallens der

Spannung der Gelblichtlampe erfolgt gleichzeitig eine Spannungszufuhr an die Rotlicht-lampe. Daraufhin beginnt die Rotlichtzeit intern zu „laufen". Die Abbildung 3 (Rdn 12) zeigt eine Übersicht einer solchen Kreuzung. Die Messanlage, die auf einem Mast instal-liert ist, ist dort im Hintergrund zu sehen. Weiterhin sind die in der Fahrbahn eingelasse-nen Sensoren (Pfeile) zu erkennen. Nahaufnahmen dieser Induktionsschleifen sind in der Abbildung 6 (Rdn 13) zu sehen.

Überfährt ein Fahrzeug die Haltelinie nach Beginn der Rotlichtzeit, so wird bei Erreichen der ersten Detektorschleife (A-Schleife) ein erstes Foto ausgelöst, das sogenannte A-Foto (Abbildung 1).

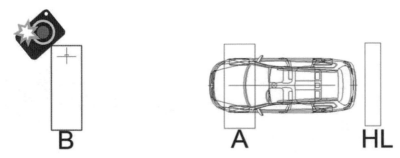

Abbildung 1: Prinzipskizze A-Foto

Der Rotlichtverstoß ist erst dann „perfekt", wenn das Fahrzeug weiter geradeaus durch-fährt und die weiter entfernt liegende zweite Induktionsschleife (B-Schleife) quert (Ab-bildung 2).

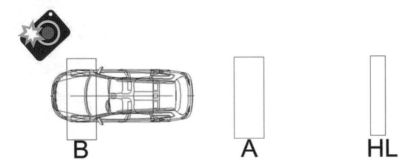

Abbildung 2: Prinzipskizze B-Foto

Bei dieser Messanlage gibt es noch eine zweite Möglichkeit, das sogenannte B-Foto aus-   **12**
zulösen. Dies erfolgt nach einer fest eingestellten Zeitspanne. Hierbei wird nach Überfah-

ren der ersten Schleife ein Zeitzähler gestartet, der nach einer zuvor eingestellten Zeitdauer das sogenannte B-Foto bewirkt. Die Zeitspanne wird als „Intervall" in die Anlage einprogrammiert.

Die zweite Induktionsschleife ist für die eigentliche Messwertbildung zweitrangig bzw. nicht unbedingt nötig. Diese wird „lediglich" zur Kontrolle verwendet, ob das Fahrzeug auch tatsächlich in den Kreuzungsbereich hineinfuhr. Weiterhin dient sie zur Berechnung der Durchschnittsgeschwindigkeit, mit dessen Hilfe die Fahrzeugposition auf die Haltelinie zurückgerechnet wird. Der eigentliche Rotlichtverstoß wird jedoch durch die **erste Induktionsschleife** beweissicher festgehalten.

Abbildung 3: Übersicht der Kreuzung

Abbildung 4: TraffiPhot-III-Anlage

Die Fotos dokumentieren also die Positionen des Fahrzeugs oberhalb der jeweiligen Detektorschleife. Da der Rotlichtverstoß aber begangen wird, wenn das Kfz mit der **Front den Beginn der Haltelinie** passiert (Abbildung 5), sind Zeitrückrechnungen erforderlich.

B   A   HL

Abbildung 5: Prinzipskizze Haltelinienposition

13

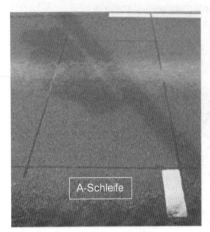

Abbildung 6: Induktionsschleifen

Zunächst ist also festzustellen, um welchen Anlagentyp es sich handelt, also ob nur eine Induktionsschleife oder zwei Sensoren zum Einsatz kommen.

Weiterhin ist im letzteren Fall zu prüfen, ob der Pkw im zweiten Foto (B-Foto) auch tatsächlich die B-Schleife erreicht hat, oder ob die Aufnahme nach der fest eingestellten Zeitspanne (Intervall-Zeit) aufgenommen wurde.

14   Die **Induktionsschleife** ist im Prinzip lediglich ein stromdurchflossenes Kabel, das ca. 6 cm tief in der Fahrbahndecke eingelassen wird. Die Vergussmasse der Sensorik ist in der Abbildung 6 (Rdn 13) zu sehen. Da mehrere Windungen übereinanderliegen, wird quasi eine Spule realisiert. Dieser ist ein Kondensator zugeschaltet, sodass ein Schwingkreis entsteht. Solange sich kein Fahrzeug, also kein metallischer Gegenstand, im Bereich der Induktionsschleife befindet, besitzt diese eine konstante Induktion. Bei einer konstanten Induktion liegt auch im Schwingkreis eine konstante Resonanzfrequenz vor. Befindet sich nun ein metallischer Gegenstand im Bereich der Schleife, verändert sich deren Induktionswert und damit auch die Frequenz des Schwingkreises. Dies registriert die Messanlage.

Da es sich also um einen Schwingkreis handelt, der die ganze Zeit über eine gleichmäßige Frequenz besitzt, kann z.B. ein defekter Fahrbahnbelag die Schleife **nicht** beeinflussen. Durch „aufgeplatzten" Teer kann die Schleife höchstens komplett zerstört werden. Hierbei würde die Messanlage keine Schwingungen mehr registrieren. Eine Frequenzänderung ist nur durch Einbringen eines metallischen Gegenstandes möglich.

Es wird also nicht ein Einschaltsignal, sondern eine **Veränderung der Frequenzlage** detektiert.

418   *Reuß*

Die Induktionsschleifen reagieren nicht auf Kontakt der Vorderräder, sondern auf einen **metallischen Gegenstand**, der sich in dichter Nähe befindet. Meist werden die Fotoaufnahmen allerdings ausgelöst, wenn sich die Fahrzeuge mit den Vorderrädern oberhalb dieser Schleife befinden. Dies liegt daran, dass zum einen die Reifen metallische Anteile enthalten und zum anderen der Motor in der Regel direkt zwischen den Vorderrädern montiert ist. Dieser fungiert dann als großes metallisches Objekt für die Anregung der Schleife. Da die Fronten der Pkw häufig zum Großteil aus Kunststoff bestehen, werden die Aufnahmen oftmals erst dann erstellt, wenn sich der Pkw höhenmäßig mit den Vorderrädern oberhalb der Schleife befindet. Da die genauen Fahrzeugpositionen in den Fotos oftmals aber nicht ganz exakt erkennbar sind, ist in solchen Fällen bei den Rückrechnungen zugunsten des Betroffenen davon auszugehen, dass die jeweiligen Aufnahmen erst in Höhe der Vorderräder am Ende der A-Schleife erfolgten.

Hierbei sei noch angemerkt, dass nur die Traffiphot-Anlage selbst der Eichpflicht unterliegt und **nicht deren Induktionsschleifen**. **15**

Die Induktionsschleifen müssen im Gegensatz zu den druckempfindlichen Piezosensoren nicht laufend geprüft werden. Dies ist deshalb so, weil Umwelteinflüsse bei dieser Schleifenart keine technisch bedenklichen Auswirkungen nach sich ziehen. Piezosensoren könnten bei Beschädigung des Fahrbahnbereichs durchaus fehlerhafte Auslösungen erzeugen, da diese auf Druck reagieren.

Eine Sichtkontrolle der Schleifenlage ist deswegen **nicht erforderlich**.

Bei vielen Knotenpunkt-Anlagen ist im Übrigen nicht immer eine Traffiphot-Anlage eingebaut, da die Einsätze (Abbildung 7, 8 und 9, Rdn 19 und 20) wechselnd an verschiedenen Messorten eingesetzt werden.

Die Anlage kann mit einer analogen Nassfilmkamera oder einer Digitalkamera (Smart- **16**
cam) ausgestattet werden. Fotos eines solchen Geräteeinsatzes sind in den Abbildungen 7 und 8 zu sehen.

Die Abbildungen 9 und 10 (Rdn 20) zeigen wiederum das A- und das B-Foto einer solchen Anlage mit analoger Fotografie. Das Ende der A-Schleife und der Beginn der B-Schleife wurden dort mit der weißen Linie hervorgehoben. Man erkennt, dass sich das Fahrzeug jeweils oberhalb des Sensors befindet. Die dazugehörigen Rotlichtzeiten lassen sich den Datenzeilen entnehmen.

Wie man in der Abbildung 9 (Rdn 20) erkennt, befindet sich das Fahrzeug dort bereits **17**
deutlich hinter der Haltelinie, weshalb bei dieser Anlage eine **Rückrechnung** auf die Haltelinienposition (entsprechend Abbildung 5, Rdn 12) **notwendig** ist. Bei dem in der Datenzeile eingeblendeten Rotzeitwert handelt es sich also nicht um die vorzuhaltende, rechtlich relevante Rotzeit.

Die Abbildung 11 (Rdn 20) zeigt wiederum eine Aufnahme (A-Foto) mit der Digitalkamera Smartcam.

Bei dieser Messanlage wird vor der eigentlichen Rotlichtmessung die **Gelblichtzeit** bestimmt und in der Datenzeile eingeblendet. Hierdurch ist sichergestellt, dass auch tatsächlich Rotlichtspannung anlag, da die Gelblichtzeit immer vor der Rotlichtzeit liegt und, da eine Gelblichzeitmessung stattgefunden hat, dann notwendigerweise Rotlicht gezeigt wurde. Diese Gelblichtanzeige besitzt eine Ganggenauigkeit von 0,01 s. Hieraus folgt, dass mindestens 3,01 s angezeigt werden müssen, damit die Gelblichtzeit auch sicher 3,0 Sekunden beträgt.

18   Es wird zudem das sog. **Quittierungszeichen** eingeblendet (Sternchen-Symbol hinter R1) sobald Rotlichtspannung anliegt. Oftmals wird zusätzlich oder auch alternativ zum Quittierungszeichen im Hintergrund das sog. **Schauzeichen** installiert. Hierbei handelt es sich um eine Leuchte, die mit der Ampelanlage in Reihe geschaltet ist, sodass auch hierüber sichergestellt werden kann, dass zum Fotozeitpunkt Rotlicht gezeigt wurde.

19

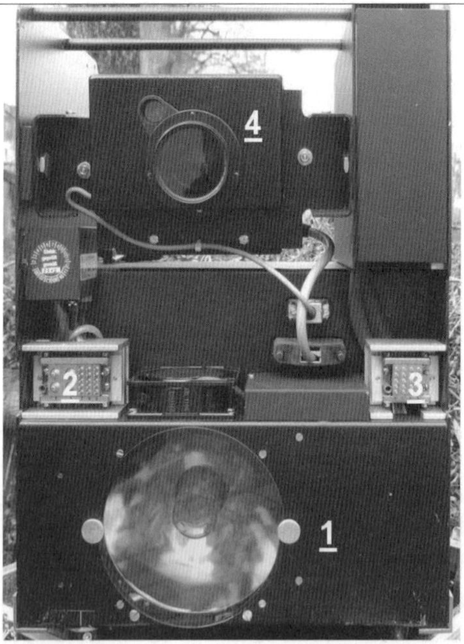

| 1. Blitzeinschub | 3. Anschluss Schleifenzuleitung |
| 2. Anschluss Netzversorgung | 4. Nassfilmkamera, Robot Motorrekorder |

Abbildung 7: Frontansicht einer TraffiPhot-III-Anlage

Die Anlage kann gleichzeitig mehrere Fahrspuren und Signalanlagen überwachen. Sollen **20**
getrennte Ampelanzeigen, wie z.b. Abbiegespuren mit überwacht werden, kommen 4-Kanal-Detektoren zum Einsatz. In dem Fall wird entsprechend der Abbildung 12 (Rdn 20) der Rotlichtzeitwert entweder hinter R1 (linke Spur) oder R2 (rechte Spur) eingeblendet.

Hierbei befinden sich einzelne Sensoren in der jeweiligen Fahrspur, sodass eine fahrspurselektive Überwachung möglich ist. Es ist dabei dann darauf zu achten, dass der angezeigte Rotlichtzeitwert auch tatsächlich vom Fahrzeug des Betroffenen stammt, also die **Spurzuordnung** durch die Behörde richtig war.

Sollen zwei Fahrspuren derselben Ampelanzeige überwacht werden, also zwei-spurige Fahrbahnen, werden neben getrennten Sensoren häufig auch einzelnen Sensoren installiert, die sich dann über die beiden Fahrspuren erstrecken.

Wichtig ist also zu prüfen, ob sich das Fahrzeug des Betroffenen auch tatsächlich in Höhe der jeweiligen Sensorik befindet und die richtigen Zeitwerte zugeordnet wurden.

| 1. Netzteileinschub | 3. Schleifendetektor |
| 2.Nassfilmkamera   Robot   Motor- | 4. Kontroll- und Bedienteil mit Display |

Abbildung 8: Heckansicht einer TraffiPhot-III-Anlage

Abbildung 9: A-Foto einer TraffiPhot-III-Anlage mit analoger Fotografie

Abbildung 10: B-Foto einer Traffiphot-III-Anlage mit analoger Fotografie

Abbildung 11: A-Foto einer TraffiPhot-III-Anlage mit digitaler Fotografie

Abbildung 12: Testfoto mit 2 Schleifendetektoren

a) Selbsttest

21 Bei Inbetriebnahme der Anlage führt diese einen **automatischen Selbsttest** durch. Hierbei prüft die Anlage unter anderem die Speicherbausteine (RAM und ROM) und es wird der MPU-Takt mit dem Zeitgeber für die einzelnen Stoppuhren verglichen. Nach erfolgreichem Abschluss des Selbsttests geht die Anlage automatisch in den Messbetrieb.

Bei Inbetriebnahme ist zudem ein **Testfoto** aufzunehmen (Abbildung 12, Rdn 20). In der Datenleiste wird der Hinweis „Testfoto" angezeigt. Dies kann auf unterschiedliche Art und Weise geschehen. Es gibt hierfür zwei Möglichkeiten:

■ Test **Grünauslösung**: mit dieser Taste wird die Überfahrt bei Grünfahrt simuliert.

■ Test **Rotauslösung**: bei Betätigung dieser Taste wird eine Rotphase simuliert.

b) Signatur und Verschlüsselung

22 Wird die **Digitalkamera Smartcam** eingesetzt, werden die Falldatendateien messgeräteintern basierend auf einem Schlüsselpaar digital signiert und somit gegen Manipulation gesichert. Die Signaturprüfung dient zu Prüfung der **Integrität** der SBF-Datei. Integrität bedeutet, dass die Datei vollständig und unversehrt ist. Innerhalb der Auswertesoftware wird diese Prüfung mittels eines **Schlosssymbols** signalisiert.

Das Schlüsselpaar besteht aus einem **geheimen** und einem **öffentlichen Schlüssel**, die aufeinander basieren.

Der geheime Schlüssel befindet sich innerhalb des Messgerätes und kann dort nach Angaben des Herstellers/PTB nicht ausgelesen werden.

Der öffentliche Schlüssel jedoch kann am Messgerät abgerufen werden. Dieser wird dann für die Entschlüsselung der Falldatei benötigt. Bei diesem Gerät wird er in dem sogenannten **Keyfile (pk-Datei)** abgespeichert. Er ist in der Regel auf dem Auswerterechner der Behörde hinterlegt und wird nicht bei jedem Messeinsatz neu abgerufen.

Da der öffentliche Schlüssel vom geheimen Schlüssel generiert wird, würde eine Manipulation des öffentlichen Schlüssels durch einen **Dateivergleich** auffallen, da eine Veränderung des geheimen Schlüssels nach derzeitigem Kenntnisstand nicht möglich ist.

Nur, wenn der geheime Schlüssel bekannt wäre, wäre eine Generierung eines identischen öffentlichen Schlüssels möglich.

23 Das Messgerät errechnet für jede Falldatei einen **Hashwert**. Bei dem Hashwert handelt es sich um eine kryptografische Zusammenfassung einer Datei, was quasi einer Prüfsumme entspricht. Der verschlüsselte Hashwert wird als Signatur der Falldatei bezeichnet und wird geräteintern an die Falldatei angehängt. Sobald die eigentliche Messdatei verändert wird, passt der angehängte Hashwert nicht mehr zu dieser Datei, sodass die Signaturprüfung fehlschlagen würde.

Da der Hashwert auf Basis des öffentlichen Schlüssels berechnet wird, muss, um die Falldatei manipulieren zu können, neben dem Hashwert auch der öffentliche Schlüssel manipuliert werden. Wenn alle Komponenten verändert werden, ist theoretisch eine „unbemerkte" Manipulation möglich.

Man muss also vorliegend mindestens zwei Dateien manipulieren (Falldatei und öffentlicher Schlüssel [Keyfile]), damit die Auswertesoftware eine solche Datei als korrekt signiert und unverfälscht darstellt.

Im Nachhinein lässt sich jedoch feststellen, ob ein solcher Keyfile bzw. die Falldatei manipuliert wurde.

Es ist nämlich so, dass der öffentliche Schlüssel vom Eichamt im Rahmen der Ersteichung des Gerätes vom Messgerät heruntergeladen und dort archiviert wird. Da der öffentliche Schlüssel im Falle einer Manipulation verändert werden muss, muss vorliegend „lediglich" der Schlüssel vom Eichamt beschafft werden und dieser Keyfile mit dem von der Behörde übermittelten (der vermeintlich manipulierten Datei) verglichen werden. Im Falle einer Manipulation müssten diese Schlüssel-Dateien also verschieden sein.

Anders sähe es hingegen aus, wenn es gelingen würde, Zugriff auf den geheimen Schlüssel zu bekommen, könnten hiermit dann zusammen mit dem öffentlichen Schlüssel Falldateien korrekt signiert werden. Dies ist nach derzeitigem Kenntnisstand aber **nicht möglich**, müsste man hierzu direkten Zugriff auf die Messanlage haben. Nach Angabe des Herstellers bzw. der PTB lässt sich dieser geheime Schlüssel nicht auslesen.

Es gibt zu den Manipulationsmöglichkeiten verschiedene theoretische Überlegungen. Hierzu sei auf das entsprechende Kapitel Datensicherheit (§ 7) verwiesen.

Letztendlich ist es so, dass es niemals einen 100-prozentigen Schutz vor Manipulation geben kann, allein schon wegen der Fortentwicklung der Technik. So sind Schutzmechanismen, die in der Vergangenheit als sicher galten, mittlerweile überholt und damit angreifbar. **24**

Damit ist grundsätzlich zu fordern, dass die Anlagen dem technischen Fortschritt angepasst werden, oder zumindest die Daten von vertrauenswürdigen Stellen so unter Verschluss gehalten werden, dass sie vor Zugriff von außen geschützt sind.

Neben der Integrität der Falldatei muss noch zusätzlich eine Prüfung der **Authentizität** erfolgen. Dabei wird geprüft, welchem Messgerät die Falldatei tatsächlich zugeordnet werden kann, also ob diese Falldatei auch tatsächlich von dem betreffenden Gerät stammt.

Dies wird bei diesem Gerät dadurch gewährleistet, dass der Keyfile, mit dem die Falldatei geöffnet wird, zu einem bestimmten Messgerät gehört. Mit dem Keyfile einer bestimmten Messanlage lassen sich somit keine Fotos einer anderen Messanlage öffnen. Auch hier kann über einen Schlüsselvergleich ermittelt werden, ob dieser Keyfile tatsächlich zu diesem Gerät gehört.

Hierzu hat die PTB auch eine Stellungnahme abgegeben, die auf der Homepage der PTB abrufbar ist.[2]

c) Technische Daten

25

Anzahl der überwachbaren Lichtzeichen	1 oder 2
Anzahl der unabhängigen Fahrspuren	bis 4
Anzahl der Induktionsschleifen je Fahrspur	1 oder 2
Beginn Haltelinie bis Kopf erste Schleife	bis 5 m
Temperaturbereich	-20°C bis +60°C (intern in der Messelektronik überwacht)
Temperaturbereich SmartCamera IM	-10°C bis +60°C (intern in der SmartCamera IM überwacht)
Temperaturbereich SmartCamera IV	-20°C bis +60°C (intern in der SmartCamera IV überwacht)
Quarzfrequenz des Zeitoszillators	1 Mhz
Auflösung der Gelbphasendauer	0,01 s
Auflösung der Messung der Rotzeit	0,01 s
Zähltakt der Rotzeit	1 ms
Induktionsschleifendetektor	Hersteller Weiss Electronic 700er Baureihe
Anschluss der Lichtzeichenanlage (Rot-Gelbphasenkarte)	10-V-, oder 40-V-, oder 230-V-Signalgeber Siemens-MS-Plus-Technik (12 V bis 230 V)
CCD-Sensor ROBOT SmartCamera IM	ein schwarz-weiß CCD-Sensor 1,4 Megapixel
CCD-Sensor ROBOT SmartCamera IV	zwei schwarz-weiß CCD-Sensoren mit jeweils 5 Megapixel
Robot-Motor-Recorder 36 DFP (Nassfilmkamera)	Negativformat 24 x 36 mm

d) Toleranzen

26 Bei diesem System gibt es **keine Verkehrsfehlergrenzen**, die in Abzug gebracht werden müssten. Bei den Rückrechnungen auf die Haltelinienposition sind jedoch sämtliche Unsicherheiten zu berücksichtigen. Dabei ist laut PTB-Anforderung 18.12 die Distanz zwischen Haltelinienbeginn und Ende der ersten Induktionsschleife auf den nächsten 0,1 m-Wert **aufzurunden**.

2 *http://dx.doi.org/10.7795/520.20160913F.*

Der Abstand zwischen Haltelinienbeginn und zweiter Induktionsschleife ist auf den nächsten 0,1 m-Wert **abzurunden**.

Weiterhin ist die sogenannte **Lampenverzögerungszeit**, je nach Ampelanlagenversion, zu berücksichtigen. Bei klassischen Ampelanlagen benötigt der Glühfaden eine gewisse Zeit, um die volle Leuchtkraft zu entwickeln. Untersuchungen durch uns haben ergeben, dass diese bis hin zu 0,16s lang sein kann.

Bei den neueren LED-Anzeigen tritt dieser Effekt im Übrigen nicht in diesem hohen Maße auf, sind dort allenfalls 0,02 s zu diskutieren. Details hierzu finden sich im folgenden Unterpunkt: Technischer Fehler (Rdn 46).

e) Eichung

Die Eichung der Rotlichtüberwachungsanlage teilt sich in die Prüfung der Dokumentati-   27
onseinheit und die Prüfung des Innenteils auf. Laut Zulassung kann die betriebsmäßige Prüfung der Geräte auf Verkehrsstraßen auf Sonderfälle beschränkt werden. Es erfolgt also eine Prüfung im Labor.

Bei der Prüfung der Dokumentationseinrichtung werden je nach Version (Analog/Digital) unterschiedliche Dinge geprüft. Bei der analogen Version werden unter anderem die Matrixanzeigen der Datenzeilen überprüft.

Bei den digitalen Kameras werden insbesondere die Softwareversion und die relevanten Konfigurationen geprüft und mit jenen des Baumusters verglichen. Es findet also eine Beschaffenheitsprüfung der Kamera statt, bei der unter anderem untersucht wird, ob die Bilder korrekt aufgenommen werden.

Weiterhin wird der öffentliche Schlüssel archiviert.

Bei der Prüfung des Innenteils, also der eigentlichen Messeinheit, wird eine Überprüfung der Oszillatorfrequenz, der richtigen Ansteuerung der Ampelphasen, und der Programmbausteine vorgenommen.

Eine Prüfung des Sensorbereichs findet hingegen nicht statt.

2. Einrichtung der Messstelle/Messdurchführung

a) Inbetriebnahme

Bei Inbetriebnahme des Gerätes führt dieses den bereits beschriebenen **Selbsttest** durch   28
(vgl. Rdn 21).

Eichamtliche Haupt- und Sicherungsstempel sowie die Eichhinweismarken sind zu kontrollieren. Dies gilt vor allen Dingen dann, wenn das Messgerät an verschiedenen Orten zum Einsatz kommt, also aus dem stationären Gehäuse entnommen wird. Wird die Anlage nicht an verschiedenen Orten eingesetzt, befindet sie sich also immer in diesem stationären Gehäuse, kann die **Prüfung der Eichmarken** nach Autorenansicht auf jene beschränkt werden, die von außen sichtbar sind.

Vor Messbeginn ist zudem ein **Testfoto** aufzunehmen. Gerade bei der analogen Fotografie ist dies besonders wichtig, um die Korrektheit der Dateneinblendung zu dokumentieren. Deshalb ist dort auch nach Messende ein Testbild zu erstellen.

Die **Ampelanzeigen** sollten in regelmäßigen Abständen auf ihre gute Erkennbarkeit hin geprüft werden.

Auch wenn eine Sensorkontrolle nicht vorgeschrieben ist, sollte regelmäßig geprüft werden, ob die Sensoren nicht stark verschoben sind. So kann z.B. bei langen Einsatzzeiten durch Schwerlastverkehr der Sensorbereich die Lage im Teerlaminat verändern, was dann zumindest bei den Rückrechnungen entsprechend zu berücksichtigen wäre.

b) Einrichtung der Messstelle

29   Bei der erstmaligen Einrichtung der Messstelle ist die Aufbauanleitung des Herstellers zu beachten. Die Distanzen der Induktionsschleifen sind entsprechend zu dokumentieren.

30   *Hinweis*

Zwischenzeitlich war bekannt geworden, dass es zwei unterschiedliche Versionen der Aufbauanleitung gab, obschon diese dasselbe Datum trugen.

Die PTB hat nun **eine** dieser Aufbauanleitungen als gültig erachtet. Der Hauptunterschied zwischen diesen Aufbauanleitungen lag darin, dass nur in einer die Anforderung zu finden war, dass zwischen zwei benachbarten Sensoren eine Distanz von mindestens 1,2 m liegen muss, da das Streufeld der Induktionsschleifen immer größer als ihre **geometrische Fläche** ist. Die PTB hat genau dieses Dokument, in dem diese Angabe zu finden ist, als gültig erachtet.

Rein technisch gesehen ist diese generelle Anforderung kaum nachvollziehbar, da eine gegenseitige Beeinflussung nur im Falle von getrennten Detektoren möglich ist; also Sensoren die nicht zur betreffenden Messanlage gehören. Letztendlich liegt aber wohl ein Verstoß gegen die Bauartzulassung vor, wenn der Mindestabstand unterschritten wurde, da die Aufbauanleitung explizit in der Bauartzulassung erwähnt wird.

31   Weiterhin sollte die **Konfiguration** der Anlage, also die eingestellten Parameter, dokumentiert werden, sodass im Nachhinein feststellbar ist, welche Sperrzeiten eingestellt wurden.

Wichtig ist zudem, dass der Detektor der Induktionsschleifen **auffahrend** eingestellt ist. Die Funktion **abfahrend** ist zwar eigentlich blockiert, jedoch sollte dies entsprechend geprüft werden. Dies würde bei Durchsicht der Messreihe allerdings auch auffallen, würden die Fotoaufnahmen in dem Fall erst dann erfolgen, wenn die Fahrzeuge die Induktionsschleife verlassen.

Jede Neueinrichtung der Messstelle ist in einem **Protokoll** zu dokumentieren.

Gemäß Bauartzulassung müssen die Bereiche, in denen sich die Sensoren befinden, in den späteren Fotos zu sehen sein.

3. Auswertekriterien

Befindet sich das Fahrzeug korrekt oberhalb der Induktionsschleifen, muss noch die **vor-** **32** **werfbare Rotlichtzeit** berechnet werden.

Um die Korrekturzeit berechnen zu können, benötigt man zwei Größen: zum einen die **Strecke**, die das Fahrzeug, ab dem Überfahren der Haltelinie bis zum Auslösen des ersten Rotlichtfotos zurücklegte, zum anderen die **Geschwindigkeit**, die der Betroffene längs dieser Strecke einhielt. Die Strecke lässt sich relativ genau anhand des Fotos und der Streckenangaben der Induktionsschleifen – gegebenenfalls auch nach Vermessen der Überwachungsstelle – ermitteln.

Die Geschwindigkeit des Fahrzeugs des Betroffenen lässt sich anhand der beiden Rotlichtfotos ermitteln: Die Zeit zwischen den beiden Rotlichtfotos ergibt sich aus der Differenz der eingeblendeten Zeiten; des Weiteren lässt sich aus den Positionen des Fahrzeugs auf den beiden Rotlichtfotos zusammen mit den protokollierten Sensordistanzen – gegebenenfalls auch nach Vermessen der Überwachungsstelle – die Fahrtstrecke des Betroffenen zwischen den beiden Rotlichtfotos ermitteln.

Nach der Gleichung Geschwindigkeit = Weg/Zeit errechnet sich hieraus die **mittlere** Geschwindigkeit des Fahrzeugs zwischen den beiden Rotlichtfotos. Es wird also von einer **konstanten Durchfahrt** ausgegangen.

Mithilfe der so errechneten mittleren Geschwindigkeit lässt sich dann die Zeit berechnen, die der Betroffene für das Zurücklegen der Strecke ab dem Überfahren der Haltelinie bis zum Auslösen des ersten Rotlichtfotos benötigte.

Diese Zeit ist von der im ersten Foto eingeblendeten Rotlichtzeit abzuziehen, um die rechtlich relevante Rotlichtzeit zu erhalten.

4. Technische Fehlermöglichkeiten

a) Messaufbau (Messbeamter)

Im Grunde genommen gibt es bei der stationären Anlage keine fehlerhafte Aufstellung. Der **33** Messbeamte nimmt die Anlage lediglich in Betrieb und muss die Testfotos aufnehmen.

Die Eichsiegel des Geräteeinsatzes sollten geprüft werden.

Es ist auch darauf zu achten, die erforderliche Länge der Gelblichtzeit eingehalten wurde. Bei zulässigen 50 km/h sind es mindestens 3 s, bei 60 km/h 4 s, bei 70 km/h sind es bereits 5 s Gelblichtzeit.

Es ist auch ein Augenmerk darauf zu legen, ob ggf. öfter Rotlichtverstöße mit sehr langen Rotlichtzeiten auftreten. Dies kann mittels Durchsicht der gesamten Messreihe ermittelt werden. Bejahendenfalls deutet dies darauf hin, dass die bauliche Anordnung der einzelnen Lichtsignale zumindest nicht optimal ist, d.h. eine erhöhte Verwechslungsgefahr besteht. Weiterhin ist zu prüfen, ob die einprogrammierten Sperrzeiten, also Intervallzeiten etc., so einprogrammiert wurden, dass die Fahrzeuge auch korrekt erfasst wurden. Hierauf wird im folgenden Unterpunkt Auswertung (Rdn 35) noch weiter eingegangen.

b)   Auswertung (Behörde)

34   Zunächst sollte geprüft werden, ob sämtliche Parameter auch korrekt in den Datenzeilen eingeblendet wurden.

Weiterhin ist zu prüfen, ob sich das Fahrzeug jeweils in Höhe des Sensors befand.

Für die Berechnungen der **Rotlichtverstoßzeit** sind die Schleifendistanzen auf den letzten 0,1 m-Wert auf- bzw. abzurunden. Zugunsten des Betroffenen ist zudem das Ende der ersten Schleife und der Beginn des zweiten Sensors maßgeblich, um Unwägbarkeiten bei der Rotlichtberechnung bzgl. der Fahrzeugpositionen ausschließen zu können.

Je nachdem wie gut die Messanlage das Fahrzeug auf dem Sensor registrieren kann, wird das Foto nicht zwingend bei Einfahrt des Kfz, also direkt am Beginn des Sensors ausgelöst, sondern teilweise später. Um dies bei den Berechnungen zu berücksichtigen, sind die o.g. Positionen der Sensorlage zu verwenden, gerade weil die Induktionsschleifen die Kfz-Positionen nicht exakt erfassen können.

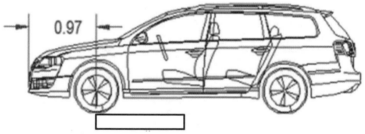

Abbildung 3: Vorderer Überhang

35   Hierbei ist darauf zu achten, dass der **vordere Überhang** nicht über das Ende des ersten Sensors hinausragt (Abbildung 13, Rdn 34), da sonst bei der Rückrechnung nicht auf die Vorderfront des Fahrzeugs zurückgerechnet wird, sondern auf das Passieren des Haltelinienbeginns z.B. mit den Vorderrädern. In einem solchen Fall wäre der vordere Überhang des Fahrzeugs noch zusätzlich zu berücksichtigen. Da die Sensoren oftmals durch die Vorderräder bzw. durch den dazwischen befindlichen Motor, angeregt werden, ragt die Front nicht selten (zumindest zum Teil) über das Ende des Sensors hinaus. In der Abbildung 13 beträgt der vordere Überhang bereits aufgerundet 1 m. Bei 30 km/h Fahrgeschwindigkeit macht dies schon einen Zeitanteil von 0,12 s aus, der in einem solchen Fall zusätzlich in Abzug zu bringen wäre.

Bei dieser Messanlage kann zudem der **Red-Delay** eingestellt werden. Hierbei handelt sich um eine Sperrzeit, ab der die **erste Induktionsschleife aktiviert** wird. Diese Zeit ist eigentlich dafür gedacht, Rotlichtverstöße im unteren Zeitbereich nicht zu erfassen, da die Rückrechnungen auf die Haltelinie dann häufig Zeitwerte ergeben würden, zu denen überhaupt kein Rotlichtverstoß vorlag.

In der Regel wird eine Zeitspanne von 0,6 s einprogrammiert; erst ab dieser Zeitspanne werden dann die Rotlichtverstöße auch erfasst.

Dabei kann aber der Fall eintreten, dass die Messanlage die Fahrzeuge nicht an der Front erfasst, sondern verspätet. Gerade dann, wenn die Fahrzeuge zum frühestmöglichen Zeitpunkt, also direkt nach Ablauf der Sperrzeit, erfasst werden, sind solche verspäteten Aufnahmen häufig zu beobachten. Bei den Zeitrückrechnungen muss dies entsprechend berücksichtigt werden.

Eine solche Besonderheit ist in den Abbildungen 14 und 15 zu sehen. Dort wurde ein Lkw von der Rotlichtüberwachungsanlage erfasst.

Abbildung 4: A-Foto, Lkw löst mit Hinterachse aus

Abbildung 15: B-Foto, Lkw löst mit Hinterachse aus

36 Die Anfangspunkte der Sensoren wurden mit den weißen Linien A und B markiert. Es lässt sich in der Abbildung 14 erkennen, dass der Lkw sich nicht mit der Front im Bereich der A-Schleife befindet, sondern diese ein deutliches Stück überfahren hat. Der Datenleiste lässt sich ein Rotlichtwert von 0,66 s entnehmen. Bei dieser Messanlage wurde eine Sperrzeit von 0,60 s vorgeben. Die Anlage schaltet die A-Schleife hier also erst nach dieser Zeitspanne aktiv. Im vorliegenden Fall gestaltet es sich so, dass die Zugmaschine die A-Schleife passierte, als diese noch nicht aktiv war. Erst als eine der Achsen des Anhängers den Sensor passierte, war dieser tatsächlich eingeschaltet, sodass erst dann die Fotoauslösung stattfand.

Diese besondere Konstellation ist entsprechend bei der Rotlichtberechnung zu berücksichtigen. In die Formel für die Rotlichtzeitberechnung ist dabei ein größerer Wert für d_1 einzutragen. Im konkreten Fall gestaltet es sich dann so, dass der Lkw die Schleifenlage tatsächlich erst am Ende der Gelblichtphase passierte und nicht bei Rotlicht. Das B-Foto wurde dann in der Abbildung 15 (Rdn 35) korrekt durch Auffahren mit dem Frontbereich auf die B-Schleife ausgelöst (Linie B).

In den Abbildungen 16 und 17 (Rdn 36 f.) ist eine weitere besondere Konstellation zu sehen. Dort wurde das A-Foto korrekt durch die Fahrzeugfront des Pkw ausgelöst. Der Dateneinblendung lässt sich ein Wert von 0,84 s entnehmen.

Abbildung 16: A-Foto, Zwangsauslösung durch Nichterreichen der B-Schleife

Im B-Foto der Abbildung 17 wurde der Beginn der B-Schleife mit der weißen Linie gekennzeichnet. Wie man dort erkennt, hat der Pkw diese Position noch nicht erreicht. Es befindet sich dort auch kein anderes Fahrzeug im Bereich der Schleifenlage. Im B-Foto ist ein Rotlichtzeitwert von 3,34 s eingeblendet. Zwischen den hier gezeigten Fotos liegt somit eine zeitliche Differenz von 3,34 s – 0,84 s = 2,50 s. Bei dieser Anlage wurde eine **Zwangsauslösezeit (Intervall)** von 2,50 s einprogrammiert. Diese beginnt zu zählen, wenn ein A-Foto ausgelöst wurde. Wenn dann innerhalb dieser Zeitspanne kein Fahrzeug die B-Schleife überfährt, wird automatisch ein Lichtbild aufgenommen. Folglich fand genau eine solche Konstellation hier statt. Das B-Foto wurde nach der fest eingestellten Zeitspanne aufgenommen. Auch hier ist dies in den nachträglichen Berechnungen der Rotlichtverstoßzeit entsprechend zu berücksichtigen.

37 Der Sinn dieser Zwangsauslösung liegt darin, dass hierdurch feststellbar ist, warum ein Fahrzeug die zweite Schleife nicht überfuhr. Häufig tritt nämlich auch der Fall ein, dass die Kfz im Bereich der A-Schleife stehen bleiben und somit nicht in den Kreuzungsbereich hineinfahren. In dem in der Abbildung 17 (Rdn 38) gezeigten Fall erkennt man zudem, dass der Fahrer in den Rückspiegel blickt, er ist nämlich gerade dabei, den Kreuzungsbereich rückwärtsfahrend wieder zu verlassen.

38

Abbildung 17: B-Foto, Zwangsauslösung durch Nichterreichen der B-Schleife

Die Aufnahmen zeigen, dass dem Auswertebeamten eine **erhöhte Aufmerksamkeitspflicht** zukommt. Er muss letztlich beurteilen, ob die Fahrzeuge sich korrekt oberhalb der jeweiligen Induktionsschleife befinden. Wenn dies nicht der Fall ist, sind zumindest gesonderte Berechnungen durchzuführen, um ein Ergebnis zuungunsten des Betroffenen auszuschließen.

39 Wenn ein Pkw zwischen den beiden Rotlichtfotos nur eine kurze Wegstrecke zurückgelegt hat, ist auch folgende Konstellation denkbar:

Der Betroffene fährt noch bei Grünlicht über die Haltelinie, muss dann jedoch verkehrsbedingt anhalten (bspw. weil sich der Verkehr vor ihm staut). Während er mit seinem Pkw bereits über der Haltelinie hinweg im Bereich der ersten Induktionsschleife steht, schaltet die Ampel von Grün über Gelb auf Rot um. Würde der Betroffene weiter stehen bleiben, würde kein erstes Rotlichtfoto ausgelöst werden. Bei einem stehenden Pkw verändert sich nämlich die magnetische Induktion der Schleife nicht. Fährt der Betroffene aus dieser Position jedoch los, also nachdem sich der Stau vor ihm aufgelöst hat, verändert er damit die magnetische Induktion der Schleife und löst dadurch das erste Rotlichtfoto aus.

Wie weit sich der Betroffene mit seinem Pkw aus dem Stand über der ersten Rotlichtschleife in Bewegung setzen muss, bis das erste Foto ausgelöst wird, hängt davon ab, wie sensibel die Sensoren eingestellt sind.

Dieselbe Situation kann genauso einstehen, wenn der Pkw die Haltelinie noch bei Grünlicht passierte und kurz vor dem ersten Sensor zum Stehen kommt.

Bei der Messanlage kann ein sogenannter **Loop-Delay** eingestellt werden. Dieser sperrt   40
für die eingestellte Zeitspanne die B-Schleife. Dies dient normalerweise dazu, bei Kolonnenverkehr zu vermeiden, dass das B-Foto von einem vorausfahrenden Fahrzeug bewirkt wird. Auch hier verbirgt sich aber die Gefahr von **Fehlzuordnungen**, beispielsweise, wenn die Zeitspanne zu hoch eingestellt wird. In dem Fall wird das Foto entweder von einem anderen Kfz ausgelöst oder nach der fest vorgegeben Zeitspanne.

Abbildung 18: Foto einer Parallelauslösung

41   In den Abbildungen 18 und 19 (Rdn 40 und 41) sind zwei Fotos zu sehen, die aus einem Fall stammen, der tatsächlich so von einer Bußgeldbehörde vorgeworfen wurde. Bei dem Betroffenen handelt es sich um den Fahrer des VW Caddy. Dieser Pkw befährt die linke Fahrspur. In der Abbildung 18 ist das A-Foto zu sehen. Der Beginn der A-Schleife wurde dort gekennzeichnet. Man sieht, dass sich der VW korrekt oberhalb der A-Schleife befindet. Der Dateneinblendung lässt sich ein Rotlichtwert von 1,28 s entnehmen.

Auf der danebenliegenden Spur lässt sich ein weiteres Fahrzeug erkennen (Audi). Einfluss auf die Messung hat dieses Fahrzeug im Falle des A-Fotos nicht, da es sich nicht im Bereich der A-Schleife befand.

Im vorliegenden Fall wurden die Sensoren der jeweiligen Fahrspur parallel geschaltet. Dies bedeutet, dass die Messanlage nicht unterscheiden kann, auf welcher Spur die Fahrzeuge fuhren, da im Prinzip für beide Fahrspuren nur ein Schleifenpaar existiert.

Das eigentliche Problem liegt hier im B-Foto der Abbildung 19. Dort wird eine Rotlichtzeit von 2,57 s eingeblendet. Der Beginn der B-Schleife wurde ebenfalls gekennzeichnet. Wie zu erkennen ist, überfährt nicht der VW die Schleifenlage, sondern der Audi auf der rechten Spur.

Abbildung 19: Foto einer Parallelauslösung

Gerade bei **parallel geschalteten Sensoren** muss also seitens der auswertenden Beamten darauf geachtet werden, dass bei den ausgelösten Fotos auch tatsächlich das jeweilige Fahrzeug korrekt oberhalb der Schleife fuhr. Letztendlich ist es zwar so, dass der VW sicher nach 1,28 s die A-Schleife überfuhr, jedoch wurden bei der Rotlichtberechnung falsche Parameter angenommen. Es wurde vorliegend die Strecke zwischen den Schleifen verwendet, sodass ein **fehlerhafter Rotlichtzeitwert** seitens der Behörde vorgeworfen wurde. Tatsächlich hat der VW dort nämlich eine geringere Wegstrecke zurückgelegt, was zur Folge hatte, dass der Pkw tatsächlich langsamer fuhr als ursprünglich angenommen. Dies wiederum ergab dann einen deutlich geringeren Rotlichtzeitwert beim Passieren der Haltelinie. Setzt man nämlich in die Berechnungsformel eine geringere Strecke d_2 ein, folgt damit auch ein geringerer Rotlichtwert beim Passieren der Haltelinie. **42**

In den Abbildungen 20 und 21 (Rdn 43) ist eine ähnliche Situation zu sehen. Im Bildbereich sind (auf der in Fahrtrichtung gesehenen rechten Spur) zwei Fahrzeuge im Kreuzungsbereich zu erkennen. Die Auslösung des A-Fotos in der Abbildung 20 erfolgte durch das hintere Fahrzeug (Pfeil). **43**

Abbildung 20: A-Foto, nachfolgendes/vorausfahrendes Fahrzeug

Die Auslösung des B-Fotos (Abb. 21) geschah dann aber nicht durch diesen Pkw, sondern durch den vorausfahrenden Mercedes. Dies war vorliegend möglich, da der Mercedes recht langsam fuhr und bei dieser Anlage nur eine geringe Sperrzeit der B-Schleife (**Intervall**) eingestellt wurde. Folglich muss diese Konstellation bei den Rotlichtberechnungen berücksichtigt werden, da ansonsten mit fehlerhaften Distanzen gerechnet werden würde.

Abbildung 21: B-Foto, nachfolgendes/vorausfahrendes Fahrzeug

44   Wie bereits erwähnt, muss eine Rückrechnung der Rotlichtzeit erfolgen, um den Zeitpunkt bei Passieren der Haltelinie zu ermitteln. Für die Berechnung verwenden die Behörden in der Regel eine Formel, die von der PTB herausgegeben wurde. Diese berücksichtigt allerdings lediglich **Durchschnittsgeschwindigkeiten**.

$$t = t_1 - \frac{d_1}{d_2 - d_1} \times (t_2 - t_1)$$

Technisch nicht ausschließbar ist aber auch eine **beschleunigte/verzögerte Durchfahrt** des Fahrzeuges. Dies ist deshalb so, da sich aus den Fotos lediglich die Zeitspanne ergibt, die zwischen den beiden Fotos benötigt wurde, aber nicht die tatsächlichen Fahrgeschwindigkeit. In derselben Zeit kann ein Fahrzeug, statt konstant zu fahren, aber auch beschleunigt/verzögert fahren.

Die Annahme einer **beschleunigten Fahrt** würde sich **zugunsten** des Betroffenen auf den vorzuwerfenden Rotlichtzeitwert auswirken.

Im Falle einer beschleunigten Fahrt würde das Fahrzeug in Höhe des ersten Sensors langsamer und im Bereich des zweiten Sensors schneller als bei angenommener konstanter Fahrt fahren. Hierfür benötigt es dann dieselbe Zeit wie bei konstanter Fahrt. Der Bereich zur Haltelinie hin würde aber deutlich langsamer passiert werden, mit der Konsequenz, dass es für diesen Streckenabschnitt deutlich länger braucht.

Insbesondere eine **niedrige Durchschnittsgeschwindigkeit** kann ein Indiz für eine beschleunigte Fahrt sein, da die Fahrer bei Annäherung an die Kreuzung, also beim Umschalten der Ampelanlage auf Gelblicht (in der Entscheidungsphase) oftmals zunächst ihr Fahrzeug verzögern, um dann den Kreuzungsbereich doch noch beschleunigt zu passieren.

Da es gerade bei knappen Rotlichtverstößen eher unwahrscheinlich ist, dass die Fahrzeuge mit geringer Durchschnittsgeschwindigkeit diesen Gefahrenbereich konstant durchfahren, ist eine beschleunigte Fahrt wahrscheinlicher bzw. zumindest nicht auszuschließen.

Je geringer die ermittelte Durchschnittsgeschwindigkeit ist, desto höher wirkt sich meist eine beschleunigte Fahrt auf die Rotzeit aus.

Dies ist deswegen so, da in dem Fall eine sehr geringe Fahrgeschwindigkeit zwischen Haltelinie und erstem Sensor folgt und hierfür deutlich mehr Zeit benötigt wird. Hierdurch folgt ein höherer Zeitabzug vom eingeblendeten Rotlichtzeitwert.

In der Abbildung 22 (Rdn 44) ist eine Grafik zu sehen, aus der deutlich wird, warum sich eine beschleunigte Fahrt auf den vorzuwerfenden Rotlichtzeitwert auswirkt. Wie man dort erkennt, ist die Zeitspanne zwischen Haltelinienposition (t_0) und A-Foto-Position im Falle einer beschleunigten Fahrt (t_2-t_0) größer als bei einer konstanten Fahrt (t_1-t_0) und somit der Zeitabzug höher.

Hierauf wirkt sich auch die Lage der Schleife aus. Insbesondere dann, wenn der erste Sensor sehr weit entfernt von der Haltelinie liegt, können die Abweichungen erheblich sein.

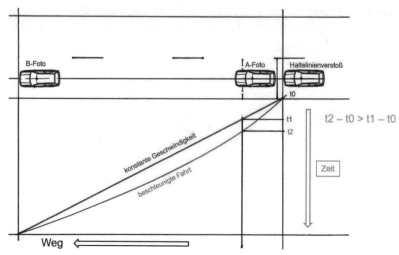

Abbildung 22: Konstante Fahrt/Beschleunigte Fahrt

45   Im Grenzbereich ist also eine Einzelfallprüfung sinnvoll, insbesondere dann, wenn das Fahrzeug ggf. stark beschleunigt haben könnte.

Hierzu wurden vom Autor umfangreiche Fahrzeugversuche durchgeführt, um das Beschleunigungsvermögen in diesem unteren Tempobereich bestimmen zu können. Eine Begutachtung macht als in solchen Fällen durchaus Sinn.

c)   Technische Fehler (Gerät)

46   Die auf dem ersten Foto eingeblendete Rotlicht- bzw. Gelblichtzeit beginnt mit dem „elektrischen" Rot bzw. dem „elektrischen" Gelb zu laufen, d.h. sofort mit dem Zeitpunkt, zu dem die Glühwendel der Rotlichtbirne bzw. der Gelblichtbirne unter Strom/ Spannung kommt. Bis sich die Glühwendel jedoch so stark erhitzt hat, dass das menschliche Auge das Rotlicht oder das Gelblicht als solches überhaupt erkennen kann, verstreichen ab dem „elektrischen" Beginn bei einer 220 Volt-Anlage bis zu etwa 0,16 s (bei Niederspannungsanlagen kann diese Zeitdauer sogar größer sein).

Um die genannte Zeitspanne bemerkt das menschliche Auge den Farbwechsel an der Ampel später als die anlaufende Uhr, die jedoch letztlich die vorwerfbare Rotlicht- bzw. Gelblichtzeit dokumentiert. In der Abbildung 23 (Rdn 46) ist ein solcher **Phasenwechsel** zu sehen. Es lässt sich dort feststellen, dass das Rotlicht erst ab dem fünften Einzelbild dominant aufleuchtet, womit der Fahrer dieses erst dort zweifelsfrei erkennen kann. Dies entspricht dem o.g. Zeitanteil von 0,16 s, der zusätzlich als **Wahrnehmungsverzugszeit** gewährt werden kann.

Bei **LED-Ampeln** tritt dieser Effekt kaum auf, sind dort allenfalls Zeitanteile von maximal 0,02 s zu diskutieren.

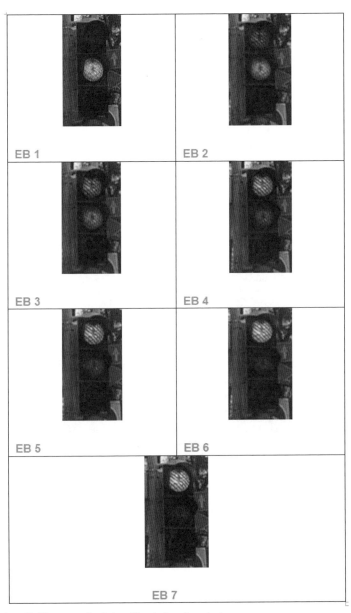

Abbildung 23: Phasenwechsel einer klassischen Ampelanlage

47   Auf den Rotlichtfotos ist die Ampel nur von der Rückseite zu sehen. Um sicherzustellen, dass die Rotlichtfotos tatsächlich bei Rot zeigender Ampel angefertigt wurden, leuchtet teilweise auf der Rückseite des Ampelmastes und damit auf dem Foto ersichtlich eine weiße **Kontrollleuchte** auf (Schauzeichen). Diese ist synchron mit dem Rotlicht der Ampel geschaltet. Alternativ gibt es das sog. Quittierungszeichen, bei dem ein Sternchen-Symbol in der Datenzeile eingeblendet wird. Dort ruft die Messanlage bei Aufnahme des Bildes den Spannungszustand der Ampelanlage nochmals ab.

48   Zwischenzeitlich gab es Fälle, in denen gehäuft **Leerfotos** zu beobachten waren, also Messungen, bei denen sich kein Fahrzeug im Bildbereich aufhielt. Dies kann per Durchsicht der Messreihe überprüft werden. In den Fällen war es auf eine nicht ausreichend gute **Abschirmung** der Zuführungsleistungen zurückzuführen, was mittlerweile aber entsprechend nachgebessert wurde. Die Abschirmung der Leitungen wurde also verbessert. Es ist darauf zu achten, ob der Status der Ampel korrekt **quittiert** wurde.

49   Laut Aufbauanleitung muss der Abstand zwischen zwei benachbarten Induktionsschleifen mindestens 1,20 m betragen, damit eine gegenseitige Beeinflussung ausgeschlossen ist. Da es zwischenzeitlich zwei Aufbauanleitungen gab (s. Rdn 30), ist zu prüfen, ob diese Vorgabe eingehalten wurde.

5. Rechtliche Bewertung

Siegert

50   Bedingt durch die beiden unterschiedlichen Aufbauanleitungen (vgl. Rdn 30) haben es etliche Kommunen versäumt, die verbindlichen Abstände zwischen den Sensoren einzuhalten. Damit entsprechen die Anlagen nicht mehr den Anforderungen eines standardisierten Messverfahrens. Zahlreiche Anlagen wurden abgeschaltet. Ob eine Verfahrenseinstellung stets angezeigt ist, ist zweifelhaft. Mangels der Konformität zur Bauartzulassung muss sich das Tatgericht jedenfalls konkret mit dem Einzelfall befassen. Wie die gerichtliche Praxis das Problem handhabt, bleibt abzuwarten.

Im Übrigen ist auf die rechtlichen Ausführungen im allgemeinen Teil hinzuweisen (§ 4 Rdn 1 ff.).

6. Arbeitshilfen für die Praxis

Reuß

a) Checkliste

51   ■ Existierte zum Messgerät eine gültige Eichung?
   ■ Waren die Eichsiegel unversehrt?

■ War das Personal geschult (Messbeamter/Auswertekraft)?

■ Sind die Induktionsschleifen vor Ort amtlich eingemessen worden und gibt es hierzu eine verlässliche Skizze?

■ Wurden für die Rotlichtberechnungen die korrekten Distanzen angenommen?

■ Wurden die Vorgaben der Aufbauanleitung eingehalten?

■ Wurden die Testfotos aufgenommen?

■ Befindet sich das Fahrzeug des Betroffenen oberhalb der jeweiligen Induktionsschleife?

■ Erfolgte die Spurzuordnung korrekt?

■ Ist ausgeschlossen, dass die Front des Fahrzeugs über das Ende des ersten Sensors hinausragte?

■ Beschleunigte Fahrt möglich? Indiz: geringe Durchschnittsgeschwindigkeit.

■ Stand das Fahrzeug oder setzte ggf. zurück?

■ Ampelsignalquittierung vorhanden?

■ LED oder klassische Ampelanzeigen?

■ Auffällig hohe Rotlichtzeit? Mitzieheffekte?

■ Toleranzen berücksichtigt?

■ Gelblichtzeit ausreichend lang?

b) Mögliche Beweisfragen

■ Der Betroffene wurde mit einer Rotlichtverstoßzeit von oberhalb 1 s fotografiert. Ein   52
Sachverständigengutachten wird ergeben, dass der in Richtung Haltelinie beschleunigende Betroffene einen zeitlich deutlich kürzeren Rotlichtverstoß beging, benötigt das Fahrzeug vom Überfahren der Haltelinie bis zum Erreichen der ersten Induktionsschleife eine größere Zeit als bei konstanter Durchfahrt.

■ Die seitens der Behörde vorgelegte Berechnung zur Rotlichtzeit beruht auf fehlerhaften Annahmen. Die relevanten Parameter genügen nicht der PTB-Anforderung 18.12 hinsichtlich der verwendeten Distanzmaße der Induktionsschleifen. Beweis: Sachverständigengutachten.

■ Das Fahrzeug des Betroffenen wurde mit einer zu hohen Rotlichtverstoßzeit gemessen. Es wird unter Sachverständigenbeweis gestellt, dass die Auswertebehörde fehlerhaft mit konstanten Bewegungsgeschwindigkeiten rechnet, obschon eine beschleunigte Annäherung zusätzliche Zeitabzüge liefert.

■ Die vorgeworfene Rotlichtzeit ist überhöht, da der Pkw des Betroffenen die Induktionsschleife nicht mit dem Fahrzeugvorbau, sondern mit den hinteren Rädern auslöste, was ein Sachverständigengutachten ergeben wird.

■ Die vorgeworfene Rotlichtzeit ist überhöht, da der Fahrzeugvorbau des Betroffenenfahrzeugs die erste Induktionsschleife überragte. Die Rotlichtzeitberechnungen der Behörde ergeben deswegen einen zu hohen Zeitwert.

■ Das Betroffenenfahrzeug passierte die Haltelinie bei Grünlicht. Das Fahrzeug wurde hinter der Haltelinie wegen sich stauenden Verkehrs gestoppt.

■ Die vorgeworfene Rotlichtverstoßzeit ist überhöht, da das Betroffenen-Kfz die erste Induktionsschleife nicht mit den Vorderrädern, sondern mit der Hinterachse auslöste. Es sind aufgrund des Abstandes zwischen der Fahrzeugfront und der Hinterachse zusätzliche zeitliche Abzüge vorzunehmen, was ein Sachverständigengutachten ergeben wird.

■ Zum Beweise dafür, dass die Rotlichtzeit nicht zum Betroffenenfahrzeug gehört, sondern zum Kfz in der Parallelspur, wird die Einholung eines Sachverständigengutachtens beantragt.

■ Der Betroffene bewegte zum Vorfallszeitpunkt ein Nutzfahrzeug, was geringere Bremsverzögerungen erreicht als ein Pkw. Im Hinblick darauf war es ihm nicht mehr möglich, wegen der unter 1 s liegenden Rotlichtverstoßzeit noch vor der Haltelinie gefahrlos abzubremsen, was unter Sachverständigenbeweis gestellt wird.

■ Der Kraftomnibus des Betroffenen konnte im Sinne der Standsicherheit der Insassen nicht mehr vor der Haltelinie angehalten werden, was ein Sachverständigengutachten ergeben wird. Es hätte eine Verzögerung eingesteuert werden müssen, die für die Businsassen kritisch war (Sturzgefahr).

■ Von der Auswertebehörde wurde eine zu geringe Zeittoleranz von nur 0,1 s gewährt. Ein Sachverständigengutachten wird ergeben, dass im Hinblick auf die ausgedehnte Umschaltphase von Gelb in Richtung Rot (Glühlampenaufheiz-/abkühlzeit) höhere Zeitabzüge vorzunehmen sind.

■ Die Aufbauanleitung wurde nicht eingehalten. Beweis: Sachverständigengutachten.

■ Die Ampel ist schlecht/nicht einsehbar, weshalb der Betroffene die Ampel nicht wahrnahm.

■ Der Betroffene deutete die Ampelanzeige falsch, er orientierte sich an der Anzeige des Abbiegeverkehrs.

■ Ein hoch aufbauendes Fahrzeug verdeckte zwischenzeitlich die Ampelanzeige, weshalb der Betroffene das Rotlicht der Anlage nicht wahrnahm.

c) Benötige Daten/Unterlagen für eine technische Begutachtung

53 Die nachfolgende Auflistung soll wiedergeben, welche Unterlagen nach Autorenansicht **mindestens** für ein Kurzgutachten, also eine außergerichtliche Begutachtung notwendig sind. Die restlichen Daten können bei Bedarf ergänzend beschafft werden, sind aber für eine erste Einschätzung in der Regel nicht zwingend notwendig.

	Mindestens	Vollständig	✓
Bußgeldbescheid	X	X	
Eichschein	X	X	
Lebensakte/Reparaturnachweise		X	
Messprotokoll (falls vorhanden)	X	X	
Einrichtungsprotokolle		X	
Lageplan der Induktionsschleifen	X	X	
Schulungsnachweise		X	
„Tatfotos"	X	X	
Falldatei des Betroffenen (SBF-Datei, inkl. Keyfile)		X	
Testfotos (SBF-Datei, inkl. Keyfile)		X	
Gesamte Messreihe		X	
Angabe ob LED- oder klassische Leuchtmittel in den Ampelanzeigen installiert sind	X	X	
Beim Eichamt archivierter Keyfile des Messgerätes		X	
Fahrzeugdaten des Betroffenenfahrzeugs	X	X	
Phasenumlaufplan der Ampelanlage		X	
Fotos/Videos der Ampelanlage aus Sicht des herannahenden Fahrers		X	

II. MULTAFOT

1. Informationen zum Gerät

Im Grunde genommen arbeitet dieses Gerät ähnlich wie das TraffiPhot-III. Dieses ältere   54
Gerät kommt aber kaum noch zum Einsatz, entspricht es auch nicht mehr dem heutigen
Stand der Technik, weshalb dieser Abschnitt entsprechend kurz gefasst wird.

Die aktuellste Bedienungsanleitung, welche uns hier vorliegt, ist aus dem Jahre 1982. Für
diese Messanlage gibt es zudem keinerlei Service mehr vonseiten der Herstellerfirma,
weil sie in dieser Form schon seit Jahren nicht mehr produziert wird.

Die Rotlichtüberwachungsanlage koppelt an die Schaltzustandsänderung im Programm-
verlauf an. Zum Zeitpunkt des Abfallens der Spannung an der Gelblichtlampe, gleichzeitig Spannungszufuhr an der Rotlichtlampe, beginnt die Rotlichtzeit intern zu laufen.
Überfährt ein Fahrzeug die Haltelinie nach Beginn der Rotlichtzeit, so wird bei Überfahren der Detektorschleife ein erstes Foto ausgelöst, das sogenannte A-Foto. Der Rotlicht-

verstoß ist erst dann „perfekt", wenn das Fahrzeug weiter durchfährt und die Multafot-Anlage nach einer **fest eingestellten Zeitdauer** das zweites Foto auslöst. Dies ist nötig, um sicherzustellen, dass das Fahrzeug, welches den Rotlichtverstoß begangen hat, auch den Kreuzungsbereich komplett passiert hat, da es ja ggf. direkt auf der Induktionsschleife stehen geblieben oder zurückgefahren sein kann.

Zu der Messmethodik ist zu sagen, dass es sich bei der Multafot-Anlage um ein veraltetes Messgerät handelt, welches nicht, wie das meist verwendete Traffipax-Traffiphot-III-Messgerät, über zwei Induktionsschleifen verfügt (zumindest in den meisten Fällen), sondern lediglich über eine einzige Induktionsschleife. Das zweite Foto wird daher nach einer fest eingestellten Zeitdauer ausgelöst, sodass es durchaus geschehen kann, dass auf dem zweiten Bild kein Fahrzeug mehr zu sehen ist, z.B. wenn das Fahrzeug sehr schnell fuhr.

Bei dieser Messanlage wird zudem keine **Gelblichtzeit** gemessen und auch der Status der Rotlichtanlage nicht eingeblendet.

Die **Gelblichtzeit** muss vor Ort also so lang eingestellt sein, dass sie sicher nicht unter der erforderlichen Grenze liegt.

Bei diesen älteren Geräten wird deswegen eine **zusätzliche Toleranz von 0,2 s** gewährt.

Weiterhin muss zwingend ein **Schauzeichen** installiert sein, dass mit im Foto abgelichtet wird, um den Rotlichtstatus der Ampelanlage abzubilden.

Bei diesem Messgerät gibt es noch den sogenannten Segmenttest. Hierbei wird ein Testfoto ausgelöst, wobei in der Dateneinblendung sämtliche Zeichen eingeblendet werden. Damit kann nachgewiesen werden, ob eines der Segmente ausgefallen ist oder nicht. Diese Bilder sind am Beginn und Ende einer Messserie aufzunehmen.

Ansonsten ähnelt sie stark dem **TraffiPhot III**, sodass auf diesen Abschnitt (Rdn 11 ff.) zurückgegriffen werden kann.

2. Rechtliche Bewertung

Siegert

55   Es gelten die rechtlichen Ausführungen im allgemeinen Teil (§ 4 Rdn 1 ff.).

3. Arbeitshilfen für die Praxis

Reuß

a) Mögliche Beweisfragen abweichend vom TraffiPhot-III

56   ■   Die Gelblichtzeit wird vorliegend nicht gemessen. Sie war deutlich kürzer als vorgeschrieben. Beweis: Sachverständigengutachten.

■ Das Schauzeichen leuchtete nicht auf, weswegen nicht gesichert ist das Rotlicht angezeigt wurde.

b) Benötigte Daten/Unterlagen für eine technische Begutachtung

Die nachfolgende Auflistung soll wiedergeben, welche Unterlagen nach Autorenansicht   57
mindestens für ein Kurzgutachten, also eine außergerichtliche Begutachtung notwendig sind. Die restlichen Daten können bei Bedarf ergänzend beschafft werden, sind aber für eine erste Einschätzung in der Regel nicht zwingend notwendig.

	Mindestens	Vollständig	✓
Bußgeldbescheid	X	X	
Eichschein	X	X	
Lebensakte/Reparaturnachweise		X	
Messprotokoll (falls vorhanden)	X	X	
Einrichtungsprotokolle		X	
Lageplan der Induktionsschleife	X	X	
Schulungsnachweise		X	
„Tatfotos"	X	X	
Testfotos		X	
Gesamte Messreihe		X	
Angabe ob LED- oder klassische Leuchtmittel in den Ampelanzeigen installiert sind	X	X	
Fahrzeugdaten des Betroffenenfahrzeugs	X	X	
Phasenumlaufplan der Ampelanlage		X	
Fotos/Videos der Ampelanlage aus Sicht des herannahenden Fahrers		X	

III. MULTANOVA MultaStar-C

1. Informationen zum Gerät

Diese Anlage wurde durch die PTB im Jahre 2004 zugelassen. Da seit diesem Zeitpunkt   58
von der PTB gefordert wird, dass die **vorwerfbare** Rotlichtzeit direkt angezeigt wird, sind prinzipiell keine weiteren Abzüge bei der Rotlichtzeit vorzunehmen, da sämtliche Toleranzen bereits geräteintern berücksichtigt werden. So erfolgt durch das Gerät bereits eine Rückrechnung auf die Haltelinienposition.

Bei dieser Anlage handelt es sich um ein kombiniertes Rotlicht-/Geschwindigkeitsüberwachungsgerät.

Von der Messanlage werden zwei Fotos ausgelöst. In der Fahrbahn sind **zwei hintereinander verlegte Induktionsschleifen** installiert. Je nach Anlagenkonfiguration sind die Sensoren ein Stück weit hinter der Haltelinie oder aber bereits direkt in der Haltelinie installiert.

Die für die Berechnung verwendeten Schleifenabstände ergeben sich aus den Datenleisten der Fotos. Diese Angaben kann man noch anhand des dazugehörigen Lageplans überprüfen.

Bei dieser Messanlage wird das erste Foto nach Überfahren der zweiten Induktionsschleife ausgelöst. Das zweite Foto, das hauptsächlich der Fahreridentifizierung dient, wird entweder nach einer festen Zeitspanne oder aber nach einer geschwindigkeitsabhängigen Bildabstandszeit aufgenommen; für das zweite Foto gibt es also keinen gesonderten Sensor.

Welches der beiden Verfahren zum Einsatz kommt, ergibt sich nur aus den entsprechenden Protokollierungen. Dies ist aus den ausgelösten Fotos nicht direkt abzuleiten, es gibt hierfür keine Dateneinblendung.

Anhand der gemessenen Fahrzeuggeschwindigkeit und der Lage und Dimension der installierten Induktionsschleifen rechnet die Anlage **automatisch** den Zeitpunkt des Überfahrens der Haltelinie aus.

Der Datenseite des ersten Fotos lassen sich verschiedene Angaben entnehmen. So werden dort der **Tatzeitpunkt** und der **Tattag** eingeblendet. Weiterhin wird der Fahrstreifen angegeben, von dem der Messwert empfangen wurde (S1, S2 etc.). Zudem findet sich eine Angabe über die berücksichtigte **Lampenverzugszeit**; dies ist jene Zeitspanne, die die Rotlichtlampe benötigt, um vollständig erkennbar zu sein. Im Kapitel TraffiPhot III ist diese Thematik detaillierter erörtert (vgl. Rdn 46).

Des Weiteren werden in der Datenzeile die relevanten **Distanzen** der beiden Induktionsschleifen angezeigt. Das Maß D1 gibt dabei den Abstand vom Haltelinienbeginn zur Mitte der ersten Induktionsschleife wieder, während das Maß D2 die Strecke zwischen Haltelinienbeginn und Beginn der zweiten Induktionsschleife darstellt.

Weiterhin wird die **Zeitspanne T1** eingeblendet. Diese gibt den Zeitpunkt nach Rotlichtbeginn an, wo das gemessene Fahrzeug die erste Induktionsschleife überfuhr.

Im zweiten Foto wird die **Zeitdauer T2** eingeblendet. Dies ist jener Zeitpunkt, als das Fahrzeug dann die zweite Induktionsschleife überfuhr. Zugleich ist dieser Zeitpunkt jener, als das erste Foto aufgenommen wurde.

Weiterhin wird in der Datenzeile die gemessene **Gelblichtzeitdauer (G)** eingeblendet.

Schlussendlich wird noch der vorwerfbare **Rotlichtzeitwert (T)** eingeblendet, der von der Messanlage automatisch errechnet wurde.

Dabei zieht die Messanlage automatisch die eingestellte Lampenverzögerungszeit (LV) ab; zudem werden noch geräteinterne Toleranzen in Abzug gebracht (in etwa 0,02 s pro Zeitmessung).

Dieser Anlagentyp kann im Übrigen auch als reines Geschwindigkeitsüberwachungsgerät eingesetzt werden (Multanova MultaStar C (Speed)).

a) Selbsttest

Da die Lagen der Induktionsschleifen in den Fotos meistens nicht zu erkennen sind, muss nach Einrichtung der Messstelle ein **Referenzfoto** aufgenommen werden, in dem dieser Bereich deutlich erkennbar ist.　　59

Zudem sind bei jeder Inbetriebnahme des Gerätes sowie am Beginn und Ende einer Messserie, sog. **Funktionstestfotos zwingend** aufzunehmen. Dieses ist an der Einblendung **V-Test** in der Datenzeile zu erkennen. Dabei wird ein Geschwindigkeitswert von 100 km/h simuliert und in den Fotos angezeigt.

Es gibt noch weitere Testmöglichkeiten, die aber nicht zwingend vorgeschrieben sind. So ist auch eine Simulation einer Rotphase möglich.

b) Technische Daten

60

Bereich der Betriebstemperatur:	0°C bis 60°C
Anzahl der Induktionsschleifen/Fahrspur:	2
Länge der Induktionsschleife in Fahrtrichtung:	2,0 m ± 10 %
Abstand der Induktionsschleifen zu den Fahrbahnrandmarkierungen:	0,1 m bis 0,3 m
Kopfabstand von der ersten bis zur zweiten Schleife:	2,0 m, 2,5 m, 4,0 m oder 5,0 m
Distanz D1: Beginn Haltelinie bis Mitte erste Schleife:	− 2,0 m bis 5,0 m
Max. Anzahl der Schleifenpaare:	3

c) Toleranzen

Von der angezeigten Geschwindigkeit ist ein Verkehrsfehler von 3 km/h bis 100 km/h und 3 % ab 100 km/h abzuziehen.　　61

Die vorzuwerfende Rotlichtzeit wird direkt angezeigt, weitere Abzüge sind nicht vorzunehmen, die Messtoleranzen werden geräteintern bereits berücksichtigt.

d) Eichung

62 Bei der Eichung wird die korrekte Funktion der Anlagenteile im **Labor** geprüft. Weiterhin wird auch die **Messstelle** eichtechnisch überprüft. Bei dieser Anlage gibt es also **zwei** Eichscheine.

Die Eichung hat nach der entsprechenden **Richtlinie** für die Eichung dieses Anlagentyps zu erfolgen.

2. Einrichtung der Messstelle/Messdurchführung

63 Bei der erstmaligen Einrichtung der Messstelle ist die **Aufbauanleitung** des Herstellers zu beachten. Die **Distanzen** der Induktionsschleifen sind entsprechend zu dokumentieren.

Weiterhin sollte die **Konfiguration** der Anlage, also die eingestellten Parameter, dokumentiert werden, sodass im Nachhinein feststellbar ist, welche Sperrzeiten eingestellt wurden.

Jede Neueinrichtung der Messstelle ist in einem **Protokoll** zu dokumentieren.

Da die Lagen der Induktionsschleifen in den Fotos meistens nicht zu erkennen sind, muss nach Einrichtung der Messstelle ein **Referenzfoto** aufgenommen werden, in dem dieser Bereich deutlich erkennbar ist.

3. Auswertung

64 Um die von der Anlage automatisch berechnete Korrekturzeit nachvollziehen zu können, benötigt man zwei Größen: zum einen die **Strecke**, die das Fahrzeug ab dem Überfahren der Haltelinie bis zum Auslösen des ersten Rotlichtfotos zurücklegte, zum anderen die **Geschwindigkeit**, die der Betroffene längs dieser Strecke einhielt.

Die Strecke lässt sich relativ genau anhand des Fotos und der Streckenangaben der Induktionsschleifen – gegebenenfalls auch nach Vermessen der Überwachungsstelle – ermitteln.

Die Fahrgeschwindigkeit lässt sich mittels des Kopfabstandes (Induktionsschleifenlage) und der Zeitangaben in den Fotos bestimmen.

Mithilfe der so errechneten mittleren Geschwindigkeit lässt sich dann die Zeit berechnen, die der Betroffene für das Zurücklegen der Strecke ab dem Überfahren der Haltelinie bis zum Auslösen des ersten Rotlichtfotos benötigte.

Nach der Gleichung Geschwindigkeit = Weg/Zeit errechnet sich hieraus dann die **mittlere** Geschwindigkeit des Fahrzeugs. Es wird also von einer konstanten Durchfahrt ausgegangen. Da die Sensoren dicht nacheinander und zudem auch dicht an der Haltelinie installiert sind, sind Abweichungen im Gegensatz zu einer beschleunigten/verzögerten Fahrt eher gering.

Hinweis 65

Rotlichtverstöße dürfen bei Kombiverstößen auch dann ausgewertet werden, wenn die Geschwindigkeitsermittlung keinen Wert hervorbrachte, also dort statt des Geschwindigkeitswerts „—" eingeblendet wurden. Solche Fälle treten oftmals dann auf, wenn die Fahrzeuge stark beschleunigt/verzögert wurden.

Bei einfachen Rotlichtverstößen wird hingegen kein Geschwindigkeitswert angezeigt.

Je nachdem ob eine konstante oder eine variable Bildabstandszeit eingestellt wurde, lässt sich **zusätzlich** anhand des zweiten Fotos die Fahrgeschwindigkeit im Kreuzungsbereich grob bestimmen.

Hinweis

Die Zeitspanne T2 im zweiten Foto ist nicht dem Zeitpunkt der zweiten Fotoaufnahme gleichzusetzen. Dies ist der Zeitpunkt bei Passieren der zweiten Schleife, also gleichzusetzen mit dem ersten Foto. Die Zeitspanne T1 im ersten Foto gibt das Passieren der ersten Schleife wieder, die Position des Fahrzeugs wird dabei nicht fotografisch erfasst.

Auswertekriterien: 66

1. Das Fahrzeug muss sich im ersten Foto im Bereich der zweiten Induktionsschleife (deren Position kann ggf. aus dem Referenzfoto entnommen werden) des Fahrstreifens befinden, die dem im Foto eingeblendeten Fahrstreifencode entspricht.

2. Im ersten Foto darf sich kein weiteres Fahrzeug im Bereich der betreffenden Induktionsschleifen befinden.

3. Das Fahrzeug muss auf beiden Fotos erkennbar sein.

4. Technische Fehlermöglichkeiten

a) Messaufbau (Messbeamter)

Die **Eichsiegel** des Messgerätes müssen unversehrt sein. 67

Das **Referenzfoto** muss aufgenommen worden sein, aus dem sich die Lage der Induktionsschleifen ergibt.

Das **Funktionstestfoto** muss bei Inbetriebnahme sowie am Beginn und Ende der Messreihe aufgenommen worden sein.

Die **Lampenverzögerungszeit** muss ausreichend lang bemessen sein. Untersuchungen durch uns zeigten, dass diese bei klassischen Leuchtmitteln durchaus 0,16 s betragen kann. Siehe auch TraffiPhot-III, Technische Fehler (Gerät), Rdn 46.

b) Auswertung (Behörde)

68 Es ist anhand der Spurzuordnung zu prüfen, ob der Messwert dem Betroffenenfahrzeug zuzuordnen ist.

Im ersten Bild muss sich das Fahrzeug im Bereich der zweiten Induktionsschleife befinden. Die Positionen der Sensoren ergeben sich aus dem Referenzfoto.

Im zweiten Foto muss sich das Fahrzeug in einer plausiblen Position befinden. Weg-Zeittechnisch kann dies (in Grenzen) überprüft werden.

Die Gelblichtzeit muss den Anforderungen der zulässigen Höchstgeschwindigkeit entsprechen; also bei 50 km/h mindestens 3 s, bei 60 km/h mindestens 4 s.

Im Bildhintergrund ist i.d.R. ein sogenanntes **Schauzeichen** installiert. Dieses ist mit der Ampelanzeige gekoppelt und leuchtet nur dann auf, wenn tatsächlich Rotlicht gezeigt wurde.

Sind die beiden Induktionsschleifen ein Stück weit hinter der Haltelinie installiert, ist also der erste Sensor nicht direkt in der Haltelinie verbaut, kann sich eine ggf. vorhandene starke beschleunigte Fahrt auf den vorzuwerfenden Rotlichtzeitwert auswirken.

Bei der Rückrechnung nimmt die Anlage nämlich eine konstante Geschwindigkeit an. Je nach Distanz zur Haltelinie und Abstand der beiden Sensoren zueinander (Kopfabstand) sind zusätzliche Zeitabzüge möglich, was gerade im Grenzbereich, z.B. knapp über der 1-Sekunden-Grenze, ausschlaggebend sein kann. In solchen Fällen ist eine gesonderte Weg-Zeit-Betrachtung ggf. sinnvoll.

c) Technische Fehler (Gerät)

69 Die Vorgaben der **Aufbauanleitung** und **Zulassung** müssen eingehalten worden sein.

Das **Messgerät** und der **Messplatz** müssen gültig geeicht sein.

Es ist sicherzustellen, dass sich die Induktionsschleifenlage und auch die Haltelinienposition nicht merklich **verschoben** hat, da die Anlage sonst von fehlerhaften Distanzen ausgeht.

Anhand der Messreihe kann überprüft werden, ob die Anlage **anfällig für hohe Rotlichtzeitverstöße** ist. Dies kann ein Hinweis auf Mitzieheffekte oder eine schlecht erkennbare Ampelanzeige sein.

Die **Prüfziffern** am Ende der Datenzeile können auf ihre Plausibilität hin überprüft werden. Hierüber lässt sich feststellen, ob die Daten korrekt eingeblendet wurden.

5. Rechtliche Bewertung

Siegert

70 Es gelten die rechtlichen Ausführungen im allgemeinen Teil (§ 4 Rdn 1 ff.).

6. Arbeitshilfen für die Praxis

a) Checkliste

Reuß

■ Existierte zum Messgerät und Messplatz eine gültige Eichung? **71**
■ Waren die Eichsiegel unversehrt?
■ War das Personal geschult (Messbeamter/Auswertekraft)?
■ Sind die Induktionsschleifen vor Ort amtlich eingemessen worden und gibt es hierzu eine verlässliche Skizze?
■ Wurden für die Rotlichtberechnungen die korrekten Distanzen angenommen?
■ Wurden die Vorgaben der Aufbauanleitung eingehalten?
■ Wurden die Testfotos aufgenommen?
■ Befindet sich das Fahrzeug des Betroffenen oberhalb der 2. Induktionsschleife?
■ Erfolgte die Spurzuordnung korrekt?
■ Ist ausgeschlossen, dass die Front des Fahrzeugs über das Ende des ersten Sensors hinausragte?
■ Beschleunigte Fahrt möglich? Indiz: geringe Durchschnittsgeschwindigkeit.
■ Stand das Fahrzeug oder setzte ggf. zurück?
■ Ampelsignalquittierung vorhanden?
■ LED oder klassische Ampelanzeigen?
■ Auffällig hohe Rotlichtzeit? Mitzieheffekte?
■ Toleranzen berücksichtigt?
■ Gelblichtzeit ausreichend lang?

b) Mögliche Beweisfragen

■ Der Betroffene wurde mit einer Rotlichtverstoßzeit von oberhalb 1 s fotografiert. Ein **72** Sachverständigengutachten wird ergeben, dass der in Richtung Haltelinie beschleunigende Betroffene einen zeitlich deutlich kürzeren Rotlichtverstoß beging, benötigt das Fahrzeug vom Überfahren der Haltelinie bis zum Erreichen der ersten Induktionsschleife eine größere Zeit als bei konstanter Durchfahrt.
■ Das Fahrzeug des Betroffenen wurde mit einer zu hohen Rotlichtverstoßzeit gemessen. Es wird unter Sachverständigenbeweis gestellt, dass fehlerhaft mit konstanten Bewegungsgeschwindigkeiten gerechnet wurde, obschon eine beschleunigte Annäherung zusätzliche Zeitabzüge liefert.
■ Die vorgeworfene Rotlichtzeit ist überhöht, da der Pkw des Betroffenen die Induktionsschleife nicht mit dem Fahrzeugvorbau, sondern mit den hinteren Rädern auslöste, was ein Sachverständigengutachten ergeben wird.

■ Die vorgeworfene Rotlichtzeit ist überhöht, da der Fahrzeugvorbau des Betroffenenfahrzeugs die erste Induktionsschleife überragte. Die Rotlichtzeitberechnungen der Behörde ergeben deswegen einen zu hohen Zeitwert.

■ Das Betroffenenfahrzeug passierte die Haltelinie bei Grünlicht. Das Fahrzeug wurde hinter der Haltelinie wegen sich stauenden Verkehrs gestoppt.

■ Die vorgeworfene Rotlichtverstoßzeit ist überhöht, da das Betroffenen-Kfz die erste Induktionsschleife nicht mit den Vorderrädern, sondern mit der Hinterachse auslöste. Es sind aufgrund des Abstandes zwischen der Fahrzeugfront und der Hinterachse zusätzliche zeitliche Abzüge vorzunehmen, was ein Sachverständigengutachten ergeben wird.

■ Zum Beweise dafür, dass die Rotlichtzeit nicht zum Betroffenenfahrzeug gehört, sondern zu dem Kfz in der Parallelspur, wird die Einholung eines Sachverständigengutachtens beantragt.

■ Der Betroffene bewegte zum Vorfallszeitpunkt ein Nutzfahrzeug, was geringere Bremsverzögerungen erreicht, als ein Pkw. Im Hinblick darauf war es ihm nicht mehr möglich, wegen der unter 1 s liegenden Rotlichtverstoßzeit noch vor der Haltelinie gefahrlos abzubremsen, was unter Sachverständigenbeweis gestellt wird.

■ Der Kraftomnibus des Betroffenen konnte im Sinne der Standsicherheit der Insassen nicht mehr vor der Haltelinie angehalten werden, was ein Sachverständigengutachten ergeben wird. Es hätte eine Verzögerung eingesteuert werden müssen, die für die Businsassen kritisch war (Sturzgefahr).

■ Es wurde eine zu geringe Zeittoleranz von nur 0,1 s gewährt. Ein Sachverständigengutachten wird ergeben, dass im Hinblick auf die ausgedehnte Umschaltphase von Gelb in Richtung Rot (Glühlampaufheiz-/abkühlzeit) höhere Zeitabzüge vorzunehmen sind.

■ Die Aufbauanleitung wurde nicht eingehalten. Beweis: Sachverständigengutachten.

■ Die Ampel ist schlecht/nicht einsehbar, weshalb der Betroffene die Ampel nicht wahrnahm.

■ Der Betroffene deutete die Ampelanzeige falsch, er orientierte sich an der Anzeige des Abbiegeverkehrs.

■ Ein hoch aufbauendes Fahrzeug verdeckte zwischenzeitlich die Ampelanzeige, weshalb der Betroffene das Rotlicht der Anlage nicht wahrnahm.

c) Benötige Daten/Unterlagen für eine technische Begutachtung

73 Die nachfolgende Auflistung soll wiedergeben, welche Unterlagen nach Autorenansicht **mindestens** für ein Kurzgutachten, also eine außergerichtliche Begutachtung notwendig sind. Die restlichen Daten können bei Bedarf ergänzend beschafft werden, sind aber für eine erste Einschätzung in der Regel nicht zwingend notwendig.

	Mindestens	Vollständig	✓
Bußgeldbescheid	X	X	
Eichschein	X	X	
Lebensakte/Reparaturnachweise		X	
Messprotokoll (falls vorhanden)	X	X	
Einrichtungsprotokolle		X	
Lageplan der Induktionsschleifen	X	X	
Schulungsnachweise		X	
„Tatfotos"	X	X	
Testfotos		X	
Gesamte Messreihe		X	
Angabe ob LED- oder klassische Leuchtmittel in den Ampelanzeigen installiert sind	X	X	
Fahrzeugdaten des Betroffenenfahrzeugs	X	X	
Phasenumlaufplan der Ampelanlage		X	
Fotos/Videos der Ampelanlage aus Sicht des herannahenden Fahrers		X	

IV. Jacknau 2000 VKÜ RG-Control

1. Informationen zum Gerät

Hierbei handelt es sich um eine Rotlichtüberwachungsanlage, die anhand **eines** Induktions- 74
schleifen**paares**, welches im Bereich der Haltelinie in der Fahrbahn eingelassen ist, die
Fahrspuren überwacht und dann ggf. Fotoaufnahmen erzeugt. Es können bis zu drei Fahrspuren überwacht werden.

Auch diese Anlagen sind mittlerweile eher selten anzutreffen. Seit 2012 stellt die Firma
Jacknau keine neuen Anlagen mehr her.

Es werden bis zu drei Fotoaufnahmen erstellt. Während die erste Fotoaufnahme durch die
zweite Induktionsschleife bewirkt wird, werden die restlichen Aufnahmen nach einer fest
eingestellten Bildabstandszeit aufgenommen.

Die Besonderheit liegt hier darin, dass die Anlage Heckfotos (zumindest in den meisten
Fällen) aufnimmt, bei denen gleichzeitig auch die Ampelanlage im Bild zu sehen ist.

Zusätzlich zur Heckaufnahme wird auch eine Frontaufnahme des Fahrzeugs erstellt.
Diese Aufnahme dient dann der Fahrererkennung. Eine Zeiteinblendung gibt es dort
aber nicht.

Reuß 455

Die zweite Induktionsschleife ist bei dieser Anlage **meistens direkt** in der Haltelinie eingelassen und nicht, wie bei den Traffipax-Anlagen üblich, deutlich dahinter. Es gibt aber auch Fälle, in denen die zweite Induktionsschleife nicht direkt in der Haltelinie, sondern ein Stück weit dahinter installiert ist. In dem Fall sind, analog zur Traffiphot-III-Anlage, Rückrechnungen erforderlich.

Die erste Induktionsschleife wird in dichterer Nähe kurz vor der Haltelinie (in Fahrtrichtung gesehen) installiert.

Schaltet die Lichtzeichenanlage auf Gelblicht, wird zunächst der Gelblichzeitzähler gestartet und die Dauer der Gelbphase ermittelt. Im Falle eines Rotlichtverstoßes wird diese Zeitspanne dann im Tatfoto eingeblendet die Gelbphase wird mit einer Genauigkeit von ± 0,02 Sekunden gemessen, weshalb auch sicherzustellen ist, dass diese zum Beispiel bei geforderten 3 s mindestens 3,02 s lang ist.

75   Bei der darauffolgenden Rotphase wird zunächst eine vorab eingestellte Sperrzeit abgewartet, bevor dann Fotoaufnahmen erstellt werden können.

Fährt ein Fahrzeug dann über die erste Schleife wird eine interne Stoppuhr gestartet, die dann bei Überfahrt der zweiten Schleife beendet wird. In der Anlage ist eine **Mindestzeitspanne** eingestellt, in der die zweite Induktionsschleife passiert werden muss.

Mit dieser Funktion wird geprüft, ob das Fahrzeug die eingestellte **Mindestgeschwindigkeit** erreicht hat, sodass Fahrzeuge, die im Bereich der Haltelinie stehen oder sehr langsam fahren, nicht erfasst werden.

Hat das Fahrzeug die zweite Schleife innerhalb dieser Zeitspanne passiert, wird das erste Foto aufgenommen und der entsprechende gemessene Rotlichtzeitwert angezeigt. Bei der Rotlichtzeitmessung sind keine weiteren Toleranzabzüge vorzunehmen, da bereits der kleinste Wert angezeigt wird (nicht wie bei der Gelblichtzeit).

In der weiteren Folge werden dann automatisch bis zu zwei weitere Fotos nach fest eingestellten Bildabstandszeiten aufgenommen. Diese sollen dann zeigen, dass das Fahrzeug tatsächlich in den Kreuzungsbereich hineinfuhr.

76   Die Auslösung des ersten Fotos erfolgt durch Einführen eines metallischen Gegenstandes. Da moderne Fahrzeuge im Frontbereich größtenteils aus Kunststoff bestehen, werden die Sensoren aber i.d.R. durch den Motorblock oder die Vorderräder ausgelöst. Dies bedeutet, dass die Aufnahme und damit der angezeigte Rotlichtwert erst erfolgt, wenn das Fahrzeug sich möglicherweise mit der Front bereits oberhalb der Haltelinie befindet.

Gemäß gängiger Rechtsprechung ist jedoch jener Zeitpunkt relevant, wenn die Front den **Haltelinienbeginn** passiert. In solchen Fällen ist bei der Rotlichtzeitberechnung der vordere Überhang des Fahrzeugs zu berücksichtigen. Auch hier sei auf das Kapitel Traffi-Phot-III verwiesen, Rdn 34 f.

Aus technischer Sicht besitzt diese Anlage den Vorteil, dass die Induktionsschleife im Bereich der Haltelinie liegt. Weiterhin ist es günstig, dass die Ampelanlage im Fotobereich erkannt werden kann, sodass sichergestellt ist, dass auch wirklich Rotlicht gezeigt wurde. Oftmals finden sich bei dieser Anlagenversion zusätzlich Markierungen an der Fahrbahnseite, die in definierten Abständen aufgebracht werden. Hiermit kann der zurückgelegte Weg in den weiteren Fotoaufnahmen bestimmt werden, also eine Weg-/Zeitbetrachtung erfolgen.

Ansonsten gelten ähnliche Probleme wie beim Traffiphot-III-Gerät. Es muss beurteilt werden, ob eine **beschleunigte Fahrt** sich merklich auf den Rotlichtzeitwert auswirkte und auch ob die **Rückrechnungen** auf die Haltelinienposition korrekt durch die Behörde durchgeführt wurden. Weiterhin ist auch hier ggf. die **Lampenverzögerungszeit** zu berücksichtigen.

2. Rechtliche Bewertung

Siegert

Es gelten die rechtlichen Ausführungen im allgemeinen Teil (§ 4 Rdn 1 ff.).   77

3. Arbeitshilfen für die Praxis

a) Checkliste
Reuß

■ Existierte zum Messgerät eine gültige Eichung?   78
■ Waren die Eichsiegel unversehrt?
■ War das Personal geschult (Messbeamter/Auswertekraft)?
■ Sind die Induktionsschleifen vor Ort amtlich eingemessen worden und gibt es hierzu eine verlässliche Skizze?
■ Wurden für die Rotlichtberechnungen die korrekten Distanzen angenommen?
■ Wurden die Vorgaben der Aufbauanleitung eingehalten?
■ Wurden die Testfotos aufgenommen?
■ Befindet sich das Fahrzeug des Betroffenen oberhalb der jeweiligen Induktionsschleife?
■ Erfolgte die Spurzuordnung korrekt?
■ Ist ausgeschlossen, dass die Front des Fahrzeugs über das Ende des zweiten Sensors hinausragte?
■ Liegt der zweite Sensor in der Haltelinie oder dahinter? Rückrechnung korrekt erfolgt?

- Beschleunigte Fahrt möglich? Indiz: geringe Durchschnittsgeschwindigkeit.
- Stand das Fahrzeug oder setzte ggf. zurück?
- Ampelsignalquittierung vorhanden?
- LED oder klassische Ampelanzeigen?
- Auffällig hohe Rotlichtzeit? Mitzieheffekte?
- Toleranzen berücksichtigt?
- Gelblichtzeit ausreichend lang?

b) Mögliche Beweisfragen

79
- Der Betroffene wurde mit einer Rotlichtverstoßzeit von oberhalb 1 s fotografiert. Ein Sachverständigengutachten wird ergeben, dass der in Richtung Haltelinie beschleunigende Betroffene einen zeitlich deutlich kürzeren Rotlichtverstoß beging, benötigt das Fahrzeug vom Überfahren der Haltelinie bis zum Erreichen der ersten Induktionsschleife eine größere Zeit als bei konstanter Durchfahrt.
- Die seitens der Behörde vorgelegte Berechnung zur Rotlichtzeit beruht auf fehlerhaften Annahmen. Die relevanten Parameter genügen nicht der PTB-Anforderung 18.12 hinsichtlich der verwendeten Distanzmaße der Induktionsschleifen. Beweis: Sachverständigengutachten.
- Das Fahrzeug des Betroffenen wurde mit einer zu hohen Rotlichtverstoßzeit gemessen. Es wird unter Sachverständigenbeweis gestellt, dass die Auswertebehörde fehlerhaft mit konstanten Bewegungsgeschwindigkeiten rechnet, obschon eine beschleunigte Annäherung zusätzliche Zeitabzüge liefert.
- Die vorgeworfene Rotlichtzeit ist überhöht, da der Pkw des Betroffenen die Induktionsschleife nicht mit dem Fahrzeugvorbau, sondern mit den hinteren Rädern auslöste, was ein Sachverständigengutachten ergeben wird.
- Die vorgeworfene Rotlichtzeit ist überhöht, da der Fahrzeugvorbau des Betroffenenfahrzeugs die Induktionsschleife überragte. Die Rotlichtzeitberechnungen der Behörde ergeben deshalb einen zu hohen Zeitwert.
- Das Betroffenenfahrzeug passierte die Haltelinie bei Grünlicht. Das Fahrzeug wurde hinter der Haltelinie wegen sich stauenden Verkehrs gestoppt.
- Die vorgeworfene Rotlichtverstoßzeit ist überhöht, da das Betroffenen-Kfz die zweite Induktionsschleife nicht mit den Vorderrädern, sondern mit der Hinterachse auslöste. Es sind aufgrund des Abstandes zwischen der Fahrzeugfront und der Hinterachse zusätzliche zeitliche Abzüge vorzunehmen, was ein Sachverständigengutachten ergeben wird.
- Zum Beweise dafür, dass die Rotlichtzeit nicht zum Betroffenenfahrzeug gehört, sondern zu dem Kfz in der Parallelspur, wird die Einholung eines Sachverständigengutachtens beantragt.

■ Der Betroffene bewegte zum Vorfallszeitpunkt ein Nutzfahrzeug, was geringere Bremsverzögerungen erreicht, als ein Pkw. Im Hinblick darauf war es ihm nicht mehr möglich, wegen der unter 1 s liegenden Rotlichtverstoßzeit noch vor der Haltelinie gefahrlos abzubremsen, was unter Sachverständigenbeweis gestellt wird.

■ Der Kraftomnibus des Betroffenen konnte im Sinne der Standsicherheit der Insassen nicht mehr vor der Haltelinie angehalten werden, was ein Sachverständigengutachten ergeben wird. Es hätte eine Verzögerung eingesteuert werden müssen, die für die Businsassen kritisch war (Sturzgefahr).

■ Von der Auswertebehörde wurde eine zu geringe Zeittoleranz von nur 0,1 s gewährt. Ein Sachverständigengutachten wird ergeben, dass im Hinblick auf die ausgedehnte Umschaltphase von Gelb in Richtung Rot (Glühlampenaufheiz-/abkühlzeit) höhere Zeitabzüge vorzunehmen sind.

■ Die Aufbauanleitung wurde nicht eingehalten. Beweis: Sachverständigengutachten.

■ Die Ampel ist schlecht/nicht einsehbar, weshalb der Betroffene die Ampel nicht wahrnahm.

■ Der Betroffene deutete die Ampelanzeige falsch, er orientierte sich an der Anzeige des Abbiegeverkehrs.

■ Ein hoch aufbauendes Fahrzeug verdeckte zwischenzeitlich die Ampelanzeige, weshalb der Betroffene das Rotlicht der Anlage nicht wahrnahm.

■ Die Gelblichtzeit betrug laut Anzeige lediglich 3,0 s. Bauartbedingt ist damit ein Wert von lediglich 2,98 s nicht auszuschließen.

c) Benötige Daten/Unterlagen für eine technische Begutachtung

Die nachfolgende Auflistung soll wiedergeben, welche Unterlagen nach Autorenansicht **mindestens** für ein Kurzgutachten, also eine außergerichtliche Begutachtung notwendig sind. Die restlichen Daten können bei Bedarf ergänzend beschafft werden, sind aber für eine erste Einschätzung in der Regel nicht zwingend notwendig. **80**

	Mindestens	Vollständig	✓
Bußgeldbescheid	X	X	
Eichschein	X	X	
Lebensakte/Reparaturnachweise		X	
Messprotokoll (falls vorhanden)	X	X	
Einrichtungsprotokolle		X	
Lageplan der Induktionsschleifen	X	X	
Schulungsnachweise		X	
„Tatfotos"	X	X	
Testfotos		X	

	Mindestens	Vollständig	✓
Gesamte Messreihe		X	
Angabe ob LED- oder klassische Leuchtmittel in den Ampelanzeigen installiert sind	X	X	
Fahrzeugdaten des Betroffenenfahrzeugs	X	X	
Phasenumlaufplan der Ampelanlage		X	
Fotos/Videos der Ampelanlage aus Sicht des herannahenden Fahrers		X	

V. Gatsometer GTC-GS11

1. Informationen zum Gerät

81   Hierbei handelt es sich um ein **kombiniertes Rotlicht-/Geschwindigkeitsmessgerät**. Bei dieser Messanlage sind im Fahrbahnbereich zwei Induktionsschleifen in einem Abstand von 3 m zueinander installiert. Über diese zwei Sensoren werden durch Überfahrt des Pkw der **Geschwindigkeitswert** und ein etwaiger **Rotlichtverstoß** ermittelt. Sie ähnelt damit dem MultaStar C-Gerät, bei dem dasselbe Messprinzip angewandt wird.

Gemäß Herstellerangabe werden aus dem Signalverlauf mindestens fünf Geschwindigkeiten gebildet, damit ein gültiger Wert angezeigt wird. Einen Zugriff auf diese internen Werte gibt es allerdings nicht. Es wird lediglich der Geschwindigkeitswert eingeblendet.

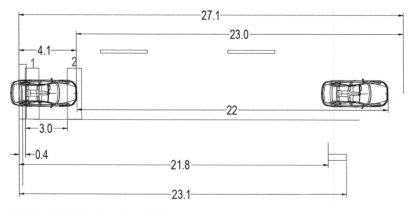

Abbildung 24: Skizze einer Messstelle

Bei einem Rotlichtverstoß wird das erste Foto aufgenommen, wenn der Pkw sich am Beginn der zweiten Schleife befindet. Dies entspricht in der Abbildung 24 (Rdn 81) der linken Position, des dort eingezeichneten Fahrzeugmodells.

Nach Verlassen der zweiten Induktionsschleife wird ein Geschwindigkeitswert gebildet, der dann im zweiten Foto eingeblendet wird.

Der Geschwindigkeitswert wird erst im zweiten Foto eingeblendet, da dieser bei Aufnahme des ersten Fotos noch nicht feststeht.

Bei dieser Anlage wird die vorwerfbare Rotlichtzeit automatisch berechnet und dann im zweiten Foto eingeblendet.

Abbildung 25: 1. Foto Gatso GTC-GS 11

Abbildung 26: 2. Foto Gatso GTC-GS 11

Zugriff auf die eigentlichen Rohsignale und damit eine Überprüfung der tatsächlich gebildeten Werte, insbesondere der Geschwindigkeitswerte, gibt es nach hiesiger Kenntnis
nicht, sodass **lediglich die Prüfung der Fotopositionen** bleibt.

In der Abbildung 25 ist beispielhaft das 1. Tatfoto ist zu sehen. Die Fotoaufnahmen werden als herstellspezifische SDI-Dateien abgespeichert und lassen sich nur mit der Herstel-
lersoftware QEView öffnen.

Der Dateneinblendung dieses Bildes lässt sich entnehmen, dass ein Fahrzeug auf der ersten Spur registriert wurde. Der Pkw (weißer Pfeil) befindet sich augenscheinlich mit den
Hinterrädern oberhalb der Haltelinie.

Der Dateneinblendung des Bildes lässt sich weiterhin entnehmen, dass zum Zeitpunkt der
Fotoaufnahme das Rotlicht seit 1,64 s (Rotphase) angezeigt wurde.

82   Die Gelbzeit wurde zu 3,00 s gemessen. Die Stoppuhr besitzt eine Ganggenauigkeit von
0,01 Sekunden. Gemäß Angabe in den Zulassungsunterlagen soll eine Berücksichtigung
der Toleranz von – 0,01 Sekunden bei der Gelbzeitkontrolle erfolgen, sodass die Gelblichtzeit demnach sicher 3 s betrug.

83   Im Bildhintergrund ist zudem ein Schauzeichen zu sehen (weißer Kreis), wodurch erkennbar ist, dass auch Rotlicht gezeigt wurde, ist dieses mit der Ampel parallel geschaltet.

Es ist weiterhin erkennbar, dass ein Intervallabstand von 23 m vorgegeben wurde. Dieser Abstand gibt an, nach welcher zurückgelegten Wegstrecke das gemessene Fahrzeug fotografiert werden **soll**.

Die Messanlage ermittelt nun anhand des gemessenen Geschwindigkeitswertes die Zeitdauer, bis das zweite Foto ausgelöst werden muss, damit das Fahrzeug tatsächlich nach weiteren 23 m Fahrstrecke fotografiert wird.

Das zweite Foto ist in der Abbildung 26 (Rdn 81) zu sehen. Zwischen dem ersten und dem zweiten Foto muss das Fahrzeug also eine Strecke von ca. 23 m zurückgelegt haben, sofern es tatsächlich **konstant** weiter fuhr.

Da diese Fotopunktberechnung anhand des gemessenen Geschwindigkeitswertes erfolgt, würde eine fehlerhaft ermittelte Geschwindigkeit prinzipiell dadurch auffallen, dass das Fahrzeug im zweiten Foto eben nicht eine Wegstrecke von 23 m zurückgelegt hätte – so die Herstellerangabe.

Allerdings ist die Strecke auch derart lang, dass, wenn der Fahrer nach der ersten Aufnahme sein Fahrzeug verzögert/beschleunigt, auch eine nicht unerhebliche Positionsabweichung im zweiten Foto feststellbar wäre.

Insoweit ist diese Prüfungsmöglichkeit **nur auf konstant fahrende Fahrzeuge sicher anwendbar**, also schon deutlich toleranzbehaftet.

Der Dateneinblendung des zweiten Tatfotos (Abbildung 26, Rdn 81) lässt sich weiterhin **84** entnehmen, dass die Messanlage eine Geschwindigkeit von 46 km/h ermittelte. Der Pkw fuhr diese Geschwindigkeit bei Passieren der beiden Sensoren, also etwa zum Zeitpunkt des ersten Bildes (Abbildung 25, Rdn 81).

Weiterhin wird eine Zeitdauer von 1,80 s zwischen dem ersten und zweiten Bild angezeigt. 46 km/h entsprechen 12,778 m/s. Mit der angegebenen Zeitdauer von 1,80 s folgt über das Weg-Zeit-Gesetz eine Strecke von 23 m, was zum Intervallabstand passt.

Anhand markanter Ortspunkte kann die Position des Fahrzeugs grob in die Zeichnung der Abbildung 24 (Rdn 81) übertragen werden. Der Pkw wurde demnach bereits ca. 22 m nach Aufnahme des 1. Bildes fotografiert, also etwa 1 m früher. Dies deutet grundsätzlich darauf hin, dass der Pkw nicht konstant fuhr, sondern nach Aufnahme des ersten Bildes verzögert wurde.

Im zweiten Foto (Abbildung 26, Rdn 81) wird dann ein Rotlichtzeitwert von 3,44 s angezeigt. Dies ist die Rotlichtzeit zum Zeitpunkt dieses Bildes. Zudem wird die vorwerfbare Rotlichtzeit von 1,10 s eingeblendet. Die vorwerfbare Zeit wird dabei **automatisch** berechnet und auf den nächsten 0,1 Sekunden-Wert abgerundet.

Die Rotlichtüberwachung wird im Übrigen in diesem konkreten Fall erst nach 0,30 s Rotlicht aktiv geschaltet (Verzögerungszeit).

Die Rotlichtzeitberechnung erfolgt geräteintern vollautomatisch nach einer vorgegebenen Formel, bei der bereits Toleranzen berücksichtigt werden.
So wird auf den Geschwindigkeitswert eine Toleranz von 3 km/h gewährt. Weiterhin wird beim Schleifenabstand eine zusätzliche Strecke von 1 m gewährt, womit das Ende der zweiten Schleife bei den Berechnungen herangezogen wird, da bei Induktionssensoren nicht ausgeschlossen werden kann, dass die Fahrzeuge nicht direkt am Beginn erfasst werden.

Weiterhin wird eine Toleranz von 0,1 s berücksichtigt, die die sog. Lampenverzögerungszeit berücksichtigen soll, also jene, bis die Ampel vollständig aufleuchtet. Untersuchungen durch uns zeigten aber, dass diesbezüglich auch Zeitanteile bis hin zu 0,16 s vorliegen können. An dieser Stelle sei auf das Kapitel TraffiPhot-III verwiesen, in dem dies detaillierter ausgeführt wird (Rdn 46).

Diese Anlage hat im Gegensatz zur häufig anzutreffenden Traffiphot-III-Anlage den Vorteil, dass die **Fahrgeschwindigkeit** ebenfalls angezeigt wird. Während beim MultaStar-C die Geschwindigkeit nur im Falle einer Überschreitung eingeblendet wird, erfolgt dies hier zudem **generell**.

Eine extrem langsame Fahrt im Bereich der Haltelinie kann somit in diesem Beispiel ausgeschlossen werden, da der Pkw im Bereich der beiden Induktionsschleifen mit 46 km/h erfasst wurde. Die Geschwindigkeitsermittlung scheint auch in etwa korrekt abgelaufen zu sein, da der Pkw sich im zweiten Bild dicht an der zu erwartenden Fotoposition befindet.

Eine exakte Prüfung der Geschwindigkeit ist vorliegend nicht möglich, ergeben sich, wie bereits erwähnt, nicht unerhebliche Auswertetoleranzen.

a) Technische Daten

85

Mess- und Anzeigebereich der Geschwindigkeiten:	1 km/h bis 250 km/h
Auflösung der Geschwindigkeit:	1 km/h
Auflösung der Gelbzeit:	0,01 s
Auflösung der Rotzeit:	0,1 s
Bereich der Betriebstemperatur der Anlage:	− 20 °C bis 60 °C (intern überwacht)
Anzahl der Induktionsschleifen/Fahrspur:	2
max. Anzahl der unabhängigen Fahrspuren (Schleifenpaare):	4 (automatisch detektiert)
Distanz vom Beginn der Haltelinie bis zur Front der ersten Schleife (D1):	0,000 m bis 3,000 m ± 0,015 m (Toleranz zu dem im Standortdatenspeicher eingegebenen Wert)

Kopfabstand von der Front der Ersten bis zur Front der zweiten Schleife (KA):	3,000 m ± 0,015 m
Abstand zwischen der hinteren Kante der ersten und zweiten Schleife:	3,000 m ± 0,015 m
Abstand der Induktionsschleifen zu der Fahrspurbegrenzung:	0,05 bis 0,55 m
Abstand zwischen den Induktionsschleifen zweier benachbarter Fahrspuren:	0,50 m bis 1,65 m
Länge der Induktionsschleife in Fahrtrichtung:	1,0 m ± 0,1 m
max. Anzahl der unabhängigen Signalgruppen der Wechsellichtzeichenanlage:	3

b) Toleranzen

Die Verkehrsfehlergrenzen betragen wie üblich für die Geschwindigkeitsüberwachung: **86**

- ± 3 km/h bei Geschwindigkeiten bis 100 km/h,
- ± 3 % des richtigen Wertes bei Geschwindigkeiten oberhalb 100 km/h.

Für die Rotlichtüberwachung sind keine weiteren Toleranzen anzusetzen, der der Wert automatisch berechnet wird. In der Berechnungsformel sind die Verkehrsfehlergrenze der Geschwindigkeitsmessung und eine Toleranz von 1 m bzgl. der Schleifendistanzen enthalten. Hier gilt aber noch zu beachten, dass u.a. die Lampenverzögerungszeit ausreichend lang bemessen ist.

c) Eichung

Bei dieser Anlage müssen die **Messstelle** und der **Anlageneinschub** geeicht werden. Es   **87**
gibt als zwei Eichscheine.

Die Eichung umfasst folgende Punkte:

- Prüfung der Steuerprogrammversionen im Einschub,
- Überprüfung des Einschubs bezüglich der Rotzeit- und Geschwindigkeitsmessung,
- Überprüfung der Gelbphasendauermessung und der Messung der vorzuwerfenden Rotzeit,
- Überprüfung des Einschubs bezüglich der Triggerschwellen der Phasen der Wechsellichtzeichenanlage,
- ID-Nummer bzw. öffentlicher Schlüssel des Einschubs,
- Eichtechnische Sicherung des Einschubs,
- Dokumentation der Einrichtung der Messstelle,
- Prüfung der Induktionsschleifen der Messstelle,
- Prüfung der Daten im USB-Standortdatenspeicher des Außengehäuses (bei Messstellen für Rotlichtüberwachung).

Fehlergrenzen für Geschwindigkeitsmessung: Die Eichfehlergrenzen betragen bei der laboratoriumsmäßigen Prüfung und bei der Eingabe normierter Signale:

■ ± 1 km/h bei Messwerten bis 150 km/h,

■ ± 2 km/h bei Messwerten größer als 150 km/h.

Bei betriebsmäßigen Prüfungen betragen die Fehlergrenzen für die Anzeige der Geschwindigkeit:

■ ± 3 km/h bei Geschwindigkeiten bis 100 km/h,

■ ± 3 % des richtigen Wertes bei Geschwindigkeiten oberhalb 100 km/h.

Die so errechneten Werte für die Fehlergrenzen sind dabei auf den nächsten ganzzahligen Wert aufzurunden.

Die Verkehrsfehlergrenzen sind gleich den oben genannten Eichfehlergrenzen bei der betriebsmäßigen Prüfung.

Fehlergrenzen für Rotlichtüberwachung:

■ Verkehrsfehlergrenzen für die Rotlichtüberwachungsfunktion müssen nicht zugunsten des Betroffenen berücksichtigt werden, da bei der Berechnung der vorzuwerfenden Rotzeit automatisch alle relevanten Toleranzen berücksichtigt werden.

Die Eichfehlergrenzen betragen für die vorzuwerfende Rotzeit:

■ ± 0,1 s

Dieser Wert bezieht sich auf den Vergleich einer simulierten Überfahrt bei der Rotphase einer ebenfalls simulierten Wechsellichtzeichenanlage. Dabei wird der vom Messgerät angezeigte Wert mit einem Wert verglichen, der sich aus den simulierten Werten und der gleichen Formel ergibt, mit der das Messgerät intern rechnet und die auch intern alle Toleranzen berücksichtigt:

Für die Messung der Gelbphasendauer darf der angezeigte Wert nicht größer und höchstens um 0,10 s kleiner als der simulierte Wert sein; so die Angabe in der Zulassung.

2. Einrichtung der Messstelle/Messdurchführung

88   Die vor Ort fest installierten Komponenten der Anlage und insbesondere die Induktionsschleifen müssen mit dem Schleifendetektor eingerichtet werden.

Jede Neueinrichtung einer Messstelle ist in einem Protokoll zu dokumentieren, das insbesondere eine Liste der verwendeten Materialien und Komponenten sowie eine Lageskizze oder ein Foto der Induktionsschleifen und Zuführungen umfassen muss. Zusätzlich sind die Messergebnisse der abschließenden Kontrollmessungen zu dokumentieren. Eine Kopie des Protokolls ist bei der ersten Prüfung der Messstelle im Rahmen der Eichung dem Eichbeamten zu liefern oder vom Betreiber bei jeder Eichung bereitzustellen.

Ein Plan der Anschlussbelegung der Anlage an die Spannungsversorgung, an die Induktionsschleifen-Verbindungskabel und ggf. an die Wechsellichtzeichen ist in unmittelbarer Nähe der Klemmleiste dauerhaft zu verwahren (z.b. im Mast). Sämtliche Parameter im USB-Standortdatenspeicher sind zu dokumentieren.

Bei der Erstinbetriebnahme von Messstellen für Rotlichtüberwachung muss durch einen Nachweis des Lichtsignalanlagenherstellers die Konformität zur DIN EN 50556 (DIN VDE 0832–100) nachgewiesen werden.

a) Standortwechsel

Der Betreiber kann gültig geeichte Einschübe an wechselnden Standorten, die im Rahmen 89 der Eichung erfolgreich geprüft wurden, einsetzen. Über den USB-Standortspeicher erkennt die Anlage die entsprechende Konfiguration.

b) Selbsttest

Das Gerät startet automatisch einen Selbsttest, sobald die Stromversorgung hergestellt 90 wird. Es überprüft die Induktionsschleifen und Detektoren auf ihre Funktionalität. Dabei werden automatisch **Kalibrationsaufnahmen** erstellt.

c) Signierung

Für die Signierung wird ein Schlüsselpaar benötigt, das vor der ersten Eichung erzeugt 91 wird. Der zugehörige geheime Schlüssel befindet sich im Einschub und ist laut Angaben von Hersteller und PTB nicht auslesbar. Über den öffentlichen Schlüssel wird ein Hashwert (Prüfsumme) gebildet, der auch als ID-Nummer der Anlage dient und am Gerät abgelesen werden kann. Die Bilddaten werden nach den Bildauslösungen in den internen Speicher der Digitalkamera eingelesen. Dann werden die Mess- und weiteren Daten in beiden digitalen Fotos als Pixelgrafiken in ein schwarz hinterlegtes Grafikfeld am unteren Bildrand eingefügt. Die Messwerte und die Bilddaten beider Bilder werden in einer gemeinsamen Falldatei im firmenspezifischen SDI-Format abgelegt. Diese Datei ist digital signiert mit SHA256 als Hashalgorithmus und RSA (mit dem Schlüsselpaar) zum Verschlüsseln des Hashwertes. Zur Vereinfachung der Abläufe beim Betreiber enthält die Falldatei den öffentlichen Schlüssel.

Optional kann diese gesamte Falldatei verschlüsselt werden (nicht Bestandteil der Zulassung).

3. Auswertekriterien

In der Datenleiste ist eine **Spurzuordnung** vorhanden. Der Messwert kann damit jenem 92 Fahrzeug zugeordnet werden, das sich im ersten Bild am Beginn der zweiten Induktionsschleife der angezeigten Spur befindet.

Im zweiten Bild lässt sich dann überprüfen, ob das Fahrzeug tatsächlich weiter in den Kreuzungsbereich hineingefahren ist. Anhand der Position des Fahrzeugs kann zudem geprüft werden, ob das Kfz den voreingestellten Fotopunkt erreicht hat.

4. Technische Fehlermöglichkeiten

a) Messaufbau (Messbeamter)

93   Im Grunde genommen kann der Messbeamte bei der Einrichtung **keine** Fehler produzieren, da die Anlage die erforderlichen Tests automatisch durchführt. Dabei wird ein Kalibrationsfoto aufgenommen; dessen korrekte Aufnahme ist zu überprüfen. Die **Eichsiegel** sind auf ihre Unversehrtheit hin zu kontrollieren.

Da die **Lage** der Induktionsschleifen elementar für die Geschwindigkeitsermittlung sind, sollte sie regelmäßig überprüft werden, insbesondere die Distanz zur Haltelinie. So ist z.B. durch übermäßigen Schwerlastverkehr eine Verschiebung der Sensorik bzw. der Haltelinie denkbar.

Weiterhin sollte die Ampelanlage auf ihre korrekte Funktion und gute Erkennbarkeit geprüft werden.

b) Auswertung (Behörde)

94   Auch hier sind die **Auswerteanforderungen** zu prüfen, also ob sich das Fahrzeug mit der Front am Beginn des zweiten Sensors befindet. Weiterhin ist die Spurzuordnung in der Datenzeile zu prüfen.

Anhand des zweiten Bildes ist zu überprüfen, ob sich das Fahrzeug in einer plausiblen Position, entsprechend des eingestellten Fotopunkts befindet.

Weiterhin ist zu prüfen, ob die **Toleranzen** bzgl. der Lampenverzögerungszeit ausreichend lang bemessen wurden.

Es ist zudem auf **besondere Situationen** zu achten, z.B. stauender Verkehr, hochaufbauende Fahrzeuge, die ggf. die Sicht behindert haben könnten. Weiterhin ist auf sogenannte **Mitzieheffekte** zu achten, also ob ggf. die Nachbarspur Grünlicht bekam und der Betroffene deshalb losfuhr.

c) Technische Fehler (Gerät)

95   Wenn das gemessene Fahrzeug nicht **konstant** fuhr, worauf ein Nichterreichen oder deutliches Überfahren des voreingestellten Fotopunktes im zweiten Bild hindeutet, sind ggf. geringe zusätzliche Zeitabzüge vorzunehmen. In dem Fall könnte das Fahrzeug im Haltelinienbereich etwas langsamer gefahren sein, wofür es mehr Zeit benötigt als bei konstanter Fahrt. Wegen der geringen Strecken zur Haltelinie sind die möglichen Abzüge aber eher gering.

Da als **Plausiblitätsüberprüfung** der Geschwindigkeitsmessung nur die Fotoposition im zweiten Foto dient, kann diese Messung nicht konkret überprüft werden. Zugriff auf die konkreten Messdaten, insbesondere für die Geschwindigkeitsermittlung, gibt es nicht. Auch ist die Plausiblitätsüberprüfung stark toleranzbehaftet. Sind Abweichungen nicht auszuschließen, kann der Rotlichtverstoß auch mit einer ggf. geringeren Fahrgeschwindigkeit berechnet werden.

Es muss zudem gewährleistet sein, dass die **Lage** der Schleifen zur Haltelinie korrekt ist, geht die Anlage ansonsten von falschen Parametern aus.

Die Messreihe kann auf **Auffälligkeiten** hin untersucht werden, also ob sich Messungen mit auffälligen Fotopositionen oder auch extrem hohen Rotlichtverstoßzeiten finden. Dies kann ein Hinweis auf eine problematische Messstelle sein. Auch hier sei analog auf das Kapitel Traffiphot-III verwiesen.

5. Rechtliche Bewertung

Siegert

Es gelten die rechtlichen Ausführungen im allgemeinen Teil (§ 4 Rdn 1 ff.).   96

6. Arbeitshilfen für die Praxis

Reuß

a) Checkliste

■ Existierte zum Messgerät und zur Messstelle eine gültige Eichung?   97

■ Waren die Eichsiegel unversehrt?

■ War das Personal geschult (Messbeamter/Auswertekraft)?

■ Sind die Induktionsschleifen vor Ort amtlich eingemessen worden und gibt es hierzu eine verlässliche Skizze?

■ Wurden für die automatischen Rotlichtberechnungen die korrekten Distanzen angenommen?

■ Wurden die Vorgaben der Aufbauanleitung eingehalten?

■ Wurden die Testfotos aufgenommen?

■ Befindet sich das Fahrzeug des Betroffenen am Beginn der zweiten Induktionsschleife?

■ Befindet sich das Fahrzeug des Betroffenen im zweiten Foto in einer plausiblen Position?

■ Erfolgte die Spurzuordnung korrekt?

■ Ist ausgeschlossen, dass die Front des Fahrzeugs über das Ende des zweiten Sensors hinausragte?

■ Beschleunigte Fahrt möglich? Indiz: geringe Durchschnittsgeschwindigkeit, abweichende Position im zweiten Foto.

■ Stand das Fahrzeug oder setzte ggf. zurück?

■ Ampelsignalquittierung vorhanden?

■ LED oder klassische Ampelanzeigen?

■ Auffällig hohe Rotlichtzeit? Mitzieheffekte?

■ Toleranzen berücksichtigt?

■ Gelblichtzeit ausreichend lang?

b) Mögliche Beweisfragen

98 ■ Der Betroffene wurde mit einer Rotlichtverstoßzeit von oberhalb 1 s fotografiert. Ein Sachverständigengutachten wird ergeben, dass der in Richtung Haltelinie beschleunigende Betroffene einen zeitlich deutlich kürzeren Rotlichtverstoß beging, benötigt das Fahrzeug vom Überfahren der Haltelinie bis zum Erreichen der zweiten Induktionsschleife eine größere Zeit als bei konstanter Durchfahrt.

■ Die im Messgerät vorgenommene Berechnung zur Rotlichtzeit beruht auf fehlerhaften Annahmen. Die relevanten Parameter genügen nicht der PTB-Anforderung 18.12 bzw. der GBA/Zulassung hinsichtlich der verwendeten Distanzmaße der Induktionsschleifen. Beweis: Sachverständigengutachten.

■ Die vorgeworfene Rotlichtzeit ist überhöht, da der Pkw des Betroffenen die Induktionsschleife nicht mit dem Fahrzeugvorbau, sondern mit den hinteren Rädern auslöste, was ein Sachverständigengutachten ergeben wird.

■ Die vorgeworfene Rotlichtzeit ist überhöht, da der Fahrzeugvorbau des Betroffenenfahrzeugs die zweite Induktionsschleife überragte. Die Rotlichtzeitberechnungen der Behörde ergeben deshalb einen zu hohen Zeitwert.

■ Das Betroffenenfahrzeug passierte die Haltelinie bei Grünlicht. Das Fahrzeug wurde hinter der Haltelinie wegen sich stauenden Verkehrs gestoppt.

■ Zum Beweise dafür, dass die Rotlichtzeit nicht zum Betroffenenfahrzeug gehört, sondern zu dem Kfz in der Parallelspur, wird die Einholung eines Sachverständigengutachtens beantragt.

■ Der Betroffene bewegte zum Vorfallszeitpunkt ein Nutzfahrzeug, was geringere Bremsverzögerungen erreicht, als ein Pkw. Im Hinblick darauf war es ihm nicht mehr möglich, wegen der unter 1 s liegenden Rotlichtverstoßzeit noch vor der Haltelinie gefahrlos abzubremsen, was unter Sachverständigenbeweis gestellt wird.

■ Der Kraftomnibus des Betroffenen konnte im Sinne der Standsicherheit der Insassen nicht mehr vor der Haltelinie angehalten werden, was ein Sachverständigengutachten ergeben wird. Es hätte eine Verzögerung eingesteuert werden müssen, die für die Businsassen kritisch war (Sturzgefahr).

■ Es wurde eine zu geringe Zeittoleranz von nur 0,1 s gewährt. Ein Sachverständigengutachten wird ergeben, dass im Hinblick auf die ausgedehnte Umschaltphase von Gelb in Richtung Rot (Glühlampenaufheiz-/abkühlzeit) höhere Zeitabzüge vorzunehmen sind.

■ Die Aufbauanleitung wurde nicht eingehalten. Beweis: Sachverständigengutachten.

■ Die Ampel ist schlecht/nicht einsehbar, weshalb der Betroffene die Ampel nicht wahrnahm.

■ Der Betroffene deutete die Ampelanzeige falsch, er orientierte sich an der Anzeige des Abbiegeverkehrs.

■ Ein hoch aufbauendes Fahrzeug verdeckte zwischenzeitlich die Ampelanzeige, weshalb der Betroffene das Rotlicht der Anlage nicht wahrnahm.

c) Benötige Daten/Unterlagen für eine technische Begutachtung

Die nachfolgende Auflistung soll wiedergeben, welche Unterlagen nach Autorenansicht **99** **mindestens** für ein Kurzgutachten, also eine außergerichtliche Begutachtung notwendig sind. Die restlichen Daten können bei Bedarf ergänzend beschafft werden, sind aber für eine erste Einschätzung in der Regel nicht zwingend notwendig.

	Mindestens	Vollständig	✓
Bußgeldbescheid	X	X	
Eichschein	X	X	
Lebensakte/Reparaturnachweise		X	
Messprotokoll (falls vorhanden)	X	X	
Einrichtungsprotokolle		X	
Lageplan der Induktionsschleifen	X	X	
Schulungsnachweise		X	
„Tatfotos"	X	X	
Falldatei (SDI-Datei)		X	
Testfotos (SDI-Datei)		X	
Gesamte Messreihe		X	
Angabe ob LED- oder klassische Leuchtmittel in den Ampelanzeigen installiert sind	X	X	
Fahrzeugdaten des Betroffenenfahrzeugs	X	X	
Phasenumlaufplan der Ampelanlage		X	
Fotos/Videos der Ampelanlage aus Sicht des herannahenden Fahrers		X	

Reuß 471

§ 23   Laserscanner

A. Messprinzip

Reuß

Bei dieser Messart scannt ein Laser den Fahrbahnbereich nach Objekten ab. Hierbei   **1**
kommt ein sog. LIDAR zum Einsatz. Dabei ist dem Gerät die **Lage der Haltelinie** bekannt, sodass dieser ein Objekt erkennen kann, dass die Haltelinie überfährt. Zudem
sind solche Geräte an die Ampelanlage gekoppelt, sodass im Falle einer Überfahrt der
Haltelinie die dazugehörige Rotlichtzeit bekannt ist.

B. Allgemeine Fehlermöglichkeiten

Zu den allgemeinen Fehlermöglichkeiten zählt hier, dass die **Einrichtung** der Anlage   **2**
korrekt erfolgt sein muss und diese Konfiguration auch über den Eichzeitraum erhalten
bleibt. So muss z.B. die Lage der Haltelinie identisch bleiben und darf sich nicht verschieben.

Weiterhin muss das Fahrzeug auch tatsächlich korrekt an der Front erfasst worden sein,
sodass die Position auch zur Haltelinienlage passt, also das Fahrzeug sich tatsächlich in
dieser Distanz zur Messanlage und zur Haltelinienlage befindet.

C. Messanlagentyp PoliScan F1 (HP)

I. Informationen zum Gerät

Derzeit ist dieser Gerätetyp der einzige am Markt erhältliche Laserscanner, der auch Rot-   **3**
lichtverstöße erfassen kann.

Die grundsätzliche Funktionsweise entspricht der der Geschwindigkeitsüberwachung,
für die das Messgerät auch ursprünglich entwickelt wurde, weshalb bzgl. der Fehlermöglichkeiten und genauen Funktionsweise/Technische Daten auf das entsprechende Kapitel
PoliScan Speed verwiesen wird (§ 14 Rdn 10 ff.).

Diese Rotlichtüberwachungsanlage kommt komplett **ohne Schleifen und Sensoren** aus.
Aufgrund der LIDAR-Technologie gelingt es, Fahrzeuge auch bei dichtem Verkehr und
auf bis zu drei Spuren zu erfassen. Mithilfe lokaler Standortcodierung kann eine Messeinheit in mehreren Säulen messen. Hierzu kommt in der Regel ein Standortmodul zum Einsatz, in dem die relevanten Standortdaten hinterlegt sind.

Diese Anlage kann **gleichzeitig Rotlicht- und Geschwindigkeitsverstöße** feststellen.

Das PoliScan-Rotlichtsystem ist über Lasermessungen in der Lage, für jeden Zeitpunkt die Entfernung eines Fahrzeugs zum Standort des Messsystems festzustellen. Das PoliScan-Rotlichtsystem überwacht die Haltelinie vor der Ampelanlage, die 20 m bis 45 m vom System entfernt liegen muss. Die Entfernung zwischen der Haltelinie und dem PoliScan-Rotlichtsystem wird bei der Inbetriebnahme des Standortes manuell vermessen und mit Messnägeln gekennzeichnet. Diese Daten werden im System (Standortspeicher) hinterlegt.

4   Das Lichtzeichenanlagen-Modul (LZA) des Systems zeigt den Beginn der Gelbphase und den Beginn der Rotphase an. Aus deren Differenz wird die Dauer der Gelbphase errechnet.

Die so berechnete Dauer der Gelbphase wird als „Gelbzeit" in die beiden Beweisfotos eingeblendet.

Während der Rotphase löst jedes vom System detektierte Fahrzeug, das die Haltelinie passiert, zunächst ein erstes Beweisfoto kurz nach der Haltelinie aus (sog. **Haltelinienfoto**). Zum Zeitpunkt der Aufnahme des ersten Beweisfotos befindet sich das rotlichtüberwachte Fahrzeug in dichter Nähe zur Haltelinie. In dieses sog. Haltelinienfoto wird eine „Rotzeit Bild" eingeblendet. Die „Rotzeit Bild" auf dem ersten Beweisfoto ist jedoch nicht die rechtlich relevante Rotlichtzeit. Die „Rotzeit Bild" auf dem ersten Beweisfoto ist vielmehr die **Rotlichtdauer**, die zum Zeitpunkt der Aufnahme des ersten Beweisfotos gegeben ist.

Das zweite Beweisfoto, welches die Einfahrt des überwachten Fahrzeugs in den rotlichtüberwachten Bereich dokumentieren soll, wird unter fototechnischen Gesichtspunkten so spät angefertigt, dass eine möglichst gute Fahrerbildqualität erreicht wird. Die Kriterien zur Erstellung des zweiten Fotos entsprechen dabei weitestgehend dem Verhalten von PoliScan speed bei der Dokumentation eines Geschwindigkeitsverstoßes. In das zweite Beweisfoto wird ebenfalls eine „Rotzeit Bild" eingeblendet, nämlich die Rotlichtdauer, die zum Zeitpunkt der Aufnahme des zweiten Beweisfotos gegeben ist.

In dem Augenblick, in dem das überwachte Fahrzeug die Haltelinienkante erreicht, wird vom System die sog. **rechtlich relevante Rotlichtzeit** ermittelt, welche sich als Differenz zum Beginn der Rotphase ergibt. Die so ermittelte rechtlich relevante Rotlichtzeit wird als „Rotzeit" in die beiden Beweisfotos eingeblendet.

Die rechtlich relevante Rotlichtzeit („Rotzeit") ergibt sich aus der gemessenen Rotlichtdauer, die zu dem Zeitpunkt gegeben ist, zu dem das überwachte Fahrzeug, die Haltelinie erreicht und zwar nach Abzug aller messtechnisch bedingten Toleranzen und auch nach Abzug der Lampenverzögerungszeit. Die Lampenverzögerungszeit berücksichtigt, dass bei konventionellen Leuchtmitteln mit Glühfaden die volle Helligkeit (optisch Rot) gegenüber dem elektrischen Einschalten (elektrisch Rot) erst verzögert erreicht wird.

Laut PTB ist hierfür ein Wert von 0,10 s anzunehmen. Bei den PoliScan-Rotlichtsystemen wird jedoch teilweise auch eine Lampenverzögerungszeit von 0,20 s gewährt.

Beim PoliScan-Rotlichtsystem besteht daher **keine** Notwendigkeit zur Rückrechnung der rechtlich relevanten Rotlichtzeit mehr, da die in die Beweisfotos eingeblendete „Rotzeit" direkt an der Haltelinie (Zeitpunkt des Überfahrens der Haltelinienkante durch das Fahrzeug des Betroffenen) gemessen wird und nicht erst bei Überfahren eines Sensors, der sich erst hinter der Haltelinie befindet.

Überfahren mehrere Fahrzeuge während einer Rotphase die Haltelinie, können bis hin zur minimalen Blitzfolgezeit alle Rotlichtverstöße dokumentiert werden.

Die Zuordnung eines dokumentierten Rotlichtverstoßes zu einem bestimmten Fahrzeug wird durch einen Auswerterahmen auf dem Haltelinienfoto (erstes Beweisfoto) gewährleistet. Auf dem zweiten Beweisfoto wird kein Auswerterahmen mehr eingeblendet. Es sei denn, dass gleichzeitig ein Geschwindigkeitsverstoß vorliegt. In den Fällen wird die Geschwindigkeitsüberschreitung im zweiten Foto mit einem Auswerterahmen dokumentiert. Auch hier sei auf das entsprechende Kapitel der Geschwindigkeitsüberwachung mit PoliScan Speed verwiesen (§ 14 Rdn 10 ff.).

1. Toleranzen

Da die Anlage die Rotlichtzeit automatisch berechnet sind keine weiteren Toleranzen zu berücksichtigen.   5

2. Eichung

Neben der Eichung des eigentlichen Messgerätes, die im entsprechenden Kapitel Poli- 6
Scan Speed Geschwindigkeitsüberwachung ausgeführt wurde (§ 14 Rdn 16), wird bei der Rotlichtüberwachung der Standort geeicht. Hierbei wird der Abstand der Messanlage zur Haltelinie festgelegt und mit Messnägeln gekennzeichnet. Über diese Messnägel lässt sich erkennen, ob die Haltelinienlage nach wie vor korrekt ist, also die Haltelinie nicht verschoben ist. Dies muss der Messbeamte regelmäßig prüfen. Weiterhin wird die Anbindung der Ampel an das LZA-Modul eichtechnisch geprüft.

II. Einrichtung der Messstelle/Messdurchführung

Bei der Inbetriebnahme des Messgerätes sind die üblichen Vorgaben wie Eichsiegelkon- 7
trolle etc. durchzuführen, analog zur Geschwindigkeitsüberwachung.

Zusätzlich muss der Beamte die Standortparameter überprüfen und die Lage der Mess-nägel (spätestens alle sechs Monate) kontrollieren. Weiterhin sollte dieser die Ampel-anzeigen auf ihre Erkennbarkeit/Funktion hin prüfen.

III. Auswertekriterien

8   Zum Zeitpunkt des Querens der Haltelinie wird das Fahrzeug mit einer sog. **Auswerte-hilfe** fotografiert. Für eine gültige Messwertzuordnung gelten ähnliche Anforderungen, wie bei normalen Geschwindigkeitsverstößen.

Ein Verwerfen des Beweismittels ist erst dann zulässig, wenn bei einer Frontmessung in-nerhalb der Auswertehilfe weder das Vorderrad noch das Kennzeichen zumindest teil-weise enthalten sind. Zudem muss die Unterkante des Rahmens unterhalb der Vorderrä-der liegen. Einzig die bei Geschwindigkeitsmessungen geforderte Anweisung, dass sich das Fahrzeug alleinig innerhalb der Auswertehilfe befinden muss, gilt bei Rotlichtmes-sungen nicht, da im Bild selbst zu erkennen ist, wo sich das Fahrzeug zum Fotozeitpunkt aufhält und somit der Auswerterahmen eher zweitrangig ist.

Das zweite Bild wird dann noch zur Fahreridentifizierung und zur Kontrolle, ob das Fahr-zeug auch tatsächlich in den Kreuzungsbereich hineinfuhr, verwendet.

Auch bei diesem System gibt es die sogenannten **Zusatzdaten**, aus denen sich die Positio-nen und Zeitpunkte ergeben, wo und wann das Fahrzeug gemessen und fotografiert wurde. Hierüber kann der Messvorgang Weg-Zeit-technisch überprüft werden, insbesondere ob die Rückrechnungen durch die Messanlage korrekt abliefen und ausreichende Toleranzen gewährt wurden.

IV. Technische Fehlermöglichkeiten

1. Messaufbau (Messbeamter)

9   Grundsätzlich gelten dieselben Fehlermöglichkeiten wie bei der reinen Geschwindig-keitsüberwachung mit PoliScan speed. Der Vorteil liegt aber bei dieser Variante darin, dass es **zwei** Fotos gibt, die den Vorgang dokumentieren.

Zusätzlich hierzu muss der Beamte die Lage der Messnägel, die die Haltelinienlage kenn-zeichnen, in regelmäßigen Abständen prüfen. Gemäß Herstellervorgabe muss dies spätes-tens alle sechs Monate erfolgen.

Neben der Kontrolle der Eichsiegel der Messeinheit sind auch die Siegel des Standortmo-duls bzw. des LZA-Moduls zu prüfen.

Auch die Lichtzeichenanlage selbst sollte der Messbeamte regelmäßig auf ihre Erkenn-barkeit und Funktion hin prüfen.

2. Auswertung (Behörde)

Bei der Auswertung der Falldatensätze müssen die **korrekte Spurzuordnung und die**   10
Lage des Auswerterahmens geprüft werden. Dabei ist sicherzustellen, dass sich das vermeintlich gemessene Fahrzeug auch tatsächlich im Bereich der Haltelinie aufhält. Zudem ist sicherzustellen, dass die Anlage auch tatsächlich das Rotlichtsignal registrierte, was innerhalb der Auswertesoftware angezeigt wird.

Bei der Auswertung ist weiterhin darauf zu achten, dass im zweiten Foto das Betroffenenfahrzeug auch tatsächlich in den Kreuzungsbereich hineingefahren ist.

3. Technische Fehler (Gerät)

Auch bei den technischen Fehlermöglichkeiten gelten analog jene der Geschwindigkeits-   11
überwachung (§ 14 Rdn 34 ff.).

Insbesondere die Fehlermöglichkeit der **Tiefenauflösung**, die 0,3125 m beträgt, ist ggf. noch einzubeziehen und entsprechend zu berechnen, ob dies einen merklichen Einfluss auf den vorgeworfenen Rotlichtverstoß haben könnte. Dies ist insbesondere bei Verstößen um die 1 Sekunden-Grenze interessant.

Weiterhin ist darauf zu achten, dass die korrekte Lampenverzögerungszeit einprogrammiert wurde. Bei klassischen Halogenlampen kann diese Zeitspanne durchaus 0,16 s betragen. Im Kapitel TraffiPhot-III (§ 22 Rdn 46) finden sich Ausführungen zu dieser Problematik.

In der Regel sind die gewährten geräteinternen Toleranzen bei diesem System recht hoch. Insbesondere im Grenzfall kann eine Weg-Zeit-Betrachtung jedoch geringe zusätzliche Zeitabzüge darstellen.

4. Rechtliche Bewertung

Siegert

Es wird auf die allgemeinen Ausführungen verwiesen.

5. Arbeitshilfen für die Praxis

Reuß

a) Checkliste

■ Lag zur Messeinheit ein gültiger Eichschein/Messprotokoll/Schulungsbescheini-   12
gung vor?

■ Wurden alle relevanten Daten dokumentiert?

- Waren sämtliche Eichsiegel unbeschädigt, d.h. in ordnungsgemäßem Zustand?
- Befindet sich das Betroffenenfahrzeug im Auswerterahmen der Fotodokumentation?
- Sind die Auswertekriterien des Herstellers erfüllt?
- Entsprechen die Abmessungen des Auswerterahmens der Herstellerangabe?
- Befand sich das Fahrzeug im Bereich der Haltelinie?
- Wurde die Lage der Haltelinie vom Messbeamten überprüft (Messnägel)?
- Wird der Status der Ampelanlage korrekt angezeigt?

b) Mögliche Beweisfragen

13   Mögliche Beweisanträge ergeben sich analog zum Geschwindigkeitsmessgerät PoliScan Speed (§ 14 Rdn 56) und auch TraffiPhot-III (§ 22 Rdn 52).

Ergänzend hierzu kommen noch folgende mögliche Beweisanträge in Betracht:

- Die Haltelinienlage wurde nicht korrekt in die Messanlage einprogrammiert. Aus diesem Grund wurde ein fehlerhafter Rotlichtverstoß vorgehalten.
- Die Lage der Messnägel wurde vom Messbeamten nicht entsprechend der Herstellervorgaben kontrolliert. Die korrekte Lage der Haltelinie ist damit nicht sichergestellt.
- Die Standortparameter wurden fehlerhaft eingegeben, weshalb die Messanlage von fehlerhaften Umgebungsbedingungen ausging.
- Es wurde keine ausreichend hohe Toleranz bezüglich der Lampenverzögerungszeit gewährt, weshalb zusätzliche Zeitabzüge erforderlich sind.
- Aufgrund der Tiefenauflösung des LIDAR wurde die Position des Betroffenenfahrzeugs nicht korrekt ermittelt. Bei der geräteinternen Rückrechnung wurde deswegen kein ausreichend hoher Zeitabzug vorgenommen.

c) Benötige Daten/Unterlagen für eine technische Begutachtung

14   Die nachfolgende Auflistung soll wiedergeben, welche Unterlagen nach Autorenansicht **mindestens** für ein Kurzgutachten, also eine außergerichtliche Begutachtung notwendig sind. Die restlichen Daten können bei Bedarf ergänzend beschafft werden, sind aber für eine erste Einschätzung in der Regel nicht zwingend notwendig.

	Mindestens	Vollständig	✓
Bußgeldbescheid	X	X	
Eichschein	X	X	
Lebensakte/Reparaturnachweise		X	
Messprotokoll (falls vorhanden)	X	X	
Einrichtungsprotokolle		X	
Entfernung der Haltelinie (Lageplan)	X	X	
Schulungsnachweise		X	

	Mindestens	Vollständig	✓
„Tatfotos" inkl. Zusatzdaten (XML-Datei)	X	X	
Falldatei (TUFF-Datei, inkl. Passwort und Token)	X	X	
Gesamte Messreihe		X	
Angabe ob LED- oder klassische Leuchtmittel in den Ampelanzeigen installiert sind	X	X	
Fahrzeugdaten des Betroffenenfahrzeugs	X	X	
Phasenumlaufplan der Ampelanlage		X	
Fotos/Videos der Ampelanlage aus Sicht des herannahenden Fahrers		X	

§ 24   Mobile Rotlichtüberwachung

Reuß

A.   ProVida 2000

Die Rotlichtüberwachung kann auch mithilfe eines ProVida-Gerätes (Videoaufzeichnun-   **1**
gen mit eingeblendeter Uhrzeit aus einem günstig positionierten Polizeifahrzeug heraus)
erfolgen. Anhand der Videoaufzeichnung lässt sich der Rotlichtbeginn der Ampel rekonstruieren und mithilfe der auf dem Videoband eingeblendeten Uhr zeitlich fixieren; es wird
dann die Zeit ermittelt zu der ein Betroffener mit seinem Fahrzeug die Ampelanlage (bei
Rot) passiert. Aus der Differenz der beiden Zeiten ergibt sich die **Rotlichtzeit** des Betroffenen; bei diesem Verfahren sind die Zeitfehler des ProVida-Überwachungsgerätes zu berücksichtigen; generelle Fehlerangaben sind nicht möglich; es ist der Einzelfall auszuwerten (wobei unter anderem die Bildqualität und/oder die Aufnahmeposition eine wesentliche Rolle spielen).

Die Funktionsweise ergibt sich aus dem entsprechende Kapitel Nachfahrsystem ProVida
2000 (§ 15 Rdn 3).

B.   Fotoapparate/Videokameras/Stoppuhren

Nicht selten beobachtet der Polizeibeamte lediglich den Rotlichtverstoß. Dabei ist zu un-   **2**
terscheiden zwischen einer **gezielten und einer zufälligen Beobachtung**.

Gerade wenn ohne technische Hilfsmittel ein Rotlichtverstoß vorgehalten wird, sollte dies
lediglich bei **erheblichen** Rotlichtverstößen, aufgrund der erheblichen Fehlertoleranzen,
geschehen. So ist allein schon der **Blickwechsel** des Beamten zu nennen. Beobachtet dieser
zum Beispiel erst das sich annähernde Fahrzeug und wechselt dann den Blick zur Ampelanlage und dann zur Haltelinie, sind nicht unerhebliche Verzugszeiten darstellbar. Dies
umso mehr, wenn der Vorgang nicht gezielt, sondern zufällig beobachtet wurde.

Wenn Rotlichtzeiten mit Stoppuhren gemessen werden, kann es zu erheblichen Fehlmes-   **3**
sungen kommen, die Toleranzabzüge erfordern. Auch hier ist eine Einzelfallprüfung notwendig, da viele Einflussfaktoren zu beachten sind. Hierzu zählt neben den Toleranzen
der Stoppuhr, Ableseungenauigkeiten, Blickwechsel, Standort der Beamten etc.

Teilweise kommen auch ungeeichte Videokameras oder Fotoapparate zum Einsatz. Diese
dienen dabei in der Regel nicht als konkretes Beweismittel, sondern lediglich als zusätzliche Dokumentation. Mit diesen Mitteln kann allerdings zumindest belegt werden, dass
ein Fahrzeug die Haltelinie bei Rotlicht passierte, wenn zeitgleich die Ampelanlage mit
dem Bild zu sehen ist. Rückschlüsse auf die genaue Rotlichtzeit sind damit aber oftmals
nicht möglich, bzw. können nur in Grenzen erfolgen.

Anhang: Die Richtlinien der Bundesländer zur Geschwindigkeitsüberwachung

Von Rechtsanwältin Ursula Weigel, München[1]

Hinweis

Der Beitrag „Richtlinien der Bundesländer zur Geschwindigkeitsüberwachung" ist in DAR 2017, S. 222–228 erschienen. Der Abdruck erfolgt mit freundlicher Genehmigung der Autorin sowie der Schriftleitung des Deutschen Autorechts (DAR).

In Kürze

Zu den „Richtlinien der Bundesländer zur Geschwindigkeitsüberwachung" wurden im DAR bisher die Beiträge von Starken, DAR 1998, 85 ff. und Sobisch, DAR 2010, 48 ff., DAR 2013, 100 ff., DAR 2013, 163 ff. veröffentlicht. Zuletzt ist ein Beitrag von Weigel – speziell – zu den „Richtlinien und Erlassen der Bundesländer zur Einbindung privater Unternehmen im Rahmen der Geschwindigkeitsüberwachung", DAR 2017, 54 ff. erschienen.

I. Einführung

Bei den in der Praxis verwendeten Messgeräten zur Geschwindigkeitsüberwachung handelt es sich i.d.R. um standardisierte Messverfahren, bei denen es für den Verteidiger schwierig ist, den Nachweis eines tatsächlich vorliegenden Messfehlers zu führen.[2]

Umso wichtiger erscheint es daher in der verkehrsrechtlichen Praxis, die formalen Voraussetzungen an Messort, Messbeamten und Messgerät zu prüfen und evtl. Verstöße anzumahnen.

Generell werden Geschwindigkeitsmessungen zur Vermeidung von Unfällen, Sicherung von Gefahrenstellen, z.B. an Schulen, aber auch aus verkehrserzieherischen Gründen und aus Lärm- und Umweltschutzgründen durchgeführt.[3] Nach den Regelungen der Bundesländer ist eine rein fiskalische Motivation nicht als Begründung vorgesehen.

---

1 Rechtsanwältin Ursula Weigel ist seit Januar 2012 in der Juristischen Zentrale des ADAC im Bereich Verkehrsrecht tätig.
2 *Burhoff/Grün*, Messungen im Straßenverkehr, 4. Aufl. 2017, 9 ff.
3 BVerfG, Urt. v. 5.7.2010, Az.: 2 BvR 759/10.

Im Bereich der Geschwindigkeitsüberwachung regeln jeweils eigene Erlasse und Richtlinien der Bundesländer die formellen Voraussetzungen zur Auswahl der Messstellen und Durchführung der Messungen.

Aufgrund der uneinheitlichen formalen Vorgaben der Richtlinien der Bundesländer ergibt sich, dass sich unterschiedliche Rechtsfolgen an ein und denselben Verstoß knüpfen können, je nachdem in welchem Bundesland der Verstoß begangen wurde.

Bundesweit gilt zwar, dass der Verkehrsteilnehmer grundsätzlich beim Erreichen des limitierenden Schildes die vorgeschriebene Geschwindigkeit erreicht haben muss. Der zugrundeliegende Bußgeldkatalog hat ebenfalls bundeseinheitliche Wirkung, so dass es unvermeidbar ist, dass eine Ungleichbehandlung bei einem identischen Grunddelikt besteht. Dies erscheint als nicht unproblematisch, da u.U. ein einziger Stundenkilometer z.B. über ein Fahrverbot entscheiden kann und somit eigentlich eine einheitliche Vorgehensweise aus Gründen der Gleichbehandlung wünschenswert wäre. Da in den einzelnen Bundesländern u.a. auch unterschiedliche Regelungen zum Toleranzabzug bestehen, kann dies zur Konsequenz haben, dass in einem Bundesland ein Verstoß gar nicht geahndet, in einem anderen Bundesland rigoros durch- gesetzt wird. Bei Verstößen, die eine Punkteeintragung nach sich ziehen, kann dies ebenfalls weitreichende Folgen haben. Die Forderung nach einheitlichen Regelungen besteht daher seit geraumer Zeit, hat sich jedoch bis dato nicht realisiert.

Auch wenn ein Verstoß gegen die Richtlinien nicht zu einem Verwertungsverbot führt, kann eine Verletzung des Gleichbehandlungsgrundsatzes Auswirkungen auf die Rechtsfolge haben:[4] So kann ein solcher Verstoß im Einzelfall dazu führen, dass beispielsweise die Verhängung eines Fahrverbotes ungerechtfertigt ist und aufgehoben werden muss.[5]

II. Tabelle

Dieser Beitrag soll dazu dienen, einen tabellarischen Überblick über die derzeit geltenden Erlasse und Richtlinien zu ermöglichen, um zumindest die gängigsten Voraussetzungen einer ordnungsgemäßen Messung auf einen Blick prüfen zu können. Dazu ist jedoch einschränkend anzumerken, dass diese Tabelle lediglich ein grobes Prüfungsraster bedienen kann. Viele interne Dienstanweisungen, die zusätzlich zu den Richtlinien Wirkung entfalten, sind nicht veröffentlicht und werden nicht zur Verfügung gestellt. Daher wird der Praktiker entweder die angegebene Fundstelle recherchieren oder im Einzelfall eine direkte Anfrage an das Ministerium des Bundeslandes stellen müssen, bezogen auf die de-

---

4 OLG Oldenburg, 29.1.1996, Az.: SS 10/96; OLG Celle, DAR 2011, 597.

5 OLG Dresden, DAR 2010, 29; OLG Frankfurt a.M., DAR 2016, 226; vgl. hierzu auch: OLG Bamberg, DAR 2012, 528 = NStZ-RR 2012, 349 (Ls.) m. Anm. *Krenberger*, juris-PK-VerkR 25/2013 Anm. 5; OLG Frankfurt a.M., NStZ-RR 2001, 120; OLG Stuttgart, DAR 2011, 220; OLG Oldenburg, zfs 2014, 353 m. Anm. *Krenberger*.

taillierten Vorgaben. So ist beispielsweise der ihn Bayern einzuhaltende Mindestabstand des Messgerätes von 200 m von der Beschilderung lediglich Inhalt einer internen Weisung und nicht in der Richtlinie zu finden.

Insoweit kann diese Tabelle keinen Anspruch auf Vollständigkeit erheben.

	Baden-Württemberg	Bayern
1. Titel der Richtlinie/ Datum/Fundstelle	VwV-Verkehrssicherheits-arbeit vom 1.7.2015, Az.: 3–1132.0/68. Auskunft des Ministeriums des Inneren vom 14.6.2016.	Richtlinie für die polizeiliche Verkehrsüberwachung (VÜR); Bekanntmachung des BStMI vom 12.5.2006 (AIIMBl. 2006 S. 155), Verkündungsstand 28.5.2009; umfangreiche Ergänzende Weisungen; Auskunft des Bayerischen Staatsministeriums des Innern 10.6.2016.
2. Geltung für		
■ Polizei?	Ja	Ja
■ Straßenverkehrsbehörde?	Ja	Ja
3. Hintergrund der Geschwindigkeitsüberwachung und deren Ziele	Verhinderung schwerer Verkehrsunfälle, Minimierung von Unfallfolgen, Stärkung der Verkehrsmoral, ganzheitlicher Kontrollansatz, Verbesserung der Verkehrssicherheitslage, ständige Analyse der Verkehrssicherheitslage und begleitende Öffentlichkeitsarbeit, keine fiskalischen Erwägungen.	Veranlassung der Verkehrsteilnehmer zu verkehrsgerechtem und besonnenem Verhalten, Verhinderung von Verkehrsunfällen, Minderung von Unfallfolgen, Verhütung von Behinderungen, Belästigungen und schädlichen Auswirkungen auf die Umwelt; Priorität i.d.R. in der angegebenen Reihenfolge; sichtbare Präsenz und ganzheitlicher Kontrollansatz.
4. Auswahl der Messstellen ■ Kriterien	Vorrangig sind: ■ Unfallbrennpunkte ■ Unfallschwerpunkte ■ gefahrenträchtige Stellen ■ schutzwürdige Straßenabschnitte (z.B. Schulen, Kindergärten, Altenheime, verkehrsberuhigte Bereiche, Tempo 30-Zonen)	Schwerpunktmäßige Auswahl nach folgender Reihenfolge: ■ Unfallbrennpunkte als Stellen, an denen sich häufig Unfälle ereignet haben ■ Unfallgefahrenpunkte als Stellen, an denen nach den örtlichen Umständen eine erhöhte Wahrscheinlichkeit für Unfälle besteht, z.B. Schulen, Kindergärten, Altenheime, aber auch Ört-

		lichkeiten außerhalb geschlossener Ortschaften ■ Belästigung durch Verkehrslärm und/oder Abgase ■ sonstige Bereiche
5. Zeitliche Regelungen	Nein	Ja
6. Abstand zwischen Schild und Messung	Entfallen	Grundsätzlich 200 m („sollen")-interne Weisung.
7. Ausnahmen zum Mindestabstand		■ am Anfang einer Geschwindigkeitsbeschränkung bis auf 100 m, wenn die Geschwindigkeit stufenweise herabgesetzt wird und die Messstelle nicht innerhalb des Bereichs der ersten Geschwindigkeitsstufe liegt ■ bei Unfallbrenn- und Unfallgefahrenpunkten ■ bei besonderen Verkehrsverhältnissen am Beginn oder Ende einer geschlossenen Ortschaft ■ wenn sonst wegen der Kürze der Strecke eine Messung nicht möglich wäre Die Abweichungen sind im Messprotokoll zu dokumentieren.
8. Toleranzabzüge	Gemäß jeweiligem Eichschein.	Abhängig vom jeweiligen Messgerät.
9. Toleranzgrenze Geschwindigkeit	Nicht ausdrücklich vorgesehen.	Es sollen nur wesentliche Verstöße geahndet werden.
10. Spezielle Schulung des Messpersonals	Aus- und Fortbildung.	Spezielle Schulungen bzw. Ein- und Unterweisungen, jeweils mit schriftlicher Bestätigung.
11. Messung durch Private[6]	Nein	Nein
12. Anforderungen an das Messprotokoll		
■ Zwingend?	Ja	Ja, drei Jahre aufzubewahren.
■ Muster?	Ja	Ja, Formblätter.

---

6 Sh. hierzu ausführlich: Beitrag von *Weigel* DAR 2017, 54 ff.

13. Anhalten des Fahr-zeugs		
■ Zwingend?	Polizei: Nein, aber anzustreben Behörde: Nein	Grundsätzlich ja, Ausnahmen bei Gefährdung oder unzumutbarer Verkehrsbehinderung
■ Zweck?	Verkehrserzieherisches Gespräch.	Verkehrserzieherisches Gespräch.
14. Weitere Regelungen	Ausdrückliche Bezugnahme auf die bundeseinheitlichen Leitlinien für die Verkehrssicherheitsarbeit der Polizei; umfangreiche Regelung der Kooperation der Verwaltungsbehörden miteinander; bei Ankündigung der Kontrollstelle RL für die Sicherung von Arbeitsstellen zu beachten.	Für interne Zwecke besonders umfangreiche Regelungen einschließlich technischer Details; die Verwendung tarnender Mittel ist ausdrücklich nicht zulässig; wohl aber Messungen durch zivile Beamte; die Verfolgung aufgrund von Schaublättern, Diagrammschreiben und Datenausdrucken ist grundsätzlich auf den Kontrolltag und den vorhergehenden Kalendertag beschränkt.

	Berlin	Brandenburg
1. Titel der Richtlinie/ Datum/Fundstelle	Geschäftsanweisung PPr Stab Nr. 6/2010 über die Durchführung mobiler Geschwindigkeitskontrollen; Auskunft des Stabs des Polizeipräsidenten vom 6.6.2016.	Erlass des Ministeriums des Innern vom 31.3.2015 zur Verkehrsüberwachung durch die Polizei, Az. 44.3–452–40, schriftliche Auskunft des Innenministeriums vom 8.6.2016.
2. Geltung für ■ Polizei? ■ Straßenverkehrsbehörde?	Geschwindigkeitsüberwachung fällt ausschließlich in die Zuständigkeit der Polizei (auch Polizeiangestellte im Sicherheits- und Ordnungsdienst).	Ja Eigener Erlass bzgl. kommunaler Verkehrsüberwachung.
3. Hintergrund der Geschwindigkeitsüberwachung und deren Ziele	Gewinn für die Verkehrssicherheit; Verkehrsunfallbekämpfung, insbesondere deutliche Senkung der Zahlen von Getöteten und Schwerverletzten im Straßenverkehr; enorme präven-	Erhöhung der Verkehrssicherheit durch Reduzierung der Unfallrisiken und Minderung der Unfallfolgen (Verkehrsunfallprävention), Verbesserung der Verkehrsabläufe durch Minimierung der Störungen, Minderung verkehrsbedingter Um-

	tive Bedeutung; permanenter Überwachungsdruck, Orientierung an Schwerpunkten. Angemessene Mindestauslastung der Überwachungstechnik.	weltbeeinträchtigungen, Bewirkung anhaltender Verhaltensänderungen bei den Verkehrsteilnehmern.
4. Auswahl der Messstellen ■ Kriterien	Vorrangig berücksichtigt werden in dieser Rangfolge: ■ nach der Unfallstatistik erkannte Unfallhäufungsstrecken ■ besonders schutzwürdige Zielgruppen im Umfeld von z.B. Schulen, Kindertagesstätten und Seniorenheimen ■ Straßen, in denen nach polizeilichen Erkenntnissen vermehrt gefährdende Geschwindigkeitsüberschreitungen feststellbar sind ■ sonstige Strecken, auf denen regelmäßig bedeutsame Geschwindigkeitsüberschreitungen registriert werden	Vor allem an Brennpunkten des Unfallgeschehens und zum Schutz besonders gefährdeter Verkehrsteilnehmer; insbesondere zu berücksichtigen sind: ■ örtliche Unfalluntersuchungen (Unfallhäufungsstellen, -linien und -gebiete und Orte schwerer Verkehrsunfälle) ■ Tendenzen in der Unfallentwicklung ■ besondere Gefährdungsgebiete (z.B. Umfeld von Schulen, Seniorenheimen, Krankenhäusern und Kinderbetreuungseinrichtungen usw.).
5. Zeitliche Regelungen	Schnellfahrer sollen die Überwachung zu jeder Zeit für realistisch halten; ggf. auch bei extremen Witterungslagen im Rahmen der technischen Möglichkeiten.	Zeitliche Schwerpunkte zu berücksichtigen.
6. Abstand zwischen Schild und Messung	Grundsätzlich 75 m zu geschwindigkeitsverändernden Verkehrszeichen und 150 m zu Ortstafeln an der Landesgrenze.	In der Regel mindestens 150 m.

7. Ausnahmen zum Mindestabstand	Nur in begründeten Einzelfällen.	■ am Anfang einer Geschwindigkeitsbegrenzung bis auf 50 m, wenn die Geschwindigkeit stufenweise herabgesetzt wird und die Messstelle nicht im Bereich der ersten Geschwindigkeitsstufe liegt ■ bei kurzen Streckenverboten und gleichzeitigem Unfallbrennpunkt oder zum Schutz besonders gefährdeter Verkehrsteilnehmer (z.B. Schulweg oder Baustellenbereich) ■ am Ende der Geschwindigkeitsbegrenzung in angemessener Weise, wenn es sich um einen Unfallbrennpunkt handelt und eine Messung anders nicht möglich ist ■ in Zonen mit einer Geschwindigkeitsbegrenzung von z.B. 30 km/h bis auf 20 m vom Beginn bzw. Ende der Zone
8. Toleranzabzüge	■ Verkehrsradar-/Lasermessgeräte, Lichtschrankensysteme und Handmessgeräte: 3 km/h bis 100 km/h, darüber 3 % des Messwertes ■ Nachfahren mit geeichten Messgeräten: 10 % ■ Nachfahren ohne geeichten Tachografen (nur in Ausnahmefällen zulässig): 20 % ■ Diagrammschreiben und Ausdrucke Kontrollgeräte: 6 km/h	■ gemäß den Gebrauchsanweisungen der Hersteller ■ Ermittlung der Geschwindigkeit durch Nachfahren: 20 % der Geschwindigkeit des Tachos des nachfahrenden Fahrzeuges ■ Fahrtenschreiber: 6 km/h
9. Toleranzgrenze Geschwindigkeit	5 km/h und herstellerbedingte Vorgaben zum Toleranzabzug.	Herstellerbedingte Vorgaben.

10. Spezielle Schulung des Messpersonals	Erfolgreiche Absolvierung einer Beschulung durch die Landespolizeischule (mit Lehrgangsbescheinigung); beim Einsatz von Handmessgeräten nur der Messposten 1.	Im Erlass „Verkehrsüberwachung durch die Polizei" keine ausdrückliche Regelung; in Anl. 1 herstellerbedingte Vorgaben zur Schulung zu beachten; Bedienstete der Ordnungsbehörden: Ja.
11. Messung durch Private[5]	Nein	Einsatz Privater nur als technische Hilfskräfte bei den Ordnungsbehörden für bestimmte, näher bezeichnete Handlungen.
12. Anforderungen an das Messprotokoll		
■ Zwingend?	Ja	für Polizei vorgeschrieben, für Ordnungsbehörde empfohlen
■ Muster?	Ja	Ja
13. Anhalten des Fahrzeugs		
■ Zwingend?	Anhalten wird stets angestrebt, ausdrücklich vorgeschrieben beim Einsatz von Laserhandmessgeräten ohne Foto-/Videodokumentation und bei Geschwindigkeitsschätzungen.	Nach Möglichkeit ja. Unter Berücksichtigung der Sicherheit aller Verkehrsteilnehmer.
■ Zweck?	Persönliche Ansprache, verkehrsaufklärerisches Gespräch, Gefahrensensibilisierung, ganzheitliche Kontrolle, grundsätzlich auch Überprüfung Alkohol, Drogen, Fahrerlaubnis, Fahrzeugzustand.	Verkehrsaufklärung, Förderung des Verständnisses für die Beachtung von Verkehrsregeln und bei Handlasermessgeräten grundsätzlich auch Angebot an den Betroffenen, das Messergebnis am Display selbst abzulesen.
14. Weitere Regelungen		Verkehrsüberwachung soll ausdrücklich flächendeckend wirken; Öffentlichkeitsarbeit ist aktiv zu betreiben.

	Bremen	Hamburg
1. Titel der Richtlinie/ Datum/Fundstelle	Dienstanweisung der Polizei Bremen über das Verfahren bei Geschwindigkeitskontrollen und den Abstandsmessverfahren vom 29.2.2010, gesonderte Dienstanweisung für die Geschwindigkeitsmessung durch Hinterherfahren mit Video-Fahrzeugen; schriftl. Auskunft Senator für Inneres vom 27.6.2016. (Redaktionelle Überarbeitung).	Leitlinie der Geschwindigkeitsüberwachung aus dem Jahr 2002 und Auskunft der Behörde für Inneres und Sport der Freien und Hansestadt Hamburg vom 6.6.2016 (in Überarbeitung).
2. Geltung für		
■ Polizei?	Geschwindigkeitsüberwachung ausschließlich durch die Polizei.	Geschwindigkeitsüberwachung ausschließlich durch die Polizei.
■ Straßenverkehrsbehörde?	Nein	Nein
3. Hintergrund der Geschwindigkeitsüberwachung und deren Ziele	Verbesserung der Verkehrssicherheit, Lärmschutz, Verbesserung des Wohnumfeldes.	Verkehrsunfallprävention, Minimierung der Gefahren und Folgen von Unfällen, Verbesserung des Wohnumfeldes.
4. Auswahl der Messstellen ■ Kriterien	Vorrangige Berücksichtigung der Ergebnisse der örtlichen Unfalluntersuchung; Stellen, an denen sich Geschwindigkeitsüberschreitungen als besonders gefährlich erweisen und zur Sicherung sensibler Bereiche wie vor Schulen, Einrichtungen für Kinder oder Senioren; gebührende Berücksichtigung der Sicherheit des Verkehrs; bzgl. Laser nur Verkehrsräume, die sicheres Anhalten zulassen.	Konzentration auf: ■ Örtlichkeiten, an denen sich Unfälle mit Personenschäden häufen ■ Umfeld von besonders schützenswerten Einrichtungen, wie z.B. Schulen, Kindergärten, Spielplätzen, Altenheimen etc. ■ Örtlichkeiten, an denen erfahrungsgemäß Geschwindigkeitsübertretungen stattfinden.

5. Zeitliche Regelungen	Vorrangig Berücksichtigung der Ergebnisse der örtlichen Unfalluntersuchung.	Keine ausdrücklichen Vorgaben.
6. Abstand zwischen Schild und Messung	Nicht unmittelbar nach Beginn bzw. vor Ende der Geschwindigkeitsbeschränkung (im Regelfall mindestens 150 m).	Keine ausdrückliche Einschränkung.
7. Ausnahmen zum Mindestabstand	Ja, der Grund für die Unterschreitung ist im Messprotokoll zu vermerken.	
8. Toleranzabzüge	Bis 100 km/h 3 km/h und 3 % im Messbereich darüber. Videofahrzeuge: 5 km/h im Messbereich bis 100 km/h und 5 % im Messbereich darüber. Fahrtschreiber bzw. EG-Kontrollgeräte: 6 km/h. Messungen durch Nachfahren bei geeichtem Fahrtschreiber: 15 %, serienmäßigem Tacho: 15 % zzgl. 7 % des Skalenendwertes.	3 km/h im Messbereich von 25–100 km/h und 3 % im Messbereich darüber. Videofahrzeuge: 5 km/h im Messbereich bis 100 km/h und 5 % im Messbereich darüber.
9. Toleranzgrenze Geschwindigkeit	Nicht ausdrücklich vorgesehen.	5 km/h („Ahndungstoleranz").
10. Spezielle Schulung des Messpersonals	Bedienung der Anlagen und Auswertung der Daten nur durch besonders geschultes und sachkundiges Personal (Schulungsbescheinigung); regelmäßige Wiederholung der Ausbildung nur für das Laser-Handmessgerät LaserPatrol der Firma Jenoptik; bei allen anderen Geräten keine Wiederholung der Ausbildung erforderlich.	Bedienung nur durch qualifiziert ausgebildetes Personal.

11. Messung durch Private[5]	Bedienung des Messgerätes nur durch umfassend ausgebildete Beamte; der Einsatz privaten Messpersonals war und ist bisher nicht vorgesehen.	Nein
12. Anforderungen an das Messprotokoll		
■ Zwingend?	Ja, handschriftlich; Mindestanforderungen: Funktionsprüfungen, Ablauf des Einsatzes und besondere Umstände.	Ja, mit Handskizze, anhand welcher eine nachträgliche Rekonstruktion der Messung ermöglicht wird.
■ Muster?	Ja, Messprotokoll und Kontrollblatt.	Ja, entsprechender Vordruck.
13. Anhalten des Fahrzeugs		
■ Zwingend?	Bei Messungen mit Laser und durch Nachfahren.	Bei Messungen mit dem Handlasergerät und bei ProViDa-Messungen.
■ Zweck?	Vorhalt und Personalienfeststellung.	Beweisführung, verkehrsinformatorisches Gespräch (Bürgernähe).
14. Weitere Regelungen	Bei der Geschwindigkeitsmessung durch Hinterherfahren darf der Nachfahrabstand 100 m nicht überschreiten und die Messstrecke muss mindestens 300 m lang sein.	Betonung von Effektivität (größtmögliche positive Verhaltensbeeinflussung) und Effizienz (möglichst geringer Einsatz von Personal und Technik) der Geschwindigkeitskontrolle; intensive Öffentlichkeitarbeit (aktuell Überarbeitung der Richtlinie).
	Hessen	**Mecklenburg-Vorpommern**
1. Titel der Richtlinie/ Datum/Fundstelle	Erlass „Verkehrsüberwachung durch örtliche Ordnungsbehörden und Polizeibehörden vom 6.2.2015 – StAnz 9/2015 S. 182, schriftl. Auskunft des Hessischen Ministeriums für Inneres und Sport v. 19.12.2016.	Erlass zur Geschwindigkeitsüberwachung im öffentlichen Straßenverkehr vom 22.12.1995 in der Fassung vom 1.3.2003; Auskunft des Ministeriums für Inneres und Sport vom 16.6.2016.

2. Geltung für		
■ Polizei?	Ja	Ja
■ Straßenverkehrs-behörde?	Ja	Ja
3. Hintergrund der Geschwindigkeitsüberwachung und deren Ziele	Unfallverhütung, Schutz der Bevölkerung vor Gesundheitsbeeinträchtigungen, Leichtigkeit des Verkehrs.	Verkehrsunfallprävention (Verhütung von Unfällen und Minderung der Unfallfolgen), flankierende Maßnahme zur Verkehrsberuhigung und Begrenzung schädlicher Umwelteinflüsse, Anhalten zu verkehrsgerechtem Verhalten.
4. Auswahl der Messstellen ■ Kriterien	In folgender Reihenfolge priorisierte Kriterien: ■ Unfallpunkte mit geschwindigkeitsbedingtem Unfallgeschehen ■ Strecken mit geschwindigkeitsbedingter hoher Unfallbelastung ■ Unfallgefahrenpunkte (z.B. Fußgängerüberwege, Bushaltestellen, unübersichtliche Einmündungen und Kreuzungen, Autobahnbaustellen) ■ besonders schutzwürdige Zonen (z.B. Schulen, Kindergärten, Krankenhäuser und Altenheime) ■ geschwindigkeitsbegrenzte und verkehrsberuhigte Zonen ■ Lärmschutz ■ sonst. Gründe	Konzentration auf: ■ Unfallhäufungsstellen mit vielen geschwindigkeitsbedingten schweren Unfällen ■ Stellen mit besonderen Gefährdungen (Wahrscheinlichkeit, dass sich Unfälle ereignen werden) ■ Zulässige Geschwindigkeit innerhalb geschlossener Ortschaften über 50 km/h (Ausfallstraßen) ■ fest installiert bei langfristiger Einflussnahme, mobil bei punktuell notwendiger Überwachung
5. Zeitliche Regelungen	Ja, zeitliche Schwerpunkte i.S.v. 4.	Nein
6. Abstand zwischen Schild und Messung	In der Regel mindestens 100 m.	Auf Kraftfahrtstraßen und Autobahnen 250 m, ansonsten 100 m.

7. Ausnahmen zum Mindestabstand	Ja, wenn besonderer Grund vorliegt, Dokumentationspflicht.	In zu begründenden und zu dokumentierenden Ausnahmefällen.
8. Toleranzabzüge	Messgeräte: Von der PTB festgelegter Verkehrsfehler (ersichtlich aus PTB-Gerätezulassung oder Eichprotokoll). Fahrtschreiber oder Kontrollgerät: 6 km/h	Herstellerseitig vorgegebene Toleranzwerte.
9. Toleranzgrenze Geschwindigkeit	5 km/h	5 km/h
10. Spezielle Schulung des Messpersonals	Polizeiakademie Hessen legt Mindeststandards fest nach denen geschult und aktualisiert werden muss, Fortbildung an anderer Stelle muss Mindeststandard entsprechen.	Gemäß Auflagen der PTB und der Gerätehersteller; ferner Fortbildungspflicht.
11. Messung durch Private[5]	Nur technische Hilfe, z.B. beim Aufbau.	Ja, als technische Hilfskräfte für nicht-hoheitliche Aufgaben.
12. Anforderungen an das Messprotokoll		
■ Zwingend?	Ja	Ja
■ Muster?	Nein	Ja
13. Anhalten des Fahrzeugs		
■ Zwingend?	Nein, aber wünschenswert.	Nicht grundsätzlich vorgeschrieben.
■ Zweck?	Nachhaltige Wirkung.	Keine Angabe.
14. Weitere Regelungen	Keine aktive Tarnung der Messgeräte.	Jährliche Überprüfung der Wirksamkeit der Geschwindigkeitskontrollen.
	Niedersachsen	Nordrhein-Westfalen
1. Titel der Richtlinie/ Datum/Fundstelle	Leitlinien für die Verkehrssicherheitsarbeit der Polizei, RdErl. des MI vom 3.5.2012; Richtlinien für die Überwachung des fließenden	Verkehrssicherheitsarbeit der Polizei NRW, RdErl. des Ministeriums für Inneres und Kommunales vom 2.11.2010; schriftl. Auskunft des

	Straßenverkehrs durch Straßenverkehrsbehörden, Gem. RdErl des MI u. des MW vom 25.11.1994, zuletzt geändert durch Verwaltungsvorschrift v. 7.10.2010 und Auskunft des MI 16.6.2016.	Minist. für Inneres und Kommunales vom 14.6.2016. Ordnungsbehördengesetz vom 29.4.2014.
2. Geltung für		
■ Polizei?	Ja	Ja
■ Straßenverkehrsbehörde?		Ja (unter best. Voraussetzungen)
3. Hintergrund der Geschwindigkeitsüberwachung und deren Ziele	Verkehrsunfallprävention (insbesondere Verhütung von Unfällen mit schweren Folgen), Erhöhung der Verkehrssicherheit; Stärkung von Verantwortungsbewusstsein und gegenseitiger Rücksichtnahme der Verkehrsteilnehmer.	Ausrichtung an der Unfallentwicklung, insbesondere Reduzierung von Unfällen mit schweren Folgen; Förderung normgerechten Verhaltens.
4. Auswahl der Messstellen		
■ Kriterien	Grundsätzlich Konzentration auf besonders unfallbelastete Streckenbereiche und in besonderem Maße gefährdete Personengruppen.	Keine
5. Zeitliche Regelungen	Grundsätzlich Konzentration auf besonders unfallbelastete Tageszeiten.	Keine
6. Abstand zwischen Schild und Messung	Mindestens 150 m („soll").	Keine Regelung der Mindestentfernung.
7. Ausnahmen zum Mindestabstand	In begründeten Fällen (z.B. Gefahrenstellen, Gefahrenzeichen, Geschwindigkeitstrichter).	–

8. Toleranzabzüge	Von der PTB festgelegte Toleranzwerte.	■ Toleranzwerte gemäß Zulassung der PTB ■ bei Verkehrsüberwachung mit Video-Fahrzeugen 5 km/h bis 100 km/h und 5 % darüber ■ bei Messungen durch Nachfahren 20 % des abgelesenen Tachowerts ■ bei Schaublättern von Kontrollgeräten 6 km/h
9. Toleranzgrenze Geschwindigkeit	5 km/h, ggf. auch darüber (z.B. aufgrund des jeweiligen Unfalllagebildes).	5 km/h
10. Spezielle Schulung des Messpersonals	Qualifizierungsnachweis ist aktenkundig zu machen.	Besondere Schulungen.
11. Messung durch Private[5]	Nein	Einsatz nur in Form eines Verwaltungshelfers.
12. Anforderungen an das Messprotokoll		
■ Zwingend?	Ja, zu beanstandende Kraftfahrzeuge sind in zeitlicher Reihenfolge in ein Kontrollblatt einzutragen.	Ja, wobei Protokollierungen auf das Notwendige zu beschränken sind.
■ Muster?	Nein	Ja, Vordrucke.
13. Anhalten des Fahrzeugs		
■ Zwingend?	Grundsätzlich ja; nur durch Polizei.	Nein, Durchführung von Kontrollen mit und ohne Anhalten nach Entscheidung der Polizeibehörden in einem ausgewogenen Verhältnis.
■ Zweck?	Verkehrsaufklärendes Gespräch.	Verkehrsaufklärendes Gespräch.
14. Weitere Regelungen	Häufige Betonung von Bürgernähe und Öffentlichkeitsarbeit; tarnende Mittel und Maßnahmen sind ausdrücklich unzulässig; polizeiliche und kommunale Verkehrsüberwachung sind aufeinander abzustimmen;	Bei Messungen durch Nachfahren mit unter 90 km/h mindestens 400 m Messstrecke, darüber mindestens 500 m; Überwachung durch die Kreisordnungsbehörden darf auf BAB und ähnlichen Straßen nur mit fest installierten Anlagen erfolgen (§ 48 II Ordnungsbehördengesetz).

Weigel 497

	für die Fotodokumentation sind ausdrücklich nur gedämpfte Elektronenblitzgeräte zulässig.	
	Rheinland-Pfalz	**Saarland**
1. Titel der Richtlinie/ Datum/Fundstelle	Richtlinie „Kommunale Geschwindigkeitsüberwachung", Rundschreiben des Ministeriums des Innern und für Sport vom 31.8.1999 (MinBl. 1999, S. 351), zuletzt geändert durch Rundschreiben des Ministeriums des Innern und für Sport vom 24.8.2004 (MinBl. 2004, S. 310); Auskunft des MI vom 6.6.2016; Richtlinie über die pol. Geschwindigkeitsüberwachung; Rundschreiben des Ministeriums des Inneren und für Sport vom 1.2.2003; MinBl 2003, 190.	Erlass des Ministeriums für Inneres und Sport „Wahrnehmung der Verkehrsüberwachung durch Ortspolizeibehörden gemäß § 80 Abs. 4 Saarländisches Polizeigesetz" vom 29.7.2004; Auskunft des genannten Ministeriums vom 24.8.2016.
2. Geltung für		
■ Polizei?	Ja	Ja
■ Straßenverkehrsbehörde	Ja, wobei ausdrücklich nur innerhalb geschlossener Ortschaften zuständig.	Verkehrsüberwachungsaktivitäten der Ortspolizeibehörden sind grundsätzlich nur auf Innerortsstraßen zulässig.
3. Hintergrund der Geschwindigkeitsüberwachung und deren Ziele	Verkehrsunfallprävention, Minderung von Unfallfolgen und schädlichen Umwelteinflüssen, Motivierung der Verkehrsteilnehmer zu verkehrsgerechtem und rücksichtsvollem Verhalten, Ergebnisse der Unfallauswertung und Erkenntnisse über sonstige Gefahrenstellen als Grundlage, Schwerpunktsetzung der Polizei auf Außerortsstraßen.	Verkehrsunfallprävention, Verbesserung der objektiven Verkehrssicherheitslage (Reduzierung der Anzahl der Verkehrsunfälle, Minimierung der Unfallfolgen) und Stärkung des subjektiven Sicherheitsgefühls, Verhinderung und Feststellung von Ordnungswidrigkeiten, Verbesserung des sicherheits- und umweltbewussten Verkehrsverhaltens.

4. Auswahl der Messstellen ■ Kriterien	Konzentration auf Unfall-häufungsstellen, -linien oder -gebiete sowie Gefahrenstellen (Stellen, an denen wiederholt wichtige Verkehrsregeln missachtet werden) und besonders schutzwürdige Bereiche (z.B. Schulwege, Nahbereich von Kindergärten, Krankenhäu-sern, Seniorenheimen, Kur-einrichtungen, verkehrsberu-higte Bereiche).	Nach Analyse der Erkenntnisse von Verkehrsunfallkommissionen, Straßenverkehrsbehörden, örtlichen Unfalluntersuchungen, Verkehrs-unfalllagebildern sowie Bürger-beschwerden Konzentration auf: ■ Unfallhäufungsstellen bzw. -linien ■ Gefährdungsanalysen
5. Zeitliche Regelungen	Orientiert sich an der Beur-teilung der örtlichen Ver-kehrssicherheitslage; Kon-trollen sollen ausdrücklich auch an Wochenenden, Fei-ertagen und zur Nachtzeit erfolgen.	Nein, aber Konzentration auf zeitli-che Delinquenzschwerpunkte.
6. Abstand zwischen Schild und Messung	In der Regel mindestens 100 m.	„nicht unmittelbar dahinter" (aber im Wirkbereich der jeweiligen Verkehrszeichen).
7. Ausnahmen zum Mindestabstand	Unterschreitungsgründe sind zu protokollieren, im Ein-zelnen sind vorgesehen: ■ 50 m bei Geschwindig-keitstrichtern innerhalb der ersten Geschwindig-keitsstufe ■ in angemessener Weise am Anfang der Ge-schwindigkeitsbe-schränkung bei Unfall-häufungsstelle, -linie oder -gebiet und beson-deren Gefahrenpunkten (z.B. Kindergarten, Schule, Seniorenheim) ■ in angemessener Weise am Ende der Geschwin-	Bei Kontrollen in schutzwürdigen Bereichen oder bei spezifischen örtlichen Gegebenheiten mit ent-sprechender Dokumentationspflicht im Messprotokoll.

		digkeitsbeschränkung, wenn es sich um eine Unfallhäufungsstelle, -linie oder -gebiet handelt und sonst eine Messung nicht möglich wäre	
8. Toleranzabzüge	■	grundsätzlich: 3 km/h bei Messwert bis 100 km/h 4 km/h bei Messwert 101–133 km/h 5 km/h bei Messwert 134–166 km/h 6 km/h bei Messwert 167–200 km/h 7 km/h bei Messwert 201–233 km/h 8 km/h bei Messwert 234–250 km/h	Gemäß PTB-Zulassung und Eichschein des jeweiligen Gerätes.
	■	beim Einsatz einer Verkehrsvideoanlage 5 km/h Abzug bis 100 km/h und 5 % Abzug oberhalb 100 km/h	
	■	bei Messung durch Nachfahren 20 % des abgelesenen Tachowertes (Tachos in Dienstfahrzeugen sind grundsätzlich ungeeicht)	
	■	6 km/h bei Schaublättern von Fahrtschreibern und EG-Kontrollgeräten	
9. Toleranzgrenze Geschwindigkeit	5 km/h	■ bis einschließlich 50 km/h grundsätzlich 5 km/h ■ über 50 km/h 10 % der jeweils zulässigen Höchstgeschwindigkeit Im verkehrsberuhigten Bereich Schrittgeschwindigkeit 10 km/h plus 5 km/h Opportunitätstoleranz	

		und 3 km/h Gerätetoleranz, Einstellwert 19 km/h.
10. Spezielle Schulung des Messpersonals	Entsprechende Ausbildung bzgl. Polizei; Bescheinigung über den Besuch eines entsprechenden Lehrgangs bei der Landespolizeischule für Bedienstete der Ordnungsbehörden, vgl. Landesverordnung über die kommunalen Vollzugsbeamtinnen/ten sowie die Hilfspolizeibeamtinnen/ten.	Beschulung und Qualifizierung bzgl. Polizei und abgeschlossene einschlägige Ausbildung für Bedienstete der Ortspolizeibehörden.
11. Messung durch Private[5]	Nur bei kommunaler Geschwindigkeitsüberwachung: Nichthoheitliche technische Hilfe; Leitung des gesamten Messvorgangs stets durch Hilfspolizeibeamten Filmentwicklung durch Private, nicht Auswertung.	Nur für Ortspolizeibehörden im Ausnahmefall in sehr beschränktem Umfang (Verwaltungshelfer) möglich.
12. Anforderungen an das Messprotokoll		
■ Zwingend?	Ja; Mindestanforderungen: Protokollierung von Aufstellung des Messgerätes, Durchführung der Funktionsprüfung und Ablauf des Messeinsatzes, Namen der eingesetzten Beamten und vorhandenen Zeugen.	Ja, Messprotokoll und Kontrollblatt mit den Detailangaben zu jeder Messung.
■ Muster?	Ja, Vordrucke, deren Inhalt jedoch nicht durch das Ministerium vorgegeben ist.	Teilweise (je nach Gerät).
13. Anhalten des Fahrzeugs		
■ Zwingend?	Nein, aber anzustreben; auch kommunale Behörde kann mit eigenem Personal	Nur Polizei („soll"), aber nicht bei Gefährdung oder wenn keine eindeutige Erkennbarkeit als Polizei-

	(Hilfspolizeibeamte) Anhaltekommandos einsetzen, allerdings wird hiervon derzeit kein Gebrauch gemacht.	beamter; bei Laser-GMG vorgeschrieben.
■ Zweck?	Identifizierung und Verkehrsgespräch über die Gefährlichkeit von Geschwindigkeitsüberschreitungen	Ganzheitliche Kontrolle und verkehrspädagogische Wirkung.
14. Weitere Regelungen	Ausdrücklicher Hinweis auf das Schreiben des Ministeriums für Wirtschaft, Verkehr, Landwirtschaft und Weinbau „Örtliche Untersuchung der Straßenverkehrsunfälle" vom 10.1.2000 in der jeweils gültigen Fassung; grundsätzlich nur Einsatz von mobilen Geschwindigkeitsmessanlagen; die Einrichtung stationärer Geschwindigkeitsmessanlagen unterliegt der Zustimmung des Ministeriums des Innern und für Sport; Hilfspolizeibeamte müssen Dienstkleidung tragen; im Falle kommunaler Geschwindigkeitsüberwachung sind Messung und Auswertung organisatorisch getrennt durchzuführen.	Verhältnismäßig umfangreiche Ausführungen zur Bekanntgabe von Geschwindigkeitskontrollen in den Medien sowie zur Dokumentationspflicht bei Nachfahren mit ungeeichtem Tacho (u.a. spezielles Messkontrollblatt); Schrittgeschwindigkeit gilt bis 10 km/h als eingehalten; Bedienstete der Ortspolizeibehörden haben Uniformen oder uniformähnliche Kleidung zu tragen und auf Verlangen einen behördlichen Ausweis vorzuzeigen.
	Sachsen	**Sachsen-Anhalt**
1. Titel der Richtlinie/ Datum/Fundstelle	Verwaltungsvorschrift des SMI zur Überwachung des Straßenverkehrs vom 21.5.2014 (SächsABl. S. 759) und schriftliche Auskunft des MI vom 13.6.2016.	Grundsätze für die Verkehrsüberwachung durch Polizei und Kommunen (RdErl. des MI vom 6.3.2009, MBl. LSA Nr. 12/2009 vom 30.3.2009) und schriftliche Auskunft des MI vom 10.6.2016.

2. Geltung für		
■ Polizei?	Ja	Ja
■ Straßenverkehrs-behörde	Ja	

3. Hintergrund der Geschwindigkeitsüberwachung und deren Ziele	Vorrangig Reduzierung der Anzahl der Verkehrsunfälle, Minderung der Unfallfolgen und Schutz schwacher Verkehrsteilnehmer, Überwachungsdruck, Generalprävention.	Verbesserung des Verkehrsverhaltens und der objektiven Verkehrssicherheitslage, Stärkung der subjektiven Sicherheit, Vermeidung von Verkehrsunfällen und Minimierung ihrer erheblichen Folgen, Minderung von Umweltbeeinträchtigungen, sorgfältige Analysen der aktuellen Verkehrssicherheitslage, möglichst hoher Überwachungsdruck, keine fiskalischen Erwägungen.
4. Auswahl der Messstellen ■ Kriterien	Insbesondere die ständige Auswertung der örtlichen Unfalluntersuchungen, vor allem Analysen der elektronischen Unfalltypenkarte; als Schwerpunkte in Betracht kommen: ■ örtliche ■ zeitliche ■ unfallursachen- und deliktsbezogene ■ verkehrsteilnehmer- und verkehrsartenbezogene ■ verkehrsraumbezogene	Möglichst flächendeckende Überwachungstätigkeit, wobei Konzentration auf Gefahrenstellen: ■ erkannte Unfallhäufungsstellen und -linien ■ Gefahrengebiete, in denen sich häufig gefährdete Verkehrsteilnehmer bewegen (z.B. Fußgänger, Kinder, Senioren, Fahrradfahrer)
5. Zeitliche Regelungen	Zeitliche Schwerpunkte kommen in Betracht.	Grundsätzlich jederzeit, jedoch Konzentration auf gefährdungsrelevante Zeiten.
6. Abstand zwischen Schild und Messung	Grundsätzlich mindestens 150 m („soll").	Mindestens 100 m („soll").
7. Ausnahmen zum Mindestabstand	Ja, in begründeten Ausnahmefällen, z.B. bei Gefahrenstellen, Gefahrzeichen und Geschwindigkeitstrichtern.	In begründeten Fällen wie z.B. bei Schulwegen und kurzen Ortsdurchfahrten; Begründung ist im Messprotokoll zu vermerken.

8. Toleranzabzüge	■ bei technischen Geräten 3 km/h bis 100 km/h, darüber 3 % des Messwertes, aufgerundet auf den nächsten ganzzahligen Wert ■ Nachfahren ohne geeichtes Messgerät: 20 % der abgelesenen Geschwindigkeit abziehen und das Ergebnis auf den nächsten ganzzahligen Wert abrunden ■ bei videografischen Aufzeichnungen 5 km/h bis 100 km/h, darüber 5 % des Messwertes abziehen, das Ergebnis ist auf den nächsten ganzzahligen Wert abzurunden ■ bei Heranziehung von Kontrollgeräten (Fahrtenschreiber) 6 km/h	Gemäß der in der PTB-Zulassung oder im Eichschein bzw. in der Bedienungsanleitung individuell vorgegebenen Gerätetoleranz. Durch Nachfahren: ■ mit geeichtem Kontrollgerät oder justiertem bzw. geeichtem Tacho 15 % der abgelesenen Geschwindigkeit ■ mit ungeeichtem Kontrollgerät oder unjustiertem Tacho 20 % der abgelesenen Geschwindigkeit
9. Toleranzgrenze Geschwindigkeit	Bis 5 km/h „in der Regel" keine Ahndung; bei Messung durch Nachfahren ohne geeichtes Messgerät 15 km/h Toleranz.	10 % der jeweils zulässigen Höchstgeschwindigkeit, maximal jedoch 10 km/h; in besonders begründeten Fällen kann die Opportunitätstoleranz reduziert oder erhöht werden, wobei die Begründung im Messprotokoll zu vermerken ist. Ausnahme für Messung durch Nachfahren, denn dann Verfolgung des Verstoßes nur, wenn die um die Gerätetoleranz (s.o.) reduzierte Geschwindigkeit mindestens 20 km/h über der zulässigen Geschwindigkeit steht. Ausnahme für Verkehrsüberwachung mit Video-Fahrzeugen: keine Opportunitätstoleranz.

10. Spezielle Schulung des Messpersonals	Bei Verwendung mobiler eichpflichtiger Technik darf nur dafür nachweislich ausgebildetes Bedienpersonal eingesetzt werden.	Erwerb einer „Bedienberechtigung" für das jeweilige Messgerät, Nachschulungen und Fortbildungen.
11. Messung durch Private[5]	Ausdrücklich nur technisch-manuelle Hilfsdienste wie z.B. ◼ Bereitstellung der Technik ◼ Einlegen und Entnahme der Speichermedien ◼ Entwickeln von Filmmaterial ◼ Auslesen elektronischer Speichermedien und technisches Aufbereiten der Messdateien ◼ Aufstellen und Justieren von Messgeräten	Nein
12. Anforderungen an das Messprotokoll		
◼ Zwingend?	Ja	Ja, unter Umständen mit Kontrollblatt als Anlage zu Beweiszwecken.
◼ Muster?	Ja, einheitlicher Vordruck für den Polizeivollzugsdienst.	Ja, Vordruckkatalog.
13. Anhalten des Fahrzeugs		
◼ Zwingend?	Grundsätzlich ja (nur Polizeivollzugsdienst); grundsätzlich ist Warnkleidung zu tragen.	Grundsätzlich ja, soweit möglich; bei Messungen mit Hand-Laser-Messgeräten ausdrücklich vorgeschrieben; in jedem Fall nur Polizei.
◼ Zweck?	Gespräch über das Ziel der Maßnahme und die mit dem Fehlverhalten verbundenen Gefahren; Hintergrund ist auch der ganzheitliche Ansatz der Kontrollen: Sicher-	Eindeutige Identifizierung und verkehrserzieherisches Gespräch, ganzheitlicher Kontrollansatz.

	heit des Fahrzeugs, Eignung des Fahrers und Belange der Kriminalitätsbekämpfung (besonderes Augenmerk auf Alkohol- und Drogendelikte).	
14. Weitere Regelungen	Gegenseitige Ergänzung der Verkehrsüberwachungsmaß-nahmen des Polizeivoll-zugsdienstes und der örtlich zuständigen Verwaltungs-behörden anzustreben; dazu mindestens zweimal jährlich Abstimmungen der Maß-nahmen. Die Polizeidirektionen er-stellen jährlich Verkehrs-sicherheitslagebilder und Konzeptionen für die syste-matische Verkehrsüber-wachung; die Polizei soll Kontrollmaßnahmen mit be-nachbarten Dienststellen ab-stimmen, auch grenzüber-schreitend. Verkehrsüberwachung setzt ausdrücklich keine Unfal-lauffälligkeit am jeweiligen Ort voraus; auf Verlangen der kontrollierten Person ist die Verkehrskontrolle zu be-scheinigen. Bedienungsanleitung des Herstellers und Zulassungs-schein der PTB sind zu be-achten und Einhaltung bzw. Gültigkeit zu protokollieren. Ausführliche Regelungen zum Datenschutz und zu Aufbewahrung und Anfor-derung von Beweismitteln. Relativ umfangreiche Rege-lungen zur Geschwindig-	Tarnende Mittel nur in Ausnahme-fällen („wenn unumgänglich") und mit entsprechender umfassender begleitender Öffentlichkeitsarbeit; verhältnismäßig umfangreiche Re-gelungen der Geschwindigkeits-überwachung mit Video-Fahrzeu-gen sowie durch Nachfahren und des Absehens vom Grundsatz des An-haltens.

keitsmessung durch video-
grafische Aufzeichnungen
(„Videotrupp"), durch
Nachfahren ohne geeichtes
Messgerät, zu Abstandsmessungen und zur Heranzie-
hung von Kontrollgeräten
(Fahrtenschreiber); letztere
ist grundsätzlich auf den
Kontrolltag und den vorangegangenen Arbeitstag zu
beschränken.

	Schleswig-Holstein	Thüringen
1. Titel der Richtlinie/ Datum/Fundstelle	Richtlinie für die polizei-liche und die kommunale Geschwindigkeitsüberwa-chung vom 3.3.2011 (Innen-ministerium/Landespolizei-amt und Landesbetrieb Stra-ßenbau und Verkehr) und Auskunft des Landesbetrie-bes Straßenbau und Verkehr Schleswig – Holstein vom 29.2.2016 (Verlängerung der Richtlinie bis 28.2.2021).	Richtlinie für die polizeiliche Ver-kehrsüberwachung des Thüringer Innenministeriums vom 20.9.1991 und Auskunft des Thüringer Minis-teriums für Inneres und Kommuna-les vom 16.6.2016. Stand 31.12.2016.
2. Geltung für		
■ Polizei?	Ja	Ja
■ Straßenverkehrs-behörde	Ja	Ja
3. Hintergrund der Ge-schwindigkeitsüberwa-chung und deren Ziele	Reduzierung von Verkehrs-unfällen; Verbesserung des Verkehrsklimas; Schutz schwacher Verkehrsteilneh-mer; Reduzierung von Um-weltbelastungen; Hebung der Verkehrsmoral.	Veranlassung der Verkehrsteilneh-mer zu verkehrsgerechtem und be-sonnenem Verhalten; vorbeugende Wirkung; Verhütung von Verkehrs-unfällen, Behinderungen, Belästi-gungen und schädlichen Auswir-kungen auf die Umwelt; lückenlose Verkehrsüberwachung weder mög-lich noch wünschenswert; Vermei-dung von Gefahren und Stauungen.

4. Auswahl der Messstellen ■ Kriterien	■ besondere Berücksichtigung von Unfallhäufungsstellen und -linien ■ besondere Gefahrenstellen, wie z.b. Schulwege, gefährliche Straßenführung, Kuppen, Einmündungen ■ Deliktsbrennpunkte ■ besondere Einrichtungen (Kindergärten, Schulen, Krankenhäuser, Pflegeheime usw.) ■ Baustellen ■ Bürgerbeschwerden ■ Lärmbelästigung	■ Unfallbrennpunkte/Unfallschwerpunkte ■ Unfallgefahrenpunkte (Stellen, an denen eine erhöhte Wahrscheinlichkeit von Unfällen besteht) ■ sonstige Bereiche, die bei Geschwindigkeitsüberschreitung gefährlich werden können ■ Lärmbelästigung
5. Zeitliche Regelungen	Zeitliche und örtliche Streuung zwecks Flächendeckung.	Orientierung an zeitlichen Brennpunkten.
6. Abstand zwischen Schild und Messung	Mind. 100 m.	Mindestens 200 m („sollen").
7. Ausnahmen zum Mindestabstand	■ Geschwindigkeitstrichter ■ besondere Gefahrstellen ■ Tempo-30-Zonen (20 m) ■ sonstige begründete Fälle, z.B. Kindergärten, Schulen und Seniorenheime	■ Geschwindigkeitstrichter (100 m, nicht in erster Stufe) ■ Unfallschwer- und Unfallgefahrenpunkte, wenn jeweils Messung sonst nicht möglich ■ besondere Verkehrsverhältnisse, z.B. bei Schulen oder Fabrikein- und -ausfahrten, Fehlen von Gehsteigen ■ notwendige Messung auf kurzer Strecke sonst nicht möglich
8. Toleranzabzüge	Radar, Lichtschranke, Laser: 3 km/h bei Messwerten bis 100 km/h bzw. 3 % bei Werten über 100 km/h. Multanova 6F (Moving-Betrieb): 4 km/h bei Messwerten bis 100 km/h bzw. 4 % des Messwertes bei Werten über 100 km/h (erhöht sich	Grundsätzlich 3 km/h bei Messwerten bis 100 km/h bzw. 3 % bei Werten über 100 km/h. Ausnahmen: TraffipaxSpeedophot (Moving-Einsatz) sowie ProViDa-System: 5 km/h bei Messwerten bis 100 km/h bzw. 5 % bei Werten über 100 km/h. Nachfahren mit

	unter Umständen auf 7 km/h bzw. 7 %). Nachfahren mit geeichtem Tacho 10 % und mit ungeeichtem Tacho 20 %. Video-Kamerawagen: 5 km/h bei Messwerten bis 100 km/h, Messstrecke mind. 300 m bzw. 5 %, bei Werten über 100 km/h. Messstrecke mind. 500 m. Kontrollgeräteaufzeichnungen: 6 km/h. Ermittlung nach dem Weg-Zeit-Gesetz bei Abstandsmessungen von Brücken mit Videoanlagen: bei einer Messstrecke von 50 m Zuschlag von 0,8 m.	▪ ungeeichtem Tachometer 20 % ▪ geeichtem Tachometer 10 % Videoanlage und Datengenerator 10 % Fahrtenschreiber: 5 km/h EG-Kontrollgeräte: 6 km/h Funk-Stopp-Messverfahren: 0,7 Sekunden
9. Toleranzgrenze Geschwindigkeit	5 km/h	In der Regel 5 km/h, ausnahmsweise bis 10 km/h, ganz ausnahmsweise bis 20 km/h (besondere Kontrollen).
10. Spezielle Schulung des Messpersonals	Ja, Regelung in speziellen Erlassen.	Spezielle Ausbildung, bei kommunalen Mitarbeitern möglichst Schulung durch Seminarteilnahem am Ausbildungszentrum der Thüringer Polizei.
11. Messung durch Private[5]	Nein	Nein
12. Anforderungen an das Messprotokoll		
▪ Zwingend?	Ja, Regelung in speziellen Erlassen.	Ja
▪ Muster?	Ja, Regelung in speziellen Erlassen.	Ja
13. Anhalten des Fahrzeugs		
▪ Zwingend?	Ja, beim Einsatz von Handmessgeräten („stets") und bei der mobilen Geschwindig-	Grundsätzlich ja, jedoch nicht, wenn Personen hierdurch gefährdet oder behindert werden; zur Nachtzeit

| | keitsüberwachung („grundsätzlich"), Anhaltekontrollen ausschließlich durch Polizeibeamte | sind Anhaltestellen ausreichend auszuleuchten. |
| ■ Zweck? | Fahrzeugführerfeststellung und Einleitung von Sicherheitsleistungsverfahren bei Ausländern, zugleich auch Präventionsgespräch. | Aufklärendes Gespräch, Motivierung zu künftig verkehrsgerechtem Verhalten, Hinweis auf schädliche Umweltauswirkungen. |

Stichwortverzeichnis